GFNG

P9-DBM-093

ESPAÑA

ELEVACIÓN

METROS	PIES
3050	10000
1525	5000
610	2000
305	1000
152.5	500
0	0

150 MILLAS
250 KILÓMETROS

FRANCIA

ANDORRA

Costa Brava

CATALUÑA

Menorca
Palma
Mallorca
ISLAS BALEARES
Ibiza
Formentera

ÁFRICA

CAMERÚN
GABÓN
Malabo
GUINEA ECUATORIAL

LOS PIRINEOS

Barcelona
Tarragona
Lérida

Castellón

Zaragoza
Río Ebro
ARAGÓN

Valencia
COMUNIDAD VALENCIANA

Costa Blanca

Alicante

MAR MEDITERRÁNEO

ARGELIA

Bahía de Vizcaya
San Sebastián
Pamplona
NAVARRA
Bilbao
PAÍS VASCO
Logroño
LA RIOJA

Santander

MAR CANTÁBRICO

CANTABRIA

Burgos

Valladolid

Guadalajara
SIERRA DE GUADARRAMA
Madrid
MADRID

CASTILLA-LA MANCHA

MURCIA
Murcia

Almería

SIERRA NEVADA

ASTURIAS
Oviedo

León

Zamora

CASTILLA Y LEÓN

Segovia
Ávila
El Escorial

Toledo

Ciudad Real

Río Guadiana

Albacete

Jaén
Granada
ANDALUCÍA

Málaga
Costa del Sol
Estrecho de Gibraltar
Gibraltar (R.U.)
Ceuta (Esp.)

Melilla (Esp.)

Santiago de Compostela
La Coruña

GALICIA

Vigo

Oporto

Salamanca

Río Duero

Cáceres
EXTREMADURA
Mérida
Badajoz

PORTUGAL

Río Tajo

Río Guadiana

Huelva

Sevilla

Córdoba
Río Guadalquivir

Jerez de la Frontera

Cádiz

Tánger

MARRUECOS

Lisboa

OCÉANO ATLÁNTICO

N
W E
S

ISLAS CANARIAS

La Palma
Tenerife
Gomera
Hierro
Santa Cruz de Tenerife
Gran Canaria
Las Palmas de Gran Canaria

Lanzarote
Fuerteventura

MARRUECOS

100 MILLAS
100 KILÓMETROS

DEDICATION

This book is lovingly dedicated to Tracy D. Terrell (1943–1991). Tracy left us an enduring legacy and a methodology that has had a significant impact on second language teaching and on the evolution of textbook materials. He also envisioned this book and guided us, the co-authors, to its fruitful completion. Tracy was our inspirational mentor. His kind spirit and brilliant vision infuse every page. His ever-generous heart touched many of us—friends, colleagues, teachers, students—in an indelible way. We miss him. And we hope he is proud of our work on this new edition of *Dos mundos*.

Dos mundos: En breve

FOURTH EDITION

Comunicación y comunidad

Tracy D. Terrell
Late, University of California, San Diego

Magdalena Andrade
Irvine Valley College

Jeanne Egasse
Irvine Valley College

Elías Miguel Muñoz

 Higher Education

Boston   Burr Ridge, IL   Dubuque, IA   New York   San Francisco   St. Louis
Bangkok   Bogotá   Caracas   Kuala Lumpur   Lisbon   London   Madrid   Mexico City
Milan   Montreal   New Delhi   Santiago   Seoul   Singapore   Sydney   Taipei   Toronto

The McGraw·Hill Companies

Higher Education

Published by McGraw-Hill, an imprint of The McGraw-Hill Companies, Inc., 1221 Avenue of the Americas, New York, NY 10020. Copyright © 2010, 2006, 2003, 1999. All rights reserved. No part of this publication may be reproduced or distributed in any form or by any means, or stored in a database or retrieval system, without the prior written consent of The McGraw-Hill Companies, Inc., including, but not limited to, in any network or other electronic storage or transmission, or broadcast for distance learning.

This book is printed on acid-free paper.

Printed in the United States of America

7 8 9 0 SCI/SCI 1 0 9 8 7 6

ISBN: 978-0-07338532-7 (Student's Edition)
MHID: 0-07-338532-8 (Student's Edition)
ISBN: 978-0-07-730483-6 (Instructor's Edition)
MHID: 0-07-730483-7 (Instructor's Edition)

Editor in Chief: *Michael Ryan*
Editorial Director: *William R. Glass*
Sponsoring Editor: *Katherine K. Crouch*
Director of Development: *Scott Tinetti*
Development Editor: *Jennifer Kirk*
Editorial Coordinator: *Janina Tunac Basey*
Marketing Manager: *Jorge Arbujas*
Production Editor: *Carey Eisner*
Design Manager: *Preston Thomas*
Cover Designer: *Lisa Buckley*
Text Designer: *Linda Robertson*
Senior Photo Research Coordinator: *Nora Agbayani*
Photo Researcher: *Gene Fitzer*
Illustrator: *Dave Bohn*
Senior Production Supervisor: *Richard DeVitto*
Composition: *10/12 Warnock Pro by Aptara®, Inc.*
Printing: *45# New Era Matte, RR Donnelley*
Printed: CTPS

Front Cover: NASA—digital copyright Science Faction/Getty Images
Back Cover: Andrew Paterson/Getty Images

Credits: The credits appear at the end of the book and are considered an extension of the copyright page.

Library of Congress Cataloging-in-Publication Data

Dos mundos : en breve / Tracy Terrell . . . [et al.]. — 4th ed.
    p. cm.
   English and Spanish.
   Includes index.
   "Abridged version of Dos Mundos, 7th ed."
   ISBN-13: 978-0-07-338532-7 (acid-free paper)
   ISBN-10: 0-07-338532-8 (acid-free paper)
   1. Spanish language—Textbooks for foreign speakers—English.   I. Terrell, Tracy D.   II. Title: 2 mundos.
PC4129.E5D67 2009
468.2'421—dc22

                                                                2008052756

The Internet addresses listed in the text were accurate at the time of publication. The inclusion of a Web site does not indicate an endorsement by the authors or McGraw-Hill, and McGraw-Hill does not guarantee the accuracy of the information presented at these sites.

www.mhhe.com

Contents

PASO C
Mi familia y mis amigos 37

CAPÍTULO 1
Los datos personales y las actividades 56

CAPÍTULO 2
Mis planes y preferencias 84

CAPÍTULO 3
Las actividades y los lugares 118

CAPÍTULO 4
La vida diaria y los días feriados 150

CAPÍTULO 5
Las clases y el trabajo 184

CAPÍTULO 6
La residencia   214

CAPÍTULO 7
Hablando del pasado   244

CAPÍTULO 8
La comida   274

CAPÍTULO 9
La niñez y la juventud   310

CAPÍTULO 10
Nuestro planeta 340

CAPÍTULO 11
De viaje 372

Vida y cultura 410

To the Instructor

A Few Words about *Dos Mundos: En breve*

This text is a new, shorter version of the Seventh Edition of *Dos mundos: Comunicación y comunidad.* It is identical to that edition of *Dos mundos,* except that the last four chapters have been omitted to create a more compact yet still comprehensive first-year Spanish text that is ideal for programs with fewer than four contact hours a week. References to the omitted chapters from the Seventh Edition have been eliminated from the Student Edition, but such references may still appear in the accompanying supplements. A special *Dos mundos: En breve* Instructor's Edition, *Cuaderno de actividades,* and sold Audio Program have been created for use with this Student Edition; all other Seventh Edition supplements are available as well and will "work" with *Dos mundos: En breve.* You should feel free to use the materials from Chapter 12–15 in those supplements, as needed.

We suggest the following breakdown for use of *Dos mundos: En breve* in different academic setting.

First Semester: **Paso A–Capítulo 5**

Second Semester: **Capítulo 6–11**

First Quarter: **Paso A–Capítulo 3**

Second Quarter: **Capítulos 4–7**

Third Quarter: **Capítulos 8–11**

What follows is the preface for the Seventh Edition of *Dos mundos* (the complete text)

Welcome to the Seventh Edition of *Dos mundos*! Those of you already familiar with our textbook know that this is a special kind of text. Through its communicative methodology, *Dos mundos* offers an exciting alternative to the many Spanish-language textbooks available today. Our program allows instructors to do what they have always wanted to do as educators: help students enjoy the process of learning to communicate in a second language.

Our main objectives have not changed since the First Edition. The **Actividades de comunicación** continue to play a primary role, while grammar serves as an aid in the language acquisition process. The core of our program is communication. But over the years, we have made several changes to *Dos mundos.* With each new edition we bring in fresh, practical ideas from the field of second-language teaching. And we listen to you, the instructors who use *Dos mundos.*

We are excited about the expanded cultural content and the literature in *Dos mundos.* Before going any further, we invite you to flip through the pages of our textbook. Note the variety of photos, authentic materials, and literary selections. Every chapter opens with a work of fine art and a new section called ¡**Conozca... !,** both tied to one or more of the twenty-one Spanish-speaking countries. We are pleased with our renewed emphasis on the art, history, and cultures of the Hispanic world as the textbook we envisioned with Tracy Terrell continues to evolve. It is our hope that you continue to benefit from all that *Dos mundos* has to offer.

Fourth Edition: An Overview

The subtitle of our book—*Comunicación y comunidad*—reflects the main goals of the program: achieving communicative competence in Spanish and establishing community connections both inside the classroom and within the larger Spanish-speaking world.

The Seventh Edition of the main text and its accompanying *Cuaderno de actividades* both begin with three preliminary **Pasos** and have fifteen regular chapters. These chapters are divided into three main sections:

Actividades de comunicación y lecturas: Communicative activities and readings

Vocabulario: Vocabulary introduced in the communicative activities

Gramática y ejercicios: Grammar explanations and verification exercises

We have kept the cultural magazine, **Vida y cultura,** which appears after **Capitulos 4, 9,** and **11.** The first magazine now features an article on Paraguayan harp music, and there is also a new article on **son jarocho,** the traditional music of Veracruz, Mexico, in the third magazine. We have expanded the cultural readings in the regular chapters with new **Ventanas culturales** and **Ventanas al pasado.** Several of the literary selections from the previous edition continue to appear in the Seventh Edition, now under the heading **Enlace a la literatura.** But we have added two new types of **Enlace** on music and film: **Enlace a la música** and **Enlace al cine.**

Guided Tour

Entrada al Capítulo

Each regular chapter begins with two pages that orient you to the themes and activities of the chapter. On the left-hand page, a **Metas** feature provides a brief overview of the objectives, and fine art from the Spanish-speaking world illustrates the chapter theme. **Sobre el artista** introduces the artist and his or her place in the culture of the Spanish-speaking world.

At the top of the right-hand page is a new feature in this edition, **¡Conozca... !**, with interesting information about each Spanish-speaking country. Next, three columns detail the communicative activities, readings, culture topics, and grammar exercises included in the chapter. In addition, icons on this page highlight the multimedia materials that accompany the chapter.

CAPÍTULO 2 — Mis planes y preferencias

METAS
In **Capítulo 2** you will discuss your plans for the future and your preferences. You will also talk about your classes and the weather.

Green Bananas, por Miguel Suárez-Pierra (Ecuador)

Sobre el artista: Miguel Suárez-Pierra nació en Ecuador. Este premiado artista se graduó de arquitecto en la Universidad Católica de Guayaquil. También tiene experiencia como profesor de arte para jóvenes. Su arte se expone en muchas galerías en Ecuador y los Estados Unidos.

Música típica: el pasillo, el pasacalle, el yaraví
Gente famosa: Juan Montalvo, Jorge Icaza, Rafael Correa
Código del país por Internet: .ec
Voces ecuatorianas

una caleta — una casa
un(a) gato/a — una persona de ojos verdes o azules
un(a) guambra — un(a) joven
baño/a — el/la hermano/a
ta — el padre

GRAMÁTICA Y EJERCICIOS

2.1 Expressing Future Plans: **Ir + a** + Infinitive

2.2 Sequencing: Ordinal Adjectives

2.3 Stating Preferences and Desires: **preferir** and **querer** + Infinitive

2.4 Pointing Out People and Objects: Demonstrative Adjectives

2.5 Describing the Weather: Common Expressions

Actividades de comunicación y lecturas

Los planes

✳ Lea Gramática 2.1.

Andrea Ruiz había de los planes de su familia para el fin de semana

El sábado Pedro y las niñas van a lavar el carro.

El sábado por la tarde, Pedro y yo vamos a dar una fiesta.

También vamos a bailar en un club de jazz.

El domingo por la mañana, vamos a ir a misa con las niñas.

☆ El viernes por la noche Pedro y yo vamos a ver una película.

El domingo por la tarde Pedro va a escribir una carta.

Luego vamos a almorzar en un restaurante.

Actividades de comunicación y lecturas

These activities and readings are the core of *Dos mundos*. Each chapter is divided into three or four themes, each introduced with color art illustrating structures and vocabulary. At the top of each art display you will see the instructions **Lea Gramática... ,** directing students to read or review the grammar point that corresponds to that particular theme. Following the display are the communicative activities. Students participate in these activities with their instructor and/or their classmates in order to develop listening and speaking skills.

Reading and Cultural Materials

Every chapter contains a variety of reading and cultural materials: **Ventanas culturales, Ventanas al pasado, Enlaces** and **Lectura.**

Ventanas culturales

These cultural readings focus on four aspects of life in the Spanish-speaking world: **Nuestra comunidad, Las costumbres, La vida diaria,** and **La lengua.** Students should review the new vocabulary in the **Vocabulario útil** box before they begin to read. The brief questions in **Comprensión** can also stimulate general class discussion.

Ventanas al pasado

These cultural readings focus on aspects of the social, cultural, or political history of the Spanish-speaking world. Again, the **Vocabulario útil** box acquaints students with unfamiliar vocabulary, and the **Comprensión** questions test students' understanding of the material.

The **Ventanas culturales** and **Ventanas al pasado** readings may be assigned for homework, but their cultural content makes them ideal for in-class reading and cultural discussion.

VENTANAS CULTURALES   Nuestra comunidad

Edward James Olmos, actor y activista

Edward James Olmos nació en un barrio de Los Ángeles, California. Hijo de inmigrantes mexicanos, Olmos es un hombre de múltiples talentos. Empieza su carrera en la música, luego trabaja de actor en el teatro, el cine y la televisión. Ganador de un Emmy y un Golden Globe, lo conocemos como el maestro Jaime Escalante en la película *Stand and Deliver* y el padre y representante de Selena Quintanilla-Pérez en la película sobre la famosa cantante mexicoamericana. El famoso actor también hace el papel del teniente Castillo en la serie de televisión *Miami Vice* y del capitán de una nave espacial en el programa de ciencia ficción *Battlestar Galactica.*

Además de ser un actor muy versátil, Olmos es productor y director de cine. Pero también tiene otros intereses que ocupan su tiempo, como por ejemplo su trabajo social en la comunidad hispana y en su fundación, Latino Public Broadcasting, y su participación en ferias del libro. Olmos visita muchas escuelas al año para llevar su mensaje a los jóvenes: es importante estudiar. Además, él opina que debemos transformar la imagen negativa de los latinos en la televisión, el cine y las noticias. Porque entre los hispanos de este país hay doctores, maestros, escritores, políticos, deportistas, astronautas y muchos más que contribuyen de manera positiva a nuestra sociedad.

VOCABULARIO ÚTIL

el representante	manager
el papel	part (in a play or movie)
el teniente	lieutenant
la nave espacial	spaceship
las ferias	fairs

Comprensión

1. Edward James Olmos es un actor muy versátil. ¿Qué papeles hace?
   a. deportista b. maestro c. doctor d. capitán e. político f. teniente

2. ¿Cuál es el mensaje que Olmos lleva a los jóvenes?

VENTANAS AL PASADO

Frida y Diego

Diego Rivera (1886–1957) es fundador del muralismo mexicano junto con David Alfaro Siqueiros y José Clemente Orozco. Rivera estudia pintura en México y París, donde vive doce años. Muchos de sus murales celebran la victoria sobre los conquistadores españoles y también la Revolución Mexicana. Otros temas frecuentes son las costumbres mexicanas, el obrero, la educación y la historia. Influye en Rivera la escultura de los mayas y los aztecas, pero Rivera combina también el estilo y los colores brillantes del arte popular en sus murales.

Frida Kahlo (1907–1954), esposa de Diego Rivera, es una artista extraordinaria por su persistencia en situaciones difíciles. A la edad de seis años sufre de poliomielitis; a los 18 años sufre un serio accidente en un autobús. Mientras se recupera del accidente, aprende a pintar. En su obra predominan los autorretratos, por razones obvias: las consecuencias de su accidente afectan su movilidad. Los símbolos de Frida son sencillos y revelan sus sufrimientos y su relación con Diego.

VOCABULARIO ÚTIL

los temas	themes
las costumbres	customs, habits, practices
el obrero	worker
aprende	learns
la obra	work of art
los autorretratos	self-portraits
sencillos	simple

Comprensión

1. ¿Cuáles son los temas frecuentes en la obra de Diego Rivera?
   a. las costumbres b. la educación c. los accidentes
   d. la historia e. las relaciones personales
2. Frida Kahlo persiste en situaciones difíciles. ¿Cuáles son estas situaciones?
   a. la poliomielitis b. un accidente en su casa
   c. la Revolución Mexicana d. un accidente en un autobús

Actividades de comunicación y lecturas :: 193

Enlace a la música

El rock en español

La frase «rock en español» se refiere a grupos de gran diversidad, pero todos con una característica en común: cantan en español. Muchos críticos y *fans* opinan que los rockeros hispanos tocan la música más innovadora[1] hoy en día. Esto se debe[2] en parte a los estilos tan diversos que estos grupos incorporan. El grupo argentino Los Fabulosos Cadillacs, por ejemplo, combina salsa, reggae y rock. Y el grupo mexicano Maldita Vecindad ofrece una fusión de ska y rock. Pero también se escucha en algunos la influencia de los estilos rap, punk, soul, y de la música tradicional hispana, como el mariachi de México, el tango de Argentina y el bolero de Cuba.

Además de su fusión musical, varios de estos grupos tienen un mensaje social importante, pues sus canciones exploran cuestiones urgentes: la pobreza,[3] la inmigración y la represión política. En efecto, varios grupos se forman durante los años 80 en Chile, Argentina y México con el impulso de denunciar los abusos del gobierno.[4] Hay muchos, como Serú Girán y Maná, que ya tienen dos décadas de triunfos; otros, como el grupo cubanoamericano Tango 36 y el español El Canto del Loco triunfan en tiempos recientes. Y entre los más populares están La Ley, Soda Stereo, Molotov, Café Tacuba, El Tri, Plastilina Mosh, Los Enanitos Verdes, Los Skarnales y Cadena Perpetua. A todos los une su pasión por el rock y su deseo de cantar en español.

Comprensión

1. ¿De qué manera son innovadores los grupos de rock en español?
   a. cantan en inglés b. se forman recientemente c. incorporan estilos diversos
2. ¿Qué estilos musicales incorporan estos grupos?

[1]*is... the most innovative music* [2]*Esto... This is because* [3]*poverty* [4]*government*

Carlos Santana (guitarrista)

Las carreras y las actividades del trabajo

★ Lea Gramática 5.3–5.4.

El ama de casa está planchando.   La cajera está contando el dinero.   El trabajador social está escribiendo un informe.   El peluquero está cortando el pelo.

Enlace a la literatura / a la música / al cine

This segment is a link to Hispanic literature, music, and cinema, thus the name **Enlace.** The **Enlace a la literatura** consists of poetry and fiction by well-known Spanish, Latin American, and U.S. Latino writers. New to this edition are the **Enlace a la música** and **Enlace al cine,** short readings that present exciting information about the music and cinema of the Spanish-speaking world. New or difficult vocabulary is glossed, and each **Enlace a la literatura** is followed by a creative writing activity, allowing students to develop their writing skills in Spanish and encouraging them to associate the reading of literature with active participation in the creative process. All **Enlaces a la música** and **al cine** are followed by a comprehension activity. The **Enlace** segments are also available in audio format on the Audio Program. You can also find a link to an iTunes iMix on the *Dos mundos* Online Learning Center: **www.mhhe.com/dosmundos7.**

Lectura

The **Lecturas** present a variety of topics, such as sports, leisure activities, regional foods, and interesting cities or regions of the Spanish-speaking world. These materials may be read in class or may be given as homework. Students should review the reading hints in **Pistas para leer** and the new vocabulary words in the **Vocabulario útil** box before they begin to read. Follow-up questions include **Comprensión,** which assesses general understanding of the material, and either **Un paso más... ¡a escribir!,** a creative writing activity related to the topic of the reading, or **Un paso más... ¡a conversar!,** a whole-class discussion activity. Selected readings from the **Lectura** sections are also available in audio format on the Online Learning Center and also on a special audio CD that is part of the Audio Program.

En resumen

This section includes activities that summarize the chapter material. **De todo un poco** features one or more communicative activities for students to do in groups. **¡Dígalo por escrito!** is an individual writing activity that requires students to use chapter themes and grammar in a creative

way. **¡Cuéntenos usted!** gives students a series of guided questions related to the chapter theme and then asks them to tell their own story.

Vocabulario

At the end of every chapter, before the blue grammar pages, is a one- or two-page list of all the new vocabulary words from the **Actividades de comunicación.** All vocabulary words are available in audio format on the Online Learning Center and on special audio CDs in the Audio Program.

Gramática y ejercicios

The blue grammar pages include explanations of the basic grammar and follow-up exercises. **¿Recuerda?** sidebars call attention to previously relevant grammar points. Brief margin notes provide additional information about Spanish grammar. The explanations and the exercises are designed to be done as homework, using the Answer Key in Appendix 4 to make corrections.

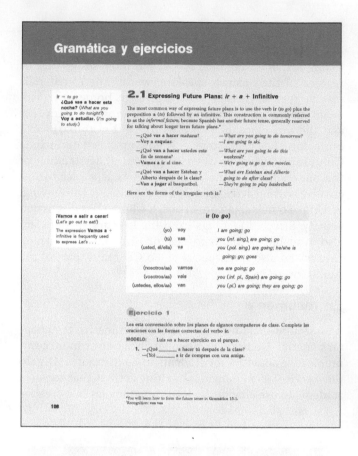

Gramática y ejercicios

ir = to go
¿Qué vas a hacer esta noche? (What are you going to do tonight?)
Voy a estudiar. (I'm going to study.)

2.1 Expressing Future Plans: *ir + a + Infinitive*

The most common way of expressing future plans is to use the verb ir (to go) plus the preposition a (to) followed by an infinitive. This construction is commonly referred to as the *informal future*, because Spanish has another future tense, generally reserved for talking about longer term future plans.*

—¿Qué vas a hacer mañana? —*What are you going to do tomorrow?*
—Voy a esquiar. —*I am going to ski.*

—¿Qué van a hacer ustedes este fin de semana? —*What are you going to do this weekend?*
—Vamos a ir al cine. —*We're going go to the movies.*

—¿Qué van a hacer Esteban y Alberto después de la clase? —*What are Esteban and Alberto going to do after class?*
—Van a jugar al basquetbol. —*They're going to play basketball.*

Here are the forms of the irregular verb ir.*

¡Vamos a salir a cenar! (Let's go out to eat!)
The expression **Vamos a +** infinitive is frequently used to express Let's . . .

	ir *(to go)*	
(yo)	voy	*I am going; go*
(tú)	vas	*you (inf. sing.) are going; go*
(usted, él/ella)	va	*you (pol. sing.) are going; he/she is going; go; goes*
(nosotros/as)	vamos	*we are going; go*
(vosotros/as)	vais	*you (inf. pl., Spain) are going; go*
(ustedes, ellos/as)	van	*you (pl.) are going; they are going; go*

Ejercicio 1

Lea esta conversación sobre los planes de algunos compañeros de clase. Complete las oraciones con las formas correctas del verbo ir.

MODELO: Luis *va* a hacer ejercicio en el parque.

1. —¿Qué _____ a hacer tú después de la clase?
   —(Yo) _____ a ir de compras con una amiga.

_____
*You will learn how to form the future tense in Gramática 15.1.
*Recognition: vos vas

108

Vida y cultura

Vida y cultura follows **Capítulos 4, 9,** and **15.** This cultural magazine section includes articles on various aspects of Hispanic culture from several countries. Footnotes are provided to clarify unfamiliar vocabulary.

VIDA Y CULTURA

El Día de los Muertos

¿**U**na fiesta que celebra la muerte[1]? ¡Así es! En México, el primero y el segundo día de noviembre son días dedicados al recuerdo de los familiares y amigos fallecidos.[2] El primero de noviembre es el Día de Todos los Santos y se dedica a los niños muertos. El 2 de noviembre es el

Día de los Muertos y en ese día la gente honra a sus familiares: un tío, una esposa, una prima o un padre muerto. La tradición de honrar a los difuntos[3] es una mezcla de tradiciones católicas europeas con tradiciones de las culturas indígenas[4] de América.

Los preparativos para estos días empiezan a fines de[5] octubre y en algunas regiones las celebraciones duran hasta mediados de[6] noviembre. En los mercados se vende papel picado,[7] flores de cempasúchil,[8] calaveras y ataúdes de azúcar[9] decorados de colores vivos, juguetes[10] de papel maché en forma de esqueletos y un pan[11] especial: el pan de muerto. En las casas y en edificios públicos se construyen ofrendas[12] que recuerdan a los amigos o familiares fallecidos.

Las ofrendas se adornan con velas,[13] papel picado, flores y pan de muerto. Es costumbre poner objetos queridos[14]

del difunto: por ejemplo, una comida o bebida favorita, o un recuerdo de sus gustos: un collar,[15] un libro, un instrumento musical y, si es posible, una foto. También es costumbre dejar un vaso de agua en el altar. ¿Sabe por qué? Porque los espíritus tienen sed después de su largo viaje al mundo de los vivos.[16] Se forma una senda[17] de pétalos de cempasúchil que guía al espíritu del muerto de la puerta hasta la ofrenda.

En muchos pueblos, por la mañana las familias van al panteón o cementerio y limpian las tumbas de sus seres queridos[18] en preparación para la celebración de esa noche. De noche encienden[19] velas, ofrecen flores y comen comidas tradicionales en honor a los difuntos. Esa misma noche por las calles del pueblo hay desfiles de gente enmascarada[20] que pasa por las calles tocando música. El Día de los Muertos les permite a los mexicanos recordar y honrar a aquellas personas que siempre viven en el corazón de sus amigos y familiares. ∎

_____
[1]death [2]deceased [3]people who have died [4]indigenous [5]a... at the end of [6]duran... last until the middle of [7]papel... decorative cut paper [8]flores... marigold flowers [9]calaveras... skulls and coffins made of sugar [10]toys [11]bread [12]altars, offerings [13]candles [14]objetos... cherished objects [15]necklace [16]mundo... land of the living [17]path [18]seres... loved ones [19]they light [20]desfiles... parades of masked people

Features and Changes in the Textbook

■ **Chapter Themes:** We have retained all communication themes from the previous edition, while updating activities and cultural information.

■ **Chapter Openers:** Each two-page opener features a piece of fine art from one of the twenty-one Spanish-speaking countries and a new feature called **¡Conozca... !** that provides country-specific data on holidays, typical food and music, famous people and other areas of interest.

■ **Actividades de comunicación:** The communicative activities have been updated to reflect current issues and student interests. Each of the **Actividades de comunicación** is categorized under one of seventeen different types (see under *Dos mundos* **Methodology: Specifics,** toward the end of this *To the Instructor* section). All activities are sequenced from input to output in order to promote comprehension before production. The **Diálogo** activities are included only in the **Pasos** and in **Capítulo 1.** Their purpose is to provide controlled practice in using formulaic conversational expressions.

■ **En resumen:** These review sections support the chapter themes. The **¡Dígalo por escrito!** sections are individual writing activities suitable for assigning as homework or extra credit. The **¡Cuéntenos usted!** activity is designed to develop oral narrative ability and may be used at the end of a chapter or later in the course as a review activity. **Capítulos 12, 13, 14,** and **15** also include a service-learning activity called **Conexión a la comunidad,** which encourages students to use their Spanish in real-life volunteer settings.

■ **Vocabulario:** The end-of-chapter vocabulary lists include all the vocabulary from the **Actividades de comunicación.**

■ **Reading Materials:** The Seventh Edition of *Dos mundos* continues to emphasize reading and literacy. It features a wide variety of cultural topics, exciting literature, and realia-based materials. The two main categories of readings are **Lecturas** and **Enlaces.**

• **Lectura:** This reading segment focuses on many aspects of Hispanic culture such as sports, holiday celebrations, leisure activities, and regional foods. The **Pistas para leer** box provides pre-reading questions, clues, and useful strategies such as scanning and cognate recognition.

• *Enlace:* This material is presented in the segments **Enlace a la literatura, Enlace a la música,** and **Enlace al cine.** As in the previous edition, the **Enlace a la literatura** consists of poetry and fiction selections by well-known Spanish, Latin American, and U.S. Latino writers. Some of the writers featured are José Martí, Octavio Paz, María Elena Walsh, Rosario Castellanos, Tomás Rivera, and Federico García Lorca. Each selection is preceded by an introduction to the author.

Students will be encouraged by their enjoyment of these literary works; we are confident that literature can be understood and appreciated early in the language acquisition process. New to the Seventh Edition are the **Enlace a la música** and **Enlace al cine,** short readings that present exciting information about the music and cinema of the Spanish-speaking world. Some of the topics highlighted are Andean and Cuban music, as well as Mexican, Spanish, Argentine, and Chilean cinema.

■ **Culture:** In addition to the cultural content described in the preceding section on reading materials, the Seventh Edition includes other cultural features.

• **Vida y cultura:** An attractive magazine section (after **Capítulos 4, 9,** and **15**) that presents articles on high-interest topics such as music, history, cuisine, and art.

• **Ventanas culturales:** As the title suggests, these are windows into the culture and society of the Hispanic world. There are four categories of **Ventanas culturales: Nuestra comunidad, La lengua, La vida diaria,** and **Las costumbres.** The Seventh Edition features topics such as **flamenco** music, the **Diablada de Oruro** celebration in Bolivia, and the **Ballet Folklórico de México.**

• **Ventanas al pasado:** focus on some historical aspect of Hispanic culture. Some of the topics include the art of Diego Rivera and Frida Kahlo, Arabic contributions to the field of medicine, and the work of Spanish architect Antoni Gaudí.

• **¡Ojo!:** Brief descriptions of customs in and points of interest about the Hispanic world.

• **¡Conozca... !:** This feature, new to the Seventh Edition, includes country-specific data on cities, population, holidays, typical foods and music, famous people, and colloquial language. This information can serve as a starting point for a more in-depth discussion of many aspects of daily life and culture in Spanish-speaking countries.

■ **Grammar:** Here are features of note in the Seventh Edition.

• **Explanations:** Clear and concise explanations and the Answer Key provided in Appendix 4 allow the grammar component to be used by students outside the classroom. A simple overview of basic grammar, **Some Useful Grammatical Terms,** introduces the grammar of **Paso A.** A simple introduction to direct object pronouns has been added to **Capítulo 3.** This concept is re-entered in more detail in **Capítulo 6, Capítulo 8,** and **Capítulo 13. Gramática 11.2,** Softening Commands, The Present Subjunctive following **querer,** has been expanded to include the verb **sugerir.** This will allow students to practice the use of the present subjunctive in more contexts before additional uses of the subjunctive are presented in subsequent chapters.

- **Margin Notes:** These give students quick hints and brief overviews of grammar points for review purposes.

- **Illustrations:** Many complex grammar concepts are illustrated with a drawing, called **Gramática ilustrada,** to help students visualize the grammatical structure.

- **Review:** The **¿Recuerda?** feature reminds students to review previous relevant grammar sections.

- **Helpful Hints:** **¡Ojo!** and other marginal boxes in the grammar section provide helpful hints for doing the grammar exercises.

- **Verbs:** Simple presentations of **-ar** and **-er/-ir** verbs are in **Paso C** and **Capítulo 1.** The present tense is reexamined more completely in **Capítulos 3** and **4.**

Features and Changes in the *Cuaderno de actividades* (Workbook / Laboratory Manual)

The *Cuaderno de actividades* is intended for use primarily outside the classroom. This combined workbook / laboratory manual features **Actividades escritas, Actividades auditivas, Resumen cultural, Pronunciación y ortografía, Videoteca,** and **Lecturas.** The Preface in the *Cuaderno de actividades* provides a detailed description of all sections and types of activities.

- **Actividades escritas:** These writing activities echo the chapter themes and allow students to express themselves more freely than in the verification exercises of the **Gramática y ejercicios.**

- **Actividades auditivas:** These listening passages correspond to the chapter themes and give students the opportunity to hear Spanish speakers interacting using the vocabulary and structures featured in the chapter. Brief comprehension questions accompany these passages.

- **Resumen cultural:** These questions review the cultural content of the main text.

- **Pronunciación y ortografía:** Explanations of pronunciation and spelling are followed by audio exercises.

- **Videoteca:** Includes **Los amigos animados** and **Escenas en contexto.** Each section contains corresponding comprehension questions.

- **Lecturas:** New readings have been added, including several **Notas culturales.**

Although the **Actividades escritas** and the **Actividades auditivas** are in separate sections, they coordinate with the chapter themes. We suggest that instructors assign the **Actividades escritas** as they are working through the chapter and that they assign the **Actividades auditivas** toward the end of the chapter, when students have had

ample exposure to comprehensible input in class. Additional advanced grammar concepts, along with verification exercises, are in a section of the *Cuaderno* called **Expansión gramatical.** These additional grammar topics and others are also available on the Online Learning Center.

Supplements

As a full-service publisher of quality educational products, McGraw-Hill does much more than just sell textbooks to students. We create and publish an extensive array of print, video, and digital supplements to support instruction on your campus. Orders of new (versus used) textbooks help us defray the cost of developing such supplements, which is substantial. Please consult your local McGraw-Hill representative to learn about the availability of the following supplements that accompany this edition of *Dos mundos: Comunicación y comunidad.*

For Instructors and for Students

 McGraw-Hill has partnered with Quia™, the leading developer of online tools for foreign language instruction and learning, to create CENTRO, a comprehensive learning management system that allows you to manage your course with robust communication tools, record-keeping that can be imported to Blackboard and other CMS platforms, integration of instructor resources such as Digital Transparencies and PowerPoint™ slides, as well as the ability to customize or add your own content.

- CENTRO includes a fully interactive digital version of the textbook that has a real-time voice chat feature, integrated audio and video, an integrated gradebook, and many other resources that make this a truly innovative online system for the teaching and learning of Spanish.

- CENTRO is also home to the Quia™ online *Cuaderno de actividades.* This digital alternate version of the printed *Cuaderno* is easy for students to use and ideal for instructors who want to manage students' coursework online. Identical in practice to the print version, the online *Cuaderno* contains the full Audio Program as well as segments from the DVD. The online *Cuaderno* also provides students with automatic feedback and scoring of their work.

- Also featured in CENTRO is a new collection of mini-documentaries and interviews from Yabla™, delivered in a player that allows students to view a transcript of the clips as well as to slow down the pace of the speaking, if they so desire. Interactive games are embedded in the player for additional comprehension and practice.

Please contact your local McGraw-Hill sales representative for more information. (**http://dosmundos.mhcentro.com**)

- The *Cuaderno de actividades,* described earlier, offers additional practice with vocabulary, grammar, and skill development.

- The Audio Program, coordinated with the **Actividades auditivas** from the *Cuaderno de actividades,* is available in audio CD format and also on the Online Learning Center. Additionally, an audio recording of the **Enlace a la literatura** passages and selected **Lecturas** from the textbook are included in special audio CDs as part of the Audio Program. The audio recordings for the **Lecturas** can also be found on the Online Learning Center. An audio icon identifies these readings in the textbook.

- Each chapter of the DVD consists of two animated dialogues (**Los amigos animados**), and the **Escenas en contexto** (a two- to three-minute functional vignette filmed on location in Costa Rica, Ecuador, Mexico, Peru, and Spain). The Yabla™ videos, mentioned on the previous page, are also available on the DVD. The activities for these two segments are found in the **Videoteca** sections of the *Cuaderno de actividades.*

- The Online Learning Center (**www.mhhe.com/dosmundos7**) provides students with a wealth of activities specially created for use with *Dos mundos.* The Online Learning Center includes additional vocabulary and grammar practice quizzes, cultural activities (including new cultural PowerPoint™ slides), the Laboratory Audio Program, the Textbook Audio recordings, the Flash Grammar Tutorials, and more.

- A downloadable musical playlist, designed by the *Dos mundos* authors to coordinate with the text, is available for purchase through iTunes®. See the Online Learning Center for details.

For Instructors Only

- The annotated *Instructor's Edition* of *Dos mundos* provides notes that offer extensive pre-text activities, teaching hints, and suggestions for using and expanding materials, as well as references to the supplementary activities in the Instructor's Manual and the Instructor's Resource Kit.

- Instructors have password-protected access to all portions of the Online Learning Center, which includes such resources as the Instructor's Manual and the Instructor's Resource Kit, Digital Transparencies, Cultural PowerPoint™ presentations, the Testing Program, the Audioscript, and more. For password information, please contact your McGraw-Hill sales representative.

- The Picture File contains fifty color photographs, designed to stimulate conversation in the classroom.

- The Instructor's Manual provides a general introduction to communicative language teaching and to the types of activities found in the program. It also offers step-by-step instructions for teaching the **Pasos** and **Capítulo 1.** There are suggestions for pre-text activities, TPR (Total Physical Response) sequences, and many additional activities for each chapter.

- The Instructor's Resource Kit contains supplementary activities and games that correspond to chapter themes.

The Seventh Edition also includes Internet activities (also available on the *Dos mundos* Online Learning Center) and a **Lotería cultural** for each chapter.

- A set of Digital Transparencies displays drawings, color maps, and other illustrations, mostly from the main text.

- The Testing Program contains listening comprehension (with Testing Audio CD), reading, vocabulary, and grammar tests. It also includes suggestions for testing oral production and writing skills. The Seventh Edition provides nine sample exams (one for each two-chapter segment), as well as a variety of alternative activities/exercises for all three **Pasos** and fifteen chapters that can be recombined to create different versions of the tests.

- The Audioscript is a transcript of all recorded materials in the Audio Program.

Other Materials Available

- The *¡A leer! Easy Reader Series* features two short readers, *Cocina y comidas hispanas,* on regional Hispanic cuisines, and *Mundos de fantasía,* which contains fairy tales and legends.

- The *Storyteller's Series* offers high-interest fiction designed for advanced beginning or intermediate students. Three books are available: *Viajes fantásticos, Ladrón de la mente,* and *Isla de luz.*

- The *El mundo hispano* reader features five major regions of the Hispanic world, as well as a section on Hispanics in the United States.

- CourseSmart is a new way to find and buy eTextbooks. At CourseSmart you can save up to 50 percent off the cost of a print textbook, reduce your impact on the environment, and gain access to powerful web tools for learning. CourseSmart has the largest selection of eTextbooks available anywhere, offering thousands of the most commonly adopted textbooks from a wide variety of higher education publishers. CourseSmart eTextbooks are available in one standard online reader with full text search, notes and highlighting, and email tools for sharing notes between classmates. For further details contact your sales representative or go to **www.coursesmart.com.**

Second-Language Acquisition

Dos mundos is designed to work well with a variety of communicative approaches. The program is primarily based on Tracy D. Terrell's research, James Asher's Total Physical Response (TPR), and elements of Stephen D. Krashen's theoretical model of second-language acquisition.[1] Krashen posits that we have two ways of developing language ability: acquisition and learning. *Language acquisition* is a subconscious or automatic process; that is,

---

[1]Portions of this section (and the next) are quoted by permission of Stephen D. Krashen, *Fundamentals of Language Acquisition,* Laredo Publications, 1992.

we are not focused on form and we are usually not aware that it is happening. Research supports the view that adults can and do acquire language subconsciously, even if not as naturally as children do. *Language learning* is a conscious or controlled process: it occurs when we are focused on form and aware that we are learning. When you talk about grammar rules, you are usually talking about learning.

We normally produce language using our acquired or implicit linguistic competence, whereas we use our learned system—our knowledge of explicit rules—to monitor or edit our output. Current theories of language acquisition posit that we acquire language best when we understand messages or receive *comprehensible input,* either aural or written: reading is an excellent source of comprehensible input.

These theories also suggest that attitudes and feeling can influence language acquisition. If students are overly anxious or do not perceive the target culture in a positive light, they may understand the input but a psychological block (the Affective Filter) will prevent their acquisition of the new language.[2]

Dos mundos: From Theory to Action

Our goal is to make language acquisition theory work in the classroom. Here is how we do it.

1 Aiming for Meaning

The primary goal of the *Dos mundos* classroom is to provide aural and written input that is both interesting and comprehensible. This input helps students take in meaning and integrate it within their developing language system. *Dos mundos* helps students create meaning from the new language through both comprehensible input (listening) and guided output (speaking).

2 I'm Listening!

Comprehension precedes production in both first- and second-language acquisition. Thus, students' ability to use new vocabulary and structures is directly related to the opportunities they have had to interact aurally, orally, and visually in meaningful and relevant contexts with the new language. Students need many opportunities to interact in meaningful contexts before they can express their own meaning successfully.

3 Taking Our Time

Because speech emerges in stages, *Dos mundos* allows for three stages of language development: comprehension, early speech, and speech emergence.

The activities in **Paso A** are designed to give students the opportunity to develop initial comprehension ability while producing only minimal fixed expressions (see **Diálogos** in the section **Los saludos** in **Paso A**). The activities in **Paso B** encourage the transition from comprehension to the ability to respond naturally in single words. By the end of **Paso C** and through **Capítulo 1,** most students are making the first transitional steps from short answers to longer phrases and complete sentences. This is accomplished through guided output activities such as **Diálogos abiertos, Descripción de dibujos, Intercambios,** and **Entrevistas.** Students will continue to pass through these same three stages with the new material of each chapter. It is important to keep in mind that the vocabulary and structures presented in **Capítulo 1** may not be fully acquired until **Capítulo 5** or later.

The pre-text activities, the **Actividades de comunicación,** and the **Actividades auditivas** in the *Cuaderno de actividades* all provide opportunities for understanding Spanish before more developed production is expected. The Instructor's Manual includes additional activities for each chapter to provide further opportunities for comprehensible input and guided production. As students gradually become more fluent listeners and speakers, *Dos mundos* challenges their skills with higher level language and more open-ended output activities: **Entrevistas, Narración, ¡Cuéntenos usted!** This process helps students continue to acquire higher level lexical and grammatical structures.

4 We All Make Mistakes

Errors in form are not corrected in classroom activities that are aimed at communication. We anticipate that students will make many errors as speech emerges. Given sufficient exposure to Spanish, these early errors do not usually affect students' future language development nor do they impede basic interpersonal communication with native speakers. While doing the **Actividades de comunicación** in class, we recommend correcting only factual errors and responding naturally to students' communication, expanding or restating when it feels normal and natural to do so and when the correction or expansion can be woven easily into the conversational thread.

In contrast, students can and should correct their responses to the self-study **Gramática y ejercicios** using the Answer Key in Appendix 4 and to the **Actividades auditivas** and the **Actividades escritas** using the Answer Key at the back of the *Cuaderno de actividades.*

5 Relax and Let it Happen!

Students acquire language best in a low-anxiety environment and when they are truly engaged with the material. Such an atmosphere is created when the instructor: (1) provides

---

[2]For more detailed information, see the section on Second-Language Acquisition Theory in the Instructor's Manual.

students with truly interesting, comprehensible input; (2) does not focus excessively on form; and (3) lets students know that communicating in a new language is possible. Student motivation to acquire Spanish will be higher if he/she has enjoyable and meaningful experiences in the new language. The *Dos mundos* program creates a positive classroom atmosphere by sparking student interest and encouraging involvement in two sorts of activities: those that relate directly to students and their lives and those that relate to the Hispanic world. Hence, the **dos mundos** referred to in the title. Input and interaction in these two areas—along with the expectation from the instructor that students will be able to communicate their ideas—create a classroom environment wherein the instructor and the students feel comfortable listening and talking to one another.

6 It Takes a Community

People acquire both first and second languages as part of a larger language community. Group work in a *Dos mundos* classroom provides valuable oral interaction in Spanish and creates a classroom community that facilitates communication. Students are also encouraged to integrate themselves into the larger Hispanic community through cultural readings, Internet activities, and service opportunities.

7 Speak Your Mind!

Speaking helps language acquisition in several ways. It encourages comprehensible input via conversation, and it provides feedback on communicative accuracy (Was the listener able to understand the speaker?). Speaking also allows students to engage in real language use as the instructor and students share opinions and information about themselves. *Dos mundos* provides students with many opportunities for meaningful production in Spanish.

8 A Place for Grammar

Although *Dos mundos* focuses on acquiring communicative competence through oral, listening, and written activities, there are also practical reasons for grammar study. Formal knowledge of grammar helps students edit their written work; it also gives students confidence about their progress with the new language. Some language students derive great satisfaction when they learn about what they are acquiring and when they are able to utilize grammatical knowledge to make the input they hear and read more comprehensible. In addition, a gentle focus on form may help some students to recognize gaps in their developing language and thereby achieve more accuracy in their output.

9 Language with a Purpose

The goal of a *Dos mundos* Spanish class is proficiency in basic communication skills: listening, reading, speaking, and writing. Proficiency is defined as the ability to understand and convey information and/or feelings in a particular situation for a particular purpose. Grammatical accuracy is one part of communicative proficiency, but it is not the primary goal. The activities in *Dos mundos* support different aspects of language acquisition.

COMPREHENSIBLE INPUT	OUTPUT	EXPLICIT KNOWLEDGE OF RULES
Pre-text activities	Actividades de comunicación	Gramática y ejercicios
Actividades de comunicación		
Ventanas culturales	¡Dígalo por escrito!	Ejercicios de pronunciación y ortografía
Ventanas al pasado	¡Cuéntenos usted!	
Enlaces	Un paso más...	
Lecturas	¡a escribir!	
	Un paso más...	
	¡a conversar!	
	Actividad creativa	
Actividades auditivas	Actividades escritas	
Videoteca		

Dos mundos materials fully support the National Standards for Foreign Language Education.[3]

STANDARD	*DOS MUNDOS* MATERIALS
Communication	**Actividades de comunicación, En resumen, ¡Cuéntenos usted!, Actividades auditivas**
Cultures	Opener page fine art, **Sobre el artista, ¡Conozca... !** sections on opening pages, **¡Ojo!** side bars, **Ventanas culturales, Ventanas al pasado, Video (Escenas en contexto)**
Connections	**Ventanas culturales, Ventanas al pasado, Enlaces literarios, Lecturas, Video (Escenas en contexto)**
Comparisons	**Gramática y ejercicios, Pronunciación y ortografía, Ventanas culturales, Ventanas al pasado, Lecturas, Video (Escenas en contexto)**
Communities	**Ventanas culturales, Conexión a la comunidad, Video (Escenas en contexto),** Internet activities from the IRK

Dos mundos Methodology: Specifics

Each of the fifteen regular chapters of *Dos mundos* opens with the **Actividades de comunicación y lecturas,** which stimulate the acquisition of vocabulary and grammar. The following types of communicative activities appear in most chapters.

Student-centered input (pre-text oral activities in Instructor's Edition)

Photo-centered input (Pre-text oral activities in Instructor's Edition)

Definitions (**Definiciones**)

Association activities (**Asociaciones**)

Discussions (**Conversación, Un paso más... ¡a conversar!**)

Realia-based activities (**Del mundo hispano**)

Description of drawings (**Descripción de dibujos**)

Interactions (**Intercambios**)

Narration series (**Narración**)

Dialogues (**Diálogos, Diálogos abiertos**)

Identification activities (**Identificaciones**)

Personal opinion activities (**Preferencias**)

Interviews (**Entrevistas**)

Polls (**Encuestas**)

Culminating activities (**En resumen**)

Storytelling activity (**¡Cuéntenos usted!**)

Creative writing activities (**Un paso más... ¡a escribir!, ¡Dígalo por escrito!, Actividad creativa**)

In addition, the Instructor's Manual contains TPR (Total Physical Response) and additional activities, all of which provide comprehensible input.

The **Vocabulario** list that follows each **Actividades de comunicación y lecturas** section contains most of the new words that have been introduced in the vocabulary displays and activities. Students should recognize these words when they are used in a clear, communicative context. Many will also be actively used by students in later chapters and as the course progresses.

The readings in *Dos mundos* are by no means exhaustive; we recommend that instructors read aloud to students and when students are ready for independent reading, allow them to select material of interest to them. The *¡A leer! Series,* the *El mundo hispano* reader, or the *Storyteller's Series* are appropriate for second-, third-, or fourth-semester accompaniment to *Dos mundos.*

The **Gramática y ejercicios** sections (the blue pages) at the end of each chapter are designed for quick reference and ease of study. The purpose of the grammar exercises is for students to verify that they have understood the explanation: we do not believe that students acquire grammar by doing exercises. Students may self-check their work using the Answer Key found in Appendix 4 of the textbook.

Most new topics in the **Actividades de comunicación y lecturas** sections begin with references (marked **Lea Gramática...**) to the pertinent grammar section(s) of the chapter. The **Actividades de comunicación** are designed to be done in a purely communicative way, with both instructor and students focusing on the message being conveyed. Although all activities can be done without previous grammar study, most students will find it helpful to review the associated grammar points before doing the **Actividades de comunicación.**

Acknowledgments

A special note of gratitude is due to Stephen D. Krashen for his research on second-language acquisition theory. Dr. Krashen has given us many valuable insights into creating more natural activities and providing comprehensible input for students. We also remain grateful to Dr. Joseph Goebel for his help in writing the section **¡Dígalo por escrito!**

We would like to thank Dr. Karen Christian for her contributions to the first Instructor's Resource Kit (with the Third Edition). And our heartfelt thanks go to Beatrice Tseng (Irvine Valley College) for her creative work on the Fourth, Fifth, Sixth, and Seventh Editions of the Instructor's Resource Kit and for her tireless quest to update the Internet activities.

The authors would like to express their gratitude to the many members of the language-teaching profession whose valuable suggestions through reviews and user diaries contributed to the preparation of the Seventh Edition. The appearance of their names here does not necessarily constitute an endorsement of the text or its communicative methodology.

User Diarists

Tania Garmy, University of Tulsa
Nancy Shearer, Cuesta College

Reviewers

Beatriz Gómez Acuña, Carthage College
Pilar Ara, Pasadena City College
Carolina Ávila, Mexican American Cultural Center
Edward Baranowski, California State University, Sacramento
Geoffrey Ridley Barrow, Purdue University, Calumet-Hammond
Luis Belaustegui, University of Missouri, Kansas City
Linda Burgess-Getts, Thomas Nelson Community College
Fernando Burgos, University of Memphis
Rosa Campos-Brito, Loyola College of Maryland
Lina Castellanos, Carthage College
An Chung Cheng, University of Toledo
Candace J. Chesebro, Chapman University
Edgar Cota-Torres, University of Colorado, Colorado Springs
Patricia Crespo-Martín, Foothill College
Michael F. Dillon, Piedmont College
Concepcio Domenech, Front Range Community College
Andrés Xavier Echarri, University of West Georgia
Paul Eckhardt, Mt. Hood Community College

Ezekiel J. Flannery, Purdue University, Calumet-Hammond
Ruston C. Ford, Indian Hills Community College
Christina Fox-Ballí, Eastfield College
Paola Galeano, Carthage College
Kathleen Gallivan, West Virginia University
Joseph J. Goebel Jr., The College of New Jersey
Ana B. Fernández González, West Virginia University
Bridgette W. Gunnels, University of West Georgia
Polly J. Hodge, Chapman University
Alex Idavoy, Brookdale Community College
Robert Jacques, Georgian Court College
Barbara Kruger, Finger Lakes Community College
Linda Elizabeth Lassiter, Southern University and A&M College
Ornella Lepri Mazzuca, Dutchess Community College
Ellis B. Long, Thomas Nelson Community College
Rebecca López, Mexican American Cultural Center
Teresita López, Camden County College
Elvia Macías de Pérez, Folsom Lake College
Richard McCallister, Delaware State University
Carlos Molina, Mexican American Cultural Center
Gerry Monroy, Brookdale Community College
Thelma Montoya, Mexican American Cultural Center
Regina Morín, The College of New Jersey
Rebekah L. Morris, Wake Forest University
Stacie Munger, Cochise College
Daniel J. Nappo, University of Tennessee, Martin
Eduardo Negueruela, University of Miami
Nancy Nieman, Santa Monica College
Michelle Renee Orecchio, University of Michigan
Arturo Ortiz, Lenoir-Rhyne College
Linda Patton, Central Oregon Community College
Teresa Pérez-Gamboa, University of Georgia
Loknath Persaud, Pasadena City College
Jesús R. Pico-Argel, Wake Forest University
Ana Piffardi, Eastfield College
Kristina Primorac-Waggoner, University of Michigan
Kathryn Quinn-Sánchez, Georgia Court University
Callie Rabe, Finger Lakes Community College
Alister Ramírez, Hunter College, CUNY
Elsy Ramírez-Monroy, Brookdale Community College
Lea Ramsdell, Towson University
Tony Rector-Cavagnaro, Cuesta College
Sofía Hurón Reyes, Mexican American Cultural Center

Pascal Rollet, Carthage College

Marcos Romero, Aquinas College

Leticia Romo, Wake Forest University

Linda Ann Roy, Tarrant County College

Lilia Ruiz Debbe, SUNY-Stony Brook

Eric Sakai, Community College of Vermont, Montpelier

Fernando Salcedo, Riverside Community College District

Annette Sánchez, Nashville State Community College

Elizabeth Buckley Sánchez, University of Tulsa

Robert Sanders, Portland State University

Arthur J. Sandford, Ventura College

Terry D. Sellars, Nashville State Technical Community College

Virginia Serna, Texas State Technical College

Nancy Shearer, Cuesta College

James Smolen, Bucks County Community College

Craig Stokes, Dutchess Community College

Silvia Teodorescu, Hartnell College

Jasmina Terzioska, Purdue University, Calumet-Hammond

Beatrice Tseng, Irvine Valley College

María-Encarna Moreno Turner, Wake Forest University

Titiana Vargas, Carthage College

Ferdinand Vélez, Eastern Washington University

Clara Vélez-Graham, Phoenix College

Gloria Vélez-Rendón, Purdue University, Calumet-Hammond

Celinés Villalba, University of California, Berkeley

Susan Walter, University of Denver

Suzanne Ward, Davidson County Community College

Susan Zárate, Santa Monica College

Many other people participated in the preparation of the Seventh Edition of *Dos mundos*. We feel indebted to Dr. Thalia Dorwick for the guidance and opportunities she has given to us throughout the years. We are grateful to Dr. William Glass, our Editorial Director for this project, who encouraged us to strengthen the cultural and literary content of *Dos mundos* and who continues to advise us on aspects of second-language acquisition. Our sponsoring editor, Katie Crouch, helped us to envision the design of this edition and brought a wealth of fresh ideas to our project. Our Seventh Edition editor, Jenni Kirk, was immensely helpful. We thank her for her patience, care, and support for helping us to realize all of our new ideas and for the great photos she found!

We are grateful to the following McGraw-Hill staff for tireless work and assistance on this edition: Scott Tinetti (Director of Development & Media Technology), Janina Tunac-Basey (Editorial Coordinator), Carey Eisner (Production Editor), Nora Agbayani (Photo Research Coordinator), Gene Fitzer (Photo Researcher), Preston Thomas (Design Manager), Richard DeVitto (Production Supervisor), and Allison Hawco (Senior Media Producer).

We would also like to acknowledge the sales and marketing support we have received from McGraw-Hill over the years, and specifically from Jorge Arbujas (Marketing Manager).

Special thanks go to Sally Richardson, the gifted artist who made our Cast of Characters come to life in previous editions and to Daryl Slaton, the artist on the Seventh Edition who also created our exciting animation segments. In addition we would like to thank Laura Chastain (El Salvador) for her help with questions of language usage and cultural content.

Finally, we thank each other for many years of moving *Dos mundos* from idea to print. We hope our contributions continue to be worthwhile in the 21st century.

To the Student

A Few Words about *Dos Mundos: En breve*

This text is a new, shorter version of the Seventh Edition of *Dos mundos: Comunicación y comunidad.* It is identical to that edition of *Dos munods,* except that the last four chapters have been omitted. What follows is the student preface for the Seventh Edition of *Dos mundos* (the complete text).

The course you are about to begin is designed to help you develop your ability to understand and speak everyday Spanish, and to help you learn to read and write in Spanish.

Researchers distinguish two ways of developing ability in another language: (1) through a subconscious process called language acquisition—like "picking up" Spanish while living in Mexico or Spain; and (2) through a conscious process called language learning, which has to do with memorizing and applying grammar rules. *Language acquisition* gives us our fluency, much of our accuracy in speaking, and our ability to understand language when we hear it. You know you've acquired a word when it "feels" and sounds right in a given context. *Language learning* is not as useful in oral communication, but it helps us edit our speech and writing. You know you've *learned* a rule when, for example, you can recall it in order to produce the right form of a verb.

The **Actividades de comunicación y lecturas** of *Dos mundos* will help you acquire Spanish through listening to your instructor and interacting with your classmates; the **Actividades auditivas** of the *Cuaderno de actividades* also provide opportunities to practice your listening comprehension skills. The **Gramática y ejercicios** section of the text and many sections of the *Cuaderno* will offer opportunities for learning Spanish and for applying the rules you have learned. Our goal in *Dos mundos* is to make it possible for you to *acquire* the language, not just *learn* it. Keep in mind that language acquisition takes place when we understand messages; that is, when we comprehend what we read or what we hear. The most effective ways for you to improve your Spanish are to listen to it, read it, and interact with native speakers of the language as much as possible!*

Classes that use *Dos mundos* provide you with a great deal of language you can understand. Your instructor will speak Spanish to you and will use gestures, photos, real objects, and sound effects to make himself or herself understood. You only need to focus on what your instructor is saying; that is, on *the message.* You do not have to think *consciously* about grammar or try to remember all the vocabulary that is being used.

You will also have plenty of opportunities for reading. The more you read, the better your Spanish will become. When you are reading, pay attention to the message. You don't have to know every word or figure out every grammatical structure in order to understand what you read!

You will be speaking a lot of Spanish in the classroom, both with your instructor and with your classmates. And when you speak, you will make mistakes. Don't be overly concerned about these mistakes; they are a natural part of the language acquisition process. The best way to eliminate your errors is not to worry or think hard about grammar when you talk but to continue to get more language input through listening, conversation, and reading. In time, your speech will become more accurate.

Getting Started with the *Pasos*

Understanding a new language is not difficult once you realize that you can comprehend what someone is saying without knowing every word. The key to communication is *understanding the ideas* and *the message* the speaker wants to convey.

Several techniques can help you develop good listening comprehension skills. First and most important, *you must guess at meaning!* In order to improve your ability to guess accurately, pay close attention to the context. If someone greets you at 3:00 P.M. by saying **Buenas tardes,** chances are they have said *Good afternoon,* not *Good morning* or *Good evening.* You can make a logical guess about the message being conveyed by focusing on the greeting context and time of day.

In class, ask yourself what you think your instructor has said even if you haven't understood most—or any—of the words. What is the most likely thing to have been said

---

*For a more in-depth understanding of the terms *acquisition* and *learning* you may wish to read the To the Instructor section of this text.

xxvi :: **TO THE STUDENT**

in a particular situation? Be logical in your guesses and try to follow along by paying close attention to the flow of the conversation. *Context, gestures, and body language will all help you guess more accurately.*

Another strategy for good guessing is to *listen for key words.* These are the words that carry the basic meaning of the sentence. In the class activities, for example, if your instructor points to a picture and says in Spanish, **¿Tiene el pelo castaño este hombre?** (*Does this man have brown hair?*), you will know from the context and intonation that a question is being asked. By focusing on the key words **pelo** (*hair*), **castaño** (*brown*), and **hombre** (*man*), you will be able to answer the question correctly.

Remember: *You do not need to know grammar rules* to understand much of what your instructor says to you. For example, you wouldn't need to know the words **Tiene, el,** or **este** in order to get the gist of the previous question. Nor would you have needed to study verb conjugations. However, if you do not know the meaning of the key vocabulary words, **pelo, castaño,** and **hombre,** you will not be able to make good guesses about what is said.

Vocabulary

Because comprehension depends on your ability to *recognize the meaning of key words* used in the conversations you hear, the preliminary chapters of *Dos mundos*—the **Pasos**—will help you become familiar with many new words in Spanish, probably several hundred of them. *You should not be concerned about pronouncing these words perfectly;* saying them easily will come with more exposure to spoken Spanish.

Review key vocabulary frequently: Look at the Spanish and try to *visualize the person* (for words such as *man* or *child*), *the thing* (for words such as *chair* or *pencil*), *a person or thing with particular characteristics* (for words such as *young* or *long*), or *an activity or situation* (for phrases such as *stand up* or *is wearing*). You do not need to memorize these words; concentrate on recognizing their meaning when you see them and when your instructor uses them.

Classroom Activities

In the preliminary chapter, **Paso** (*Step*) **A,** you will be doing three types of class activities: (1) TPR; (2) descriptions of classmates; and (3) descriptions of pictures.

TPR (Total Physical Response): TPR is a technique developed by James Asher, Professor Emeritus, at San Jose State University in Northern California. In TPR activities your instructor gives a command that you act out. This type of activity may seem somewhat childish at first, but if you relax and let your body and mind work together to absorb Spanish, you will be surprised at how quickly and how much you can understand. You do not have to

understand every word your instructor says, only enough to perform the action called for. If you don't understand a command, sneak a look at your fellow classmates to see what they are doing.

Descriptions of students: On various occasions, your instructor will describe students in your class. You should try to remember the name of each of your classmates and identify who is being described.

Descriptions of pictures: Your instructor will bring pictures to class and describe the people in them. Your goal is to identify the picture being described.

In addition, *you will learn to say a few common phrases of greeting and leave-taking* in Spanish. You will practice these in short dialogues with your classmates. Don't try to memorize the dialogues; just have fun with them. Your pronunciation will not be perfect, but if you are able to communicate with native speakers, then your accent is good enough. Your accent will continue to improve as you listen and interact in Spanish.

Lecturas

Reading is a valuable activity that will help you acquire Spanish and learn about the Spanish-speaking world. When you read in Spanish, *focus on the meaning;* that is, "get into" the context of the story or reading selection. You do not need to know every word to understand a text. There may be a word or two that you will have to look up occasionally, to aid comprehension. But if you find yourself looking up many words and translating into English, *you are not reading.* As your ability to comprehend spoken Spanish improves, so will your reading ability, and as reading becomes easier you will, in turn, comprehend more spoken Spanish.

You may want to keep the following techniques in mind as you approach all of the reading materials in *Dos mundos:*

1. Look at the title, pictures, and any other clues outside the main text for an introduction to what the reading is about.
2. Scan the text for cognates and other familiar words.
3. Skim over the text to get the gist of it without looking up words.
4. Use context to make intelligent guesses about unfamiliar words.
5. Read in Spanish, picturing the story or information instead of trying to translate it in your mind as you go.

Gramática y ejercicios

The final section of each chapter is a grammar study and reference manual. The grammar exercises are meant to be completed at your own pace, at home, in order to allow you time to check the forms of which you are unsure. Your reference tools are the grammar explanations, the Verb Charts, appendices, and the Answer Key to grammar exercises in Appendix 4. We advise you to use your knowledge of grammar when it does not interfere with communication; for example, when you edit your writing. If you do so, your writing will have a more polished feel. Also, some students find that studying grammar helps them understand classroom activities better.

The beginning of most **Actividades de comunicación y lecturas** sections has a reference note (**Lea** [*Read*] **Gramática...**) that tells you which subsection of grammar in that chapter to read. Keep in mind that grammar explanations teach you *about* Spanish; they do not *teach* you Spanish. Only real comprehension and communicative experiences will do that. Grammar references are there to help you look up any information you may need or to help you clear any doubts you may have.

Remember that your instructor and the text materials can open the door to communicating in Spanish, but you must enter by yourself!

Tips for Success

Here are some suggestions for a successful experience acquiring Spanish.

Getting Started

■ Familiarize yourself with the *Dos mundos* text and the *Cuaderno de actividades*.
■ Do not expect to be able to communicate as clearly in Spanish as you do in your native language.
■ Remember that each individual will acquire Spanish at a different rate.
■ Be patient; it is not possible to fully acquire a new language in one or two semesters of study.
■ Celebrate your accomplishments; it is possible to communicate with native speakers even though your Spanish is not yet fluent.

Listening

■ Focus on understanding the general meaning.
■ Listen for key words.
■ Use contextual clues and body language to understand native speakers.
■ Listen to the **Actividades auditivas** four or five times each before checking the Answer Key.
■ Listen to the feedback you get from your instructor and native speakers.

Reading

■ Concentrate on the topic and the main ideas.
■ Use context to make logical guesses at meaning.
■ Read in Spanish as much as possible.

Speaking

■ Go over the **Actividades de comunicación** before going to class.
■ Don't rush through activities; use them to develop natural conversations in Spanish with your classmates.
■ Use gestures and act out ideas and messages.
■ Ask: **¿Cómo se dice _____ en español?**
■ Speak Spanish to your instructor and classmates whenever possible.
■ Don't be afraid to make mistakes; beginners are not expected to speak perfectly.
■ Don't be overly concerned about your pronunciation.
■ Use the Audio Program that accompanies the *Cuaderno* to listen for correct pronunciation of vocabulary and do the pronunciation exercises included in each chapter.

Writing

■ Keep your sentences simple and direct.
■ Refer back to the grammar points you have studied to edit and refine your writing.
■ Use the reference tools in the appendices: Verb Charts; Grammar Summary Tables; Syllabication, Stress, and Spelling.

Spanish Outside the Classroom

■ Watch Spanish-language movies, video, and television.
■ Listen to Spanish-language radio.
■ Read newspapers in Spanish (available on the Internet).
■ Talk with native speakers.
■ Use the *Dos mundos* website at **www.mhhe.com/dosmundos7** to review grammar and vocabulary, take practice quizzes, listen to audio components, and explore links to other Internet sites in Spanish.

The Cast of Characters and *Los amigos animados*

Many of the activities and exercises in *Dos mundos* are based on the lives of a Cast of Characters from different parts of the Spanish-speaking world. Additionally, these characters are brought to life through Flash™ animation technology in the **Los amigos animados** segments. The animations are found on the Video, within CENTRO, and on the Online Learning Center.

Los amigos estadounidenses (U.S. friends) are a group of students at the University of Texas at San Antonio. Although they are all majoring in different subjects, they know each other through Professor Adela Martínez's 8:00 A.M. Spanish class.

la profesora Martínez

Luis   Alberto

Mónica Carmen Esteban Nora Lan Pablo

Los amigos hispanos (Hispanic friends) live in various parts of the Spanish-speaking world. In **México** you will meet Silvia Bustamante and her boyfriend, Ignacio (Nacho) Padilla.

Silvia y Nacho

You will also get to know Raúl Saucedo and his family. Raúl lives with his parents in Mexico City but is currently studying at the University of Texas at San Antonio; he knows many of the students in Professor Martínez's class. You will meet Raúl's grandmother doña María Eulalia

González de Saucedo, as well as other members of his extended family: his three older siblings, Ernesto, Andrea and Paula (who are twins), and their families.

doña María Eulalia y Raúl

Raúl's older brother Ernesto is married to Estela Ramírez. They have three children, Amanda, Guillermo, and Ernestito. Andrea is married to Pedro Ruiz, and they have two young daughters, Marisa and Clarisa. Paula is a single travel agent who lives and works in Mexico City.

la familia Saucedo
Ernesto

Estela

Ernestito   Amanda y Guillermo

la familia Ruiz
Pedro →

Clarisa   Paula
Marisa

Andrea

The Saucedo children have school friends. Amanda's best friend is Graciela Herrero, whose brother is Diego Herrero. Amanda has a boyfriend, Ramón Gómez, and Graciela's boyfriend is Rafael Quesada.

Graciela   Diego   Ramón   Rafael

There are also friends and neighbors of the Saucedo and Ruiz families: don Eduardo Alvar and don Anselmo Olivera; doña Lola Batini; and doña Rosita Silva and her husband, don Ramiro.

don Eduardo   don Anselmo   doña Lola   doña Rosita   don Ramiro

Carla   Rogelio   Marta

In **Puerto Rico** you will meet Carla Espinosa and her friend Rogelio Varela, students at the University of Puerto Rico in Río Piedras. You will also meet Marta Guerrero, a young Mexican woman living in Puerto Rico.

In **España** (Spain) you will accompany an American student, Clara Martin, on her travels. Her friends in Spain are Pilar Álvarez and Pilar's boyfriend, José Estrada.

Pilar   Clara   José

Ricardo

You will get to know Ricardo Sícora in Caracas, **Venezuela.** He is 19 years old and has recently graduated from high school.

In **Argentina** you will meet Adriana Bolini, a young woman who works for a computer company, and her friend, Víctor Ginarte.

On the radio you will listen to Mayín Durán, who is from **Panamá.** Mayín works as an interviewer and reporter for KSUN, Radio Sol de California, in Los Angeles.

Adriana y Víctor

You will meet the Yamasaki family in **Perú:** Susana Yamasaki González and her two sons, Armando and Andrés.

In **Miami** you will meet Professor Rubén Hernández Arenas and his wife, Doctora Virginia Béjar de Hernández.

Mayín

Susana

Armando y Andrés

Rubén y Virginia

Dos mundos:
En breve

Sobre los artistas: The Cunas live on the San Blas Islands, on the north coast of Panama. The women make the **mola** fabrics for their own dresses by cutting and sewing various layers of cloth together.

Una mola, artesanía de los indígenas cuna de Panamá

METAS

In **Paso A** you will learn to understand a good deal of spoken Spanish and get to know your classmates. The listening skills you develop during these first days of class will enhance your ability to understand Spanish and will also make learning to speak Spanish easier.

ACTIVIDADES DE COMUNICACIÓN

- Los nombres de los compañeros de clase
- ¿Quién es?
- Los colores y la ropa
- Los números (0–39)
- Los mandatos en la clase
- Los saludos

¡Conozca Panamá!

Nombre del país: Panamá

Ciudad capital: Panamá

Ciudades principales: Colón, El Porvenir, Bocas del Toro

Moneda: el balboa, dólar EU.

Idiomas: español (oficial), inglés, lenguas indígenas

Población: 3.250.000

Día de la Independencia: el 28 de noviembre

Fiestas típicas: el Carnaval (febrero o marzo)

Comidas típicas: el arroz con pollo, el arroz con leche, las empanadas

Música típica: el tamborito, el congo, la salsa, el merengue, el reggae, el vallenato

Gente famosa: Rubén Blades, Omar Torrijos

Código de país por Internet: .pa

Voces panameñas

un chuncho	car
fulo/a	rubio/a
ofí	sí
un(a) pelado/a	un(a) niño/a

GRAMÁTICA Y EJERCICIOS

A.1 Naming and Describing: The Verbs **llamarse** and **llevar**

A.2 Spelling: The Spanish Alphabet

A.3 Identifying People and Things: Subject Pronouns and the Verb **ser**

A.4 Identifying People and Things: Gender

A.5 Responding to Instructions: Commands

  ONLINE LEARNING CENTER www.mhhe.com/dosmundos7

MULTIMEDIA C E N T R O Your media center for languages QUIA DVD

Actividades de comunicación

Los nombres de los compañeros de clase

✳ **Lea Gramática A.1–A.2.**

Actividad 1   Diálogos: Los amigos

—¿Cómo se llama el amigo
 de _____?
—Se llama _____.
—Y, ¿cuál es el apellido
 de _____?
—Es _____.

—¿Cómo se llama la amiga
 de _____?
—Se llama _____.
—Y, ¿cuál es el apellido
 de _____?
—Es _____.

¿Quién es?

✳ **Lea Gramática A.3.**

Actividad 2 Identificaciones: ¿Cómo se escribe?

1. ¿Se escribe Quesada con ese o con zeta?
2. ¿Se escribe Galván con be grande o con ve chica?
3. ¿Se escribe Muñoz con ene o con eñe?
4. ¿Se escribe Herrero con hache o sin hache?
5. ¿Se escribe Reyes con i griega o con doble ele (elle)?
6. ¿Se escribe Rojas con ge o con jota?

Actividad 3 Asociaciones: Las descripciones de las personas famosas

¿Quién es _____?

1. rubio/a ~ moreno/a
2. alto/a ~ bajo/a
3. guapo/bonita ~ feo/a
4. joven ~ viejo/a
5. delgado/a (flaco/a) ~ gordo/a
6. rico ~ pobre

Salma Hayek	Antonio Banderas	Zac Efron	Justin Timberlake
Penélope Cruz	Matt Damon	Barbra Streisand	Danny DeVito
Dakota Fanning	Oprah Winfrey	Angelina Jolie	Tiger Woods

Los colores y la ropa

✳ **Lea Gramática A.3–A.4.**

Actividad 4   Asociaciones: Los colores

¿De qué color es _____? Es _____.

a. el automóvil

b. la casa

c. el lápiz

d. la planta

e. el gato

f. la rosa

g. el libro de español

h. el perro

i. el arco iris

j. la naranja

k. la puerta

1. rojo/a
2. amarillo/a
3. verde

4. color café
5. blanco/a

6. azul
7. morado/a

8. anaranjado/a
9. ¿ ?

Actividad 5 Identificaciones: Mis compañeros de clase

Mire a cuatro compañeros de clase. Diga el nombre de cada estudiante, la ropa y el color de la ropa que lleva.

NOMBRE		ROPA	COLOR
1. _Carmen_	lleva	_una blusa_	_amarilla._
2. _____	lleva	_____	_____
3. _____	lleva	_____	_____
4. _____	lleva	_____	_____
5. _____	lleva	_____	_____

Los números (0–39)

0 cero	10 diez	20 veinte
1 uno	11 once	21 veintiuno
2 dos	12 doce	22 veintidós
3 tres	13 trece	23 veintitrés
4 cuatro	14 catorce	24 veinticuatro…
5 cinco	15 quince	30 treinta
6 seis	16 dieciséis	31 treinta y uno
7 siete	17 diecisiete	32 treinta y dos
8 ocho	18 dieciocho	33 treinta y tres…
9 nueve	19 diecinueve	39 treinta y nueve

Actividad 6 Identificaciones: ¿Cuántos hay?

Cuente los estudiantes en la clase que...

LLEVAN

_____ pantalones vaqueros
_____ lentes
_____ minifalda
_____ blusa
_____ chaqueta
_____ botas
_____ aretes

TIENEN

_____ barba
_____ bigote
_____ el pelo largo/corto
_____ el pelo castaño/rubio
_____ los ojos azules/castaños
_____ tatuajes
_____ iPod

Los mandatos en la clase

✳ **Lea Gramática A.5.**

Actividad 7 **Identificaciones: Los mandatos**

a. Dé una vuelta.
b. Abra el libro.
c. Cierre el libro.
d. Camine.
e. Saque un bolígrafo.

f. Salte.
g. Corra.
h. Mire hacia arriba.
i. Muéstreme el reloj.

Los saludos

Actividad 8 Diálogos: Los saludos

1. Nacho Padilla saluda a Ernesto Saucedo.

NACHO: Buenos días. ¿Cómo está usted?

SR. SAUCEDO: Muy bien, gracias. ¿Y usted?

NACHO: Muy bien.

2. La señora Silva habla por teléfono con el señor Alvar.

SRA. SILVA: Señor Alvar, ¿cómo está usted?

SR. ALVAR: Estoy un poco cansado. ¿Y usted?

SRA. SILVA: Regular.

3. Amanda habla con doña Lola Batini.

DOÑA LOLA: Buenas tardes, Amanda.

AMANDA: Buenas tardes, doña Lola. ¿Cómo está la familia?

DOÑA LOLA: Bien, gracias.

4. Rogelio Varela presenta a Carla.

ROGELIO: Marta, ésta es mi amiga Carla.

CARLA: Mucho gusto.

MARTA: Igualmente.

5. Un nuevo amigo / Una nueva amiga en la clase de español.

USTED: _____, éste/ésta es mi amigo/a _____.

AMIGO/A 1: _____.

AMIGO/A 2: _____.

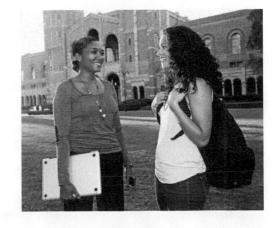

Vocabulario

Las preguntas y las respuestas

Questions and Answers

¿Cómo está usted?	How are you?
(Muy) Bien, gracias.	(Very) Well, thanks.
Estoy bien (regular).	I am fine/OK.
Estoy un poco cansado/a.	I am a little tired.
¿Cómo se escribe su apellido?	How do you spell (write) your last name?
Se escribe eme-o-o-ere-e.	It is spelled m-o-o-r-e.
¿Cómo se llama(n)?	What is his/her (their) name?
Se llama(n)...	His/Her (Their) name is . . .
¿Cómo se llama usted?	What is your name?
Me llamo...	My name is . . .
¿Cuál es su nombre?	What is your name?
Mi nombre es...	My name is . . .
¿Cuántos/as... (hay)?	How many . . . (are there)?
¿De qué color es... ?	What color is (it) . . . ?
¿Quién (es)? / ¿Quiénes (son)?	Who (is it) / Who (are they)?

La descripción

Description

Es...	He/She/It is . . .
alto/a	tall; high
bajo/a	short
bonito/a	pretty
de estatura mediana	of medium height
delgado/a	thin
famoso/a	famous
feo/a	ugly
gordo/a	fat
guapo/a	handsome
joven	young
moreno/a	brown(dark)-skinned
nuevo/a	new
pobre	poor
rico/a	rich
rubio/a	blonde
viejo/a	old
Tiene...	He/She has . . .
barba	(a) beard
bigote	(a) moustache
Tiene el pelo (cabello)...	His/Her hair is . . . (He/She has . . . hair.)
castaño	brown
corto	short
lacio	straight
largo	long
mediano	medium (length)
negro	black
rizado	curly
rubio	blond
Tiene los ojos...	His/Her eyes are . . . (He/She has . . . eyes.)
azules	blue

castaños	brown
negros	black (dark brown)
verdes	green

Los colores

Colors

amarillo/a	yellow
anaranjado/a	orange
azul	blue
blanco/a	white
color café	brown
gris	gray
morado/a	purple
negro/a	black
rojo/a	red
rosado/a	pink
verde	green

La ropa

Clothes

¿Quién lleva... ?	Who is wearing . . . ?
un abrigo	a coat
una blusa	a blouse
botas	boots
una camisa	a shirt
una camiseta	a T-shirt
una chaqueta	a jacket
una corbata	a tie
una (mini)falda	a (mini) skirt
los pantalones	pants
los pantalones cortos	shorts
los (pantalones) vaqueros	jeans
un saco	a sports coat
un sombrero	a hat
un suéter	a sweater
un traje	a suit
un vestido	a dress
los zapatos (de tenis)	(tennis) shoes

Las personas

People

el amigo / la amiga	friend
el compañero / la compañera de clase	classmate
don	*title of respect used with a man's first name*
doña	*title of respect used with a woman's first name*
el / la estudiante	student
la familia	family
el hombre	man
el muchacho / la muchacha	boy, young man / girl, young woman

la mujer	woman
el niño / la niña	boy / girl
el profesor / la profesora	professor
el/la recepcionista	receptionist
el señor / la señora	man; Mr. / woman; Mrs.
la señorita	young lady; Miss
yo, usted, él/ella	I, you (*pol.*), he/she
nosotros/as, ustedes, ellos/ellas	we, you (*pl.*), they

Los verbos

Verbs

es	is
habla (por teléfono)	speaks (on the telephone)
hay	there is / there are
lleva(n)	is (are) wearing
llevo	I am wearing
presenta	introduces
saluda	greets
somos	we are
son	are
soy	I am
tiene	he/she has / you have
tienen	they have

Las cosas

Things

el arco iris	rainbow
la casa	house
el gato	cat
el lápiz	pencil
los lentes	glasses
el libro (de español)	(Spanish) book
la naranja	orange
el perro	dog
la puerta	door
el reloj	clock; watch
el tatuaje	tattoo

PALABRAS SEMEJANTES (*Cognates*)**:** el automóvil, la foto(grafía), la planta, la rosa

Los saludos y las despedidas

Greetings and Good-byes

Buenos días.	Good morning.
Buenas tardes.	Good afternoon.
Buenas noches.	Good evening. / Good night.
Hasta luego.	See you later.
Hola.	Hi.
Adiós.	Good-bye.

Las presentaciones

Introductions

Ésta es mi amiga... / Éste es mi amigo...	This is my friend . . .

Mucho gusto.	Pleased to meet you.
Igualmente.	Same here.

Los mandatos

Commands

abra(n) (el libro)	open (the book)
baile(n)	dance
camine(n)	walk
cante(n)	sing
cierre(n)	close
corra(n)	run
cuente(n)	count
dé/den una vuelta	turn around
diga(n)	say
escriba(n)	write
escuche(n)	listen
estudie(n)	study
hable(n)	talk
lea(n)	read
levánte(n)se	stand (get) up
mire(n) (hacia arriba/abajo)	look (up/down)
muéstre(n)me	show me
pónga(n)se de pie	stand up
salte(n)	jump
saque(n) (un bolígrafo)	take out (a pen)
siénte(n)se	sit down

Palabras del texto

Words from the Text

¿Comprende(n)?	Do you (all) understand?
el español	Spanish
la gramática	grammar
no	no, not
¡Ojo!	Attention!
la página	page
el paso	step
por favor	please
¿Qué?	What?
¿Quién(es)?	Who?
sí	yes

PALABRAS SEMEJANTES: la actividad, las asociaciones, la comunicación, la descripción, el diálogo, la identificación

Los números

Numbers

cero	0
uno	1
dos	2
tres	3
cuatro	4
cinco	5
seis	6
siete	7
ocho	8
nueve	9

diez	10	treinta y dos	32
once	11	treinta y nueve	39
doce	12		
trece	13		
catorce	14		

Palabras útiles
Useful Words

quince	15		
dieciséis	16		
diecisiete	17	ahora	now
dieciocho	18	cada	each, every
diecinueve	19	con	with
veinte	20	de	of, from
veintiuno	21	el, la, los, las	the
veintidós	22	en	in, on
veintitrés	23	este/esta	this
veinticuatro	24	grande	big
veinticinco	25	mi(s)	my
veintiséis	26	pequeño/a	small
veintisiete	27	sin	without
veintiocho	28	su(s)	your
veintinueve	29	un (una)	a
treinta	30	¿Verdad?	(Is that) true? Really?
treinta y uno	31	y	and

Gramática y ejercicios

Introduction

The **Gramática y ejercicios** sections of this book are written for your use outside of class. They contain grammar explanations and exercises that are presented in non-technical language, so it should not be necessary to go over all of them in class.

The **Lea Gramática...** notes that begin most new topics in the **Actividades de comunicación y lecturas** sections give the grammar point(s) you should read at that time. Study them carefully, then do the exercises in writing and check your answers in the back of the book. If you have little or no trouble with the exercises, you have probably understood the explanation. Remember: It is not necessary to memorize these grammar rules.

Keep in mind that successful completion of a grammar exercise means only that you have understood the explanation. It does not mean that you have *acquired* the rule. True acquisition comes not from study of grammar but from hearing and reading a great deal of meaningful Spanish. Learning the rules of grammar through study will allow you to use those rules when you have time to stop and think about correctness, as during careful writing.

If you have trouble with an exercise or do not understand the explanation, ask your instructor for assistance. In difficult cases, your instructor will go over the material in class to be sure everyone has understood but probably won't spend too much time on the explanations, in order to save class time for real communication experiences.

The grammar explanations in **Paso A** contain basic information about Spanish grammar.

Some Useful Grammatical Terms

You may recall from your study of grammar in your native language that sentences can be broken down into parts. All sentences have at least a subject (a noun or pronoun) and a verb.

Mónica   runs.
| |
noun, subject   verb

In addition, sentences may have objects (nouns and pronouns), modifiers (adjectives and adverbs), prepositions, conjunctions, and/or articles.

Mónica is tall.
       |
      adjective

Mónica runs quickly.
           |
        adverb

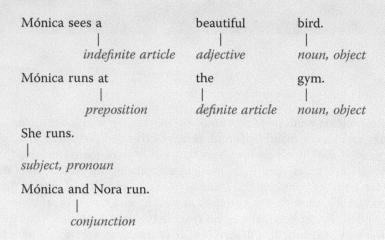

Mónica sees a   beautiful   bird.

| | | |

indefinite article   *adjective*   *noun, object*

Mónica runs at   the   gym.

preposition   *definite article*   *noun, object*

She runs.

subject, pronoun

Mónica and Nora run.

conjunction

A.1 Naming and Describing: The Verbs *llamarse* and *llevar*

A. The most common way to ask someone's name is to use the verb **llamarse.**

—¿Cómo **se llama** usted?*   —*What is your name?*
—Nora.   —*Nora.*

You may answer the question either briefly, by saying your name (as in the preceding example), or in a complete sentence with the pronoun **me** (*myself*) and the verb **llamo** (*I call*).

—**Me llamo** Nora.   —*My name is Nora.*

To ask what someone else's name is, use the following question-and-answer pattern.

—**¿Cómo se llama** el amigo de Nora?   —*What's Nora's friend's name?*
—**Se llama** Luis.   —*His name is Luis.*

Here is another way to ask someone's name.

—**¿Cuál es su nombre?**   —*What is your name?*
—**Mi nombre es** Esteban.   —*My name is Esteban.*

> To ask someone's name:
> **¿Cuál es su nombre?**
> or
> **¿Cómo se llama usted?**
> To tell someone your name:
> **Mi nombre es...**
> or
> **Me llamo...**

B. The Spanish verb **llevar** corresponds to the English verb *to wear.*

Mónica **lleva** un suéter azul.   *Mónica is wearing a blue sweater.*

Notice that Spanish verbs change their endings according to the subject of the sentence.

> Spanish verbs change endings. These endings tell you who is performing the action.

Yo **llevo** pantalones grises. Mis amigos **llevan** pantalones negros.   *I'm wearing gray pants. My friends are wearing black pants.*

---

*Literally this means *How do you call yourself?* You will learn about **tú,** another way of addressing people, in **Gramática B.1.**

Here are some of the common endings for Spanish verbs.*

llevar = *to wear*

llevar (*to wear*)

(yo)	llev**o**	*I wear*
(usted, él/ella)	llev**a**	*you (sing.) wear; he/she wears*
(nosotros/as)	llev**amos**	*we wear*
(ustedes, ellos/as)	llev**an**	*you (pl.) wear; they wear*

The subject pronouns (**yo, usted, nosotros, ellas,** etc.) are in parentheses because it is not always necessary to use them in Spanish. The verb itself or the context usually tells you who the subject is.

—¿Qué ropa llev**a** (usted) hoy?   —*What are you wearing today?*
—Llev**o** una falda verde y una   —*I am wearing a green skirt*
   blusa blanca.   *and a white blouse.*
—¿Y ellos?   —*And what about them?*
—Llev**an** traje y corbata.   —*They are wearing a suit and tie.*

These endings are used on most Spanish verbs, and you will soon become accustomed to hearing and using them.

In **Paso C** you will see the forms of the verb **tener** (*to have*), which you have also heard in class.

tengo = *I have*
tiene = *he/she has*

La profesora Martínez **tiene** el   *Professor Martínez has black*
   pelo negro.   *hair.*
Yo **tengo** los ojos azules.   *I have blue eyes.*

Ejercicio 1

Complete los diálogos con estos verbos: **me llamo, se llama, llevo, lleva, llevan.**

—¿Cómo _____¹ usted?
—_____² Esteban Brown.
—Esteban, ¿cómo _____³ la amiga de Mónica?
—_____⁴ Carmen.
—Y, ¿cómo se llama la profesora?
—¿La profesora de español? _____⁵ Adela Martínez.

—¿Qué ropa _____⁶ la profesora Martínez hoy?
—_____⁷ un vestido rojo muy bonito.
—Y Luis y Alberto, ¿qué ropa _____⁸ ellos?
—_____⁹ camiseta y pantalones vaqueros.
—Y yo _____¹⁰ pantalones vaqueros y un suéter.

---

*You will learn more about verb endings in **Gramática C.5, 1.2,** and **3.2.**

A.2 Spelling: The Spanish Alphabet

LETTER	NAME	EXAMPLE	LETTER	NAME	EXAMPLE
a	a	Ana	ñ	eñe	Íñigo
b	be, be grande	Bárbara	o	o	Olga
c	ce	Celia	p	pe	Pedro
d	de	David	q	cu	Quintín
e	e	Ernesto	r	ere	Mario
f	efe	Franco	s	ese	Sara
g	ge	Gerardo	t	te	Tomás
h	hache	Hortensia	u	u	Úrsula
i	i	Isabel	v	uve, ve chica	Vicente
j	jota	Juan	w	doble ve, uve doble	Walter
k	ca	Kati	x	equis	Ximena
l	ele	Laura	y	i griega	Yolanda
m	eme	Miguel	z	zeta	Zulema
n	ene	Nora			

Learn how to spell your first and last names in Spanish; that is what you will be expected to spell most frequently.

A. Letters are feminine: **la «ele», la «i», la «equis».** The letter combination **ll** (often referred to as **elle** or **doble ele**) is pronounced like a *y*. The letter combinations **ch, ll,** and **rr** cannot be divided when splitting a word into syllables. Until recently, the letter combinations **ch** and **ll** were considered single units, had separate names (**che** and **elle** or **doble ele**), and affected alphabetization (for example, **chico** after **cumpleaños, llamar** after **luna**). You will still see this pattern of alphabetization in many dictionaries and textbooks. The grouping **rr** is not considered a separate letter by the **Real Academia.**

B. **B** and **v** are pronounced identically, so speakers use different devices to differentiate them; the most common is to call one **la be grande** and the other **la ve chica** (or **la be larga** and **la ve corta**). Many people say **la be de burro, la ve de vaca** (**b** as in **burro, v** as in **vaca**). The letters **k** and **w** are used mostly in words of foreign origin: **kilo, whisky.**

C. Spanish speakers do not normally spell out entire words but rather tend to refer only to the letters that might cause confusion. For example, if the name is **Rodríguez,** one might ask: **¿Se escribe con *zeta* o con *ese*?** (*Is it written with a z or with an s?*) Common spelling questions asked by most Latin Americans are the following.

s, z	¿Con **ese** o con **zeta**?		y, ll	¿Con **i griega** o con **doble ele**?
c, s	¿Con **ce** o con **ese**?		g, j	¿Con **ge** o con **jota**?
c, z	¿Con **ce** o con **zeta**?		v, b	¿Con **ve chica** o con **be grande**?

Because the letter **h** is never pronounced in Spanish, a common question is: **¿Con o sin *hache*?** (*With or without an* **h**?)

Only with foreign words (or perhaps very unfamiliar Spanish words) do Spanish speakers spell out the entire word.

—¿Cómo se escribe *Dorwick,* por favor?

—Se escribe: **de-o-ere-doble ve-i-ce-ca.**

—Gracias.

Ejercicio 2

Escoja la respuesta correcta.

MODELO: ¿Cómo se escribe _____apato?

       (a.) con zeta

       b. con ese

1. ¿Cómo se escribe tre_____e?
  a. con ce
  b. con zeta

2. ¿Cómo se escribe mu_____er?
  a. con ge
  b. con jota

3. ¿Cómo se escribe nue_____o?
  a. con ve chica
  b. con be grande

4. ¿Cómo se escribe a_____ul?
  a. con zeta
  b. con ese

5. ¿Cómo se escribe pá_____ina?
  a. con ge
  b. con jota

6. ¿Cómo se escribe _____abla?
  a. con hache
  b. sin hache

7. ¿Cómo se escribe amari_____o?
  a. con doble ele
  b. con i griega

8. ¿Cómo se escribe _____ombre?
  a. con hache
  b. sin hache

9. ¿Cómo se escribe cie_____e?
  a. con ere
  b. con erre

10. ¿Cómo se escribe lle_____an?
  a. con ve chica
  b. con be grande

A.3 Identifying People and Things: Subject Pronouns and the Verb *ser*

A. Spanish uses the verb **ser** (*to be*) to identify things or people.

—¿Qué **es** eso?   —*What is that?*

—**Es** un bolígrafo.   —*It's a pen.*

—¿Quién **es**?   —*Who is it?*

—**Es** Luis.   —*It's Luis.*

> **ser** = *to be* (identification)
> **Soy estudiante.** (*I am a student.*)

B. Personal pronouns are used to refer to a person without mentioning the person's name. Here are some of the most common personal pronouns that can serve as the subject of a sentence, with the corresponding present-tense forms of **ser**. It is not necessary to memorize these pronouns. You will see and hear them again and again.

ser (*to be*)			
(yo)	**soy**	*I*	*am*
(tú)	**eres***	*you (inf. sing.)*	*are*
(usted)	**es**	*you (pol. sing.)*	*are*
(él†/ella)	**es**	*he/she*	*is*
(nosotros/nosotras)	**somos**	*we*	*are*
(vosotros/vosotras)‡	**sois**	*you (inf. pl.)*	*are*
(ustedes)	**son**	*you (pol. pl.)*	*are*
(ellos/ellas)	**son**	*they*	*are*

Remember that most subject pronouns in Spanish are used only when there is a possibility of confusion:
(Yo) Soy estudiante.
(*I'm a student.*)
(Nosotros) Somos amigos. (*We're friends.*)

yo = *I*
tú = *you* (informal singular)
usted = *you* (polite singular)
él = *he*
ella = *she*

nosotros = *we* (masculine)
nosotras = *we* (feminine)
vosotros = *you* (masculine informal plural)
vosotras = *you* (feminine informal plural)
ustedes = *you* (plural)
ellos = *they* (masculine)
ellas = *they* (feminine)

—¿Usted es profesor?
—Sí, soy profesor de historia.

—*Are you a professor?*
—*Yes, I'm a history professor.*

C. Spanish does not have a subject pronoun for *it* or for *they*, referring to things. When subject pronouns *are* used in Spanish, they often express emphasis.

¿Mi automóvil? Es pequeño.
¿Las faldas? Son caras.
Yo soy de Atlanta.

My car? It's small.
The skirts? They're expensive.
I am from Atlanta.

D. Subject pronouns may be used by themselves without verbs, either for emphasis or to point someone out.

¿Quién, **yo**? Yo no soy de Texas; soy de Nueva York.

Who, me? I'm not from Texas; I'm from New York.

—¿Cómo está usted?
—Estoy bien. ¿Y **usted**?

—*How are you?*
—*I'm fine. And you?*

E. The pronouns **ellos** (*they*), **nosotros** (*we*), and **vosotros** (*you, inf. pl.*) can refer to groups of people that consist of males only or of males and females. On the other hand, **ellas** (*they, fem.*), **nosotras** (*we, fem.*), and **vosotras** (*you, inf. pl. fem.*) can refer only to two or more females.

—¿Y **ellos**? ¿Quiénes son?
—¿Esteban y Mónica? Son amigos.

—*And those guys (they)? Who are they?*
—*Esteban and Mónica? They're friends.*

---

*Tú is an informal singular form of *you*, whereas **usted** is a polite singular form of *you*. See **Gramática B.1** for more information.
†The pronoun **él** (*he*) has an accent to distinguish it in writing from the definite article **el** (*the*).
‡The pronouns **vosotros/vosotras** are used only in Spain. Latin America uses **ustedes** for both polite and informal plural *you*.

—¿Y **ellas**? ¿Son amigas?	—*What about them? Are they friends?*
—Sí, Nora y Carmen son compañeras de mi clase de español.	—*Yes, Nora and Carmen are classmates from my Spanish class.*
—¿Y Esteban y Alicia? ¿Son amigos?	—*And what about Esteban and Alicia?*
—Sí, son muy buenos amigos.	—*Yes, they are very good friends.*

Ejercicio 3

Escoja el pronombre lógico.

MODELO: —Y *ella*, ¿lleva pantalones? →
              —¿Quién, Mónica? Lleva una falda azul.

1. —¿_____ es profesor aquí?
   —¿Quién, Raúl? No, es estudiante.
2. —¿_____ son mexicanos?
   —Sí, Silvia y Nacho son mexicanos.
3. —¡Viejos, _____! No, doña María Eulalia y yo somos muy jóvenes.
4. —Señor Ruiz, _____ tiene bigote, ¿verdad?
5. —¿Y _____? ¿Son estudiantes aquí?
   —No, Pilar y Clara son estudiantes en Madrid.

a. ellos
b. usted
c. ellas
d. él
e. nosotros

Ejercicio 4

Complete los diálogos con la forma correcta del verbo **ser: soy, es, somos, son.**

—¿Cómo se llama usted?
—_____[1] Raúl Saucedo.

—¿Quién _____[2] ella?
—¿La chica de la blusa roja? Se llama Mónica. Ella y Carmen (ellas) _____[3] amigas.

—¿_____[4] estudiantes ustedes?
—¡No! El profesor López y yo (nosotros) _____[5] profesores de la universidad.

A.4 Identifying People and Things: Gender

A. Nouns (words that represent people or things) in Spanish are classified as either masculine or feminine. Masculine nouns often end in **-o** (**sombrero**); feminine nouns often end in **-a** (**falda**). In addition, words ending in **-ción, -sión,** or **-dad** are also feminine.

> Masculine nouns usually end in **-o.**
> Feminine nouns usually end in **-a.**

Madrid es una ciu**dad** bonita.	*Madrid is a pretty city.*
La civiliza**ción** maya fue muy avanzad**a**.	*Mayan civilization was very advanced.*

> You will acquire these endings later. For now, don't worry about them as you speak. You can refer to your text if you have any doubts when you are editing your writing.

But the terms *masculine* and *feminine* are grammatical classifications only; Spanish speakers do not perceive things such as notebooks or doors as being "male" or "female." On the other hand, words that refer to males are usually masculine (**amigo**), and words that refer to females are usually feminine (**amiga**).

Esteban es mi **amigo** y Carmen es una **amiga** de él.	*Esteban is my friend, and Carmen is a friend of his.*

B. Because Spanish nouns have gender, adjectives (words that describe nouns) *agree* with nouns: They change their endings from **-o** to **-a** according to the gender of the nouns they modify. Notice the two words for *black* in the following examples.

Lan tiene el pelo **negro**.	*Lan has black hair.*
Luis lleva una chaqueta **negra**.	*Luis is wearing a black jacket.*

> **El** and **la** both mean *the*. **El** is used with masculine nouns, and **la** is used with feminine nouns.

C. Like English, Spanish has definite articles (*the*) and indefinite articles (*a, an*). Articles in Spanish also change form according to the gender of the nouns they accompany.

> **Un** and **una** both mean *a/an*. **Un** is used with masculine nouns, and **una** is used with feminine nouns.

	DEFINITE (*the*)	INDEFINITE (*a, an*)
Masculine	el suéter	un sombrero
Feminine	la blusa	una chaqueta

> Spanish nouns are classified grammatically as either masculine or feminine. The articles change according to grammatical gender and agree with the nouns they modify.
> **un abrigo** = *a* coat
> **una blusa** = *a* blouse
> **una universidad** = *a* university
> **el libro** = *the* book
> **la casa** = *the* house

Hoy Mónica lleva **un** vestido nuevo.	*Today Mónica is wearing a new dress.*
La chaqueta de Alberto es azul.	*Alberto's jacket is blue.*

D. How can you determine the gender of a noun? The gender of the article and/or adjective that modifies the noun will tell you whether it is masculine or feminine. In addition, the following two simple rules will help you determine the gender of a noun most of the time.

Rule 1: A noun that refers to a male is masculine; a noun that refers to a female is feminine. Sometimes they are a pair distinguished by the endings **-o/-a;** other times they are completely different words.

un muchacho	una muchacha	*boy/girl*
un niño	una niña	*(male) child / (female) child*
un amigo	una amiga	*(male) friend / (female) friend*
un hombre	una mujer	*man/woman*

For some nouns referring to people, the masculine form ends in a consonant and the feminine form adds **-a** to the masculine noun.*

un profesor	una profesora	*(male) professor / (female) professor*
un señor	una señora	*a man (Mr.) / a woman (Mrs.)*

---

*This rule includes a few common animals. Some pairs end in **-o/-a;** others end in consonant / consonant + **-a.**

un gato	una gata	*(male) cat / (female) cat*
un perro	una perra	*(male) dog / (female) dog*
un león	una leona	*lion/lioness*

Other nouns do not change at all; only the accompanying article changes.

un elefante	(*male*) *elephant*
una elefante	(*female*) *elephant*
un estudiante	(*male*) *student*
una estudiante	(*female*) *student*
un joven	*young man*
una joven	*young woman*
un recepcionista	(*male*) *receptionist*
una recepcionista	(*female*) *receptionist*

Rule 2: For most nouns that refer to things (rather than to people or animals), the gender is reflected in the last letter of the word. Nouns that end in **-o** are usually grammatically masculine (**un/el vestido**), and nouns that end in **-a** are usually grammatically feminine (**una/la puerta**).*

Words that end in **-d** (**una/la universidad**) or in the letter combinations **-ción** or **-sión** (**una/la nación; una/la diversión**) are also usually feminine.

> Nouns that end in **-o** are usually masculine; nouns that end in **-a** are usually feminine.

MASCULINE: -o FEMININE: -a, -ción, -sión, -d

MASCULINE: -o	FEMININE: -a, -ción, -sión, -d
un/el bolígrafo	una/la casa
un/el sombrero	una/la puerta
un/el libro	una/la descripción
un/el vestido	una/la universidad

Words that refer to things may also end in **-e** or in consonants other than **-d** and **-ión.** Most of these words that you have heard so far are masculine, but some are feminine.

un/el borrador	*eraser*	una/la clase	*class*
un/el automóvil	*automobile*	una/la luz	*light*
un/el lápiz	*pencil*	una/la mujer	*woman*
un/el traje	*suit*		
un/el reloj	*clock*		

> Don't worry if you can't remember all these rules! Note where they are in this book so you can refer to them when you are editing your writing and when you are unsure of what gender a noun is.

Ejercicio 5

Conteste según el modelo.

MODELO: ¿Es un bolígrafo? (lápiz) →
No, no es un bolígrafo. Es *un* lápiz.

> You will develop a *feel* for gender as you listen and read more in Spanish.

1. ¿Es una chaqueta? (camisa)
2. ¿Es una mujer? (hombre)
3. ¿Es una falda? (vestido)
4. ¿Es un sombrero? (blusa)
5. ¿Es una naranja? (reloj)

*Three common exceptions are **la mano** (*hand*), **el día** (*day*), and **el mapa** (*map*).

Ejercicio 6

Complete las oraciones con **el** o **la.**

1. _____ estudiante es rubia.
2. _____ profesor de matemáticas es guapo.
3. _____ clase es buena.
4. _____ reloj es negro.
5. _____ lápiz es amarillo.
6. _____ puerta es blanca.

7. _____ motocicleta es negra.
8. _____ automóvil es nuevo.
9. _____ casa es grande.
10. _____ sombrero es rojo.

A.5 Responding to Instructions: Commands*

> Singular commands (to one person) end in **-a** or **-e.** Plural commands (to more than one person) end in **-an** or **-en.**

In English the same form of the verb is used for giving commands, whether to one person (singular) or to more than one person (plural).

> Steve, please stand up.
> Mr. and Mrs. Martínez, please stand up.

In Spanish, however, singular commands end in -a or -e, and plural commands add an -n.

> Alberto, **saque** el libro por favor.
> Alberto y Nora, **saquen** el libro, por favor.
> Mónica, **abra** la puerta.
> Mónica y Luis, **abran** la puerta.

> *Alberto, please take out your book.*
> *Alberto and Nora, please take out your books.*
> *Mónica, open the door.*
> *Mónica and Luis, open the door.*

Ejercicio 7

Escriba la forma correcta del mandato con verbos de la lista.

abra(n)	corra(n)	escuche(n)	saque(n)
camine(n)	cuente(n)	estudie(n)	siénte(n)se
cante(n)	diga(n)	lea(n)	
cierre(n)	escriba(n)	salte(n)	

1. —Lan y Mónica, _____ «Buenas tardes».
2. —Alberto, _____ su nombre con lápiz.
3. —Nora y Luis, _____ de cero a quince por favor.
4. —Pablo y Esteban, _____ el libro.
5. —Carmen, _____ la Actividad 2 en la página 6.
6. —Nora, _____ un bolígrafo.
7. —Lan y Esteban, _____ el diálogo.
8. —Luis, _____ la puerta, por favor.

---

*Your instructor will give you commands during the Total Physical Response activities. Other classroom instructions will also use command forms. You will learn more about how to give commands in **Gramática 11.1** and **14.3.**

Las descripciones

Sobre el artista: Sergio Velásquez (Managua, 1955) studied drawing and printing at the National School of Plastic Arts and the Workshop for Graphic and Monumental Art in Nicaragua. His work, characterized by monumental, voluptuous women with an earthy yet mysterious glow, clearly aims to represent poor working women of Nicaragua, with **mestizo** (European and Indian) features. His paintings have been shown in the Americas as well as in Europe and Africa.

Vendedora de ayotes, por Sergio Velásquez (Nicaragua)

METAS

In **Paso B** you will continue to develop your listening and speaking abilities in Spanish. You will learn more vocabulary with which to describe your immediate environment. You will also get to know your classmates better as you converse with them.

ACTIVIDADES DE COMUNICACIÓN

- Hablando con otros
- Las cosas en el salón de clase y los números (40–69)
- El cuerpo humano
- La descripción de las personas

EN RESUMEN

GRAMÁTICA Y EJERCICIOS

B.1 Addressing Others: Informal and Polite *you* (**tú/usted**)

B.2 Expressing Existence: **hay**

B.3 Describing People and Things: Negation

B.4 Describing People and Things: Plural Forms

B.5 Describing People and Things: Adjective-Noun Agreement and Placement of Adjectives

¡Conozca Nicaragua!

Nombre del país: República de Nicaragua

Ciudad capital: Managua

Ciudades principales: Granada, León, Matagalpa

Moneda: el córdoba

Idiomas: español (oficial), inglés, lenguas indígenas

Población: 5.700.000

Día de la Independencia: el 15 de septiembre

Fiestas típicas: el Día de la Inmaculada Concepción, el Día de la Liberación Nacional

Comidas típicas: el gallo pinto, el nacatamal, el vigorón, la sopa de mondongo, el quesillo

Música típica: Combination of indigenous, European, and African elements

Gente famosa: Rubén Darío, Daniel Ortega

Código de país por Internet: .ni

Voces nicaragüenses

un caite	un zapato
el merol	food
un pipe	un niño
tuanis	bueno, bonito, excelent
vos	The pronoun **vos** is used instead of **tú**

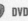

MULTIMEDIA   ONLINE LEARNING CENTER   www.mhhe.com/dosmundos7

CENTRO   Your media center for languages   QUIA   DVD

Actividades de comunicación

Hablando con otros

✳ **Lea Gramática B.1.**

Actividad 1   Identificaciones: *¿Tú* o *usted?*

Usted habla con estas personas. ¿Usa **tú** o **usted**?

1. un amigo de la universidad
2. el profesor de matemáticas
3. una niña de diez años
4. un amigo de su papá
5. una señora de sesenta y cinco años
6. una recepcionista
7. su doctor
8. su hermano/a

Actividad 2 Diálogos abiertos: ¿Cómo estás tú?
¿Cómo está usted?

DOS ESTUDIANTES EN EL SALÓN DE CLASE

E1: Hola, *Mónica*. ¿Cómo estás?
E2: *Muy bien*. ¿Y tú?
E1: *Regular*.

DOS PROFESORES EN LA OFICINA

E1: Buenos días, *profesora Martínez*. ¿Cómo está usted?
E2: Estoy *muy bien*. ¿Y usted, *profesor López*?
E1: *Un poco cansado*. ¿Cómo está la familia?
E2: *Bien*, gracias. ¿Y su familia?
E1: Está *muy bien*.

Las cosas en el salón de clase y los números (40–69)

✴ **Lea Gramática B.2–B.4.**

Actividad 3 Identificaciones: ¿Qué hay en el salón de clase?

MODELOS: En mi clase hay... → *un lápiz amarillo.*
En mi clase hay... → *una pizarra grande.*

1. una computadora
2. una ventana
3. una pizarra
4. un reloj
5. un bolígrafo
6. una pantalla
7. un libro
8. una puerta
9. un mapa
10. un cartel

a. azul ~ color café
b. moderno/a ~ antiguo/a
c. interesante ~ aburrido/a
d. fácil ~ difícil
e. blanco/a ~ negro/a ~ gris
f. largo/a
g. viejo/a ~ nuevo/a
h. pequeño/a ~ grande
i. ¿ ?

Actividad 4 Intercambios: El salón de clase

MODELO: E1: ¿Cuántos/as _____ hay en el salón de clase?
E2: Hay _____.

1. estudiantes
2. mesas
3. borradores
4. pizarras

5. ventanas
6. paredes
7. puertas
8. luces

Actividad 5 Intercambios: ¿Cuánto cuesta?

MODELO: E1: ¿Cuánto cuesta *el diccionario*?
E2: Cuesta $59.49 (*cincuenta y nueve dólares y cuarenta y nueve centavos*).

el diccionario

40 cuarenta	50 cincuenta	60 sesenta
41 cuarenta y uno	52 cincuenta y dos	63 sesenta y tres
45 cuarenta y cinco	58 cincuenta y ocho	69 sesenta y nueve

el cuaderno   la calculadora   la mochila   la silla

el reloj   la mesa   el cartel   la patineta

El cuerpo humano

✳ **Lea Gramática B.5.**

el pelo
los ojos
la nariz
las orejas
la boca
el cuello

la cara
la cabeza

el estómago/
la barriga

los hombros
la espalda
los brazos
las manos

las piernas

los pies

el cuerpo

Ⓐctividad 6   Descripción de dibujos: ¿Quién es?

Mire a estas personas. Escuche la descripción que da su profesor(a) y diga cómo se llama la persona.

1. Rosa   2. el robot   3. Lupe   4. Reinaldo   5. Víctor   6. María

La descripción de las personas

✳ **Lea Gramática B.5.**

pelo rubio
ojos azules

joven y
talentosa

Mónica

bonita
pelo negro
ojos negros

seria
y callada

Lan

de estatura
mediana
pelo castaño corto
ojos castaños

divertido
y generoso

lentes

Esteban

alto
delgado
fuerte

idealista
y tímido

barba

Alberto

bajo
guapo
pelo negro rizado
ojos negros

simpático y
entusiasta

bigote

Luis

⬤ Actividad 7   Diálogo: La nueva amiga

ESTEBAN: ¿Cómo es tu nueva amiga, Luis?

LUIS: Es alta, delgada y de pelo castaño. ¡Y muy talentosa!

ESTEBAN: ¿Cómo se llama?

LUIS: Cecilia Teresa.

ESTEBAN: Es un nombre muy bonito.

LUIS: ¡Es una chica muy bonita también!

Actividad 8 Intercambios: Mis compañeros y yo

Diga cómo es usted. Dé tres descripciones afirmativas y dos negativas.

MODELO: E1: Soy *talentoso/a, idealista* y *trabajador(a)*. No soy *agresivo/a* ni *tonto/a*. ¿Y tú?

E2: Yo soy *cómico/a, atlético/a* y *generoso/a*. No soy *tímido/a* ni *tacaño/a*.

agresivo/a	entusiasta	mentiroso/a	sincero/a
antipático/a	estudioso/a	nervioso/a	tacaño/a
atlético/a	filosófico/a	optimista	talentoso/a
callado/a	generoso/a	perezoso/a	temperamental
cómico/a	idealista	pesimista	tímido/a
conservador(a)	impulsivo/a	práctico/a	tonto/a
considerado/a	inteligente	serio/a	trabajador(a)
egoísta	materialista	simpático/a	

Actividad 9 Diálogo abierto: Los nuevos amigos

E1: ¿Tienes nuevos amigos en esta clase?

E2: Sí, tengo dos.

E1: ¿Cómo se llaman?

E2: Se llaman *Cristina* y *Daniel* y son muy *talentosos*.

E1: ¿Y son *trabajadores* (*perezosos*) también?

E2: ¡Claro que sí! (¡Claro que no!)

Actividad 10 Entrevista: Mi mejor amigo/a

ESTUDIANTE 1

1. ¿Cómo se llama tu mejor amigo/a?
2. ¿De qué color tiene los ojos?
3. ¿Es alto/a, bajo/a o de estatura mediana?
4. ¿De qué color tiene el pelo?
5. ¿Tiene bigote/barba?
6. ¿Cómo es? ¿Es simpático/a? ¿tímido/a? ¿trabajador(a)? ¿Es _____?

ESTUDIANTE 2

Se llama _____.

Tiene los ojos _____.

Es _____.

Tiene el pelo _____.

(No) Tiene _____.

Es _____.

¡OJO!

Para expresar la palabra «tacaño/a», uno se puede tocar el codo con la mano.

De todo un poco

A. Un mundo ideal

Use su imaginación y complete estas descripciones.

1. El salón de clase ideal es _____ y _____. En el salón de clase hay _____. No hay _____.
2. El amigo / La amiga ideal es _____ y _____. No es _____.
3. El/La estudiante ideal es _____ y _____. No es _____.
4. El profesor / La profesora ideal es _____ y _____. No es _____.
5. El novio (El esposo) / La novia (La esposa) ideal es _____ y _____. No es _____.

B. Su opinión

Exprese su opinión con su compañero/a.

MODELO: E1: El cartel es *bonito.*
   E2: Sí, es *bonito.* (No, es *feo.*)

1. La clase de español es (interesante ~ aburrida).
2. Hay muchos estudiantes (inteligentes ~ tontos) en esta clase.
3. El profesor / La profesora de español es (reservado/a ~ entusiasta).
4. El salón de clase es (moderno ~ tradicional).
5. El campus es (grande ~ pequeño).

¿Cómo es su campus, grande o pequeño?

Vocabulario

Las cosas en el salón de clase

Things in the Classroom

el borrador	eraser
el cartel	poster
el cuaderno	workbook; notebook
el diccionario	dictionary
el escritorio	desk
la luz (las luces)	light (lights)
la mesa	table
la pantalla	screen
el papel	paper
la pared	wall
el piso	floor
la pizarra	(chalk)board
la pluma	pen (*Mex.*)
el pupitre	desk (student)
la silla	chair
el techo	roof; ceiling
la tiza	chalk
la ventana	window

REPASO (*Review*)**: el bolígrafo, el lápiz, el libro, la puerta, el reloj, el texto**

El cuerpo humano

The Human Body

la barriga	tummy; belly
la boca	mouth
el brazo	arm
la cabeza	head
la cara	face
el cuello	neck
la espalda	back
el estómago	stomach
el hombro	shoulder
la mano	hand
la nariz	nose
el ojo	eye
la oreja	ear
el pie (los pies)	foot
la pierna	leg

Las personas

People

el chico / la chica	young man / young woman
el esposo / la esposa	husband / wife
el hermano / la hermana	brother / sister
el novio / la novia	boyfriend / girlfriend
tú	you (*inf.*)
el vecino / la vecina	neighbor

PALABRAS SEMEJANTES: el doctor / la doctora, la mamá, el papá, el robot

Las descripciones

Descriptions

¿Cómo es él/ella?	What is he/she like?
¿Cómo es usted? / ¿Cómo eres tú?	What are you like?
abierto/a	open
aburrido/a	boring; bored
antiguo/a	antique; ancient
antipático/a	unpleasant
callado/a	quiet
de... años	. . . years old
derecho/a	right
difícil	difficult
divertido/a	fun
egoísta	selfish, self-centered
entusiasta	enthusiastic
fácil	easy
fuerte	strong
izquierdo/a	left
mejor	best; better
mentiroso/a	dishonest, liar
perezoso/a	lazy
serio/a	serious
simpático/a	nice, pleasant
tacaño/a	stingy
tímido/a	shy
tonto/a	silly, dumb
trabajador(a)	hard-working

PALABRAS SEMEJANTES: afirmativo/a, agresivo/a, atlético/a, cómico/a, conservador(a), considerado/a, estudioso/a, filosófico/a, generoso/a, ideal, idealista, impulsivo/a, inteligente, interesante, materialista, moderno/a, negativo/a, nervioso/a, optimista, pesimista, práctico/a, reservado/a, sincero/a, talentoso/a

Los verbos

Verbs

busque	look for
complete	complete
conteste(n)	answer
de(le)	give (to him/her)
eres	you (*inf. sing.*) are
exprese	express
mueva	move
señale	point to
¿Tienes... ?	Do you have . . . ?
Tengo...	I have . . .
usa	uses

Expresiones útiles

Useful Expressions

Claro que sí/no	Of course (not)
¿Cómo estás tú?	How are you?
¿Cuánto cuesta(n)?	How much is (are) . . . ?
Cuesta(n)...	It costs (They cost) . . .
de nada	You're welcome.
Gracias	Thank you.
¿Qué tal?	How's it going?

Palabras del texto

Words from the Text

de todo un poco	a bit of everything
el dibujo	drawing
en resumen	to sum up
la entrevista	interview
hablando	talking
intercambios	interactions
el modelo	model

Palabras útiles

Useful Words

la calculadora	calculator
el centavo	cent

la computadora	computer
esto	this (thing)
la mochila	backpack
mucho/a(s)	a lot, many
el mundo	world
muy	very
o	or
otro/a	other, another
la patineta	skateboard
también	also
tu(s)	your (*inf.*)

PALABRAS SEMEJANTES: el campus, el dólar / los dólares, la imaginación, la lista, el mapa, las matemáticas, la oficina, la opinión, la universidad

Los números

Numbers

cuarenta	forty
cuarenta y uno	forty-one
cuarenta y cinco	forty-five
cincuenta	fifty
cincuenta y uno	fifty-one
cincuenta y dos	fifty-two
cincuenta y ocho	fifty-eight
sesenta	sixty
sesenta y nueve	sixty-nine

Gramática y ejercicios

B.1 Addressing Others: Informal and Polite *you* (*tú/usted*)

A. English speakers use the pronoun *you* to address a person directly, whether or not they know that person well. In older forms of English, speakers used an informal pronoun—*thou*—among friends, but today *you* is used with everyone.

Spanish has two pronouns that mean *you*, singular: **usted** and **tú.** The polite (*pol.*) pronoun **usted** is appropriate for people you do not know well, such as salespeople, receptionists, other professionals, and especially for people older than you. The informal (*inf.*) pronoun **tú** is reserved for friends, peers, children, and other people you know well. In some places in Latin America, including Argentina and Central America, speakers use **vos** instead of **tú** as the informal pronoun for *you*. Everyone who uses **vos,** however, also understands **tú.**

In the activities and exercises, *Dos mundos* addresses you with **usted.** You should use **tú** when speaking to your classmates. Some instructors address their students with **tú;** others use **usted.**

> Soy puertorriqueño. ¿Y **tú**?
>   ¿De dónde eres?
> Soy profesora de español. ¿Y
>   **usted**? ¿Es **usted** estudiante?

> *I'm Puerto Rican. And you?*
>   *Where are you from?*
> *I'm a professor of Spanish. And*
>   *you? Are you a student?*

> Both **tú** and **usted** mean *you* (singular). **Tú** is used when speaking to family, friends, and children. **Usted** is used to speak to people you don't know well and people older than you.

B. Although both **tú** and **usted** correspond to *you*, the verb forms used with each are different. Present-tense verb forms for **tú** always end with the letter **-s.** Present-tense verb forms for **usted** end in **-a** or **-e** and are always the same as the forms for **él/ella.**

> ¿Tien**es** (**tú**) una blusa gris?
> ¿Tien**e usted** un vestido blanco?

> *Do you have a gray blouse?*
> *Do you have a white dress?*

> Use **tú** when speaking to your classmates. Use **usted** when addressing your instructor (unless he/she asks you to use **tú**).

We introduced the forms of the verb **ser** (*to be*) in **Gramática A.3.** The **tú** form of **ser** is **eres;** the **usted** form of **ser** is **es** (the same as the form for **él/ella**).

> (**Tú**) **Eres** un buen amigo.
> **Usted es** muy amable, señora Saucedo.

> *You are a good friend.*
> *You are very nice, Mrs. Saucedo.*

> Present-tense verb forms for **tú** always end in **-s.**

C. Spanish distinguishes between singular *you* (**tú** or **usted**) and plural *you* (**ustedes**). Many American speakers of English make this distinction by saying "you guys" or "you all." The verb forms used with **ustedes** end in the letter **-n** and are the same as those used with the pronoun **ellos/as.**

> —¿Cómo **están ustedes**?
> —Bien, gracias.

> —*How are you (all)?*
> —*Fine, thanks.*

Most speakers of Spanish do not distinguish between informal and polite address in the plural. **Ustedes** is used with everyone. In Spain, however, most speakers prefer to use **vosotros/as** for the informal plural *you* and reserve **ustedes** for the polite plural *you*.

The regional pronouns **vos** and **vosotros/as** do not appear in the exercises and activities of *Dos mundos*. You will learn them quickly if you travel to areas where

> The plural of both **tú** and **usted** in Latin America is **ustedes.** In Spain, the plural of **tú** is **vosotros/as** and the plural of **usted** is **ustedes.**

they are frequently used. The verb forms corresponding to **vosotros/as** are listed with other verb forms and are given in Appendix 1. The verb forms corresponding to **vos** are footnoted in the grammar explanations. In the listening activities of the *Cuaderno de actividades,* the characters from countries where **vos** and **vosotros/as** are prevalent use those pronouns. Thus, the *Cuaderno de actividades* will give you an opportunity to hear **vos** and **vosotros/as** and their accompanying verb forms, even though you will not need to use them yourself.

Ejercicio 1

Usted habla con estas personas: ¿usa **tú** o **usted**?

1. una amiga de su clase de español
   a. ¿Tiene usted dos clases hoy?
   b. ¿Tienes dos clases hoy?
2. la recepcionista
   a. ¿Cómo estás?
   b. ¿Cómo está usted?
3. un niño
   a. Tú tienes una bicicleta nueva.
   b. Usted tiene una bicicleta nueva.
4. una persona de cuarenta y nueve años
   a. ¿Cómo se llama usted?
   b. ¿Cómo te llamas?
5. un vecino de setenta años
   a. Estoy bien. ¿Y tú?
   b. Estoy bien. ¿Y usted?

B.2 Expressing Existence: *hay*

hay = *there is / there are*
Hay is used with singular or plural nouns.

The verb form **hay** expresses the idea of existence. When used with singular nouns it means *there is;* with plural nouns it means *there are.*

—¿Qué **hay** en el salón de clase? —*What is there in the classroom?*
—**Hay** dos puertas y una ventana. —*There are two doors and a window.*

Whereas the verb **ser** (*to be*) identifies nouns (see **Gramática A.3**), **hay** simply states their existence.

—¿Qué **es**? —*What is that?*
—**Es** un bolígrafo. —*It's a pen.*

—¿Cuántos **hay**? —*How many are there?*
—**Hay** tres. —*There are three.*

Ejercicio 2

To make a sentence negative, place **no** before the verb.
Hay perros en el salón de clase.
No hay perros en el salón de clase.

Imagínese qué cosas o personas hay o no hay en el salón de clase de la profesora Martínez.

MODELOS: lápices → *Hay* lápices en el salón de clase.
             perros → *No hay* perros en el salón de clase.

1. libros en la mesa
2. un reloj en la pared
3. una profesora
4. un automóvil
5. un profesor
6. papeles en los pupitres
7. un bolígrafo en el pupitre de Alberto
8. muchos cuadernos
9. una bicicleta
10. una ventana

B.3 Describing People and Things: Negation

In a negative sentence, the word **no** precedes the verb.

Amanda es una chica muy simpática. (Amanda) **No es** tímida.	*Amanda is a very nice girl. She is not shy.*
Ramón **no es** mi novio. Es el novio de Amanda.	*Ramón isn't my boyfriend. He's Amanda's boyfriend.*

There are no additional words in Spanish that correspond to the English negatives *don't* and *doesn't*.

Guillermo **no tiene** el pelo largo ahora.	*Guillermo doesn't have long hair now.*
Yo soy hombre; **no llevo** vestidos.	*I am a man; I don't wear dresses.*

Spanish, like many other languages in the world, often uses more than one negative in a sentence.*

No hay **nada** en este salón de clase.	*There is nothing in this classroom.*

Ejercicio 3

Cambie estas oraciones afirmativas a oraciones negativas.

MODELOS: Luis es un chico alto. → Luis **no** es un chico alto.
En el salón de clase hay 68 tizas. → En el salón de clase **no** hay 68 tizas.

1. En el salón de clase hay diez pizarras.
2. Mónica tiene el pelo negro.
3. Carmen lleva una blusa muy fea.
4. Mi carro es morado.
5. La profesora Martínez tiene barba.

B.4 Describing People and Things: Plural Forms

Spanish and English nouns may be singular (**camisa,** *shirt*) or plural (**camisas,** *shirts*). Almost all plural words in Spanish end in **-s** or **-es: blusas** (*blouses*), **pantalones** (*pants*), **suéteres** (*sweaters*), **zapatos** (*shoes*), and so on. In Spanish, unlike English, articles before plural nouns and adjectives that describe plural nouns must also be plural. Here are the basic rules for forming plurals in Spanish.

A. Words that end in a vowel (**a, e, i, o, u**) form their plural by adding **-s.**

SINGULAR	PLURAL
el brazo	los brazos
el ojo	los ojos
el pie	los pies
la pierna	las piernas

---

*You will learn more about negative words and their placement in **Gramática 8.3.** In **Gramática 3.4** you will learn how to answer questions in the negative.

Words that end in a consonant add **-es.**

SINGULAR	PLURAL
el borrador	los borrador**es**
la pared	las pared**es**
el profesor	los profesor**es**

If the consonant at the end of a word is **-z,** it changes to **-c** and adds **-es.**

SINGULAR	PLURAL
el lápiz	los lápi**ces**
la luz	las lu**ces**

> To form plurals: Words ending in vowels add **s;** words ending in consonants add **-es;** words ending in **-z** change to **-c** and add **-es.** In time, you will acquire a feel for the plural formations.

B. Adjectives that describe plural words must also be plural.

ojos azul**es**	*blue eyes*	orejas grand**es**	*big ears*
brazos larg**os**	*long arms*	pies pequeñ**os**	*small feet*

En mi salón de clase hay dos ventanas grandes, varias sillas viejas, cinco pizarras verdes y diez luces.

In my classroom there are two large windows, several old chairs, five green chalkboards, and ten lights.

Ejercicio 4

Marisa y Clarisa tienen muchas cosas. ¡Pero Marisa siempre tiene una y Clarisa dos!

MODELO: Marisa tiene un suéter azul, pero Clarisa tiene dos... → *suéteres azules.*

> **tienen** = *have*
> **tiene** = *has*

1. Marisa tiene un par de zapatos, pero Clarisa tiene dos...
2. Marisa tiene un perro nuevo, pero Clarisa tiene dos...
3. Marisa tiene una chaqueta roja, pero Clarisa tiene dos...
4. Marisa tiene un lápiz amarillo, pero Clarisa tiene dos...
5. Marisa tiene una amiga norteamericana, pero Clarisa tiene dos...

Ejercicio 5

¡Ahora Clarisa tiene una y Marisa tiene dos!

MODELO: Clarisa tiene un sombrero grande, pero Marisa tiene dos... → *sombreros grandes.*

1. Clarisa tiene un cuaderno pequeño, pero Marisa tiene dos...
2. Clarisa tiene un gato negro, pero Marisa tiene dos...
3. Clarisa tiene una fotografía bonita, pero Marisa tiene dos...
4. Clarisa tiene un reloj bonito, pero Marisa tiene dos...
5. Clarisa tiene un libro difícil, pero Marisa tiene dos...
6. Clarisa tiene una amiga divertida, pero Marisa tiene dos...

B.5 Describing People and Things: Adjective-Noun Agreement and Placement of Adjectives

A. Adjectives must agree in gender and number with the nouns they describe; that is, if the noun is singular and masculine, the adjective must also be singular and masculine. Adjectives that end in **-o** in the masculine form and **-a** in the feminine form will appear in the vocabulary lists in *Dos mundos* like this: **bonito/a.** Such adjectives have four possible forms.

A singular adjective is used to describe a singular noun. A plural adjective is used to describe a plural noun.

	SINGULAR	PLURAL
Masculine	viej**o**	viej**os**
Feminine	viej**a**	viej**as**

Carmen lleva un suéter **bonito** y una falda **nueva.**	*Carmen is wearing a pretty sweater and a new skirt.*
Mis zapatos de tenis son **viejos.**	*My tennis shoes are old.*

B. Adjectives that end in a consonant,* the vowel **-e,** or the ending **-ista** have only two forms because the masculine and feminine forms are the same.

	SINGULAR	PLURAL
Masculine/Feminine	jov**en**	jóven**es**
	interesant**e**	interesante**s**
	pesim**ista**	pesimista**s**
	azu**l**	azul**es**

Luis lleva una camisa **azul** y un sombrero **azul.**	*Luis is wearing a blue shirt and a blue hat.*
Mi amigo Nacho es **pesimista,** pero mi amiga Silvia es **optimista.**	*My friend Nacho is pessimistic, but my friend Silvia is optimistic.*

C. In Spanish adjectives generally follow the noun they modify: **zapatos nuevos, camisas blancas, faldas bonitas, sombreros negros.** Adjectives that express inherent characteristics may precede the noun: **la blanca nieve.**[†] You should not worry too much about placement. For now, you may place descriptive adjectives after the noun.

D. If an adjective modifies two nouns, one masculine and one feminine, the adjective will take the masculine form.

Mónica es simpátic**a** y considerad**a.**
Alberto y Mónica son simpátic**os** y considerad**os.**
Mi blusa y mi falda son blanc**as.**
Mi blusa y mi vestido son roj**os.**

---

*Adjectives of nationality that end in a consonant are an exception, since they (like adjectives that end in -o/-a) have four forms: **inglés, inglesa, ingleses, inglesas.** See **Gramática C.4** for more information.
[†]Limiting adjectives (numerals, possessives, demonstratives, and indefinite adjectives) also precede the noun: **dos amigos, mis zapatos, esta mesa, otro ejemplo.**

Ejercicio 6

Seleccione todas las descripciones posibles.

MODELO: Alberto → *chico, guapo, estudiante*

Nora   Alberto   Esteban   Carmen   la profesora Martínez   Luis   Pablo   Mónica

1. Nora
2. Alberto
3. Esteban y Carmen
4. la profesora Martínez
5. Luis
6. Pablo
7. Mónica y Carmen

a. mujer
b. chico
c. secretaria
d. chica
e. guapo
f. niñas
g. amigos
h. estudiantes

i. estudiante
j. profesor
k. mexicana
l. altas
m. bajo
n. morena
o. rubio

Ejercicio 7

Escriba frases completas con la información. Use las formas femeninas para las mujeres.

MODELOS: Arnold Schwarzenegger: alto, fuerte → Arnold Schwarzenegger es alto y fuerte.
Oprah Winfrey: simpático, rico → Oprah Winfrey es simpática y rica.

1. Ashley y Mary Kate Olsen: rico, bonito
2. Will Smith: delgado, elegante
3. Hillary Clinton: inteligente, rubio
4. Jennifer López: materialista, talentoso
5. George Clooney: guapo, tímido

Ejercicio 8

Escriba frases completas con la información. Use la forma correcta: masculina o femenina, singular o plural.

MODELOS: casa: nuevo, pequeño → La casa es nueva y pequeña. / La casa nueva es pequeña.
lápices: amarillo, viejo → Los lápices son amarillos y viejos. / Los lápices amarillos son viejos.

1. libros: difícil, divertido
2. chica: bajo, tímido
3. mujeres: tacaño, trabajador

4. amigo: inteligente, perezoso
5. robots: fuerte, aburrido

Mi familia y mis amigos

Sobre el artista: Fernando Botero (1932–) was born in Medellín, Colombia. His work, characterized by the plump figures of his subjects, is shown in museums and galleries around the world.

Familia, por Fernando Botero (Colombia)

METAS

In **Paso C** you will discuss your family, things you own, and people's ages. You will also talk about languages and nationalities.

ACTIVIDADES DE COMUNICACIÓN

- La familia
- ¿Qué tenemos?
- Los números (10–110) y la edad
- Los idiomas y las nacionalidades

EN RESUMEN

GRAMÁTICA Y EJERCICIOS

C.1 Expressing Possession: The Verbs **tener** and **ser de(l)**

C.2 Expressing Possession: Possessive Adjectives

C.3 Expressing Age: The Verb **tener**

C.4 Describing People: Adjectives of Nationality

C.5 Talking about Habitual Actions: Present Tense of Regular **-ar** Verbs

¡Conozca Colombia!

Nombre del país: República de Colombia

Ciudad capital: Bogotá

Ciudades principales: Medellín, Cali, Barranquilla, Cartagena

Moneda: el peso

Idiomas: español

Población: 44.000.000

Día de la Independencia: el 20 de julio, el 7 de agosto

Fiestas típicas: el Carnaval de Bogotá, el Carnaval de Barranquilla, la Feria de Cali, la Feria de las Flores

Comidas típicas: el ajiaco, la bandeja paisa, el sancocho

Música típica: el vallenato, la cumbia

Gente famosa: Gabriel García Márquez, Shakira, Fernando Botero

Código del país por Internet: .co

Voces colombianas

un cucho / una cucha	a respected older person, such as a parent or professor
un chompo	**una chaqueta**
¡Añoni!	Great!
una barra	**un peso colombiano**
un(a) parcero/a	**un(a) amigo/a**
sisas / nocas	**sí / no**

Actividades de comunicación

La familia

✳ **Lea Gramática C.1.**

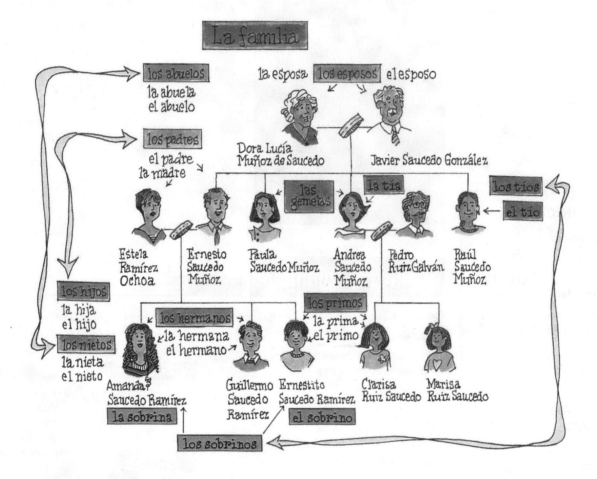

Actividad 1 Identificaciones: La familia Saucedo (Parte 1)

¿Cierto o falso? Conteste según el dibujo.

1. La esposa de Pedro se
   llama Andrea.
2. Dora y Javier tienen cuatro
   hijos: tres hijas y un hijo.
3. Estela es la hermana de Ernesto.
4. Raúl es soltero.
5. Estela, Paula, Andrea y
   Raúl son hermanos.

6. Paula y Raúl tienen cinco
   sobrinos.
7. Amanda no tiene primos.
8. Dora tiene cinco nietos: tres
   nietas y dos nietos.
9. Pedro y Raúl son hermanos.
10. Andrea es la tía de Clarisa y
    Marisa.

Actividad 2 Intercambios: La familia Saucedo (Parte 2)

Conteste según el dibujo de la familia Saucedo.

MODELOS: E1: ¿Cómo se llama *el hermano* de *Ernesto, Paula y Andrea*?
           E2: Se llama *Raúl.*

           E1: ¿Cuántos *hermanos* tiene *Amanda*?
           E2: Tiene *dos.*

Actividad 3 Diálogo: ¿Quién es?

Don Eduardo Alvar habla con Paula Saucedo.

DON EDUARDO: Perdone, señorita Saucedo. ¿Quién es ese joven (muchacho)?
PAULA SAUCEDO: Su nombre es Jorge Saucedo.
DON EDUARDO: ¿Saucedo? ¿Es su hermano?
PAULA SAUCEDO: No. Su apellido es Saucedo también, pero no es mi hermano. Mis hermanos se llaman Raúl y Ernesto.

Actividad 4 Diálogo abierto: Mis hijos

E1: ¿Cómo se llama usted, *señor (señora, señorita)*?
E2: Me llamo _____.
E1: ¿Es usted *casado/a (soltero/a, viudo/a, divorciado/a)*?
E2: Soy _____.
E1: ¿Tiene usted hijos?
E2: Sí, tengo _____ hijo(s) y _____ hija(s). (No, no tengo hijos.)

Actividad 5 Entrevista: Mi familia

1. ¿Cómo se llama tu *padre (madre, hermano/a, abuelo/a)*?
   Mi *padre* se llama _____.
2. ¿Cuántos *hermanos (primos, abuelos, nietos)* tienes?
   Tengo *dos hermanos.* (Tengo *un primo.* Tengo *una nieta.*)
3. ¿Eres casado/a? ¿Tienes hijos? Soy _____.
   Tengo *dos* hijos. (*No tengo hijos.*)

¿Qué tenemos?

✳ **Lea Gramática C.1–C.2.**

doña Lola

Amanda

Ernestito

Doña Lola tiene un coche nuevo.

Los discos compactos son de Amanda.

Ernestito y su perro Lobo son amigos.

Actividad 6   Diálogo: El coche de don Eduardo

ERNESTITO: ¿Cómo es su coche, señor Alvar?
DON EDUARDO: Mi coche es azul; es un poco viejo.
ERNESTITO: Yo no tengo coche, pero tengo una bicicleta nueva.
DON EDUARDO: Sí, y tu bicicleta es muy bonita.

Actividad 7   Descripción de dibujos: ¿De quién... ?

1. ¿Quién tiene dos camisas nuevas?
2. ¿Quién tiene dos perros?
3. ¿De quién es el vestido nuevo?
4. ¿Quién tiene una computadora?
5. ¿De quién es el carro nuevo?
6. ¿Quiénes tienen helados?

Actividad 8 Entrevista: Mi mascota y mi carro

1. —¿Tienes *mascota?*
   —Sí, tengo _____. / No, no tengo *mascota.*
2. —¿Cómo es?
   —Mi _____ es _____.
3. —¿Tienes *carro (motocicleta, bicicleta)?*
   —Sí, tengo un _____ (Ford, Toyota, Volvo). / No, no tengo *carro.* Tengo *motocicleta (bicicleta).*
4. —¿Cómo es tu *carro (motocicleta, bicicleta)?*
   —Mi *carro (motocicleta, bicicleta)* es _____.

Los números (10–110) y la edad

✳ **Lea Gramática C.3.**

10	diez	76	setenta y seis
20	veinte	80	ochenta
30	treinta	82	ochenta y dos
40	cuarenta	90	noventa
50	cincuenta	94	noventa y cuatro
60	sesenta	100	cien
70	setenta	110	ciento diez

Actividad 9 Diálogos: ¿Cuántos años tienen?

GRACIELA: Amanda, ¿quién es esa niña?
AMANDA: Es mi prima, Clarisa.
GRACIELA: ¿Cuántos años tiene?
AMANDA: Tiene sólo seis años y es muy inteligente.

DON EDUARDO: Señor Ruiz, ¿cuántos hijos tiene usted?
PEDRO RUIZ: Tengo dos hijas.
DON EDUARDO: ¿Y cuántos años tienen?
PEDRO RUIZ: Bueno, Clarisa tiene seis años y Marisa tiene cuatro.
DON EDUARDO: ¡Sólo dos hijas! ¡Cómo cambia el mundo!

Actividad 10 Diálogo abierto: ¿Cuántos años tienes?

E1: ¿Cuántos años tienes?
E2: Tengo _____ años.
E1: ¿Tienes hermanos?
E2: Sí, tengo _____ hermanos: _____ hermano(s) y _____ hermana(s). (No, no tengo hermanos; soy hijo único / hija única.)
E1: ¿Cómo se llama tu hermano/a mayor (menor)?
E2: Se llama _____.
E1: ¿Cuántos años tiene?
E2: Tiene _____ años.

Los idiomas y las nacionalidades

Hans Schumann es alemán y habla alemán.

Gina Sfreddo es italiana y habla italiano.

Iara Gomes y Zidia Oliveira son brasileñas y hablan portugués.

Masato Hamazaki y Goro Nishimura son japoneses y hablan japonés.

Rehana Hezar y Neda Nikraz son iraníes y hablan persa.

✳ **Lea Gramática C.4–C.5.**

PAÍS	NACIONALIDAD	IDIOMA(S)
Afganistán	afgano/a	dari, pashto
Alemania	alemán, alemana	alemán
Argentina	argentino/a	español
Brasil	brasileño/a	portugués
Canadá	canadiense	inglés, francés
China	chino/a	chino
Corea (del Norte / del Sur)	coreano/a	coreano
Cuba	cubano/a	español
Egipto	egipcio/a	árabe
España	español(a)	español
Estados Unidos	estadounidense	inglés
Francia	francés, francesa	francés
Inglaterra	inglés, inglesa	inglés
Irán	iraní	persa
Irak	iraquí	árabe
Israel	israelí	hebreo
Italia	italiano/a	italiano
Japón	japonés, japonesa	japonés
México	mexicano/a	español
República de Sudáfrica	sudafricano/a	inglés, afrikaans, lenguas africanas
Rusia	ruso/a	ruso
Siria	sirio/a	árabe
Vietnam	vietnamita	vietnamita

Actividad 11 **Asociaciones: ¿Qué nacionalidad? ¿Qué idioma?**

Diga cuál es la nacionalidad de estas personas y qué idioma(s) hablan.

MODELO: Salma Hayek... México →
            Salma Hayek es mexicana y habla español.

PERSONA	PAÍS
1. Fidel Castro	Cuba
2. Ignacio Lula da Silva	Brasil
3. David Beckham	Inglaterra
4. Vladimir Putin	Rusia
5. Nicolas Sarkozy	Francia
6. Hosni Mubarak	Egipto
7. Celine Dion	Canadá
8. el rey Juan Carlos de Borbón	España
9. Alessandro del Piero	Italia
10. Gael García Bernal	México

Salma Hayek, actriz mexicana

Juan Carlos de Borbón, rey de España

Actividad 12   Diálogo abierto: Amigos internacionales

E1: ¿Tienes un amigo *mexicano* (una amiga *mexicana*)?
E2: Sí, se llama _____.
E1: ¿Hablas *español* o *inglés* con él (ella)?
E2: Hablo *inglés*. (Normalmente hablo *inglés,* pero a veces hablo *español* con él/ella.)

Actividad 13   Intercambios: Las vacaciones

MODELO: E1: Quiero viajar a *París* durante las vacaciones.
E2: ¿Hablas *francés*?
E1: Sí, hablo *un poco de francés.* (No, no hablo *nada de francés.* / Sí, hablo *francés muy bien.*)

CIUDADES

Roma	Madrid	Río de Janeiro
Londres	Buenos Aires	Montreal
Toronto	Moscú	Berlín
Los Ángeles	Pekín	Tokio

IDIOMAS

italiano	ruso	francés
inglés	chino	alemán
español	portugués	japonés

Frases útiles

un poco de   muy bien
nada de

De todo un poco

Entrevista: Su familia y sus amigos

Entreviste a su compañero/a.

—¿Son estadounidenses tus padres?
—Sí/No, mis padres son _____.
—¿Cuántos años tienen ellos?
—Mi padre tiene _____ años y mi madre tiene _____ años.
—¿Qué idiomas hablan?
—Mis padres hablan _____. (Mi padre habla _____ y mi madre habla _____.)
—¿Tienes muchos hermanos?
—Sí, tengo _____. (No, tengo sólo _____. / No, soy hijo único / hija única.)
—¿Cómo se llaman tus hermanos?
—Mis hermanos se llaman _____ y _____. (Mi hermano/a se llama _____.)
—¿Tienes un amigo / una amiga de *España*? (*México, Irán, Rusia, Italia, Francia,* etcétera)
—Sí, tengo un amigo / una amiga de _____.
—¿Cómo se llama tu amigo/a?
—Él/Ella se llama _____.
—¿Qué idiomas habla él/ella?
—Habla _____ y _____. (Habla sólo _____.)

Vea el **Resumen cultural** en este capítulo del *Cuaderno de actividades.*

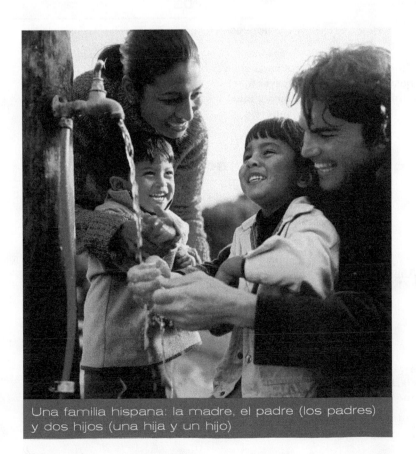

Una familia hispana: la madre, el padre (los padres) y dos hijos (una hija y un hijo)

Vocabulario

La familia

The Family

el abuelo / la abuela	grandfather/grandmother
los abuelos	grandparents
el gemelo / la gemela	twin
el hijo / la hija	son / daughter
el hijo único / la hija única	only child (only son / only daughter)
los hijos	sons (sons and daughters; children)
la madre	mother
el nieto / la nieta	grandson / granddaughter
el padre	father
los padres	parents
el primo / la prima	cousin
el sobrino / la sobrina	nephew / niece
el tío / la tía	uncle / aunt

REPASO: el esposo, la esposa, el hermano, la hermana

Los países

Countries

Alemania	Germany
Corea del Norte / del Sur	North / South Korea
España	Spain
(los) Estados Unidos	United States
Inglaterra	England
(la) República de Sudáfrica	South Africa

PALABRAS SEMEJANTES: Afganistán, Argentina, Brasil, Canadá, China, Cuba, Egipto, Francia, Irak, Irán, Israel, Italia, Japón, México, Rusia, Siria, Vietnam

Las nacionalidades

Nationalities

alemán/alemana	German
brasileño/a	Brazilian
chino/a	Chinese
egipcio/a	Egyptian
español(a)	Spanish
estadounidense	American (United States citizen)
francés/francesa	French
inglés/inglesa	English
ruso/a	Russian
sudafricano/a	South African

PALABRAS SEMEJANTES: afgano/a, americano/a, árabe, argentino/a, canadiense, coreano/a, cubano/a, iraní, iraquí, israelí, italiano/a, japonés/japonesa, mexicano/a, portugués/portuguesa, sirio/a, vietnamita

Los idiomas

Languages

el alemán	German
el chino	Chinese
el español	Spanish
el francés	French
el hebreo	Hebrew
el inglés	English
las lenguas africanas	African languages
el ruso	Russian

PALABRAS SEMEJANTES: el afrikaans, el árabe, el coreano, el italiano, el japonés, el pashto, el portugués, el vietnamita

Las ciudades

Cities

Londres	London
Moscú	Moscow
Pekín	Beijing

PALABRAS SEMEJANTES: Berlín, Buenos Aires, Los Ángeles, Madrid, Montreal, Río de Janeiro, Roma, Tokio, Toronto

Los adjetivos

Adjectives

casado/a	married
divorciado/a	divorced
mayor (que)	older (than)
menor (que)	younger (than)
soltero/a	single, unmarried
viudo/a	widowed

Los verbos

Verbs

hablar	to speak
¿Hablas... ?	Do you speak . . . ?
Hablo...	I speak
quiero	I want
tener	to have
viajar	to travel

Expresiones útiles

Useful Expressions

¡Cómo cambia el mundo!	How the world changes!
¿Cuántos años tiene(s)?	How old are you?
Tengo... años.	I am . . . years old.

¿Cuántos... tiene(s)?	How many . . . do you have?
¿De quién es/son... ?	Whose is/are . . . ?
nada de	nothing, any (at all)
perdone	pardon me; excuse me
un poco de	a little
¿Qué tiene(n)... ?	What do/does . . . have?
¿Quién(es) tiene(n)... ?	Who has . . . ?

REPASO: mi(s), tu(s), su(s)

Palabras útiles

Useful Words

a veces	sometimes
la bicicleta	bicycle
bueno...	well . . .
el carro / el coche	car
de la	of the
del (de + el)	of the (*required contraction*)
durante	during
la edad	age
el helado	ice cream

el (la) joven	young person
la mascota	pet
pero	but
según	according to
sólo	only

PALABRAS SEMEJANTES: el disco compacto, la frase, internacional, la motocicleta, la parte, normalmente, las vacaciones

Los números

Numbers

setenta	seventy
ochenta	eighty
ochenta y cuatro	eighty-four
noventa	ninety
noventa y siete	ninety-seven
cien	one hundred
ciento uno	one-hundred one
ciento diez	one-hundred ten

Gramática y ejercicios

C.1 Expressing Possession: The Verbs *tener* and *ser de(l)*

Just like English, Spanish has several ways of expressing possession. Unlike English, however, Spanish does not use an apostrophe and *s*.

A. Perhaps the simplest way of expressing possession is to use the verb **tener*** (*to have*). Like the verb **ser, tener** is classified as an irregular verb because of changes in its stem.[†] The endings that attach to the stem, however, are regular.

tener (*to have*)		
(yo)	tengo	*I have*
(tú)	tienes	*you (inf. sing.) have*
(usted, él/ella)	tiene	*you (pol. sing.) have; he/she has*
(nosotros/as)	tenemos	*we have*
(vosotros/as)	tenéis	*you (inf. pl., Spain) have*
(ustedes, ellos/as)	tienen	*you (pl.) have; they have*

—Profesora Martínez, ¿**tiene** usted un automóvil nuevo?
—Sí, **tengo** un Toyota verde.

—*Professor Martínez, do you have a new automobile?*
—*Yes, I have a green Toyota.*

B. The verb **ser** (*to be*) followed by the preposition **de** (*of*) can also be used to express possession. The equivalent of the English word *whose* is **¿de quién?** (literally, *of whom?* or *to whom?*).

—**¿De quién** es el cuaderno?
—**Es de** Carmen.

—*To whom does the notebook belong?*
—*It's Carmen's.*

C. The preposition **de** (*of*) followed by the masculine article **el** (*the*) contracts to **del** (*of the*).

—**¿De quién** es el bolígrafo?
—**Es del** profesor.

—*Whose pen is this?*
—*It's the professor's.*

The other combinations of **de** + article do not contract: **de la, de los, de las.**

Los zapatos **de la** niña son bonitos.
Los libros **de los** estudiantes.
   son nuevos.

The girl's shoes are pretty.
The students' books
   are new.

---

*Recognition: **vos tenés**
[†]See **Gramática C.5** for more information on verb stems.

Ejercicio 1

Diga qué tienen estas personas. Use las formas del verbo **tener.**

MODELO: Luis *tiene* una bicicleta negra.

1. Pablo _____ una chaqueta negra.
2. Esteban y yo _____ un coche viejo.
3. Mónica, tú no _____ el libro de español, ¿verdad?
4. (Yo) _____ dos lápices y un cuaderno sobre mi pupitre.
5. Nora y Alberto no _____ hijos, ¿verdad?

Ejercicio 2

Diga de quién son estas cosas.

MODELO: Mónica / bolígrafo → El bolígrafo *es de* Mónica.

1. la profesora Martínez / carro

2. Luis / camisa

3. Nora / perro

4. Esteban / lentes

5. Alberto / saco

6. Carmen / bicicleta

C.2 Expressing Possession: Possessive Adjectives

Possession can be indicated by the following possessive adjectives. The particular adjective you choose depends on the owner, but the adjective itself, like other Spanish adjectives, agrees in number and gender with the word it describes: that is, with the *object owned*, not with the owner.

su = *his, her, your, their*
  (one item)
sus = *his, her, your, their*
  (multiple items)

Remember that you will acquire much of this material in time as you listen to and read Spanish.

SINGULAR OWNER		PLURAL OWNER	
mi	*my*	nuestro/a	*our*
tu*	*your (inf. sing.)*	vuestro/a	*your (inf. pl., Spain)*
su	*your (pol. sing.), his/her*	su	*your (pl.); their*

¿Mi hermano? Tiene el pelo negro.		*My brother? He has black hair.*
Nuestro carro nuevo es rojo.		*Our new car is red.*
Nuestra profesora es Adela Martínez.		*Our professor is Adela Martínez.*

SINGULAR POSSESSION (PLURAL POSSESSIONS)		SINGULAR POSSESSION (PLURAL POSSESSIONS)	
mi(s)	*my*	nuestro(s)/a(s)	*our*
tu(s)	*your (inf. sing.)*	vuestro(s)/a(s)	*your (inf. pl., Spain)*
su(s)	*your (pol. sing.), his/her*	su(s)	*your (pl.); their*

Mi falda es vieja, pero **mis** zapatos son nuevos.	*My skirt is old, but my shoes are new.*
Clarisa y Marisa tienen una casa grande. **Su** casa es grande.	*Clarisa and Marisa have a big house. Their house is big.*
Raúl, ¿**tus** hermanas son gemelas?	*Raúl, are your sisters twins?*
Clarisa y Marisa tienen dos tías y un tío. **Su** tío se llama Raúl.	*Clarisa and Marisa have two aunts and one uncle. Their uncle's name is Raúl.*

Keep in mind that the pronoun **su(s)** can have various meanings: *your, his, her,* or *their.* The context normally clarifies to whom **su(s)** refers.

Luis no tiene **sus** libros.	*Luis doesn't have his books.*
El señor y la señora Ruiz tienen **su** coche aquí.	*Mr. and Mrs. Ruiz have their car here.*

Generally speaking, use **usted** and **su(s)** when addressing a person by his or her last name.

Señor Saucedo, ¿es **usted** mexicano? ¿Y **sus** padres?	*Mr. Saucedo, are you Mexican? And your parents?*

When using a first name to address someone, use **tú** and **tu(s).**

Raúl, **tu** amiga es inglesa, pero **tú** y **tus** padres son mexicanos, ¿no?	*Raúl, your friend is English, but you and your parents are Mexican, aren't you?*

---

*Tú (with an accent mark) corresponds to *you;* **tu** (without an accent mark) corresponds to *your.*

Ejercicio 3

Complete estas oraciones con la forma apropiada del adjetivo posesivo: **mi(s)**, **tu(s)**, **su(s)** o **nuestro(s)/a(s)**.

MODELO: Estela, ¿dónde están *tus* hijos?

1. Mi novia no tiene _____ libro de matemáticas.
2. El profesor no tiene _____ botas.
3. No tienes _____ reloj, ¿verdad?
4. No tengo _____ zapatos de tenis.
5. No tenemos _____ cuadernos.
6. —Señores Ruiz, ¿dónde están _____ hijas?
   — _____ hijas, Clarisa y Marisa, están en casa.
7. Guillermo no tiene _____ chaqueta.
8. Estela y Ernesto no tienen _____ automóvil todavía.
9. Graciela, _____ ojos son muy bonitos.
10. No tengo _____ bicicleta aquí.

> **los señores Ruiz** = Mr. and Mrs. Ruiz

Ejercicio 4

Complete los diálogos con la forma apropiada del adjetivo posesivo.

MODELO: RAÚL: ¡Qué inteligente es *tu* amiga!
           ALBERTO: Sí, y ella es idealista, también.

1. RAÚL: Silvia, _____ perro, Sultán, es muy inteligente.
   SILVIA: Gracias, Raúl, pero no es _____ perro. Es de Nacho.

2. CLARA: Pilar, ¿tienen carro _____ padres?
   PILAR: Sí, _____ padres tienen un Seat rojo.

3. JOSÉ: ¿Cómo se llama la novia de Andrés?
   PILAR: _____ novia se llama Ana.

4. ABUELA: Marisa y Clarisa, ¡qué bonitas son _____ faldas! ¿Son nuevas?
   MARISA: Sí, abuelita. Y _____ zapatos son nuevos también.

Possession may also be indicated by the use of possessive pronouns. These pronouns agree in gender and number with the noun they describe; that is, with the item possessed.

¿Es ésta tu blusa?	*Is this one your blouse?*
No, no es **mía**; es **tuya**.	*No, it's not mine; it's yours.*
¿Son de Alfredo estos zapatos?	*Are these shoes Alfredo's?*
Sí, son **suyos**.	*Yes, they are his.*
¿Es de Carmen este libro?	*Is this book Carmen's?*
No, no es **suyo**; es **mío**.	*No, it's not hers; it's mine.*
¿Son de ustedes estos cuadernos?	*Do these notebooks belong to you (all)?*
Sí, son **nuestros**.	*Yes, they are ours.*

For more practice with these pronouns see the **Expansión gramatical 1** in the *Cuaderno de actividades*.

SINGULAR OWNER (SINGULAR AND PLURAL POSSESSIONS)		PLURAL OWNER (SINGULAR AND PLURAL POSSESSIONS)	
mío(s)/mía(s)	*mine*	nuestro(s)/nuestra(s)	*ours*
tuyo(s)/tuya(s)	*yours (inf. sing.)*	vuestro(s)/vuestra(s)	*yours (inf. pl., Spain)*
suyo(s)/suya(s)	*his/hers/yours (pol. sing.)*	suyo(s)/suya(s)	*theirs/yours (pol. pl.)*

C.3 Expressing Age: The Verb *tener*

> English: **I am** 24 (years old).
> Spanish: **Tengo** 24 (años).

In English, the verb *to be* is used for telling age (*I am 21 years old*), but in Spanish the verb **tener** expresses age. To ask about age, use the question **¿Cuántos años... ?** (*How many years . . . ?*)

—Señora Saucedo, ¿**cuántos años tiene** usted? —*Mrs. Saucedo, how old are you?*
—**Tengo** treinta y cinco (años). —*I'm 35 (years old).*

¿RECUERDA?

In **Gramática C.1** you learned the present-tense forms of the verb **tener.** Review them now, if necessary.

Ejercicio 5

Escriba la edad de estos amigos.

MODELO: Rogelio Varela / 21 → Rogelio Varela *tiene 21 años.*

1. Adriana Bolini / 35
2. Carla Espinosa / 22
3. Rubén Hernández Arenas / 38
4. Susana Yamasaki González / 33
5. doña María Eulalia González de Saucedo / 79

Ejercicio 6

Escriba la edad de estas personas.

¿RECUERDA?

In **Gramática B.5** you learned that adjectives that end in **-o/-a** have four forms:

rojo (*masc. sing.*)
roja (*fem. sing.*)
rojos (*masc. pl.*)
rojas (*fem. pl.*)

don Eduardo Alvar (n. 1930) Estela Saucedo (n. 1975) Ernestito Saucedo (n. 2002) Amanda Saucedo (n. 1996) doña Lola Batini (n. 1968)

C.4 Describing People: Adjectives of Nationality

A. Adjectives of nationality that end in **-o/-a,** just like other adjectives that end in **-o/-a,** have four forms.

	SINGULAR	PLURAL
Masculine	chino	chinos
Feminine	china	chinas

Victoria no es **china,** pero habla chino muy bien.	*Victoria is not Chinese, but she speaks Chinese very well.*

B. Adjectives of nationality that end in a consonant have four forms also.

	SINGULAR	PLURAL
Masculine	inglés*	ingleses
Feminine	inglesa	inglesas

John es **inglés,** pero su madre es **española.**	*John is English, but his mother is Spanish.*

C. Adjectives of nationality that end in **-e** have only two forms.

	SINGULAR	PLURAL
Masculine/Feminine	canadiense	canadienses

D. Adjectives of nationality and the names of languages are not capitalized in Spanish. Names of countries, however, are capitalized.

> Do capitalize names of countries in Spanish:
> **Colombia**
> **Panamá**
> **España**
> **Inglaterra**
> Do not capitalize nationalities or languages in Spanish:
> **colombiano**
> **panameñas**
> **español**
> **inglés**

Ejercicio 7

¿De qué nacionalidad son estas personas?

MODELO: el señor Shaoyi He → *Es chino.*

1. _____ la señorita Fernández
2. _____ los señores Watanabe
3. _____ el señor Hartenstein
4. _____ las hermanas Lemieux
5. _____ la señorita Cardinale y la señorita Lomeli
6. _____ la señorita Tang
7. _____ el señor Thatcher
8. _____ la señorita Nikraz
9. _____ los señores Hassan

a. iraní
b. chino/china
c. español/española
d. sirio/siria
e. inglés/inglesa
f. italiano/italiana
g. japonés/japonesa
h. alemán/alemana
i. francés/francesa

---

*See the *Cuaderno de actividades*—**Capítulos 2, 3, 5, 8,** and Appendix 3 of this text—for details on written accent marks.

¿RECUERDA?

In Spanish the forms of a
verb change to show who is
performing the action. You
have already seen the forms
of **llevar (Gramática A.1),
ser (Gramática A.3),** and
tener (Gramática C.1).
Now look at the drawings
on this page and notice the
forms of the verb **hablar**
(*to speak*).

C.5 Talking about Habitual Actions: Present Tense of Regular *-ar* Verbs

A. The verb form listed in the dictionary and in most vocabulary lists is the *infinitive*. In Spanish many infinitives end in **-ar** (**llamar, llevar**), but some end in **-er** (**tener**) or in **-ir** (**vivir**). The forms of the verb are called its *conjugation*. Below is the present-tense conjugation of the regular **-ar** verb **hablar.*** Regular verbs are classified as such because their *stem* (the infinitive minus the ending) remains the same in all forms; the only change is in the endings, which are added to the stem.

hablar (*to speak*)

(yo)	hablo	*I speak*
(tú)	hablas	*you (inf. sing.) speak*
(usted, él/ella)	habla	*you (pol. sing.) speak; he/she speaks*
(nosotros/as)	hablamos	*we speak*
(vosotros/as)	habláis	*you (inf. pl., Spain) speak*
(ustedes, ellos/as)	hablan	*you (pl.) speak; they speak*

B. Remember that Spanish verb endings indicate, in many cases, who or what the subject is, so it is not always necessary to mention the subject explicitly. That is why the pronouns are in parentheses in the preceding table.

—¿**Hablas** español?   —*Do you speak Spanish?*
—Sí, y **hablo** inglés también.   —*Yes, and I speak English too.*

These endings take time to acquire. You can understand and communicate with an incomplete knowledge of them, but they are important; make sure you include them when you write.

---

*Recognition: **vos hablás**

Ejercicio 8

Estamos en una fiesta en casa de Esteban. Complete estas oraciones con la forma correcta del verbo **hablar.**

1. Esteban, las dos chicas rubias _____ alemán, ¿verdad?
2. Mónica, ¿_____ francés tu padre?
3. Alberto y Luis no _____ francés.
4. Nora, ¿_____ tú chino?
5. No, yo no _____ chino, pero _____ un poco de japonés.

Ejercicio 9

¿Qué idiomas hablan estas personas? Complete cada oración con la forma correcta del verbo **hablar** y el idioma apropiado.

1. Adriana Bolini es argentina y _____ italiano y _____.
2. Los señores Saucedo son mexicanos y _____ _____.
3. Li Yuan Tseng y Mei Chang son chinos y _____ _____.
4. Kevin Browne y Stephen Craig son ingleses. _____ _____.
5. Talia Meir y Behira Sefamí son israelíes. _____ _____.
6. ¿Eres rusa? Entonces, tú _____ _____.

Los datos personales y las actividades

METAS

In **Capítulo 1** you will learn to tell time and give personal information: your address, your phone number, and your birthday. You and your classmates will talk about sports and other leisure-time activities you enjoy.

LATIN JAZZ II, por Casimiro González (Cuba)

Sobre el artista: Casimiro González nació en La Habana, Cuba. Estudió arte en la Escuela Nacional de Bellas Artes y ahora vive en los Estados Unidos. Sus pinturas, de vivos colores, se exhiben en Francia, Italia, España, México, Colombia, Argentina, Puerto Rico, Alemania y el Canadá.

¡Conozca Cuba!

Nombre del país: la República de Cuba

Ciudad capital: La Habana

Ciudades principales: Santiago, Guantánamo, Holguín, Camagüey, Cienfuegos

Moneda: el peso cubano

Idiomas: el español

Población: 11.400.000

Día de la Independencia: el 10 de octubre

Fiestas típicas: el Carnaval, el Triunfo de la Revolución

Comidas típicas: el lechón asado, la yuca con mojo, «moros y cristianos», los tostones, el congrí oriental, el picadillo a la criolla

Música típica: el son, la rumba, el danzón, el mambo, la salsa

Gente famosa: José Martí, Nicolás Guillén, Reinaldo Arenas, Chucho Valdés, Omara Portuondo, Fidel Castro, Celia Cruz

Código del país por Internet: .cu

Voces cubanas

la fruta bomba	la papaya
¿Qué bola asere?	¿Qué tal amigo?
una saya	una falda
un socio	un amigo
un taco	un zapato

En este capítulo...

ACTIVIDADES DE COMUNICACIÓN

- Las fechas y los cumpleaños
- Datos personales: El teléfono y la dirección
- La hora
- Las actividades favoritas y los deportes

EN RESUMEN

LECTURAS Y CULTURA

- **Ventanas culturales**
  Nuestra comunidad: La misión personal de Rigoberta Menchú
- **Enlace a la música:** Cuba
- **Ventanas al pasado**
  Frida y Diego
- **Lectura**
  La pasión por los deportes

GRAMÁTICA Y EJERCICIOS

1.1 Counting: Numbers 100–1000 and Dates

1.2 Talking about Habitual Actions: Present Tense of Regular **-er** and **-ir** Verbs

1.3 Asking Questions: Question Formation

1.4 Telling Time: Hours and Minutes

1.5 Expressing Likes and Dislikes: **gustar** + Infinitive

Las fechas y los cumpleaños

✳ **Lea Gramática 1.1.**

Actividad 1   Intercambios: El cumpleaños

Hágale preguntas a su compañero/a sobre los dibujos de la página anterior.

MODELOS: E1: ¿Cuándo nació *José Estrada*?
　　　　　　　E2: Nació el *15 de abril*.

　　　　　　　E1: ¿Quién nació el *15 de octubre*?
　　　　　　　E2: *Raúl Saucedo*.

Actividad 2   Intercambios: Los estudiantes de la profesora Martínez

MODELO: E1: ¿Cuándo nació *Mónica Clark*?
　　　　　　　E2: Nació *el 19 de agosto de 1992*.
　　　　　　　E1: ¿Dónde nació?
　　　　　　　E2: Nació en *Ann Arbor, Michigan*.

NOMBRE	LUGAR DE NACIMIENTO	FECHA DE NACIMIENTO
Carmen Bradley	Corpus Christi, Texas	23 de junio de 1991
Mónica Clark	Ann Arbor, Michigan	19 de agosto de 1992
Albert Moore	Seattle, Washington	22 de diciembre de 1979
Nora Morales	San Antonio, Texas	4 de julio de 1985
Luis Ventura	Albuquerque, Nuevo México	1 de diciembre de 1989
Lan Vo	Long Beach, California	5 de noviembre de 1990

Actividad 3   Intercambios: ¿Qué quieres para tu cumpleaños?

MODELO: E1: ¿Quieres *un reloj* para tu cumpleaños?
　　　　　　　E2: Sí, quiero *un reloj*. (No, no quiero *un reloj*, quiero *una mochila*.)

 1. un reloj

 2. una computadora

 3. una bicicleta

 4. un iPod

5. una patineta

6. un suéter

 7. una tabla de snowboard

 8. entradas para un concierto

(continúa)

9. un coche

10. una mochila

11. una cámara digital

12. un televisor

13. discos compactos

14. un equipo de música

Datos personales: El teléfono y la dirección

✳ **Lea Gramática 1.2–1.3.**

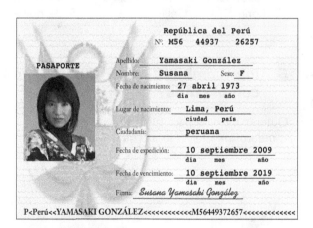

| República del Perú |
| N.° M56 44937 26257 |

PASAPORTE	Apellido: **Yamasaki González**
	Nombre: **Susana** Sexo: **F**
	Fecha de nacimiento: **27 abril 1973**
	día mes año
	Lugar de nacimiento: **Lima, Perú**
	ciudad país
	Ciudadanía: **peruana**
	Fecha de expedición: **10 septiembre 2009**
	día mes año
	Fecha de vencimiento: **10 septiembre 2019**
	día mes año
	Firma: *Susana Yamasaki González*

P<Perú<<YAMASAKI GONZÁLEZ<<<<<<<<<<<M56449372657<<<<<<<<<<<<

Actividad 4 **Entrevista: Sus datos personales**

Usted es turista y su compañero/a es agente de inmigración. Conteste las preguntas que el agente le hace.

1. ¿Cómo se llama usted?
2. ¿Cuál es su ciudadanía? (estadounidense, mexicana, vietnamita, canadiense, iraní, china, inglesa, etcétera)
3. ¿Cuál es su fecha de nacimiento?
4. ¿Cuál es su lugar de nacimiento?
5. ¿Cuál es su dirección?
6. ¿Cuál es su número de teléfono?
7. ¿Cuál es su estado civil? ¿Es usted soltero/a? (casado/a, divorciado/a, viudo/a)

VENTANAS CULTURALES   Nuestra comunidad

La misión personal de Rigoberta Menchú

Rigoberta Menchú es de Guatemala, está casada y tiene un hijo. Rigoberta es una mujer **maya quiché** muy fuerte. Su misión personal es **ayudar** a la **gente indígena** de su país y de todo el mundo. Rigoberta viaja mucho. Visita escuelas y universidades para hablar de sus experiencias y para describir la mala situación de los indígenas guatemaltecos.

Esta mujer excepcional recibe el **Premio Nóbel de la Paz** en 1992. En su libro autobiográfico *Me llamo Rigoberta Menchú y así me nació la conciencia* (1983), Rigoberta narra una historia muy humana que protesta la violencia militar. La famosa indígena Menchú tiene una **meta** importante: justicia social para Guatemala y toda la América Latina.

Comprensión

1. Describa a Rigoberta Menchú. ¿De dónde es? ¿Cómo es ella?
2. Rigoberta viaja a escuelas y universidades para hablar de...
   a. su familia   **b.** su Premio Nóbel
   c. la situación de los indígenas de Guatemala   **d.** sus amigos

VOCABULARIO ÚTIL

maya quiché	*indigenous people from western Guatemala*
ayudar	*to help*
la gente indígena	*indigenous people*
el Premio Nobel de la Paz	*the Nobel Peace Prize*
la meta	*goal*

Actividad 5   Diálogo abierto: Datos personales

E1: ¿Cómo te llamas?
E2: Me llamo _____. ¿Y tú?
E1: _____. ¿Dónde vives?
E2: Vivo en la calle _____, número _____. ¿Y tú?
E1: Vivo en la calle _____, número _____.
E2: Y, ¿cuál es tu dirección electrónica?
E1: Es _____ @ _____. (No tengo.) ¿Y tu dirección?
E2: Es _____ @ _____. (No tengo.) ¿Tienes (teléfono) celular?
E1: Sí, mi número es el _____. (No, no tengo.) ¿Y tú?
E2: Sí, mi número es el _____. (No, no tengo.)

Enlace a la música

Cuba

La música popular cubana es rítmica, apasionada, y nace de la unión de dos culturas: la española y la africana. En el siglo[1] XVI llegan a Cuba los esclavos[2] africanos para trabajar en las plantaciones de caña de azúcar.[3] La religión de estos esclavos se combina con la católica, y de manera similar surge la expresión musical afrocubana, en ceremonias religiosas que se celebran con mucha danza. El tambor,[4] que tiene varios tipos y nombres —bongó, tumbadora— es el instrumento principal en estas ceremonias. El tambor facilita el ritmo, y el ritmo es esencial en todas las formas musicales de Cuba.

Algunos de los estilos musicales cubanos más importantes son la rumba, el danzón, el son y el mambo. La rumba es música de fiesta que nace en los puertos[5] de La Habana y se hace popular en el siglo XIX. También de ese siglo data el danzón, pieza instrumental con influencia europea. El danzón es la música preferida por la clase alta. A comienzos[6] del siglo XX llega el son, con su estilo de ritmo sincopado y sus canciones poéticas. El son incorpora instrumentos de las tres culturas principales de Cuba: la indígena, la africana y la de los campesinos[7] blancos. Por eso se le considera la forma más representativa de la música popular cubana.

Hay otras formas musicales que datan del siglo XX. En la década de los 50 es muy popular el bolero, un tipo de canción romántica, y también el mambo, que transforma el danzón con ritmos africanos. Durante los años 60 surgen cantautores[8] de fama mundial, como Pablo Milanés y Silvio Rodríguez. En los años 70 se forman grupos muy populares; entre ellos Los Van Van, que combinan el son, el jazz y el rock en sus canciones. La rica tradición musical de Cuba también nos ofrece la salsa y el jazz cubano. Además, de este país caribeño son Ibrahim Ferrer y Omara Portuondo, cantantes admirados y estrellas[9] de la película *Buena Vista Social Club*.

Comprensión

1. ¿Cuáles de estas formas musicales *no* son típicas de Cuba?
   a. el mambo   **b.** el danzón   **c.** el rock   **d.** el son   **e.** el bolero   **f.** el blues   **g.** la rumba

2. ¿Cuál es la forma más representativa de la música popular cubana? ¿Por qué?

[1]*century*   [2]*slaves*   [3]*caña... sugarcane*   [4]*drum*   [5]*ports*   [6]*A comienzos... At the beginning*   [7]*peasants*   [8]*singer-songwriters*   [9]*stars*

La hora

※ **Lea Gramática 1.4.**

¿Qué hora es?

Es la una.

Son las tres.

Son las diez
menos veinte.

Son las nueve menos diez.

Es la una y media.

Son las once y
cuarto.

Es mediodía.

Es medianoche.

Son las siete y seis.

Son las tres menos veinticinco.

Actividad 6 Diálogo: ¿Qué hora es?

SRA. SILVA: Perdón, don Anselmo, ¿qué hora tiene?
DON ANSELMO: *Son las siete y cuarto.*
SRA. SILVA: Muchas gracias.

PAULA SAUCEDO: Oye, Ernesto, ¿qué hora tienes?
ERNESTO SAUCEDO: *Es casi medianoche.*
PAULA SAUCEDO: *¡Ya es tarde!*

Expresiones útiles

Es mediodía.	Es hora de
Son las 5:00	comer.
de la mañana.	¡Es (muy)
	temprano!

Actividad 7   Intercambios: ¿Qué hora es?

Escuche a su profesor(a). Diga el nombre de la ciudad que corresponde a la hora que él/ella dice. Luego, hágale preguntas a su compañero/a según el modelo.

MODELO: E1: ¿Qué hora es en _____?
          E2: Es la _____. / Son las _____.

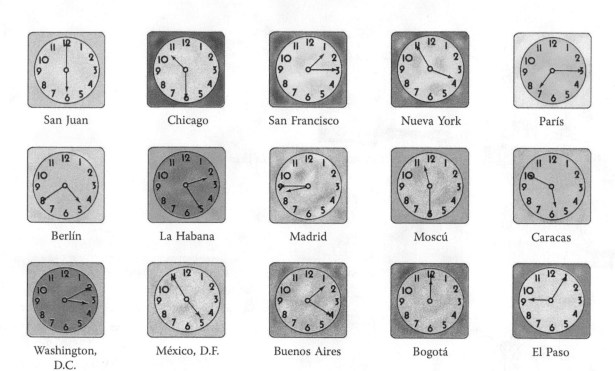

| San Juan | Chicago | San Francisco | Nueva York | París |

| Berlín | La Habana | Madrid | Moscú | Caracas |

| Washington, D.C. | México, D.F. | Buenos Aires | Bogotá | El Paso |

Actividad 8   Del mundo hispano: Programas de televisión

Hágale preguntas sobre la siguiente teleguía a un compañero / una compañera.

1. ¿A qué hora es el programa *Ruleta de la suerte*? ¿En qué canal se presenta?
2. ¿A qué hora es el programa *España directo*? ¿En qué canal se presenta?
3. ¿A qué hora es el programa *Informativos Telecinco*? ¿En qué canal se presenta?
4. ¿A qué hora es el programa *Destilando amor*? ¿En qué canal se presenta?
5. ¿En qué canal se presenta el programa *Los Simpson*? ¿A qué hora es?
6. ¿En qué canal se presenta el programa *¿Sabes más que un niño de primaria?* ¿A qué hora es?
7. ¿En qué canal se presenta el programa *Aquí hay tomate*? ¿A qué hora es?
8. ¿En qué canal se presenta el programa *Pasapalabra*? ¿A qué hora es?

Expresiones útiles

Es a la(s) _____.   Se presenta en el canal _____.

Miércoles, 2 de agosto

TVE

06:00 Noticias 24h Informativo

10:00 Saber vivir: *Consulta de nutrición y cocina de verano*

11:30 Por la mañana Magazine. Presentado por Silvia Jato e Iñaki del Moral

13:15 El negociador Concurso dinámico y cargado de premios

14:00 Informativo territorial Programa informativo

14:30 Corazón de verano Conozca la información de la vida de los famosos

15:00 Telediario I Informativo. Presentación: Ana Blanco y Julián Reyes (deportes)

15:55 El tiempo

16:00 Amar en tiempos revueltos Telenovela ambientada en la guerra civil española y los primeros años del franquismo

16:50 Destilando amor Telenovela

17:45 La viuda de blanco Telenovela

18:25 España directo Las noticias más importantes en las ciudades y pueblos de España

20:00 Gente Magazine. Presentado por Sonia Ferrer y María José Molina

21:00 Telediario 2 Informativo

21:55 El tiempo

22:00 El ojo público del ciudadano: *¡Jóvenes y consumo!* Presentado por Juan Ramón Lucas

00:30 La transición: *El Rey* Documental sobre el primer gobierno de la monarquía

01:45 Telediario 3 Informativo

02:15 Historia sobre ruedas Documental

03:30 Noticias 24h Informativo

Antena 3

06:00 Las noticias de la mañana Informativo

06:30 Megatrix Programía infantil que incluye *El Equipo A, Shin Chan, Heidi, Lizzie, El Príncipe de Bel Air*

12:30 Ruleta de la suerte Concurso ¡Gánese un coche nuevo!

14:00 Los Simpson Dibujos animados

15:00 Noticias 1 Informativo. Presentado por Pilar Galán y José Luque

15:55 El tiempo con Joan Escoda

16:00 Los Simpson Dibujos animados

16:30 Zorro Telenovela

18:00 En antena splash Magazine vespertino con Ximo Rovira

19:15 El diario de verano Talkshow con Yolanda Vásquez

20:15 Uno contra 100 Concurso. Presentado por Carlos Sobera

21:00 Antena 3 Noticias 2 Informativo. Presentado por Lourdes Maldonado y José Luque. Incluye El tiempo

22:00 ¿Sabes más que un niño de primaria? Concurso. Ramón García es el 'maestro' y presentador en este programa en el cual los adultos tienen que contestar preguntas de la Educación Primaria

23:15 Video por un tubo Humor. El programa ofrece una selección de los mejores instantes de los videos caseros

01:00 Boston legal: *Armados* Lori y Brad defienden a una mujer acusada de haber asesinado a su esposo y la amante de él

02:30 Supernova Concurso

Tele 5

06:30 Fusión sonora Música

07:00 Informativo Telecinco matinal Presentado por Yolanda Benítez

08:45 Día de suerte Concurso

09:45 Jake 2.0: *El último hombre* Serie

10:45 El programa de verano Magazine. Presentado por Maxim Huerta y Óscar Martínez

14:30 Informativo Telecinco Presentado por Agustín Hernández

15:30 Aquí hay tomate Magazine. Las andanzas de las estrellas con suculentas exclusivas

17:00 Yo soy Bea Telenovela Capítulo 263. Bea recibe una sorpresa cuando acude a la cita

17:45 Está pasando Magazine. Presentado por Emilio Pineda y Lucía Riaño

20:15 Pasapalabra Concurso. Presentado por Christián Gálvez

20:55 Informativos Telecinco Informativo. Presentado por Ángeles Blanco

21:20 Escenas de matrimonio Humor. Muestra las divertidas reacciones de tres parejas ante situaciones similares

22:00 Nadie es perfecto Reality Show dirigido por Jesús Vásquez. Hay dos equipos, uno que intenta mejorar su aspecto físico y el otro que intenta mejorar su conocimiento de la cultura

01:00 TNT Show presentado por Yolanda Flores

02:15 Noche de suerte Concurso

03:15 Infocomerciales Televenta

Las actividades favoritas y los deportes

★ **Lea Gramática 1.5.**

Un fin de semana típico de los Saucedo

A Guillermo y a sus amigos les gusta jugar al fútbol.

A Estela le gusta ir de compras.

A Amanda y a Graciela les gusta jugar al tenis.

A Ernesto le gusta leer.

A Ernesto y a Guillermo les gusta ver un partido de béisbol en el estadio.

A Ernestito le gusta andar en bicicleta.

A Amanda le gusta ver su telenovela favorita.

A los Saucedo les gusta cenar en un restaurante italiano.

Actividad 9 **Intercambios: El fin de semana**

MODELOS: E1: ¿A quién le gusta *jugar al basquetbol*?
          E2: A *Ricardo Sícora.*

          E1: ¿Qué le gusta hacer a *Ricardo los sábados*?
          E2: Le gusta *ir al cine.*

NOMBRE	LOS SÁBADOS LE GUSTA	LOS DOMINGOS LE GUSTA...
Ricardo Sícora, 18 años Caracas, Venezuela	ir al cine	jugar al basquetbol
Adriana Bolini, 35 años Buenos Aires, Argentina	explorar el Internet	jugar al tenis
Raúl Saucedo, 19 años México, D.F., México	salir a bailar	ver un partido de fútbol
Nacho Padilla, 21 años México, D.F., México	ver la televisión	andar en patineta
Carla Espinosa, 22 años San Juan, Puerto Rico	ir de compras	ir a la playa

Actividad 10 Preferencias: Los gustos

Exprese su opinión.

MODELO: E1: (A mí) No me gusta acampar.
E2: A mí tampoco.

1. Por lo general (no) me gusta...
2. Durante las vacaciones (no) me gusta.....
3. Por la noche, a mis padres (no) les gusta....
4. A mi profesor(a) de español (no) le gusta....

Y tú, ¿qué dices?

¡Qué interesante!	¡No lo creo!	A mí no
¡Qué divertido!	¡No me digas!	A mí también
¡Qué aburrido!	A mí sí	A mí tampoco
No me gusta _____,		ni _____

Actividad 11 Entrevista: ¿Qué te gusta hacer?

MODELO: E1: ¿Te gusta *viajar*?
E2: Sí, *me gusta mucho* viajar. (No, *no me gusta viajar.*)

1. ver la televisión
2. cenar en restaurantes
3. pescar
4. bailar en discotecas
5. cocinar
6. viajar en carro
7. escuchar música
8. escribir mensajes electrónicos
9. sacar fotos
10. trabajar en el jardín

Frases útiles

acampar
andar en bicicleta
bailar por la noche
cenar en restaurantes
  elegantes
cocinar
correr
dormir todo el día
hacer ejercicio
ir a fiestas
ir al cine
jugar en la nieve
leer el periódico
nadar en una piscina
patinar en el hielo
trotar
ver la televisión

VENTANAS AL PASADO

Frida y Diego

Diego Rivera (1886–1957) es fundador del muralismo mexicano junto con David Alfaro Siqueiros y José Clemente Orozco. Rivera estudia pintura en México y París, donde vive doce años. Muchos de sus murales celebran la victoria sobre los conquistadores españoles y también la Revolución Mexicana. Otros **temas** frecuentes son las **costumbres** mexicanas, el **obrero,** la educación y la historia. Influye en Rivera la escultura de los mayas y los aztecas, pero Rivera combina también el estilo y los colores brillantes del arte popular en sus murales.

Frida Kahlo (1907–1954), esposa de Diego Rivera, es una artista extraordinaria por su persistencia en situaciones difíciles. A la edad de seis años sufre de poliomielitis; a los 18 años sufre un serio accidente en un autobús. Mientras se recupera del accidente, **aprende** a pintar. En su **obra** predominan los **autorretratos,** por razones obvias: las consecuencias de su accidente afectan su movilidad. Los símbolos de Frida son **sencillos** y revelan sus sufrimientos y su relación con Diego.

VOCABULARIO ÚTIL	
los temas	*themes*
las cos-tumbres	*customs, habits, practices*
el obrero	*worker*
aprende	*learns*
la obra	*work of art*
los auto-rretratos	*self-portraits*
sencillos	*simple*

Comprensión

1. ¿Cuáles son los temas frecuentes en la obra de Diego Rivera?
   a. las costumbres   **b.** la educación   **c.** los accidentes
   d. la historia   **e.** las relaciones personales
2. Frida Kahlo persiste en situaciones difíciles. ¿Cuáles son estas situaciones?
   a. la poliomielitis   **b.** un accidente en su casa
   c. la Revolución Mexicana   **d.** un accidente en un autobús

Actividad 12 Intercambios: Los Juegos Panamericanos

MODELOS:
E1: ¿Qué días hay competición de *baloncesto* (*basquetbol*)?
E2: *Del 15 al 19 de octubre y del 21 al 22 de octubre.*

E1: ¿A qué hora del día son las competiciones de *gimnasia* el 15 de octubre?
E2: *Por la mañana, por la tarde y por la noche.*

XV Juegos Deportivos Panamericanos
Octubre 2011
Calendario de competencia
Guadalajara, México

Evento	V 14	S 15	D 16	L 17	M 18	M 19	J 20	V 21	S 22	D 23	L 24	M 25	M 26	J 27	V 28	S 29	D 30
Acto de inauguración	•																
Acuáticos																	
Clavados						•	•	•	•	•							
Natación											•	•	•	•	•	•	•
Polo acuático		•	•	•	•	•	•	•	•	•	•						
Arquería		•	•	•	•	•	•	•									
Atletismo																	
Campo y pista					•	•	•	•	•	•							
Maratón					•	•		•	•								
Baloncesto		•	•	•	•	•	•		•	•	•						
Béisbol		•	•	•	•	•	•		•	•							
Boxeo								•	•	•	•	•	•	•	•	•	
Ciclismo											•	•	•	•	•	•	
Fútbol		•	•	•	•		•	•	•		•	•	•	•	•	•	
Gimnasia		•	•	•													
Judo									•	•	•	•	•	•			
Levantamiento de pesas												•	•	•	•	•	•
Lucha		•	•	•	•	•											
Patinaje										•	•	•	•	•			
Pelota vasca			•	•	•	•	•	•	•	•	•	•	•	•	•	•	
Tenis					•	•	•	•									
Tenis de mesa							•	•	•	•	•	•	•	•			
Triatlón											•	•					
Voleibol			•	•	•	•	•	•	•	•	•	•	•	•	•	•	
Clausura																	•

Leyenda: ● Mañana ○ Tarde ● Noche

Medallero de los países hispanos en los Juegos Olímpicos de verano

País	Oro	Plata	Bronce	Total
Cuba	65	53	52	170
España	29	39	27	95
Argentina	15	23	22	60
México	10	19	23	52
Chile	2	6	4	12
Uruguay	2	2	6	10
Perú	1	3	0	4
Venezuela	1	2	7	10
Colombia	1	2	6	9
Costa Rica	1	1	2	4
República Dominicana	1	0	1	2
Ecuador	1	0	0	1
Puerto Rico	0	1	5	6
Paraguay	0	1	0	1
Panamá	0	0	2	2

Actividad 13 Del mundo hispano: Escríbanos

Lea la página de la revista *Eres* que aparece en la siguiente página. Hay un grupo de muchachos de México que quieren entablar (tener) correspondencia con otros muchachos. Hágale preguntas a su compañero/a acerca de la información que hay sobre ellos.

MODELO: E1: ¿Cuántos años tiene *Efraín Ayala*?
            E2: Tiene *dieciocho*.
            E1: ¿Cuál es su número de celular?
            E2: Es el *559-8-13-03-85*.
            E1: ¿Cuál es su dirección electrónica?
            E2: Es *efar63@telmex.net.mx*.
            E1: ¿Cuál es su deporte favorito?
            E2: Su deporte favorito es *el fútbol*.
            E1: ¿Qué le gusta hacer *a él*?
            E2: Le gusta *andar en patineta e ir a los antros*.

Y TÚ, ¿QUIÉN ERES?

MIGUEL ÁNGEL OJEDA GALVÁN
(21 años)
cel: (228) 8-41-37-43
dirección electrónica: migan@metronet.mx
pasatiempos: ir a la playa, jugar al voleibol, tocar la guitarra y explorar el Internet

EFRAÍN AYALA RAMÍREZ
(18 años)
cel: (559) 8-13-03-85
dirección electrónica: efar63@telmex.net.mx
pasatiempos: andar en patineta, ir a los antros, jugar al fútbol y tener amigos por correspondencia

GEMA LETICIA VILLANUEVA G.
(24 años)
cel: (777) 3-19-68-43
dirección electrónica: gemavilla@gmail.com
pasatiempos: ir a la piscina, escuchar música, ver la tele y tener correspondencia con amigos en español o en inglés

MARÍA CRUZ RODRÍGUEZ R.
(17 años)
cel: (331) 4-28-65-88
dirección electrónica: marcruz7@cen.net.mx
pasatiempos: andar en bici, escuchar la música de Carlos Vives, jugar al tenis, leer *Eres*

ANTONIO MANUEL OLIVARES REYES
(20 años)
cel: (351) 5-15-92-78
dirección electrónica: amor@uam.edu.mx
pasatiempos: jugar al básquetbol, escuchar la música de Maná, ir al cine y salir con amigos

ANA JAZMÍN PRECIADO MENDOZA
(19 años)
cel: (228) 8-41-37-43
dirección electrónica: ajaz24@infoweb.mex
pasatiempos: bailar en los antros, escuchar música, en especial Shakira, nadar, pasear y leer novelas

En resumen

De todo un poco

La curiosidad

Trabaje con otros estudiantes. Escriban dos o tres preguntas para estas personas famosas o interesantes.

1. el presidente de los Estados Unidos
2. un actor de cine muy famoso
3. una actriz bonita
4. una mujer atractiva en una fiesta
5. un chico muy guapo en la clase de español
6. su profesor(a) de español

Palabras útiles

¿Cuál... ?
¿Cuándo... ?
¿Cuántos... ?
¿Cómo... ?
¿Dónde... ?
¿Por qué... ?
¿Qué... ?
¿Quién... ?

¡Dígalo por escrito!

Descripción de personas

De su revista favorita, seleccione una foto de una o más personas y tráigala a clase. Descríbales la foto a sus compañeros. ¡Use su imaginación!

- ¿Cómo se llama?
- ¿Dónde nació?
- ¿Dónde vive ahora? ¿Con quién(es) vive?
- ¿Cuántos años tiene?
- ¿Qué deportes le gustan?
- ¿Qué idioma(s) habla?
- ¿Cómo es?
- ¿Qué ropa lleva?
- ¿Qué le gusta hacer?
- ¿ ?

Ahora, escriba una descripción de la foto. Incluya la información básica (vea las preguntas de arriba) y otros detalles interesantes/descriptivos.

¡Cuéntenos usted!

Cuéntenos sobre su pariente favorito. ¿Qué relación tiene con usted? (¿es su tío/a, primo/a, abuelo/a... ?) ¿Cómo se llama? ¿Dónde vive? ¿Cuántos años tiene? ¿Cómo es? ¿Qué le gusta hacer en su tiempo libre? ¿Qué les gusta hacer a ustedes juntos?

MODELO: Mi prima es mi pariente favorito. Se llama Isabel y vive en Chicago. Isabel tiene 24 años y es estudiante en la universidad. Es muy inteligente, generosa y optimista. Le gusta mucho montar en bici. Nos gusta ir a museos de arte juntas.

VOCABULARIO ÚTIL

la natación	*swimming*
la liga mayor	*major league*
se destaca	*stands out*
la Serie Mundial	*World Series (baseball)*
el lanzador	*(baseball) pitcher*
el ciclismo	*cycling*
el surfeo	*surfing*
la velocista	*sprinter*
la vida diaria	*daily life*

LECTURA

La pasión por los deportes

Rafael Nadal

Los hispanos sienten pasión por los deportes, ya sea el béisbol, el fútbol o deportes individuales como la **natación** y el esquí. Los deportes profesionales son la forma de entretenimiento más popular en España y América Latina, y los deportistas famosos tienen muchos admiradores.

El fútbol es el deporte favorito de muchos mexicanos y de muchos centro y sudamericanos. Pero los españoles también se apasionan con el fútbol; el Real Madrid es uno de los mejores equipos del mundo hispano. Otro equipo excelente es el del Club Deportivo Chivas USA, basado en Los Ángeles, que tiene jugadores de **liga mayor**. Entre los futbolistas famosos está el legendario Diego Maradona, de Argentina. Y en tiempos recientes **se destaca** Leandro Depetris, también argentino, a quien se le compara con Maradona. Depetris es el futbolista más joven de todos; ¡empieza a jugar profesionalmente a la edad de once años!

El béisbol es un deporte muy popular y se juega en los países del Caribe, que son Puerto Rico, Cuba, Venezuela y la República Dominicana. Muchos caribeños miran la **Serie Mundial** en la televisión o la escuchan en la radio. Es un público muy entusiasta. Hay beisbolistas hispanos de fama internacional, como el dominicano Vladimir Guerrero y el colombiano Orlando Cabrera. Dos de los **lanzadores** más admirados son Orlando Hernández y José Contreras, deportistas que forman parte de una larga y rica tradición de béisbol en Cuba.

Algunos hispanos también practican el esquí. En los Andes de Chile y Argentina hay sitios formidables para esquiar, y los españoles esquían en la Sierra Nevada. Hay además otros deportes individuales que apasionan a los hispanos, como el **ciclismo,** el baloncesto, el tenis, el golf y hasta el **surfeo.** ¿Sabía usted que la peruana Sofía Mulánovich es una de las surfistas más admiradas por los *fans* de ese deporte? Y dos mexicanas de talento admirable son la **velocista** Ana Guevara y la campeona de golf Lorena Ochoa. Entre los tenistas hispanos hay varios reconocidos: los argentinos David Nalbandian y Guillermo Cañas, y el español Rafael Nadal. A Nadal se le considera uno de los dos mejores tenistas del mundo.

---

*Pistas means both "clues" and "tracks."

Como puede ver, la pasión por los deportes es un aspecto esencial de la cultura hispana y las actividades deportivas son parte de la **vida diaria** en España y todos los países de América Latina.

Comprensión

¿Cierto o falso?

1. El fútbol se practica mucho en México y Argentina.
2. El futbolista más joven es Diego Maradona.
3. Hay tres beisbolistas famosos en el Caribe.
4. Los hispanos practican deportes individuales y también en equipo.
5. Los peruanos no tienen interés en el surfeo.
6. La lectura habla de cuatro tenistas famosos de España.
7. En Chile, Argentina y España hay sitios formidables para esquiar.
8. La golfista Lorena Ochoa es de México.

Un paso más... ¡a escribir!

Imagínese que usted es un deportista famoso / una deportista famosa. ¿Qué deporte practica? ¡Descríbase! Puede incluir una descripción física y también de su personalidad.

MODELO: Me llamo _____ y juego al _____. Soy muy famoso/a. Tengo muchos admiradores. Practico este deporte _____ (frecuencia). Soy _____ (descripción física). ¿Mi personalidad? Soy _____ y _____ .

> Vea el **Resumen cultural** en este capítulo del *Cuaderno de actividades.*

Vocabulario

Los meses del año

Months of the Year

enero	January

PALABRAS SEMEJANTES: febrero, marzo, abril, mayo, junio, julio, agosto, septiembre, octubre, noviembre, diciembre

Las estaciones

Seasons

la primavera	spring
el verano	summer
el otoño	fall, autumn
el invierno	winter

Los días de la semana

Days of the Week

(el) lunes	Monday
(el) martes	Tuesday
(el) miércoles	Wednesday
(el) jueves	Thursday
(el) viernes	Friday
(el) sábado	Saturday
(el) domingo	Sunday

¿Cuándo?

When?

(ante)ayer	(day before) yesterday
hoy	today
luego	then, later
(pasado) mañana	(day after) tomorrow
por la mañana/ tarde/noche	in the morning / afternoon (evening) / at night
temprano	early
todo el día	all day (long)

Los datos personales

Personal Data

la calle	street
la ciudadanía	citizenship
¿Cómo te llamas (tú)?	What is your name?
el correo electrónico	e-mail
¿Cuál es su/tu dirección electrónica?	What is your e-mail (address)?
Es mgomez arroba micorreo punto com.	It's mgomez@micorreo.com.
¿Cuándo es el día de su/ tu cumpleaños?	When is your birthday?
¿Cuándo (Dónde) nació/ naciste?	When (Where) were you (was he/she) born?
Nací el (en)...	I was born on (in) . . .
la dirección	address
¿Dónde vive usted (vives tú)?	Where do you live?
Vivo en...	I live in/at . . .
el estado civil	marital status
la fecha (de nacimiento)	date (of birth)
el lugar (de nacimiento)	place (of birth)

PALABRAS SEMEJANTES: el pasaporte, el sexo
REPASO: el apellido, casado/a, divorciado/a, soltero/a, viudo/a

La hora

Time; Hour

la medianoche	midnight
el mediodía	noon
¿Qué hora es?	What time is it?
Es la una y media.	It is one-thirty.
Son las nueve menos diez (minutos).	It is ten (minutes) to nine.
¿A qué hora es la película?	What time is the movie?
Es a las 8:30.	It's at 8:30.
Oye, ¿qué hora tienes?	Hey, what time do you have?
Perdón, ¿qué hora tiene?	Excuse me, what time do you have?
y cuarto / menos cuarto	quarter after / quarter till
y media	half past

Los deportes

Sports

el basquetbol (baloncesto)	basketball
el equipo	team
el estadio	stadium
el fútbol (americano)	soccer (football)
jugar (al tenis)	to play (tennis)
nadar (en una piscina)	to swim (in a pool)
el partido	game (in sports), match
patinar (en el hielo)	to skate (on ice)
pescar	to fish
practicar un deporte	to play a sport

PALABRAS SEMEJANTES: el bate, el béisbol, la competición

Las actividades del tiempo libre

Leisure Time Activities

acampar	to camp (go camping)
andar en bicicleta/ patineta	to ride a bicycle / to skateboard
bailar	to dance
cenar	to dine, have dinner

cocinar	to cook
comer	to eat
correr	to run
dormir	to sleep
escribir mensajes electrónicos	to write e-mail
escuchar (música)	to listen (to music)
explorar el Internet	to surf the Internet
hacer	to do; to make
hacer ejercicio	to exercise
ir	to go
a fiestas	to parties
a la playa	to the beach
a los antros	to dance clubs
al cine	to the movies
de compras	shopping
jugar (en la nieve)	to play (in the snow)
leer el periódico (revistas)	to read the newspaper (magazines)
pasear	to go for a walk (ride)
sacar fotos	to take photos
salir (a bailar)	to go out (dancing)
tocar la guitarra	to play the guitar
trabajar en el jardín	to work (in the garden)
trotar	to jog
ver	to see; to watch
la televisión	television
un partido de...	a game of . . .
una telenovela	a soap opera

Palabras y expresiones del texto

Words and Expressions from the Text

cuéntenos	tell us (*command*)
describa(n)	describe (*command*)
¡Dígalo por escrito!	Say it in writing!
la firma	signature
los gustos	likes
Hágale preguntas a...	Ask . . . questions.
la lectura	reading (*n.*)
el refrán	saying
según	according to
seleccione(n)	choose (*command*)
se presenta	is shown
siguiente(s)	next; following
sobre	about
trabaje(n)	work (*command*)
traiga(n)	bring (*command*)
vea(n)	see (*command*)

PALABRAS SEMEJANTES: corresponde, en detalle, la frase, incluya(n), la preferencia, use

Los sustantivos

Nouns

las entradas (para un concierto)	tickets (for a concert)

el equipo de música	sound system
el fin de semana	weekend
la tabla de snowboard	snowboard
el (teléfono) celular/móvil	cell phone
la teleguía	television guide
el televisor	television set

PALABRAS SEMEJANTES: el actor / la actriz, el/la agente, la cámara digital, el canal, la correspondencia, la curiosidad, el grupo, la información, la inmigración, el presidente / la presidenta, el programa, la relación, el restaurante, el/la turista

Palabras útiles

Useful Words

a, al / a la	to, to the
acerca de	about
aquí	here
casi	almost
para	for
pero	but
querer	to want
quiero	I want
quieres	you want

PALABRAS SEMEJANTES: anterior, asociado/a, atractivo/a, básico/a, correcto/a, descriptivo/a, elegante, favorito/a, hispano/a, panamericano/a, típico/a

Expresiones útiles

Useful Expressions

A mí no	Not me.
A mí sí	Me too.
¿A quién le gusta... ?	Who likes to . . . ?
¡Felicidades!	Congratulations!
¡Feliz cumpleaños!	Happy birthday!
más o menos	more or less
No lo creo.	I don't believe it.
¡No me digas!	You don't say!
¡Qué aburrido/divertido!	How boring/fun!
¿Qué le/te/les gusta hacer?	What do you (*pol. sing. / inf. / pl.*) like to do?
Le gusta...	He/She likes (You [*pol. sing.*] like) (to) . . .
Les gusta...	They / You (*pl.*) like (to) . . .
Nos gusta...	We like (to) . . .
Te gusta...	You (*inf.*) like (to) . . .
(No) Me gusta...	I (don't) like (to) . . .
A mí también/tampoco.	I do too . . . / I don't either.
Por lo general	Generally; In general
¿Por qué?	Why?
Ya es tarde.	It's late already.
Y tú, ¿qué dices?	And you? What do you say?

Gramática y ejercicios

100 = cien
101 = ciento uno
161 = ciento sesenta y uno
doscientos (200) hombres
doscientas (200) mujeres
quinientos (500) edificios
quinientas (500) sillas

1.1 Counting: Numbers 100–1000 and Dates

A. Here are the hundreds, from 100 to 1000. Note particularly the pronunciation and spelling of 500, 700, and 900. The word for *one hundred* is **cien,** but when combined with other numbers it is **ciento(s).** From 200 to 900, there is also a feminine form.

154	ciento cincuenta y cuatro	600	seiscientos/as
200	doscientos/as	700	setecientos/as
300	trescientos/as	800	ochocientos/as
400	cuatrocientos/as	900	novecientos/as
500	quinientos/as	1000	mil

—¿Cuántos estudiantes de España hay en el grupo? ¿Hay **cien**?

—No, hay **ciento cincuenta y cuatro.**

—*How many students from Spain are in the group? Are there a hundred?*

—*No, there are one hundred and fifty-four.*

—¿Cuántas sillas hay?

—Hay **doscientas diez.**

—*How many chairs are there?*

—*There are two hundred and ten.*

B. To state a year in Spanish, use **mil** (1000) followed by hundreds in the masculine form (if necessary).

1832	mil ochocientos treinta y dos
1993	mil novecientos noventa y tres
2009	dos mil nueve

5 = cinco
15 = quince
50 = cincuenta
500 = quinientos

7 = siete
70 = setenta
700 = setecientos

9 = nueve
90 = noventa
900 = novecientos

Ejercicio 1

Escriba las siguientes fechas.

MODELO: 2009 → Dos mil nueve

1. 1876
2. 1588
3. 1775
4. 1991
5. 2006
6. 1945
7. 1011
8. 1929
9. 1615
10. 2025

1.2 Talking about Habitual Actions: Present Tense of Regular -er and -ir Verbs

Following are the present-tense conjugations of the regular **-er** and **-ir** verbs **leer** and **vivir.**[*]

leer (to read)

(yo)	le**o**	I read
(tú)	le**es**	you (inf. sing.) read
(usted, él/ella)	le**e**	you (pol. sing.) read; he/she reads
(nosotros/as)	le**emos**	we read
(vosotros/as)	le**éis**	you (inf. pl., Spain) read
(ustedes, ellos/as)	le**en**	you (pl.) read; they read

vivir (to live)

(yo)	viv**o**	I live
(tú)	viv**es**	you (inf. sing.) live
(usted, él/ella)	viv**e**	you (pol. sing.) live; he/she lives
(nosotros/as)	viv**imos**	we live
(vosotros/as)	viv**ís**	you (inf. pl., Spain) live
(ustedes, ellos/as)	viv**en**	you (pl.) live; they live

Remember that, because Spanish verb endings indicate in many cases who or what the subject is, it is not necessary to use subject pronouns in every sentence.

—¿Dónde vives?   —*Where do you live?*
—Vivo en San Juan.   —*I live in San Juan.*

Ejercicio 2

Complete estas oraciones con la forma correcta del verbo **leer.**

1. Muchos españoles _____ el periódico *El País.*
2. ¿_____ (tú) muchas novelas?
3. Mi amigo _____ la Biblia todos los días.
4. (Yo) _____ libros en español.
5. Profesora, ¿_____ (usted) muchas composiciones?

¿RECUERDA?

In **Gramática A.1** you learned that Spanish verbs change endings, letting you know who is performing the action. You saw these endings for regular **-ar** verbs, like **hablar,** in **Gramática C.5.** The verb form that appears in the dictionary and in most vocabulary lists, however, is the *infinitive;* Spanish infinitives always end in **-ar, -er,** or **-ir.** The endings are added to the *stem* (the infinitive minus **-ar, -er,** or **-ir**).

It takes time to acquire these endings. As you read, listen, and interact more in Spanish, you will be able to use them with greater accuracy.

leer = *to read*

_____
[*]For recognition: **vos leés, vivís**

vivir = *to live*

¿RECUERDA?

As you saw in **Gramática C.5** and **1.2,** Spanish verb endings usually indicate who the subject is, so it is generally not necessary to use subject pronouns (**tú, usted, él/ella, nosotros/as, vosotros/as, ustedes, ellos/as**) in questions.

¿Tienes (tú) teléfono?
¿Dónde vive (ella)?
¿Cómo se llaman (ustedes)?

Ejercicio 3

Complete estas oraciones con la forma correcta del verbo **vivir.**

1. Pablo _____ en Texas.
2. (Nosotros) No _____ en México.
3. Susana y sus hijos _____ en Perú.
4. ¿_____ (vosotros) en España?
5. (Yo) _____ en los Estados Unidos.
6. ¿_____ (ustedes) en Panamá?

1.3 Asking Questions: Question Formation

You have already seen and heard many questions in Spanish.

¿Cómo se llama usted?	¿Es alto Guillermo?
¿Qué hora es?	¿Habla usted español?
¿Cuándo nació José?	¿Tienen (ustedes) hijos?
¿Qué tiene Amanda?	¿Eres (tú) sincera?

A. Statements in Spanish are normally formed by using a subject, then the verb, and then an object and/or description.

Ernestito tiene un perro grande.
   subject   *verb*   *object* *adjective*

Amanda es delgada.
  subject *verb* *adjective*

Negative statements are formed by using a negative immediately before the verb.

Ernestito no tiene un perro grande.
Amanda no es delgada.

¡OJO!

Note that in Spanish no additional words, such as *does* or *do*, are needed to turn a statement into a question.

B. Questions are usually formed by placing the subject after the verb, with the object and/or any description either following or preceding the subject.*

¿Es joven Esteban?	*Is Esteban young?*
¿Eres trabajadora, Nora?	*Are you (Nora) (a) hard-working (person)?*
¿Tiene hermanos Amanda?	*Does Amanda have brothers and sisters?*
¿Quieres un reloj para el día de tu cumpleaños?	*Do you want a watch for your birthday?*
¿Nació en abril Pilar?	*Was Pilar born in April?*

---

*Questions with the verb **gustar** are slightly different. The question starts with the verb **gustar** and places the **a** phrase at the end: **¿Le gusta cantar a la profesora Martínez? ¿Les gusta hablar español a los estudiantes? ¿Te gusta bailar a ti?** See **Gramática 8.2** for more information on using these phrases.

To answer a question negatively use **No, no** + verb.

¿Hay gatos en el salón de clase?
No, no hay gatos en el salón de clase.
¿Viven tus padres en Guadalajara?
No, no viven en Guadalajara; viven en Morelia.

C. Another way to ask questions is using interrogative words: **¿Qué?, ¿Cuándo?, ¿(De) Quién?, ¿Dónde?, ¿Cuántos?, ¿Cómo?, ¿Cuál?,** or **¿Por qué?** These words are placed before the verb to create questions.

¿Cuántos hermanos tienes, Guillermo?	*How many brothers (and sisters) do you have, Guillermo?*
¿Dónde vive Susana?	*Where does Susana live?*
¿Cómo está usted hoy?	*How are you today?*
¿Quién es el joven alto?	*Who is the tall young man?*
¿Cuándo nació usted?	*When were you born?*
¿Por qué no hablamos inglés en clase?	*Why don't we speak English in class?*
¿Qué te gusta hacer en tu tiempo libre?	*What do you like to do in your free time?*
¿Cuál es más bonito?	*Which one is prettier?*
¿De quién es este libro?	*Whose book is this?*

> Question words always have a written accent:
>
> **¿Qué?** = *What?*
> **¿Cuándo?** = *When?*
> **¿Quién(es)?** = *Who?*
> **¿De quién?** = *Whose?*
> **¿Dónde?** = *Where?*
> **¿Cuánto/a/os/as?** = *How much? / How many?*
> **¿Cómo?** = *How?; What?*
> **¿Cuál(es)?** = *Which?; What?*
> **¿Por qué?** = *Why?*

Ejercicio 4

Convierta las siguientes oraciones en preguntas.

MODELO: Amanda y Graciela son amigas. →
¿Son amigas Amanda y Graciela?

1. Ernesto y Estela están casados.
2. Clarisa y Marisa son inteligentes.
3. Don Eduardo tiene un carro nuevo.
4. Nosotros vivimos en Puerto Rico.
5. Pedro lee el periódico.

Ejercicio 5

Cambie las siguientes oraciones por preguntas. Use **¿Cómo?, ¿Dónde?, ¿Qué?, ¿Cuándo?, ¿Cuántos/as?**

MODELO: Amanda tiene 14 años. →
¿Cuántos años tiene Amanda?

1. Rubén Hernández vive en Florida.
2. Susana habla japonés.
3. La clase de español es los lunes y los miércoles.
4. Ernesto y Estela tienen tres hijos.
5. El primer ministro de España se llama José Luis Rodríguez Zapatero.

Ejercicio 6

Complete las preguntas según los dibujos.

MODELO: → ¿Cómo *estás*?

1. ¿Cuál _____?

2. ¿Cómo _____?

3. ¿Cuándo _____?

4. ¿Cuántos _____?

5. ¿Dónde _____?

¿Qué hora es? =
What time is it?

1.15: **Es la una y cuarto.**
2.30: **Son las dos y media.**
3.25: **Son las tres y
veinticinco.**
5.45: **Son las seis menos
cuarto.**

1.4 Telling Time: Hours and Minutes

The phrase **¿Qué hora es?** is often used in Spanish to ask what time it is. Another common question is **¿Qué hora tiene usted?** (*What time do you have?*) In both cases, the answer usually begins with **son.**

—¿Qué hora es?   —*What time is it?*
—**Son** las tres.   —*It's three o'clock.*

Es (not **son**) is used to tell the time with one o'clock and between one o'clock and two o'clock.

—¿**Es** la una?   —*Is it one o'clock?*
—No, **es** la una y veinte.   —*No, it's one twenty.*

Use **y** (*and*) to express minutes after the hour.

—¿Son las seis **y** diez?   —*Is it ten after six?*
—No, son las seis **y** veinte.   —*No, it's twenty after six.*

Use **menos** (*less*) or **para** (*to, till*) to express minutes before the hour.

Son las siete **menos** veinte.   *It's twenty to seven.* (Literally:
                                 It's seven less twenty.)

Son veinte **para** las siete.   *It's twenty to (till) seven.*

Use **cuarto** (*quarter*) and **media** (*half*) for fifteen and thirty minutes, respectively.

—¿Qué hora tiene usted?   —*What time do you have?*
—Son las tres y **cuarto** (**media**).   —*It's a quarter after (half past) three.*

Use **a** to express *when* (*at what time*) an event occurs.

a la una	*at one o'clock*
a las cuatro y media	*at four thirty*
Tengo clase **a** las nueve.	*I have class at nine.*
El concierto es **a** las ocho.	*The concert is at eight.*

> **a la una** = *at* one o'clock
> **a las siete menos cuarto** = *at* six forty-five / quarter to seven

Ejercicio 7

¿Qué hora es?

MODELOS: 2:20 → *Son las dos y veinte.*
              2:40 → *Son las tres menos veinte.*

1. 4:20	**5.** 7:07	**9.** 12:30
2. 6:15	**6.** 5:30	**10.** 5:15
3. 8:13	**7.** 3:35	
4. 1:10	**8.** 1:49	

Ejercicio 8

¿A qué hora es... ?

MODELO: ¿A qué hora es el concierto? (8:30) →
             El concierto es a las ocho y media.

1. ¿A qué hora es la clase de español? (11:00)
2. ¿A qué hora es el baile? (9:30)
3. ¿A qué hora es la conferencia? (10:00)
4. ¿A qué hora es la clase de álgebra? (1:00)
5. ¿A qué hora es la fiesta del Club Internacional? (7:30)

Gustar is used to express likes and dislikes. **Me gusta bailar.** (*I like to dance.*)

¿*Te* gusta patinar? (*Do you like to skate?*) ***A* Ernestito *le* gusta jugar al fútbol.** (*Ernestito likes to play soccer.*) ***A* Estela y *a* Ernesto *les* gusta ir al cine.** (*Estela and Ernesto like to go to the movies.*) ***Nos* gusta cocinar.** (*We like to cook.*)

1.5 Expressing Likes and Dislikes: *gustar* + Infinitive

A. The Spanish verb **gustar** expresses the meaning of English *to like*. From a grammatical point of view, however, it is similar to the English expression *to be pleasing to someone.**

> **Me gusta** leer.   *I like to read. (Reading is pleasing to me.)*

Gustar is usually used with pronouns that tell *to whom* something is pleasing. Here are the pronoun forms.[†]

SINGULAR		PLURAL	
me	*to me*	nos	*to us*
te	*to you (inf. sing.)*	os	*to you (inf. pl., Spain)*
le	*to you (pol. sing.); to him/her*	les	*to you (pl.); to them*

> —¿Qué **te** gusta hacer?   —*What do you like to do?*
> —**Me** gusta aprender cosas nuevas.   —*I like to learn new things.*
>
> —¿Qué **les** gusta hacer?   —*What do you like to do?*
> —**Nos** gusta cocinar.   —*We like to cook.*

B. Since **le gusta** can refer to *you* (*pol. sing.*), *him*, or *her*, and **les gusta** can refer to *you* (*pl.*) or *them*, Spanish speakers often expand the sentence to be more specific. They use phrases with **a** (*to*), such as a **mi papá** (*to my father*), **a Juan** (*to Juan*), or **a los estudiantes** (*to the students*), in addition to using the pronoun **le** or **les**.[‡]

> **A Carmen le** gusta cantar.   *Carmen likes to sing.*
>
> —¿**A usted le** gusta lavar su carro?   —*Do you like to wash your car?*
> —No, no **me** gusta.   —*No, I don't like to.*
>
> —¿**Les** gusta acampar **a Guillermo y a Ernestito**?   —*Do Guillermo and Ernestito like to go camping?*
> —Sí, **les** gusta mucho.   —*Yes, they like it very much.*

---

*You will learn more about the verb **gustar** and similar verbs in **Gramática 8.2**.
[†]Recognition: (**A vos**) **Te gusta**
[‡]You will learn more about phrases with **a**, **le**, and **les** in **Gramática 7.4, 8.2, 10.5, 13.4**, and **13.5**.

C. The verb form that follows **gustar** is an infinitive, such as **hablar** (*to speak*), **leer** (*to read*), or **vivir** (*to live*).

PRONOUN	+	*gusta*	+	INFINITIVE
me				estudiar (*to study*)
te				jugar (*to play*)
le				comer (*to eat*)
nos	+	gusta	+	correr (*to run*)
os				competir (*to compete*)
les				escribir (*to write*)

Ejercicio 9

¿Qué les gusta hacer a Ernestito y a Guillermo? Complete los diálogos con **me, te, les** o **nos.**

MODELO: AMANDA: Graciela, ¿*te* gusta bailar?
GRACIELA: Sí, *me* gusta mucho bailar.

1. MAESTRA: Ernestito, ¿_____ gusta andar en bicicleta?
 ERNESTITO: Sí, _____ gusta mucho. Tengo una bici nueva.

2. ERNESTITO: Guillermo, ¿_____ gusta jugar al béisbol?
 GUILLERMO: No, pero _____ gusta jugar al fútbol.

3. PEDRO: Ernestito y Guillermo, ¿_____ gusta escuchar la música rock?
 LOS CHICOS: ¡Claro que sí! _____ gusta mucho.

Ejercicio 10

¿Qué le(s) gusta hacer a las siguientes personas?

1. A Ernestito _____ gusta _____.
2. A Estela (la madre de Ernestito) no _____ gusta _____.
3. A Clarisa y a Marisa (las primas de Ernestito) _____ gusta _____.
4. A Ernestito _____ gusta _____.
5. Al perro _____ gusta _____.

Mis planes y preferencias

METAS

In **Capítulo 2** you will discuss your plans for the future and your preferences. You will also talk about your classes and the weather.

Green Bananas, por Miguel Suárez-Pierra (Ecuador)

Sobre el artista: Miguel Suárez-Pierra nació en Ecuador. Este premiado artista se graduó de arquitecto en la Universidad Católica de Guayaquil. También tiene experiencia como profesor de arte para jóvenes. Su arte se expone en muchas galerías en Ecuador y los Estados Unidos.

¡Conozca Ecuador!

Nombre del país: la República del Ecuador

 Ciudad capital: Quito

Ciudades principales: Guayaquil, Riobamba, Cuenca

Moneda: el dólar estadounidense

Idiomas: el español, (oficial), el quechua, otras lenguas indígenas

Población: 13.800.000

Día de la Independencia: el 24 de mayo

Fiestas típicas: el Carnaval, fiestas religiosas y regionales

Comidas típicas: la guatita con mondongo, el maní y papas, el encebollado, el seco de chivo, los llapingachos, los patacones

Música típica: el pasillo, el pasacalle, el yarabí

Gente famosa: Juan Montalvo, Jorge Icaza, Rafael Correa

Código del país por Internet: **.ec**

Voces ecuatorianas

una caleta	una casa
un(a) gato/a	una persona de ojos verdes o azules
un(a) guambra	un(a) joven
el/la ñaño/a	el/la hermano/a
el taita	el padre

En este capítulo...

 ACTIVIDADES DE COMUNICACIÓN

- Los planes
- Las clases
- Las preferencias y los deseos
- El tiempo

 EN RESUMEN

 LECTURAS Y CULTURA

- **Ventanas al pasado**
  La primera universidad
- **Ventanas culturales**
  Nuestra comunidad: Edward James Olmos, actor y activista
- **Enlace a la música**
  La música andina
- **Lectura** De paseo

 GRAMÁTICA Y EJERCICIOS

2.1 Expressing Future Plans: **ir** + **a** + Infinitive

2.2 Sequencing: Ordinal Adjectives

2.3 Stating Preferences and Desires: **preferir** and **querer** + Infinitive

2.4 Pointing Out People and Objects: Demonstrative Adjectives

2.5 Describing the Weather: Common Expressions

Los planes

✳ **Lea Gramática 2.1.**

Andrea Ruiz habla de los planes de su familia para el fin de semana

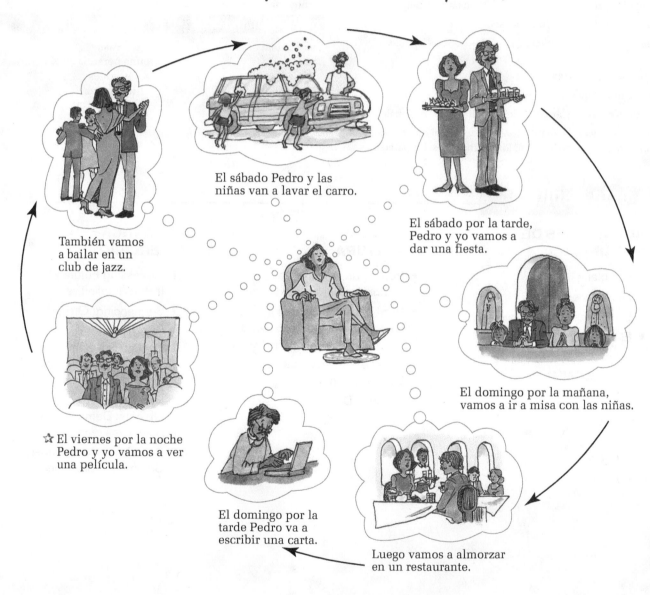

El sábado Pedro y las niñas van a lavar el carro.

El sábado por la tarde, Pedro y yo vamos a dar una fiesta.

También vamos a bailar en un club de jazz.

El domingo por la mañana, vamos a ir a misa con las niñas.

☆ El viernes por la noche Pedro y yo vamos a ver una película.

El domingo por la tarde Pedro va a escribir una carta.

Luego vamos a almorzar en un restaurante.

Actividad 1 Preferencias: Los planes

Hable de sus planes.

MODELO: E1: El domingo por la tarde voy a *limpiar mi cuarto*.
                E2: ¡Qué aburrido!

1. Mañana por la mañana voy a...
2. El viernes por la noche mis amigos van a...
3. El domingo por la tarde voy a...
4. Durante las vacaciones mis amigos y yo vamos a...
5. Este invierno voy a...

Y tú, ¿qué dices?

¡Qué aburrido!	¿Dónde?	¿A qué hora?
¡Qué divertido!	¿Con quién?	Yo también.
¡Qué buena idea!	¿Cuándo?	Yo no.

Actividad 2 Narración: ¿Qué va a hacer Carmen el sábado?

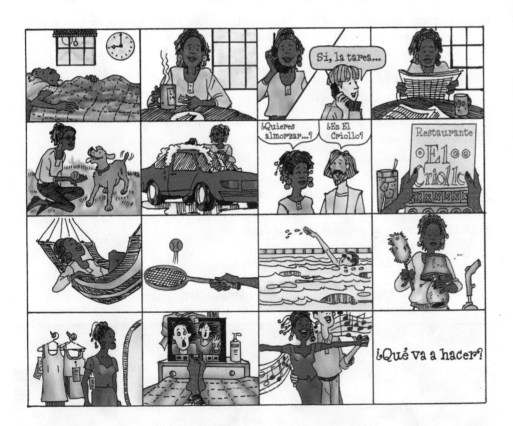

Palabras útiles

bailar en un club
dar una fiesta
descansar
dormir
esquiar
estudiar mucho
ir al cine
jugar al boliche
jugar al tenis
levantar pesas
limpiar mi cuarto
pasar tiempo con...
pasear por el centro
patinar en el hielo
practicar un deporte
reparar mi carro
salir a cenar
trabajar en el jardín
viajar
¿_____?

Palabras útiles

primero	por la
luego	mañana
después	por la tarde
más tarde	por la noche
	por último

Actividad 3 Intercambios: Tus planes

Pregúntele a su compañero/a qué va a hacer en las siguientes ocasiones.

MODELO: E1: ¿Qué vas a hacer *en tu próximo cumpleaños*?
          E2: Voy a *salir a cenar con mi familia*. ¿Y tú?
          E1: ¿Yo? Voy a...

OCASIONES

durante las próximas
  vacaciones
el próximo fin de
  semana
el próximo verano
el viernes por la noche
en tu próximo cumpleaños
esta noche
hoy, después de clases

ACTIVIDADES

acampar   ir de compras
descansar   leer un libro
escribir cartas   interesante
estudiar   nadar en un lago/río
ir a la playa   salir a cenar
ir al cine   trabajar
ir a muchas   ver la televisión
  fiestas   viajar

Actividad 4 Del mundo hispano: Madrid en el verano

Imagínese que usted está en Madrid en el mes de julio. Mire la lista de actividades de verano en la siguiente página y decida qué va a hacer. Mire también las **Actividades posibles** y las **Preguntas y respuestas útiles.**

Actividades posibles: jugar al boliche, levantar pesas, nadar, pasear en barca, salir a bailar, salir a cenar, tomar el sol, ver los animales, viajar a Ávila/Toledo en tren

Preguntas y respuestas útiles

¿Cuánto cuesta la entrada?	Cuesta 6,5 euros.
¿Dónde está?	Está en *la calle Alcalá.*
¿A qué hora abren/cierran?	Abren/Cierran a *las 9:00.*
¿A qué hora sale/llega el tren?	Sale/Llega a *las 10:30.*
¿En qué restaurante (piscina,...)?	En *el Café de Oriente.*

MODELO: E1: Voy a *nadar en la piscina.*
          E2: ¿Dónde?
          E1: En *el Polideportivo de San Blas.*
          E2: ¿Cuánto cuesta *la entrada*?
          E1: Cuesta *cuatro euros para los adultos.*

Estanque del Parque del Retiro, Madrid, España

Madrid en el verano

Barcas

En los lagos del Retiro y la casa de Campo y en el río Manzanares. Desde las 10 de la mañana hasta la puesta del sol. Paseos de una hora. Precios: 3 euros por dos personas o 2 euros por persona.

Trenes turísticos

Ciudad de Toledo (viernes y domingos). Salida de la estación de Chamartín a las 9,05 h.; regreso de Toledo a las 19,45 h. Precios: adultos, 12 euros; niños de cuatro a doce años, 9 euros.

Murallas de Ávila (sábados). Salida de la estación de Chamartín a las 9,15 h.; regreso de Ávila a las 19,40 h. Precios: adultos, 10 euros; niños de cuatro a doce años, 9 euros.

Parques acuáticos

Acuópolis. Toboganes, rompeolas, Lago de Aventura, restaurantes, terrazas, parking gratuito. Abierto todos los días de la 1 a las 20 h. Precios: adultos, 14 euros; menores de catorce años, 10 euros.

Lagosur. Km 9 carretera de Toledo a Leganés. Abierto de las 11 a las 19 h. Precios: adultos, 12 euros; menores de 10 años, 9 euros.

Viernes y sábados abierto también desde las 23 h. hasta las 3 h. Precios: hombres, 10 euros; mujeres, 8 euros. No se admite a menores de 18 años.

Gimnasios

Gimnasio Ángel López. Squash (nueva instalación), karate, gimnasia, pesas, aerobic, ballet infantil y adulto, baile español y rítmica. Amparo Usera, 14, Tel. 91 457 83 98.

Gimnasio Argüelles. Karate, squash, aerobic, gimnasia, jazz, musculación, piscina. Andrés Mellado, 21, Tel. 91 267 56 71 22.

Piscinas

Los precios de estas piscinas son de 4 euros para los adultos y 2 euros para los niños. El horario de las piscinas es de las 10 a las 20 h.

Centro. Polideportivo de la Latina. Plaza de la Cebada 1, una piscina climatizada.

San Blas. Polideportivo de San Blas. Avenida de Hellín, 79; una piscina climatizada, una olímpica, una para nadadores no expertos, una infantil.

Boleras

Bolera Club Stella. Arlabán, 7. Tel. 91 231 01 92.

Bowling Chamartín. Estación de Chamartín. Tel. 91 315 71 19.

Discotecas al aire libre

La Fiesta. Paseo Virgen del Puerto (puente Segovia) abierto de las 22 hasta las 4 h.

El Jardín del Sur. Disco-piscina. Carretera Toledo km 8. Tel. 91 688 13 35.

Restaurantes con terraza

Café Oriente. Plaza de Oriente, 2. Abierto 20 a 2 h. Tel. 91 241 39 24.

Casa Domingo. Alcalá, 39. Abierto 18 a 1 h. Tel. 91 276 01 37.

Casa Rafa. Narváez, 68. Especialidad: pescado. Tel. 91 358 47 39.

Zoo

Casa de Campo. Metro Batán. Abre a las 10 h., cierra a las 21,30 h. Delfinario abierto todas las tardes. Menores de ocho años, 5 euros; mayores, 7 euros. Tel. 91 711 98 54.

Las clases

✳ **Lea Gramática 2.2.**

(Continúa)

UNIVERSIDAD·DE·PUERTO·RICO
Nombre _Rogelio Varela._

hora/día	lunes	martes	miércoles	jueves	viernes
8:00	informática	:	informática		informática
8:30		geografía		geografía	
9:00	psicología		psicología		psicología
11:00		mercadotecnia		mercadotecnia	
12:00		física		física	
2:00	ingeniería		ingeniería		ingeniería

Actividad 5   Entrevista: Las clases

1. E1: ¿Qué clases tienes este semestre/trimestre?
   E2: Tengo _____, _____ y _____.
2. E1: ¿Cuál es tu clase *favorita / más difícil / más interesante*?
   E2: Mi clase *favorita / más difícil / más interesante* es _____.
3. E1: ¿A qué hora es esa clase?
   E2: Es a la(s) (_hora_) los (_días de la semana_).
4. E1: ¿Cómo se llama el profesor / la profesora de esa clase?
   E2: Se llama _____ y es *cómico*.
5. E1: ¿Cuál es tu especialidad en la universidad?
   E2: Mi especialidad es *la economía*. (No sé todavía.)

¡OJO!

En México, los estudiantes asisten primero a la escuela primaria por seis años. Luego, pasan a la escuela secundaria donde cursan primer, segundo y tercer año de secundaria. Después, van a la preparatoria, que ofrece las materias necesarias para entrar a la universidad. Al terminar, entran a la universidad para seguir los cursos profesionales.

Actividad 6   Intercambios: Las clases

Ramón tiene muchas clases en su primer año de preparatoria. Mire el horario de la siguiente página y pregúntele a su compañero/a cuál es la primera (segunda, tercera, cuarta, etcétera) clase de Ramón, a qué hora es y quién es el profesor / la profesora.

MODELO: E1: ¿Cuál es la *primera* clase de Ramón?
   E2: Su primera clase es la clase de *inglés*.
   E1: ¿A qué hora es?
   E2: Es a *las 7:45.* / Es de *las 7:45* a *las 8:30.*
   E1: ¿Quién es el profesor o la profesora?
   E2: Es *el señor García*.

SAGRADO CORAZÓN

Nombre: *Ramón Gómez* Año: *Primero de preparatoria*

hora	materia	salón de clase	profesor(a)
7:45→8:30	inglés	403	Manuel García
8:40→9:25	matemáticas	207	Eugenia Ibarra
9:35→10:20	geografía	201	Daniel Contino
10:30→11:05	alemán	402	Alma Morales de Braun
11:05→11:20	descanso		
11:30→12:15	literatura española	405	Consuelo Acuña de Ramos
12:25→1:10	historia de México	408	Héctor Magaña M.
1:20→3:20	almuerzo		
3:30→4:15	biología	214	Isabel Santizo de Barragán
4:25→5:10	música	311	Víctor Álvarez

Palabras útiles

Es a la(s) _____
Es de la(s) _____ a
la(s) _____

Actividad 7 Del mundo hispano: La Universidad del Valle de México

Las especialidades en la siguiente página son las más importantes en el México de hoy. Trabaje con un compañero / una compañera para contestar las preguntas.

1. ¿Qué campus ofrece todas las especialidades? ¿Cuál ofrece menos especialidades? ¿Cuál ofrece más?
2. ¿Cuántos campus ofrecen la especialidad en ingeniería mecánica industrial? ¿en mercadotecnia? ¿en diseño de la moda?
3. Nombren las especialidades más atractivas (en su opinión).
4. ¿Se ofrecen esas especialidades en su universidad? ¿Estudian ustedes alguna de esas especialidades?
5. ¿Cuáles son las especialidades en el área de ciencias sociales? ¿Y en ciencias de la salud?
6. En su opinión, ¿cuáles son las especialidades más importantes hoy en día? ¿Por qué?

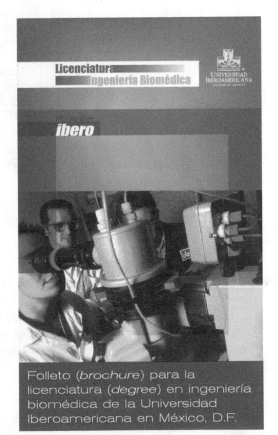

Folleto (*brochure*) para la licenciatura (*degree*) en ingeniería biomédica de la Universidad Iberoamericana en México, D.F.

UNIVERSIDAD DEL VALLE DE MÉXICO

ESPECIALIDADES - LICENCIATURA

	CAMPUS					
	CENTRO		SUR		EDO. MEX.	QRO.
	SAN RAFAEL	TEXCOCO	SAN ÁNGEL	TLALPAN	LOMAS VERDES	QUERÉTARO
CIENCIAS SOCIALES						
CIENCIAS DE LA COMUNICACIÓN	•	•		•	•	•
PEDAGOGÍA		•		•	•	
DERECHO	•	•	•	•	•	•
PSICOLOGÍA	•	•		•	•	
RELACIONES INTERNACIONALES	•	•	•	•	•	
TECNOCIENCIAS						
INGENIERÍA INDUSTRIAL Y DE SISTEMAS				•	•	•
INGENIERÍA EN TELECOMUNICACIONES	•			•	•	
INGENIERÍA EN SISTEMAS COMPUTACIONALES	•	•	•	•	•	
INGENIERÍA MECÁNICA INDUSTRIAL				•	•	
INGENIERÍA EN TECNOLOGÍA INTERACTIVA					•	
INGENIERÍA MECATRÓNICA				•	•	•
ARTE Y HUMANIDADES						
ARQUITECTURA	•	•		•	•	•
DISEÑO GRÁFICO	•	•		•	•	•
DISEÑO DE LA MODA					•	•
ECONOMÍA - ADMINISTRACIÓN						
ADMINISTRACIÓN DE EMPRESAS		•	•	•	•	•
ADMINISTRACIÓN DEL DEPORTE Y RECREACIÓN				•	•	
ADMINISTRACIÓN DE CAPITAL HUMANO				•		
MERCADOTECNIA	•	•	•	•	•	•
RELACIONES PÚBLICAS					•	
ECONOMÍA	•					
CIENCIAS DE LA SALUD						
MEDICINA						•
ODONTOLOGÍA						•
FISIOTERAPIA				•	•	•

VENTANAS AL PASADO

La primera universidad

Tanto España como América Latina tienen universidades **antiguas** muy respetadas. La más antigua de España, la Universidad de Salamanca, se funda en 1218 por orden del rey Alfonso IX de León. El campus de esta universidad es considerado **Patrimonio de la Humanidad** por la **ONU. A pesar de** sus edificios antiguos, **actualmente** ofrece una educación amplia y moderna a 40.000 estudiantes universitarios.

En la República Dominicana está la primera universidad de América Latina: la Universidad Autónoma de Santo Domingo, establecida por orden del Papa Paulo III en 1538. Esta universidad ofrece acceso a la educación universitaria a muchos ciudadanos, pues **cuenta con** once campus en distintas regiones del país. La Universidad de Santo Domingo tiene una población de 143.000 estudiantes, entre los cuales hay un 65% (por ciento) de mujeres.

VOCABULARIO ÚTIL

antiguas/ antiguos	*old*
el Patrimonio de la Humanidad	*World Heritage Site*
la ONU (Organización de Naciones Unidas)	*UN (United Nations)*
a pesar de	*in spite of*
actualmente	*currently*
cuenta con	*tiene*
sin embargo	*however*

Hoy en día hay universidades importantes en todas las ciudades de España y América Latina: la Universidad Autónoma de Barcelona, la Universidad Nacional Autónoma de México y la Universidad de Santiago de Chile, entre otras. **Sin embargo,** las Universidades de Salamanca y de Santo Domingo tienen el honor de ser las primeras.

Universidad de Salamanca

Comprensión

¿Cierto o falso?

1. La Universidad de Salamanca es antigua pero ofrece una educación moderna.
2. La primera universidad latinoamericana está en México.

Las preferencias y los deseos

✳ **Lea Gramática 2.3.**

Los planes para el sábado

Pedro y Andrea
quieren quedarse en
casa hoy.

Las niñas prefieren
merendar en el
parque.

(Continúa)

Doña Lola quiere coser.

Guillermo y sus amigos
prefieren andar en patineta.

Don Anselmo y don
Eduardo quieren pescar.

Doña Rosita prefiere ir
al parque.

Ramón prefiere andar
en motocicleta.

El señor Saucedo
prefiere nadar.

Actividad 8 Entrevista: Mis actividades favoritas

MODELO: E1: ¿Prefieres *nadar en la piscina o en el mar*? →
           E2: Prefiero *nadar en el mar.* /
               Me gustan *las dos actividades.* /
               No me gusta *ninguna de las dos.*

1. ¿ ...hacer ejercicio en un gimnasio o correr?
2. ¿ ...andar en patineta o en bicicleta?
3. ¿ ...hablar por teléfono o usar el correo electrónico?
4. ¿ ...leer el periódico o ver la televisión?
5. ¿ ...merendar en un parque o comer en casa?
6. ¿ ...leer una novela o una revista?
7. ¿ ...chatear o textear?

Actividad 9 Diálogo abierto: Una invitación

E1: ¿Te gusta *jugar al tenis*?
E2: Sí, me gusta mucho.
E1: ¿Quieres *jugar al tenis* en *el parque* el *domingo*?
E2: ¿A qué hora?
E1: A *las once*.
E2: Perfecto. Nos vemos el *domingo* a *las once*.

Palabras útiles

Actividades	¿Dónde?	¿Cuándo?
acampar	la casa de un amigo	el domingo a las 9:00 de la mañana
correr	el centro	el jueves a las 7:30 de la tarde
ir a conciertos (ir a un concierto)	el cine Buñuel	el miércoles a las 8:30 de la noche
ir a fiestas (ir a una fiesta)	la discoteca ¡Latino!	el sábado a las 2:00 de la tarde
ir al cine (ver una película)	la montaña	el sábado a las 8:00 de la noche
ir de compras	el parque Marín	el sábado a las 10:00 de la mañana
nadar	la piscina de San Blas	el viernes a las 4:00 de la tarde
salir a bailar	el restaurante El Criollo	el viernes a las 8:00 de la noche
salir a cenar	el teatro Lorca	el viernes a las 10:00 de la noche

Actividad 10 Intercambios: ¿Cuáles son sus actividades favoritas?

Converse con su compañero/a sobre sus preferencias.

MODELO: E1: ¿Qué prefieres hacer *los lunes a las cuatro de la tarde*?
E2: Prefiero *escribir mensajes electrónicos*. ¿Y tú?

HORA Y DÍA

1. ¿ ...los sábados, a las siete de la mañana?
2. ¿ ...los viernes, a las ocho de la noche?
3. ¿ ...los lunes, a las cuatro de la tarde?
4. ¿ ...los domingos, a las diez de la mañana?
5. ¿ ...los sábados, a las tres de la tarde?

ACTIVIDADES

a. jugar al tenis
b. cocinar
c. descansar
d. correr
e. escribir mensajes electrónicos
f. montar a caballo
g. bailar
h. ver la televisión
i. dormir
j. leer el periódico
k. ¿ ?

Actividad 11 Intercambios: ¿Qué quieres hacer?

Mire los dibujos y complete las oraciones.

MODELO: RAÚL: ¿Quieres comer algo?

LUIS: No, prefiero estudiar un poco más.

1.

ESTEBAN: ¿Quieres tomar un chocolate caliente?

NORA: No, prefiero _____

4.

CARMEN: ¿Quieren estudiar una hora más?

LAN Y LUIS: No, preferimos _____

2.

CARMEN: ¿Quieres ir de compras?

LAN: No, prefiero _____

5.

JOSÉ: ¿Quieres dar un paseo?

PILAR: No, prefiero _____

3.

PEDRO: ¿Quieres ver una película en la televisión?

ANDREA: No, prefiero _____

Actividad 12 Del mundo hispano: ¿Qué prefieren hacer los españoles en su tiempo libre?

Converse con un compañero / una compañera sobre los pasatiempos de los españoles y los europeos.

MODELOS: E1: ¿Cuál es la *quinta* preferencia de los españoles?
E2: *Recibir visitas.*

E1: ¿Y de los europeos?
E2: Los europeos *prefieren tomar te o café.*

Actividad 13 Conversación: El hombre perfecto

A. Trabajando en grupos, organicen estas descripciones en dos columnas: (1) el macho y (2) el hombre liberado.

- Le gusta ver películas violentas.
- Prefiere jugar al fútbol americano.
- Sale a bailar con frecuencia.
- Le gusta jugar al tenis.
- Prefiere montar en motocicleta.
- Le gusta escuchar rock metálico.
- Prefiere la música clásica.

- Prefiere manejar un Hummer.
- Prefiere salir con sus amigos.
- Prefiere cocinar.
- Le gusta mucho salir por la noche.
- Prefiere tomar cerveza.
- Siempre quiere llevar vaqueros, botas y chaqueta negra.

(Continúa)

B. Ahora, escriban una lista para describir uno de los siguientes estereotipos de la mujer.

1. la mujer tradicional **2.** la mujer liberada **3.** la supermujer

REFRÁN

Querer es poder.

(*Where there's a will, there's a way.* Literally, *To want is to be able to.*)

VENTANAS CULTURALES Nuestra comunidad

Edward James Olmos, actor y activista

Edward James Olmos nació en un barrio de Los Ángeles, California. Hijo de inmigrantes mexicanos, Olmos es un hombre de múltiples talentos. Empieza su carrera en la música, luego trabaja de actor en el teatro, el cine y la televisión. Ganador de un Emmy y un Golden Globe, lo conocemos como el maestro Jaime Escalante en la película *Stand and Deliver* y el padre y **representante** de Selena Quintanilla-Pérez en la película sobre la famosa cantante mexicoamericana. El famoso actor también hace el **papel** del **teniente** Castillo en la serie de televisión *Miami Vice* y del capitán de una **nave espacial** en el programa de ciencia ficción *Battlestar Galactica*.

Además de ser un actor muy versátil, Olmos es productor y director de cine. Pero también tiene otros intereses que ocupan su tiempo, como por ejemplo su trabajo social en la comunidad hispana y en su fundación, Latino Public Broadcasting, y su participación en **ferias** del libro. Olmos visita muchas escuelas al año para llevar su mensaje a los jóvenes: es importante estudiar. Además, él opina que debemos transformar la imagen negativa de los latinos en la televisión, el cine y las noticias. Porque entre los hispanos de este país hay doctores, maestros, escritores, políticos, deportistas, astronautas y muchos más que contribuyen de manera positiva a nuestra sociedad.

VOCABULARIO ÚTIL	
el representante	*manager*
el papel	*part (in a play or movie)*
el teniente	*lieutenant*
la nave espacial	*spaceship*
las ferias	*fairs*

Comprensión

1. Edward James Olmos es un actor muy versátil. ¿Qué papeles hace?
   a. deportista **b.** maestro **c.** doctor **d.** capitán **e.** político **f.** teniente

2. ¿Cuál es el mensaje que Olmos lleva a los jóvenes?

El tiempo

✳ **Lea Gramática 2.4–2.5.**

¿Qué tiempo hace?

Hace sol.

Hace mucho calor.

Hace buen tiempo.

Hace fresco.

Hace mucho frío.

Hace viento.

Está nublado.

Llueve.

Nieva.

Hoy es un día de primavera y hace buen tiempo.

Aquellos jóvenes prefieren andar en motocicleta.

Esos chicos prefieren jugar al fútbol.

Esa chica prefiere jugar al tenis.

Estos niños prefieren andar en bici.

Esta señora prefiere leer una novela en el parque.

Este señor prefiere tomar una siesta.

Estas mujeres prefieren pasear.

Usted está aquí.

Actividad 14 Intercambios: El clima

Mire el gráfico y hágale preguntas a su compañero/a sobre la temperatura en estas ciudades del mundo hispano.

Ciudad	enero	julio
Guanajuato, México		
temperatura mínima	7°C	14°C
temperatura máxima	22°C	26°C
Tegucigalpa, Honduras		
temperatura mínima	15°C	18°C
temperatura máxima	25°C	27°C
Bogotá, Colombia		
temperatura mínima	5°C	7°C
temperatura máxima	19°C	18°C
Quito, Ecuador		
temperatura mínima	10°C	9°C
temperatura máxima	19°C	19°C
Lima, Perú		
temperatura mínima	20°C	16°C
temperatura máxima	26°C	19°C
Santiago, Chile		
temperatura mínima	12°C	3°C
temperatura máxima	29°C	14°C
Bariloche, Argentina		
temperatura mínima	6°C	-2°C
temperatura máxima	21°C	6°C
La Habana, Cuba		
temperatura mínima	18°C	23°C
temperatura máxima	26°C	31°C
Potosí, Bolivia		
temperatura mínima	3°C	-7°C
temperatura máxima	18°C	14°C
Sevilla, España		
temperatura mínima	6°C	19°C
temperatura máxima	16°C	35°C

E1: ¿Cuál es la temperatura *máxima* en *Sevilla* en *julio*?
E2: La temperatura *máxima* en *Sevilla* en *julio* es de *35* grados centígrados.

E1: Entonces, ¿qué tiempo hace en *Sevilla* en *julio*?
E2: Hace *mucho calor*.

Actividad 15 Definiciones: Las estaciones y el clima

Lea estas descripciones y diga qué estación representa cada una: la primavera, el verano, el otoño o el invierno.

1. Hace mucho frío y a veces nieva.
2. Llueve mucho, a veces hace viento, nacen muchos animales y hay muchas flores y plantas nuevas.

3. Las clases empiezan y hay árboles de hojas amarillas, anaranjadas y de color café. Es la temporada del fútbol americano.

4. Es la estación de las vacaciones. Hace mucho calor y muchas personas van a nadar al lago o a la piscina.

Ahora, diga qué estación tiene cada país en estos meses.

1. España: diciembre, enero, febrero. Es _____.
2. Chile: diciembre, enero, febrero. Es _____.
3. México: septiembre, octubre, noviembre. Es _____.
4. Perú: septiembre, octubre, noviembre. Es _____.
5. Uruguay: marzo, abril, mayo. Es _____.
6. Argentina: junio, julio, agosto. Es _____.

Actividad 16 Descripción de dibujos: ¿Qué quieren comprar?

A. Mire el dibujo de la tienda El Gran Deportista y diga qué quieren Ernestito, Guillermo y Amanda.

MODELO: E1: ¿Qué quiere *Amanda*?
                    E2: *Amanda* quiere *esa raqueta y esas pelotas.*

B. Ahora charle con su compañero/a sobre los objetos que quieren comprar ustedes en El Gran Deportista.

MODELO: E1: ¿Qué quieres comprar tú?
                    E2: Yo quiero *aquella tabla de snowboard.* ¿Y tú?
                    E1: Yo prefiero *este casco para andar en bicicleta.*

Enlace a la música

La música andina

Los Andes se extienden desde Venezuela en el norte de Sudamérica, hasta Chile en el sur. En esta región andina hay varias culturas indígenas, entre ellas la *chibcha* de Colombia, la *quechua* de Ecuador, Perú y Bolivia y la *aimara* de Chile. La antigua civilización de los incas incluía[1] las culturas de los quechua y los aimara.

Estas culturas producen una música hermosa, notable por sus instrumentos de viento: *la quena* y *la zampoña*. La quena es un tipo de flauta fabricada de una caña hueca[2] o de un hueso[3] de cóndor, que produce un sonido triste y dulce.[4] La zampoña o *seku* tiene dos líneas de tubos de bambú y produce un sonido misterioso.

La música andina se toca también con otros instrumentos indígenas como *el bombo, el charango* y *las charchas* o las cascabeles.[5] El bombo es un tambor[6] de madera y piel[7] de animal que se toca con un palo. El charango, hecho del caparazón del armadillo,[8] es una pequeña guitarra de diez cuerdas.[9] Las charchas son instrumentos de percusión y se fabrican de las pezuñas[10] de varios animales.

La música andina contemporánea utiliza también la guitarra, el violín y las maracas. Si a usted le interesa esta música melódica, puede escuchar la de los grupos Inti-Illimani de Chile, los Kjarkas de Bolivia o Takisuyo del este de los Estados Unidos.

Comprensión

1. ¿Cuáles son los países de la región de Los Andes?
2. La música andina se toca con varios instrumentos indígenas como el charango y los cascabeles. ¿Qué otros instrumentos se utilizan en la música andina contemporánea?
   a. la guitarra   **b.** el piano   **c.** el violín   **d.** la flauta   **e.** las maracas

[1]*included*   [2]*caña... hollow cane*   [3]*bone*   [4]*sweet*   [5]*small bells*   [6]*drum*   [7]*skin*   [8]*caparazón... armadillo shell*
[9]*strings*   [10]*hooves*

En resumen

De todo un poco

A. El clima, la ropa y las actividades

MODELO: E1: ¿Qué ropa llevas cuando *hace frío*?
           E2: Cuando hace frío llevo *chaqueta, bufanda y botas*.
           E1: ¿Y qué te gusta hacer?
           E2: Me gusta *caminar y jugar en la nieve*. También me gusta *hacer snowboard*.

Frases útiles

hace fresco	hace viento	llueve	hace mucho frío
hace mucho calor	nieva	hace mucho sol	está nublado

B. Mire los dibujos y hable del tiempo y de los deseos y preferencias de las personas.

1. 2. 3. 4.

5. 6. 7. 8.

MODELO: E1: ¿Qué tiempo hace en el *primer* dibujo?
           E2: *Nieva y hace frío.*
           E1: ¿Qué quiere hacer *el joven*?
           E2: *El joven* quiere *esquiar*.

103

¡Dígalo por escrito!

Las preferencias

Mire la Actividad 12 en este capítulo y haga una lista de las preferencias de los estadounidenses o de la gente de su país. Compare su lista con la lista de las preferencias de los españoles. Si quiere, ilustre su lista con dibujos, como en la actividad.

¡Cuéntenos usted!

Cuéntenos sobre un fin de semana perfecto. ¿Qué va a hacer el viernes por la noche? ¿Con quién va a hacerlo? El sábado por la mañana, ¿qué prefiere hacer? ¿Qué va a hacer el sábado por la noche? ¿Qué prefiere hacer el domingo por la mañana? El domingo por la tarde, ¿qué prefiere hacer?

MODELO: Durante mi fin de semana perfecto, voy a hacer muchas cosas. El viernes por la noche voy a salir con mis amigos a una discoteca. Vamos a bailar y hablar con muchos chicos. Voy a regresar a casa a las 2:00 de la mañana. El sábado voy a dormir hasta muy tarde y...

PISTAS PARA LEER
1. Scan title, photo, and vocabulary box. Can you tell what places are described in this reading?
2. Scan text for cognates (words that are similar in English and Spanish).
3. Now skim the reading with these questions in mind: What leisure activities are described? Where do these activities take place?

VOCABULARIO ÚTIL

planear	to plan
disfrutar	to enjoy
de paseo	for a stroll
el banco	bench
la fuente	fountain
las cartas	cards
fundan	found
construyen	build
encontrar	to find

LECTURA

De paseo

En general, a los hispanos no les gusta **planear** demasiado su tiempo libre. Muchos prefieren **disfrutar** del momento presente y hacer las cosas de un modo espontáneo. La gente sale con el pretexto de visitar a los amigos, comprar algo o pasear por las calles y la plaza.

En las calles siempre hay mucha actividad de todo tipo, especialmente en las calles del centro, como la Gran Vía en Madrid, y en las zonas comerciales, como la Calle Florida en Buenos Aires. Pero la plaza es el lugar que muchos hispanos prefieren para ir **de paseo**. En casi todas las plazas hay **bancos** y árboles, y algunas tienen una **fuente**. La gente va a la plaza para sentarse, conversar o simplemente para mirar a las personas que pasan. En algunos pueblos, la gente juega allí a diferentes juegos como el dominó o las **cartas**.

El lugar que hoy llamamos *plaza* se origina en España. Cuando los españoles **fundan** sus ciudades, **construyen** la plaza como centro urbano. En Madrid, capital española, hay numerosas plazas; dos de las más populares son la Plaza Mayor y la Plaza de España. La Plaza Mayor es muy grande y tiene cafés y restaurantes. Pero también hay plazas pequeñas en los barrios de Madrid y otras ciudades hispanas, como en Sevilla, ciudad pintoresca al sur de España.

Las plazas son lugares ideales para descubrir y explorar la cultura de la gente. En la plaza uno puede tener conversaciones interesantes, dar un paseo agradable y, posiblemente, **encontrar** nuevos amigos.

Comprensión

Complete las oraciones lógicamente, según la lectura. Puede haber más de una respuesta correcta.

1. Generalmente, los hispanos prefieren...
   a. planear actividades.
   b. ser espontáneos durante su tiempo libre.
   c. pensar en el presente.
2. A los hispanos les gusta pasear por...
   a. las calles.
   b. la plaza.
   c. el patio de su casa.
3. Normalmente, en la plaza, las personas...
   a. juegan y conversan.
   b. hacen su tarea o trabajan.
   c. miran a otras personas.
4. Los españoles crean las plazas...
   a. en el siglo XX.
   b. como centro de la ciudad.
   c. para descansar.

Un paso más... ¡a conversar!

Describa su lugar favorito. ¿Dónde está? ¿Por qué le gusta pasar tiempo allí? ¿Prefiere estar solo/a en ese lugar o con otras personas? ¿Con quiénes?

Vea el **Resumen cultural** en este capítulo del *Cuaderno de actividades*.

Vocabulario

Las actividades

Activities

almorzar	to have lunch
andar en motocicleta	to ride a motorcycle
andar en velero	to go sailing
caminar	to walk
charlar	to chat
coser	to sew
dar una fiesta	to give a party
dar un paseo	to go for a walk
desayunar	to have breakfast
descansar	to rest
escribir (cartas)	to write (letters)
esquiar	to ski
estudiar	to study
ir a (+ *infin.*)	to be going to (plan)
voy a…	I am going to …
va a…	He/She is going to …
jugar al boliche	to bowl
lavar (el carro)	to wash (the car)
levantar pesas	to lift weights
limpiar	to clean
merendar	to have a picnic
montar a caballo	to ride a horse
pasar tiempo	to spend time
pasear en barca	to go for a boat ride
preferir	to prefer
prefiero	I prefer
prefiere	you prefer; he/she prefers
recibir (visitas)	to receive; to have company
reparar	to fix
tomar (una siesta)	to take (a nap)
tomar café/té	to drink coffee/tea
tomar el sol	to sunbathe
volar una cometa	to fly a kite

PALABRAS SEMEJANTES: chatear, invitar, surfear, textear, visitar

Las materias

School Subjects

el diseño de la moda	fashion design
la especialidad	major
la informática	data processing
la ingeniería (mecánica)	(mechanical) engineering
el mercadotecnia	marketing
la química	chemistry

PALABRAS SEMEJANTES: la antropología, el arte, la biología, las ciencias sociales, la economía, la física, la geografía, la historia, la literatura, la psicología, la sociología

El tiempo

The Weather

bajo cero	minus, below zero
el clima	weather; climate
Está nublado.	It is overcast (cloudy).
los grados (centígrados)	degrees (centigrade)
Hace (muy) buen/mal tiempo.	The weather is (very) fine/bad.
Hace (mucho) calor/frío.	It's (very) hot/cold.
Hace fresco.	It's cool.
Hace sol.	It's sunny.
Hace (mucho) viento.	It's (very) windy.
llover	to rain
Llueve (mucho).	It rains (a lot).
la lluvia	rain
nevar	to snow
Nieva (mucho).	It snows (a lot).
la nieve	snow
el pronóstico del tiempo	weather forecast
¿Qué tiempo hace?	What is the weather like?

PALABRAS SEMEJANTES: la temperatura máxima/mínima

¿Cuándo?

When?

con frecuencia	frequently
después	after
esta noche	tonight
hasta	until
más tarde	later
por último	lastly
tarde	late
todavía	still, yet

REPASO: ahora, anteayer, a veces, ayer, hoy, mañana, pasado mañana, por la mañana/tarde/noche, temprano

Los lugares

Places

el centro	downtown
la ciudad	city
la discoteca	dance club
el lago	lake
el mar	sea
la montaña	mountain
la preparatoria	prep school; high school
el río	river

PALABRAS SEMEJANTES: el campus, el club de jazz, el laboratorio, el parque, el teatro

Los números ordinales

Ordinal Numbers

primer, primero/a	first
segundo/a	second
tercer, tercero/a	third
cuarto/a	fourth
quinto/a	fifth
sexto/a	sixth
séptimo/a	seventh
octavo/a	eighth
noveno/a	ninth
décimo/a	tenth

Las descripciones

Descriptions

algún / alguna	some
buen(o) / buena	good
deportivo/a	sports-related
ese, esa / esos, esas	that / those
este, esta / estos, estas	this / these
europeo/a	European
ningún / ninguna	none; not any
próximo/a	next
todo/a	all
último/a	last

PALABRAS SEMEJANTES: atractivo/a, clásico/a, importante, industrial, liberado/a, macho/a, metálico/a, norteamericano/a, romántico/a, tradicional, violento/a

Otros verbos útiles

Other Useful Verbs

abrir	to open
cerrar (ie)	to close
cierra	he/she/it closes
comprar	to buy
contestar	to answer
empezar (ie)	to start, begin
empieza	he/she/it starts
llegar	to arrive
manejar	to drive
nacer	to be born
ofrecer	to offer
quedarse en casa	to stay at home

PALABRAS SEMEJANTES: comparar, usar

Los sustantivos

Nouns

el almuerzo	lunch
el árbol	tree
el balón	(large sports) ball
el casco	helmet
la cerveza	beer
el chocolate caliente	hot chocolate
el descanso	break; rest
el deseo	want, desire
la entrada	entrance
la(s) flor(es)	flower(s)
la gente	people
la gorra	cap
el horario	schedule
la misa	Mass
el pasatiempo	hobby
los patines	skates
la pelota	ball
la respuesta	answer
la temporada	season (of practice)

PALABRAS SEMEJANTES: el animal, el área, el cereal, el estereotipo, el gráfico, la invitación, la novela, el plan, el presente, la radio, el semestre, el trimestre
REPASO: el bate, la bicicleta, la patineta

Palabras del texto

Words from the Text

converse	converse (command)
decidir	to decide
imagínese	imagine (command)
la oración	sentence
Pregúntele...	Ask him/her . . .

PALABRAS SEMEJANTES: asociar, la columna, la conversación, la definición, describir, mencionar, la narración, la ocasión, organizar, representar

Palabras y expresiones útiles

Useful Words and Expressions

algo	something
como	like, as
en general	in general
entonces	so, then
los dos / las dos	both
Nos vemos.	See you.
si	if

PALABRAS SEMEJANTES: el club, la idea, posible, el tren

Gramática y ejercicios

2.1 Expressing Future Plans: *ir* + *a* + Infinitive

The most common way of expressing future plans is to use the verb **ir** (*to go*) plus the preposition **a** (*to*) followed by an infinitive. This construction is commonly referred to as the *informal future,* because Spanish has another future tense, generally reserved for talking about longer term future plans.*

—¿Qué **vas a hacer** mañana? — *What are you going to do tomorrow?*
—**Voy a esquiar.** — *I am going to ski.*

—¿Qué **van a hacer** ustedes este fin de semana? — *What are you going to do this weekend?*
—**Vamos a ir** al cine. — *We're going to go to the movies.*

—¿Qué **van a hacer** Esteban y Alberto después de la clase? — *What are Esteban and Alberto going to do after class?*
—**Van a jugar** al basquetbol. — *They're going to play basketball.*

Here are the forms of the irregular verb **ir.**†

ir (*to go*)		
(yo)	**voy**	*I am going; go*
(tú)	**vas**	*you (inf. sing.) are going; go*
(usted, él/ella)	**va**	*you (pol. sing.) are going; he/she is going; go; goes*
(nosotros/as)	**vamos**	*we are going; go*
(vosotros/as)	**vais**	*you (inf. pl., Spain) are going; go*
(ustedes, ellos/as)	**van**	*you (pl.) are going; they are going; go*

Ejercicio 1

Lea esta conversación sobre los planes de algunos compañeros de clase. Complete las oraciones con las formas correctas del verbo **ir.**

MODELO: Luis *va* a hacer ejercicio en el parque.

1. —¿Qué _____ a hacer tú después de la clase?
   —(Yo) _____ a ir de compras con una amiga.

---
*You will learn how to form the future tense in **Gramática 15.1.**
†Recognition: **vos vas**

2. —¿Y qué _____ a hacer Esteban y Carmen?

   —Esteban _____ a estudiar y Carmen _____ a trabajar.

3. —¿Y la profesora Martínez? ¿Qué _____ a hacer ella?

   —Creo que _____ a leer la tarea de sus estudiantes, pero nosotros

   _____ a ir al cine.

4. —Pablo, ¿cuándo _____ a estudiar tú?

   —(Yo) _____ a estudiar más tarde, probablemente esta noche.

5. —¿Y tú, Alberto? ¿Cuándo _____ a hacer la tarea para la clase de español?

   —(Yo) _____ a hacer mi tarea mañana por la mañana.

2.2 Sequencing: Ordinal Adjectives

Ordinal adjectives are used to put things and people into a sequence or order. The ordinals in English are *first, second, third, fourth,* and so on. Here are the ordinals from *first* to *tenth* in Spanish.

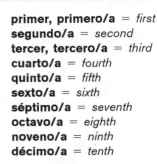

primero/a	sexto/a
segundo/a	séptimo/a
tercero/a	octavo/a
cuarto/a	noveno/a
quinto/a	décimo/a

Mi **segunda** clase es difícil.   *My second class is difficult.*

primer, primero/a = *first*
segundo/a = *second*
tercer, tercero/a = *third*
cuarto/a = *fourth*
quinto/a = *fifth*
sexto/a = *sixth*
séptimo/a = *seventh*
octavo/a = *eighth*
noveno/a = *ninth*
décimo/a = *tenth*

As with **uno** (*one*), the words **primero** and **tercero** drop the final **-o** when used before a masculine singular noun.

Estoy en el **primer** (**tercer**) año.   *I am in the first (third) grade.*

¡OJO!

The feminine form of the ordinal is used if the referent is *la persona: Guillermo es el cuarto,* but *Es la cuarta persona.*

Ejercicio 2

Conteste las preguntas según el dibujo.

1. ¿Quién es la primera persona*?
2. ¿Quién es la segunda persona?
3. ¿Es Guillermo la quinta?
4. ¿Es Amanda la primera?
5. ¿Es doña Lola la tercera?
6. ¿Quién es la sexta persona?
7. Don Anselmo es la quinta persona, ¿verdad?
8. ¿Quién es el primer hombre?
9. ¿Quién es la segunda mujer?
10. ¿Es don Anselmo el tercer hombre?

Ernesto   doña Lola   Amanda   don Anselmo
   Estela   Guillermo   Ramón

---

*Persona is a feminine word, even when it refers to a man.

2.3 Stating Preferences and Desires: *preferir* and *querer* + Infinitive

preferir = *to prefer, would rather*

querer = *to want*

¿Qué quieres hacer ahora? (*What do you want to do now?*)

Quiero descansar. (*I want to rest.*)

¿Qué prefieres hacer? (*What do you prefer to do?* [*What would you rather do?*])

Prefiero comer ahora. (*I prefer to eat now.*)

The verbs **preferir*** (*to prefer, would rather*) and **querer*** (*to want*) are used to express preferences and desires. They are often followed by an infinitive. (Remember that infinitives are the nonconjugated verb forms that end in **-ar, -er,** or **-ir.**)

—¿Qué **quieres** hacer este invierno? — *What do you want to do this winter?*
—**Quiero** esquiar. — *I want to ski.*
—¿Qué **prefiere** hacer Pablo? — *What does Pablo prefer to do?*
—**Prefiere** viajar. — *He would rather travel.*

Note that the **e** of the stem of these verbs changes to **ie**, except in the **nosotros/as** and **vosotros/as** forms.†

	querer (*to want*)	preferir (*to prefer*)	
(yo)	quiero	prefiero	*I want/prefer*
(tú)	quieres	prefieres	*you (inf. sing.) want/prefer*
(usted, él/ella)	quiere	prefiere	*you (pol. sing.) want/prefer; he/she wants/prefers*
(nosotros/as)	queremos	preferimos	*we want/prefer*
(vosotros/as)	queréis	preferís	*you (inf. pl., Spain) want/prefer*
(ustedes, ellos/as)	quieren	prefieren	*you (pl.) want/prefer; they want/prefer*

Ej. 3. All answers are verb forms with stem vowel *ie.*

Ejercicio 3

Complete estas oraciones según el modelo.

MODELO: Nora *quiere* patinar, pero Luis *prefiere* jugar al tenis.

1. Yo _____ ir al cine, pero Esteban _____ salir a bailar.
2. Nora _____ ver la televisión, pero Alberto _____ ir de compras.
3. Lan _____ pasear por el parque, pero yo _____ dormir todo el día.
4. Nora _____ comer comida china, pero Carmen y Pablo _____ cocinar en casa.
5. Mónica _____ dar una fiesta, pero Alberto _____ bailar en la discoteca.

*Recognition: **vos preferís, querés**
†Verbs like **preferir** and **querer** that use more than one stem in their conjugation are known as *irregular verbs*. You will learn more about this type of verb beginning in **Gramática 3.3.**

6. El padre de Esteban _____ acampar, pero yo _____ ir a la playa.

7. Carmen _____ sacar fotos, pero Lan _____ escribir una carta.

8. Luis _____ dibujar, pero yo _____ tocar la guitarra.

9. Mónica y Pablo _____ ir a pasear por el centro, pero yo _____ dormir toda la tarde.

10. Luis y Alberto _____ descansar, pero Esteban _____ leer el periódico.

Ejercicio 4

¿Qué quieren hacer estas personas? Conteste según el modelo.

MODELO: ¿Qué quiere hacer Guillermo? → *Quiere jugar al basquetbol.*

1. ¿Qué quiere hacer Ernestito?

2. ¿Qué prefiere hacer usted, señor Saucedo?

3. ¿Qué quieren hacer Estela y Andrea?

4. Luis y Nora, ¿qué prefieren hacer ustedes?

5. ¿Qué prefieren hacer Diego y Rafael?

6. ¿Qué quiere hacer Amanda?

¡OJO!

Ejercicio 4. In items 2 and 4 the questions are addressed to the characters in the drawings. For item 2, answer using the first-person singular (**yo**) and for item 4, answer using the first-person plural (**nosotros**).

Ejercicio 5

Escriba los planes y las preferencias de estas personas.

	PLANES	PREFERENCIAS/DESEOS
MODELO:	Nora *va a leer* pero	*prefiere (quiere) dormir.*

1. Lan

2. Carmen

3. Esteban

4. Alberto

5. Pablo

6. Mi compañera

7. Yo

2.4 Pointing Out People and Objects: Demonstrative Adjectives

A. Demonstrative adjectives are normally used to point out nouns.

Quiero terminar **esta lección** primero.	*I want to finish this lesson first.*
Esos tres **muchachos** quieren andar en moto.	*Those three boys want to ride motorcycles.*

Demonstrative adjectives are placed before the noun that they modify and must agree in gender and number with that noun.

este/esta = *this*
este libro = *this book*
esta fotografía = *this photo*

aquí/acá (here) (close to the person speaking)

SINGULAR		**PLURAL**	
este libro	*this book*	estos pantalones	*these pants*
esta señora	*this lady*	estas casas	*these houses*

estos/estas = *these*
estos cuadernos = *these notebooks*
estas tareas = *these homework assignments*

allí/allá (there) (at some distance from the person speaking)

ese libro	*that book*	esos pantalones	*those pants*
esa señora	*that lady*	esas casas	*those houses*

ese/esa = *that*
ese cartel = *that poster*
esa silla = *that chair*

—Amanda, ¿no te gusta **esta blusa**?	—*Amanda, don't you like this blouse?*
—No, prefiero **esa blusa** roja.	—*No, I prefer that red blouse.*
—**Estos pantalones** son nuevos. ¿Te gustan?	—*These pants are new. Do you like them?*

esos/esas = *those*
esos papeles = *those papers*
esas chicas = *those girls*

Use the demonstrative pronouns **esto** or **eso** when the object has not been identified.

—Estela, ¿sabes qué es **esto**?	—*Estela, do you know what this is?*
—No, no sé.	—*No, I don't know.*

esto/eso = *this/that* (*unidentified object*)

The demonstratives **aquel, aquellos, aquella,** and **aquellas** indicate that the person or thing pointed out is more distant (generally far away in space or in time from both speakers).

—¿Ves **aquella casa**?	—*Do you see that house (over there)?*
—¿**Aquella casa** de los árboles grandes?	—*That house with the big trees?*
Estudio biología en **este edificio** y estudio química en **aquel edificio**.	*I study biology in this building, and I study chemistry in that building (over there).*

aquel/aquella = *that*
aquel edificio = *that building*
aquella plaza = *that plaza*

aquellos/aquellas = *those*
aquellos árboles = *those trees*
aquellas puertas = *those doors*

B. Although most adjectives in Spanish are placed after the noun they modify (**una casa moderna, unos zapatos negros**), the ordinal adjectives (**Gramática 2.2**) and the demonstrative adjectives are both placed before the noun: **La *tercera casa* es la de mi prima.** *Esos jóvenes* **son mis amigos.** A few adjectives may be placed before or after the noun, with differences in meaning.

Es un gran* hombre.	*He is a great man.*
Es un hombre grande.	*He is a big man.*
La señora Rivera es una vieja amiga de la familia.	*Mrs. Rivera is an old (long-time) family friend.*
Es una señora vieja.	*She is an old woman.*
Ahora tengo un nuevo coche.	*Now I have a new (different) car.*
Mi vecino tiene un coche nuevo.	*My neighbor has a new (new model) car.*
¡El pobre niño no comprende la tarea!	*The poor child doesn't understand the assignment!*
Ese niño es de una familia muy pobre.	*That boy comes from a very poor family.*

Ejercicio 6

Amanda está hablando con Graciela de su ropa. Complete las oraciones con **este, esta, estos** o **estas**.

MODELO: Me gusta *esta* blusa azul.

1. _____ blusa es mi favorita.
2. _____ zapatos son muy viejos.
3. _____ pantalones son nuevos.
4. _____ faldas son bonitas, pero un poco viejas.
5. _____ suéter es de mi mamá.

Ejercicio 7

Doña Lola y doña Rosita están en la plaza hablando de sus vecinos. Complete las oraciones con **ese, esa, esos** o **esas**.

MODELO: *Esa* señora es una cocinera magnífica.

1. _____ señoritas trabajan en la oficina con Paula Saucedo.
2. _____ chico es Guillermo, el hijo de Ernesto y Estela Saucedo.
3. _____ muchacha se llama Amanda. Tiene 14 años.
4. _____ señores juegan a las cartas con don Anselmo.
5. _____ muchachos son compañeros de escuela de Ernestito.

Ejercicio 8

este/estos; esta/estas
ese/esos; esa/esas

Imagínese que usted está en una fiesta con Esteban. Él no conoce a muchas personas y por eso le hace a usted las siguientes preguntas. Complete las preguntas de Esteban con las formas correctas de **este** o **ese**.

1. ¿Cómo se llama _____ señora que está hablando con Nora allí cerca de la puerta?

---

*The words **bueno, malo, primero,** and **tercero** shorten to **buen, mal, primer,** and **tercer** when placed before a masculine singular noun. **Es un buen chico. Es una buena profesora.** The word **grande** shortens to **gran** before any singular noun. **Isabel Allende es una gran escritora. Camilo José Cela y Gabriel García Márquez son grandes escritores.**

2. Creo que _____ señor que está aquí a la derecha es amigo de tu padre, ¿verdad?

3. ¿Son actores _____ dos jóvenes que están allí en la cocina?

4. ¿Se llama Jesús _____ muchacho que está aquí detrás de nosotros?

5. ¿Cómo se llaman _____ muchachas que están sentadas aquí justamente enfrente de nosotros?

Ejercicio 9

Usted vende zapatos. ¿Cuáles recomienda? Use formas de **este, ese** y **aquel,** según la distancia entre usted y los dibujos.

Usted está aquí

1. _____ zapatos son mejores para jugar al tenis.

2. _____ zapatos son para un señor que trabaja en una oficina.

3. _____ zapatos son bonitos y muy elegantes.

4. _____ zapatos son para una mujer que trabaja en una oficina.

5. _____ botas son para la lluvia.

6. _____ sandalias me gustan mucho.

EL CLUB DE TITO

Restaurante y salón de baile
Avenida Jalapa 1475, México, D.F.
Teléfono: 2-46-98-71

SÁBADOS: B a i l e

Desde las 8:00 de la noche hasta las 5:00 de la mañana
Especialidad de la casa: *PIÑA COLADA*
¡ORQUESTA DE BETO RODRÍGUEZ!

el domingo, 5 de octubre
Escuche la música de JORGE MANRICO
¡directamente de Guadalajara!
¡Baile hasta las dos de la mañana!

VIERNES: B a i l e

Desde las 6:00 de la tarde
con la música de PEPE FUENTES

✳ Most Spanish weather expressions use either **hacer** or **haber:**
Hace frío. (It's cold.)
Hace calor. (It's hot.)
Hace buen/mal tiempo.
(The weather is good/bad.)
Hay neblina. (It's foggy.)

But to talk about resultant states, use **estar** + adjective:
Está nublado.
(It's cloudy.)

Nevar and **llover** use just the verb:
Nieva. (It's snowing.
[It snows.])
Llueve. (It's raining.
[It rains.])

2.5 Describing the Weather: Common Expressions

Spanish speakers use several verbs to describe weather conditions.

A. If a weather expression refers to a phenomenon that can be felt (good weather, heat, cold, wind), use **hacer.**

—¿Qué tiempo **hace** hoy?   —What's the weather like today?
—**Hace frío.**   —It's cold.

Other weather expressions with **hacer** are **hace calor** (it's hot), **hace buen/mal tiempo** (the weather is good/bad), **hace viento** (it's windy), **hace sol** (it's sunny), and **hace fresco** (it's cool).

B. If a weather expression refers to a phenomenon that can be seen, use **haber.**

—**Hay neblina** por la costa.   —It's foggy (There is fog) along the coast.
—**Hay nubes** hoy.   —It's cloudy (There are clouds) today.

C. For resultant states (that is, conditions that result from a specific phenomenon, such as **Hay nubes** or **Hace sol**), use **estar** with the appropriate adjective.

—**Está nublado** hoy.   —It's cloudy today.
—**Está soleado** en las montañas.   —It's sunny in the mountains.

D. To talk about rain and snow, use only the corresponding verb (**llover** or **nevar**).

—Siempre **llueve** aquí por la tarde.   —It always rains here in the afternoon.
—**Nieva** mucho en Montana.   —It snows a lot in Montana.

Note in all of these weather expressions that Spanish does not use a pronoun corresponding to English it.

Ejercicio 10

Diga qué tiempo hace.

1.   2.   3.

4.   5.   6.

Ejercicio 11

Diga si son posibles o imposibles estas combinaciones.

1. —¿Hace sol?
   —Sí, y también hace calor.
2. —¿Hace mal tiempo?
   —Sí, y llueve mucho.
3. —¿Hace buen tiempo?
   —Sí, y hace mucho frío.
4. —¿Hace calor?
   —Sí, y también nieva.
5. —¿Hace frío?
   —Sí, y también hace mucho calor.

Las actividades y los lugares

METAS

In **Capítulo 3** you will discuss daily activities and learn useful vocabulary related to the three daily meals: breakfast, lunch, and dinner. You will also talk about places in the city and on your campus as well as about where you and others are from.

Little Girl from Harlem, por Soraida Martínez (Estados Unidos)

«Cuando era niña y vivía en Harlem, siempre supe que Harlem era un tipo de exilio; lo que no sabía era por qué tenía que estar yo allí. Hubo tiempos felices así como tiempos tristes pero, para escapar, yo siempre soñaba despierta. Soñaba con un patio, con crecer e ir a la escuela de arte, con alejarme de allí.»

Sobre la artista: Soraida Martínez —artista, diseñadora y autora de herencia puertorriqueña— nació en Harlem, Nueva York. Desde 1992, Soraida es la creadora del reconocido «Verdadismo»: estilo de arte abstracto y contemporáneo que contiene un comentario social sobre el racismo, el sexismo y los estereotipos. Soraida se graduó de la universidad con concentración en bellas artes y especialización en el diseño.

¡Conozca los Estados Unidos!

Nombre del país: los Estados Unidos de América

Ciudad capital: Washington, D.C.

Ciudades principales: Nueva York, Los Ángeles, Chicago, Miami, San Francisco

Moneda: el dólar estadounidense

Idiomas: el inglés (oficial), el español, el chino, el francés, el tagalo y otros

Población hispana: 45.000.000

Día de la Independencia: el 4 de julio

Fiestas hispanas típicas: el Cinco de Mayo y las Fiestas Patrias en Los Ángeles, el Desfile Nacional Puertorriqueño en Nueva York, el Festival de la Calle Ocho en Miami

Comidas típicas: los tacos, los burritos, las enchiladas, el plátano frito, el arroz con frijoles, el sándwich cubano, las pupusas, las tapas

Música típica: el jazz latino, el rock en español, la salsa, el merengue, la bachata, la cumbia, el reggaetón, el mariachi, la norteña, la ranchera, el *Tex-Mex*

Gente famosa: César Chavez, Sandra Cisneros, Dolores Huerta, Edward James Olmos, Cristina García, Bill Richardson, Julia Álvarez, Gloria Estefan

Código de país por Internet: .us

Voces hispanas

la chanza	chance
guachar	to watch
el lonche	lunch
la marketa	market
el pana	buddy
la troca	truck
el vacunclín	vacuum cleaner

En este capítulo...

ACTIVIDADES DE COMUNICACIÓN

- Las actividades diarias
- Las tres comidas
- Los lugares
- ¿De dónde es usted?

 EN RESUMEN

LECTURAS Y CULTURA

- **Ventanas al pasado**
  Antoni Gaudí, gran arquitecto
- **Enlace al cine**
  El cine en México y en España
- **Lectura**
  La presencia vital de los hispanos

GRAMÁTICA Y EJERCICIOS

3.1 Talking about Habitual Actions: Present Tense of Regular Verbs

3.2 Using Irregular Verbs: **hacer, salir, jugar**

3.3 Referring to Objects already Mentioned: Direct Object Pronouns **lo, la, los,** and **las**

3.4 Asking and Answering Questions

3.5 Talking about Location and Origin: **estar en, ir a,** and **ser de**

 MULTIMEDIA   **ONLINE LEARNING CENTER** www.mhhe.com/dosmundos7

 CENTRO *Your media center for languages*   **Quia**   **DVD**

Las actividades diarias

✳ **Lea Gramática 3.1–3.2.**

Un día típico en la vida de la familia Saucedo

Ernesto lee el periódico todas las mañanas.

Los Saucedo y sus hijos desayunan juntos.

Ernesto sale de la casa a las 8:30.

Ernesto espera el autobús.

Amanda y sus hermanos caminan al parque.

Guillermo juega al fútbol con sus amigos.

Berta limpia la casa.

Estela prepara la cena.

La familia Saucedo cena a las 8:00.

Actividad 1 Intercambios: Las actividades diarias

MODELOS: E1: ¿Quién *va a misa*?
E2: *Silvia.*

E1: ¿Cuándo *hace ejercicio Mayín*?
E2: *Los jueves por la noche.*

REFRÁN

Al que madruga, Dios lo ayuda.

(*The early bird gets the worm. Literally, God helps those who get up early.*)

	SILVIA BUSTAMANTE MÉXICO, D.F.	ADRIANA BOLINI BUENOS AIRES	MAYÍN DURÁN LOS ÁNGELES
los lunes por la mañana	va en metro al trabajo	maneja y habla por celular	va en coche a la estación de radio
los miércoles por la tarde	trabaja en la estación de autobuses	diseña sitios Web	escribe un reportaje
los jueves por la noche	estudia	asiste a una reunión	hace ejercicio en el gimnasio
los sábados por la tarde	lleva su ropa a la lavandería	pasea por el parque	lee el periódico
los domingos por la mañana	va a misa	juega al tenis	ve la televisión

Actividad 2 Asociaciones: Las actividades típicas

¿Cuáles son las actividades típicas de estas personas?

1. un profesor / una profesora
2. un ama de casa
3. un hombre / una mujer de negocios
4. un(a) estudiante
5. un(a) recepcionista

Actividades posibles: almuerza en un restaurante, asiste a clases, charla con un amigo en la cafetería, cocina, estudia, habla por teléfono, hace la compra, hace la tarea, lee las tareas de los estudiantes, lee una revista o el periódico, limpia la casa, prepara las lecciones, trabaja en su oficina, va a la biblioteca, va al correo

Actividad 3 Narración: Un día en la vida de Carla Espinosa

Palabras útiles

primero	después	finalmente
luego	más tarde	por último
¿A qué hora?	A la(s)...	

Actividad 4 Preferencias: ¿Con qué frecuencia?

Diga con qué frecuencia usted hace estas actividades durante la semana. Use **siempre,
con frecuencia, a veces, de vez en cuando** y **casi nunca.**

MODELO: De vez en cuando hago la tarea en la biblioteca. ¿Y tú?

1. Veo la televisión por la noche.
2. Salgo a cenar con amigos.
3. Juego al basquetbol.
4. Voy al cine.
5. Lavo el carro.
6. Hago ejercicio aeróbico.
7. Preparo la cena.
8. Como en el carro.
9. Escucho música mientras estudio.
10. Visito sitios Web en el Internet.

Actividad 5 Asociaciones: Las actividades de mi familia

En su familia, ¿quién hace las siguientes actividades?

MODELOS: estudia(n) en la universidad →
Mis hermanos estudian en la universidad.

trabaja(n) los sábados →
Nadie en mi familia trabaja los sábados.

Mi esposo/a	Mi(s) hermano(s)/a(s)	Mi(s) hijo(s)/a(s)
Mis padres	Mi(s) primo(s)/a(s)	Nadie

1. sale(n) mucho con sus amigos
2. hace(n) *snowboard* en el invierno
3. ve(n) la televisión
4. va(n) al cine los fines de semana
5. lee(n) el periódico por la mañana
6. escucha(n) música clásica
7. trabaja(n) los sábados
8. nada(n) en el verano
9. anda(n) en patineta
10. juega(n) a los videojuegos

Actividad 6 Entrevista: El fin de semana

GENERALMENTE LOS VIERNES POR LA NOCHE...

1. ¿Sales con tus amigos? ¿Vas al cine? ¿Vas a una discoteca o a un club?
2. ¿Trabajas? ¿Hasta qué hora?
3. ¿Cenas en un restaurante?
4. ¿Lees un libro? ¿Exploras el Internet? ¿Juegas a las cartas?
5. ¿Vas a (Das) una fiesta? ¿Dónde? ¿Con quién(es)?

GENERALMENTE LOS SÁBADOS...

1. ¿Practicas algún deporte? ¿Cuál prefieres?
2. ¿Ves la televisión? ¿Qué programas te gustan?
3. ¿Vas de compras? ¿Adónde?
4. ¿Trabajas? ¿Dónde? ¿Cuántas horas?
5. ¿Estudias? ¿Dónde? ¿Con quién(es)?

Las tres comidas

✳ **Lea Gramática 3.3.**

El desayuno

los huevos

el cereal

el yogur

el jugo de naranja

la leche

el pan tostado con mantequilla

la fruta

el café

el té

¿La leche? La bebemos todas las mañanas.

El almuerzo

la sopa

los tacos

las galletas

el sándwich de jamón y queso

la hamburguesa

los refrescos

las papas fritas

las galletitas

¿Las papas fritas? Siempre las como para el almuerzo.

La cena

el bistec

la papa al horno

la cerveza

el pan

las legumbres

la ensalada de lechuga y tomate

el pollo frito

los espaguetis

el helado

el pastel

el postre

¿El pan? Lo como todos los días.

Actividad 7 Conversación

Diga si son saludables o no estas comidas y bebidas. Luego diga si le gustan o no.

MODELOS: E1: ¿Es saludable el pastel de chocolate?
  E2: No, no es saludable, pero es delicioso.
  E1: ¿Te gusta el pastel de chocolate?
  E2: Sí, me gusta mucho con leche.

  E1: ¿Son saludables los huevos revueltos?
  E2: Sí, son muy saludables.
  E1: ¿Te gustan los huevos revueltos para el desayuno?
  E2: No, no me gustan; prefiero el cereal.

EL DESAYUNO	EL ALMUERZO	LA CENA
los huevos revueltos	la sopa	las legumbres
la fruta	la hamburguesa	el pollo frito
el pan tostado	un sándwich de jamón y queso	el arroz
la leche	los tacos	el bistec
el café / el té	las papas fritas	el pescado
el yogur	la ensalada	el pastel de chocolate
el cereal	los burritos	el helado

Actividad 8 Conversación

Vea las listas de comidas y bebidas de la **Actividad 7** y diga con qué frecuencia las come o las bebe. Use los pronombres **lo, la, los, las.**

MODELO: E1: ¿Las papas fritas? ¿Las comes con frecuencia?
  E2: No, no las como casi nunca, porque no son saludables.
  (Sí, las como todos los días porque me gustan mucho.)

Actividad 9   Entrevista: ¿Qué comes... ?

1. ¿Qué desayunas todos los días? ¿Desayunas algo diferente los sábados? ¿Y los domingos?
2. ¿Dónde almuerzas de lunes a viernes? ¿A qué hora almuerzas? ¿Qué te gusta almorzar?
3. ¿Qué prefieres para la cena: bistec o pescado? ¿Cuál es el más saludable? ¿Y sales a cenar los fines de semana?
4. ¿Prefieres desayunar pan tostado o cereal? ¿Prefieres almorzar en casa o en la cafetería de la universidad?
5. ¿Te gusta cocinar o prefieres salir a cenar? ¿Cuál es tu restaurante favorito?
6. ¿A qué hora desayunas/almuerzas/cenas? ¿Sabes que en España y algunos países latinoamericanos el almuerzo es a las 2:00 ó 3:00 de la tarde y la cena a las 9:00 ó 10:00 de la noche? ¿Te gusta ese horario? ¿Por qué?

Los lugares

✴ **Lea Gramática 3.5**

Actividad 10   Intercambios: La Universidad Estatal del Oriente

Mire el plano de la página siguiente. Escuche mientras su profesor(a) describe dónde están algunos edificios. Escriba el nombre del edificio en el lugar apropiado.

Edificios: la biblioteca, la cafetería, la Facultad de Ciencias Sociales, la Facultad de Medicina, el gimnasio, el teatro

Ahora, pregúntele a su compañero/a dónde están los edificios en el plano.

MODELOS: E1: ¿Dónde está *el teatro*?
                E2: Está *enfrente de la Facultad de Bellas Artes.*

                E1: ¿En qué calle está *la cafetería*?
                E2: Está en la *avenida de las Rosas,* al lado de la librería.

LA·UNIVERSIDAD·ESTATAL·DEL·ORIENTE

el estacionamiento

CALLE SEXTA (6ta/)

¿?

la parada del autobús

la Facultad de Bellas Artes

la Facultad de Filosofía y Letras

¿?

AVENIDA DE LAS GARZAS

la Facultad de Ciencias Naturales

AVENIDA DEL ORIENTE

los laboratorios

¿?

¿?

la librería

CALLE QUINTA (5ta/)

AVENIDA DE LAS ROSAS

¿?

el centro estudiantil

la rectoría

¿?

CALLE CUARTA (4ta)

la parada del autobús

¿?

el hospital

la Facultad de Derecho

la piscina

✕ Usted está aquí.

Palabras útiles

al lado de
a la derecha de
a la izquierda de
detrás de
enfrente de
entre

Actividad 11   Intercambios: En nuestra universidad

Pregúntele a su compañero/a dónde están los siguientes lugares en su universidad.

MODELO: E1: ¿Dónde está *la cafetería*?
E2: Está *detrás de...*

1. la biblioteca
2. el gimnasio
3. la librería
4. el teatro
5. la Facultad de _____
6. ¿?

Actividad 12   Descripción de dibujos: ¿Dónde está?

Escuche a su profesor(a) y escriba el numero que corresponde a estos lugares.

Videocentro   Café Cibernético
Hotel Los Cabos   Biblioteca Municipal
Bar El Gato Verde   Gimnasio Cabo Verde
Farmacia Cruz Blanca   Museo Nacional

Actividad 13 Asociaciones: ¿Para qué vamos a estos lugares?

Empareje estas actividades con los lugares.

MODELOS: el parque →
Vamos al parque *para merendar con nuestros amigos.*

la papelería →
Vamos a la papelería *para comprar papel, lápices y cuadernos.*

LUGAR	ACTIVIDAD
1. el cine	**a.** para comprar zapatos
2. la playa	**b.** para ver las exhibiciones
3. el mercado	**c.** para comprar estampillas y para mandar cartas
4. una panadería	**d.** para rezar
5. un museo	**e.** para ver una película
6. la iglesia	**f.** para comprar pan o pasteles
7. el correo	**g.** para tomar el sol y nadar
8. un hospital	**h.** para comprar comida
9. una zapatería	**i.** para leer y estudiar
10. la biblioteca	**j.** para recibir atención médica

VENTANAS AL PASADO

Antoni Gaudí, gran arquitecto

Antoni Gaudí i Cornet es uno de los arquitectos más famosos de Europa. Nace en 1852 en la provincia de Tarragona, en la costa mediterránea de España. A los 26 años recibe en Barcelona su título de arquitecto y **conoce** a Eusebi Güell, político y miembro de una prestigiosa familia **catalana.** Con el **apoyo** económico de Güell, el joven arquitecto Gaudí puede **realizar** varias obras impresionantes, entre ellas el Parque Güell. Este lugar, originalmente una **urbanización de lujo,** es hoy en día un parque público en la ciudad de Barcelona.

Gaudí crea una arquitectura impresionante basada en líneas curvas y formas geometrizadas, en líneas modernas y también medievales, que **al mismo tiempo** se incorpora a la **naturaleza.** También se ven en sus obras elementos árabes, sobre todo en su uso de **torres, ladrillos, piedras** y mosaicos. Entre sus muchas obras arquitectónicas están la villa *El Capricho* en Cantabria, el Palacio Güell, el Parque Güell, la Casa Milà y el Colegio Teresiano en Barcelona. En esta ciudad también está la Iglesia de la Sagrada Familia, obra que Gaudí nunca termina.

Antoni Gaudí muere trágicamente en 1926 a la edad de 74 años, **atropellado** por un **tranvía** en Barcelona. La construcción continúa en la Iglesia

VOCABULARIO ÚTIL

conoce	meets
catalán (catalana)	from the region of Cataluña in Spain
el apoyo	support
realizar	to accomplish
la urbanización de lujo	upscale neighborhood
al mismo tiempo	at the same time
la naturaleza	nature
la torre	tower
el ladrillo	brick
la piedra	stone
atropellado	run over
el tranvía	streetcar

(Continúa)

Iglesia de La Sagrada Familia

de la Sagrada Familia y se estima que va a finalizarse para el año 2052: ¡200 años después del nacimiento de este creativo y prodigioso arquitecto!

Comprensión

1. ¿Cuál de estas oraciones describe la arquitectura de Gaudí?
   a. tiene influencia francesa   **b.** es ultramoderna
   c. tiene formas geometrizadas
2. ¿Quién ayuda al joven arquitecto Gaudí a realizar sus obras impresionantes?

Frases y palabras útiles

después de clase
el próximo fin de semana
el próximo mes
el próximo sábado
esta noche
este fin de semana
este viernes
hoy
el *lunes* por la tarde
mañana por la mañana
mañana por la tarde
mañana por la noche
pasado mañana

Actividad 14   Preferencias: ¿Cuándo?

Exprese los planes. Complete cada oración con una de las palabras o frases de la lista.

MODELO: E1: Voy a estudiar en la biblioteca a las 5:00 de la mañana.
                 E2: *¡No lo creo!*

1. Voy a estudiar en la biblioteca...
2. Mis amigos van a ir a un antro...
3. Mi profesor(a) de español va a explorar el Internet...
4. Mi novio/a (amigo/a, esposo/a) va a ir conmigo al cine...
5. Voy a salir de vacaciones...

Y tú, ¿qué dices?

¡Qué interesante!	¡Buena idea!	¿De veras?
¡Qué divertido!	Yo también.	¿De verdad?
¡Qué aburrido!		¡No lo creo!

Actividad 15   Intercambios: El cine en Sevilla

Lea esta guía del cine en Sevilla. Luego, use el modelo para hablar con su compañero/a sobre varias películas.

MODELO: E1: ¿Quieres ir al cine?
                 E2: Tal vez... ¿Qué película quieres ver?
                 E1: En *los cines Alameda* exhiben *Café solo o con ellas.*
                 E2: ¿A qué hora?
                 E1: A las *17:30, 19:15, 20:00* y *21:45* horas.
                 E2: Perfecto, ¿por qué no vamos el viernes a las *19:15* (*a las 7:15 de la tarde*)?

Guía del ocio – el cine en Sevilla

Cines Alameda
Tel 954. 91.57.62
Alameda de Hércules 9
5 salas
lunes a jueves 3,5€
viernes, sábado y domingo 5€.

Las vidas posibles. Argentina, drama, de Sandra Gugliotta con Germán Palacios y Ana Celetano. Ganadora del Primer Premio del World Cinema Fund. La esposa de Luciano viaja a la Patagonia en busca de él. Ahí conoce a un hombre igual a Luciano, pero quien lleva otra vida y está casado con otra mujer. No recomendable para menores de 14 años. 18:45, 20:00, 22:15.

La leyenda de la Nahuala. México, animación, de Ricardo Arnaiz. Uno de los cuentos de terror de Nando se vuelve realidad y es secuestrado por la bruja Nahuala. Para todos los públicos. 16:45, 18:45, 21:00.

Café solo o con ellas. España, comedia, de Álvaro Díaz Lorenzo. Javi, Hugo, Dani y Pedro son cuatro amigos preocupados por sus relaciones con el sexo opuesto. Sólo adultos. 17:30, 19:15, 20:00 y 21:45.

Cinesa
Tel 954. 91.54.32
Plaza de Armas
8 salas
antes de las 16:00 3€
viernes, sábado y domingo 5,5€.

Sultanes del sur. México, acción, de Alejandro Lozano. Cuatro delincuentes roban un banco y escapan a Buenos Aires donde se encuentran con un mafioso malvado. Sólo adultos. 18:00, 20:00, 22:00 y 0:00.

Luz silenciosa. México, Francia y Holanda, drama, de Carlos Reygadas. Johan y su familia son menonitas del norte de México. Contra la ley de Dios y del hombre, Johan se enamora de otra mujer. No recomendable para menores de 14 años. 17:30, 19:15, 20:00 y 21:45.

Volver. España, aclamado drama, de Pedro Almodóvar, ganador del Premio Goya 2007. Raimunda (Penélope Cruz) y su hermana Sole (Lola Dueñas) viven con la presencia de su madre muerta (Carmen Maura). No recomendable para menores de 14 años. 17:30, 19:15, 20:00 y 21:45.

Arcos Multicines
Tel 954. 25.44.88
Avenida Andalucía
15 salas
lunes – viernes 4€
sábado y domingo 5€
parejas 3€ por persona

La carta esférica. España, drama, de Imanol Uribe con Carmelo Gómez y Aitana Sánchez-Gijón. Un marinero conoce a una bonita mujer y otros dos hombres; todos buscan el tesoro de un barco hundido cerca de las costas de Cartagena. No recomendable para menores de 14 años. 16:30, 18:30, 20:45.

Harry Potter y la Orden del Fénix. EU, drama, de David Yates. Harry regresa a la escuela Hogwarts para empezar su quinto año de estudios. Todos los públicos. 16:45, 18:45, 21:00 y 23:00.

Un buen día lo tiene cualquiera. España, comedia de Santiago Lorenzo. Tras perder su trabajo y su casa, Arturo decide participar en un programa para estudiantes que viven en una casa de ancianos solitarios por un alquiler módico. Entra a vivir con Onofre, un encantador abuelito de doble personalidad. Todos los públicos. 17:30, 19:15, 20:30 y 21:45.

Enlace al cine

El cine en México y en España

¿Hay películas buenas, con temas universales y de directores mexicanos? Definitivamente y son excelentes; ¡algunas reciben premios en Cannes y Hollywood! Lo mismo decimos de muchas películas españolas. Piense por ejemplo en estas historias: una niña crea un complicado mundo de fantasía para escapar de una realidad brutal (*El laberinto del fauno*); un regalo de agradecimiento tiene repercusiones serias en varios países del mundo (*Babel*); una madre muerta vuelve, pero... ¡está viva! (*Volver*).

El cine llega a México en 1896, ocho meses después de aparecer[1] en Francia. La primera «película» mexicana presenta al presidente Porfirio Díaz a caballo por el parque de Chapultepec (1896). Otros filmes de ese tiempo reflejan la cultura mexicana. Luego, entre 1910 y 1920, se filma la Revolución mexicana (una terrible guerra[2] civil). Por eso se dice que desde su principio, el cine mexicano documenta la historia del país. Hay períodos de mucha creatividad durante «La Edad de Oro»[3] entre 1930 y 1950 con películas como *Doña Bárbara* y *María Candelaria*. Entre los directores importantes de esa época están Fernando de Fuentes (*Vámonos con Pancho Villa*) y Emilio «El Indio» Fernández (*María Candelaria, La perla*). Los actores más reconocidos de la «Edad de Oro» son Cantinflas, «el Charlie Chaplin de México»; Pedro Infante; María Félix y Dolores del Río. En el siglo[4] XXI hay mucha creatividad pero poco apoyo.[5] Los tres directores mexicanos más famosos ahora trabajan fuera de México y crean películas que resultan populares y también artísticas. Ellos son Guillermo del Toro (*El laberinto del fauno*), Alfonso Cuarón (*Children of Men, Y tu mamá también*) y Alejandro González Iñárritu (*Amores perros, Babel*).

Las primeras películas españolas aparecen también en 1896 y documentan las costumbres[6] populares. Por eso, como en México, el cine es parte íntegra de la historia y la cultura de la España del siglo XX. En este país hay también grandes directores. Los más famosos incluyen a Luis Buñuel (*El perro andaluz, Viridiana*) y los ganadores del Oscar a la mejor película extranjera Pedro Almodóvar (*Todo sobre mi madre, Volver*), y el chileno-español Alejandro Amenábar (*Mar adentro, The Others*). También hay otros muy conocidos,[7] como Fernando Trueba, Carlos Saura y dos mujeres: Icíar Bollaín y Pilar Miró.

Hoy en día en ambos[8] países trabajan actores de gran talento y fama internacional como Penélope Cruz, Antonio Banderas, Carmen Maura y Javier Bardem en España. Ahora los más famosos de México son Gael García Bernal y Salma Hayek, actriz y productora (*Ugly Betty*). Todos, como los directores, son admirados en el mundo entero.

Comprensión

1. ¿Qué características tienen en común el cine de México y el de España?

2. Diga el nombre del director de cada una de las siguientes películas: *Volver, Mar adentro, El laberinto del fauno, Y tu mamá también, Babel*.

[1]*appearing* [2]*war* [3]*La... The Golden Age* [4]*century* [5]*support* [6]*customs* [7]*muy... well-known* [8]*both*

¿De dónde es usted?

✳ **Lea Gramática 3.5.**

ESPAÑA
español
española

PORTUGAL
portugués
portuguesa

Pilar Álvarez
Madrid, España

MÉXICO, AMÉRICA CENTRAL y EL CARIBE

Rubén Hernández
Miami, Florida
La Habana, Cuba

Silvia Bustamante
México, D.F.

CUBA
cubano/a

Carla Espinosa
San Juan, P.R.

PUERTO RICO
puertorriqueño/a

MÉXICO
mexicano/a

LA REPÚBLICA DOMINICANA
dominicano/a

GUATEMALA
guatemalteco/a

PANAMÁ
panameño/a

EL SALVADOR
salvadoreño/a

NICARAGUA
nicaragüense

COSTA RICA
costarricense

Mayín Durán
Los Ángeles, California
Panamá, Panamá

HONDURAS
hondureño/a

COLOMBIA
colombiano/a

Ricardo Sícora
Caracas, Venezuela

Susana Yamasaki
Lima, Perú

VENEZUELA
venezolano/a

ECUADOR
ecuatoriano/a

BRASIL
brasileño/a

PERÚ
peruano/a

BOLIVIA
boliviano/a

PARAGUAY
paraguayo/a

CHILE
chileno/a

URUGUAY
uruguayo/a

ARGENTINA
argentino/a

SUDAMÉRICA

Adriana Bolini
Buenos Aires, Argentina

La presencia hispana en los Estados Unidos es fuerte y se expresa de muchas formas. En la foto, un mural en el distrito de La Misión (*Mission District*) de la ciudad de San Francisco, California.

Actividad 16 Identificaciones: Las capitales

Consulte los mapas que aparecen al principio y al final del texto para completar las siguientes oraciones.

1. La capital de Venezuela es _____.
   a. Bogotá   **b.** Tegucigalpa   **c.** Caracas   **d.** La Paz
2. _____ es la capital de Ecuador.
   a. Quito   **b.** La Habana   **c.** Montevideo   **d.** Lima
3. La capital de Nicaragua es _____.
   a. Asunción   **b.** Bogotá   **c.** San José   **d.** Managua
4. _____ es la capital de Argentina.
   a. San Juan   **b.** Buenos Aires   **c.** Santiago   **d.** Madrid
5. La capital de Guatemala es _____.
   a. San Salvador   **b.** Santo Domingo   **c.** Guatemala   **d.** Panamá

Actividad 17 Entrevista: ¿De dónde... ?

1. E1: ¿De dónde eres?
   E2: Soy de _____.
2. E1: ¿De dónde es tu padre?
   E2: Es de _____.
3. E1: ¿De dónde es tu madre?
   E2: Es de _____.
4. E1: ¿Tienes un amigo de algún país hispano?
   E2: Sí, tengo un amigo / una amiga de _____.
5. E1: ¿Cómo se llama tu amigo/a?
   E2: Se llama _____.

En resumen

De todo un poco

A. Entrevista: Las actividades favoritas y los lugares

Charle con un compañero / una compañera.

1. ¿Qué te gusta hacer cuando vas a la playa? ¿Te gusta nadar o prefieres tomar el sol? ¿Te gusta andar en velero o prefieres jugar al voleibol?
2. ¿Qué haces cuando estás en una biblioteca? ¿Lees periódicos? ¿Estudias? ¿Usas una computadora?
3. ¿Cómo se llama tu parque favorito? ¿Qué haces allí? ¿Practicas un deporte? ¿Cuál? ¿Caminas? ¿Corres? ¿Cuándo vas al parque?
4. ¿Vas mucho al cine? ¿Con quiénes? ¿Qué tipo de películas te gusta? (*románticas, cómicas, musicales, de acción, de misterio, de horror, de ciencia ficción*)
5. ¿Qué tipo de música prefieres (*folclórica, alternativa, rock, popular, clásica, reggaetón*)? ¿Cuáles son tus artistas favoritos? ¿Prefieres escuchar la radio, poner discos compactos o escuchar música en tu iPod?

B. El mapa de Sudamérica: ¿Dónde están estos países?

Trabajen en grupos de cuatro. Una persona debe leer las siguientes instrucciones; las otras tres personas deben seguir las instrucciones y escribir los nombres de los países en el mapa que el profesor / la profesora va a darles.

INSTRUCCIONES

1. Brasil es el país más grande de Sudamérica. Está *al lado derecho* del mapa. Venezuela está al norte de Brasil, *al lado izquierdo* de Guyana. Escriba Venezuela en el lugar apropiado.
2. Ahora vamos a Colombia. Está *al lado izquierdo* de Venezuela.
3. Ahora escriban «Ecuador» en el país pequeño que está al sur, *debajo de* Colombia y *al lado del* Océano Pacífico.
4. *Al lado izquierdo de* Brasil, *en medio del* mapa, está Bolivia. Está *lejos del* mar.
5. *Al lado izquierdo de* Brasil y *debajo de* Ecuador y Colombia, escriban «Perú». Este país está *entre* Brasil, Bolivia y el Océano Pacífico.
6. *Debajo de* Perú, al sur, está Chile. Éste es un país largo y angosto (delgado). Está *al lado del* Océano Pacífico.
7. *Al lado derecho de* Chile está otro país muy grande, Argentina.
8. *Al lado derecho de* Argentina, y *al lado izquierdo del* Océano Atlántico, está Uruguay. Éste es un país muy pequeño.
9. *Arriba de* Argentina, al norte, y *debajo de* Bolivia y Brasil está otro país pequeño, Paraguay. No está *cerca del* mar.

Ahora, comparen su trabajo con el mapa que aparece al final del texto.

¡Dígalo por escrito!

Los pasatiempos y las actividades

Imagínese que usted recibe una carta de su amiga Silvia Bustamante, una estudiante de México. Ella le pregunta: «¿Cómo pasas el tiempo libre?» ¿Qué le va a contestar usted? Escríbale una carta, contestando su pregunta y también incluyendo algunas preguntas para ella. Empiece su carta así: Querida Silvia:... Termine su carta con: Un abrazo de... [el nombre de usted].

¡Cuéntenos usted!

Cuéntenos sobre su lugar favorito en su ciudad o estado. ¿Es una playa, un museo, un restaurante, una librería u otro lugar? ¿Dónde está? ¿Cuánto tiempo tarda para ir a ese lugar? ¿Hay mucha gente allí o es un lugar muy tranquilo? ¿Qué hace allí? ¿Prefiere ir solo/a o acompañado/a?

PISTAS PARA LEER

1. Skim the **Lectura.** Can you tell what its topic is?
2. Scan the last paragraph: What words of nationality are used to describe Hispanics in the United States? Which words do you find useful?
3. When you read, use context to figure out words you don't know and try to guess their meaning. But remember: guessing the exact meaning is not crucial to overall comprehension!

VOCABULARIO ÚTIL

la comunidad	*community*
los ciudadanos	*citizens*
Estado Libre Asociado	*Commonwealth*
los neoyorriqueños	*Nuyoricans (New York Puerto Ricans)*
ganador	*winner*
se destaca	*stands out*
se encuentran	*are found*
rebasa	*surpasses*
sea cual sea	*whatever might be*

LECTURA

La presencia vital de los hispanos

La palabra *Hispanic* se usa en los Estados Unidos con frecuencia para describir a todos los latinos. Pero en la **comunidad** hispana hay personas de varios países que forman grupos diferentes; cada uno de estos grupos tiene una historia interesante y muy particular. Hay hispanos en casi todas las ciudades estadounidenses. Algunos son emigrantes de España, otros de la América Latina. En su totalidad, los hispanos contribuyen de manera importante a la vida cultural y económica de los Estados Unidos.

El primer grupo grande es el de los mexicoamericanos o chicanos, que viven principalmente en el oeste y suroeste: en los estados de California, Nuevo México, Arizona, Texas y Colorado. Entre los hispanos de este grupo hay muchos escritores, actores, músicos, artistas y políticos. Usted seguramente reconoce el nombre de Edward James Olmos, actor de cine y televisión, y el del famoso guitarrista Carlos Santana. Una de las escritoras más estimadas de los Estados Unidos es Sandra Cisneros, autora chicana de la novela *The House on Mango Street.* Entre los políticos y activistas también hay gente de gran impacto, como César Chávez y Dolores Huerta.

El segundo grupo lo forman los puertorriqueños. Oficialmente, los puertorriqueños son **ciudadanos** estadounidenses, pues desde 1952 Puerto Rico es un **Estado Libre Asociado** de los Estados Unidos. El primer congresista hispano de Illinois, Luis V. Gutiérrez, es de padres puertorriqueños. Y de Puerto Rico son el cantante Marc Anthony y la escritora Esmeralda Santiago. Muchos puertorriqueños viven en Nueva York y se les llama **neoyorriqueños.** Entre ellos hay gente reconocida, como el poeta Tato Laviera y la estrella de cine Jennifer López.

Los cubanos forman el tercer grupo, que reside especialmente en Florida, Nueva Jersey y California. Los cubanoamericanos cuentan con novelistas de mucho éxito, como Oscar Hijuelos, **ganador** del Premio Pulitzer en 1990, y

Cristina García, autora de *Dreaming in Cuban*. En la televisión **se destaca** Daisy Fuentes, en el cine Andy García y Cameron Díaz. ¿Le gusta a usted la música de Gloria Estefan? Gloria es una cubanoamericana muy famosa.

Tenemos un cuarto grupo, el de los centroamericanos que **se encuentran** en California y los estados del este. Las comunidades más grandes de salvadoreños están en el área de Washington, D.C. y en Los Ángeles. Además de estos cuatro grupos, hay españoles, peruanos, dominicanos, bolivianos, venezolanos, paraguayos y colombianos. ¿Conoce usted la música de Shakira o de Juanes? ¿Le gustan las películas de John Leguizamo? Los tres son colombianos.

La población hispana en los Estados Unidos **rebasa** los 40 millones e incluye una enorme variedad de culturas e historias nacionales. Algunas personas de esta comunidad prefieren llamarse *Hispanic* o *Hispanic American;* otras usan las palabras *Latino* y *U.S. Latino;* también hay quienes son más específicos y mencionan su nacionalidad: peruano, cubano, salvadoreño. Pero **sea cual sea** la palabra preferida o el término oficial, la presencia hispana es cada día más visible y vital en los Estados Unidos.

Comprensión

A. Diga qué grupo(s) de hispanos predomina(n) en cada ciudad.

CIUDAD	GRUPO(S)
Houston	_____
Miami	_____
Nueva York	_____
Albuquerque	_____
Los Ángeles	_____

B. ¿Quién habla en cada caso? Indique si es una persona mexicoamericana (**M**), puertorriqueña (**P**), cubanoamericana (**C**) o de otro grupo de hispanos (**O**).

1. _____ Vivo en Los Ángeles; una de mis escritoras favoritas es Sandra Cisneros.

2. _____ Soy de una isla que es un Estado Libre Asociado. Me consideran ciudadano de los Estados Unidos.

3. _____ Soy bilingüe y vivo en Texas. Mis padres nacieron en Guadalajara.

4. _____ Vivo en Washington, D.C.; me gusta vivir aquí porque hay mucha gente de mi país.

5. _____ Nací en una isla del Caribe. Ahora vivo con muchos de mis compatriotas en Miami.

Un paso más… ¡a conversar!

1. ¿Cuántos hispanos famosos puede mencionar? ¿De qué países son?
2. ¿Conoce a alguna persona hispana? ¿Tiene amigos españoles o latinoamericanos? Describa a una de estas personas y diga si pertenece a alguno de los grupos mencionados en la **Lectura**.

Vea el **Resumen cultural** en este capítulo del *Cuaderno de actividades.*

Vocabulario

¿Dónde está... ?

Where is . . . ?

abajo de	below
adentro de	inside
afuera de	outside
a la derecha/izquierda de	to the right/left of
al lado de	to the side of
allí	there
al norte/sur/este/oeste	to the north/south/east/west
alrededor de	around
aquí	here
arriba de	above
cerca de	close to
debajo de	under
detrás de	behind
encima de	on top of
enfrente de	in front of
en medio de	in the middle of
entre	between
lejos de	far from
sobre	above, on top of

Los lugares de la universidad

Places in the University

la biblioteca	library
el edificio	building
el estacionamiento	parking lot
la Facultad de Bellas Artes	School of Fine Arts
la Facultad de Ciencias Naturales	School of Natural Sciences
la Facultad de Ciencias Sociales	School of Social Sciences
la Facultad de Derecho	School of Law
la Facultad de Filosofía y Letras	School of Humanities
la Facultad de Medicina	School of Medicine
la librería	bookstore
la parada del autobús	bus stop
la rectoría	office of the president

PALABRAS SEMEJANTES: la cafetería, el centro estudiantil, el gimnasio, el laboratorio, la oficina

Los lugares de la ciudad

Places in the City

el almacén	department store
la avenida	avenue
el colegio	private school
el correo	post office
la escuela	school
la fuente	fountain

la gasolinera	gas station
la iglesia	church
la lavandería	laundromat
el (super)mercado	(super)market
el metro	subway
la panadería	bakery
la papelería	stationery store
la tienda	store
la tienda de regalos	gift shop
la zapatería	shoe store

PALABRAS SEMEJANTES: el aeropuerto, el bar, el café, el condominio, la farmacia, el hospital, el hotel, el museo, el videocentro
REPASO: el cine, la discoteca, el restaurante, el teatro

Otros lugares

Other Places

Vea la página 133 para una lista de países hispanos y nacionalidades.

el Caribe	the Caribbean
Sudamérica	South America

PALABRAS SEMEJANTES: América Central, el Océano Atlántico, el Océano Pacífico

El origen

Origins

¿De dónde es usted (eres tú)?	Where are you from?
Soy de...	I am from . . .
¿De dónde es... ?	Where is . . . from?
Es de...	He/She is from . . .

Las actividades diarias

Daily Activities

almorzar (ue)	to eat lunch
asistir (a)	to attend
beber	to drink
diseñar	to design
esperar (el autobús)	to wait for (the bus)
hacer la compra	to do the (grocery) shopping
ir al trabajo	to go to work
jugar a las cartas	to play cards
jugar a los videojuegos	to play video games
llevar	to take, carry
mandar	to send
mirar	to look
poner	to put
discos compactos	to play CDs
una película	to show a movie

recoger — to pick up, gather
regresar — to return
rezar — to pray

PALABRAS SEMEJANTES: completar, conversar, corresponder, exhibir, preparar, recibir

Las comidas y las bebidas

Foods and Beverages

el agua (*f.*) — water
el arroz — rice
la cena — dinner
el desayuno — breakfast
las galletitas — cookies
las galletas — crackers, cookies
los huevos (revueltos) — (scrambled) eggs
el jamón — ham
el jugo (de naranja) — (orange) juice
la leche — milk
la lechuga — lettuce
las legumbres — vegetables
la mantequilla — butter
el pan — bread
el pan tostado — toast
la papa (al horno) — (baked) potato
las papas fritas — French fries
el pastel — pastry, cake
el pescado — fish
el pollo (frito) — (fried) chicken
el postre — dessert
el queso — cheese
el refresco — (soft) drink

PALABRAS SEMEJANTES: el bistec, el burrito, la ensalada, la fruta, la hamburguesa, el sándwich, la sopa, el taco, el tomate, el yogur
REPASO: el almuerzo, el café, el cereal, la cerveza, el chocolate, el helado, el té

Los sustantivos

Nouns

el abrazo — hug
el ama de casa — housewife
la atención médica — healthcare
la estampilla — (postage) stamp
el euro — euro
el hombre / la mujer de negocios — businessman/businesswoman
nadie — no one / nobody
el reportaje — newspaper report, article
la reunión — meeting
la tarea — homework
la vida — life

PALABRAS SEMEJANTES: la acción, el/la artista, la capital, la ciencia ficción, la estación, la exhibición, la gasolina, el horror, el misterio, el programa, el reggaetón, el sitio Web, el tipo, el voleibol

¿Cuándo?

When?

¿Con qué frecuencia? — How often?
de las... a las... — from (time) . . . to (time)
de vez en cuando — from time to time
finalmente — finally
generalmente — usually, generally
mañana por la mañana (la tarde) (la noche) — tomorrow morning (afternoon) (evening)
mientras — meanwhile
(casi) nunca — (almost) never
siempre — always
todos los días — every day

REPASO: con frecuencia, por lo general, próximo

Los adjetivos

Adjectives

apropiado — appropriate
enfermo/a — sick
juntos/as — together
saludable — healthy

PALABRAS SEMEJANTES: alternativo/a, central, cibernético/a, delicioso/a, diferente, folclórico/a, latinoamericano/a, municipal, musical, popular, varios/as

Palabras del texto

Words from the Text

el cuadro — graph
Empareje(n)... — Pair up, Match . . . (*command*)
Empiece(n)... — Begin . . . (*command*)
el pronombre — pronoun
seguir las instrucciones — to follow directions
Termine(n)... — Finish . . . (*command*)

PALABRAS SEMEJANTES: el espacio en blanco, la lección

Palabras y expresiones útiles

Useful Words and Expressions

¿Adónde... ? — To where . . . ?
al principio — at the beginning
conmigo — with me
¿De veras? / ¿De verdad? — Really?
el plano — map (of a room or city)
Querido/a... — Dear . . .

Gramática y ejercicios

As you have seen in **Gramática A.1, C.5,** and **1.2,** Spanish verb endings tell us who is performing the action. The subject pronouns (**yo, tú, usted, ella, nosotros,** etc.) are often omitted.

3.1 Talking about Habitual Actions: Present Tense of Regular Verbs

A. You already know that the endings of Spanish verbs must correspond to the subject of the sentence: that is, to the person or thing that does the action.

—Nora, ¿cuándo estudi**as**?	—*Nora, when do you study?*
—Estudi**o** por la mañana.	—*I study in the morning.*
—¿Qué hac**en** ustedes los domingos?	—*What do you do on Sundays?*
—Visit**amos** a nuestros abuelos.	—*We visit our grandparents.*

B. Most Spanish verbs end in **-ar.** Here are the endings for **-ar** verbs.*

llegar = *to arrive*

llegar (*to arrive*)

(yo)	lleg**o**	*I arrive*
(tú)	lleg**as**	*you (inf. sing.) arrive*
(usted, él/ella)	lleg**a**	*you (pol. sing.) arrive; he/she arrives*
(nosotros/as)	lleg**amos**	*we arrive*
(vosotros/as)	lleg**áis**	*you (inf. pl., Spain) arrive*
(ustedes, ellos/as)	lleg**an**	*you (pl.) arrive; they arrive*

—¿A qué hora lleg**as** a la escuela?	—*What time do you arrive at school?*
—Generalmente lleg**o** a las 9:00.	—*Generally I arrive at 9:00.*

C. Verbs that end in **-er** and **-ir** use identical endings, except for the **nosotros/as** and **vosotros/as** forms.†

comer = *to eat*

comer (*to eat*)

(yo)	com**o**	*I eat*
(tú)	com**es**	*you (inf. sing.) eat*
(usted, él/ella)	com**e**	*you (pol. sing.) eat; he/she eats*
(nosotros/as)	com**emos**	*we eat*
(vosotros/as)	com**éis**	*you (inf. pl., Spain) eat*
(ustedes, ellos/as)	com**en**	*you (pl.) eat; they eat*

---

*Recognition: **vos llegás**
†Recognition: **vos comés, escribís**

escribir (*to write*)

escribir = *to write*

(yo)	escribo	*I write*
(tú)	escribes	*you (inf. sing.) write*
(usted, él/ella)	escribe	*you (pol. sing.) write; he/she writes*
(nosotros/as)	escribimos	*we write*
(vosotros/as)	escribís	*you (inf. pl., Spain) write*
(ustedes, ellos/as)	escriben	*you (pl.) write; they write*

—¿Dónde comen al mediodía?
—Comemos en casa.

—*Where do you eat at noon?*
—*We eat at home.*

—¿Escribes la tarea a máquina?
—No, escribo los ejercicios a mano.

—*Do you type the homework?*
—*No, I write the exercises by hand.*

D. The verb form must agree with the subject even when the subject is not explicitly stated. When the subject is expressed, it may be a pronoun, as in the preceding table, or a noun.

La profesora Martínez no **habla** francés.

Professor Martínez does not speak French.

The subject may also consist of a noun + pronoun. A subject combining a noun or pronoun with **yo** takes the **nosotros/as** form.

Nora y yo no **hablamos** italiano.

Nora and I don't speak Italian.

A subject combining a noun or pronoun with **tú** or **usted** takes the plural form.

Alberto y tú hablan español con Raúl.

You and Alberto speak Spanish with Raúl.

These agreement rules take some time to acquire. Think about them when you are editing your writing; don't be overly concerned about them in speech.

Note that the principal differences between **-ar** verbs and **-er** and **-ir** verbs are the vowels **a** and **e**.

E. Central America, Argentina, and Uruguay use a different subject pronoun—**vos**—and verb form for informal singular address.*

—¿Qué hora tenés vos?
—Tengo las 6:30.

—*What time do you have?*
—*I have 6:30.*

—¿Cuándo llegás vos?
—Llego a las 9:00 de la noche.

—*When do you arrive?*
—*I arrive at 9:00 P.M.*

In Central America, Argentina, and Uruguay, **vos** = **tú.**

Ejercicio 1

Combine las personas de la lista A con las actividades de la lista B.

MODELO: Mi hermano y yo jugamos al tenis.

LISTA A

1. la profesora Martínez
2. yo
3. tú
4. mi hermano y yo
5. mis compañeros de clase
6. vosotros

LISTA B

a. hacen la tarea para mañana
b. maneja un carro nuevo
c. jugamos al tenis
d. como demasiado
e. habláis español
f. lees el periódico

*You may learn more about **vos** forms in the **Expansión gramatical** section of the *Cuaderno de actividades*.

Ejercicio 2

Éstas son las actividades de Amanda, su familia y sus amigos. Escriba la forma correcta del verbo entre paréntesis.

MODELO: Amanda *llama* a Graciela muy temprano en la mañana. (llamar)

1. Graciela y yo _____ las composiciones juntas. (escribir)
2. Mi novio Ramón _____ ropa muy elegante. (llevar)
3. Mi mamá y yo _____ la casa los sábados. (limpiar)
4. Mis padres _____ juntos por la mañana. (desayunar)
5. Mi hermano Guillermo _____ las tiras cómicas los domingos. (leer)
6. Andrea y Pedro Ruiz _____ juntos al mediodía. (comer)
7. Ernestito _____ mucho en su bicicleta. (andar)
8. (Yo) _____ por teléfono con mi amiga Graciela. (hablar)
9. Amanda, Guillermo y Ernestito _____ a la escuela de lunes a viernes. (asistir)
10. Ramón, Graciela y yo siempre _____ música rock en la radio. (escuchar)

3.2 Using Irregular Verbs: *hacer, salir, jugar*

A verb that uses more than one stem in its conjugation is considered irregular. Here are the forms of three common irregular verbs.

A. The present tense of **hacer*** (*to do; to make*) uses two stems: **hag-** for the **yo** form and **hac-** for all others.

¿RECUERDA?

In **Gramática C.5** and **1.2** you learned that verbs that use only one stem in their conjugations—such as **hablar, comer, vivir**—are regular verbs. Irregular verbs, on the other hand, use more than one stem in their conjugations. You saw the forms of two such irregular verbs, **preferir** and **querer,** in **Gramática 2.3.** Review those forms now, if necessary.

hacer = *to do; to make*
(Yo) Hago. = *I do; I make.*
(Tú) Haces. = *You (inf. sing.) do; you make.*
(Nosotros) Hacemos. = *We do; we make.*

hacer (*to do; to make*)		
(yo)	hag**o**	*I do*
(tú)	hac**es**	*you (inf. sing.) do*
(usted, él/ella)	hac**e**	*you (pol. sing.) do; he/she does*
(nosotros/as)	hac**emos**	*we do*
(vosotros/as)	hac**éis**	*you (inf. pl., Spain) do*
(ustedes, ellos/as)	hac**en**	*you (pl.) do; they do*

—¿Qué **haces** después de clases? —*What do you do after school?*
—**Hago** mi tarea. —*I do my homework.*

B. The present tense of **salir**[†] (*to leave; to go out*) uses the stems **salg-** for the **yo** form and **sal-** for all others.

---
*Recognition: **vos hacés**
†Recognition: **vos salís**

salir (*to leave; to go out*)

(yo)	sal**go**	*I leave*
(tú)	sal**es**	*you (inf. sing.) leave*
(usted, él/ella)	sal**e**	*you (pol. sing.) leave; he/she leaves*
(nosotros/as)	sal**imos**	*we leave*
(vosotros/as)	sal**ís**	*you (inf. pl., Spain) leave*
(ustedes, ellos/as)	sal**en**	*you (pl.) leave; they leave*

To express a point of departure with **salir,** use the preposition **de,** even if the preposition *from* is not used in English.

—¿A qué hora **sales de** tu casa
  por la mañana?
—**Salgo** a las 7:30.

—*What time do you leave home
  in the morning?*
—*I leave at 7:30.*

C. The present tense of the verb **jugar*** (*to play*) uses the stem **jug-** from the infinitive for the **nosotros/as** and **vosotros/as** forms and **jueg-** for all other forms. This verb follows the same pattern as **preferir** and **querer** in **Gramática 2.3.**[†]

jugar (*to play*)

(yo)	j**ue**go	*I play*
(tú)	j**ue**gas	*you (inf. sing.) play*
(usted, él/ella)	j**ue**ga	*you (pol. sing.) play; he/she plays*
(nosotros/as)	j**u**gamos	*we play*
(vosotros/as)	j**u**gáis	*you (inf. pl., Spain) play*
(ustedes, ellos/as)	j**ue**gan	*you (pl.) play; they play*

Remember that there are two words spelled **juego: el juego** (*the game*) and **(yo) juego** (*I play*).

Los sábados **juego** al fútbol
  con mis amigos.
¡Me gusta mucho ese **juego**!

*Saturdays I play soccer with my
  friends.
I like that game a lot!*

---

*Recognition: **vos jugás**
[†]The verb **almorzar** (to eat lunch) follows the same pattern: **almuerzo, almuerzas, almuerza, almorzamos, almorzáis, almuerzan.**

Ejercicio 3

Complete las conversaciones con la forma correcta de **hacer, salir** o **jugar.**

MODELO: —Luis, ¿cuándo *haces* las tareas?
—*Hago* las tareas por la tarde.

1. —Señor Saucedo, ¿a qué hora _____ usted de casa para su trabajo?
—_____ a las 8:30.
2. —Guillermo, ¿_____ al fútbol por la tarde?
—Sí, _____ después de clases.
3. —Señor Padilla, ¿_____ usted ejercicio todos los días?
—No, _____ ejercicio en el gimnasio solamente los lunes y los miércoles.
4. —Ernesto y Estela, ¿_____ ustedes al tenis?
—Sí, _____ al tenis los sábados.

3.3 Referring to Objects already Mentioned: Impersonal Direct Object Pronouns *lo, la, los,* and *las*

When referring to things already mentioned, Spanish speakers use the direct object pronouns **lo** and **la,** which correspond to the English object pronoun *it:* **lo** refers to masculine words and **la** refers to feminine words. The pronouns **los** and **las** correspond to the English *them:* **los** refers to masculine words and **las** to feminine words.

lo = it (*m.*)
la = it (*f.*)
los = them (*m. pl.*)
las = them (*f. pl.*)
¿Quién va a preparar los sándwiches?
(*Who is going to fix the sandwiches?*)
Pedro y Andrea siempre los preparan.
(*Pedro and Andrea always fix them.*)

—Ernesto, ¿toma usted **café**?
—Sí, **lo** tomo todas las mañanas.

—Ernesto, do you drink coffee?
—Yes, I drink it every morning.

—Amanda, ¿quién prepara **la cena** en tu casa?
—Por lo general mi mamá **la** prepara.

—Amanda, who fixes dinner at your house?
—Generally my mom fixes it.

—Guillermo, ¿te gustan **los huevos revueltos**?
—Sí, me gustan mucho; **los** como los domingos para el desayuno.

—Guilllermo, do you like scrambled eggs?
—Yes, I like them a lot; I have them for breakfast on Sundays.

—¿Quién quiere estas **galletitas**?
—Yo **las** quiero.

—Who wants these cookies?
—I want them.

It takes time to acquire these pronouns. You will find that you understand them easily when you see them in written Spanish. You will gradually come to recognize them in speech as you hear more spoken Spanish.

DIRECT OBJECT PRONOUNS

lo	*it (m.)*
la	*it (f.)*
los	*them (m.)*
las	*them (f.)*

Like other pronouns, direct object pronouns are usually placed before the verb.*

¿La ensalada? Ernestito no **la** come nunca.

Salad? Ernestito never eats it.

---

*You will learn more about the placement of pronouns in **Gramática 8.1** and **13.5.**

Ejercicio 4

Complete los diálogos con **lo, la, los** o **las.**

1. —¿Comes mucho yogur?

No, no _____ como nunca porque no me gusta.

2. —¿Beben ustedes mucha leche?

—Sí, _____ bebemos con las tres comidas.

3. —¿Prepara tu mamá muchos postres?

—No, ella sólo _____ prepara de vez en cuando.

4. —Te gustan las hamburguesas?

—Sí, _____ como siempre para el almuerzo.

5. —¿Toman cerveza Amanda y Guillermo?

—Claro que no _____ toman; ¡son muy jóvenes!

6. — Doña Lola, ¿dónde compra usted las legumbres?

—_____ compro en el Mercado Central.

7. —¿Te gustan los tacos de pollo?

—Sí, me gustan mucho; _____ como con frecuencia.

8. —¿Comen mucho helado Amanda y Graciela?

—Sí, _____ comen después de las clases todos los días.

3.4 Asking and Answering Questions

A. As you learned in **Capítulo 1,** questions in Spanish are formed by placing the verb before the subject, with any object or description following or preceding the verb. Answers are regular statements preceded by the word **sí** or the word **no.** A negative answer can have one or two negative words, depending on whether you are simply answering the question or offering the correct information as well. Here are some examples.

QUESTION: ¿Vive Pilar en España?

ANSWER: Sí, Pilar vive en España.

Does Pilar live in Spain?
Yes, Pilar lives in Spain. / Yes, she does.

QUESTION: ¿Tiene un perro pequeño Ernestito?

ANSWER: No, (Ernestito) no tiene un perro pequeño.
No, tiene un perro grande.

Does Ernestito have a Small dog?
No, he doesn't have a Small dog.
No, he has a large dog.

QUESTION: ¿Es delgada Andrea?

ANSWER: Sí, Andrea es delgada.

Is Andrea slim?
Yes, Andrea is slim. / Yes, she is.

QUESTION: ¿Hablan español ellos?

ANSWER: No, (ellos) no hablan español.
No, hablan alemán.

Do they speak Spanish?
No, they do not speak Spanish.
No, they speak German.

¿RECUERDA?

In **Gramática 1.3** you learned that statements in Spanish are formed by using the subject, then the verb, and then the object and/or description. You also learned that negative statements are made by using a negative immediately before the verb. You also read that questions are generally formed by placing the subject after the verb:

¿Vive Susana en Perú?
¿Es gordo Ramón?
¿Lees (tú) muchas novelas?

Remember that additional words, such as *does* or *do*, are unnecessary to turn a statement into a question in Spanish.

B. Interrogative (question) words like **¿Qué?, ¿Cuándo?, ¿(De) Quién(es)?, ¿Dónde?, ¿Cómo?, ¿Cuánto(s)?, ¿Cuánta(s)?, ¿Cuál?,** or **¿Por qué?** are placed before the verb to create questions.

¿Cuánto cuesta el libro?	*How much is the book?*
¿Dónde está la biblioteca?	*Where is the library?*
¿Cuál es tu número de teléfono?	*What is your phone number?*
¿Quién tiene A en el examen?	*Who has an A on the exam?*
¿Cuándo quieres desayunar?	*When do you want to have breakfast?*
¿Por qué no comemos enchiladas hoy?	*Why don't we have (eat) enchiladas today?*
¿Qué vas a hacer esta noche?	*What are you going to do tonight?*

Ejercicio 5

Imagínese que usted es Amanda. Escriba preguntas según los modelos. Use la forma correcta de **tú, usted** o **ustedes.**

MODELOS: Pregúntele a doña Lola si va en metro al trabajo. →
Doña Lola, ¿va usted en metro al trabajo?

Pregúntele a Rafael si lee el periódico por la mañana. →
Rafael, ¿lees el periódico por la mañana?

1. Pregúntele a su papá si toma mucho café en el trabajo.
2. Pregúntele a Diego si él y sus amigos juegan al béisbol.
3. Pregúnteles a Graciela y a Diego si tienen una computadora.
4. Pregúntele a Raúl si hace ejercicio en un gimnasio.
5. Pregúntele a Pedro Ruiz si trabaja por la noche.
6. Pregúntele a don Eduardo si prepara café por la mañana.
7. Pregúntele a su mamá si cocina por la mañana o por la tarde.
8. Pregúntele a Clarisa si ve la televisión por la noche.
9. Pregúntele a doña Rosita Silva si asiste a misa los domingos.
10. Pregúntele a doña Lola si lava su ropa en casa o en una lavandería.

Ejercicio 6

Haga preguntas con estas oraciones. Use palabras interrogativas como: **cuál, cuándo, cuánto, dónde, quién, qué, por qué.**

MODELO: La profesora está en la biblioteca. → ¿Dónde está la profesora?

1. Mi esposo está en la casa.
2. Mi cumpleaños es el 22 de julio.
3. Tengo una novela muy buena en mi mochila.
4. La dirección de mis hermanos es Calle Bolívar número 513.
5. No voy a jugar al tenis hoy porque estoy cansado/a.
6. El libro de química cuesta $120.00.

¡OJO!

Note that the items require **tú, usted,** and **ustedes.** Keep in mind that the person asking the questions is Amanda, a teenager. Remember that the pronoun **tú** is usually dropped but that the pronoun **usted** is normally included.

3.5 Talking about Location and Origin: *estar en, ir a,* and *ser de*

A. *Estar* + *en*

Use the verb **estar*** (*to be*) to locate people and objects.

—¿Dónde **está** la profesora Martínez?   —*Where is Professor Martínez?*
—**Está** en clase.   —*She's in class.*

—Esteban, ¿dónde **está** su libro?   —*Esteban, where is your book?*
—**Está** en casa.   —*It's at home.*

Here are the present-tense forms of the irregular verb **estar.**

estar (*to be*)		
(yo)	estoy	*I am*
(tú)	estás	*you (inf. sing.) are*
(usted, él/ella)	está	*you (pol. sing.) are; he/she is*[†]
(nosotros/as)	estamos	*we are*
(vosotros/as)	estáis	*you (inf. pl., Spain) are*
(ustedes, ellos/as)	están	*you (pl.) are; they are*

estar = *to be*

B. *Ir* + *al* / *a la*

Gramática ilustrada _____

Raúl y Mónica **van al** cine.

Raúl y Mónica **están en** el cine.

---

*Recognition: **vos estás**
†Remember that there is no Spanish equivalent for the English subject pronoun *it*. The third-person verb form conveys the meaning of *it* as well as of *he* or *she*.
‡Recognition: **vos vas**

adónde = where (to)
ir a = to go to
Voy al cine. (I'm going to the movies.)

¿Adónde? ([To] Where?) is used to ask where someone is going. The verb **ir** (to go) followed by the preposition **a** (to) is used to express the idea of movement toward a location. Note that **a** + **el** contracts to **al** (to the).

—**¿Adónde vas?**　　　　　　　—Where are you going?
—**Voy al** parque.　　　　　　　—I'm going to the park.

—**¿Adónde van** ustedes los sábados?　　　　　　　　　—Where do you go on Saturdays?
—**Vamos al** trabajo y luego **vamos a la** biblioteca para estudiar.　　　　　—We go to work and then we go to the library to study.

—**¿Adónde va** la profesora Martínez?　　　　　　　—Where's Professor Martínez going?
—**Va a la** universidad.　　　　　—She's going to the university.

Ir a + infinitive is used to express the future:
　Mañana voy a trabajar. (Tomorrow I'm going to work.)
este viernes = this Friday
el próximo viernes = next Friday
　El próximo mes vamos a empezar las clases. (Next month we're going to start classes.)

The expression **ir** + **a** + location, used with the following expressions of time, indicates when you are going.

este viernes	this Friday	el próximo sábado	next Saturday
este fin de semana	this weekend	la próxima semana	next week
esta primavera	this spring	el próximo mes	next month

Vamos a ir al restaurante El Tecolote **la próxima semana.**　　We're going to go to the El Tecolote restaurant next week.

C. *Ser de*

1. A form of the verb **ser** (to be) followed by **de** (from, of) can specify origin. The following questions show you how to ask where someone is from.

—**¿De dónde es** Adriana Bolini?　　—Where is Adriana Bolini from?
—**Es de** Buenos Aires.　　　　　　—She's from Buenos Aires.

—Raúl, **¿de dónde eres?**　　　　　—Raúl, where are you from?
—**Soy de** México.　　　　　　　　—I'm from Mexico.

As you know, **ser** can be followed directly by an adjective of nationality (see **Gramática C.4**).

—Sr. Saucedo, **¿es** usted argentino?　　　　　　　　—Mr. Saucedo, are you Argentinean?
—No, **soy** mexicano.　　　　　—No, I'm Mexican.

2. Two verbs in Spanish correspond to the English verb to be. **Estar** is used to express location; **ser** is used to tell where someone is from.

Clara **es de** los Estados Unidos, pero este año **está en** España.　　Clara is from the United States, but this year she's in Spain.
Ernesto y Estela **son de** México, pero ahora **están** en Italia.　　Ernesto and Estela are from Mexico, but now they're in Italy.

The distinction between **ser** and **estar** takes a while to acquire. Keep listening to and reading Spanish and you will develop a feel for it.

ser = origin
estar = location
　¿De dónde es usted? (Where are you from?)
　Soy de Perú. (I'm from Peru.)
　¿Dónde está usted? (Where are you?)
　Estoy aquí, en el patio. (I'm here, on the patio.)

Ejercicio 7

Diga dónde están estas personas.

MODELO: Mi hijo *está en* la escuela.

1. Yo _____ la biblioteca.
2. Luis y Nora _____ su clase de biología.
3. Tú _____ la rectoría.
4. Esteban y yo _____ el edificio de Ciencias Naturales.
5. La profesora Martínez _____ su oficina.
6. Nora y yo _____ enfrente del hospital.
7. Esteban, ¿_____ detrás del teatro?
8. Profesora Martínez, ¿_____ usted en la librería ahora?
9. Alberto y Pablo _____ la universidad.
10. Nosotros _____ aquí en la Facultad de Derecho.

¡OJO!

Remember to use the word **en** when necessary. Do not use **a. Estoy en mi casa.**

Ejercicio 8

¿Adónde van estas personas? Complete las oraciones con la forma apropiada del verbo **ir** y **al** o **a la.**

MODELO: Usted *va al* parque los domingos.

1. Mis compañeros y yo _____ tienda nueva enfrente de la universidad.
2. Mis hermanos siempre _____ cine los sábados.
3. (Nosotros) _____ supermercado a comprar fruta.
4. La profesora Martínez _____ oficina a trabajar.
5. (Yo) _____ playa a tomar el sol y nadar.
6. (Yo) Siempre _____ biblioteca a leer y estudiar.
7. Esteban y Carmen _____ restaurante chino que está cerca de aquí para cenar.
8. Luis _____ plaza a pasear con una amiga.
9. (Nosotros) _____ librería a comprar el libro de español.
10. (Tú) _____ trabajo después de las clases.

a + **el** = **al** (obligatory contraction)
   Voy al mercado.

a + **la** (no contraction)
   Voy a la escuela.

Ejercicio 9

Diga de dónde son las siguientes personas y dónde están ahora.

MODELO: Adriana: Argentina (Washington, D.C.) →
               Adriana es de Argentina, pero ahora está en Washington, D.C.

1. Ernesto y Estela: México (Roma)
2. Mayín: Panamá (Los Ángeles)
3. Rogelio y Carla: Puerto Rico (Nueva York)
4. Pilar: España (Guatemala)
5. Ricardo: Venezuela (España)

La vida diaria y los días feriados

METAS

In **Capítulo 4** you will discuss daily activities and how you feel. You will share your family's holiday customs with your classmates, and you will also learn about holidays and celebrations in the Hispanic world.

Mercadito, por Rafael González y González (Guatemala)

Sobre el artista: Rafael González y González (1908–1996) nació en Guatemala. Es el padre de la pintura maya Tz'utujil en ese país. Pinta las costumbres y tradiciones de su pueblo maya, principalmente la gente en la vida diaria y en sus celebraciones.

¡Conozca Guatemala!

Nombre del país: la República de Guatemala

Ciudad capital: Guatemala

Ciudades principales: Antigua, Quetzaltenango, Huehuetenango, Chichicastenango, Puerto Barrios

Moneda: el quetzal

Idiomas: español (oficial), veintitrés lenguas amerindias

Población: 13.000.000

Día de la Independencia: el 15 de septiembre

Fiestas típicas: la Fiesta de la Virgen del Tránsito, la Quema del Diablo

Comidas típicas: el tapado, el pepián, el jocón

Música típica: la música maya, fusión de música maya, española y afrocaribeña

Gente famosa: Rigoberta Menchú, Jacobo Arbenz, Miguel Ángel Asturias

Código del país por Internet: **.gl**

Voces guatemaltecas

alunado/a	**enojado/a**
bolo	**borracho**
un chapín / una chapina	**un(a) guatemalteco/a**
un(a) patojo/a	**un(a) muchacho/a**
un traste	**un plato/utensilio de cocina**

En este capítulo...

 ACTIVIDADES DE COMUNICACIÓN

- Los días feriados y las celebraciones
- La rutina diaria
- Los estados físicos y anímicos

 EN RESUMEN

 LECTURAS Y CULTURA

- **Ventanas culturales**
  Las costumbres: El carnaval de Barranquilla
- **Ventanas al pasado**
  Las calaveras de Posada
- **Enlace a la literatura**
  «Versos sencillos», por José Martí
- **Lectura**
  ¡Grandes fiestas!

 GRAMÁTICA Y EJERCICIOS

4.1 Discussing Habitual Actions: Verbs with Stem-Vowel Changes (**ie, ue**) in the Present Tense

4.2 Discussing Habitual Actions: Irregular Verbs

4.3 Describing Daily Routine: Reflexives

4.4 Ordering Events: Infinitives after Prepositions

4.5 Describing States

Los días feriados y las celebraciones

✳ **Lea Gramática 4.1–4.2.**

Actividad 1 Definiciones: ¿Qué día es?

Trabaje con un compañero / una compañera. Lean la descripción y escojan el día feriado que se describe.

DESCRIPCIÓN	DÍAS FERIADOS		
1. Una persona celebra el día en que nació con globos, un pastel y regalos.	**a.** el cumpleaños	**b.** el Año Nuevo	**c.** el Día de los Enamorados
2. Tres personas en camellos les traen regalos a los niños el 6 de enero.	**a.** la Navidad	**b.** el Día de Reyes (los Reyes Magos)	**c.** Jánuca

3. La gente celebra el fin de un año y el principio de otro.	**a.** la Nochevieja	**b.** la Independencia	**c.** el Día de los Muertos
4. Los niños se visten de Drácula, de Frankenstein, etcétera y piden dulces.	**a.** el Día de la Madre	**b.** el día de su santo	**c.** el Día de las Brujas
5. Se celebra durante ocho días en diciembre. Cada día se enciende una vela más y a veces los niños reciben pequeños regalos.	**a.** el Día (de Acción) de Gracias	**b.** Jánuca	**c.** la Semana Santa

Actividad 2 Preferencias: Las fiestas

MODELO: E1: ¿Qué prefieres hacer para celebrar *tu cumpleaños*?
        E2: Durante el día, prefiero *quedarme en casa y ver la televisión.* Por la noche, me gusta *salir a cenar* con mis amigos.

¿Qué prefieres hacer para celebrar...

1. tu cumpleaños?
2. el Día de la Independencia?
3. la Navidad u otro día feriado? (Jánuca, la Pascua, la Pascua Judía, el Ramadán)
4. tu aniversario de boda u otro aniversario importante?
5. el Día de la Madre o el Día del Padre?
6. la Nochevieja o el Año Nuevo?

Actividades posibles: celebrar con mis parientes, cenar en casa, comer pastel, dar una fiesta, ir a la playa, ir al cine, ir a un café, ir de compras, merendar en el parque, quedarme en casa, recibir regalos, salir a bailar, salir a cenar en un restaurante, ver la televisión

Actividad 3 Definiciones: ¿Qué día es?

1. El _____ es un día de fiesta en los Estados Unidos. Las familias se reúnen y preparan una comida abundante.
2. Los hispanos celebran este día más que los norteamericanos. Es el día antes de la Navidad, la _____.
3. Es la semana antes del Domingo de Pascua. Las personas religiosas, especialmente en España y en Latinoamérica, asisten a varias ceremonias en las iglesias. Es la _____.
4. El _____ es una fiesta de 30 días. Cada día la gente no come desde temprano en la mañana hasta la noche. Cada noche hay una gran cena familiar.
5. Mucha gente espera el primer día de enero con bailes y fiestas muy alegres. Esperan la medianoche con impaciencia. Es la _____.
6. En muchos países hispanos, los niños no reciben regalos el 25 de diciembre. Los reciben el 6 de _____, el Día de _____.
7. El _____ es una fiesta de ocho noches. Cada noche se enciende una vela más, hasta nueve. A veces los niños reciben un regalo.
8. En México se celebra el 16 de septiembre; en Argentina es el 9 de julio; en los Estados Unidos es el 4 de julio. Es el _____.

¡OJO!

En algunos países hispanos las personas celebran su cumpleaños y también celebran el día de su santo. Si un hombre se llama José, entonces celebra el día de San José, el 19 de marzo. Si una mujer se llama Natalia, entonces celebra su santo el día de Santa Natalia, el 27 de julio.

el día de su santo

Actividad 4 Entrevista: Los días feriados

1. ¿Cómo te gusta celebrar tu cumpleaños?
2. ¿Qué haces el Día de Acción de Gracias? ¿Celebras esta fiesta en casa con tu familia o vas a la casa de otros parientes o amigos? ¿Qué comen?
3. ¿Qué aspecto de la Navidad te gusta más? ¿Qué aspecto te gusta menos?
4. ¿Celebras el Año Nuevo con tu familia o con tus amigos? ¿Qué hacen para celebrarlo?
5. ¿Con quién celebras el Día de la Independencia: con tu familia o con tus amigos? ¿Van a un parque o se quedan en casa? ¿Ven los fuegos artificiales?
6. ¿Qué otras fiestas celebras con tu familia o tus amigos? ¿Qué hacen para celebrar esas fiestas? ¿Dan muchos regalos? ¿Ponen decoraciones en casa?

© Joaquín Salvador Lavado, QUINO, Toda Mafalda, Ediciones de La Flor, 1993

El carnaval de Barranquilla

Imagine una fiesta en la que participan **miles** de personas. El lugar de esta fiesta es una ciudad entera, sus calles, casas, parques y plazas. Hay música y baile, **desfiles** y **carrozas.** Así es el carnaval, la festividad más popular en los países del Caribe y América Central.

El carnaval se origina en España y tiene muchos elementos de la cultura africana. Se celebra durante cuatro días en febrero o marzo; cuatro días de total diversión antes de la celebración religiosa de la **cuaresma.** Hay varios países que celebran el carnaval; entre otros, Venezuela, Puerto Rico, Cuba, Panamá y Colombia. Algunos carnavales son muy famosos, como el panameño, el de Oruro en Bolivia y el de Barranquilla.

La ciudad de Barranquilla es un centro urbano en Colombia adonde van muchas personas de todo el Caribe para participar en el carnaval. Como otros carnavales, la fiesta colombiana tiene una **reina,** grupos de bailes folclóricos, **disfraces** impresionantes y comida deliciosa. La cumbia, música típica de Colombia, se escucha en todas partes. Los colombianos celebran así una de sus más grandes fiestas: bailan, cantan y se divierten.

VOCABULARIO ÚTIL

miles	*thousands*
los desfiles	*parades*
las carrozas	*floats*
la cuaresma	*Lent*
la reina	*queen*
los disfraces	*costumes*
(*sing.* disfraz)	

Comprensión

1. Mencione algunos países donde se celebra el carnaval.

2. ¿Cuál de estas descripciones *no* caracteriza el carnaval de Barranquilla?

    a. la gente lleva disfraces

    b. hay muchos fuegos artificiales

    c. todo el mundo baila

    d. hay comida deliciosa

    e. tiene una reina

La rutina diaria

✴ **Lea Gramática 4.3–4.4.**

Una mañana en la casa de los Saucedo

Ernesto se afeita.

Estela se maquilla.

Ernestito se lava los dientes.

Amanda se pone la ropa.

Guillermo se levanta.

Actividad 5   Orden lógico: Primero... luego...

Ponga en orden estas actividades. Use las palabras **primero, luego** y **después.**

1. **a.** Me seco.   **b.** Me lavo los dientes.   **c.** Me baño.
2. **a.** Me maquillo.   **b.** Me levanto.   **c.** Me pongo la ropa.
3. **a.** Me peino.   **b.** Me afeito.   **c.** Me ducho.
4. **a.** Me baño.   **b.** Me levanto.   **c.** Me despierto.
5. **a.** Me lavo el pelo.   **b.** Me quito la ropa.   **c.** Me seco el pelo.
6. **a.** Me lavo los dientes.   **b.** Desayuno.   **c.** Preparo el desayuno.
7. **a.** Me pongo el pijama.   **b.** Me acuesto.   **c.** Me quito la ropa.

Actividad 6   Conversación: Las actividades diarias

Busque las actividades que no están en orden lógico o que son imposibles y diga por qué.

1. Todas las mañanas (yo) me despierto, me levanto, me acuesto, me ducho y me visto.
2. Por la tarde, mis hermanitos regresan de la escuela, juegan con el perro, hacen su tarea y salen para el trabajo.
3. Lobo, el perro de Ernestito, duerme, fuma un cigarrillo, come, se lava los dientes y juega con Ernestito.
4. Todos los domingos mis amigos y yo almorzamos en un restaurante, vamos al cine, nos despertamos, cenamos y nos acostamos temprano.
5. De lunes a viernes, mi profesor(a) de español desayuna, sale para la universidad, lava su ropa y lee en la biblioteca.
6. Después de las diez de la noche, los estudiantes hacen su tarea, ven televisión, asisten a clase, escuchan al profesor / a la profesora, se lavan los dientes y se acuestan.
7. Por la mañana, tú te duchas, te afeitas, te secas, te lavas los dientes, sales para el trabajo y luego te vistes, ¿verdad?

Actividad 7   Descripción de dibujos: La rutina

A. Escuche mientras su profesor(a) describe cada uno de los siguientes dibujos. Diga el número que corresponde al dibujo.

B. Trabaje con un compañero / una compañera para describir las diferencias entre los dibujos 1 y 2 y entre los dibujos 3 y 4.

1. Un lunes a las 6:30 con la familia Saucedo

---

2. Un jueves a las 6:30 con la familia Saucedo

3. Un sábado a las 9:00 de la mañana con los estudiantes

4. Un domingo a las 9:00 de la mañana con los estudiantes

Actividad 8   Intercambios: Las actividades diarias

A. Escuche a su profesor(a) mientras él/ella describe los dibujos. Diga el nombre de la persona en cada dibujo.

B. Ahora pregúntele a su compañero/a qué hace cada persona antes o después. Use *antes de / después de.*

MODELO: E1: ¿Qué hace Amanda *después de* jugar al tenis?
          E2: *Después de* jugar al tenis, Amanda toma un refresco.

1. Paula   **2.** Guillermo   **3.** Pedro   **4.** Raúl

5. doña Lola   **6.** don Eduardo   **7.** doña Rosita   **8.** Ernesto

Palabras útiles

primero	por último
luego	a la(s)...
después	desde la(s)...
más tarde	hasta la(s)...
finalmente	

Actividad 9 Narración: La rutina de Adriana

Actividad 10 Entrevista: Preguntas personales

1. ¿A qué hora te despiertas? ¿Te despiertas a esa hora los fines de semana también?
2. ¿Te gusta levantarte temprano o tarde? ¿Quién se levanta primero donde tú vives?
3. ¿Te duchas (te bañas) por la mañana o por la noche? ¿Qué marca de jabón usas?
4. ¿Te lavas el pelo todos los días? ¿Qué marca de champú prefieres? ¿Usas un acondicionador? ¿De qué marca es?
5. ¿Te afeitas con navaja o con afeitadora (eléctrica)?
6. ¿Te maquillas todos los días o prefieres maquillarte sólo cuando sales de noche?
7. ¿Te pones perfume/colonia todos los días? ¿Qué marca prefieres?
8. ¿A qué hora te acuestas? ¿Te gusta leer antes de acostarte o prefieres ver la televisión? ¿Cuántas horas duermes?

VENTANAS AL PASADO

Las calaveras de Posada

¡Sólo en México una persona se hace famosa jugando con la muerte! José Guadalupe Posada (1852–1913) trabaja en **imprentas** donde hacen **tarjetas de felicitación,** anuncios, carteles para eventos públicos, **etiquetas** para cigarrillos y otras cosas. Pero también trabaja para un periódico de oposición, *El Jicote.* Son los tiempos del dictador Porfirio Díaz (1876–1911): tiempos difíciles de represión política. En 1884, en la ciudad de México, Posada trabaja en una imprenta donde publican almanaques y poesía. En este tiempo empieza a crear los dibujos que desde fines del siglo XIX se asocian con el Día de los Muertos en México.

Son interesantes obras de crítica social, parte de las populares **«calaveras»:** versos humorísticos y sarcásticos ilustrados con calaveras o **esqueletos** de gente **viva,** que baila, que se pasea, que pelea. Con sus dibujos, Posada nos presenta la **riqueza,** la miseria, la injusticia, la alegría: la esencia del pueblo mexicano.

VOCABULARIO ÚTIL	
las imprentas	*printing houses*
las tarjetas de felicitación	*birthday cards*
las etiquetas	*labels*
las calaveras	*skulls*
los esqueletos	*skeletons*
vivo/a	*alive*
la riqueza	*wealth*

Comprensión

1. En México, los dibujos de Posada se asocian con...
   a. el Día de la Independencia
   b. el Día de las Brujas
   c. el Día de los Muertos
   d. la Pascua
2. ¿Qué palabras describen la obra de Posada?
   a. almanaque
   b. tarjeta
   c. novela
   d. anuncio
   e. arquitectura

Los estados físicos y anímicos

✳ **Lea Gramática 4.5.**

Ernesto — está contento

Estela — están tristes

está enojado

está enferma

está aburrido

está ocupada

está preocupado

Ramón — Amanda — tienen hambre

tienen prisa

tiene sueño

tiene sed

tiene calor

tiene frío — Guillermo

tiene miedo

Actividad 11 Conversación: Las emociones

Diga si usted está de acuerdo o no con las siguientes afirmaciones.

Frases útiles

(No) Estoy de acuerdo.

Depende.

1. Es bueno gritar si uno está enojado.
2. Si uno está deprimido, es mejor consultar a un psicólogo.
3. Si uno tiene frío, es mejor tomar una limonada.
4. Si uno está de mal humor, es buena idea hablar con un buen amigo o un pariente.
5. Si uno está aburrido, es preferible ver la televisión.
6. Si uno tiene prisa y va a llegar tarde a clase, es mejor manejar muy rápido.
7. Es recomendable quedarse en casa cuando uno está muy enfermo.
8. Si uno tiene miedo, es buena idea comerse las uñas.

Actividad 12 Preferencias: ¿Qué hace usted en estas situaciones?

Exprese su opinión.

MODELO: E1: Cuando tengo calor *bebo café caliente.*
E2: *¡Ni pensarlo!*

1. Cuando estoy triste...
2. Cuando estoy contento/a...
3. Cuando estoy cansado/a...
4. Cuando estoy aburrido/a...
5. Cuando tengo hambre...
6. Cuando tengo frío...
7. Cuando tengo calor...
8. Cuando tengo prisa...

Actividad 13 Asociaciones: Los estados anímicos

¿Qué estado de ánimo asocia usted con las siguientes ocasiones?

1. Es medianoche y usted ve un ladrón en el patio.
2. Tiene un examen de español en diez minutos.
3. Es un sábado de verano. Hace sol y mucho calor. Usted trabaja en el jardín.
4. Es la Nochevieja y usted está en una fiesta con sus amigos.
5. Usted tiene una entrevista para un trabajo en 10 minutos y de pronto recibe una llamada de su abuela.
6. Usted recibe una mala nota en su examen de biología.
7. Encuentra a su perro comiendo su mejor camisa.
8. Es la una y usted está en una reunión de trabajo.

Comunicación en el Internet

:-)	alegre
:-o	sorprendido/a
:-<	enojado/a
:-@	a gritos
:-(	triste
:-e	desilusionado/a
:-I	indiferente
:-D	me da risa

Palabras útiles

camino rápidamente
como hamburguesas
compro ropa nueva
doy un paseo
duermo
escucho música
exploro el Internet
leo un libro
llamo a un(a) amigo/a
me baño (con agua caliente)
me ducho
me lavo los dientes
me pongo un suéter
me quedo en casa
me quito la chaqueta
prefiero estar solo/a
salgo en el carro
tomo café caliente
tomo el autobús
tomo un refresco
tomo un vaso de leche
voy de compras

Y tú, ¿qué dices?

Sí, yo también
Yo tampoco.
Yo sí. / Yo no.
¡Qué buena idea!
¡Ni pensarlo!
¡Qué ocurrencia!

Actividad 14 Intercambios: Los estados físicos y anímicos

Lea las situaciones y mire los dibujos. Luego diga cómo está o qué tiene Guillermo.

1. Son las 7:55. Guillermo va a llegar tarde a su clase de las 8:00 de la mañana.
2. Guillermo tiene un examen difícil hoy.
3. Guillermo tiene una mala nota en matemáticas. Su padre va a estar muy enojado.
4. Guillermo recibe una invitación para el Baile de los Enamorados.
5. Su padre le dice: —¡NO vas a ir al Baile de los Enamorados porque tienes un 6 en el examen de matemáticas!
6. Su abuela está en el hospital pero está mejor.
7. Después de correr, Guillermo... Y también...

Actividad 15 Entrevista: ¿Qué haces?

A. ¿Qué haces cuando estás *triste*? (*nervioso/a, de buen/mal humor, enamorado/a*)
B. ¿Qué haces cuando tienes *frío*? (*calor, sueño, sed, miedo*)

Palabras útiles

beber: bebo	gritar: grito
bostezar: bostezo	llorar: lloro
comerse las uñas: me como las uñas	ponerse: me pongo...
dormir: duermo	sonreír: sonrío
esconderse: me escondo	soñar con: sueño con

Enlace a la literatura

«Versos sencillos», por José Martí

Selección de su libro *Versos sencillos* (1891)

La poesía del escritor cubano José Martí (1853–1895) se considera una de las mejores obras en lengua española. Entre los libros de poemas de Martí están *Ismaelillo* (1882), dedicado a su hijo, *Versos libres* (1882) y *Versos sencillos*. La poesía de *Versos sencillos* parece simple —por eso el poeta la considera «sencilla»[1]—, pero es muy rica en imágenes y símbolos, y expresa además el gran humanismo de este escritor. En la siguiente selección, el poeta habla de su hijo y sus poemas y describe su personalidad: es un hombre sincero a quien le gusta la naturaleza.[2]

Versos sencillos

Yo soy un hombre sincero
De donde crece la palma,[3]
Y antes de morirme[4] quiero
Echar[5] mis versos del alma.[6]

Yo vengo de todas partes,
Y hacia[7] todas partes voy:
Arte soy entre[8] las artes.
En los montes,[9] monte soy.

Oigo un suspiro,[10] a través
De[11] las tierras y la mar,
Y no es un suspiro, —es
Que mi hijo va a despertar.

Con los pobres de la tierra
Quiero yo mi suerte[12] echar:
El arroyo[13] de la sierra
Me complace[14] más que el mar.

Todo es hermoso y constante,
Todo es música y razón,
Y todo, como el diamante,
Antes de luz es carbón.[15]

Mi verso es de un verde claro
Y de un carmín encendido:[16]
Mi verso es un ciervo herido[17]
Que busca en el monte amparo.[18]

Actividad creativa: Usted es poeta

Use los versos de José Martí como guía y escriba un poema para expresar sus sentimientos.

Yo soy _____
De donde _____,
Y antes de morirme quiero _____.
Yo vengo de _____
Y hacia _____ *voy:*
_____ *soy entre* _____
En _____, _____ *soy.*

[1]*unaffected* [2]*nature* [3]*crece... the palm tree grows* [4]*antes... before I die* [5]*To cast; To express* [6]*soul* [7]*toward*
[8]*among* [9]*mountains* [10]*sigh* [11]*a... through* [12]*luck* [13]*brook* [14]*Me... Pleases me* [15]*coal* [16]*carmín... bright crimson*
[17]*ciervo... wounded deer* [18]*shelter*

En resumen

De todo un poco

A. ¡Los Reyes Magos vienen mañana!

Mire los dibujos y ponga en orden las siguientes oraciones, para que coincidan con los dibujos.

a. _____ Se lavan los dientes.

b. _____ Finalmente son las siete y media. Se ponen el pijama.

c. _____ Se despiertan a las cinco de la mañana. Tienen miedo de mirar hacia la ventana.

d. _____ Se acuestan pero no se duermen. Hablan de los juguetes que esperan recibir.

e. _____ Su madre quiere llevarlas al museo y a la biblioteca, pero ellas prefieren quedarse en casa.

f. _____ Es el cinco de enero. Son las 5:00 de la tarde. Clarisa y Marisa están nerviosas e impacientes.

g. _____ Rezan antes de acostarse.

h. _____ Corren a la ventana. Ahí están los juguetes que quieren. ¡Qué contentas están!

i. _____ Les dicen «Buenas noches» a sus padres con un beso.

j. _____ Ponen los zapatos en la ventana y esperan… ¡Los Reyes Magos van a venir mañana muy temprano!

k. _____ Por fin se duermen. Sueñan que los Reyes Magos no les traen nada.

l. _____ Cenan con sus padres y charlan sobre los juguetes que quieren.

B. Entrevista con su profesor(a)

Trabaje con dos o tres estudiantes. Escriban preguntas para entrevistar a su profesor(a). Cada grupo va a escribir ocho buenas preguntas para saber más sobre él/ella: sobre su vida en casa, su rutina diaria, sus estados de ánimo, sus actividades favoritas, sus preferencias, cómo celebra los días feriados, etcétera.

MODELOS: ¿A qué hora se levanta usted durante la semana?
¿Qué le gusta hacer después del trabajo?
¿Qué hace usted cuando está aburrido/a?
¿Cómo celebra el Año Nuevo?
¿Qué le gusta hacer los viernes por la noche?

Después, cada grupo debe hacerle sus preguntas al profesor / a la profesora. Tomen apuntes sobre la información para luego escribir una composición sobre él/ella.

¡Dígalo por escrito!

Los días feriados

Describa su día feriado favorito y diga cómo lo celebra, dónde, con quién(es) y cómo se prepara (qué hace) para esa celebración.

¡Cuéntenos usted!

Cuéntenos sobre su día feriado favorito. ¿Cómo se llama esta celebración? ¿Es un día feriado religioso para usted? ¿Lo celebra usted con amigos o familiares? ¿Se celebra de día, de noche o durante varios días? ¿Comen ustedes comida típica o tradicional? ¿Hay algún símbolo asociado con esa fiesta?

LECTURA

¡Grandes fiestas!

Las grandes fiestas del mundo hispano representan diferentes culturas y tradiciones: algunas tienen su origen en la religión católica, otras en tradiciones indígenas y otras más celebran eventos históricos. Pero todas estas fiestas tienen varios elementos en común: la participación de mucha gente, la alegría y la música.

Vamos primero a España. Estamos en Valencia, hermosa ciudad al este de la península ibérica y en la costa del Mar Mediterráneo. Queremos participar en la celebración de las Fallas de Valencia, una fiesta que dura varios días. Estamos aquí el 19 de marzo para ver el final de la fiesta con un evento espectacular: la **quema** de numerosas esculturas de **cartón** y **madera,** todas impresionantes. Los artistas que participan en las Fallas fabrican estos monumentos durante todo el año. Las esculturas pueden ser bellas, satíricas o cómicas, y siempre son muy elaboradas. Algunas representan personas; otras, eventos sociales. Las mejores reciben un **premio** y se guardan en el Museo de las Fallas. ¡Pero todas las otras se queman!

Visitemos ahora otra hermosa ciudad española. Nos vamos a Sevilla, en el sur de España. Hoy es un lunes de abril, por la noche, y estamos en el barrio de Los

PISTAS PARA LEER
When you read in Spanish, try to visualize the meaning of words and phrases. This **Lectura** provides many good examples for practicing this reading strategy. Visualize the following phrases. In Paragraph 2: *esculturas cómicas que representan personas.* P3: *mujeres con hermosos trajes flamencos.* P4: *miles de personas.* P5: *espectáculo colorido de bailes regionales.*

(Continúa)

La feria de Sevilla

VOCABULARIO ÚTIL

la quema	burning
el cartón	cardboard
la madera	wood
el premio	prize, award
los farolillos	lantern
la portada	lit-up façade
de luces	
la estrella	ferris wheel
los fuegos	fireworks
artificiales	
la bendición	blessing
la fortaleza	fortress
la colina	hill
el santo	patron saint
patrono	
el desfile	parade
la efigie	effigy

Remedios. Hay **farolillos** en las calles. Escuchamos guitarras y gente que canta sevillanas, la alegre música de esta región. ¡Hoy comienza la Feria de Sevilla! Pasamos por la hermosa **portada de luces** y vemos mujeres con hermosos trajes flamencos. Tenemos todas las diversiones típicas de una feria, hasta una enorme **estrella**. Esta gran festividad termina en una semana, con **fuegos artificiales**.

Ahora queremos saltar a Perú. Es el 24 de junio y estamos en Cuzco para la Fiesta del Sol, Inti Raymi. Este evento de la cultura inca celebra el comienzo de un nuevo año. Inti Raymi es uno de los festivales más grandes de América del Sur, con la participación de miles de personas de Perú y de todo el mundo. Hoy es el día más importante del festival, cuando un actor representa a Sapa Inca, Hijo del Sol, y pide la **bendición** del sol en la Plaza Qorikancha. Luego hay una procesión del Sapa Inca con muchas personas hasta la **fortaleza** de Sacsayhuamán, en las **colinas** de Cuzco. Después de esta procesión, comienza el nuevo año.

Estamos ahora en el sur de México. Participamos en la Guelaguetza, fiesta popular de Oaxaca que se realiza todos los años en julio. Hay un público enorme que ve con nosotros este espectáculo colorido de bailes regionales. En la Guelaguetza participan músicos y danzantes de las ocho regiones del estado de Oaxaca. Cada grupo lleva la ropa típica de su pueblo y presenta sus danzas. Luego le ofrece al público su «guelaguetza», que es un regalo de su región, como frutas, pan o chocolate. Después de la Guelaguetza vamos con la gente a pasear por la ciudad, donde hay muchas actividades culturales.

Bueno, terminemos el verano en América Central. Vamos a El Salvador. Muchas de las fiestas salvadoreñas son religiosas. La más popular es la del **santo patrono** del país, Salvador del Mundo. Esta festividad se celebra en la capital, con actividades religiosas y recreativas. Hoy es el 5 de agosto y estamos aquí para ver el **desfile** con que comienza la festividad. En este desfile los salvadoreños cargan una **efigie** de su santo patrón para expresar su devoción y

El festival de Inti Raymi

La Guelaguetza

su espíritu festivo. Nuestro viaje termina, pero sólo por ahora. Porque este paseo fantástico va a continuar para usted.

Comprensión

Busque la definición correcta.

1. _____ La Guelaguetza
2. _____ Inti Raymi
3. _____ El Museo de las Fallas
4. _____ El Salvador del Mundo
5. _____ La Feria de Sevilla

a. Esta fiesta comienza con un desfile.
b. El día más importante de esta fiesta es el 24 de junio.
c. Aquí están las esculturas que ganan premios.
d. Se escucha música alegre, las sevillanas.
e. Hay bailes regionales y regalos.
f. Un actor representa al Hijo del Sol.
g. Esta fiesta termina con fuegos artificiales.
h. El público recibe regalos de los danzantes.
i. Es parte de un evento espectacular de España.
j. Se celebra con actos religiosos y actividades de diversión.

Un paso más... ¡a escribir!

Usted tiene un amigo o una amiga de otro país. Esta persona quiere saber cuáles son las grandes fiestas nacionales que usted celebra. Escríbale una breve descripción de sus dos fiestas favoritas. ¿Por qué le gustan? ¿Qué hace usted en estas festividades? ¿Las celebra con la familia o con amigos?

MODELO: Estimado /a _____ :

Mis dos fiestas favoritas son _____ y _____ . Me gustan porque _____ . Estas fiestas se celebran con varias actividades. Por ejemplo, yo _____ , _____ y _____ . Normalmente, celebro estas fiestas con _____ .

> Vea el **Resumen cultural** en este capítulo del *Cuaderno de actividades.*

Vocabulario

Los días feriados y las celebraciones

Holidays and Celebrations

el aniversario de boda	wedding anniversary
el Año Nuevo	New Year
el Día de Acción de Gracias	Thanksgiving
el Día de las Brujas	Halloween
el Día de los Enamorados	Valentine's Day
el Día de la Independencia	Independence Day
el Día de la Madre	Mother's Day
el Día de los Muertos	All Souls' Day (November 2nd)
el Día del Padre	Father's Day
el Día de los Reyes Magos	Epiphany, Day of the Magi (January 6th)
el día del santo	saint's day
el Día de Todos los Santos	All Saints' Day (November 1st)
el Domingo de Pascua	Easter Sunday
la fiesta	holiday; party
el Jánuca	Hanukkah
la(s) Navidad(es)	Christmas
la Nochebuena	Christmas Eve
la Nochevieja	New Year's Eve (December 31st)
la Pascua Judía	Passover
el Ramadán	Ramadan
la Semana Santa	Holy Week

La rutina diaria

Daily Routine

acostarse	to go to bed
me acuesto / se acuesta	
afeitarse	to shave
arreglarse	to get ready
bañarse	to bathe
despertarse (ie)	to wake up
me despierto / se despierta	
dormir (ue)	to sleep
duermo / duerme	
ducharse	to take a shower
lavarse los dientes	to brush one's teeth
lavarse el pelo	to wash one's hair
levantarse	to get up
maquillarse	to put on makeup
peinarse	to comb one's hair
ponerse (perfume / la ropa)	to put on (perfume/clothes)
quitarse (la ropa)	to take off (one's clothes)
secarse (el pelo)	to dry (one's hair)
venir	to come
vengo / viene	
vestirse (i)	to get dressed
me visto / se viste	
volver (ue)	to return, go back
(vuelvo / vuelve)	

Los estados físicos y anímicos

Physical and Mental States

el estado de ánimo	mental state
estar...	to be ...
alegre	happy
contento/a	happy
de buen/mal humor	in a good/bad mood
deprimido/a	depressed
enamorado/a	in love
enojado/a	angry
mejor	better (health-wise)
ocupado/a	busy
preocupado/a	worried
solo/a	alone, lonely
triste	sad
tener...	to be ...
calor	hot
frío	cold
hambre	hungry
miedo	afraid
prisa	in a hurry
sed	thirsty
sueño	sleepy

PALABRA SEMEJANTE: nervioso/a
REPASO: aburrido/a, enfermo/a

¿Cuándo?

When?

antes de	before
de lunes a viernes	Monday through Friday
de pronto	suddenly
desde la(s)... hasta la(s)	from ... until ...
después de	after

REPASO: ayer, después, hoy, luego, mañana, pasado mañana el próximo... (día, mes)

Los verbos

Verbs

bostezar	to yawn
comerse las uñas	to bite one's nails
dar	to give
doy / da	
encender (ie)	to light; to turn on
enciendo / enciende	
encontrar (ue)	to find
encuentro / encuentra	
entrevistar	to interview

escoger	to choose
escojo / escoge	
esconder(se)	to hide (oneself)
estar de acuerdo	to agree
gritar	to yell, scream
llamar	to call (on the phone)
llorar	to cry
pedir (i)	to ask for;
pido / pide	to request
ponerse (*irreg.*) + *adj.*	to become, get + *adj.*
me pongo / se pone	
quedarse (en casa)	to stay (at home)
recibir regalos	to get gifts
reunirse	to get together
me reúno / se reúne	
saber	to know
sé / sabe	
sonreír	to smile
soñar (ue) (con)	to dream (about)
tomar apuntes / un examen	to take notes / a test
traer	to bring
traigo / trae	

PALABRAS SEMEJANTES: celebrar, coincidir, consultar

Los sustantivos

Nouns

el acondicionador	conditioner
la afeitadora (eléctrica)	(electric) razor
el baile	dance
el beso	kiss
el camello	camel
la colonia	cologne
los dulces	candy
el fin	end
los fuegos artificiales	fireworks
el globo	balloon
el hermanito	little brother
el jabón	soap
el juguete	toy
el ladrón / la ladrona	thief
la llamada	(telephone) call

la marca	brand
la navaja	razor; razor blade
la nota	note, grade
el pariente / la parienta	relative
el regalo	gift
la toalla	towel
el vaso	glass
la vela	candle

PALABRAS SEMEJANTES: la afirmación, el aspecto, la ceremonia, el champú, la composición, la decoración, la diferencia, la emoción, etcétera, la (im)paciencia, la invitación, Latinoamérica, la limonada, el patio, el pijama, el psicólogo / la psicóloga, la situación

Los adjetivos

Adjectives

caliente	hot
malo/a	bad

PALABRAS SEMEJANTES: abundante, eléctrico/a, familiar, (im)paciente, (im)posible, preferible, recomendable, religioso

Palabras y expresiones útiles

Useful Words and Expressions

ahí	there, over there
depende	(it) depends
en orden lógico	in logical order
es mejor/peor	it is better/worse
especialmente	especially
estar de acuerdo	to agree
nada	nothing
¡Ni pensarlo!	Don't even think of it!
por fin	at last
¡Qué bueno!	That's great!
¡Qué ocurrencia!	What a silly idea!
rápidamente	quickly, rapidly
rápido	quick, fast
¡Yo no!	I don't!
¡Yo sí!	I do!

Gramática y ejercicios

4.1 Discussing Habitual Actions: Verbs with Stem-Vowel Changes (*ie, ue*) in the Present Tense

A. Here is the present tense of several commonly used verbs that follow the same pattern of stem-vowel changes as **querer** and **preferir: cerrar** (*to close*), **pensar** (*to think*), **empezar** (*to begin*), **perder** (*to lose*), and **encender** (*to light; to turn on*).*

	cerrar	pensar	empezar	perder	encender
(yo)	cierro	pienso	empiezo	pierdo	enciendo
(tú)	cierras	piensas	empiezas	pierdes	enciendes
(usted, él/ella)	cierra	piensa	empieza	pierde	enciende
(nosotros/as)	cerramos	pensamos	empezamos	perdemos	encendemos
(vosotros/as)	cerráis	pensáis	empezáis	perdéis	encendéis
(ustedes, ellos/as)	cierran	piensan	empiezan	pierden	encienden

—¿A qué hora **cierran** ustedes la Nochevieja?
—**Cerramos** a las 5:00 de la tarde.

—*What time do you close on New Year's Eve?*
—*We close at 5:00 P.M.*

—¿**Encienden** ustedes las velas de Jánuca cada año?
—Sí, las **encendemos** por ocho noches seguidas.

—*Do you light Hanukkah candles every year?*
—*Yes, we light them for eight nights in a row.*

B. Three other verbs follow the same pattern as **jugar: dormir** (*to sleep*), **volver** (*to return, go back*), and **almorzar** (*to have lunch*).†

	jugar	dormir	volver	almorzar
(yo)	juego	duermo	vuelvo	almuerzo
(tú)	juegas	duermes	vuelves	almuerzas
(usted, él/ella)	juega	duerme	vuelve	almuerza
(nosotros/as)	jugamos	dormimos	volvemos	almorzamos
(vosotros/as)	jugáis	dormís	volvéis	almorzáis
(ustedes, ellos/as)	juegan	duermen	vuelven	almuerzan

---

*Recognition: **vos querés, preferís, cerrás, pensás, empezás, perdés, encendés**
†Recognition: **vos jugás, dormís, volvés, almorzás**

—¿A qué hora **vuelven** a casa después de una fiesta?

—A veces no **volvemos** hasta las 3:00 ó 4:00 de la madrugada.

—*What time do you return home after a party?*

—*Sometimes we don't return until 3:00 or 4:00 in the morning.*

> **cierro** = *I close*
> **cerramos** = *we close*
> **empiezo** = *I begin*
> **empezamos** = *we begin*

Ejercicio 1

¿Qué hacen usted y sus amigos? Complete estas oraciones con la forma correcta del verbo entre paréntesis.

> **juego** = *I play*
> **jugamos** = *we play*
> **vuelvo** = *I return*
> **volvemos** = *we return*

MODELO: —¿*Cierran* ustedes los ojos en clase? (cerrar) →
—No, no *cerramos* los ojos en clase.

1. —¿_____ ustedes en su clase de español? (dormir)
   —¡Claro que no! Nunca _____ en clase, porque nos divertimos.
2. —¿_____ ustedes en casa o en el trabajo? (almorzar)
   —Generalmente _____ en casa con la familia.
3. —¿_____ ustedes al trabajo después de almorzar? (volver)
   —Sí, _____ a las 2:00.
4. —¿_____ ustedes al tenis los fines de semana? (jugar)
   —A veces _____, a veces no.
5. —¿_____ ustedes mucho al tenis en el invierno? (jugar)
   —No, _____ poco porque hace demasiado frío.
6. —¿_____ ustedes frecuentemente cuando _____ al basquetbol?
   (perder, jugar)
   —No, casi nunca _____ cuando _____ al basquetbol.
7. —¿_____ ustedes ir al cine por la tarde? (preferir)
   —No, _____ ir por la mañana con los niños.
8. —¿_____ ustedes las vacaciones en mayo o en junio? (empezar)
   —Normalmente _____ las vacaciones en junio.

> These forms may be difficult to remember, but they will feel more natural as you hear and read more Spanish. Therefore, don't try to memorize all of this, but do refer to the rules when you edit your writing.

4.2 Discussing Habitual Actions: Irregular Verbs

A. As you know, an irregular verb is one that uses more than one stem to form its conjugation. (In many cases the irregularity is only in the **yo** form.) Here are some common verbs that add a **g** in the **yo** form: **tener** (*to have*), **venir** (*to come*), **salir** (*to leave; to go out*), and **poner** (*to put*).*

	tener	**venir**	**salir**	**poner**
(yo)	tengo	vengo	salgo	pongo
(tú)	tienes	vienes	sales	pones
(usted, él/ella)	tiene	viene	sale	pone
(nosotros/as)	tenemos	venimos	salimos	ponemos
(vosotros/as)	tenéis	venís	salís	ponéis
(ustedes, ellos/as)	tienen	vienen	salen	ponen

> **vengo** = *I come*
> **viene** = *he/she comes; you come*
> **venimos** = *we come*

---

*Recognition: **vos tenés, venís, salís, ponés**

—¿Siempre **viene** usted temprano? —*Do you always come early?*
—Sí, casi siempre **vengo** a las 8:00. —*Yes, I almost always come at 8:00.*

—¿Dónde **pongo** mi ropa? —*Where do I put my clothes?*
—Aquí mismo, encima de esta silla. —*Right here, on this chair.*

digo = *I say*
dice = *he/she says; you say*
decimos = *we say*

B. The verbs **traer** (*to bring*) and **oír** (*to hear*) insert **ig** in the **yo** form.* In addition, **oír** adds a **y** in all but the **yo, nosotros/as,** and **vosotros/as** forms. The verbs **hacer** and **decir** change the **c** to **g** in the **yo** form. **Decir** (*to say, tell*) also changes the stem vowel **e** to **i** in all but the **nosotros/as** and **vosotros/as** forms.†

	traer	**oír**	**hacer**	**decir**
(yo)	traigo	oigo	hago	digo
(tú)	traes	oyes	haces	dices
(usted, él/ella)	trae	oye	hace	dice
(nosotros/as)	traemos	oímos	hacemos	decimos
(vosotros/as)	traéis	oís	hacéis	decís
(ustedes, ellos/as)	traen	oyen	hacen	dicen

—¿Qué **traes** a las fiestas? —*What do you bring to parties?*
—**Traigo** mis discos compactos y algo de comer. —*I bring my CDs and something to eat.*

—¿No **oyes** un ruido extraño? —*Don't you hear a strange noise?*
—No, no **oigo** nada. —*No, I don't hear anything.*

Ejercicio 2

Un amigo le hace preguntas sobre su clase de español. Contéstele según el modelo.

MODELO: —Generalmente, ¿vienes temprano a la clase de español?
—Sí, *vengo* temprano todos los días.

1. —¿Traes tu perro a la clase de español?
   —¡Claro que no! _____ solamente el libro y el cuaderno.
2. —¿Pones tu libro de español debajo de la mesa?
   —No, _____ el libro encima de la mesa.
3. —¿Le dices «Buenos días» en español al profesor / a la profesora?
   —¡Qué va! A las 2:00 de la tarde le _____ «Buenas tardes».

---

*Recognition: **vos traés, oís**
†Recognition: **vos hacés, decís**

4. —¿Oyes música en tu clase?

—Sí, _____ canciones en español, naturalmente.

5. —¿Sales de tu clase a las 3:00?

—No, _____ a las 2:50.

6. —¿Siempre vienes a la clase preparado/a?

—Sí, casi siempre _____ preparado/a.

7. —¿Tienes mucha tarea?

—Sí, _____ tarea todos los días, excepto el domingo.

8. —¿Qué haces en tu clase?

—_____ un poco de todo: converso, leo, escribo.

4.3 Describing Daily Routine: Reflexives

Actions done to oneself are expressed using reflexive words:
Me afeito.
(*I shave [myself]*.)
Nos ponemos la ropa.
(*We put on our clothes.*)

A. In English, pronouns that indicate that the subject of a sentence does something to himself or herself are called *reflexive;* they end in *-self* (*-selves*).

He cut himself.

She looked at herself in the mirror.

Babies often talk to themselves.

We didn't blame ourselves.

Some actions that the subject does to himself or herself are not expressed with reflexive pronouns in English. For example, *I get up at 7:00. I take a bath and then get dressed.* In such sentences, Spanish always uses a reflexive pronoun: **Yo me levanto a las 7:00. Me baño y luego me pongo la ropa.**

B. Here is the present tense of the verb **levantarse** (*to get up*) with reflexive pronouns.*

levantarse

(yo)	me levanto	*I get up*
(tú)	te levantas	*you (inf. sing.) get up*
(usted, él/ella)	se levanta	*you (pol. sing.) get up; he/she gets up*
(nosotros/as)	nos levantamos	*we get up*
(vosotros/as)	os levantáis	*you (inf. pl., Spain) get up*
(ustedes, ellos/as)	se levantan	*you (pl.) get up; they get up*

C. Following is a list of verbs with the reflexive pronouns **me** (*myself*) and **se** (*himself, herself, yourself* [*pol. sing.*]) that you can use to describe your daily routine or that of someone else. Notice that the infinitives with the reflexive pronoun end in **se.**

*Recognition: **vos te levantás**

INFINITIVE

Me acuesto. / Se acuesta.*	acostarse	*I go to bed. / He/She goes to bed; You (pol. sing.) go to bed.*
Me despierto. / Se despierta.†	despertarse	*I wake up. / He/She wakes up; You (pol. sing.) wake up.*
Me levanto. / Se levanta.	levantarse	*I get up (out of bed). / He/She gets up; You (pol. sing.) get up.*
Me baño. / Se baña.	bañarse	*I take a bath. / He/She takes a bath; You (pol. sing.) take a bath.*
Me ducho. / Se ducha.	ducharse	*I take a shower. / He/She takes a shower; You (pol. sing.) take a shower.*
Me lavo el pelo. / Se lava el pelo.	lavarse el pelo	*I wash my hair. / He/She washes his/her hair; You (pol. sing.) wash your hair.*
Me seco. / Se seca.	secarse	*I dry off. / He/She dries off; You (pol. sing.) dry off.*
Me afeito. / Se afeita.	afeitarse	*I shave. / He/She shaves; You (pol. sing.) shave.*
Me lavo los dientes. / Se lava los dientes.	lavarse los dientes	*I brush my teeth. / He/She brushes his/her teeth; You (pol. sing.) brush your teeth.*
Me peino. / Se peina.	peinarse	*I comb my hair. / He/She combs his/her hair; You (pol. sing.) comb your hair.*
Me maquillo. / Se maquilla.	maquillarse	*I put on makeup. / He/She puts on makeup; You (pol. sing.) put on makeup.*
Me pongo la ropa. / Se pone la ropa.	ponerse la ropa	*I put on my clothes. / He/She puts on his/her clothes; You (pol. sing.) put on your clothes.*
Me quito la ropa. / Se quita la ropa.	quitarse la ropa	*I take off my clothes. / He/She takes off his/her clothes; You (pol. sing.) take off your clothes.*
Me (des)visto. / Se (des)viste.	(des)vestirse	*I (un)dress. / He/She (un)dresses; You (pol. sing.) (un)dress.*

Me levanto temprano y **me ducho** en seguida. Generalmente **me lavo** el pelo. Luego **me seco** y **me peino.**	*I get up early, and I take a shower right away. Generally I wash my hair. Afterward I dry off and comb my hair.*

---

*Acostarse is a stem-changing verb: the stem vowel **o** changes to **ue** in all but the **nosotros/as** and **vosotros/as** forms.

†Despertarse is also a stem-changing verb: the stem vowel **e** changes to **ie** in all but the **nosotros/as** and **vosotros/as** forms.

Alberto **se levanta** tarde. **Se ducha** rápidamente, pero no **se afeita. Se pone la ropa** y **se peina.**

Alberto gets up late. He showers quickly, but he doesn't shave. He dresses and combs his hair.

D. Reflexive pronouns are normally placed directly before the verb (**me seco**), but they may be attached to infinitives (**secarme**) and present participles (**secándome**).

Me gusta **afeitarme** primero y luego **bañarme.**

I like to shave first and then take a bath.

Ernesto va a **levantarse** y **bañarse** inmediatamente.

Ernesto is going to get up and take a bath immediately.

—Amanda, ¿qué estás haciendo?
—Estoy **lavándome** los dientes.

—Amanda, what are you doing?
—I'm brushing my teeth.

Ejercicio 3

¿Qué oración de la página siguiente describe mejor los siguientes dibujos?

1. _____

2. _____

3. _____

4. _____

5. _____

6. _____

7. _____

a. Él se quita la camisa, pero ella se pone los zapatos.

b. Él sale para el trabajo a las 8:00, pero su hijo sale para la escuela a las 8:30.

c. Ella lee novelas después de trabajar, pero él prefiere ver la televisión.

d. Este joven se ducha por la mañana, pero las niñas prefieren bañarse por la noche.

e. Él se afeita la cara, pero su esposa se afeita las piernas.

f. A él no le gusta bañarse, pero le gusta bañar al perro.

g. Se acuesta a las 11:30 y se levanta a las 6:00.

Ejercicio 4

Imagínese que su hermanito de tres años le hace estas preguntas. Contéstele correctamente.

MODELO: ¿Te lavas los dientes con jabón? →
No, me lavo los dientes con pasta de dientes.

1. ¿Te bañas antes de las 5:00 de la mañana?
2. ¿Te lavas el pelo con detergente?
3. ¿Te afeitas en la lavandería?
4. ¿Te levantas temprano los domingos?
5. ¿Te quitas la ropa en la universidad?
6. ¿Te peinas en la biblioteca?
7. ¿Te maquillas en la clase de español?
8. ¿Te duchas en el patio?

4.4 Ordering Events: Infinitives after Prepositions

A. When telling a story or relating a sequence of events, speakers use "sequencing" words to let listeners know the order in which the events occur. You have already used many of these sequencing words in the **Narración** activities, for example:

primero	*first*	antes	*before*
luego	*then*	finalmente	*finally*
después	*afterward*	por último	*at last*
más tarde	*later (on)*		

Primero me baño y **luego** me cepillo los dientes. **Después,** preparo el desayuno. **Luego** voy al trabajo y trabajo hasta las 6:00 de la tarde. **Finalmente** vuelvo a casa a eso de las 8:00.	*First I take a bath, and then I brush my teeth. Afterward, I fix breakfast. Then I go to work and work until 6:00 P.M. Finally I return home about 8:00.*

B. The words **después** and **antes** by themselves express the meanings *after(ward)* and *before.*

Después, vamos a cenar con Pedro y Andrea Ruiz.	*Afterward, we're going to have dinner with Pedro and Andrea Ruiz.*

C. The preposition **de** follows **antes** and **después** before a noun or an infinitive. (English uses the *-ing* form instead of the infinitive.) Don't forget to attach any object pronouns to the end of the infinitive.

Antes de acostarme, quiero terminar la tarea.	*Before going to bed, I want to finish my homework.*
Vamos a terminar la tarea **antes de (después de) la comida.**	*We are going to finish our homework before (after) the meal.*
Después de jugar al béisbol, voy a ir a la playa.	*After playing baseball, I'm going to go to the beach.*

> **antes de** + infinitive
> **Antes de ducharse, Ramón se afeita.**
> (*Before showering, Ramón shaves.*)
> **después de** + infinitive
> **Después de estudiar, vamos a salir a bailar.**
> (*After studying, we are going out dancing.*)

Ejercicio 5

¿Qué oración describe mejor cada dibujo?

1. _____

2. _____

3. _____

4. _____

5. _____

a. Prepara la cena después de trabajar.
b. Limpian la casa antes de salir a jugar.
c. Siempre se lava los dientes después de comer.
d. Después de hacer ejercicio se ducha.
e. Antes de acostarse, apaga la luz.

Ejercicio 6

Complete las oraciones lógicamente.

1. Nos gusta lavar el coche después de…
2. El señor Saucedo lee el periódico antes de…
3. Pedro Ruiz dice: «Después de levantarme por la mañana, me gusta… »
4. Antes de acostarse, es necesario…
5. Guillermo siempre hace la tarea antes de…

a. desayunar.
b. apagar las luces.
c. almorzar.
d. salir a jugar con sus amigos.
e. salir a pasear.

Ejercicio 7

Haga una oración lógica con **antes de** o **después de.**

MODELO: hacer la tarea / ver la televisión (nosotros) →
Después de hacer la tarea, vamos a ver la televisión.
(Antes de ver la televisión, vamos a hacer la tarea.)

1. preparar la comida / hacer la compra (Estela)
2. limpiar la casa / invitar a unos amigos (Pedro y Andrea Ruiz)
3. dormir una siesta / ir al videocentro (Guillermo)
4. correr / bañarse (tú)
5. salir a bailar / ponerse la ropa (nosotros)

4.5 Describing States

A. *Estar* + Adjective

Estar (*To be*) describes a state (how someone is at a particular time):
—**¿Cómo estás?**
(*How are you?*)
—**Estoy cansada.**
(*I'm tired.*)

Use **estar** (**estoy, estás, está, estamos, estáis, están**) to describe how someone is, or is feeling, at a particular time.

—¿Cómo **estás**?   —*How are you?*
—**Estoy** un poco deprimido.   —*I'm a bit depressed.*

—¿Cómo **está** José Luis hoy?   —*How is José Luis today?*
—**Está** enfermo.   —*He's sick.*

—¿Cómo **están** ustedes?   —*How are you?*
—**Estamos** muy bien, gracias.   —*We are fine, thank you.*

Remember that **ser** is used to identify or describe the inherent characteristics of someone or something, *not* to tell how that person or thing is (feeling) at a particular moment.

Alberto **es alto, delgado, joven**   *Alberto is tall, thin, young,*
   y muy guapo.   *and very handsome.*
Hoy **está confundido y cansado.**   *Today he's confused and tired.*

Ejercicio 8

Describa el estado físico o anímico de estas personas.

MODELOS: Carmen → Carmen *está nerviosa.*
yo → Yo *estoy cansado.*

1. yo   a. está nervioso
2. mi primo   b. están ocupados
3. Luis y yo   c. estoy enojado/a
4. Nora   d. estamos preocupados
5. tú (*f.*)   e. estás contenta
6. Pablo y Mónica   f. está deprimida

Ejercicio 9

Mire los dibujos y haga preguntas. Use la forma correcta de **estar** y adjetivos como (**un poco**) **triste, ocupado/a, cansado/a, enojado/a, deprimido/a, alegre, irritado/a, contento/a, enamorado/a,** etcétera.

MODELO: ¿Está cansada Graciela?

Graciela

Clarisa y Marisa
1.

Ernesto
2.

Ramón ♥ Amanda
3.

Guillermo
4.

AGENCIA DE VIAJES
Silvia   Nacho
5.

> **¡OJO!**
>
> Look at the sketches in **Ejercicio 9** and form questions about them.

B. *Tener* + Noun

Some states of being are described in Spanish with the verb **tener** (*to have*), although they correspond to the verb *to be* in English. Common states expressed with **tener** are **tener hambre** (*to be hungry*), **tener sueño** (*to be sleepy*), **tener sed** (*to be thirsty*), **tener prisa** (*to be in a hurry*), **tener frío** (*to be cold*), **tener calor** (*to be hot*), and **tener miedo** (*to be afraid*).

> **¿RECUERDA?**
>
> Recall from **Gramática C.1** the forms of **tener: tengo, tienes, tiene, tenemos, tenéis, tienen.**

> **Tener** + noun is used to describe some states:
> **¿Tienes hambre, Yolanda?** (*Are you hungry, Yolanda?*)

—Ernesto, ¿cuándo quieres comer?
Tengo mucha **hambre.**

—*Ernesto, when do you want to eat? I'm very hungry.*

—Estela, ¿quieren ir al cine tú y Ernesto esta noche?
—No, gracias. **Tenemos** mucho **sueño** y queremos acostarnos.

—*Estela, do you and Ernesto want to go to the movies tonight?*
—*No, thanks. We're very sleepy and want to go to bed.*

—Guillermo, **¿tienes sed?**
—Sí, **tengo** mucha **sed.** Vamos a tomar algo.

—*Guillermo, are you thirsty?*
—*Yes, I'm very thirsty. Let's get something to drink (drink something).*

—¿Por qué **tiene prisa** Amanda?
—Porque su clase empieza a las 8:00.

—*Why is Amanda in a hurry?*
—*Because her class begins at 8:00.*

¡OJO!

Other useful expressions that use this structure:

estar de acuerdo	*to agree*
estar mejor	*to be (feel) better*
tener éxito	*to be successful*
tener razón	*to be right*
tener suerte	*to be lucky*

With the words **calor/frío** (*heat/cold*) and **caliente** (*hot*), several combinations are possible.

To describe people, use **tener** + **calor/frío.**

—Nora, ¿tú no **tienes calor**?
—No, no **tengo calor.** Me gusta mucho el sol.

—Nora, aren't you hot?
—No, I'm not hot. I love the sun.

To describe things, use **estar** + **caliente/frío.**

Lan, cuidado. No toques la estufa. **Está** muy **caliente.**

Lan, be careful. Don't touch the stove. It's very hot.

To describe the weather, use **hacer** + **calor/frío.**

Ay, Pablo, **hace mucho frío** hoy. Voy a ponerme un abrigo.

Pablo, it's really cold today. I'm going to put on a coat.

Ejercicio 10

Mire los dibujos. ¿Cuál es la oración que mejor identifica cada dibujo?

MODELO: Tiene sed.

a. Tienen miedo.
b. Tiene prisa.
c. Tienen calor.
d. Hace mucho calor.
e. Nieva hoy.

f. Está enojado.
g. Está preocupado.
h. Está deprimido.
i. Tiene hambre.

1. _____   2. _____   3. _____

4. _____   5. _____

Ejercicio 11

Describa el estado de estas personas. Estados posibles: **tener** + **calor, frío, hambre, prisa, sed, sueño, miedo.**

MODELO: (Yo) *Tengo prisa* porque la clase empieza a las 4:00.

1. A mediodía, Mayín _____.
2. Si (tú) _____, ¿por qué no te pones un suéter?
3. (Nosotros) _____ porque la temperatura está a 45°C hoy.
4. A medianoche (yo) _____.
5. Estoy en casa. Son las 8:55 y tengo una clase a las 9:00. (Yo) _____.
6. Hace mucho sol hoy. Guillermo y Ernestito quieren tomar agua fría porque _____.
7. Cuando estoy solo/a de noche, a veces _____.
8. ¿Tienes algo para tomar? (Yo) _____.

El Día de los Muertos

¿**U**na fiesta que celebra la muerte[1]? ¡Así es! En México, el primero y el segundo día de noviembre son días dedicados al recuerdo de los familiares y amigos fallecidos.[2] El primero de noviembre es el Día de Todos los Santos y se dedica a los niños muertos. El 2 de noviembre es el

Día de los Muertos y en ese día la gente honra a sus familiares: un tío, una esposa, una prima o un padre muerto. La tradición de honrar a los difuntos[3] es una mezcla de tradiciones católicas europeas con tradiciones de las culturas indígenas[4] de América.

Los preparativos para estos días empiezan a fines de[5] octubre y en algunas regiones las celebraciones duran hasta mediados de[6] noviembre. En los mercados se vende papel picado,[7] flores de cempasúchil,[8] calaveras y ataúdes de azúcar[9] decorados de colores vivos, juguetes[10] de papel maché en forma de esqueletos y un pan[11] especial: el pan de muerto. En las casas y en edificios públicos se construyen ofrendas[12] que recuerdan a los amigos o familiares fallecidos.

Las ofrendas se adornan con velas,[13] papel picado, flores y pan de muerto. Es costumbre poner objetos queridos[14] del difunto: por ejemplo, una comida o bebida favorita, o un recuerdo de sus gustos: un collar,[15] un libro, un instrumento musical y, si es posible, una foto.

También es costumbre dejar un vaso de agua en el altar. ¿Sabe por qué? Porque los espíritus tienen sed después de su largo viaje al mundo de los vivos.[16] Se forma una senda[17] de pétalos de cempasúchil que guía al espíritu del muerto de la puerta hasta la ofrenda.

En muchos pueblos, por la mañana las familias van al panteón o cementerio y limpian las tumbas de sus seres queridos[18] en preparación para la celebración de esa noche. De noche encienden[19] velas, ofrecen flores y comen comidas tradicionales en honor a los difuntos. Esa misma noche por las calles del pueblo hay desfiles de gente enmascarada[20] que pasa por las calles tocando música. El Día de los Muertos les permite a los mexicanos recordar y honrar a aquellas personas que siempre viven en el corazón de sus amigos y familiares. ■

[1]*death* [2]*deceased* [3]*people who have died* [4]*indigenous* [5]*a... at the end of* [6]*duran... last until the middle of* [7]*papel... decorative cut paper* [8]*flores... marigold flowers* [9]*calaveras... skulls and coffins made of sugar* [10]*toys* [11]*bread* [12]*altars, offerings* [13]*candles* [14]*objetos... cherished objects* [15]*necklace* [16]*mundo... land of the living* [17]*path* [18]*seres... loved ones* [19]*they light* [20]*desfiles... parades of masked people*

Shakira,
volcán de sonido

La joven colombiana Shakira Mebarak es una artista famosa. Shakira es cantautora, lo cual quiere decir que compone[1] las canciones que interpreta en sus discos. Y muchas de esas canciones son hermosos poemas al ritmo de rock. Para ser tan joven, Shakira escribe como una poeta de gran experiencia. Explora temas tradicionales —el amor, las relaciones humanas— desde una perspectiva fresca y nueva. Las melodías de esta talentosa compositora[2] son contagiosas. Predomina la instrumentación eléctrica, pero también las suaves guitarras y el piano.

Shakira es bilingüe y bicultural, de madre colombiana y padre libanés.[3] Su estilo y varias de sus canciones reflejan la influencia libanesa. De hecho, en su segundo disco Shakira canta parte de la canción «Ojos así» en árabe. Después del gran éxito[4] de sus discos en español, Shakira se hace famosa en todo el mundo con su primer compacto en inglés, *Laundry Service* (2002). Luego llegan dos discos en 2005, *Fijación Oral, Vol. 1,* que tiene canciones populares como «La pared» y «La tortura»; y *Oral Fixation, Vol. 2* con el triunfo de su canción «Hips Don't Lie». Ganadora de numerosos Grammys, Shakira parece tímida al conversar, pero cuando canta se transforma en un volcán de sonido, en pura energía.

[1]*she composes* [2]*composer* [3]*Lebanese* [4]*success*

El arpa[1] se considera uno de los instrumentos musicales más antiguos; es el instrumento que toca el rey David en la Biblia. Los españoles traen el arpa a las Américas durante la colonización y hoy día forma

El arpa, instrumento nacional de Paraguay

parte del repertorio musical de muchos países: México, Venezuela, Ecuador y Perú, entre otros. Pero en Paraguay el arpa llega a ser el instrumento nacional.

El arpa paraguaya es más pequeña que la clásica; tiene entre 32 y 36 cuerdas[2] y tiene una caja de resonancia[3] más grande que produce una música sonora[4] y clara. Su menor tamaño[5] hace posible ponerla sobre el hombro para tocarla caminando en procesiones o desfiles. En varios países hispanoamericanos, el arpa se toca como acompañamiento,[6] pero en Paraguay el arpa es el instrumento principal de un conjunto,[7] como solista o en dúo.

El arpista paraguayo por excelencia es Félix Pérez Cardoso, pero también se destacan[8] Rito Pedersen, Ismael Ledesma y Clelia Carolina Sanabria. Además hay intérpretes de la música del arpa de otros países como Lucia Shiomitsu y Toshiko Nezu Sandoval de Japón o Arami de Francia. ¿Quiere escuchar las lindas melodías del arpa paraguaya? Pues, le recomendamos buscar uno de los muchos videos en Internet para apreciar el instrumento nacional de Paraguay.

[1]*harp* [2]*strings* [3]*caja de… sound box* [4]*sonorous, resonant finger* [5]*Su… Its smaller size* [6]*accompaniment* [7]*band, musical group* [8]*Se… stand out*

Las clases y el trabajo

In **Capítulo 5,** you will discuss classroom activities and your classmates' talents and abilities. You will also talk about careers, obligations, activities in progress, and recreational plans for the future.

Campesinos, por Héctor Poleo (Venezuela)

Sobre el artista: Héctor Poleo (1918–1989) nace en Venezuela. Este premiado artista estudia arte en Caracas y a los 19 años tiene su primera exhibición. También estudia en México donde le influye el arte del muralista Diego Rivera. En 1948 se traslada a París y empieza a experimentar con la abstracción geométrica inspirada en temas folklóricos e indígenas. Sus obras se exponen en Venezuela, Francia, Cuba, Los Estados Unidos y Francia.

¡Conozca Venezuela!

Nombre del país: la República Bolivariana de Venezuela

Ciudad capital: Caracas

Ciudades principales: Valencia, Maracaibo, Ciudad Bolívar, Mérida

Moneda: el bolívar

Idiomas: el español (oficial), lenguas indígenas

Población: 26.000.000

Día de la Independencia: el 5 de julio

Fiestas típicas: el Día de la Candelaria, el Carnaval, el Velorio de la Cruz de Mayo, el Natalicio de Simón Bolívar

Comidas típicas: la arepa, el pabellón criollo, el mondongo, las hallacas

Música típica: el joropo, la gaita de Zulia, la salsa, el merengue

Gente famosa: Simón Bolívar, Hugo Chávez, Oscar D'Leon, Carlos Raúl Villanueva, Carolina Herrera, Rómulo Gallegos

Voces venezolanas

una bala fría	comida rápida
un bolo	un bolívar
un(a) catire	un(a) rubio/a
una llave	un amigo
los pisos	los zapatos
una rumba	una fiesta

En este capítulo...

 ACTIVIDADES DE COMUNICACIÓN

- Las actividades de los estudiantes
- Las habilidades
- Las carreras y las actividades del trabajo
- Las actividades futuras

 EN RESUMEN

 LECTURAS Y CULTURA

- **Ventanas culturales**
  La lengua: Las palabras extranjeras
- **Enlace a la música**
  El rock en español
- **Ventanas culturales**
  La vida diaria: La diversidad profesional
- **Lectura**
  El lenguaje del cuerpo

 GRAMÁTICA Y EJERCICIOS

5.1 Indicating to Whom Something Is Said: Indirect Object Pronouns with Verbs of Informing

5.2 Expressing Abilities: **saber** and **poder** + Infinitive

5.3 Referring to Actions in Progress: Present Progressive

5.4 Expressing Obligation and Duty: **tener que, deber, necesitar, hay que, es necesario**

5.5 Expressing Plans and Desires: **pensar, quisiera, me gustaría, tener ganas de**

MULTIMEDIA ONLINE LEARNING CENTER www.mhhe.com/dosmundos7

 CENTRO QUIA DVD

Las actividades de los estudiantes

✳ **Lea Gramática 5.1.**

Alberto les habla a sus compañeros.

Mónica no le pone atención
a la profesora.

La profesora nos dice «Buenos días».

La profesora nos hace preguntas.

Le contestamos a la profesora.

Nora le lee las Ventanas
culturales a Esteban.

Carmen le hace una pregunta a
la profesora Martínez.

La profesora le explica la
gramática a Carmen.

Actividad 1 Conversación: ¿Con qué frecuencia?

¿Con qué frecuencia hacen ustedes las siguientes actividades en la clase de español?

MODELOS: Escribimos las palabras nuevas en el cuaderno *todos los días.*
La profesora *siempre* nos hace preguntas y nosotros *casi siempre* le contestamos en español.

1. Les hablamos a los compañeros de clase.
2. Tomamos apuntes.
3. Entendemos casi todo cuando la profesora / el profesor nos habla en español.
4. Contestamos las preguntas del profesor / de la profesora.
5. Le ponemos atención al profesor / a la profesora.
6. Usamos el celular.
7. Aprendemos palabras nuevas.
8. Le hacemos preguntas al profesor / a la profesora.
9. Hacemos la tarea en clase.
10. Dormimos una siesta.
11. Le decimos «Buenas noches» al profesor / a la profesora.
12. Terminamos la clase temprano.

Palabras útiles

(casi) nunca
raras veces
de vez en cuando
a veces
muchas veces
con frecuencia
(casi) siempre
todos los días

Actividad 2 Preferencias: La clase de español

Aquí hay varias actividades relacionadas con la clase de español. Póngalas en orden, del número 1 (¡Me gusta mucho!) al número 7 (¡No me gusta nada!). Después, compare sus respuestas con las de sus compañeros de clase.

1. En el salón de clase:
   a. _____ tomar exámenes
   b. _____ trabajar en grupos
   c. _____ escuchar al profesor / a la profesora cuando nos habla
   d. _____ hablarles a mis compañeros en español
   e. _____ ver videos
   f. _____ participar en conversaciones
   g. _____ escuchar canciones hispanas o cantar en español

2. Fuera del salón de clase:
   a. _____ estudiar para los exámenes
   b. _____ escribir composiciones
   c. _____ hacer la tarea de gramática
   d. _____ escuchar las actividades auditivas
   e. _____ hablarles a mis amigos hispanos en español
   f. _____ visitar sitios Web en español
   g. _____ escuchar una emisora de radio hispana

Actividad 3 Descripción de dibujos: En la universidad

A. Escuche a su profesor(a) mientras él/ella describe las actividades de los estudiantes norteamericanos. Diga el número del dibujo que corresponde a cada descripción.

B. Diga qué diferencias hay entre los dibujos 1 y 2 y entre los dibujos 3 y 4.

Actividad 4 Entrevista: La clase de español

1. ¿Te asigna mucha tarea el profesor / la profesora? ¿Lees todas las lecturas?
2. ¿Dónde escuchas las actividades auditivas: en tu coche, por Internet, en casa, en el laboratorio de lenguas o en la biblioteca?
3. ¿Quién te explica la gramática cuando no la comprendes, el profesor / la profesora o un compañero / una compañera de clase?
4. ¿A qué hora empieza esta clase? ¿Llegas tarde a clase? Cuando llegas tarde, ¿qué le dices al profesor / a la profesora?
5. ¿Te hace muchas preguntas el profesor / la profesora? ¿Te gusta? ¿Siempre le contestas en español? ¿Piensas en español cuando hablas español?
6. ¿Te gusta la clase de español? ¿Qué cosas *no* te gusta hacer en la clase? ¿Qué cosas te gusta hacer en la clase?

Actividad 5 Del mundo hispano: La Escuela de Idiomas Nerja

ESCUELA DE IDIOMAS NERJA
CURSOS DE ESPAÑOL DURANTE TODO EL AÑO
estancias de 1 a 36 semanas
clases de 4 ó 6 horas diarias

Nuestros programas incluyen:
• cursos intensivos individuales o en grupo
• cursos de español comercial • cursos para profesores
• diploma de español como lengua extranjera (D.E.L.E.)

Actividades culturales y sociales
• excursiones • cocina española
• baile flamenco • cine español • fiestas
NIVELES: ELEMENTAL, INTERMEDIO I Y II,
AVANZADO I Y II, Y SUPERIOR.

ALOJAMIENTO:
• en residencia con baño privado y
televisor, terraza y piscina
• con familia a corta distancia de la escuela
• en un piso con otros estudiantes

**PROFESORES ESPECIALIZADOS
EN METODOLOGÍA INNOVADORA**

NUESTRA ESCUELA DISPONE DE:
• librería • biblioteca • cafetería
• centro multimedia

OFERTA PARA EL VERANO

• 12 semanas curso intensivo
• 12 semanas de alojamiento
• 20 horas por semana
• 2.903 €

*precios sujetos a cambio

PIDA INFORMACIÓN DETALLADA A:

Escuela de Idiomas Nerja
C/Almirante Ferrándiz, No 73, Apartado 46
E-29780 Nerja, Málaga, España
Tfno: 34 95 252 1687 • Fax: 34 95 252 2119
correo e: idnerja@idnerja.es

*Escuela de Idiomas Nerja en la Costa del Sol, en un pueblo andaluz de
20.000 habitantes. Nerja está en la orilla del mar y está rodeado de
montañas, a cincuenta minutos del aeropuerto de Málaga. La escuela
está situada en el centro en una casa típica con jardín tropical.
Está cerca de las tiendas y las playas.*

Lea este anuncio de la Escuela de Idiomas Nerja y conteste las preguntas de su profesor(a). Luego, trabaje con su compañero/a para contestar las siguientes preguntas.

1. ¿Cuántas horas de clase tienen los estudiantes al día?
2. ¿Son cursos individuales o para grupos?
3. ¿De cuántas semanas es el curso intensivo? ¿Cuánto cuesta?
4. ¿Qué instalaciones hay en esta escuela? ¿Hay cafetería? ¿Qué más hay?
5. ¿Cuál es la dirección de la Escuela de Idiomas Nerja?
6. Describa la ciudad de Nerja. ¿Le gustaría estudiar allí? ¿Por qué?

VENTANAS CULTURALES La lengua

Las palabras extranjeras

Algunos hispanos **lamentan** el exceso de uso del inglés en la lengua española. Porque hoy para viajar sacamos *tickets*, para divertirnos escuchamos el *iPod*, cuando acampamos hacemos *camping*. Y si usted se mantiene en **buena forma** es porque sabe hacer *footing* y toma clases de *body-fitness*. En la televisión ya no hay anuncios, sino *spots*, y la gente de negocios trabaja en el *business*. Al usar la computadora, podemos *chatear*, escribir en el *blog* y hacer *mailings*. Y en las películas del director español Pedro Almodóvar, las personas **se flipean**.

Entendemos esta preocupación de algunos hispanos, pero el uso de palabras **extranjeras** ocurre con frecuencia en todos los idiomas. ¡Es un proceso natural! Es verdad que en español comemos bistec (que viene de *beef steak*) y también sándwiches. Llevamos suéter y jeans. Sufrimos estrés. Y cuando se habla de deportes, los hispanos juegan al fútbol, al voleibol, y hacen un **jonrón** o meten un gol. Pero el inglés también tiene muchas palabras de otras lenguas y especialmente del español. ¿Puede pensar en algunas?

Aquí tiene varias; para empezar: *vista, plaza, sierra, rodeo, patio* y *siesta*. Otras palabras de origen español, un poco modificadas, son *cigar* (cigarro) y *lasso* (lazo). Muchos **préstamos** vienen del árabe, como *alcove* (alcoba), *spinach* (espinaca) y adobe. El inglés usa también palabras de origen indígena que ya forman parte del español moderno: *tamale* (tamal), de la lengua náhuatl en México; *alpaca* y *condor* del idioma quechua en Perú, *jaguar* del guaraní en Paraguay; además *hurricane* (huracán), *barbecue* (barbacoa) y *cayman* (caimán), de la lengua de los indígenas del Caribe. Y una gran cantidad de nombres de ciudades y estados norteamericanos son españoles; por ejemplo, Colorado, California, Nevada, San Francisco y Santa Fe.

El realidad no debemos preocuparnos porque hacemos *camping*, compramos *tickets* y nos flipeamos. Las palabras extranjeras son parte natural de muchos idiomas.

Una agencia de viajes en Guatemala

VOCABULARIO ÚTIL

lamentan	*regret*
la buena forma	*good shape (health)*
se flipean	*flip*
extranjeras	*foreign*
el jonrón	*home run*
los préstamos	*borrowings*

Comprensión

1. ¿Cuáles de estas palabras son de origen indígena?
   a. alpaca **b.** alcoba **c.** condor **d.** jaguar **e.** hurricane **f.** espinaca
2. Mencione otros cinco lugares en los Estados Unidos que tienen nombres españoles.

Las habilidades

✳ **Lea Gramática 5.2.**

Estela conversa con su amiga Lola.

doña
Lola   Estela

LOLA: Estela, ¿sabes montar a caballo?
ESTELA: Sí, y también sé jugar al polo.

LOLA: Y tus hijos, ¿saben ellos montar a caballo también?
ESTELA: No, pero saben patinar.

ESTELA: Ahora mi hijo Guillermo no puede patinar; tiene una pierna fracturada. Sólo puede leer y ver la televisión.
LOLA: ¡Pobre chico!

Actividad 6 **Descripción de dibujos: ¿Qué saben hacer estas personas?**

Escuche a su profesor(a) mientras él/ella describe los talentos de las siguientes personas. Diga quién es cada persona que describe.

Me gusta mucho mi país, Perú.

はじめまして。

A lot of North American tourists come to Cuzco.

Estela

Susana

Doña María Eulalia

Pilar

Raúl

Nacho

Ricardo

Adriana

Actividad 7 Orden lógico: Ernestito quiere bañar al perro

Busque el orden correcto de estas oraciones.

_____ ERNESTITO: Mamá, tengo ocho años. ¡Sé bañar a un perro!

_____ ESTELA: Perfecto, pero también vas a…

_____ ESTELA: Bueno, hijo, después de bañarlo, vas a secarlo muy bien.

_____ ERNESTITO: Ya sé, mamá.

_____ ESTELA: Sí, hijo, pero antes de traer al perro, prepara el agua y el jabón.

_____ ERNESTITO: Mamá, mamá, ¿puedo bañar a Lobo?

_____ ERNESTITO: Ya está todo listo, mamá.

Palabras útiles

No, no sé *esquiar*.

Sí, sé *esquiar* un poco (muy bien).

No, no sé *esquiar*, pero quiero aprender.

Actividad 8 Entrevistas: ¿Qué sabes hacer? ¿Qué puedes hacer?

LAS HABILIDADES

MODELO: E1: ¿Sabes *esquiar*?
E2: Sí, sé *esquiar* muy bien.

1. patinar en el hielo
2. jugar al basquetbol
3. nadar
4. diseñar sitios Web
5. reparar carros
6. montar en motocicleta
7. bucear
8. hablar otro idioma (¿cuál?)
9. tocar algún instrumento musical
10. pintar
11. andar en patineta
12. bailar música salsa

EN TU CASA O EN LA RESIDENCIA ESTUDIANTIL

MODELO: E1: ¿Puedes *hacer la tarea en casa* (*en la residencia estudiantil*)?
E2: No, no puedo *hacer la tarea en casa porque hay muchas distracciones.*

1. cenar a la hora que quieras
2. tener animales domésticos donde vives
3. ver la televisión a cualquier hora
4. dormir hasta las 10:00 de la mañana
5. escuchar música y hacer la tarea a la vez

Enlace a la música

El rock en español

Carlos Santana
(guitarrista)

La frase «rock en español» se refiere a grupos de gran diversidad, pero todos con una característica en común: cantan en español. Muchos críticos y *fans* opinan que los rockeros hispanos tocan la música más innovadora[1] hoy en día. Esto se debe[2] en parte a los estilos tan diversos que estos grupos incorporan. El grupo argentino Los Fabulosos Cadillacs, por ejemplo, combina salsa, reggae y rock. Y el grupo mexicano Maldita Vecindad ofrece una fusión de ska y rock. Pero también se escucha en algunos la influencia de los estilos rap, punk, soul, y de la música tradicional hispana, como el mariachi de México, el tango de Argentina y el bolero de Cuba.

Además de su fusión musical, varios de estos grupos tienen un mensaje social importante, pues sus canciones exploran cuestiones urgentes: la pobreza,[3] la inmigración y la represión política. En efecto, varios grupos se forman durante los años 80 en Chile, Argentina y México con el impulso de denunciar los abusos del gobierno.[4] Hay muchos, como Serú Girán y Maná, que ya tienen dos décadas de triunfos; otros, como el grupo cubanoamericano Tango 36 y el español El Canto del Loco triunfan en tiempos recientes. Y entre los más populares están La Ley, Soda Stereo, Molotov, Café Tacuba, El Tri, Plastilina Mosh, Los Enanitos Verdes, Los Skarnales y Cadena Perpetua. A todos los une su pasión por el rock y su deseo de cantar en español.

Comprensión

1. ¿De qué manera son innovadores los grupos de rock en español?
   a. cantan en inglés   **b.** se forman recientemente   **c.** incorporan estilos diversos
2. ¿Qué estilos musicales incorporan estos grupos?

[1]la... *the most innovative music*   [2]Esto... *This is because*   [3]*poverty*   [4]*government*

Las carreras y las actividades del trabajo

✳ **Lea Gramática 5.3–5.4.**

El ama de casa está planchando.

La cajera está contando el dinero.

El trabajador social está escribiendo un informe.

El peluquero está cortando el pelo.

El médico está examinando al enfermo.

El dependiente debe arreglar la ropa.

El cocinero está preparando la comida y el mesero les está sirviendo a los clientes.

Los bomberos tienen que apagar el incendio.

El plomero necesita reparar la tubería.

El empleado debe entrar al trabajo a las 9:00.

El mecánico tiene que reparar el automóvil en el taller.

La abogada defiende a los acusados y la juez decide casos criminales.

La enfermera debe cuidar a los enfermos.

El terapeuta está trabajando con un paciente.

Los obreros están trabajando en la fábrica.

Actividad 9 Asociaciones: ¿Dónde trabaja?

MODELO: Un mecánico trabaja en un taller de reparaciones.

1. _____ un(a) electricista
2. _____ un mesero / una mesera
3. _____ un peluquero / una peluquera
4. _____ un médico / una doctora
5. _____ un(a) piloto
6. _____ un cajero / una cajera
7. _____ un secretario ejecutivo / una secretaria ejecutiva
8. _____ un dependiente / una dependienta

a. en un cuarto con muchas computadoras
b. en su consultorio y en un hospital
c. en un autobús
d. en un restaurante
e. en la cocina de un restaurante
f. en la calle o en una casa, con cables eléctricos
g. en una fábrica

(**Continúa**)

9. _____ un(a) cantante
10. _____ un profesor / una profesora
11. _____ un obrero industrial / una obrera industrial
12. _____ un(a) mecánico
13. _____ un cocinero / una cocinera
14. _____ un(a) chofer
15. _____ un programador / una programadora

h. en un banco
i. en una tienda
j. en una peluquería
k. en un avión
l. en una universidad
m. en un taller de reparaciones
n. en una oficina
o. en un club nocturno

Actividad 10 Identificaciones: Encuentre las diferencias

Mire los dibujos y encuentre las diferencias entre el dibujo de la derecha y el de la izquierda. ¿Qué están haciendo estas personas?

Palabras y frases útiles

archivar
consolar
el documento
la escalera
Está _____ ndo.
llorar
el/la paciente
pagar
la paletita

Actividad 11 Encuesta: Su opinión, por favor

Lea esta lista de profesiones y oficios y marque el más interesante (=1), el más aburrido (=2), el más peligroso (=3), el más necesario (=4) y el más prestigioso (=5).

_____ abogado/a
_____ agente de seguros
_____ ama de casa
_____ (mujer) bombero
_____ contador(a)
_____ electricista
_____ gerente

_____ hombre/mujer de negocios
_____ médico
_____ plomero/a
_____ (mujer) policía
_____ programador(a)
_____ terapeuta
_____ trabajador(a) social

Ahora, compare su opinión con las de sus compañeros y diga por qué usted piensa así.

Actividad 12 Narración: ¡Cuántas obligaciones!

Éstas son las actividades del trabajo de la profesora Martínez y de Luis y Carmen. ¿Qué tienen que hacer?

Palabras útiles

Tiene que	Necesita	Debe
calificar	jaula	servir

Adela Martínez (profesora)

Luis (mesero)

Carmen (asistente de veterinario)

Actividad 13 Del mundo hispano: ¿Busca empleo?

Conteste las preguntas según la información en estos avisos clasificados.

1. ¿Qué tienen que hacer las personas que trabajan en el bar Noche de Ronda?
2. ¿Qué aptitudes necesita tener el/la chofer?
3. Si usted quiere el trabajo de secretario/a, ¿qué experiencia necesita tener?
4. Si usted quiere trabajar de tres a cuatro horas al día, ¿a qué número debe llamar?
5. ¿Qué tiene que saber hacer el cocinero / la cocinera?
6. ¿Es necesario ser hombre para obtener el trabajo de terapeuta?
7. ¿Qué compañía necesita personas que hablen inglés y español?
8. Si usted sabe reparar coches, ¿a qué número tiene que llamar?

SE NECESITA cocinero/a con experiencia en comida mexicana. Venga personalmente a la Calle Obregón 838.

BAR «Noche de Ronda» necesita meseras/os para atender mesas. Sueldo y comisión. Si le interesa, favor de llamar al 56-45-67-94.

SECRETARIA/O con tres años de experiencia. Algo de inglés y que escriba a máquina mínimo 50 ppm, para trabajo estable de oficina cerca del centro. Llame sólo de 5 a 7 P.M. 55-58-03-49.

DEPENDIENTE/A h/m para trabajo de media jornada. Llame al 55-49-05-34.

CHOFER h/m. Con experiencia. Debe hablar inglés. Compañía «Transportes El Blanco» en Coyoacán. 55-17-42-58.

TERAPEUTA h/m con experiencia. Para trabajo en clínica. Llame de 9 a 11 A.M. al Dr. Tamayo al 56-89-30-78.

ATENCIÓN: Compañía Hnos. Menéndez necesita varias personas bilingües para sus oficinas en Laredo y Ciudad Juárez. Llame al 56-94-93-21 o al 93-57-06-43 desde las 10 hasta las 14.

TALLER DE REPARACIONES busca mecánico con experiencia. Cinco días por semana. Buen sueldo. 56-44-91-83

Actividad 14 Entrevista: El trabajo

1. ¿Tienes trabajo de jornada completa o de media jornada ahora? ¿Es bueno el sueldo?
2. ¿Dónde trabajas? ¿Vives cerca o lejos de tu trabajo?
3. ¿A qué hora entras y a qué hora sales? ¿Te gustan tus horas de trabajo? ¿Es simpático/a tu jefe/jefa?
4. ¿Qué tienes que hacer? ¿Hay actividades diferentes o siempre la misma cosa? De todas las actividades de tu trabajo, ¿cuál te gusta más? ¿Por qué?
5. ¿Cuáles son los aspectos más desagradables de tu trabajo? ¿Por qué son desagradables?

Diccionario cibernético

at (@)	**la arroba**
attachment	**el archivo adjunto**
blog	**la bitácora**
click	**hacer *clic*, pulsar**
dot (.)	**el punto**
download	**bajar**
electronic mail	**el correo electrónico**
e-mail	**el *e-mail*, el *mail*, el mensaje electrónico**
Internet (web)	**el Internet (la red)**
keyboard	**el teclado**
link	**el enlace**
mouse	**el ratón, la rata**
printer	**la impresora**
search engine	**el buscador**
slash (/)	**raya**
Web page	**la página Web**
wireless	**inalámbrico/a**
www	**doble u (v), doble u (v), doble u (v)**

VENTANAS CULTURALES La vida diaria

La diversidad profesional

La diversidad profesional caracteriza al mundo hispano. Hay profesionales de todo tipo: artistas, maestros, músicos, escritores, arquitectos, ingenieros, astronautas y científicos. Pablo Picasso y Frida Kahlo son dos de los artistas más famosos, aunque muchos otros **se destacan** hoy en día, como Fernando Botero. Entre los científicos de renombre está el biólogo español Francisco José Ayala, ganador de numerosos **premios,** y el doctor venezolano Baruj Benacerraf, quien gana el Premio Nobel de medicina de 1980. También hay escritores que reciben el Premio Nobel, entre ellos la poeta chilena Gabriela Mistral y el novelista colombiano Gabriel García Márquez.

La agencia NASA cuenta con varios astronautas latinos: el peruano Carlos Noriega, el español Michael López Alegría y los mexicoamericanos Ellen Ochoa y José M. Hernández. Y de Venezuela es el músico Gustavo Dudamel, quien con **apenas** 28 años ya es director de la Orquesta Filarmónica de Los Ángeles. Además, el mundo de la política tiene un gran número de mujeres, entre ellas cuatro presidentas: Violeta Chamorro en Nicaragua, Mireya Moscoso en Panamá, Michelle Bachelet en Chile y Cristina Fernández de Kirchner en Argentina.

Pero hay muchos otros trabajadores que hacen una labor importante, como los obreros y los **campesinos.** La economía de Honduras, Colombia, Ecuador, Guatemala y Nicaragua depende de la agricultura y de sus campesinos. Y las industrias del petróleo en Venezuela y la del vino en Chile dependen de sus obreros. La diversidad **laboral** también caracteriza al mundo hispano.

El joven director Gustavo Dudamel

VOCABULARIO ÚTIL	
se destacan	*stand out*
los premios	*awards*
apenas	*barely*
los campesinos	*peasants*
laboral	*labor (adj.)*

Comprensión

1. ¿Cuál es la profesión de los siguientes hispanos?
   a. Michael López Alegría   **b.** Fernando Botero
   c. Gustavo Dudamel   **d.** Michelle Bachelet
2. ¿Quiénes son los ganadores del Premio Nobel que se mencionan y cuál es su profesión?

Las actividades futuras

✳ **Lea Gramática 5.5.**

Éstos son los planes y los deseos de Pilar Álvarez, José Estrada y Clara Martin.

Estudio informática porque quisiera ganar mucho dinero.

Después de graduarse, José va a ir de vacaciones a Guatemala.

Nos gustaría ir a bailar este viernes por la noche.

Clara piensa quedarse en casa el viernes por la noche. Tiene ganas de descansar.

Actividad 15 Narración: El fin de semana de Esteban

Narre los planes de Esteban para el fin de semana.

el viernes por la tarde
①

el viernes por la noche
②

el sábado por la mañana
③

el sábado por la tarde
④

el sábado por la noche
⑤

el domingo por la mañana
⑥

el domingo por la tarde
⑦

el domingo por la noche
⑧

Palabras útiles

acampar en las montañas
andar en patineta
asistir a la universidad
diseñar una página Web
divertirme mucho /
  divertirnos mucho
dormir
estudiar
ir al cine
levantarme temprano /
  levantarse temprano
limpiar la casa
merendar con la familia
quedarme en casa
  quedarse en casa
salir a bailar
salir con los amigos

¡OJO!

Con frecuencia, los hispanos incluyen a toda la familia en sus planes. Por lo general, los domingos se reúnen padres, abuelos, hijos y nietos para comer juntos.

REFRÁN

No dejes para mañana lo que puedes hacer hoy.

(*Don't leave for tomorrow what you can do today.*)

Actividad 16   Preferencias: Los planes

Complete cada oración con una o dos de las actividades de la lista.

MODELO: E1: El próximo verano a mi mejor amigo/a le gustaría *viajar.*
               E2: *¿Adónde? (¿A qué país?)*

1. El sábado por la noche pienso...
2. Este fin de semana voy a ...
3. Esta noche tengo ganas de...
4. Durante las vacaciones mis amigos y yo quisiéramos...
5. El próximo verano a mi mejor amigo/a le gustaría...

Y tú, ¿qué dices?

¿Dónde?	¿Adónde?	¿Con quién(es)?
¡Qué divertido!	Yo también	¿Por qué?
¡Qué aburrido!		¿Otra vez?

Actividad 17   Encuesta: ¿Cuáles son sus planes?

1. Mañana, antes de venir a clases,...
2. Hoy, después de clases,...
3. Esta noche, antes de acostarme,...
4. Antes de salir para el trabajo,...
5. Este fin de semana,...
6. Durante las vacaciones de invierno (verano, primavera),...
7. Después de graduarme,...

Frases útiles

voy a _____.
pienso _____.
quisiera _____.
me gustaría _____.
tengo ganas de _____.

Estudiantes de Derecho en la Universidad de La Habana, Cuba

De todo un poco

A. ¿Qué oficio o carrera deben escoger?

Trabajen en grupos de tres para adivinar qué carreras son más apropiadas para las siguientes personas.

1. Juan Limón: Es una persona activa; nunca descansa. Nunca tiene miedo y le gustaría ser héroe. Sabe manejar muy bien.
2. Guadalupe Morales: Siempre contesta todas las preguntas que le hace la profesora de biología. Sabe mucho del cuerpo humano. No necesita dormir muchas horas. Le gusta ayudar a la gente enferma.
3. Ángela López: Les hace muchas preguntas a los profesores. No es tímida. Nunca está nerviosa cuando habla en público. Cree que la justicia es muy importante y le gustaría defender a las personas inocentes.
4. Lilián Torreón: Piensa trabajar en un hospital o en una clínica. Sabe bastante sobre el cuerpo humano y sabe usar las manos para tratar a los deportistas que tienen accidentes.

B. Un juego

Trate de adivinar la profesión de estas seis personas: los Hurtado (Jaime y Ana), los Pérez (Hugo y Cecilia) y los Salinas (Alejandro y Olivia). Las posibilidades son **doctor(a), dentista, ingeniero/a, maestro/a, secretario/a** y **abogado/a.** Use la siguiente información para encontrar la solución.

1. Ana trabaja en un hospital, pero no es doctora.
2. El esposo de la abogada es ingeniero.
3. La secretaria está casada con un doctor.
4. El esposo de la dentista trabaja en una escuela.
5. Jaime trabaja con enfermeras.
6. Alejandro enseña matemáticas.

¡Dígalo por escrito!

Descripciones de dos amigos

Escriba descripciones completas de dos amigos o miembros de su familia. Después de dar el nombre y el apellido de cada persona, dé una breve descripción física. Luego hable de los planes y deseos para el futuro que tienen estas personas. Hable también de sus habilidades y de su personalidad. Para estas últimas partes, use las descripciones de la actividad anterior (**De todo un poco A**) como modelos.

¡Cuéntenos usted!

Cuéntenos sobre su trabajo ideal. ¿Dónde trabaja usted? ¿Cuál es su sueldo? ¿Cuáles son sus horas de trabajo? ¿Qué hace usted?

LECTURA

El lenguaje del cuerpo

PISTAS PARA LEER

Focus on the main idea in each paragraph. The following questions can guide you. Paragraph 1: Do we use only words when we communicate? P2: Are most gestures universal? P3: What cultural difference is mentioned? P4: How do gestures help us succeed in speaking a foreign language?

VOCABULARIO ÚTIL

el lenguaje por señas	sign language
gesticulan	gesture
avivar	to liven up
el pulgar	thumb
el índice	index finger
la sonrisa	smile
anglosajona	Anglo-Saxon

Cuando hablamos necesitamos las palabras, ¿no es cierto? Pero las palabras no son siempre necesarias para la comunicación: el **lenguaje por señas** utiliza exclusivamente las manos y los dedos. Todos combinamos las palabras con gestos, expresiones de la cara y un lenguaje corporal que nos ayuda a expresar nuestras ideas y nuestras emociones. En la cultura hispana, las manos generalmente «hablan» mucho; las personas **gesticulan** con las manos para poner énfasis y **avivar** la comunicación.

Hay gestos universales; otros varían de cultura a cultura. En algunos casos, un gesto que se usa en un país puede crear problemas en otro, porque significa algo diferente. Piense, por ejemplo, en la seña tan popular en los Estados Unidos para decir «OK»: el **pulgar** y el **índice** unidos en forma de círculo. Este gesto expresa optimismo, pero no en todos los países. En España y Francia significa «cero» y en Japón es «dinero». Otro ejemplo interesante es la **sonrisa,** que para muchos de nosotros quiere decir alegría y felicidad. Pues en algunos países de África, la sonrisa puede ser interpretada como preocupación. ¡Qué diferencia!

Hay varias diferencias entre la cultura hispana y la cultura **anglosajona** de los Estados Unidos. La distancia entre dos personas que se saludan, por ejemplo: un norteamericano extiende todo el brazo para darle la mano a su amigo y mantener así una distancia física apropiada. Dos amigos hispanos, sin embargo, extienden menos el brazo y a veces hasta se abrazan. En general, el contacto físico no es tan necesario para el norteamericano.

Es importante aprender las palabras para comunicarnos, pero si aprendemos también el lenguaje del cuerpo, nuestra comunicación se hace más rica y expresiva. ¿Cuáles son algunos de los gestos que caracterizan a las personas de Estados Unidos o a las de su país de origen? ¿Qué significan? Aquí tiene algunos de los gestos que caracterizan a los hispanos. Éstos son los más usados en España y en América Latina. ¡Aprenda el lenguaje del cuerpo!

1. No.

2. Quiero comer.

3. ¡Excelente!

4. furioso/a (enojado/a)

5. tacaño/a

6. muy amigos

7. Un momentito...

8. dinero (cuesta mucho)

9. ¡Ojo! ¡Tenga cuidado!

Comprensión

Mire los dibujos y después indique qué gesto se puede usar en las siguientes situaciones.

1. Un chico tiene mucha hambre.
2. El profesor está muy contento con la clase.
3. El/La recepcionista de una oficina le dice que usted tiene que esperar.
4. Una muchacha ve a su novio con otra chica.
5. El hombre no quiere comprarle un helado a su hijo.

Un paso más... ¡a escribir!

Escoja una de las situaciones de la actividad de **Comprensión** y escriba un diálogo corto entre las dos personas, haciendo referencia a los gestos que hacen cuando hablan. Aquí tiene un ejemplo para la primera situación.

MODELO: HIJO: Papá, tengo mucha hambre.
(*El hijo pone la mano cerca de la boca y mueve la mano.*)
PAPÁ: Bueno, estoy preparando sándwiches. Un momentito.
(*El papá hace un gesto con los dedos.*)
HIJO: ¿Sándwiches? ¡Súper! ¡Excelente!
(*El hijo se besa los dedos y luego los extiende.*)

Vea el **Resumen cultural** en este capítulo del *Cuaderno de actividades.*

Vocabulario

Las actividades de los estudiantes

Student Activities

aprender	to learn
comprender	to comprehend
decir (i)	to say
digo / dice	
empezar (ie)	to begin
enseñar	to teach
entender (ie)	to understand
explicar	to explain
pensar (ie)	to think
pensar en	to think about
poner atención	to pay attention
terminar	to finish

REPASO: hacer preguntas, tomar apuntes

Las habilidades

Abilities

poder (ue)	to be able to
saber (+ *infin.*)	to know how to (*do something*)

Las profesiones y el empleo

Professions and Employment

el abogado / la abogada	lawyer
el/la agente de seguros	insurance agent
el bombero / la mujer bombero	firefighter
el cajero / la cajera	cashier
el/la cantante	singer
el/la chofer	driver
el cocinero / la cocinera	cook
el contador / la contadora	accountant
el dependiente / la dependienta	clerk, salesperson
el/la deportista	athlete
el/la electricista	electrician
el enfermero / la enfermera	nurse
el/la gerente	manager
el ingeniero / la ingeniera	engineer
el jefe / la jefa	boss
el/la juez	judge
el maestro / la maestra	teacher
el médico	doctor
el mesero / la mesera	waiter / waitress
el obrero / la obrera (industrial)	(industrial) worker
el peluquero / la peluquera	hairdresser
el plomero / la plomera	plumber
el policía / la mujer policía	policeman / policewoman
el/la terapeuta	therapist
el trabajador / la trabajadora social	social worker

PALABRAS SEMEJANTES: el/la asistente, el/la dentista, el/la mecánico, el/la piloto, el programador / la programadora, el secretario (ejecutivo) / la secretaria (ejecutiva)
REPASO: el ama de casa, el doctor / la doctora

Los lugares del trabajo

Workplaces

el avión	plane
el club nocturno	nightclub
la cocina	kitchen
el consultorio	doctor's office
el empleo	job
la fábrica	factory
la peluquería	beauty parlor
el taller de reparación	garage; repair shop

PALABRAS SEMEJANTES: el banco, la clínica, la compañía

Las actividades del trabajo

Work Activities

apagar (incendios)	to turn off (to put out fires)
arreglar	to fix
atender (ie) mesas	to wait on tables
ayudar	to help
calificar	to grade
contar (el dinero)	to count (money)
cortar (el pelo)	to cut (hair)
cuidar (de)	to take care of
entrar al trabajo	to start work
escribir a máquina	to type
ganar dinero	to earn money
pintar	to paint
servir (i)	to serve
sirvo / sirve	
tratar	to treat
vender	to sell

PALABRAS SEMEJANTES: archivar, asignar, defender, examinar, programar

Los verbos

Verbs

adivinar	to guess
bucear	to skin dive or scuba dive
buscar	to look for
cantar	to sing
creer	to believe
dibujar	to draw
divertirse (ie)	to have fun
me diverto	I have fun
se divierte	you (*pol. sing.*) have fun; he/she has fun
escalar montañas	to go mountain climbing

hornear	to bake
ir de vacaciones	to go on vacation
necesitar	to need
obtener	to obtain
pagar	to pay
tratar de (+ *infin.*)	to try to (*do something*)

PALABRAS SEMEJANTES: consolar, graduarse, marcar, participar

Los sustantivos

Nouns

el anuncio	announcement, ad
el aviso clasificado	classified ad
la canción	song
la carrera	course of study
el cliente / la cliente	customer
el curso	course
el empleado / la empleada	employee
el informe	report
la jaula	cage
la jornada completa	full time (work)
la media jornada	part-time (work)
el oficio	job, position
la residencia estudiantil	college dormitory
el sueldo	salary
la tubería	plumbing; pipes

PALABRAS SEMEJANTES: el accidente, el acusado / la acusada, el animal doméstico, la aptitud, el caso criminal, la comisión, la distracción, el documento, la experiencia, el héroe, la instalación, la justicia, el/la paciente, la posibilidad, el público, la solución, el talento, el violín

Los adjetivos

Adjectives

desagradable	unpleasant
listo/a	ready
el mismo / la misma	the same
peligroso/a	dangerous

PALABRAS SEMEJANTES: activo/a, bilingüe, fracturado/a, individual, inocente, intensivo/a, necesario/a, prestigioso/a, relacionado/a
REPASO: pobre

¿Con qué frecuencia?

How Often?

a cualquier hora	at any time
a la vez	at the same time

al día	per day
muchas veces	many times
otra vez	again
raras veces	rarely

REPASO: a veces, de vez en cuando, nunca, siempre, todos los días

Las obligaciones

Obligations

deber (+ *infin.*)	ought to, should (*do something*)
Es necesario (+ *infin.*)	It's necessary to (+ *verb*)
hay que (+ *infin.*)	one has to (*do something*)
necesitar (+ *infin.*)	need to (+ *verb*)
tener que (+ *infin.*)	to have to (*do something*)

El futuro

The Future

me (te, le, nos, os, les) gustaría (+ *infin.*)	I (you [*inf. sing.*], you [*pol. sing.*] /he/she, we, you [*inf. pl., Spain*], you [*pl.*] / they) would like to (*do something*)
pensar (ie) (+ *infin.*)	to plan to (*do something*)
quisiera (+ *infin.*)	I (you [*pol. sing.*], he/she would like to (*do something*)
tener ganas de (+ *infin.*)	to feel like (*doing something*)

REPASO: ir a (+ *infin.*), preferir (ie) (+ *infin.*), querer (ie) (+ *infin.*)

Palabras y frases del texto

Words and Phrases from the Text

las actividades auditivas	listening activities
la encuesta	poll

Palabras y frases útiles

Useful Words and Phrases

así	this way
bastante	enough
bastante (+ *adj.*)	quite (+ *adj.*)
favor de (+ *infin.*)	please (+ *action*)
Venga(n)	Come (*command*)

Gramática y ejercicios

¿RECUERDA?

In **Gramática 1.5** you learned to use indirect object pronouns with the verb **gustar** to say to whom something is pleasing. Review that construction now, if necessary.

5.1 Indicating to Whom Something Is Said: Indirect Object Pronouns with Verbs of Informing

Gramática ilustrada

Indirect object pronouns:
me, te, le, nos, os, les

A. Indirect object pronouns (**los pronombres de complemento indirecto**) are used with verbs of informing, which tell to whom something is said, told, explained, reported, asked, answered, and so on.*

It takes a good deal of time to acquire these forms. Begin by understanding them and focus more on usage as you start to acquire them.

me	*to me*		nos	*to us*
te	*to you (inf. sing.)*		os	*to you (inf. pl., Spain)*
le	*to you (pol. sing.); to him/her*		les	*to you (pl.); to them*

—¿Qué **les explica** la profesora Martínez?

—*What does Professor Martínez explain to you?*

—**Nos explica** el significado de las palabras nuevas.

—*She explains the meaning of new words to us.*

Amanda ya no **me habla.**

Amanda doesn't speak to me anymore.

¡Pobre Ernestito! Su mamá siempre **le dice** que no.

Poor Ernestito! His mother always says no to him.

---

*Recognition: The indirect object pronoun for **vos** is **te**.

B. Just like reflexive pronouns, indirect object pronouns are placed before the main verb or attached to infinitives (the **-ar, -er,** or **-ir** form of the verb) and present participles (the **-ndo** form of the verb).

—¿Qué **te va** a decir tu papá?

—No sé qué va a **decirme.**

—*What is your father going to say to you?*

—*I don't know what he is going to say to me.*

Esteban **nos está** leyendo la respuesta.

Esteban está **leyéndonos** la respuesta.

Esteban is reading the answer to us.

C. When using **le** or **les,** it is very common to use a phrase with **a** to specify the person (or thing) involved. Spanish requires the pronoun even when the phrase with **a** is used.

—**¿A quién le** escribe Clara la carta?
—**Le** escribe la carta **a su amiga Norma.**

—*To whom is Clara writing the letter?*
—*She's writing the letter to her friend Norma.*

Yo siempre **le** aviso **a mi jefe** con tiempo si no voy a ir al trabajo.

I always tell my boss ahead of time if I'm not going to go to work.

> Indirect object pronouns are placed before the verb or attached to the infinitive:
> **Mi novia ya no me habla.** (*My girlfriend doesn't talk to me anymore.*)
> **Mi novia ya no quiere hablarme.** (*My girlfriend doesn't want to talk to me anymore.*)

> As you read and listen to more Spanish, you will get a feel for these pronouns and how to use them.

Ejercicio 1

Complete las siguientes oraciones basándose en los dibujos. Use **me, te, le, nos** o **les.**

MODELO: Carmen **les** dice «Buenos días» **a sus amigas.**

1. Esteban dice:
— _____ contesto **a mis compañeros.**

2. La profesora Martínez _____ explica la lección a **los estudiantes.**

3. Nosotros _____ hacemos muchas preguntas **a la profesora.**

4. Nora _____ lee la Ventana cultural **a nosotros.**

5. —Lan, ¿_____ dices qué tenemos de tarea?
—Sí, Luis, ahora _____ digo cuál es la tarea para mañana.

6. Carmen _____ escribe una carta **a sus padres.**

7. _____ decimos «Adiós» **a la profesora** y ella _____ dice «Hasta luego».

8. —Nora, ¿_____ dices la respuesta número 5, por favor?
—Sí, Lan, en un momento _____ digo todas las respuestas.

Ejercicio 2

Complete estos diálogos con **me, te, le, nos** o **les.**

*Recognition: **vos sabés***

5.2 Expressing Abilities: *saber* and *poder* + Infinitive

A. In the present tense, the verb saber (*to know facts, information*)* is irregular only in the **yo** form: **sé, sabes, sabe, sabemos, sabéis, saben.**

—**¿Sabes** cuándo va a llegar Alberto?
—No, no **sé.**

—*Do you know when Alberto is going to arrive?*
—*No, I don't know.*

Saber followed by an infinitive means *to know how to do something.* Note that there is no need to include a separate word to convey the English *how to.*

—**¿Sabes hablar** francés?
—No, pero **sé hablar** un poco de árabe.

—*Do you know how to speak French?*
—*No, but I know how to speak a little Arabic.*

—¿Quién **sabe jugar** al ajedrez?
—Yo **sé jugar** al dominó, pero no al ajedrez.

—*Who knows how to play chess?*
—*I know how to play dominoes, but not chess.*

B. The verb **poder*** followed by an infinitive usually indicates potential (*can, to be able to do something*) or permission (*may*). **Poder** is a stem-changing verb and so uses two stems: **pod-** for the infinitive and the **nosotros/as** and **vosotros/as** forms and **pued-** for all other present-tense forms: **puedo, puedes, puede, podemos, podéis, pueden.**

—¿Van a correr una vuelta más Carmen y Nora?
—No **pueden.** Ya están cansadas.

—Guillermo, ¿vas a jugar al fútbol el domingo?
—No **puedo.** Tengo un examen el lunes.

—*Are Carmen and Nora going to run another lap?*
—*They can't. They're already tired.*

—*Guillermo, are you going to play soccer on Sunday?*
—*I can't. I have an exam on Monday.*

> **saber** = *to know facts, information*
> **saber** + infinitive = *to know how to do something*
> **¿Sabes bucear?** (*Do you know how to scuba dive?*)
> **No, no sé bucear, pero sé nadar.** (*No, I don't know how to scuba dive, but I know how to swim.*)

Ejercicio 3

¿Qué (no) saben hacer estos vecinos hispanos? Complete las oraciones con la forma apropiada de **saber.**

MODELO: Ernestito dice: «Yo no *sé* mucho de matemáticas.»

1. Doña Lola dice: «Yo _____ montar a caballo.»
2. Don Eduardo, ¿_____ usted hablar italiano?
3. Clarisa y Marisa no _____ andar en bicicleta todavía, porque son muy pequeñas.
4. Ernestito le pregunta a Guillermo: «¿_____ esquiar?»
5. Amanda le dice a Ramón: «Graciela y yo todavía no _____ manejar.»

> **poder** = *can, to be able to*
> **¿Puedes salir esta noche?** (*Can you go out tonight?*)
> **No, no puedo; mañana tengo un examen de biología.** (*No, I can't; I have a biology test tomorrow.*)

Ejercicio 4

¿Qué (no) pueden hacer estos vecinos hispanos? Complete las oraciones con la forma apropiada de **poder.**

MODELO: Nosotros no *podemos* esperarte hoy después de clase porque tenemos mucha prisa.

1. Ernestito le pregunta a Guillermo: «¿_____ salir a jugar conmigo?»
2. Andrea les pregunta a Estela y a Ernesto: «¿_____ venir a cenar con nosotros mañana?»
3. Silvia no _____ salir con Nacho mañana porque va a trabajar.
4. Doña Lola y doña Rosita no _____ ver su programa favorito de televisión mañana porque van a ir de compras.
5. Amanda le pregunta a su mamá: «¿_____ Graciela y yo ir a la plaza a pasear después de comer?»

5.3 Referring to Actions in Progress: Present Progressive

To describe an action that is taking place at the moment, Spanish uses a form of **estar** (*to be*) and an **-ndo** (*-ing*) form called a present participle.† This combination is called the *present progressive.*

> The present progressive (**estar** + verb ending in **-ndo**) is used to express actions in progress:
> **Estoy leyendo un libro.** (*I am reading a book.*)

---

*Recognition: **vos podés**
†Recognition: **vos estás jugando**

estar + -ndo		
estoy		jugando (*playing*)
estás		caminando (*walking*)
está	+	fumando (*smoking*)
estamos		escuchando (*listening*)
estáis		escribiendo (*writing*)
están		comiendo (*eating*)

—¿Qué **está haciendo** el médico? —*What is the doctor doing?*
—**Está examinando** a un paciente. —*He is examining a patient.*

—Guillermo, ¿qué **estás haciendo**? —*Guillermo, what are you doing?*
—**Estoy escribiendo** una composición. —*I'm writing a composition.*

The present participle (**-ando, -iendo**) is formed from the infinitive.

> In present participles of **-ar** verbs: replace **-ar** of the infinitive with **-ando**.
> In **-er** and **-ir** verbs: replace **-er/-ir** of the infinitive with **-iendo/-yendo**.

jugar → jugando   comer → comiendo

hablar → hablando   vivir → viviendo

When a present participle is irregular, it will be noted as follows: **dormir (dųrmiendo), leer (leyendo).**

—**¿Está durmiendo** el juez ahora? —*Is the judge sleeping now?*
—No, **está hablando** con un abogado. —*No, he is speaking with a lawyer.*

—Estela, ¿qué **estás leyendo**? —*Estela, what are you reading?*
—**Estoy leyendo** una novela. —*I'm reading a novel.*

Ejercicio 5

1. ¿Qué está haciendo Guillermo?

2. ¿Qué están haciendo estos señores?

3. ¿Qué está haciendo el mecánico?

4. ¿Qué está haciendo la señora Saucedo?

5. ¿Qué están haciendo Pedro y Andrea?

6. ¿Qué está haciendo la enfermera?

Ejercicio 6

Lea las situaciones y luego complete las frases correctamente diciendo qué están haciendo las personas mencionadas. Use estos verbos: **atender, calificar, dar, reparar, servir, vender.**

MODELO: —Mira qué incendio tan grande. ¿Dónde están los bomberos?
—Ya *están apagando* el incendio.

1. —¿Dónde está la profesora Martínez?
   —Está en el salón, _____ _____ los exámenes.
2. —Por favor, señorita, quiero hablar con el gerente.
   —Lo siento, en este momento _____ _____ a otro cliente.
3. —Voy a llamar al mesero. Quiero un poco de agua.
   —Pues está ocupado. Les _____ _____ la comida a los clientes de la mesa de al lado.
4. —¿Qué está haciendo el terapeuta en este momento?
   —Le _____ _____ un masaje en el brazo al famoso jugador de béisbol, Vladimir Guerrero.
5. —Necesito hablar con el Sr. Pérez, el plomero, pero no contesta el teléfono.
   —Pues está en mi casa. _____ _____ la tubería de la cocina.
6. —¿Quién es ese hombre que está con tu padre?
   —Es un agente de seguros. Le _____ _____ un seguro de vida a papá.

5.4 Expressing Obligation and Duty: *tener que, deber, necesitar, hay que, es necesario*

The verbs **tener que** (*to have to*), **deber** (*should, ought to*), and **necesitar** (*to need to*) and the impersonal expressions **hay que** (*one must*) and **es necesario** (*it is necessary to*) are always followed by infinitives.

—¿A qué hora **tenemos que estar** en el teatro?
—A las nueve. **Hay que llegar** un poco antes para recoger los boletos.
—¡Pero **necesito estudiar** más!
—Está bien, pero **debemos salir** pronto.

—What time do we have to be at the theater?
—At 9:00. We have to (One must) get there a little early to pick up the tickets.
—But I need to study more!
—OK, but we should leave soon.

Ejercicio 7

Esteban cuenta lo que él y sus compañeros de clase tienen que hacer hoy. Complete las oraciones con una forma de **tener que.**

1. Luis _____ trabajar hasta las doce.
2. Carmen y Nora _____ prepararse para un examen de sociología.
3. Yo _____ terminar la tarea para mi clase de matemáticas.
4. Alberto y yo _____ lavar el carro.
5. Mónica, ¿qué _____ hacer tú esta noche?

Debo estudiar y también necesito lavar el carro y limpiar la casa.
I ought to study, and I also need to wash the car and clean the house.

Ejercicio 8

Estela Saucedo está hablando de lo que ella y su familia deben hacer mañana. Complete estas oraciones con la forma apropiada de **deber.**

1. Ernesto _____ ir en autobús al trabajo.
2. Yo _____ limpiar la cocina.
3. Ernestito, tú _____ hacer la tarea para la escuela.
4. Guillermo y Amanda _____ recoger sus libros.
5. Ernesto, tú y yo _____ llevar a los niños al parque a jugar.

¿RECUERDA?

You already know that the verbs **ir + a** (see **Gramática 2.1**) and **querer** (see **Gramática 2.3**) followed by infinitives are commonly used to talk about future actions in Spanish.

5.5 Expressing Plans and Desires: *pensar, quisiera, me gustaría, tener ganas de*

A. The verb **pensar*** (*to think*) followed by an infinitive expresses the idea of *to think about* or *to plan on doing* something. Here are the forms of **pensar (ie): pienso, piensas, piensa, pensamos, pensáis, piensan.**

—¿Qué **piensan hacer** ustedes durante las vacaciones?	—*What are you thinking about doing for vacation?*
—**Pensamos viajar** a Europa.	—*We're planning on traveling to Europe.*

When not followed by an infinitive, **pensar (ie)** usually expresses *to think:* **pensar que** (*to think that*), **pensar de** (*to think about, have an opinion of*), **pensar en** (*to think about someone or something, have one's thoughts on*).

—¿Qué **piensas del** nuevo plan?	—*What do you think about the new plan?*
—**Pienso que** es muy bueno.	—*I think that it's very good.*
—Ramón, ¿**piensas** mucho **en** Amanda?	—*Ramón, do you often think about Amanda?*
—No, **pienso en** ella solamente de vez en cuando.	—*No, I think about her only from time to time.*

pensar = *to think*
pensar + infinitive = *to think about, plan on doing (something)*
¿Qué piensas hacer después de clases? (*What are you planning to do after school?*)
Pienso ir a la biblioteca y luego voy a trabajar. (*I'm planning to go to the library, and then I'm going to work.*)

B. Quisiera and **me (le) gustaría**[†] are also frequently used to indicate future desires, especially those that are speculative. Both forms are equivalent to English *would like.* Neither has a **yo** form ending in **-o.** You will learn more about these forms in **Gramática 15.5** and **15.6.**

quisiera = *I would like*
me gustaría = *I would like*
Quisiera salir a cenar esta noche. (*I'd like to eat out tonight.*)
Me gustaría ver una película. (*I'd like to see a movie.*)

(yo)	quisiera	me gustaría	*I would like*
(tú)	quisieras	te gustaría	*you (inf. sing.) would like*
(usted, él/ella)	quisiera	le gustaría	*you (pol. sing.) would like; he/she would like*
(nosotros/as)	quisiéramos	nos gustaría	*we would like*
(vosotros/as)	quisierais	os gustaría	*you (inf. pl., Spain) would like*
(ustedes, ellos/as)	quisieran	les gustaría	*you (pl.) would like; they would like*

---

*Recognition: **vos pensás**
†Recognition: **vos quisieras, a vos te gustaría**

Quisiéramos viajar este verano si tenemos tiempo.	*We would like to travel this summer if we have time.*
A mi esposa **le gustaría viajar** a España.	*My wife would like to travel to Spain.*
Estoy cansado; **quisiera descansar** un poco.	*I'm tired; I would like to rest a while.*

C. Tener ganas de (*to feel like [doing something]*) is also followed by an infinitive.

Tenemos ganas de quedarnos en casa esta noche.	*We feel like staying home tonight.*
Tengo ganas de salir a bailar.	*I feel like going out dancing.*

tener ganas de + infinitive = *to feel like (doing something)*

Ejercicio 9

¿Qué quisieran hacer estos estudiantes el próximo sábado? Escoja la forma correcta: **quisiera, quisieras, quisiéramos** o **quisieran.**

1. Luis _____ ir al campo a montar a caballo.
2. Carmen y yo _____ ir de compras.
3. Alberto y Pablo _____ merendar con unas amigas.
4. Mónica, ¿ _____ quedarte en casa a descansar?
5. Esteban dice: «Yo _____ jugar al tenis.»

Ejercicio 10

¿Qué les gustaría hacer a Estela Saucedo y a su familia? Escoja la forma correcta del pronombre: **me, te, nos, le** o **les.**

1. A Guillermo _____ gustaría jugar al fútbol con sus amigos.
2. A mis hijos, Amanda y Guillermo, _____ gustaría ir al campo a merendar.
3. A mi esposo, Ernesto, _____ gustaría ir al cine.
4. A mí _____ gustaría salir a comer en un buen restaurante.
5. A Andrea y a mí _____ gustaría jugar a las cartas el sábado en la noche.

Ejercicio 11

¿Qué piensan hacer Pilar y sus amigos? Use las formas apropiadas de **pensar.**

1. El hermano de Pilar _____ quedarse en casa esta noche para estudiar.
2. Clara, ¿ _____ tú ir de compras mañana?
3. José y yo _____ visitar a mis abuelos el sábado.
4. José y Clara _____ ir al Museo del Prado por la tarde.
5. Pilar dice: «Yo _____ hacer mi tarea el domingo por la noche.»

La residencia

METAS

In **Capítulo 6,** you will talk about where you live and what you do there. You and your classmates will discuss what you have done recently. You will also learn how to introduce people to each other.

Casita con dos entradas, por Ana Griselda Hine (Costa Rica)

Sobre la artista: Ana Griselda Hine nace en Costa Rica en 1949 y estudia artes plásticas en la Universidad de Costa Rica. En 1983, con una beca Fulbright-Laspau, obtiene una maestría en la Universidad de Cincinnati. Enseña en la Universidad de Costa Rica (1976–1990) y en la Universidad Nacional (1979–1981). Hoy se dedica a la pintura e imparte talleres de pintura en su estudio. Su arte es muy conocido en Costa Rica y Puerto Rico donde recibe muchos reconocimientos. Es excelente ilustradora de libros y también se destaca como acuarelista.

¡Conozca Costa Rica!

Nombre del país: la República de Costa Rica

Ciudad capital: San José

Ciudades principales: Limón, Puntarenas, Alajuela

Moneda: el colón

Idiomas: el español

Población: 4.200.000

Día de la Independencia: el 15 de septiembre

Fiestas típicas: el Día de Juan Santamaría, el Día de la Virgen de Los Ángeles, el Día de los Parques Nacionales, el Día del Boyero, las Fiestas de la Virgen del Mar

Comidas típicas: el gallo pinto, el casado, los patacones, el agua dulce, el guaro

Música típica: el punto guanacastero, bailes indígenas y provinciales, la soca, la salsa, el merengue, la cumbia

Gente famosa: Ana Istarú, Óscar Arias Sánchez, José Figueres Ferrer

Código del país por Internet: .cr

Voces costarricenses

Chepe	**San José**
mae	guy/dude
un pelón	**una fiesta**
¡Pura vida!	Life is good!
¡Qué chiva!	How cool!
un(a) tico/a	**un(a) costarricense**
Ticolandia/Tiquicia	**Costa Rica**
el yodo	**el café**

En este capítulo...

El vecindario y la casa

✴ Lea Gramática 6.1–6.2.

Actividad 1 Encuesta: ¿Qué hay en su casa?

Diga sí o no. Si la respuesta es **no,** explique por qué no.

MODELO: En mi casa hay tres dormitorios. En mi casa no hay cancha de tenis
porque no soy rico/a.

1. En mi vecindario hay...
  a. una cancha de tenis.
  b. una biblioteca.
  c. muchos árboles.
  d. muchos edificios altos.
  e. un parque.
  f. ¿ ?

2. En la sala de mi casa hay...
  a. una cama.
  b. un lavabo.
  c. varias lámparas.
  d. muchas plantas.
  e. una alfombra.
  f. ¿ ?

3. En la cocina de mi casa hay...
  a. una estufa.
  b. un lavaplatos.
  c. un pasillo.
  d. un estante con libros.
  e. un horno de microondas.
  f. ¿ ?

4. En mi dormitorio hay...
  a. una cama matrimonial.
  b. un arbusto.
  c. un armario.
  d. muchas almohadas.
  e. una cómoda.
  f. ¿ ?

Actividad 2   Identificaciones: ¿Para qué sirve?

Mire los siguientes objetos y aparatos y diga para qué sirven.

MODELO: Una lámpara sirve para ver y leer de noche.

Frases útiles

para apoyar la cabeza cuando uno duerme	para lavarse los dientes
	para lavarse las manos
para barrer	para preparar el té o calentar agua
para calentar la comida rápidamente	para secarse
	para verse la cara
para guardar la ropa	para ver y leer de noche

1. una lámpara   2. un horno de microondas   3. una almohada   4. una escoba

6. un cepillo de dientes   7. una tetera   8. un lavabo   9. un espejo   10. una toalla

5. una cómoda

Actividad 3   Intercambios: Los aparatos domésticos

MODELO: E1: ¿Cuál cuesta más, *el calentador* o *la cafetera*?
            E2: *El calentador* cuesta más. (*El calentador* cuesta más que *la cafetera*.)

$159.89 — el horno de microondas $36.99 — el tostador $34.59 — la cafetera $28.99 — el ventilador $19.69 — el cepillo de dientes eléctrico

$19.88 — el secador de pelo $29.99 — la aspiradora $49.99 — la afeitadora (eléctrica) $58.99 — el lavaplatos $68.89 — el calentador

1. ¿Cuál cuesta más, el horno de microondas o la cafetera? ¿el ventilador o el secador de pelo?
2. ¿Cuál cuesta menos, la cafetera o el cepillo de dientes eléctrico? ¿la aspiradora o el tostador?
3. ¿Cuál de estos tres objetos es el más caro: el tostador, la afeitadora o la cafetera?
4. ¿Cuál de estas tres cosas es la más cara: el lavaplatos, la afeitadora o la aspiradora?
5. ¿Cuál de estas tres cosas cuesta menos: el secador de pelo, el calentador o el cepillo de dientes eléctrico?
6. ¿Cuál cuesta más, el ventilador o el tostador?
7. ¿Cuál cuesta menos, la afeitadora o el cepillo de dientes eléctrico?

Actividad 4 Descripción de dibujos: Comparación de casas

Escuche las preguntas que le hace su profesor(a) y contéstelas según los dibujos.

la casa de los Ruiz:
3 dormitorios
2 baños
2 balcones

la casa de los Silva:
2 dormitorios
1 baño

la casa de los Saucedo:
5 dormitorios
3 baños
1 biblioteca
3 balcones

Ahora, hágale preguntas sobre las casas a su compañero/a. (Se puede comparar **baños, dormitorios, puertas, ventanas, balcones, pisos** y **árboles**.)

MODELOS: E1: ¿Cuántas *ventanas* tiene la casa de los *Saucedo*?
E2: Tiene *ocho*. Tiene *más que* la casa de los *Ruiz*.

E1: ¿Cuántos *árboles* tiene la casa de los *Silva*?
E2: Tiene *tres*. Tiene *tantos como* la casa de los *Ruiz*. Tiene *menos que* la casa de los *Saucedo*.

¡OJO!

En general, las casas y los apartamentos en los países hispanos son más pequeños que los de los Estados Unidos. Por eso, en algunos casos, la gente sale a pasear a los parques y en las plazas.

Actividad 5 Del mundo hispano: Apartamentos en México

Nora va a pasar un semestre estudiando en la ciudad de México. Quiere alquilar un departamento o un cuarto. Éstas son sus preferencias. ¿Cuál de estos departamentos o habitaciones le gustaría a usted? ¿Por qué?

(Continúa)

Se ALQUILA departamento. Dos recámaras. Sala, comedor, cocina, baño. Lugar céntrico. Alquiler módico. Llamar a Luz María Galván. Tel. 6-59-50-69. Calle 12 no. 420, México, D.F.

Se ALQUILA habitación amueblada. Preferible: joven estudiante, callado y serio. Alquiler bajo. Derecho a cocina. Favor de enviar datos personales. Isabel la Católica 96 (centro), México, D.F. Tel. 5-85-72-44

Se ALQUILA departamento amueblado. Dos recámaras. Dos baños. Cocina amplia: estufa, refrigerador, alacenas grandes y todos los utensilios. Ascensor. Avenida Juárez no. 420, México, D.F.

Departamento una recámara, bien decorado. Ventanas grandes. Vista agradable. Cerca de todo transporte. Llamar al 7-79-09-22 o escribir a Sres. Gallegos, Luis Kuhne no. 755, México 20, D.F.

Actividad 6   Entrevista: El lugar donde vives

TU VECINDARIO

1. ¿Vives en un vecindario viejo o nuevo? ¿Te gusta vivir allí? ¿Por qué?
2. ¿Hay edificios de apartamentos en tu vecindario? ¿condominios?
3. ¿Hay una gasolinera cerca de tu casa (apartamento)?
4. ¿Cuál es el centro comercial más cercano a tu casa (apartamento)? ¿Te gusta ir de compras allí? ¿Por qué?
5. ¿Llevas tu ropa a la lavandería o tienes lavadora y secadora en tu casa (apartamento)?
6. ¿Hay algún parque en el vecindario? ¿Tiene piscina? ¿Vas a menudo? ¿Qué haces allí?

TU CASA

1. ¿Vives en una residencia estudiantil, en un apartamento o en una casa? ¿Es de uno o dos pisos?
2. ¿Tienes tu propio dormitorio o compartes un dormitorio con alguien? ¿Con quién? ¿Qué muebles y aparatos eléctricos hay en tu dormitorio?
3. ¿Tiene patio o terraza tu casa (apartamento)? ¿Cómo es?
4. ¿Tiene garaje para dos coches tu casa (apartamento)? ¿Qué hay en el garaje?
5. De todas las cosas que tienes, ¿cuál te gusta más? ¿Cuál es el aparato más útil que tienes en tu casa (apartamento)?

Enlace a la literatura

«Cuadrados y ángulos», por Alfonsina Storni

Selección de su libro *El dulce daño* (1918)

Alfonsina Storni (1892–1938), argentina, es una de las poetas más estimadas de América Latina. En su corta vida, Storni trabaja de maestra y periodista[1] y publica varios libros de poesía. Entre todos sus libros, *El dulce daño* (1918) es uno de los más íntimos y personales. Sus últimas publicaciones son *Mundo de siete pozos* (1936) y *Mascarilla y trébol* (1938). Muchos de los poemas de Storni describen la gran ciudad: sus edificios, el tráfico, los parques. En «Cuadrados y ángulos» la poeta critica un lugar donde todo —las casas, la gente— tiene la misma forma.

Cuadrados y ángulos[2]

Casas enfiladas,[3] casas enfiladas,
casas enfiladas.
Cuadrados, cuadrados, cuadrados.
Casas enfiladas.
Las gentes ya tienen el alma cuadrada,[4]
Ideas en fila[5]
y ángulos en la espalda.
Yo misma he vertido ayer una lágrima,[6]
Dios mío, cuadrada.[7]

Actividad creativa: Las casas de su barrio

¿Le gusta su barrio? ¿Cómo son sus casas? Use «Cuadrados y ángulos» como modelo para escribir un breve poema sobre las casas de su barrio. Por ejemplo, puede describir casas grandes, pequeñas, feas, bonitas, nuevas, viejas. Puede también escribir sobre el color de las casas o mencionar otros lugares en su barrio.

[1]*journalist* [2]Cuadrados... *Squares and angles* [3]*in a row* [4]el... *square souls* [5]en... *in a row, in line*
[6]Yo... *Just yesterday I shed a tear myself* [7]Dios... *Oh, God, it (my tear) was square*

© Joaquín Salvador Lavado (QUINO) Toda Mafalda—Ediciones de La Flor, 1993.

Las actividades en casa

En la casa de los Ruiz

De noche es necesario prender (encender) la luz.

Marisa debe apagar la luz.

La empleada doméstica tiene que limpiar el piso.

Andrea necesita preparar la cena.

Hay que barrer aquí.

Pedro tiene que cortar el césped.

Clarisa debe regar las plantas.

En la casa de los Saucedo

La empleada doméstica tiene qué desempolvar...

...y pasar la aspiradora.

Hay que tender las camas.

Hay que lavar los platos.

Ernestito tiene que darles de comer al gato y al perro.

Amanda tiene que secar la ropa y planchar.

Actividad 8 Descripción de dibujos: ¡El cuarto de Esteban es un desastre!

Con su compañero/a, decidan qué debe hacer Esteban para arreglar su cuarto.

MODELO: Esteban debe recoger la ropa y necesita apagar el televisor. También tiene que...

Actividad 9 Entrevista: Los quehaceres y las diversiones en casa

1. En tu casa (apartamento), ¿quién tiene que limpiar el refrigerador, desempolvar, pasar la aspiradora, limpiar el microondas, limpiar los baños, darles de comer a las mascotas, lavar la ropa, cortar el césped?
2. De todos los quehaceres, ¿cuál te gusta más/menos?
3. ¿Qué aspecto de tu casa (apartamento) te gusta más? ¿Por qué?
4. ¿Qué te gusta hacer en casa (en tu apartamento)?
5. ¿Pasas mucho tiempo en casa (en tu apartamento) los fines de semana o prefieres salir? ¿Te visitan mucho tus amigos los fines de semana?

Las actividades con los amigos

✴ **Lea Gramática 6.3.**

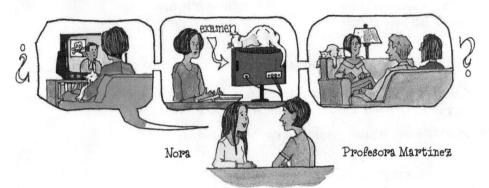

Nora   Profesora Martínez

1. —¿Vio usted la
televisión?
—Sí, vi las
noticias.

2. —¿Ya escribió los
exámenes?
—Sí, escribí dos
anoche.

3. —¿Visitó a sus amigos
este fin de semana?
—Sí, visité al profesor
López y conocí a su
esposa.

Alberto   Nora

1. —¿Limpiaste la casa
el sábado?
—Pues limpié la sala.

2. —¿Estudiaste mucho?
—Estudié para la
clase de química.

3. —¿Saliste a comer en
algún restaurante?
—Sí, almorcé en un
restaurante cerca
de mi casa.

Actividad 10   Encuesta: ¿Qué hice?

Ponga las siguientes actividades en orden cronológico.

Palabras útiles

primero	después	por último
luego	más tarde	

(**Continúa**)

1. Esta mañana (yo)...
  a. me lavé el pelo.
  b. desayuné.
  c. me desperté.
  d. corrí dos millas.

2. Ayer por la tarde (yo)...
  a. volví a casa.
  b. asistí a una clase.
  c. preparé el almuerzo.
  d. salí para el trabajo.

3. Anoche, antes de acostarme, (yo)...
  a. vi la televisión.
  b. planché una blusa / una camisa.
  c. lavé los platos.
  d. preparé la comida.

4. El sábado pasado (yo)...
  a. invité a unos amigos a cenar.
  b. cené con mis amigos.
  c. limpié la casa.
  d. barrí el patio.

Actividad 11 Intercambios: El fin de semana

Aquí tiene usted algunas de las actividades del fin de semana pasado de Guillermo, Estela y el señor Alvar. Coméntelas con su compañero/a.

MODELOS: E1: ¿Quién *preparó la comida* (*el viernes*)?
           E2: *Estela.*

           E1: ¿Cuándo *sacó fotos el señor Alvar*?
           E2: *El domingo.*

NOMBRE	EL VIERNES	EL SÁBADO	EL DOMINGO
Guillermo Saucedo Ramírez	Bailó en una fiesta. Se acostó tarde.	Se levantó tarde. Limpió su cuarto.	Ayudó a su padre. Salió a pasear.
Estela Ramírez de Saucedo	Preparó la comida. Habló por teléfono.	Charló con la vecina. Almorzó con una amiga.	Visitó a su madre. Descansó toda la tarde.
el señor Alvar	Escribió una carta. Tocó el piano.	Jugó con sus nietos. Barrió el patio.	Asistió a misa. Sacó unas fotos.

Actividad 12 Narración: Un fin de semana de Nora Morales

Palabras útiles

primero	después	finalmente
luego	más tarde	

El viernes

El sábado

El domingo

Actividad 13 Entrevistas: ¿Qué hiciste?

EL FIN DE SEMANA PASADO

1. ¿Limpiaste tu cuarto (tu casa)?
2. ¿Saliste con amigos? ¿Adónde?
3. ¿Comiste en un restaurante? ¿Cuál? ¿Con quién(es)?
4. ¿Practicaste algún deporte? ¿Con quién(es)? ¿Dónde?
5. ¿Fuiste al cine? ¿Qué película viste? ¿Te gustó? ¿Por qué?

ANOCHE

6. ¿Trabajaste? ¿A qué hora volviste a casa?
7. ¿Estudiaste? ¿Qué?
8. ¿Hablaste por teléfono con tus amigos? ¿Escuchaste música?
9. ¿Viste la televisión? ¿Exploraste el Internet?
10. ¿A qué hora te acostaste?

ESTA MAÑANA

11. ¿A qué hora te levantaste? ¿Te bañaste?
12. ¿Desayunaste? ¿Qué tomaste?
13. ¿A qué hora saliste para la universidad? ¿A qué hora llegaste?
14. ¿A qué clase asististe primero?
15. ¿Leíste el periódico?

VENTANAS AL PASADO

La historia de las mascotas

Los españoles **trajeron** perros de **guerra,** llamados *dogos,* a las Américas para **someter** a los indígenas. Los indígenas ya tenían perros, pero eran más pequeños, animales de compañía o de **caza.** El perro de los aztecas, que no tenía pelo, se llamaba *xoloitzcuintle* que significa «perro asistente del **dios** Xolotl», el dios de la vida y la muerte.

Durante la colonia muchos de estos dogos **se mezclaron** con los perros nativos, lo que resultó en una raza mixta de perros **callejeros.** Mucha gente veía a esos animales como **portadores** de la **rabia** y los mataba.

Pero hoy en día la situación de las mascotas es diferente: ahora hay grupos de voluntarios dedicados a la protección de animales. En Puerto Rico trabaja el grupo Save-a-Sato (*sato* significa «perro callejero» en esta isla); en Argentina trabaja el grupo No lo Abandones. Y en España hay mucha gente dedicada al **rescate** de mascotas abandonadas, como la Asociación Amor a los Animales en Madrid. En México, la Asociación Pro-Defensa Animal (APRODEA), trabaja con veterinarios voluntarios para vacunar y esterilizar perros y gatos. Además, la Universidad Autónoma de México provee una clínica móvil en México, D.F., que esteriliza a más de 800 animales cada mes.

La historia de las mascotas es larga e interesante, y el momento presente es muy **alentador.** Mucha gente ahora entiende que los animales son también habitantes de nuestro planeta y que necesitan cuidado y protección.

La organización Save-a-Sato, Puerto Rico

VOCABULARIO ÚTIL

trajeron	*brought*
la guerra	*war*
someter	*to subdue*
la caza	*hunting*
el dios	*god*
se mezclaron	*mixed*
callejero	*of the street*
los portadores	*carriers*
la rabia	*rabies*
el rescate	*rescue*
alentador	*encouraging*

Comprensión

1. ¿Cómo resultó la raza mixta de los perros callejeros?
2. Describa la situación de las mascotas hoy en día.

Las presentaciones

★ **Lea Gramática 6.4–6.5.**

ESTEBAN: Mónica, quiero presentarte a mi amigo, Jorge.

MÓNICA: Hola, Jorge. ¿Qué tal?

JORGE: ¿Qué tal, Mónica?

ESTELA SAUCEDO: Señor Luján, quisiera presentarle a mi amiga, la señora Medrano.

SR. LUJÁN: Mucho gusto en conocerla, señora.

SRA. MEDRANO: Igualmente, señor Luján.

DOÑA ROSITA: Señorita Batini, me gustaría presentarle a mi nuevo vecino, el señor Marcos.

LOLA BATINI: Mucho gusto en conocerlo, señor.

SR. MARCOS: Encantado, señorita Batini.

Actividad 14 Diálogos abiertos: Las presentaciones

Su amigo quiere conocer a su profesor(a) de español.

E1: Profesor/Profesora _____, quiero presentarle a mi amigo/a _____. Es _____.

E2: Mucho gusto en conocerlo/a.

E3: _____.

Ahora presente a dos de sus compañeros que no se conocen.

E1: Oye, _____, ¿conoces a mi amigo/a _____?

E2: No, no _____ conozco.

E1: _____, te presento a _____. Él/Ella estudia _____ aquí en la universidad.

E2: Mucho gusto, _____.

E3: Igualmente.

Actividad 15 Entrevista: ¿Conoces tu vecindario?

1. ¿Conoces a los vecinos de la casa (del apartamento) de la izquierda? ¿de la derecha? ¿de enfrente?
2. ¿Sabes el nombre de la escuela más cercana a tu casa (apartamento)? ¿Conoces al director / a la directora de esa escuela?
3. ¿Sabes dónde hay un buen restaurante cerca de tu casa (apartamento)? ¿Conoces a los dueños? ¿a los meseros?
4. ¿Sabes cuánto cuesta un apartamento pequeño en la ciudad o pueblo donde vives?
5. ¿Conoces a alguien con piscina en su casa?
6. ¿Sabes cuánto cuesta una casa en tu vecindario?
7. ¿Sabes dónde está el parque _____?
8. ¿Sabes dónde está la biblioteca pública más cercana?

VENTANAS CULTURALES Las costumbres

De casa en casa: La tradición de las posadas

La tradición de las **posadas** tiene su origen en una historia de la Biblia: la virgen María y su esposo José **buscan alojamiento** en Belén, porque el niño Jesús va a nacer. Así, con este episodio del Nuevo Testamento, empezó esta popular celebración del pueblo mexicano. En sus comienzos las posadas se celebraban sólo en la iglesia. Pero con el tiempo se transformaron en un evento de la comunidad, celebrado también en casa, con la familia y los amigos.

Todos los años, entre el 16 y el 24 de diciembre, los mexicanos conmemoran este pasaje de la Biblia de una manera muy especial, organizando procesiones por los barrios de su ciudad. En muchas vecindades, niños y adultos van de casa en casa buscando alojamiento. Los niños llevan **velas** o **faroles,** tocan a las puertas y siguen su camino hasta la iglesia o su casa. Si hay un **nacimiento,** los pequeños se acercan al niño Jesús y le ofrecen flores. Algunas personas se visten de María y José, y representan así la **búsqueda** de alojamiento. La fiesta continúa después con tamales, chocolate caliente y otras sabrosas comidas. Los chicos también reciben regalos, por supuesto: ricos **buñuelos,** refrescos, dulces. A veces rompen una piñata.

Hoy en día, esta celebración es una de las más populares de México. Pero en los Estados Unidos también podemos apreciar las posadas. En muchas ciudades —San Diego, San Antonio y Chicago, entre otras—, la comunidad mexicana mantiene viva la festiva tradición de diciembre.

VOCABULARIO ÚTIL	
la posada	*inn, hotel*
buscan alojamiento	*are looking for lodging*
la vela	*candle*
el farol	*paper lantern*
el nacimiento	*nativity scene*
la búsqueda	*search*
el buñuelo	*fritter*

Comprensión

1. ¿Cuál es el origen de la tradición de las posadas?
2. ¿Qué hacen los mexicanos para celebrar las posadas? Mencione un mínimo de dos actividades.

En resumen

De todo un poco

A. ¿Cómo es tu casa/apartamento?

Trabajando en parejas, hablen de su casa (apartamento), su vecindario y sus obligaciones. Pueden usar la siguiente guía.

- descripción de la casa (del apartamento): los cuartos, los muebles, el patio, etcétera
- descripción del vecindario: las escuelas, la biblioteca, las tiendas, la lavandería, la gasolinera, etcétera
- las obligaciones que tiene cada miembro de la familia: lavar, planchar, cocinar, cortar el césped, etcétera

B. En grupos de 3 ó 4 describan la casa ideal. Si quieren, una persona puede hacer un dibujo. ¿Dónde está la casa ideal? ¿Cómo es la cocina? ¿Qué hay en ella? ¿Cómo es la sala? ¿y los otros cuartos? ¿Cómo es el patio/jardín? ¿Qué otras cosas especiales hay en la casa ideal?

¡Dígalo por escrito!

Casa a la venta

Imagínese que usted es agente de bienes raíces (*real estate*). Busque una foto o haga un dibujo de una casa. Luego, escriba un anuncio para una revista de bienes raíces describiendo esa casa. Debe incluir en su anuncio una descripción detallada de la casa, los cuartos, los aparatos domésticos que tiene, la vecindad, el precio y, claro, la foto o el dibujo.

¡Cuéntenos usted!

Cuéntenos sobre el cuarto o el lugar favorito de su casa. ¿Cómo es? ¿Es un lugar tranquilo o de mucha actividad? ¿Prefiere estar en ese lugar solo/a o acompañado/a? ¿Qué hace usted cuando está allí? ¿Duerme? ¿Escucha música? ¿Lee?

PISTAS PARA LEER
1. Look at the photographs. Describe what you see. Do you know of any cities in your country that look similar?
2. Scan the first two paragraphs for characteristics of Hispanic cities.
3. As you read, locate on a map the cities and countries mentioned.

VOCABULARIO ÚTIL

antiguas	*ancient*
la mezcla	*mixture*
reconstruida	*reconstructed*
los siglos	*centuries*
el cerro	*hill*
parecido	*like*
el ambiente	*ambience, atmosphere*

LECTURA

Las hermosas ciudades hispanas

Muchas ciudades hispanas son **antiguas** y grandes. Algunas tienen entre trescientos y cuatrocientos años, y en España varias datan del Imperio Romano. Hay ciudades de América Latina, como Arequipa, al sur de Perú, donde se nota en sus edificios la **mezcla** de la cultura indígena y la cultura española. En algunas ciudades, la parte más vieja está **reconstruida** y hoy en día es una zona de interés turístico, como el Viejo San Juan en Puerto Rico, la ciudad colonial de Santo Domingo en la República Dominicana y el Quito colonial en Ecuador.

Las ciudades hispanas están generalmente divididas en zonas con nombres variados, por ejemplo: Argüelles, La Loma y La Villa. Algunas zonas son residenciales; otras son industriales o comerciales. Más que nada, en la típica ciudad hispana hay zonas mixtas: calles con casas particulares, apartamentos, tiendas y oficinas. En muchos casos, los adultos trabajan lejos de casa, pero hacen sus compras en las tiendas de su vecindario, en donde sus niños juegan.

El viejo San Juan, Puerto Rico

Cartagena, en Colombia, es un ejemplo de ciudad con áreas mixtas, con su arquitectura colonial impresionante, su centro lleno de casas particulares y también de actividad comercial, y sus bellas playas. A propósito, si a usted le interesa la arquitectura, debe ir a la ciudad de San Miguel de Allende, en México, donde va a encontrar hermosos edificios que datan de los **siglos**

La Plaza Mayor en Madrid, España

dieciocho y diecinueve. Varias casas de San Miguel de Allende son ahora monumentos históricos.

En muchas ciudades la plaza es un lugar central de gran vitalidad. Las plazas en México se llaman a veces «zócalo». El Zócalo de la ciudad de México es particularmente grande. La Plaza Mayor de Madrid, España, tiene cafés y restaurantes de comida española típica. En la ciudad de Cuzco, que está en las montañas de Perú (parte de los Andes), hay una bella plaza, la Plaza de Armas. También son populares las plazas de Valparaíso, en Chile. Valparaíso está situada en la costa y sobre **cerros**. Esta ciudad chilena tiene, además de plazas hermosas, panoramas espectaculares.

Hay ciudades hispanas con calles y barrios famosos; por ejemplo, el Paseo de la Reforma en la ciudad de México, que es un amplio bulevar **parecido** al de Champs Elysées de París. En Madrid, la Gran Vía es la calle de más tránsito y público en toda la ciudad. Otra calle muy conocida, especialmente por sus tiendas, es la Calle Florida en Buenos Aires. Si a usted le gusta el **ambiente** de una ciudad cosmopolita y elegante, debe ir a Buenos Aires, capital de Argentina. Allí va a encontrar grandes avenidas, numerosos parques, teatros y museos.

Como puede ver, muchas ciudades hispanas son antiguas, grandes y verdaderamente hermosas.

Comprensión

Indique si las siguientes descripciones corresponden a las ciudades hispanas (H), a las ciudades norteamericanas (N) o a las dos (D).

1. _____ Son muy viejas.
2. _____ Hay ciudades que datan del Imperio Romano.
3. _____ En algunas ciudades el centro es una zona turística.
4. _____ Hay mucha actividad comercial en el centro.
5. _____ Hay gran cantidad de restaurantes.
6. _____ Muchas personas viven en el centro.
7. _____ Cada zona tiene su propio nombre.
8. _____ Se hacen las compras lejos de la casa.
9. _____ Los edificios de algunas ciudades son monumentos históricos.
10. _____ Tienen calles famosas.

Un paso más... ¡a conversar!

1. Describa la ciudad donde usted nació o la ciudad donde vive ahora. ¿Qué aspectos de esta ciudad le gustan más? ¿Cuáles no le gustan y por qué?
2. Considere las diez características de la actividad de **Comprensión**. ¿Cuáles describen la ciudad donde usted vive? Por ejemplo, ¿hay calles famosas en su ciudad?

Vea el **Resumen cultural** en este capítulo del *Cuaderno de actividades*.

Vocabulario

Los cuartos y otras dependencias

Rooms and Other Parts of the House

el ascensor	elevator
el baño (el cuarto de baño)	bathroom
la cerca	fence
la chimenea	fireplace
el comedor	dining room
el corredor	corridor, hallway
el dormitorio	bedroom
la escalera	stairway, stairs
la habitación	room
el pasillo	hall
el piso	story, floor; apartment (*Spain*)
la recámara	bedroom (*Mex.*)
la sala	living room

PALABRAS SEMEJANTES: el balcón, el garaje, el patio, la terraza
REPASO: la cocina, el jardín

Los muebles y los aparatos eléctricos

Furniture and Electrical Appliances

la alacena	kitchen cupboard
la alfombra	carpet, rug
la almohada	pillow
el aparato (doméstico)	(household) appliance
el armario	closet
la aspiradora	vacuum cleaner
la bañera	bathtub
la cafetera	coffeepot
el calentador	heater
la cama (matrimonial)	(double) bed
el cepillo (de dientes)	(tooth) brush
la cómoda	chest of drawers
la cortina	curtain; drapes
el cuadro	picture (*on a wall*)
la ducha	shower
la escoba	broom
el espejo	mirror
el estante	shelf
la estufa	stove, range
el fregadero	kitchen sink
el gabinete	cabinet
el horno (de microondas)	(microwave) oven
el inodoro	toilet
el lavabo	bathroom sink
la lavadora	washing machine
el lavaplatos	dishwasher
la mesita	coffee table
el secador (de pelo)	hair dryer
la secadora	(clothes) dryer
el sillón	easy chair
la taza	cup, mug; toilet bowl
la tetera	teapot
el tocador	dresser
el ventilador	fan

PALABRAS SEMEJANTES: la lámpara, el piano, el plato, el refrigerador, el sofá, el tostador, el utensilio
REPASO: la afeitadora, la silla, el televisor, la toalla, el vaso

La casa y el vecindario

House and Neighborhood

el arbusto	bush
la cancha de tenis	tennis court
la casa particular	private home
el centro comercial	shopping center
el departamento	apartment (*Mex.*)
el dueño / la dueña	owner
la estatua	statue
el pueblo	town

PALABRAS SEMEJANTES: el apartamento, la residencia, la vista
REPASO: el árbol, la ciudad, el colegio, el condominio, el edificio, la escuela, la fuente, la gasolinera, la iglesia, el lugar, el parque, la piscina, la plaza, el supermercado, el techo, la tienda

Los quehaceres domésticos

Household Chores

barrer	to sweep
calentar (ie)	to warm up
caliento / calienta	
cortar el césped	to cut (mow) the grass
dar de comer	to feed
desempolvar	to dust
guardar (ropa)	to put away (clothes)
pasar la aspiradora	to vacuum
regar (ie)	to water
riego / riega	
sacar la basura	to take out the trash
tender (ie) la cama	to make the bed
tiendo / tiende	

REPASO: ayudar, cocinar, lavar, limpiar, planchar, secar

Los verbos

Verbs

alquilar(se)	to rent; to be rented
se alquila	for rent
apoyar	to support
cerrar (ie)	to close
cierro / cierra	

compartir	to share
conocer	to know; to meet
conozco / conoce	
enviar	to send
prender (la luz)	to turn on (the light)

PALABRAS SEMEJANTES: comentar, identificar, incluir, ordenar
REPASO: apagar, deber (+ *infin.*), **encender (ie), hay que** (+ *infin.*), **necesitar, pasar tiempo, tener que** (+ *infin.*)

Los sustantivos

Nouns

alguien	someone
el alquiler	rent
los bienes raíces	real estate
el director / la directora	(school) principal
la diversión	entertainment
el empleado doméstico / la empleada doméstica	servant
la entrada	entrance, driveway
las noticias	news
la pareja	pair, couple
el precio	price
la venta	sale

PALABRAS SEMEJANTES: el desastre, la milla, el objeto, el transporte
REPASO: la mascota

Los adjetivos

Adjectives

agradable	pleasant, nice
amplio/a	roomy
amueblado/a	furnished
barato/a	inexpensive
caro/a	expensive
módico/a	moderate (in price)
propio/a	own
serio/a	serious
útil	useful

PALABRAS SEMEJANTES: cronológico/a, decorado/a

¿Cuándo? ¿Con qué frecuencia?

When? How Often?

a menudo	often
anoche	last night
(el mes/año) pasado	last (month/year)

REPASO: ahora, antes de / después de, ayer, esta noche, hoy, mañana, por la mañana/tarde/noche

Las comparaciones

Comparisons

bueno, mejor, el/la mejor	good, better, (the) best
malo, peor, el/la peor	bad, worse, (the) worst
el/la más (+ *adj.*)	the most (+ *adj.*)
más/menos que (de)	more/less than
tan... como	as . . . as
tanto(s)/tanta(s)... como	as much / as many . . . as

Las presentaciones

Introductions

Encantado/a.	Delighted (Pleased) to meet you.
Gusto en conocerlo/a.	Nice to meet you.
Quiero presentarle a...	I want to introduce you (*sing. pol.*) to . . .
Quiero presentarte a...	I want to introduce you (*inf.*) to . . .

REPASO: igualmente, mucho gusto, ¿Qué tal?

Palabras y expresiones útiles

Useful Words and Phrases

¿Para qué sirve... ?	What is . . . used for?
pues	well, then

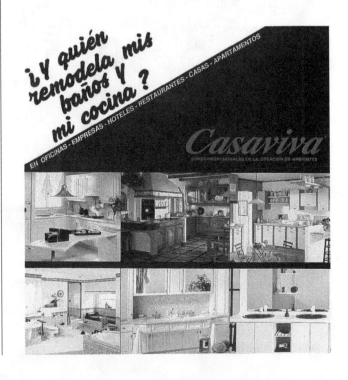

6.1 Making Comparisons of Inequality: *más/menos*

Gramática ilustrada

Guillermo es **más alto que** Ramón.
Ramón es **menos alto que** Guillermo.

Amanda es **más seria que** Graciela.
Graciela es **menos seria que** Amanda.

Amanda recibe **mejores notas que** Graciela.

Graciela recibe **peores notas que** Amanda.

Ramón es **mejor atleta que** Guillermo.
Guillermo es **mejor estudiante que** Ramón.

Ernestito es **el más grande de** los tres.

Marisa es **la más pequeña de** los tres.

---

más que = *more than*
menos que = *less than*

A. Use the words **más... que** (*more . . . than*) and **menos... que** (*less . . . than*) to make unequal comparisons in Spanish. English often uses the ending *-er* (e.g., *taller*) in such comparisons, but Spanish uses **más/menos** + adjective.

Guillermo es **más** alto **que** Ramón.	*Guillermo is taller than Ramón.*
Graciela es **menos** seria **que** Amanda.	*Graciela is less serious than Amanda.*
Yo tengo **más** experiencia **que** Pilar.	*I have more experience than Pilar.*
José tiene **menos** tiempo **que** Clara.	*José has less time than Clara.*

B. To single out a member of a group as "the most" or "the least," add an article (**el, la, los, las**) to this construction. Note that English often uses the ending -est: **el más gordo** (the fattest), **las más grandes** (the biggest ones), **la más cara** (the most expensive one), **el menos útil** (the least useful). (Also note that Spanish uses **de** where English uses of or in.)

Adriana es **la más** simpática (**de** las tres que conozco).	Adriana is the nicest (of the three I know).
Éstas son **las casas más** modernas **del** vecindario.	These are the most modern houses in the neighborhood.
Aquí tiene usted **el** cuarto **más** grande **de** la casa.	Here you have the largest room in the house.

> **el más alto** = the tallest (m. sing.)
> **los más altos** = the tallest (m. pl.)
> **la más alta** = the tallest (f. sing.)
> **las más altas** = the tallest (f. pl.)

C. There are special comparative and superlative forms for **bueno** and **malo**.

bueno	mejor	el/la mejor	good/better/best
malo	peor	el/la peor	bad/worse/worst

> **el/la mejor** = the best (sing.)
> **los/las mejores** = the best (pl.)
> **el/la peor** = the worst (sing.)
> **los/las peores** = the worst (pl.)

En mi opinión, la cocina es el **mejor** cuarto de la casa.	In my opinion, the kitchen is the best room in the house.
No hay nada **peor** que el ruido de los coches cuando uno quiere dormir.	There is nothing worse than traffic noise when you want to sleep.

D. The special forms **mayor / el/la mayor** (older/oldest) and **menor / el/la menor** (younger/youngest) are used to compare ages.

Mi hermano **mayor** se llama Jaime y mi hermana **menor** se llama Leticia.	My older brother is named Jaime, and my younger sister is named Leticia.

> **mi hermana mayor** = my older sister
> **mi hermano menor** = my younger brother

Ejercicio 1

Haga comparaciones. Use **más/menos que**.

MODELO: El sofá cuesta $150. El sofá-cama cuesta $500. (cuesta) →
El sofá-cama cuesta *más que* el sofá. (El sofá cuesta *menos que* el sofá-cama.)

1. La mesa pesa 25 kilos. El sillón pesa 48. (pesa)
2. En mi casa viven ocho personas. En la casa de los vecinos viven cinco. (viven)
3. La casa de los López tiene cuatro dormitorios. La casa de los vecinos tiene dos. (tiene)
4. En el patio de mis abuelos hay tres árboles. En nuestro patio hay cinco. (hay)
5. En la casa de los Ruiz hay tres dormitorios. En la casa de los Saucedo hay cinco. (hay)

> **pesa** = weighs

Ejercicio 2

Exprese su opinión. Use **mejor, peor, mayor, menor** o **el/la más... de...**

MODELO: el Mercedes Benz; el Jaguar (mejor) →
En mi opinión, el Jaguar es *mejor que* el Mercedes.

1. vivir en el desierto; vivir en el centro de la ciudad (peor)
2. vivir en una casa; vivir en un apartamento (mejor)
3. un ventilador; un horno de microondas; un refrigerador (útil)
4. mi hermano Armando tiene 12 años; mi hermana Irma tiene 10 (mayor)
5. mi hijo tiene 6 meses; tu hija tiene 1 año (menor)
6. un Ferrari que cuesta $300.000; un Rolls-Royce que cuesta $460.000; un BMW que cuesta $65.000 (caro)

desierto = *desert*

6.2 Making Comparisons of Equality: *tan/tanto*

Gramática ilustrada

Ramón no es **tan alto como** Guillermo.

Marisa y Clarisa son **tan inteligentes como** Ernestito.

Andrea no tiene **tanto tiempo libre como** su hermana, Paula.

Graciela tiene **tantos amigos como** Amanda.

A. When stating that qualities are (or are not) equal or identical (*as pretty as / not as pretty as*), use **(no) tan... como. Tan** never changes form in comparisons or contrasts of qualities.

tan + adjective + **como** = *as* + adjective + *as*

Marisa es **tan** inteligente **como** Clarisa.	*Marisa is as intelligent as Clarisa.*
Ramón **no** es **tan** alto **como** Guillermo.	*Ramón is not as tall as Guillermo.*

B. When equating quantities (*as much/many as*), use **tanto... como. Tanto** agrees with the noun that follows: **tanto, tanta, tantos, tantas.**

tanto/a/os/as + noun + **como** = *as much/ many* + noun + *as*

Andrea no tiene **tanto dinero como** Paula.	*Andrea doesn't have as much money as Paula.*
Ustedes tienen **tantas clases como** nosotros.	*You have as many classes as we do.*

Ejercicio 3

Haga comparaciones. Use **tan... como.**

MODELO: El Parque de Chapultepec es muy grande. El Parque Juárez es pequeño. (grande) →
El Parque Juárez no es *tan grande como* el Parque de Chapultepec.

1. La piscina de los señores Montes es muy bonita. La piscina de los señores Lugo es muy bonita también. (bonita)
2. El edificio de la avenida Oriente tiene seis pisos. El edificio nuevo de la avenida del Libertador tiene diez. (alto)
3. La lavandería nueva de la calle Ebro es muy limpia. La lavandería vieja de la avenida Almendros no es muy limpia. (limpia)
4. Los condominios «Princesa» son muy modernos. Los condominios «San Juan» tienen ya veinte años. (modernos)

Ejercicio 4

Haga comparaciones. Use **tantos/as... como.**

MODELO: Mi casa tiene dos dormitorios. Su casa tiene cuatro. →
Mi casa no tiene *tantos* dormitorios *como* su casa.

1. La sala de nuestra casa tiene cuatro lámparas. La sala de su casa tiene sólo dos lámparas.
2. La casa de los señores Saucedo tiene ocho cuartos. La casa de los señores Ruiz tiene seis cuartos.
3. La casa de mis padres tiene dos baños. La casa de los vecinos también tiene dos baños.
4. El patio de doña Lola tiene muchas flores y plantas. El patio de don Anselmo tiene pocas flores y plantas.

6.3 Talking about Past Actions: The Preterite of Regular Verbs (Part 1)

Gramática ilustrada

hablé = *I spoke*
comí = *I ate*
viví = *I lived*
hablaste = *you (inf. sing.)*
  spoke
comiste = *you (inf. sing.)*
  ate
viviste = *you (inf. sing.)*
  lived
habló = *you (pol. sing.)*
  spoke; he/she spoke
comió = *you (pol. sing.) ate;*
  he/she ate
vivió = *you (pol. sing.) lived;*
  he/she lived

The Spanish past tense (preterite), like the English present tense, is formed by adding a set of endings to the stem. Here are the singular preterite endings of the regular verbs **hablar** (*to speak*), **comer** (*to eat*), and **vivir** (*to live*).*

	-ar *verbs*	**-er** *verbs*	**-ir** *verbs*
(yo)	hablé	comí	viví
(tú)	hablaste	comiste	viviste
(usted, él/ella)	habló	comió	vivió

Note the written accent marks. They tell you where to put the stress. Also note that the singular endings for **-er** and **-ir** verbs are the same.

The following are some time expressions that often act as clues to help you recognize the preterite. You can use them to talk about the past.

> **anoche, ayer, ayer por la mañana (tarde, noche), anteayer, el lunes (martes, miércoles,** etc.**) pasado, el mes (año) pasado, esta mañana, la semana pasada, ya**

> **Hablé** con la vecina nueva **ayer.**   *I spoke with the new neighbor yesterday.*

> —¿**Ya comiste?**   —*Did you already eat?*
> —Sí, **comí** en casa.   —*Yes, I ate at home.*

Ejercicio 5

¿Hizo usted estas actividades ayer? Conteste sí o no.

MODELO: trabajar → Sí, *trabajé* siete horas. (No, *no trabajé*.)

1. comprar un espejo
2. comer en un restaurante
3. hablar por teléfono
4. escribir una carta
5. estudiar cuatro horas
6. abrir la ventana
7. visitar a un amigo / una amiga
8. correr por la mañana
9. tomar un refresco
10. lavar los platos

Ejercicio 6

Diga si cada una de las siguientes personas hizo las actividades indicadas.

MODELO: Christina Aguilera / cantar en la ducha esta mañana →
    Christina Aguilera *cantó* en la ducha esta mañana.

1. mi madre / charlar con el presidente la semana pasada
2. el presidente de México / comer tacos en la calle ayer
3. la profesora de español / salir con Antonio Banderas anoche
4. yo / jugar al tenis con Rafael Nadal ayer a medianoche
5. Hugo Chávez / visitar los Estados Unidos el mes pasado

---

*The plural endings and many common verbs that are irregular in the preterite are introduced in **Gramática 7.1, 7.2,** and **7.3.**

6.4 Knowing People, Places, and Facts: *conocer* and *saber*

A. Conocer (*to know*) is used in the sense of *to be acquainted* or *familiar with;* it is normally used with people and places. **Saber** (*to know*) is used in the sense of *to know facts, information,* or, when followed by an infinitive, *to know how to* (*do something*). Here are the present-tense forms of conocer* and **saber.**

	conocer (*to know people, places*)	saber (*to know facts, information*)	
(yo)	conozco	sé	*I know*
(tú)	conoces	sabes	*you (inf. sing.) know*
(usted, él/ella)	conoce	sabe	*you (pol. sing.) know; he/she knows*
(nosotros/as)	conocemos	sabemos	*we know*
(vosotros/as)	conocéis	sabéis	*you (inf. pl., Spain) know*
(ustedes, ellos/as)	conocen	saben	*you (pl.) know; they know*

Note that the preposition **a** precedes a direct object noun when that noun is a person. This use of **a** is called the *personal **a**.*

—¿**Conoces a** Carla Espinosa?
—Sí, y **conozco** también **a** su hermano.
—¿Y **conoces** también **a** su amigo Rogelio?
—No, **a** él no lo **conozco.**

—*Do you know Carla Espinosa?*
—*Yes, and I also know her brother.*
—*And do you also know her friend Rogelio?*
—*No, I don't know him.*

—¿**Conoces** muy bien la ciudad de México?
—Todavía no.

—*Do you know Mexico City well?*
—*Not yet.*

—¿**Sabes** nadar?
—No, no **sé** nadar.

—*Do you know how to swim?*
—*No, I don't know how to swim.*

—¿**Sabes** dónde está el restaurante?
—No, no **sé.**
—¿**Sabes** si hay una biblioteca cerca?
—No, no **sé.**

—*Do you know where the restaurant is?*
—*No, I don't know.*
—*Do you know if there is a library nearby?*
—*No, I don't know.*

B. The preterite of **conocer** (**conocí, conociste, conoció**) expresses the meaning *met* (*for the first time*) in English.

Conocí a Raúl la semana pasada.   *I met Raúl last week.*

¿RECUERDA?

Spanish uses two different verbs to express the English verb *to know.* You have already seen and practiced the forms of one of these verbs, **saber,** which means *to know facts, information.* When followed by an infinitive, **saber** expresses the idea *to know how to* (*do something*). Return to **Gramática 5.2** to review the verb **saber** in more detail.

---

conocer = *to know people, places*
saber = *to know facts, information*
saber + inf. = *to know how to* (*do something*)
   ***Conozco a* Adriana.**
      (*I know Adriana.*)
   Sé que Adriana vive en Buenos Aires. (*I know that Adriana lives in Buenos Aires.*)

---

conocer in the preterite = *met* (*for the first time*)

---

*Recognition: **vos conocés**

Ejercicio 7

—¿Conoce usted a los vecinos que viven enfrente?
—Sí, los conozco muy bien. Su apellido es Saucedo.

El señor Valdés lleva sólo una semana viviendo en el vecindario de San Vicente. Está hablando con su vecino, don Eduardo. Complete con las frases apropiadas las preguntas del señor Valdés.

¿Conoce usted...
¿Sabe usted...

1. a los dueños de la casa de la esquina (*corner*)?
2. a doña Rosita?
3. si hay una farmacia cerca?
4. si hay una alberca (piscina) pública cerca?
5. al director del colegio que está en la esquina?
6. un buen restaurante chino?
7. dónde está el Parque de Colón?
8. si hay una lavandería en el centro comercial El Toro?
9. cuánto cuesta ponerle un techo nuevo a la casa?
10. a la vecina de la casa amarilla?

6.5 Referring to People already Mentioned: Personal Direct Object Pronouns

A. Personal direct object pronouns (**los pronombres de complemento directo**) are used with verbs such as *to see* (*someone*), *to remember* (*someone*), *to know* (*someone*), *to love* (*someone*), *to take* (*someone somewhere*), *to invite* (*someone*), and so forth. Here are some examples of direct object pronouns in English.

> Raúl Saucedo? I don't remember *him*.
> Ernestito and his brother and sister? We saw *them* yesterday.
> I'm José Estrada. You remember *me*, don't you?

B. You already know four of the personal direct object pronouns, because they are the same as the reflexive pronouns and the indirect object pronouns: **me** (*me*), **te** (*you*), **nos** (*us*), and **os** (*you; inf. pl., Spain*).

Usted no **me** conoce todavía. Soy Raúl Saucedo.	*You don't know me yet. I'm Raúl Saucedo.*
Te quiero mucho.	*I love you a lot.*
Tú no **nos** recuerdas, ¿verdad?	*You don't remember us, do you?*

C. Four other direct object pronouns are used, according to the gender and number of the person(s) referred.*

lo	*him, you (pol. m. sing.)*	los	*them, you (pl.)*
la	*her, you (pol. f. sing.)*	las	*them, you (females only)*

---

*Some Spanish speakers from Spain use **le/les** instead of **lo/los** as the direct object pronoun to refer to males.

—¿Conoces a **José Estrada**, el novio de Pilar?
—Sí, **lo** conozco.

—¿Mi hija Margarita? **La llevo** todos los días a la escuela.

—¿No **lo** vi a usted ayer, señor Torres?
—Sí, **me** vio en la biblioteca.

—¿Y tus **parientes**? ¿**Los** ves con frecuencia?
—Sí, durante las fiestas **los** invitamos a casa a cenar con nosotros.

—¿Vas a visitar a tus **hermanas** mañana?
—Sí, **las** voy a ver al mediodía.

—Mamá, ¿cuándo vas a recoger**nos**?
—Paso a recoger**las** a las 2:45.

—Do you know José Estrada, Pilar's boyfriend?
—Yes, I know him.

—My daughter Margaret? I take her to school every day.

—Didn't I see you yesterday, Mr. Torres?
—Yes, you saw me in the library.

—And your relatives? Do you see them frequently?
—Yes, during the holidays we invite them to our house to have dinner with us.

—Are you going to visit your sisters tomorrow?
—Yes, I'm going to see them at noon.

—Mom, when are you going to pick us up?
—I'll pick you up at 2:45.

> In the sentence *John saw her*, the word *her* is a direct object pronoun. Direct object pronouns answer the questions *Whom?* or *What?*

> In the sentence **Juan la conoce** (*John knows her*), **la** is a direct object pronoun.

> —**¿Dónde está Lan?**
> —**No sé. No *la* veo.**
> [*la* = **Lan**]
> —*Where is* **Lan**?
> —*I don't know. I don't see* **her.** [**her** = *Lan*]
>
> —**¿Conoces a *los Silva*?**
> —**Sí, *los* conocí ayer.**
> [*los* = **los Silva**]
> —*Do you know* **the Silvas**?
> —*Yes, I met* **them** *yesterday.*
> [**them** = *the Silvas*]

Ejercicio 8

Complete estos diálogos con pronombres de complemento directo.

MODELO: —¿Conoces a Marta Guerrero?
—Sí, *la* conozco.

1. —¿Conocen ustedes a los señores Saucedo?
   —Sí, _____ conocemos muy bien.
2. —¿Conoces tú a doña Rosita?
   —Sí, _____ conozco un poco.
3. —¿Y a Pedro Ruiz?
   —Sí, _____ conozco también.
4. —¿Conoce Estela Saucedo a Silvia y a Nacho?
   —Sí, ella _____ conoce un poco.
5. —Señor, yo no _____ conozco.
   —¿No me conoce? ¡Soy Ernesto Saucedo, su vecino!
6. —¿Conoce usted al esposo de Andrea Ruiz?
   —No, no _____ conozco.
7. —¿Conocen ustedes a la señorita Batini?
   —Sí, _____ conocemos muy bien; es amiga de mi madre.
8. —¿Conocen los señores Saucedo a los señores Silva?
   —Sí, los señores Saucedo _____ conocen muy bien; son vecinos.
9. —¿Conoces tú a Guillermo?
   —Sí, _____ conozco muy bien; es mi mejor amigo.
10. —¿Conoce Amanda a Graciela?
    —Sí, _____ conoce muy bien; son muy buenas amigas.

Hablando del pasado

METAS

In **Capítulo 7** you will continue to talk about things that happened in the past: your own experiences and those of others.

Pintura de la serie *Tango argentino*, por Guillermo Alio (Argentina)

Sobre el artista: Guillermo Alio nació en Tucumán, Argentina, en 1950. Estudió en la Escuela de Bellas Artes en Buenos Aires. Sus obras se exhiben en varios países de América del Sur y Europa, los Estados Unidos, México e Israel. Actualmente da conferencias sobre arte en Argentina y otros países.

¡Conozca Argentina!

Nombre del país: la República Argentina

Ciudad capital: Buenos Aires

Ciudades principales: Córdoba, Mar del Plata, Mendoza, Salta, San Miguel de Tucumán

Moneda: el peso argentino

Idiomas: el español

Población: 40.300.000

Día de la Independencia: el 9 de julio

Fiestas típicas: el Día del Veterano y de los Caídos en la Guerra de las Malvinas, el Día del Trabajador, el Día del Libertador José de San Martín, el Día de la Inmaculada Concepción

Comidas típicas: las empanadas, la parrillada, la humita, el locro, la pasta, la pizza, el dulce de leche, el alfajor, el mate

Música típica: la milonga, el tango, la nueva canción, el rock argentino, la música gauchesca

Gente famosa: José de San Martín, Diego Maradona, Eva Perón, Atahualpa Yupanqui, Mercedes Sosa, Carlos Gardel, Jorge Luis Borges, Julio Cortázar

Voces argentinas

amarrete	**tacaño/a**
che	hey; buddy
el bife	**el bistec**
la campera	**la chaqueta**
un despelote	**un lío**
ni a ganchos	**no** (enfático)

En este capítulo...

ACTIVIDADES DE COMUNICACIÓN

- Mis experiencias
- Las experiencias con los demás
- Hablando del pasado

EN RESUMEN

LECTURAS Y CULTURA

- **Enlace a la literatura** «Cuando salimos de El Salvador», por Jorge Argueta
- **Ventanas culturales** Las costumbres: La Diablada de Oruro
- **Ventanas al pasado** La independencia de Sudamérica
- **Lectura** Machu Picchu: Un viaje por el tiempo

GRAMÁTICA Y EJERCICIOS

7.1 Talking about Past Actions: The Preterite of Regular Verbs (Part 2)

7.2 Relating Past Events (Part 1): Verbs with Irregular Preterite Forms

7.3 More about Relating Past Events (Part 2): Stem-Changing Verbs in the Preterite

7.4 Reporting the Past: Indirect Object Pronouns with **decir**

7.5 Expressing *ago:* **hacer** + Time

Mis experiencias

✳ **Lea Gramática 7.1–7.2.**

Ayer hice muchas cosas.

Carla

Por la mañana...

Me lavé el pelo.

Desayuné rápidamente.

Salí de casa.

Asistí a la clase de biología.

Tomé café con algunos amigos.

Escribí un informe para la clase de química.

Por la tarde...

Volví a casa a las dos.

Almorcé con mi mamá.

Trabajé por cuatro horas en una tienda de ropa.

Anoche...

Cené con mi familia.

Leí un poco antes de acostarme.

Me acosté temprano.

Actividad 1 Orden lógico: Mis actividades

Ordene lógicamente las siguientes actividades.

_____ Leí una novela.
_____ Me duché.
_____ Me puse el pijama.
_____ Trabajé. / Asistí a clases.
_____ Me acosté.
_____ Hice la tarea.
_____ Cené.
_____ Desayuné.
_____ Salí para el trabajo / la universidad.
_____ Lavé los platos.
_____ Volví a casa.
_____ Me vestí.

Actividad 2 Narración: La rutina

Complete lógicamente cada secuencia con la actividad que falta. Los puntos rojos indican la actividad que falta.

MODELO: Anoche cené, luego me quité la ropa, •, me lavé los dientes y me acosté. (me duché)

1. Hoy me desperté, me levanté inmediatamente, me duché, me lavé el pelo y •. Después me puse ropa limpia y salí para la universidad.
2. Anoche llegué del trabajo, me quité la ropa, me puse el pijama, cené, • y me acosté.
3. Esta mañana me desperté tarde. Me quité rápidamente el pijama, me duché, me sequé y •. Luego tomé un vaso de leche (no desayuné porque no tuve tiempo) y salí para el trabajo.
4. El sábado pasado mi novio/a me invitó al cine. Primero •, me duché y •. Luego • y me puse ropa limpia. Un poco más tarde me peiné. Finalmente salí para el cine con mi novio/a.
5. El domingo pasado me desperté, desayuné, me quité el pijama, me duché, me sequé, me vestí y •. Llegué a la cancha de tenis y jugué un partido con mi amigo.

Actividad 3 Encuesta: La última vez

¿Cuándo fue la última vez que usted hizo las siguientes actividades?

MODELO: ¿Cuándo habló con su mamá por teléfono? →
Hablé con ella *la semana pasada.*

Posibilidades

esta mañana	la semana pasada	hace _____ días,
ayer	ayer por la mañana (tarde, noche)	(semanas,
anteayer	el lunes (martes,...) pasado	meses, años)
anoche	el año pasado	

(Continúa)

1. ¿Cuándo lavó su carro?
2. ¿Cuándo se bañó?
3. ¿Cuándo se cortó el pelo?
4. ¿Cuándo navegó por el Internet?
5. ¿Cuándo asistió a clase? ¿a un concierto?
6. ¿Cuándo estudió más de una hora?
7. ¿Cuándo vio la televisión? ¿una película?
8. ¿Cuándo fue a la playa? ¿al lago? ¿al río?
9. ¿Cuándo fue de compras?
10. ¿Cuándo leyó el periódico? ¿una revista?

Actividad 4 **Narración: El fin de semana de Ricardo Sícora**

Palabras útiles

primero	luego	más tarde
poco después	también	finalmente

Enlace a la literatura

«Cuando salimos de El Salvador», por Jorge Argueta

Selección de su libro *Una película en mi almohada* (2001)

Jorge Argueta es un poeta salvadoreño que llegó a los Estados Unidos en 1980 y desde entonces vive en San Francisco, California. Además de ser autor de poemas y cuentos, Argueta es maestro. Una de sus muchas publicaciones es *Xóchitl, la niña de las flores* (2003), una hermosa historia para niños. En el conmovedor[1] poema aquí incluido, Argueta describe su experiencia al tener que abandonar su país.

Cuando salimos de El Salvador

Cuando salimos de El Salvador
para venir a los Estados Unidos
mi papá y yo salimos huyendo[2]
una madrugada[3] de diciembre

Salimos sin decirles adiós
a parientes, amigos o vecinos
No me despedí de[4] Neto
mi mejor amigo

No me despedí de Koki
mi periquito parlanchín[5]
ni de la señorita
Sha-Sha-She-Sha
mi perrita favorita

Cuando salimos de El Salvador
en el autobús yo no dejaba de llorar[6]
porque allá se habían
quedado[7] mi mamá
mis hermanitos y mi abuela

Actividad creativa: Una experiencia memorable

Imagínese que usted está escribiendo su autobiografía y quiere contar una experiencia memorable que tuvo durante un viaje. ¿Qué recuerdos importantes o interesantes tiene de esta experiencia? ¿Qué pasó? Narre su historia en una página, en prosa o en forma poética.

[1]*moving* [2]*fleeing* [3]*dawn* [4]*No... I didn't say good-bye to* [5]*talkative* [6]*no... couldn't stop crying* [7]*allá... had remained behind*

Las experiencias con los demás

✳ **Lea Gramática 7.3–7.4.**

«Dos chicos vinieron a la fiesta de mi hijo. Bebieron demasiado.»

Se afeitaron y se vistieron con cuidado.

Llegaron un poco tarde y les dijeron «¡Disculpen!» a sus amigos.

Bailaron y se divirtieron, pero bebieron mucha cerveza y...

¡A caminar!

¡Se sintieron mal! Tuvieron que regresar a casa a pie.

«¡No quisimos beber en la fiesta!»

Nos pusimos unos vestidos lindos.

Llegamos a la fiesta y nos sirvieron cerveza; no la aceptamos.

No nos quedamos en la fiesta. Preferimos ir a jugar al boliche.

Nos sentimos un poco ridículas con nuestros vestidos de fiesta, pero nos divertimos mucho.

Actividad 5 Intercambios: El fin de semana de los vecinos

A continuación ustedes tienen una lista de lo que hicieron algunos de los vecinos de Ernesto y Estela durante el fin de semana.

MODELOS: E1: ¿Qué hicieron *los Olivera el viernes*?
E2: Limpiaron la casa.

E1: ¿Quiénes *salieron a cenar el sábado*?
E2: *Los Silva.*

	LOS OLIVERA	LOS SILVA	LOS RUIZ
el viernes	Limpiaron la casa.	Fueron al cine y vieron una película romántica.	Viajaron a Acapulco con sus hijas.
el sábado	Dieron una fiesta y se divirtieron mucho.	Salieron a cenar.	Pasaron el día en la playa.
el domingo	Durmieron hasta las once; no hicieron nada.	Asistieron a un espectáculo de baile.	Almorzaron en un restaurante elegante.

Actividad 6 Narración: Las vacaciones de Rubén y Virginia Hernández

los Hernández
(Rubén y Virginia)

Actividad 7 Encuesta: ¿Cuándo?

Diga con quién y cuándo hizo usted las siguientes actividades. Luego comente sus respuestas con un compañero / una compañera.

MODELO: Fuimos al cine. → *Mi amigo Jorge y yo* fuimos al cine *anoche.*

Posibilidades

Mis amigos y yo	Mi novio/a y yo	Mi familia y yo	Mi esposo/a y yo

1. Practicamos un deporte.
2. Esquiamos en las montañas.
3. Dormimos en el campo, al aire libre.
4. Dimos una fiesta.
5. Vimos una película.

6. Bailamos.
7. Nos divertimos muchísimo.
8. Montamos a caballo.
9. Corrimos varios kilómetros.
10. Estudiamos en la biblioteca.

Y tú, ¿qué dices?

¿Dónde?
¿Cuál?
¡Qué divertido!
¡Qué aburrido!
¡Qué envidia!
¿De veras?

Actividad 8 Intercambios: Las vacaciones recientes

Pregúntele a su compañero/a qué hicieron las personas en las fotos en esta página.

MODELO: E1: ¿Qué hicieron las personas en la playa?
         E2: *Tomaron el sol y nadaron.*

Una playa en Puerto Rico

Las montañas en Chile

El cine en Barcelona, España

Un restaurante en Sevilla, España

De compras en *Guatemala*

Un club nocturno en *la República Dominicana*

Actividad 9 Narración: Los héroes y el ladrón

Los dibujos de la página anterior representan una aventura de Guillermo y su hermano Ernestito. Las siguientes oraciones describen cada dibujo. Póngalas en orden según los dibujos.

_____ Guillermo le ató las manos al ladrón y Ernestito llamó a la policía.

_____ Los chicos se pusieron rojos. Pero se sintieron muy bien porque hicieron algo heroico.

_____ Guillermo y Ernestito oyeron unos gritos desesperados.

_____ Corrieron detrás del ladrón.

_____ Miraron por la ventana y vieron a dos hermosas chicas asustadas.

_____ Lo atraparon y le quitaron las bolsas de las chicas.

_____ Ellas les dijeron: «¡Ayúdennos, por favor! ¡Aquel hombre nos robó las bolsas!»

_____ Las chicas les dijeron: «¡Muchísimas gracias!» y les dieron un beso.

_____ El policía arrestó al ladrón.

_____ Salieron y les preguntaron: «¿Qué les pasa?»

Actividad 10 Conversación: Los recuerdos

¿Le pasó algo semejante (similar) a usted? ¿Qué hizo?

1. Una vez en un restaurante encontré una mosca en la ensalada. (Yo)...
2. Un día alguien chocó mi carro por detrás. (Yo)...
3. Un día vi a mi novio/a almorzando con mi mejor amigo/a.
4. Un día bebí mucho en una fiesta.
5. Un día mi perro arruinó mis zapatos.
6. Una vez invité a varios amigos a una fiesta. Todos aceptaron la invitación pero nadie asistió.
7. Un día que estaba solo/a en casa escuché ruidos y pasos en el piso de abajo.

VOCABULARIO ÚTIL				
Lo castigué.	Lloré.	Pedí otra	Salí sin pagar.	Llamé a
Me enojé.	Me puse	ensalada.	Me enfermé.	la policía.
	furioso/a.	Me quejé.		Tuve miedo.

Actividad 11 Entrevista: El sábado pasado

Imagínese que su compañero/a es una persona famosa: un actor / una actriz, el presidente de los Estados Unidos, una estrella de televisión o un jugador / una jugadora de fútbol, de basquetbol o de tenis. Hágale preguntas sobre las actividades del sábado pasado.

1. ¿Se levantó tarde? ¿A qué hora se levantó?
2. ¿Leyó el periódico? ¿Tomó café, té o no tomó nada?
3. ¿Hizo ejercicio? ¿Practicó algún deporte?
4. ¿Dónde almorzó? ¿Con quién?
5. ¿Salió con algún amigo / alguna amiga? ¿Adónde fueron? ¿Se divirtieron?
6. ¿Dio una fiesta en casa? ¿A quiénes invitó?
7. ¿Vio la televisión? ¿Leyó una novela? ¿A qué hora se acostó?
8. ¿... ?

REFRÁN

Más vale solo que mal acompañado.

(*Better to be alone than in bad company.*)

VENTANAS CULTURALES   Las costumbres

La Diablada de Oruro

La ciudad de Oruro se encuentra al oeste de Bolivia. Esta ciudad tiene tan sólo 150.000 habitantes, pero cada febrero llegan casi medio millón de personas para celebrar el Carnaval de Oruro. En este Carnaval distintos grupos de bailadores presentan muchos tipos de baile. El baile más famoso es el de los **diablos,** la Diablada, en el cual los danzantes, **disfrazados** de diablos, bailan por las calles de Oruro durante más de 15 horas.

La Diablada nace de la mitología de los indígenas y de la interpretación indígena del cristianismo. Los indígenas andinos **creían** en el Supay, el **dios** de los muertos y del mundo subterráneo. Para recibir su protección, los mineros indígenas **le ofrecían coca** y alcohol al Supay. Por ser Supay el dios de los muertos, los españoles lo asociaron con el diablo cristiano. En 1789 al pie de una montaña, **apareció** una imagen de la Virgen de la Candelaria. Los mineros adoptaron esta Virgen como su santa patrona y la nombraron La Virgen del **Socavón** o Mamita del Socavón. En honor a ella y para calmar al Supay, empezaron a celebrar la Diablada durante el carnaval. Los **disfraces** de diablo que llevan los bailadores representan una mezcla de las dos religiones: incluyen **lagartos, serpientes y ranas,** símbolos importantes de la mitología indígena y los **cuernos,** símbolo cristiano del diablo. Además de los diablos, también figura en la Diablada el arcángel San Miguel, símbolo cristiano del bien. Las máscaras y los disfraces son verdaderamente impresionantes y los artesanos trabajan todo el año para hacerlos.

En el carnaval de Oruro participan varios conjuntos con diferentes nombres: Gran Tradicional Diablada Auténtica de Oruro, Conjunto Tradicional Folklórico Diablada Oruro, Diablada Ferroviaria, Diablada Artística Urus. El sábado es el primer día del festival, Día de la Entrada, y empieza con un **desfile** a las nueve de la mañana con **sacerdotes** y políticos **encabezando** la procesión. Les sigue una estatua de la Virgen del Socavón y luego vienen los conjuntos de bailadores. Como en febrero puede hacer mucho calor, los jóvenes se divierten **tirando** globos de agua a los espectadores. Los bailadores y los músicos llegan a las puertas de la iglesia del Socavón y allí se quitan la máscara para entrar y recibir la **bendición** del sacerdote.

El carnaval de Oruro continúa durante diez días con música, bailes y alegría en las calles. Esta celebración de carnaval es la más grande de Hispanoamérica. La Organización de Naciones Unidas (ONU) nombró esta celebración **Patrimonio Oral e Inmaterial de la Humanidad,** siendo esto motivo de gran **orgullo** para todos los bolivianos.

VOCABULARIO ÚTIL

los diablos	*devils*
disfrazados	*disguised, costumed*
creían	*believed*
el dios	*god*
le ofrecían coca	*offered him coca leaves*
apareció	*appeared*
el socavón	*mineshaft*
los disfraces (*sing.* el disfraz)	*disguises*
lagartos, serpientes y ranas	*lizards, snakes and frogs*
los cuernos	*horns*
el desfile	*parade*
los sacerdotes	*priests*
encabezando	*heading*
tirando	*throwing*
la bendición	*blessing*
Patrimonio Oral e Inmaterial de la Humanidad	*Oral and Intangible Human Heritage*
el orgullo	*pride*

Comprensión

1. ¿Cómo se llama el dios de la muerte de los indígenas andinos? ¿Cómo se llama la santa patrona de los mineros de Oruro?
2. ¿Cuáles son las actividades de celebración de la Diablada de Oruro? Mencione tres.

Hablando del pasado

✳ **Lea Gramática 7.5.**

20.000 a.C.

Los indígenas americanos llegaron al continente desde Asia hace más de 20.000 años.

12 de octubre de 1492

Cristóbal Colón llegó a América hace más de cinco siglos.

17 de octubre de 1813

Hace más de 197 años que Bernardo O'Higgins, el libertador de Chile, dijo: «O vivir con honor o morir con gloria».

24 de julio de 1783

Hace más de 227 años que nació Simón Bolívar, el caudillo de la emancipación americana.

17 de agosto de 1850

Hace más de 160 años que murió José de San Martín, el libertador de Argentina, Chile y Perú.

5 de mayo de 1862

Los mexicanos ganaron la batalla de Puebla hace aproximadamente 148 años.

Actividad 12   Asociaciones: Hablando del pasado

Busque las actividades que *no* son lógicas y explique por qué no lo son.

1. Soy Ernesto. Esta mañana me levanté muy tarde.
   a. El despertador no sonó.
   b. Llegué temprano al trabajo.
   c. Desayuné tranquilamente en casa.
   d. Manejé el carro muy rápido, en vez de tomar el autobús, para llegar pronto a la oficina.
2. Hace una semana Ramón fue a acampar en las montañas con su familia.
   a. Su hermano se bañó en el río.
   b. Su hermana bailó toda la noche en una discoteca.
   c. Su papá escaló una montaña.
   d. Su mamá preparó el desayuno.
3. Soy Amanda. Hace dos días fui con algunas amigas a comprar el nuevo disco compacto de Julieta Venegas.
   a. Tomamos el metro.
   b. No pagamos mucho por el disco compacto.
   c. Compramos un taco en la tienda de música.
   d. Encontramos otro disco compacto de Juanes que nos gustó.
4. Hace un año Estela y Ernesto fueron a Europa.
   a. Visitaron el Museo del Prado en Madrid.
   b. Comieron en restaurantes franceses muy buenos.
   c. Subieron a las pirámides de Teotihuacán.
   d. Cruzaron el canal entre Inglaterra y Francia.

Actividad 13   Entrevista: Hechos memorables... una entrevista algo indiscreta

MODELO: E1: ¿Cuánto tiempo hace que empezaste a estudiar español? →
           E2: Hace *seis meses* que empecé a estudiar español.

1. ¿Cuánto tiempo hace que saliste solo/a con un amigo / una amiga por primera vez?
2. ¿Cuánto tiempo hace que te dieron tu primer beso?
3. ¿Cuánto tiempo hace que te graduaste en la escuela secundaria? ¿que te matriculaste en la universidad?
4. ¿Cuánto tiempo hace que nació tu primer hijo / primera hija (primer sobrino / primera sobrina)?
5. ¿Cuánto hace que cumpliste años? ¿Cuántos (años) cumpliste?
6. ¿Cuánto hace que un policía te puso una multa por manejar a exceso de velocidad?

VENTANAS AL PASADO

La independencia de Sudamérica

Desde los tiempos de la independencia de los Estados Unidos y de la Revolución Francesa, los jóvenes **criollos** no estaban contentos **a causa de** la preferencia que mostraba España por los **peninsulares.** Cansados de los abusos de poder de los españoles, los criollos **soñaban con** la independencia de sus países.

Simón Bolívar

José de San Martín

En el norte de Sudamérica, el criollo Simón Bolívar liberó de los españoles el territorio que ahora ocupan Venezuela, Colombia, Ecuador y Panamá. Formó un solo país en 1819 y lo llamó la Gran Colombia. Su objetivo final era hacer del continente un solo país, fuerte y unido. Pero en vez de incluir más territorios libres, la Gran Colombia se disolvió en 1830. Triste por este evento, Bolívar comentó: «He **arado** en el mar.» Bolívar, gran patriota, murió solo y pobre.

Después de contribuir a la independencia de su país, el argentino José de San Martín cruzó los Andes en 1817 para liberar a Chile. Victorioso, con la ayuda de Bernardo O'Higgins, siguió hasta Perú, en donde **logró** la liberación del país, abolió la **esclavitud** y estableció la libertad de **imprenta.**

Otro gran patriota, Antonio José de Sucre, contribuyó a la independencia de Ecuador, Perú y Bolivia, y fue el primer presidente de Bolivia. Era muy joven y Bolívar lo consideraba su sucesor natural, pero fue asesinado en 1830, a la edad de 35 años.

Todos los países tienen grandes fiestas para el Día de la Independencia, aunque la independencia sólo benefició a la clase alta. Las masas continuaron viviendo en la miseria, al igual que hoy en día. Ahora, sin embargo, hay movimientos indígenas, como el de los Zapatistas en el sur de México y el de los indígenas de Colombia, Bolivia y Ecuador, que **luchan** contra la explotación.

VOCABULARIO ÚTIL

los criollos	*children of Spaniards born in the Americas*
a causa de	*due to*
los peninsulares	*Spaniards living in the Americas*
soñaban con	*would (used to) dream about*
arado	*plowed*
logró	*achieved*
la esclavitud	*slavery*
la imprenta	*printing press*
luchan	*fight*

Comprensión

1. ¿Qué países liberaron los tres héroes criollos mencionados en la lectura?
2. ¿Qué resultado tuvieron los movimientos de independencia en Sudamérica?

De todo un poco

¿Quién lo hizo?

Diga a cuál de las siguientes personas corresponda con cada descripción.

a.	Penélope Cruz	**f.**	Michelle Bachelet
b.	Pablo Picasso	**g.**	la reina Isabel la Católica
c.	Evo Morales	**h.**	Frida Kahlo
d.	Hernán Cortés	**i.**	Gabriel García Márquez
e.	Rafael Nadal	**j.**	Alfonso Cuarón

1. _____ Escritor colombiano que recibió un Premio Nobel de Literatura en 1982 por sus novelas y cuentos. Hace más de 40 años que se publicó su obra más famosa, *Cien años de soledad*.

2. _____ Se graduó de la Universidad de Chile con título en medicina pediatra hace casi treinta años. Fue elegida presidenta de Chile en 2006. Fue la primera mujer elegida para ese cargo en América del Sur.

3. _____ Tenista español quien ganó el Torneo Abierto de Francia en 2005, 2006 y 2007. Fue finalista en Wimbledon en 2006 y 2007 y ganó el torneo en 2008.

4. _____ Director de cine nacido en México D.F. hace casi 50 años. Dirigió las películas *Y tu mamá también* y *Harry Potter y el prisionero de Azkaban*, entre otras.

5. _____ Conquistó a los aztecas hace aproximadamente 500 años. Quemó sus barcos para no regresar a España.

6. _____ Este famoso artista español murió hace casi 40 años. Pintó más de 1.500 obras, entre las cuales *Guernica*[1] es quizás la más famosa. Vivió y trabajó muchos años en Francia.

7. _____ Esta artista mexicana murió hace más de 50 años, pero hoy en día su arte es todavía muy popular. Sufrió un accidente muy grave a los 18 años.

8. _____ Se casó con Fernando II de Aragón y gobernó Castilla de 1474 a 1504. Apoyó a Cristóbal Colón.

9. _____ Este activista indígena aymara fue elegido presidente de Bolivia en 2005. Fue el primer presidente indígena de América del Sur.

10. _____ Actriz famosa quien nació en Madrid hace más de 35 años. Actuó en *Volver* del director español Almodóvar. En 2006 fue nominada para los premios Óscar.

Ahora, trabajando en grupos, preparen dos o tres descripciones de personas famosas para toda la clase.

¡Dígalo por escrito!

¡Soy inocente!

Debido a un error de identidad, la policía sospecha que usted participó en un robo que ocurrió el sábado pasado. La policía lo/la interroga a usted. Escriba un diálogo explicando exactamente lo que hizo usted el sábado pasado.

¡OJO!

En muchos países hispanos se usa la palabra *castellano* para referirse al idioma español. Se oye especialmente en Chile, Argentina y España. Esto se debe a que la reina Isabel la Católica, que era de Castilla, unificó las provincias de España e impuso su idoma: el castellano.

---

[1]Para leer más sobre esta obra, vea la revista en la *Vida y cultura* al fin del **Capítulo 15**.

MODELO: POLICÍA: ¿Qué hizo usted el sábado pasado?
           USTED: Pues, primero…

           POLICÍA: ¿A qué hora? ¿Solo/a o acompañado/a? ¿Fue usted a trabajar? ¿Cuántas horas y dónde?

¡Cuéntenos usted!

Imagínese la noche de un fin de semana perfecto. ¿Qué hizo usted? ¿Salió con amigos o se quedó en casa? ¿Adónde fue?

LECTURA

Machu Picchu: Un viaje por el tiempo

El año pasado mi maestra de historia organizó una excursión a Machu Picchu y mis compañeros y yo fuimos **a pie** con ella por una parte del **Camino Inca.** La excursión fue como un viaje fantástico por el tiempo.

Primero tomamos un tren a la estación de Chachabamba, donde empezó nuestra **caminata** a Machu Picchu. La caminata que mucha gente hace por el Camino Inca es de 43 kilómetros y dura varios días, pero nosotros caminamos 8 kilómetros, nada más.

En el tren me senté al lado de la ventanilla para ver el **paisaje.** Pasamos por montañas muy verdes, **a lo largo** del Río Urubamba. Me gustó mucho ver ese paisaje tan bonito desde el tren, pero lo que más me gustó de la excursión fue la caminata. ¡Algún día quiero caminar los 43 kilómetros del Camino Inca!

PISTAS PARA LEER

Armando González Yamasaki, autor/narrador de esta **Lectura,** es un niño peruanojaponés de 13 años que vive en Cuzco, Perú, con su familia. Armando describe aquí su excursión a las ruinas de Machu Picchu, que fue una experiencia fantástica. Al leer, visualice el viaje de Armando; por ejemplo: *montañas verdes, paisaje bonito, ciudad mágica.*

VOCABULARIO ÚTIL

a pie	*on foot*
el Camino Inca	*the Inca Trail*
la caminata	*walk, hike*
el paisaje	*landscape*
a lo largo	*along*
los precipicios	*cliffs*
incaica	*Incan*
la cordillera	*mountain range*
los antepasados	*ancestors*
las cumbres	*peaks*

(Continúa)

Mi maestra nos dijo que ese camino era como un viaje espiritual para muchas personas indígenas. «Ese camino» dijo, «nos da la oportunidad de admirar el esplendor de Machu Picchu.»

Durante la excursión vimos varios valles, túneles y **precipicios**. Cuando paramos a comer y descansar, la maestra nos habló de la cultura **incaica**. «Esta cultura se mantiene muy viva en los países andinos» explicó la maestra, «los que están en la **cordillera** de los Andes: Colombia, Ecuador, Perú, Bolivia, Chile y Argentina. La civilización incaica se desintegró cuando llegaron los españoles. Pero los quechuas, indígenas del Imperio Incaico, resistieron la asimilación a la cultura hispana. Por eso los quechuas de hoy tienen tanto en común con sus **antepasados** y celebran sus tradiciones diariamente.»

Cuando llegamos al final de la ruta, un sitio llamado Intipunku, todos los estudiantes nos quedamos callados, admirando la vista de Machu Picchu. Mi maestra describió así esa vista: «Es una ciudad mágica entre dos grandes y eternas **cumbres**.»

Me alegré mucho de estar en esa ciudad mágica y pensé en el gran misterio de Machu Picchu. ¿Cómo pudieron los incas construir su ciudad en un lugar tan remoto? ¿Cómo llevaron las piedras hasta allí arriba? ¿Para qué construyeron Machu Picchu? ¿Por qué la abandonaron? Los expertos también se hacen esas preguntas, pero nadie tiene las respuestas. Qué importa eso, ¿verdad? Lo importante es que Machu Picchu existe. Al estar allí, sentí que estaba viajando por el tiempo, visitando un pasado fantástico.

Comprensión

¿Qué hicieron Armando, sus compañeros y la maestra de historia? Busque el orden correcto.

_____ En el tren, Armando se sentó al lado de la ventanilla.
_____ Llegaron a una estación donde empezó la caminata.
_____ El tren pasó por montañas y a lo largo de un río.
_____ Armando pensó en el misterio de Machu Picchu.
_____ Armando se alegró de estar allí.
_____ Vieron túneles y precipicios.
_____ Descansaron y comieron.
_____ Los estudiantes vieron una ciudad mágica.
_____ La maestra les habló de la cultura incaica.

Un paso más... ¡a conversar!

¿Hizo usted una excursión a pie alguna vez, como la caminata de Armando? ¿Caminó mucho? ¿Cuántas millas o kilómetros? ¿Con quién hizo la excursión? ¿Fue una buena experiencia? Describa alguna anécdota interesante de su caminata.

Vea el **Resumen cultural** en este capítulo del *Cuaderno de actividades*.

Vocabulario

La naturaleza

Nature

la arena	sand
la mosca	fly
la ola	wave
el oso (panda)	(panda) bear
la palmera	palm tree

REPASO: el árbol, el lago, el mar, la montaña, el río, el sol

Los lugares

Places

el aire libre	outdoors
la alberca	swimming pool (*Mex.*)
el campo	country(side)
la escuela primaria/secundaria	elementary/high school
el (jardín) zoológico	zoo

PALABRAS SEMEJANTES: América Latina, Asia, el continente, la pirámide

Los verbos en el pasado (irregulares)

Verbs in the Past (Irregular)

almorzar (ue)	to have lunch
almorcé / almorzó	
buscar	to look for
busqué / buscó	
cruzar	to cross
crucé / cruzó	
dar	to give
di / dio	
decir	to say; to tell
dije / dijo	
divertirse (ie, i)	to have a good time
me divertí / se divirtió	
dormir (ue, u)	to sleep
dormí / durmió	
empezar	to start
empecé / empezó	
estar	to be
estuve / estuvo	
hacer	to do; to make
hice / hizo	
ir	to go
fui / fue	
jugar (ue)	to play
jugué / jugó	
leer	to read
leí / leyó	
llegar	to arrive
llegué / llegó	

oír	to hear
oí / oyó	
ponerse (+ *adj.*)	to get; to become (+ *adj.*)
me puse / se puso	
preferir (ie, i)	to prefer
preferí / prefirió	
querer (ie)	to want
quise / quiso	
sentirse (ie, i) (bien / mal)	to feel (good / bad, ill)
me sentí / se sintió	
ser	to be
fui / fue	
servir (i)	to serve
serví / sirvió	
tener	to have
tuve / tuvo	
traer	to bring
traje / trajo	
venir	to come
vine / vino	
ver	to see
vi / vio	
vestirse	to get dressed
me vestí / se vistió	

Más verbos

More Verbs

atar	to tie
atrapar	to catch; to trap
casarse	to get married
castigar	to punish
chocar	to crash (into)
conquistar	to conquer
cumplir años	to have a birthday
dirigir	to direct
enfermarse	to get sick
enojarse	to get angry
estacionar	to park
faltar	to miss; to be lacking
ganar	to win; to earn
gobernar	to govern
hospedarse	to stay (*at a hotel*)
matricularse en	to enroll in
morir (ue) (u)	to die
preguntar	to ask
publicar	to publish
quejarse	to complain
quemar	to burn
quitar	to take away
robar	to steal
salir para (*un lugar*)	to leave for (*a place*)
saludar	to greet
sonar (ue)	to ring; to go off (*alarm*)
subir	to go up

PALABRAS SEMEJANTES: aceptar, arrestar, arruinar, sufrir

Otros sustantivos
Other Nouns

el barco	boat
la batalla	battle
la bolsa	purse
el cargo	position, responsibility
el caudillo	leader
el (reloj) despertador	alarm (clock)
el escritor / la escritora	writer
el espectáculo	show
la estrella de cine / de televisión	movie / television star
el exceso de velocidad	speeding
el grito	shout, scream
el hecho	event
el jugador / la jugadora	player
la multa	traffic ticket; penalty
la obra (de arte)	work (of art)
el premio	prize, award
un rato	a while
el recuerdo	memory
el ruido	noise
el siglo	century
el título	title; degree
el torneo	tournament
el traje de baño	bathing suit

PALABRAS SEMEJANTES: la aventura, la confesión, la emancipación, la gloria, el honor, el kilómetro, el libertador, la medicina, el Premio Nobel, la posibilidad, el/la tenista
REPASO: el ladrón / la ladrona, el metro

Los adjetivos
Adjectives

asustado/a	frightened
demasiado/a(s)	too much (many)
elegido/a	elected
hermoso/a	beautiful
lindo/a	pretty
muchísimo/a	very much
nacido/a	born

PALABRAS SEMEJANTES: azteca, desesperado/a, furioso/a, heroico/a, histórico/a, indígena, indiscreto/a, memorable, reciente, ridículo/a

Los adverbios
Adverbs

algo	somewhat
con cuidado	carefully
en vez de	instead of
poco después	a little later
pronto	soon

PALABRAS SEMEJANTES: aproximadamente, inmediatamente, lógicamente, tranquilamente

Palabras y expresiones útiles
Useful Words and Expressions

¡Auxilio!	Help!
¿Cuánto tiempo hace que... ?	How long ago . . . ?
disculpe(n)	excuse me
Hace... (+ *time*) (que)	(*Time*) ago . . .
Hace más de...	It has been more than (+ *time*)
Hoy en día	Nowadays
lo que	that which, what
los demás	the rest, others
por	through
¡Qué envidia!	Lucky you! (I envy you!)
¿Qué pasa?	What's wrong?
¿Qué pasó?	What happened?
quizás	perhaps
la (última) vez	(last) time

Gramática y ejercicios

¿RECUERDA?

In **Gramática 6.3** you learned that the past tense (preterite) is formed by adding a set of endings to the verb stem. There are only two sets of endings for regular verbs: one for **-ar** verbs and one for **-er/-ir** verbs. Review that section briefly, if necessary.

7.1 Talking about Past Actions: The Preterite of Regular Verbs (Part 2)

Gramática ilustrada

¿Qué hicieron Nacho y tú ayer?

Primero fuimos al zoológico y luego dimos un paseo por el parque. Por la noche vimos una película y después cenamos en un restaurante chino.

Silvia

Estela, ¿qué hicieron los niños ayer?

Pues, Amanda pasó el día con sus amigas; ellas fueron de compras. Guillermo y Ernestito jugaron al fútbol en el parque y luego Ernesto los llevó a la heladería y los tres comieron helado.

Andrea

Estela

264

A. You have already seen and used the singular preterite forms of regular verbs many times. Here is the complete set of preterite forms, singular and plural.*

	hablar	**comer**	**escribir**
(yo)	hablé	comí	escribí
(tú)	hablaste	comiste	escribiste
(usted, él/ella)	habló	comió	escribió
(nosotros/as)	hablamos	comimos	escribimos
(vosotros/as)	hablasteis	comisteis	escribisteis
(ustedes, ellos/as)	hablaron	comieron	escribieron

Singular preterite forms:

-ar	**-er/-ir**
-é	-í
-aste	-iste
-ó	-ió

Plural preterite forms:

-ar	**-er/-ir**
-amos	-imos
-asteis	-isteis
-aron	-ieron

Note the following details about the difference between present and preterite forms.

- In regular preterite forms, the stress is always on the final syllable of the **yo** and **usted, él/ella** forms.

Generalmente me levanto a las ocho, pero ayer **me levanté** a las siete.
Usually I get up at 8:00, but yesterday I got up at 7:00.

- **Tú** forms in the preterite do not end in **-s.**

Normalmente me llamas por la noche, pero anoche no me **llamaste.**
Normally you call me at night, but last night you didn't call me.

- Though both present and preterite third-person plural forms end in **-n,** it is always **-ron** in the preterite.

Por lo general mis padres **salen** poco, pero la semana pasada **salieron** cinco veces.
Usually my parents go out very little, but last week they went out five times.

- Notice that the present and preterite **nosotros/as** forms are different in **-er** verbs.

Por lo general **comemos** un poco de carne, pero ayer no **comimos** ninguna.
Usually we eat a little meat, but yesterday we didn't eat any.

In **-ar** and **-ir** verbs, however, the **nosotros/as** form is the same in the preterite and the present tense (**hablamos, escribimos**). The context clarifies whether the speaker intends the present tense or the preterite.

Siempre **salimos** temprano para la universidad, pero ayer **salimos** un poco tarde.
We always leave early for the university, but yesterday we left a little late.

---

*Recognition: **vos hablaste, comiste, escribiste**

buscar: **busqué/buscó**

llegar: **llegué/llegó**
jugar: **jugué/jugó**

empezar: **empecé/
empezó**
almorzar: **almorcé/
almorzó**

Don't try to remember all of this. Refer to this information when you are writing. In time, you will acquire much of it through listening and reading.

In **Ejercicio 1,** your answers to the second part should be original.

B. If the stem of an **-er/-ir** verb ends in a vowel (**le-er**), the **i** of the **-ió** and **-ieron** endings changes to **y** in the preterite.

leer: leí, leíste, leyó, leímos, leísteis, leyeron
oír: oí, oíste, oyó, oímos, oísteis, oyeron

Yo **leí** el libro, pero Esteban no lo **leyó.**
I read the book, but Esteban didn't read it.

C. Regular verbs that end in **-car, -gar,** and **-zar** change the spelling of the preterite **yo** form in order to preserve the same sound as the infinitive.*

buscar: bus**qu**é, buscaste, buscó, buscamos, buscasteis, buscaron
llegar: lle**gu**é, llegaste, llegó, llegamos, llegasteis, llegaron
almorzar: almor**c**é, almorzaste, almorzó, almorzamos, almorzasteis, almorzaron

Llegué al centro a las 4:00. *I arrived downtown at 4:00.*

Ejercicio 1

¿Qué hizo Adriana ayer por la mañana? Busque el orden más lógico.

_____ Leyó el periódico.
_____ Llegó al trabajo a las 8:30.
_____ Desayunó cereal con leche y fruta.
_____ Se bañó.
_____ Comió una hamburguesa.
_____ Se levantó a las 7:00.
_____ Almorzó con un amigo.
_____ Manejó el coche al trabajo.
_____ Se puso la ropa (Se vistió).

¿Y qué hizo usted ayer por la mañana? Escriba una lista de cinco a siete actividades.

Ejercicio 2

Complete los diálogos con formas de **llegar** y **leer.**

JOSÉ: ¿A qué hora _____[1] (tú) a la universidad?
CLARA: _____[2] a las ocho y media. ¿Y tú?
JOSÉ: Pilar y yo no _____[3] hasta las nueve y media porque el metro _____[4] tarde.
CLARA: ¿_____[5] el artículo sobre el viaje a la luna la semana pasada?
JOSÉ: Sí, lo _____.[6] (**Lo** *refers back to* **el artículo.**)
CLARA: ¿Lo _____[7] Pilar y Andrés?
JOSÉ: No sé si Andrés lo _____,[8] pero lo _____[9] Pilar y yo.

*For more information on spelling changes in the preterite, see **Capítulo 7** in the *Cuaderno de actividades.*

Ejercicio 3

Éstas son las actividades de Pilar y su hermana Gloria un domingo del verano pasado en Madrid. ¿Qué oración corresponde a qué dibujo?

¡OJO!

In **Ejercicio 3,** your answers to the second part of this exercise should be original. Note that answers will be in **-amos, -imos** forms and that only **-er** verbs differ in present and preterite forms.

a. _____ Leyeron (por) un rato antes de apagar las luces.
b. _____ Caminaron desde la estación del metro hasta su apartamento.
c. _____ Almorzaron hamburguesas en el Burger King de la Gran Vía.
d. _____ Salieron a pasear por el centro de Madrid.
e. _____ Vieron una película francesa.
f. _____ Llegaron a su apartamento a las 12:00 de la noche.
g. _____ Regresaron en el metro.

Ahora, piense en un domingo del verano pasado. ¿Qué actividades hicieron usted y sus amigos (o parientes)? Haga una lista de cinco a siete actividades.

MODELO: Mis amigos y yo *escuchamos música y bailamos en una discoteca.*

7.2 Relating Past Events (Part 1): Verbs with Irregular Preterite Forms

Some verbs have a different stem in the preterite and a slightly different set of endings.*

	tener	**estar**	**poder**	**poner**	**saber**	**hacer**
(yo)	tuve	estuve	pude	puse	supe	hice
(tú)	tuviste	estuviste	pudiste	pusiste	supiste	hiciste
(usted, él/ella)	tuvo	estuvo	pudo	puso	supo	hizo
(nosotros/as)	tuvimos	estuvimos	pudimos	pusimos	supimos	hicimos
(vosotros/as)	tuvisteis	estuvisteis	pudisteis	pusisteis	supisteis	hicisteis
(ustedes, ellos/as)	tuvieron	estuvieron	pudieron	pusieron	supieron	hicieron

*Recognition: The **vos** forms in the preterite (regular and irregular) are identical to the **tú** forms: **vos quisiste, fuiste, hiciste.**

		venir	querer	decir	traer	conducir	traducir
(yo)		vine	quise	dije	traje	conduje	traduje
(tú)		viniste	quisiste	dijiste	trajiste	condujiste	tradujiste
(usted, él/ella)		vino	quiso	dijo	trajo	condujo	tradujo
(nosotros/as)		vinimos	quisimos	dijimos	trajimos	condujimos	tradujimos
(vosotros/as)		vinisteis	quisisteis	dijisteis	trajisteis	condujisteis	tradujisteis
(ustedes, ellos/as)		vinieron	quisieron	dijeron	trajeron	condujeron	tradujeron

Many of the most common verbs in Spanish are irregular. Do not try to memorize each form, but refer to the chart when you write. In time, you will acquire these forms through listening and reading.

The preceding tables provide the preterite forms of most common irregular verbs. Look at the tables and you will notice the most important differences.

- Unlike regular preterite verb endings, the endings of the **yo** and **usted, él/ella** forms are not stressed in the last syllable.

—¿Dónde **pusiste** mi chaqueta? — *Where did you put my jacket?*
—La **puse** encima de la cama. — *I put it on the bed.*

—¿Quién **vino** contigo? — *Who came with you?*
—Nadie; **vine** solo. — *Nobody; I came alone.*

- The verb **hacer** has a spelling change from **c** to **z** in the **usted, él/ella** form.

Ayer en el gimnasio Alberto **hizo** *Yesterday at the gym Alberto did*
su tarea y yo **hice** ejercicio. *his homework and I exercised.*

- The verbs **conducir, decir, traducir,** and **traer** drop the **i** in the **ustedes, ellos/as** form.

—¿Qué te **dijeron** de mí? — *What did they tell you about me?*
—Me **dijeron** que estás locamente — *They told me that you are madly*
enamorado de Carmen. *in love with Carmen.*

—¿Qué **trajeron** ustedes de comer? — *What did you bring to eat?*
—Trajimos refrescos y sandwiches. — *We brought sodas and sandwiches.*

- The verbs **dar** and **ver** take the **-er/-ir** endings, but with no written accents. The verbs **ser** and **ir** share the same stem in the past tense. Their forms are thus identical, so the meaning must be inferred from the context.

fui = *I went/was*
fue = *you (pol. sing.)*
went/were; he/she went/was

ser/ir (*to be / to go*)

(yo)	**fui**	*I was/went*
(tú)	**fuiste**	*you (inf. sing.) were/went*
(usted, él/ella)	**fue**	*you (pol. sing.) were/went; he/she was/went*
(nosotros/as)	**fuimos**	*we were/went*
(vosotros/as)	**fuisteis**	*you (inf. pl., Spain) were/went*
(ustedes, ellos/as)	**fueron**	*you (pl.) were/went; they were/went*

—¿Qué te **dieron**?
—Mi tío me **dio** dinero.

—*What did they give you?*
—*My uncle gave me money.*

—¿Adónde **fue** Luis anoche?
—**Fue** al cine.

—*Where did Luis go last night?*
—*He went to the movies.*

—¿Qué **fue** ese ruido?
—No **fue** nada. ¡Estás imaginando cosas!

—*What was that noise?*
—*It wasn't anything. You are imagining things!*

Ejercicio 4

Éstas son las actividades de ayer de algunos de los vecinos hispanos. Complete las oraciones con la forma correcta del pretérito de **ver, ir, dar, hacer, decir, traer, poner** o **venir.**

1. Ernesto Saucedo _____ una fiesta para sus amigos.
2. Dice Ernesto: «_____ más de treinta personas a mi fiesta.»
3. Dice Andrea: «Yo _____ una botella de tequila.»
4. Todos _____ que la fiesta fue fantástica.
5. Amanda _____ a Graciela hablando con su novio, Rafael.
6. Ernestito le _____ una cadena de identificación a su perro.
7. Guillermo _____ la tarea para su clase de biología.
8. Dora y Javier _____ al teatro.

Ejercicio 5

Cuente lo que hicieron estas personas.

MODELO: (Soy Pilar.) Anoche fui al cine con mi hermana. Después cenamos en un restaurante y dimos un paseo por el centro. Me acosté muy tarde. →
Pilar *fue* al cine con su hermana. Después *cenaron* en un restaurante y *dieron* un paseo por el centro. Pilar *se acostó* muy tarde.

1. (Soy Ricardo Sícora.) Un sábado por la mañana fui con mis hermanos Pablo y Enrique y unos amigos a una playa cerca de Caracas a bucear. Llegamos temprano a la playa, así que descansé un rato antes de nadar. Buceamos una hora y vimos muchísimos peces y animales marinos. Por la noche hicimos una fogata en la playa y cocinamos pescado en ella. Luego toqué la guitarra y todos cantamos y bailamos hasta muy tarde.
2. (Soy Silvia Bustamante.) Anoche fui con mi novio Nacho Padilla a una fiesta. Llegamos a las 9:00 y cuando entré, vi a Luisa Hernández, una amiga del Instituto de Inglés, donde estudié el año pasado. La saludé y salimos al patio a charlar de los viejos amigos del Instituto. Más tarde bailé mucho con Nacho y tomé una copa de champaña. ¡Regresé a casa un poco mareada!

Ejercicio 6

Diga qué hacen las siguientes personas generalmente, qué hicieron ayer por la tarde y qué van a hacer mañana.

MODELO: Generalmente *Adriana juega al tenis por la tarde,* pero ayer *tradujo un documento del italiano al español* y mañana *va a aprender un nuevo programa de informática.*

	GENERALMENTE	AYER	MAÑANA
Pilar	asistir a clase	dormir toda la tarde	visitar a una amiga
Andrea y Pedro	almorzar con sus hijas	estar en casa todo el día	ir de compras
Adriana	jugar al tenis después de salir del trabajo	traducir un documento del italiano al español	aprender a usar un nuevo programa de informática
doña Lola	quedarse en casa	tomar café con sus amigas	cocinar toda la tarde
Carla y Rogelio	estudiar en la biblioteca	ir a la playa	lavar el carro

¿RECUERDA?

You'll recall from **Gramática 4.1** that a small number of verbs have stem-vowel changes in the present-tense forms in which the spoken stress is on the stem vowel: **p*i*enso** versus **pensar,** **d*u*ermo** versus **dormir.** (See also **Gramática 2.3, 3.2,** and **5.2** to review other familiar verbs with this type of stem change.)

Present:
c*i*erro/c*i*erra
p*i*enso/p*i*ensa
Past:
cerré/cerró
pensé/pensó

7.3 More about Relating Past Events (Part 2): Stem-Changing Verbs in the Preterite

A. In most cases, the vowels of stem-changing verbs do *not* change in the preterite forms. Here is a comparison of present-tense and preterite forms of the verbs **cerrar** (*to close*) and **contar** (*to tell, relate*).

	cerrar		contar	
	PRESENT	*PAST*	*PRESENT*	*PAST*
(yo)	cierro	cerré	cuento	conté
(tú)	cierras	cerraste	cuentas	contaste
(usted, él/ella)	cierra	cerró	cuenta	contó
(nosotros/as)	cerramos	cerramos	contamos	contamos
(vosotros/as)	cerráis	cerrasteis	contáis	contasteis
(ustedes, ellos/as)	cierran	cerraron	cuentan	contaron

B. A few verbs, however, all in the **-ir** group, do change their stem vowel in the **usted, él/ella** and the **ustedes, ellos/as** forms of the preterite. There are two possible changes: e → i and o → u. The present-tense and preterite forms of the verbs **divertirse**

(*to have a good time*) and **dormir** (*to sleep*) are given below.* Other common verbs with this change are **sentir** (*to feel*), **sugerir** (*to suggest*), **preferir** (*to prefer*), **mentir** (*to lie*), and **morir** (*to die*).

	divertirse		**dormir**	
	PRESENT	*PAST*	*PRESENT*	*PAST*
(yo)	me divierto	me divertí	duermo	dormí
(tú)	te diviertes	te divertiste	duermes	dormiste
(usted, él/ella)	se divierte	se divirtió	duerme	durmió
(nosotros/as)	nos divertimos	nos divertimos	dormimos	dormimos
(vosotros/as)	os divertís	os divertisteis	dormís	dormisteis
(ustedes, ellos/as)	se divierten	se divirtieron	duermen	durmieron

Yo **dormí** bien. Estela **durmió** mal. — *I slept well. Estela slept poorly.*

—¿**Se divirtió** usted anoche? — *Did you have fun last night?*
—Sí, **me divertí** mucho. — *Yes, I had a great time.*

Present:
 me div**ie**rto /
  se div**ie**rte
 d**ue**rmo/d**ue**rme
Past:
 me div**i**rtió / se div**i**rtió
 d**o**rmí/d**u**rmió

Ejercicio 7

Complete los siguientes diálogos con la forma correcta de los verbos.

DORMIR
—¿Cuántas horas _____[1] tú anoche?
—_____[2] solamente cinco.
—¿Generalmente _____[3] tan pocas horas?
—No, generalmente _____[4] por lo menos siete, a veces ocho.

SENTIR(SE)
—¿Tú te _____[5] mal ahora?
—No, me _____[6] bastante bien.
—Pero anoche te _____[7] muy mal, ¿verdad?
—Sí, anoche me _____[8] mal por un dolor de cabeza.

DIVERTIR(SE)
—¿Te _____[9] anoche en la fiesta?
—Sí, me _____[10] muchísimo. ¿Se _____[11] tu esposa?
—No, no se _____[12] porque no le gustó la música.

MENTIR
—Tú me _____,[13] ¿verdad?
—No, no te _____.[14] Te dije la verdad.
—Pues, alguien me _____.[15]
—No fui yo.

Do not try to memorize all these forms, but refer to the chart when you write. In time, you will acquire the forms through listening and reading.

*This same stem-vowel change also occurs in the present participle: **durmiendo** (*sleeping*), **divirtiéndose** (*having fun*).

7.4 Reporting the Past: Indirect Object Pronouns with *decir*

In the preterite, the verb **decir** (*to say; to tell*) is commonly used with indirect object pronouns to report speech.

decir		
(yo)	dije	*I said*
(tú)	dijiste	*you (inf. sing.) said*
(usted, él/ella)	dijo	*you (pol. sing.) said; he/she said*
(nosotros/as)	dijimos	*we said*
(vosotros/as)	dijisteis	*you (inf. pl., Spain) said*
(ustedes, ellos/as)	dijeron	*you (pl.) said; they said*

Le dije que... = *I told you (pol. sing.)/him/her that . . .*
Me dijo que... = *You (pol. sing.)/He/She told me that . . .*
Le dijimos que... = *We told you (pol. sing.)/him/her that . . .*

Le dije que...	*I told (said to) you/him/her that . . .*
Te dijimos que...	*We told (said to) you that . . .*
Me dijo que...	*You/He/She told (said to) me that . . .*
Me dijeron que...	*You/They told (said to) me that . . .*

Note that the phrase **Le dijo que...** has several possible meanings; interpretation depends on the context.

Le dijo que...
$\begin{cases} \textit{He/She told him that . . .} \\ \textit{He/She told her that . . .} \\ \textit{He/She told you that . . .} \\ \textit{You told him/her that . . .} \end{cases}$

Remember that **dijo** is a *preterite* form, not a present-tense form.

Don Anselmo fue a la casa de doña Rosita y **le dijo que** sus hijos van a llegar pasado mañana.	*Don Anselmo went to doña Rosita's house and told her that his children are going to arrive the day after tomorrow.*

Ejercicio 8

Complete esta conversación telefónica usando pronombres de complemento indirecto (**me, te, le, nos, les**) y las formas correctas del pretérito del verbo **decir** (**dije, dijiste, dijo, dijimos, dijeron**).

GRACIELA: No oigo bien, Amanda. ¿Qué _____[1] _____[2]?

AMANDA: _____[3] _____[4] que no voy a estar en casa esta noche.

GRACIELA: ¡Ay, lo mismo _____[5] _____[6] tu hermano Guillermo! ¿Adónde vas?

AMANDA: Es que mi madre _____[7] _____[8] que hay una venta especial con precios muy rebajados hoy en El Palacio de Hierro.

GRACIELA: ¿Y qué _____[9] _____[10] tú a ella? ¿No _____[11] _____[12] que hoy tenemos mucha tarea?

AMANDA: Hmmm... no, pero _____[13] _____[14] que tú quieres ir con nosotras. Es verdad, ¿no?

GRACIELA: Ay, sí, Amanda, sí quisiera acompañarlas, pero... ¡ _____ ¹⁵

_____ ¹⁶ a mi papá que no voy a comprar más ropa este mes!

AMANDA: Pues, ven con nosotras pero... ¡deja tu dinero en casa!

GRACIELA: ¡Imposible!

7.5 Expressing *ago: hacer* + Time

The verb **hace** followed by an amount of time is equivalent to English expressions of time with *ago*.

hace cinco minutos	*five minutes ago*
hace una hora	*an hour ago*
hace dos años	*two years ago*

—¿Cuándo salió Ricardo?   —*When did Ricardo leave?*

—**Hace una hora.**   —*An hour ago.*

There are two ways to formulate the question *How long ago did . . . ?*

¿Cuánto (tiempo) hace que + preterite?

¿Hace cuánto (tiempo) que + preterite?

—Srta. Durán, **¿cuánto (tiempo) hace que** usted **fue** a México?   —*Ms. Durán, how long ago did you go to Mexico?*

—**Fui hace tres años.**   —*I went three years ago.*

> **¿Cuánto hace que llegaste?**
> *How long ago did you arrive?*
> **Hace una hora.**
> *An hour ago.*
>
> **¿Hace cuánto tiempo que usted se graduó?**
> *How long ago did you graduate?*
> **Hace 10 años.**
> *Ten years ago.*

Ejercicio 9

Estela está de mal humor hoy y acusa a Ernesto de no hacer nada para ayudarla. ¿Cómo puede defenderse Ernesto?

MODELO: ESTELA: ¡Tú nunca lavas los platos en esta casa!

        ERNESTO: Pero, Estela, *lavé* los platos *hace una hora.* (Pero, Estela, *los lavé hace una hora.*)

1. ¡Tú nunca limpias el baño!
2. ¡Tú nunca barres el patio!
3. ¡La alfombra está sucia porque tú nunca pasas la aspiradora!
4. ¡Nunca bañas al pobre perro!
5. Estoy cansada de comer las mismas cosas. ¡Tú nunca me llevas a ningún restaurante elegante!

> **¡OJO!**
> In **Ejercicio 9,** use first-person preterite forms and any appropriate time expression after **hace: dos días, unas horas, una semana,** etc.

Ejercicio 10

¿Sabe usted mucho de historia? ¿Cuánto hace que... ?

MODELO: ¿Cuánto (tiempo) hace que terminó la Segunda Guerra Mundial? (1945) →
        Terminó hace más de sesenta años.

1. ¿Cuánto tiempo hace que Alejandro G. Bell inventó el teléfono? (1876)
2. ¿Cuánto tiempo hace que Gustavo Eiffel construyó la Torre Eiffel? (1889)
3. ¿Cuánto hace que murió Pancho Villa? (1923)
4. ¿Cuánto tiempo hace que Colón llegó a América? (1492)
5. ¿Cuánto hace que murió Francisco Franco, el dictador de España? (1975)
6. ¿Cuánto hace que Alemania se unificó? (1990)
7. ¿Cuánto hace que los países de la antigua Unión Soviética se independizaron? (1991)

> **¡OJO!**
> In **Ejercicio 10,** use short answers with **hace** + time only. Answers will vary according to the year in which the text is used.

La comida

METAS

In **Capítulo 8** you will learn to talk about food, nutrition, shopping for and preparing food, and ordering meals in restaurants.

Bodegón con chiles, por Antonio Vinciguerra (Honduras)

Sobre el artista: Antonio Vinciguerra nació en San Pedro Sula, Honduras, en 1954. Estudió humanidades y ciencias antes de iniciar su carrera de artista. Sus obras se exhiben en exposiciones públicas y también en colecciones privadas. En *Bodegón con chiles* utiliza la técnica de pastel óleo. Vinciguerra reside en Honduras.

¡Conozca Honduras!

Nombre del país: la República de Honduras

Ciudad capital: Tegucigalpa

Ciudades principales: San Pedro Sula, La Ceiba, El Progreso

Moneda: el lempira

Idiomas: el español (oficial), las lenguas amerindias

Población: 7.500.000

Día de la Independencia: el 15 de septiembre

Fiestas típicas: el Día de la Virgen de Suyapa, el Nacimiento del General Francisco Morazán

Comidas típicas: las baleadas, la sopa de caracol, el atol, los pasteles de picadillo, el ayote en miel

Música típica: la punta, los bailes folclóricos regionales

Gente famosa: José Antonio Velásquez, Ramón Amaya Amador, Ramón Villeda Morales

Código del país por Internet: **.hn**

Voces hondureñas

a todo mecate	**muy rápido**
andar hule	**tener poco dinero**
un cipote	**un niño/muchacho**
un pingüino	**un helado**

¡Conozca El Salvador!

Nombre del país: la República de El Salvador

Ciudad capital: San Salvador

Ciudades principales: Santa Ana, San Miguel

Moneda: el dólar

Idiomas: el español (oficial), el nahuatl

Población: 7.000.000

Día de la Independencia: el 15 de septiembre

Fiestas típicas: las Fiestas de Agosto al Divino Salvador del Mundo, el Día de los Indios, el Día de la Reina de la Paz

Comidas típicas: la pupusa, la yuca frita, el pan con pavo, el atol de elote, los tamales de elote, el chilate con nuegados

Música típica: Instrumentos: los raspadores, los timbales.

Gente famosa: Farabundo Martí, Alberto Masferrer, Roque Dalton, el arzobispo Óscar Arnulfo Romero, Pancho Lara

Código del país por Internet: **.sv**

Voces salvadoreñas

un(a) bicho/a	**un bebé**
un(a) chero/a	**una persona**
el chuzón	**el autobús**
un(a) guanaco/a	**un(a) salvadoreño/a**
el pisto	**el dinero**

En este capítulo...

ACTIVIDADES DE COMUNICACIÓN

- Las comidas, las bebidas y la nutrición
- La compra y la preparación de la comida
- Los restaurantes

EN RESUMEN

LECTURAS Y CULTURA

- **Ventanas culturales**
  La lengua: Comidas y palabras
- **Enlace a la literatura**
  «Jitomates risueños», por Francisco X. Alarcón
- **Ventanas culturales**
  Las costumbres: ¡Estoy como agua para chocolate!
- **Lectura**
  Los deliciosos platos andinos

GRAMÁTICA Y EJERCICIOS

- **8.1** More about Referring to People and Objects already Mentioned: Personal and Impersonal Direct Object Pronouns **lo, la, los,** and **las**
- **8.2** More about Expressing Likes: The Verbs **gustar** and **encantar**
- **8.3** Making Negative Statements and Questions: *No, never*
- **8.4** Expressing *one* or *you:* The Impersonal **se**
- **8.5** Using Stem-Changing Verbs Like **pedir** and **servir**: Present-Tense and Preterite Forms

 MULTIMEDIA ONLINE LEARNING CENTER www.mhhe.com/dosmundos7 CENTRO Your media center for languages QUIA DVD

Las comidas, las bebidas y la nutrición

✳ **Lea Gramática 8.1–8.2.**

Los platos típicos

la paella
(España)

el tamal
(México y
Centroamérica)

el casado de pollo
(Costa Rica)

¿La paella?
La hice ayer.

el plátano frito
(El Caribe, México y
Centroamérica)

las empanadas
(Argentina y Sudamérica)

el chile relleno
(México)

el flan
(México y España)

la parrillada
(Argentina)

las enchiladas — el arroz

las tortillas de maíz

los frijoles

El arroz, los frijoles y las tortillas
contienen muchos carbohidratos.

¿Los frijoles?
Siempre los como
para el almuerzo.

Las bebidas

las aguas frescas

la
jamaica

la
horchata

el batido de leche   el café con leche

La leche contiene calcio y proteína.

¿La horchata?
La bebemos todas
las tardes.

la cerveza   el vino rosado   el vino tinto   el vino blanco

Las carnes, las aves, el pescado y los mariscos

la carne de res

el cangrejo

la langosta

los camarones

las almejas

el hígado

el pescado

las ostras

la chuleta de cerdo

El pollo frito contiene mucha grasa.
La carne, el pollo y los mariscos tienen mucha proteína.

Las legumbres

las mazorcas de maíz

el apio

las zanahorias

el ajo

las habichuelas

los tomates

los guisantes

las calabacitas

la cebolla

el pepino

los rábanos

las legumbres son muy nutritivas. Muchas contienen vitamina A.

Las frutas

la piña

la naranja

las fresas

el mango

el durazno

las uvas

los albaricoques

la sandía

la papaya

la toronja

la manzana

el plátano (la banana)

La naranja y la toronja contienen mucha vitamina C.
La sandía y la papaya tienen mucho azúcar.
El albaricoque contiene mucho calcio.

Actividad 1 Conversación: Las comidas del día

A. Diga si comemos estas comidas para el desayuno, para el almuerzo o para la cena.

MODELOS: ¿Los huevos revueltos? *Los comemos para el desayuno.*
¿La sopa? *La comemos para el almuerzo o la cena.*

los huevos revueltos	el pollo frito	la ensalada de lechuga
los guisantes	las enchiladas	el tocino
las legumbres	la coliflor	el yogur
la sopa	los tacos	las chuletas de cerdo
el pan tostado con jalea	los panqueques	las papas fritas
las hamburguesas	el cereal	el arroz
un sándwich	los espárragos	el maíz

B. Ahora mire la lista de comidas otra vez y diga con qué frecuencia las come y si le gustan o no.

MODELOS: E1: ¿El yogur? Nunca lo como; no me gusta.
E2: A mí tampoco me gusta.

E1: ¿Las papas fritas? Siempre las como. ¡Me encantan!
E2: A mí no. Prefiero la ensalada.

Y tú, ¿qué dices?

(No) Me gusta(n)...	A mí, sí.	(Casi) Nunca
Me encanta(n)	A mí, no.	Siempre
A mí también.		A veces
A mí tampoco.		De vez en cuando

Actividad 2 Intercambios: La nutrición

¿Qué comidas son más ricas en proteína, en carbohidratos y en vitaminas? ¿Cuáles contienen más grasa? Mire los dibujos de las comidas al comienzo del capítulo. Trabajando con su compañero/a, pónganlas en uno (o más) de los cinco grupos de la siguiente tabla.

MODELO: E1: El arroz tiene muchos carbohidratos.
E2: Sí, y la carne de res contiene proteína y mucha grasa.

LA PROTEÍNA	LOS CARBOHIDRATOS	EL CALCIO	LA VITAMINA A Ó C	LA GRASA
_____	el arroz	_____	_____	las papas fritas
_____	_____	_____	_____	_____
_____	_____	_____	_____	_____
_____	_____	_____	_____	_____
_____	_____	_____	_____	_____

Actividad 3 Intercambios: ¿Qué vamos a comer hoy?

Primero, mire la lista de comidas. Luego prepare dos menús completos para el día (desayuno, almuerzo y cena): un menú con comida saludable solamente y otro con sus comidas y bebidas favoritas. Luego, converse con su(s) compañero(s) sobre los dos menús.

DESAYUNO	ALMUERZO	CENA
◆ fruta: toronja, naranja, piña, durazno, uvas, etc. ◆ cereal frío ◆ panqueques ◆ huevos rancheros, fritos, revueltos, etc. ◆ pan tostado (mantequilla) ◆ pan tostado a la francesa ◆ salchichas/ tocino ◆ café/té caliente ◆ leche (descremada) ◆ batido de leche ◆ donas ◆ avena ◆ yogur ◆ ¿ ?	◆ sopa: de legumbres, de frijoles, de cebolla, etc. ◆ ensalada de tomate ◆ ensalada de fruta fresca ◆ un sándwich: de atún, de jamón y queso, de pollo ◆ hamburguesa ◆ papas fritas ◆ tacos ◆ burritos ◆ limonada ◆ jugos naturales ◆ agua mineral ◆ refresco ◆ té caliente/helado ◆ ¿ ?	◆ pescado: a la parrilla, frito, al horno, etc. ◆ bistec ◆ ensalada verde ◆ legumbres: bróculi, coliflor, habichuelas, etc. ◆ camarones ◆ langosta ◆ enchiladas ◆ tamales ◆ chiles rellenos ◆ helado ◆ pastel o flan ◆ galletas de chocolate ◆ cerveza, vino, etc. ◆ ¿ ?

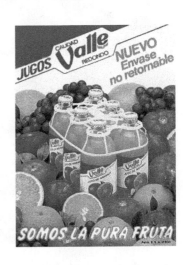

MODELO:

E1: ¿Qué comidas saludables escogiste?
E2: Escogí *media toronja y yogur* para el desayuno. Para el almuerzo, escogí *ensalada de frutas y agua mineral*. Para la cena, escogí *ensalada verde y pescado a la parrilla*.
E1: ¿Y qué prefieres *desayunar/almorzar/cenar*?
E2: Prefiero...

REFRÁN

Al pan, pan y al vino, vino.

(*Don't beat around the bush.* Literally, [call] *The bread, "bread," and the wine, "wine."*)

Actividad 4   Definiciones: Los alimentos

Combine cada definición de la izquierda con un alimento de la derecha.

1. Es una legumbre anaranjada que contiene vitamina A.
2. Esta fruta de cáscara amarilla crece en las zonas tropicales.
3. Es un postre hecho de huevos, leche y azúcar. Es muy popular en los países hispanos.
4. Es una legumbre larga y verde que se usa con frecuencia en las ensaladas.
5. Son muy populares en la cocina mexicana. Se sirven con tortillas.
6. Éstas son uvas secas.
7. Es una bebida preparada con leche y helado o leche y fruta.
8. Es un plato de arroz, carne y mariscos, típico de España.

a. el batido de leche
b. la paella
c. la zanahoria
d. los frijoles
e. el plátano
f. el flan
g. el durazno
h. el pepino
i. las pasas
j. la manzana

VENTANAS CULTURALES   La lengua

Comidas y palabras

Usted come sándwiches a veces, ¿no es cierto? Pues si pide un sándwich en un restaurante de España, debe llamarlo «bocadillo». ¿Le gusta el pastel? Entonces aprenda sus otros nombres: «bizcocho» en Puerto Rico, «queque» en Costa Rica y «torta» en España. Los cubanos lo llaman «cake», que se pronuncia «quey». Para decir «helado» en México, se usa una palabra del clima: algo frío y blanco que cae del cielo. ¿Puede **adivinar** lo que es? Sí, el helado es «la nieve».

Las legumbres son verduras en algunos países y hortalizas en otros. En todos los sitios, los vegetales son plantas de cualquier tipo. La palabra que se usa en Uruguay y Argentina para la fresa es «frutilla» y en Argentina las habichuelas se llaman «chauchas». En España, México y otros países la banana es «plátano». Los españoles llaman «patata» a la papa y **«zumo»** al jugo de fruta. La palabra para **«batata»** es «camote» en México y en los países andinos, «ñame» en Colombia y Venezuela y «boniato» en Cuba.

En muchos casos, los nombres de las frutas y legumbres se originan en el idioma indígena de cada país. Por ejemplo, las habichuelas son «ejotes» en México. La palabra «ejote» (*éjotl*) es náhuatl, idioma que **hablaban** los aztecas, habitantes de México al llegar los españoles en 1519. En todo el mundo hispano hay muchos alimentos que **heredamos** de los antiguos mexicanos: entre otros, *aguácatl* (aguacate), *élotl* (elote), *xocólatl* (chocolate), *jitómatl* (**jitomate**) y *guajólotl* (guajolote, pavo). También de origen náhuatl son *cóyotl*, *tómatl* y *chilli*. Es fácil adivinar lo que significan esas **palabras prestadas**, ¿verdad?

VOCABULARIO ÚTIL

adivinar	*to guess*
el zumo	*fruit juice*
la batata	*sweet potato*
hablaban	*spoke (used to speak)*
heredamos	*we inherited*
jitomate	*red tomato (Mex.)*
las palabras prestadas	*borrowed words*

Comprensión

1. ¿Cómo se le llama al pastel en los siguientes países?
   a. Puerto Rico   b. Costa Rica   c. España   d. Cuba
2. ¿Cómo se dicen en español estas palabras del náhuatl?
   a. cóyotl   b. aguácatl   c. tómatl   d. xocólatl   e. jitómatl

Actividad 5 Conversación: La mesa

Parte 1. Diga para qué sirven estos objetos de la mesa. Use las siguientes palabras y frases útiles.

MODELO: *El salero* sirve para *guardar la sal.*

Parte 2. ¿Sabe poner la mesa? Pregúntele a un compañero / una compañera dónde va cada objeto en la mesa. Miren el dibujo y usen **al lado de, entre, a la derecha de, a la izquierda de, enfrente de** o **encima de.**

MODELO: E1: ¿Dónde va *el tenedor?*
             E2: Va *a la izquierda del* plato.

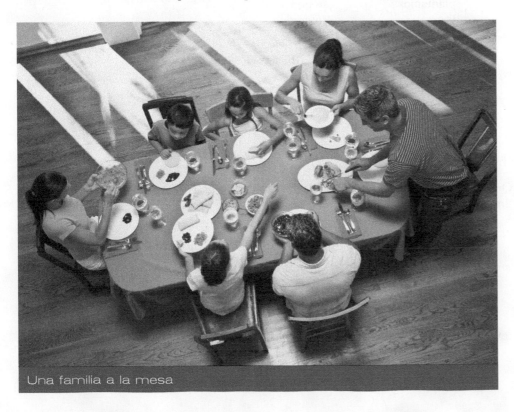

Una familia a la mesa

Actividad 6 Entrevista: La comida en casa

1. ¿Qué desayunas por lo general? ¿Qué comiste esta mañana antes de salir de casa? ¿Qué almuerzas normalmente? ¿Qué almorzaste hoy? (¿Qué vas a almorzar hoy?)
2. ¿Qué bebidas prefieres para el desayuno / el almuerzo / la cena? ¿Tomas café o té durante el día? ¿Lo tomas con o sin azúcar? ¿con o sin leche?
3. ¿Prefieres comer más al mediodía o por la noche? ¿Por qué? ¿Comes entre comidas? ¿Qué comes?
4. ¿Cenas en tu casa generalmente o sales a cenar? ¿Con quién? ¿Qué cenas? ¿Qué prefieres comer de postre?
5. Generalmente, ¿comes mientras ves la televisión? ¿Te gustan las palomitas de maíz? ¿Les pones mantequilla o sal? ¿Qué otra cosa te gusta comer en casa?

Enlace a la literatura

«Jitomates risueños», por Francisco X. Alarcón

Selección de su libro *Jitomates risueños* (1997)

Francisco X. Alarcón (1954) es un famoso poeta chicano que vive y trabaja de profesor en Davis, California. Alarcón ha publicado varios libros: *Cuerpo en llamas* (1990) y *Del otro lado de la noche* (2002), entre otros. Sus poemas para niños aparecen en *Jitomates risueños* (1997) y *Los ángeles andan en bicicleta* (1999). El poema aquí incluido presenta una hermosa imagen de los tomates.

Jitomates[1] risueños

en el jardín	risueños[3]
plantamos	se ponen
jitomates	colorados[4]
los vegetales	convirtiendo
más felices	sus arbustos
de todos	alambrados[5]
alegres	en árboles
se redondean[2]	de Navidad
de sabor	en primavera

Actividad creativa: En el jardín

¿Le gustan los jitomates? ¿Qué otras frutas o legumbres le gustan? Escriba un breve poema sobre su legumbre o fruta favorita. Empiece con los versos de Alarcón:

En el jardín
plantamos...

[1]*Tomatoes (Mex.)*   [2]*se... they grow round*   [3]*laughing, giddy*   [4]*se... they turn red*   [5]*sus... their wire-framed bushes*

La compra y la preparación de la comida

✳ **Lea Gramática 8.3–8.4.**

una taza
de harina

una media taza
de azúcar

una cucharada
de mantequilla

una cucharadita
de sal

media cucharadita
de bicarbonato de soda

A mí no me gusta
el atún.

¡A mí
tampoco!

un tarro
de mayonesa

el aderezo
para la ensalada

una lata de atún

un paquete
de fideos

la carne molida

la sopa
enlatada

la comida
preelaborada

los guisantes
congelados

¿Compra tu mamá
comidas pre-
elaboradas?

¡Ay, no! Nunca
las compra.

Muchas comidas preelaboradas contienen
conservantes y colorantes.

Se cortan varias
rebanadas de tomate.

Se ralla el queso.

¿Hay papayas?

Sí, pero ninguna
está madura.

Se corta una papaya
en trozos pequeños.

Se pica la cebolla.

Actividad 7 Definiciones: La preparación de la comida

Combine cada descripción de la izquierda con una palabra de la derecha.

1. Se pone en la ensalada.
2. Para preparar un sándwich de queso, se corta el queso en _____.
3. Se usa mucho en la preparación de pasteles y galletas.
4. Si no se encuentran frutas o legumbres frescas, se pueden comprar _____.
5. Es un líquido dorado, muy espeso y dulce que se usa mucho en el té.
6. La receta pide ¼ de _____ de sal.

a. congeladas
b. la harina
c. la papaya
d. la miel
e. cucharadita
f. el aderezo
g. vainilla
h. rebanadas

Actividad 8 Del mundo hispano: Supermercado El Diamante

Imagínese que usted va a ir al supermercado El Diamante en Puerto Rico para hacer la compra. Estudie las dos listas y use la ilustración de la página siguiente para calcular el precio total de cada una.

LISTA 1

1 paquete de tocino
2 latas de sopa de legumbres
2 aguacates
3 libras de carne molida
2 libras de limones
14 onzas de avena

LISTA 2

1 libra de carne molida
1 tarro de 16 onzas de mayonesa
3 libras de cebollas amarillas
1 paquete de zanahorias
2 libras de manzanas
1 sandía de ocho libras

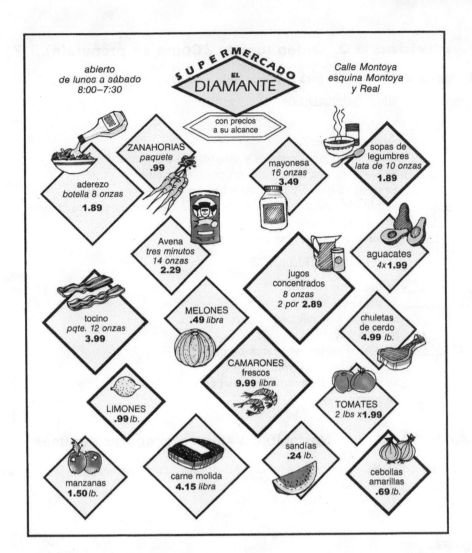

Actividad 9 Asociaciones: Las comidas y la cocina

A. Busquen la palabra que no pertenece a cada grupo y expliquen por qué.

MODELO: la salchicha, la hamburguesa, la chuleta de cerdo, la pera
La pera no pertenece a esta lista porque *no es carne.*

1. el apio, el pepino, las nueces, los guisantes
2. el flan, el helado, las aceitunas, el pastel
3. la miel, el panecillo, la mermelada, la jalea
4. la sal, el azúcar, la harina, la mostaza
5. la horchata, las almejas, los camarones, la langosta

B. ¿Cual es su opinión?

MODELO: E1: ¿Te gusta(n) el/la/los/las _____?
E2: Sí, me encanta(n). / No, no me gusta(n) para nada.

Actividad 10 Orden lógico: ¿Cómo se prepara(n)... ?

Ponga en orden los pasos para la preparación de estas comidas.

UNA QUESADILLA

_____ Se saca la quesadilla de la sartén.
_____ Se dobla la tortilla.
_____ Se saca una lata de chiles y una tortilla de harina.
_____ Se pone en una sartén con un poco de aceite.
_____ Se pone el queso y un chile sobre un lado de la tortilla.
_____ Se tapa la sartén y se fríe la quesadilla tres minutos de cada lado.
_____ Se ralla el queso.
_____ Se sirve con salsa y se come.

LOS CHILES RELLENOS

_____ Se baten los huevos.
_____ Se pelan los chiles.
_____ Se mojan los chiles en el huevo batido.
_____ Se asan los chiles.
_____ Se cortan varias rebanadas de queso.
_____ Se les quitan las semillas.
_____ Se pone una rebanada de queso en cada chile.
_____ Se fríen.

Actividad 11 Narración: Vamos a preparar pupusas

Ponga en orden los pasos en la página siguiente para la preparación de las pupusas, una comida típica de El Salvador.

Palabras útiles

primero	después
luego	finalmente

LOS PASOS

_____ Se amasa bien y se hace una tortilla.

_____ Se sirve con el curtido (una ensalada de repollo [*cabbage*], vinagre y chile).

_____ Se palmea para formar de nuevo una tortilla.

_____ Se sacan los ingredientes: la harina de maíz, el queso fresco y los frijoles.

_____ Dentro de la tortilla se pone una cucharada de queso y otra de frijoles.

_____ Se calienta la sartén y se fríe las pupusas de cada lado por dos o tres minutos.

_____ Se le agrega agua a la harina de maíz y se mezcla.

_____ Se cierra la masa y se forma una bolita.

> **«Las pupusas», por Jorge Argueta**
>
> Las pupusas
> son redondas
> como la letra «O»
>
> Las pupusas
> son la más sabrosa
> memoria de casa
>
> Las pupusas
> las encontraba
> en la mesa
>
> cuando mi mamá
> me llamaba por las tardes
> «Jorgito, vente a comer»

Actividad 12 Entrevista: Hacer la compra

1. ¿Quién hace la compra en tu casa?
2. ¿Se compran todos los comestibles en un supermercado o en varias tiendas pequeñas?
3. ¿Compras muchas legumbres y frutas?
4. ¿Compras muchas comidas preelaboradas? ¿Lees las etiquetas de las comidas para determinar si contienen colorantes o conservantes?
5. ¿Quién prepara las comidas en tu casa? ¿Te gusta cocinar? ¿Qué platos sabes preparar?
6. ¿Compras mucha comida chatarra (*junk food*)? ¿Qué compras?

VENTANAS CULTURALES Las costumbres

¡Estoy como agua para chocolate!

Si una persona mexicana exclama «¡Estoy como agua para chocolate!», eso quiere decir que está muy enojada, a punto de **hervir** como el agua. Esta expresión tiene su origen en la preparación del chocolate caliente en México. Para hacerlo, se pone agua a calentar y, cuando empieza a hervir, se le echan **trozos** de chocolate en barra. Luego **se bate** todo a mano con un **molinillo** y muy pronto **queda lista** la rica y tradicional bebida.

La famosa escritora mexicana Laura Esquivel usó esta expresión coloquial para dar título a su novela *Como agua para chocolate* (1990); cada capítulo del libro empieza con una **receta** de la cocina de México. Si usted quiere descubrir aspectos interesantes de la cultura mexicana, le recomendamos esta novela, en la cual se combinan los temas de la comida, el **enojo** y el amor apasionado. También puede ver la película, que resultó ser muy popular.

Comprensión

1. Describa la preparación del chocolate caliente en México.
2. ¿Cuáles son los temas de la novela *Como agua para chocolate*?

VOCABULARIO ÚTIL	
hervir	*boil*
los trozos	*pieces, chunks*
se bate	*is whipped*
el molinillo	*beater, whip*
queda lista	*is ready*
la receta	*recipe*
el enojo	*anger*

Los restaurantes

✷ **Lea Gramática 8.5.**

Pedro y Andrea pidieron una ensalada, bistec al punto, papas fritas y bróculi.

El cocinero les preparó un plato especial.

El mesero les sirvió la comida.

Andrea tomó una copa de vino tinto, pero Pedro prefirió tomar agua mineral.

Comieron con gusto.

Pagaron la cuenta con su tarjeta de crédito.

Dejaron una buena propina.

la carne cruda   el bistec   poco asado/ poco cocido   al punto/ cocido   bien asado/ bien cocido

Actividad 13 Narración: Mayín Durán sale a cenar

Lea las siguientes oraciones y póngalas en orden, según los dibujos. Luego, trabaje con un compañero / una compañera para narrar la historia.

_____ Comieron y conversaron.
_____ Pidieron la cuenta.
_____ Mayín pidió agua mineral y su amigo pidió un refresco.
_____ Mayín y su amigo pidieron la comida.
_____ Los dos pidieron postre.
_____ Pagaron la cuenta y dejaron una propina.
_____ Salieron a cenar.
_____ El mesero les sirvió la comida.
_____ Tomaron sus bebidas y conversaron, y luego el mesero les preguntó si estaban listos para pedir la comida.
_____ Salieron a pasear.
_____ El mesero les preguntó si querían tomar algo.
_____ Leyeron el menú.

Actividad 14 Intercambios: Restaurante Mi Casita

A. Lea el menú del Restaurante Mi Casita. Luego hágale preguntas a un compañero / un compañera sobre los precios. Siga el modelo.

MODELO: E1: ¿Cuánto cuestan *los tamales de puerco*?
            E2: Cuestan *$80.00* pesos.

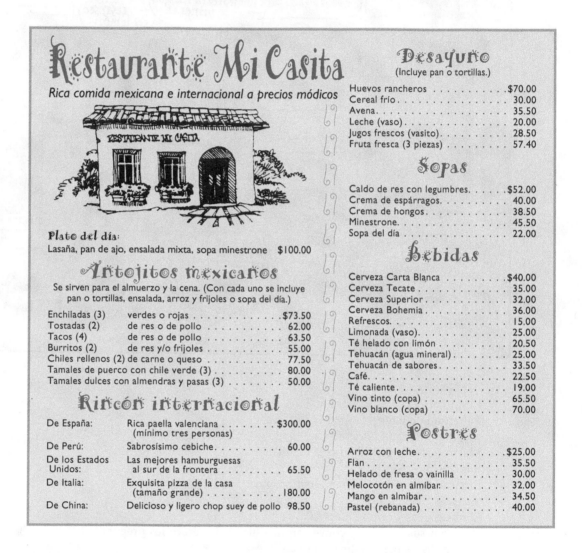

Restaurante Mi Casita
Rica comida mexicana e internacional a precios módicos

Plato del día:
Lasaña, pan de ajo, ensalada mixta, sopa minestrone $100.00

Antojitos mexicanos
Se sirven para el almuerzo y la cena. (Con cada uno se incluye pan o tortillas, ensalada, arroz y frijoles o sopa del día.)

Enchiladas (3)	verdes o rojas	$73.50
Tostadas (2)	de res o de pollo	62.00
Tacos (4)	de res o de pollo	63.50
Burritos (2)	de res y/o frijoles	55.00
Chiles rellenos (2) de carne o queso		77.50
Tamales de puerco con chile verde (3)		80.00
Tamales dulces con almendras y pasas (3)		50.00

Rincón internacional

De España:	Rica paella valenciana (mínimo tres personas)	$300.00
De Perú:	Sabrosísimo cebiche	60.00
De los Estados Unidos:	Las mejores hamburguesas al sur de la frontera	65.50
De Italia:	Exquisita pizza de la casa (tamaño grande)	180.00
De China:	Delicioso y ligero chop suey de pollo	98.50

Desayuno
(Incluye pan o tortillas.)

Huevos rancheros	$70.00
Cereal frío	30.00
Avena	35.50
Leche (vaso)	20.00
Jugos frescos (vasito)	28.50
Fruta fresca (3 piezas)	57.40

Sopas

Caldo de res con legumbres	$52.00
Crema de espárragos	40.00
Crema de hongos	38.50
Minestrone	45.50
Sopa del día	22.00

Bebidas

Cerveza Carta Blanca	$40.00
Cerveza Tecate	35.00
Cerveza Superior	32.00
Cerveza Bohemia	36.00
Refrescos	15.00
Limonada (vaso)	25.00
Té helado con limón	20.50
Tehuacán (agua mineral)	25.00
Tehuacán de sabores	33.50
Café	22.50
Té caliente	19.00
Vino tinto (copa)	65.50
Vino blanco (copa)	70.00

Postres

Arroz con leche	$25.00
Flan	35.50
Helado de fresa o vainilla	30.00
Melocotón en almíbar	32.00
Mango en almíbar	34.50
Pastel (rebanada)	40.00

Expresiones útiles

Me encanta(n).
(No) Tengo mucha hambre.
Estoy a dieta.
(No) Tengo mucha sed.
No traigo mucho dinero.
Es/Son saludable(s).

B. Escoja la(s) comida(s) que va a pedir. Siga el modelo.

MODELO: E1: ¿Qué vas a pedir?
            E2: Creo que voy a pedir *los chiles rellenos* porque *me encantan*. ¿Y tú, qué vas a pedir?

Actividad 15 **Del mundo hispano: Dónde comer en San José, Costa Rica**

RECOMENDAMOS

Le Monastère
27   San Rafael de Escazú
puntos   Reservaciones al
289-4404. Comida internacional al estilo francés. Hermosa vista de 270° desde San José hasta el Golfo de Nicoya. De 10,200 a 28,440 (en colones) por persona.

Machu Picchu
19   125 metros al norte
puntos   del Kentucky Fried Chicken, por el Paseo Colón. Reservaciones al 222-7384. Comida peruana, especialmente mariscos, con el sabor auténtico del Perú. De 7,725 a 12,185 (en colones) por persona.

La Masía de Triquell
21   Sabana Norte, de la
puntos   Agencia Datsun 175 metros al oeste y 175 metros al norte. Reservaciones al 296-3528. Comida española e internacional. La mejor paella de Costa Rica. De 8,175 a 30,475 (en colones) por persona.

El Balcón de Europa
11   Calle 9, entre
puntos   Avenidas Central y Primera. Reservaciones 220-4821. Platillos italianos y costarricenses. De 4,800 a 14,220 (en colones) por persona.

Ram Luna
25   En Aserrí. Reserva-
puntos   ciones al 230-3060. Ambiente elegante y familiar. Vista de San José. Comida internacional y costarricense. Buffet y bailes folclóricos los miércoles desde las 17:00. De 10,200 a 24,375 (en colones) por persona. Buffet de los miércoles: 14,220 (en colones) por persona.

A. Primero, lea las recomendaciones de una revista turística de San José. Luego, conteste estas preguntas con un compañero / una compañera.

1. De los cinco restaurantes que se recomiendan, ¿cuál es el mejor? ¿Cuántos puntos recibió? ¿Cuál es el peor? ¿Cuántos puntos recibió?

2. De los restaurantes que se recomiendan en la revista, ¿cuáles son «buenos»? ¿Cuáles son «normales»? ¿Cuáles son «muy buenos»? ¿Hay alguno «excelente»?

3. ¿Qué elementos se deben considerar para calificar un restaurante? ¿Cuál es el más importante, en su opinión? ¿Por qué?

4. ¿En cuál de los restaurantes es más barata la comida?

5. ¿En cuál de todos le gustaría cenar? ¿Por qué?

B. Ahora use las calificaciones de la revista para hablar con su compañero/a de algunos restaurantes de su ciudad.

30–26 puntos
Excelente

25–21 puntos
Muy bueno

20–16 puntos
Bueno

15–11 puntos
Normal

10–6 puntos
Regular

5–0 puntos
Malo

Actividad 16 **Entrevista: Los restaurantes**

1. ¿Qué clase de restaurante te gusta más?

2. ¿Te gusta la comida japonesa? ¿la comida china? ¿Qué otro tipo de comida (árabe, coreana, vegetariana...) te gusta?

3. ¿Cuál es el restaurante más elegante cerca de tu casa? ¿Comes allí con frecuencia? ¿Te gusta la comida? ¿el ambiente? ¿Te gustan los precios? ¿Es necesario hacer una reservación?

4. ¿Cuánto consideras que se debe pagar por una comida excelente en un buen restaurante?

5. ¿Cuántas veces por semana comes fuera de casa? ¿Comes frecuentemente en algún lugar en especial? ¿Dónde? ¿Cuánto dejas de propina? ¿El 15 por ciento (15%)?

6. ¿Vas mucho a los restaurantes de «servicio rápido»? ¿Cuál de ellos es tu favorito? ¿Por qué?

De todo un poco

Cuadros de preferencias

Complete los siguientes cuadros según sus propias preferencias.

EN MI CASA SERVIMOS LAS SIGUIENTES COMIDAS
CON FRECUENCIA

COMIDAS	RAZÓN
1.	
2.	
3.	
4.	
5.	

ALGUNAS POSIBILIDADES

No tiene mucha grasa.

Es saludable.

Tiene poco colesterol.

Nos encanta a todos.

Los ingredientes son baratos.

EN MI CASA NUNCA SERVIMOS ESTAS COMIDAS

COMIDAS	RAZÓN
1.	
2.	
3.	
4.	
5.	

ALGUNAS POSIBILIDADES

Tiene mucha grasa.

Es muy picante.

Tiene mucho colesterol.

No nos gusta.

Los ingredientes cuestan mucho.

Ahora, charle con un compañero / una compañera sobre el contenido de los cuadros.

¡Dígalo por escrito!

Usted es el dueño.

Imagínese que usted tiene un restaurante. Invente el menú usando el vocabulario de las comidas de los **Capítulos 3** y **8.** En el menú, además de las comidas, las bebidas y los precios, incluya el nombre del restaurante, la dirección y el horario (*Abierto de la(s) _____ a la(s) _____*).

¡Cuéntenos usted!

Descríbanos una cena ideal. ¿Es una cena en casa o en un restaurante? ¿Qué comidas se sirven? ¿Hay sopa o ensalada? ¿Qué hay de beber? ¿Cuáles son los platos principales? ¿Quién prepara la comida? ¿Con quién cena usted? ¿Qué prefiere de postre?

LECTURA

Los deliciosos platos andinos

Colombia
(la arepa, las hallacas)

Venezuela
(la arepa, las hallacas)

Ecuador
(el locro)

Bolivia
(los anticuchos)

Perú (papas a
la huancaina,
el cebiche)

Chile
(el caldillo
de congrio,
el vino)

VOCABULARIO ÚTIL

netamente	*distinctly*
los puestos	*food stands*
el relleno	*filling, stuffing*
cubierto	*covered, wrapped*
la mazorca	*ear of corn*
rociadas	*sprinkled*
el ají	*chili*
humilde	*humble*
la brocheta	*kabob*
el maní	*peanut*

La región andina de la América del Sur tiene una rica tradición indígena. Hablamos de los países que se encuentran en la cordillera de los Andes: Venezuela, Colombia, Ecuador, Perú, Bolivia y Chile. La cultura de los incas predomina en gran parte de ese territorio, especialmente en Perú, Ecuador y Bolivia. El 55 por ciento de la población boliviana, por ejemplo, es de origen indígena y habla quechua, el idioma de los incas. La presencia incaica es también muy visible en la sociedad ecuatoriana. El 30 por ciento de la población de Ecuador es monolingüe —habla solamente la lengua quechua— y una tercera parte es bilingüe —habla quechua y español.

Se entiende, entonces, el origen **netamente** indígena de muchos platos andinos. Considere el maíz, que se ha cultivado en la región de los Andes por 4.000 años. El maíz —*choclo* en quechua— es un ingrediente básico de varias comidas típicas de esta región. Los colombianos y los venezolanos lo comen en forma de arepa, una masa de maíz tostada o frita rellena de queso. El alimento rápido que más se consume en la zona andina es el choclo tostado, que se vende en **puestos** por todas partes.

Una comida muy popular en la región andina es el tamal, el cual uno encuentra con diferentes nombres en varios países. Lo llaman «humitas» en Ecuador, Bolivia y Chile; «hallacas» en Venezuela y Colombia. El tamal es una masa de maíz que puede ser dulce o salada; puede llevar un **relleno** de carne de res o pollo, y siempre se cocina **cubierto** con hojas de **mazorca** o de plátano.

Hay especialidades en cada país. En Ecuador las especialidades son sus deliciosas sopas, como el locro, una sopa espesa hecha con papas, pescado y queso. El alimento principal en Perú es la papa, ¡que allí tiene más de 1.000

(Continúa)

variedades! La papa es otra legumbre que los indígenas andinos han cultivado por miles de años. Se prepara de muchas maneras, como las ricas papas a la huancaína (de la ciudad de Huancayo), que son papas hervidas y rociadas con una salsa cremosa de queso y ají. Pero el plato peruano más conocido es sin duda el cebiche: pescado crudo que «se cocina» en jugo de limón, al cual se le pone también cilantro, ajo, cebolla, choclo, ají y camote.

El cebiche, plato típico de Perú

Una de las comidas rápidas más populares en Bolivia es el anticucho. En las esquinas de cualquier ciudad boliviana —La Paz, Cochabamba— encuentra usted anticucheras: una humilde parrilla, humo, intenso olor a carne. Los anticuchos se hacen con carne de corazón de res a la parrilla, servida al estilo brocheta. A veces se les pone una salsa de maní picante. Muchos bolivianos de todas las edades comen anticuchos.

Mencionemos por último una de las especialidades chilenas, que es el caldillo de congrio. Este plato se hace con pescado fresco, papas, tomate y hierbas. El pescado, a propósito, se come mucho en Chile, país que también produce vinos

Pequeño restaurante en Lima, Perú

excelentes conocidos en todo el mundo. Hay otros deliciosos platos de la cocina andina que deberíamos mencionar, como la chicha morada, el saltado de pollo y el tallarín de legumbres. Pero... mejor descubra usted estas ricas comidas.

Comprensión

Indique qué ingredientes de la siguiente lista se usan en cada plato.

Ingredientes: ajo, carne de res, cebolla, cilantro, corazón de res, hierbas, jugo de limón, maíz, papas, papas hervidas, pescado crudo, pescado fresco, pollo, queso, tomate

MODELO: el tamal → *El tamal se hace con masa de maíz, a veces con un relleno de carne y siempre con hojas de mazorca o plátano.*

1. el locro
2. el caldillo de congrio
3. las papas a la huancaína
4. el cebiche
5. la arepa
6. el anticucho
7. las hallacas

Un paso más... ¡a escribir!

Escoja tres de los platos andinos que se mencionan en la **Lectura** y compárelos con un plato que usted conoce; por ejemplo, la pizza, el sushi, los espaguetis, alguna sopa. Luego explique si son similares o no, y por qué le gusta o no le gusta ese plato.

Plato andino   *Plato que yo conozco.*   *Me gusta / No me gusta porque...*

_____   _____   _____

Vea el **Resumen cultural** en este capítulo del *Cuaderno de actividades.*

Caldillo de congrio

Vocabulario

El desayuno

Breakfast

la avena	oatmeal
los huevos (fritos, cocidos)	eggs (fried, hard-boiled)
el panecillo	roll, bun
el pan tostado (a la francesa)	(French) toast
el tocino	bacon
la tostada	toast (*Spain*); crispy tortilla with toppings (*Mex.*)

PALABRAS SEMEJANTES: la dona, los panqueques
REPASO: el cereal, los huevos revueltos, el pan, el pan tostado

El almuerzo y la cena

Lunch and Dinner

el caldo	clear soup
los fideos	noodles
las galletas	crackers
el plato	prepared dish
la salchicha	sausage, frankfurter

PALABRAS SEMEJANTES: el perro caliente, la pizza, la tortilla
REPASO: el arroz, la ensalada, la hamburguesa, la papa (patata) al horno, las papas fritas, el queso, el sándwich, la sopa

El restaurante

The Restaurant

el ambiente	atmosphere
comer fuera	to eat out
la comida	meal; food
la cuenta	bill, check
dejar (una) propina	to leave a tip
la tarjeta de crédito	credit card

PALABRAS SEMEJANTES: el menú (la carta), por ciento, el precio, la reservación
REPASO: atender (ie) la mesa, el mesero / la mesera, pagar, servir (i)
PLATILLOS DEL MUNDO HISPANO: el burrito, el casado de pollo, el cebiche, el chile relleno, las empanadas, la enchilada, los huevos rancheros, la paella valenciana, la parrillada, la pupusa, la quesadilla, el taco, el tamal, las tapas, la tortilla española

La carne

Meat

el ave (*f.*)	poultry
la carne de cerdo/puerco	pork
la carne molida	ground beef
la carne de res	beef
las chuletas (de cerdo/puerco)	(pork) chops
el hígado	liver
el pavo (el guajolote)	turkey

REPASO: el bistec, el jamón, el pollo (frito)

El pescado y los mariscos

Fish and Seafood

las almejas	clams
el atún	tuna
los camarones	shrimp
el cangrejo	crab
la langosta	lobster
las ostras	oysters

Las legumbres

Vegetables

el apio	celery
la calabacita	zucchini
la calabaza	pumpkin
la cebolla	onion
los frijoles	beans
los guisantes / los chícharos	green peas
las habichuelas / los ejotes	green beans
los hongos	mushrooms
el maíz	corn
la mazorca de maíz / el elote	ear of corn
el pepino	cucumber
el rábano	radish
la zanahoria	carrot

PALABRAS SEMEJANTES: el bróculi, la coliflor, los espárragos
REPASO: la lechuga, el tomate (el jitomate)

Las frutas y las nueces

Fruits and Nuts

el aguacate	avocado
el albaricoque (el chabacano)	apricot
los cacahuates	peanuts
el durazno (el melocotón)	peach
la fresa (la frutilla)	strawberry
la manzana	apple
la nuez (las nueces)	walnut(s); nut(s)
las pasas	raisins
la piña (el ananá)	pineapple
el plátano	banana
la sandía	watermelon
la toronja (el pomelo)	grapefruit
las uvas	grapes

PALABRAS SEMEJANTES: la banana, el limón, el mango, el melón, la papaya, la pera
REPASO: la naranja (la china)

Los postres

Desserts

el arroz con leche	rice pudding
el flan	sweet custard

REPASO: el chocolate, las galletitas, el helado, el pastel, el yogur

Las bebidas

Drinks

el batido (de leche, de frutas)	(milk, fruit) shake
la horchata	sweet rice drink
la jamaica	sweet drink made with hibiscus flowers
el té caliente/frío (helado)	(hot, iced) tea
el vino (blanco, rosado, tinto)	(white, rosé, red) wine

PALABRAS SEMEJANTES: el agua mineral, la limonada
REPASO: el agua, el café, la cerveza, el jugo (el zumo), la leche, el refresco

Los condimentos, las especias y otros ingredientes

Condiments, Spices and Other Ingredients

el aceite	oil
la aceituna	olive
el aderezo	(salad) dressing
el ají	(bell/chili) pepper
el ajo	garlic

el almíbar	syrup
el azúcar	sugar
el conservante	preservative
la harina	flour
la jalea	jelly
la miel	honey
la mostaza	mustard
la pimienta	pepper
la sal	salt

PALABRAS SEMEJANTES: el bicarbonato de soda, el colorante, la crema, la grasa, la mayonesa, la mermelada, la salsa, la vainilla, el vinagre
REPASO: la mantequilla

La mesa y los cubiertos

Table Setting and Utensils

la cuchara	spoon
la cucharita	teaspoon
el cucharón	ladle
el cuchillo	knife
el cuenco	large serving bowl
la fuente de sopa	soup tureen
la jarra	pitcher
el mantel	tablecloth
el pimentero	pepper shaker
el platillo	saucer
el plato hondo	bowl
el salero	salt shaker
la servilleta	napkin
el tenedor	fork

REPASO: el plato, la taza, el vaso

Las medidas y los recipientes

Measurements and Containers

la botella	bottle
la copa	wineglass
la cucharada	tablespoon (measurement)
la cucharadita	teaspoon (measurement)
la lata	can
la libra	pound
la onza	ounce
el paquete	package
la rebanada	slice
la sartén	(frying) pan
el tarro	jar

Los verbos

Verbs

agregar	to add
amasar	to knead
asar	to roast
batir	to beat
contener	to contain

crecer	to grow
cubrir	to cover
desear	to want, desire
doblar	to fold
estar a dieta	to be on a diet
freír (i)	to fry
mezclar	to mix
mojar	to dip; to wet
pedir (i)	to ask for; to order food
pelar	to peel
picar	to chop, mince
rallar	to grate
tapar	to cover

PALABRAS SEMEJANTES: calcular, combinar, considerar, determinar, formar, recomendar
REPASO: hacer la compra, hornear

La descripción de la comida

Describing Food

a la parrilla	grilled, charbroiled
al horno	baked
al punto, cocido/a	medium rare
bien asado/a, bien cocido/a	well-done
congelado/a	frozen
crudo/a	raw
descafeinado/a	decaffeinated
descremado/a	skimmed
dorado/a	golden brown
dulce	sweet
espeso/a	thick
enlatado/a	canned
fresco/a	fresh
maduro/a	ripe
medio/a	half
picante	hot (spicy)
poco asado/a, poco cocido/a	rare
rico/a	delicious
sabroso/a	flavorful, tasty
seco/a	dry

PALABRAS SEMEJANTES: concentrado/a, excelente, normal, tropical, turístico/a, vegetariano/a

Los sustantivos

Nouns

el alimento	food, meal
el antojito	snack (*Mex.*)
la bolita (de masa)	little ball (of dough)
la cáscara	peel
los comestibles	food; groceries
la comida chatarra	junk food (*Mex.*)
la comida preelaborada	convenience food
la etiqueta	label
las palomitas de maíz	popcorn
la receta	recipe
el restaurante de servicio rápido	fast-food restaurant
el sabor	taste, flavor
la semilla	seed
el trozo	piece

PALABRAS SEMEJANTES: el calcio, el carbohidrato, el colesterol, el líquido, la nutrición, la preparación, la proteína, el total, la vitamina, la zona

Palabras y expresiones del texto

Words and Expressions from the Text

pertenecer	to belong
la razón	reason
la tabla	table; graph

PALABRAS SEMEJANTES: el elemento, el punto, la recomendación

Palabras y expresiones útiles

Useful Words and Expressions

con gusto	with pleasure
dentro	inside; within
de nuevo	again
frecuentemente	frequently
Me encanta(n) el/la/los/las...	I really like . . .
poner la mesa	to set the table
¿Qué clase de... ?	What type of . . . ?

Gramática y ejercicios

8.1 More about Referring to People and Objects already Mentioned: Personal and Impersonal Direct Object Pronouns *lo, la, los,* and *las*

> **lo** = *you, him, it (m.)*
> **la** = *you, her, it (f.)*
> **los** = *you, them (m. pl.)*
> **las** = *you, them (f. pl.)*
>
> **¿Quién preparó los frijoles?** (*Who made the beans?*)
> **Papá los preparó.** (*Dad made them.*)

¿RECUERDA?

As you saw in **Gramática 3.3,** the object pronouns **lo, la, los,** and **las** serve as impersonal direct object pronouns. In other words, they can be used to replace the name of an object; thus **lo** and **la** are the equivalent of the English pronoun *it* and **los** and **las** are equivalent to *them:*

—¿Quién compró **el pastel**?
—**Lo** compró Raúl.

—*Who bought the cake?*
—*Raúl bought it.*

—¿Quién trajo **la fruta**?
—**La** trajo Nora.

—*Who brought the fruit?*
—*Nora brought it.*

—Carmen, ¿dónde pusiste **las servilletas**?
—**Las** puse en la mesa.

—*Carmen, where did you put the napkins?*
—*I put them on the table.*

In **Gramática 6.5,** you learned that the object pronouns **lo, la, los,** and **las** also serve as personal direct object pronouns:

—¿Viste a Alberto ayer?
—No, no **lo** vi.

—*Did you see Alberto yesterday?*
—*No, I didn't see him.*

¿La profesora Martínez?
La vi ayer en el mercado, pero ella no me vio.

Professor Martínez? I saw her yesterday at the market, but she didn't see me.

Review these sections now, if necessary.

The Spanish direct object pronouns **lo, la, los,** and **las** may substitute for words referring to people *or* to things. For example, **la** in the first exchange below refers to **Mónica** (*her*); in the second one it refers to **la salsa** (*it*).

—¿Llamaste a **Mónica**?
—Sí, **la** llamé ayer.

—*Did you call Mónica?*
—*Yes, I called her yesterday.*

—Luis, ¿encontraste **la salsa**?
—Sí, **la** encontré en el refrigerador.

—*Luis, did you find the sauce?*
—*Yes, I found it in the refrigerator.*

Like other pronouns, direct object pronouns are usually placed before the verb. However, in the case of verb phrases, such as forms used to express the future (**voy a comprar**), or in forms expressing the present progressive (**estamos preparando**), there are two options:

- Pronouns may precede the first verb:
  —¿**Los fideos? Los** voy a comprar esta tarde.
  —¿**La paella? La** estamos preparando ahora.

- Or they may be attached to the end of the infinitive or the present participle (**-ndo** form):
  —¿**Los fideos?** Voy a comprar**los** esta tarde.
  —¿**La paella?** Estamos preparándo**la** ahora.

You will learn more about the placement of pronouns in **Gramática 13.5** and **Expansión gramatical.**

Ejercicio 1

Conteste con **lo, la, los** o **las** y una terminación lógica.

MODELO: —¿Cuándo bebiste el jugo de naranja?
—*Lo* bebí...

   a. hace diez años.
   (b.) anoche.
   c. antes de levantarme.

1. —¿Dónde pusiste la carne?
   — _____ puse en...
   a. el jardín.
   b. el supermercado.
   c. el congelador.
2. —¿Dónde compraste las legumbres?
   — _____ compré...
   a. en una tienda de ropa.
   b. en el supermercado.
   c. en la cafetería de la escuela.
3. —¿Cuándo trajiste el hielo?
   — _____ traje...
   a. el año pasado.
   b. hace diez minutos.
   c. hace dos semanas.
4. —¿Dónde pusiste la mayonesa?
   — _____ puse en...
   a. la mesa.
   b. el sofá.
   c. el dormitorio.
5. —¿Dónde pusiste los vasos?
   — _____ puse en...
   a. el armario.
   b. la cómoda.
   c. la alacena.
6. —¿Viste a Nora ayer?
   —Sí, _____ vi en...
   a. el tocino.
   b. el restaurante.
   c. la paella.
7. —¿Cuándo conociste a Luis?
   — _____ conocí...
   a. ayer.
   b. en el año 1810.
   c. pasado mañana.
8. —¿Llamaste a las chicas ya?
   —Sí, _____ llamé...
   a. en el año 2020.
   b. anoche.
   c. la semana próxima.
9. —¿Saludaste a la profesora?
   —Sí, _____ saludé...
   a. hace cinco minutos.
   b. el siglo pasado.
   c. el mes próximo.
10. —¿Oíste llegar a Lan y a Luis?
    —Sí, _____ oí llegar...
    a. a las 10:00 de la noche.
    b. mañana en la tarde.
    c. en el año 1521.

Ejercicio 2

La familia Saucedo se está preparando para la cena de Nochebuena. Usted es Estela. Conteste las preguntas de su familia: Use **lo, la, los** o **las** antes o después de la frase verbal.

MODELO: —Mamá, ¿a qué hora vas a servir la comida?
—**La** voy a servir a medianoche. / Voy a servir**la** a medianoche.

1. —Mamá, ¿vamos a poner la mesa ahora?
   —No, hijo, _____ a las 11:00 de la noche.
2. —Mamá, ¿vas a preparar el aderezo ahora o más tarde?
   —Hija, _____ a las 10:00 de la noche.
3. —Mamá, ¿ya estás horneando los pasteles?
   —Sí, hijito, _____ ahora mismo.
4. —Mamá, ¿quién está rallando el queso?
   —Amanda _____ en este momento.
5. —Mamá, ¿vas a abrir las latas de aceitunas ahora?
   —No, Guillermo, no _____ todavía. Prefiero esperar un poco.

8.2 More about Expressing Likes: The Verbs *gustar* and *encantar*

A. Gustar can also be followed by a noun. If the noun is singular, use the singular form, **gusta**; if it is plural, use the plural form, **gustan.**

—¿Te gusta **la sandía**? — *Do you like watermelon?*
—Sí, pero me gust**an** más **las uvas.** — *Yes, but I like grapes better.*

The preterite forms are **gustó** (*sing.*) and **gustaron** (*pl.*).

—¿Te **gustó** el helado? — *Did you like the ice cream?*
—Sí, me **gustó** mucho. — *Yes, I liked it a lot.*

—Nos **gustaron** mucho esas galletitas. — *We really liked those cookies.*

B. To ask who likes something, begin with **¿A quién... ?**

—¿**A quién** le gusta la pizza? — *Who likes pizza?*
—¡A todos nos gusta! — *We all do!*

To identify a specific person or persons who like(s) something, use the following pattern.

A + *name* + **le(s)** + **gusta(n)...**

A Lan le gusta leer novelas. — *Lan likes to read novels.*
A Graciela no **le gusta** la comida italiana. — *Graciela doesn't like Italian food.*
A Guillermo y **a Ernestito les gusta** mucho montar en bicicleta. — *Guillermo and Ernestito like to ride their bikes a lot.*

¿RECUERDA?

In **Gramática 1.5** you learned that the verb **gustar,** followed by an infinitive, is the most common Spanish equivalent for the English verb *to like* (*to do something*) and that **gustar** resembles the English verb phrase *to be pleasing* (*to someone*). You also learned that an indirect object pronoun (**me, te, nos, os, le,** or **les**) is used with **gustar** to identify the person to whom something is pleasing.

A Nora le gusta cocinar. (*Nora likes to cook.*)

Me gusta desayunar temprano. (*I like to eat breakfast early.*)

Use **gusta** if one item is being referred to; use **gustan** if more than one item is referred to:
Me gusta el café.
(*I like coffee.*)
Me gustan las tortillas de maíz.
(*I like corn tortillas.*)

C. To state more emphatically that someone likes something, use the preposition **a** followed by the person (noun or pronoun) and then the corresponding indirect object pronoun (**me, te, le, nos, os, les**) + **gusta(n).**

—¿**A Paula le gustan** las hamburguesas?	—*Does Paula like hamburgers?*
—¡¿**A Paula?!** No, **a ella** no **le gustan** las hamburguesas.	—*Paula?! No, she doesn't like hamburgers.*

The following emphatic phrases are made up of the preposition **a** followed by pronouns. Notice that these pronouns are the same as the subject pronouns, except for **mí** and **ti.***

For emphasis, add:
a mí
a ti
a él / a ellos
a ella(s)
a usted(es)
a nosotros/as
　A mí me gusta el chocolate. (*I like chocolate*).
　A ellas les gustan las papas fritas. (*They like French fries.*)

a mí me gusta(n)	a nosotros/as nos gusta(n)
a ti te gusta(n)	a vosotros/as os gusta(n)
a usted le gusta(n)	a ustedes les gusta(n)
a él le gusta(n)	a ellos les gusta(n)
a ella le gusta(n)	a ellas les gusta(n)

Pues, **a mí me gustan** mucho todas las frutas, especialmente la papaya.	*Well, I really like all fruit, especially papaya.*
¿Y de veras **a ti no te gustan** las papas fritas?	*And do you really not like French fries?*

D. Emphatic short answers to questions with **gustar** are very common. Use the preposition **a** plus a pronoun or noun and the words **sí** or **no.**

—¿Le gustan las sardinas?	—*Do you like sardines?*
—¡**A mí, no!**	—*No, I don't!*
—¿Les gustan los postres de chocolate?	—*Do you like chocolate desserts?*
—**A mí, sí,** pero **a Nora, no.**	—*I do, but Nora doesn't.*

You can use the words **también** (*also*) and **tampoco** (*neither*) instead of **sí** and **no** in short answers.

With **gustar:**
a mí también = *me too*
a mí tampoco = *me neither*

—A Pablo le gustan las fajitas.	—*Pablo likes fajitas.*
—Pues, **a mí también.**	—*Well, so do I.*
—Luis, a mí no me gustan mucho estos tacos.	—*Luis, I don't like these tacos very much.*
—**A mí tampoco.**	—*I don't either.*

E. There are other Spanish verbs that function like **gustar.** One common one used to express likes and dislikes is **encantar.** (You will learn more about this kind of verb in **Gramática 10.5.**)

Remember to use **encanta** if referring to one item or **encantan** if more than one:
　Les encanta la comida japonesa. (*They really like Japanese food.*)
　Nos encantan las papas fritas. (*We adore French fries.*)

—A mí **me encanta** el flan.	—*I adore flan.*
—A mí también.	—*Me too.*
—**Nos encantan** los mariscos que sirven en este restaurante.	—*We love the seafood they serve in this restaurant.*
—A nosotros también.	—*So do we.*
A Ernesto y a Estela **les encanta** salir a cenar.	*Ernesto and Estela love to eat dinner out.*

The preterite forms of **encantar** are **encantó** and **encantaron.**

A ella **le encantó** la cena.	*She loved the dinner.*
Me encantaron esas enchiladas.	*I really liked those enchiladas.*

---

*Recognition: **a vos te gusta**

Ejercicio 3

Complete los siguientes diálogos.

Use **me/mí** y **te/ti.**

—¿_____¹ gustan las zanahorias?
—A mí no _____² gustan mucho. ¿Y a _____³?
—A _____,⁴ sí. Son muy buenas para la vista (los ojos).

Use **él/le, me/mí** y **te/ti.**

—¿A tu hermano _____⁵ gusta el pollo frito?
—A _____⁶ sí le gusta, pero a _____,⁷ no.
—¡A _____⁸ no te gusta el pollo! ¿Por qué no _____⁹ gusta?
—A _____¹⁰ sí me gusta el pollo, pero no _____¹¹ gusta el pollo frito.

Ejercicio 4

Haga oraciones que describan los gustos de las siguientes personas. Use (1) una forma del verbo **encantar** (**encanta** o **encantan**); (2) el pronombre apropiado (**me, te, le, les** o **nos**); y (3) el nombre de una comida.

MODELO: A mi hermana *le encantan las fresas.*

Sugerencias

el café	los dulces	el guacamole
los chiles rellenos	las fresas	las hamburguesas
el chocolate	los frijoles	las palomitas con mantequilla
la comida mexicana	la fruta	el pan

1. A mi mejor amigo/a _____.
2. A mis padres _____.
3. A mi profesor(a) de español _____.
4. A mi novio/a (esposo/a) _____.
5. A mí _____.
6. A mi mejor amigo/a y a mí _____.

8.3 Making Negative Statements and Questions: *No, never*

algo	*something*	nada	*nothing*
alguien	*somebody*	nadie	*nobody*
algún	*some*	ningún	*none, no one*
alguno/a/os/as		ninguno/a (de)	
siempre	*always*	nunca (jamás)	*never*
también	*also*	tampoco	*neither*

Whereas in standard English it is generally incorrect to have more than one negative in a sentence, in Spanish multiple negatives are frequently required.

A. Spanish often requires the use of multiple negatives in the same sentence when one responds negatively to a question.

—¿Tienes algo en el horno?	—*Do you have something in the oven?*
—**No, no** tengo **nada**.	—*No, I don't have anything.*
—¿Hay alguien en la puerta?	—*Is there someone at the door?*
—**No, no** hay **nadie**.	—*No, there is no one.*
—Señora Silva, ¿va usted siempre al mercado los martes?	—*Mrs. Silva, do you always go to the market on Tuesdays?*
—**No, no** voy **nunca** los martes.	—*No, I don't ever (I never) go on Tuesdays.*

algún (alguno/a/os/as) = *some, any*

ningún (ninguno/a) = *none, not any, neither one*

B. Alguno/a corresponds to English *some* or *any*, and **ninguno/a** corresponds to English *none, not any,* or *neither one.*

—¿Hay **algunos** postres sin azúcar?	—*Are there any desserts without sugar?*
—No, señor, no tenemos **ningún** postre sin azúcar.	—*No, sir, we don't have any desserts without sugar.*
—¿Hay **alguna** sopa sin carne?	—*Are there any soups without meat?*
—No, no hay **ninguna**; todas tienen carne.	—*No, there aren't any; they all have meat.*

Note that Spanish uses **ninguno/a** in the singular form.

C. Alguno and **ninguno** shorten to **algún** and **ningún** before masculine singular nouns.

—¿Hay **algún** restaurante en esta calle?	—*Is there a restaurant on this street?*
—No, no hay **ningún** restaurante por aquí.	—*No, there aren't any restaurants around here.*

Uno/Un, bueno/buen, primero/primer, and **tercero/tercer** follow the same rule.

¿Quieres pedir **una** copa de vino?	*Do you want to order a glass of wine?*
Sólo hay **un** plato mexicano en el menú.	*There is only one Mexican dish on the menu.*
¡Aquí sirven **unos** mariscos exquisitos!	*They serve excellent seafood here!*
Esteban es un **buen** cocinero. Nora y Carmen también son **buenas** cocineras.	*Esteban is a good cook. Nora and Carmen are also good cooks.*
Vamos a sentarnos en la **tercera** mesa.	*Let's sit down at the third table.*
El **primer** plato es la sopa.	*The first course is the soup.*

D. No is not used when the negative word precedes the verb.

Nunca como entre comidas.	*I never eat between meals.*
Nadie fue al mercado.	*Nobody went to the market.*

E. Express *I (you, we . . .) don't either* with a subject pronoun + **tampoco.**

—Yo no quiero comer helado. —*I don't want to eat ice cream.*
—**Yo tampoco.** —*I don't either. (Me neither.)*

Yo no quiero más arroz. **Tú** *I don't want more rice.*
tampoco, ¿verdad? *You don't either, do you?*

Ejercicio 5

Conteste las siguientes preguntas de forma negativa. Use **nada, nadie, nunca** o **ninguno/a.**

MODELO: —¿Hay algo de comer en el refrigerador?
—No, no hay *nada.*

1. —¿Fue alguien al supermercado ayer?
—No, no fue _____.
2. —¿Desayunaste algo esta mañana?
—No, no comí _____.
3. —¿Siempre comes en restaurantes chinos?
—No, _____ como en ellos.
4. —¿Invitaste a alguien a cenar esta noche?
—No, no invité a _____.
5. —¿Compraste una sandía?
—No, no encontré _____ madura.
6. —¿Quieres algo de tomar?
—No gracias, no quiero _____.
7. —¿Te sirvo espinacas?
—No, gracias. ¡_____ las como!
8. —¿Por qué no invitaste a Diego y a Ramón a la fiesta?
—Los invité, pero _____ de los dos quiso venir.

La paella valenciana es la comida más típica de la región mediterránea de España, pero se come con gusto en todos los países hispanas.

Ejercicio 6

Usted y Pedro Ruiz tienen gustos muy diferentes. En cada caso exprese una opinión opuesta a la de Pedro.

MODELO: PEDRO: Me encantan las almejas. USTED: A mí, no. (A mí no me gustan.)

1. PEDRO: No me gustan las hamburguesas. USTED: _____
2. PEDRO: Me encanta la horchata. USTED: _____
3. PEDRO: No me gustan los guisantes. USTED: _____

Usted y Ernesto Saucedo tienen los mismos gustos. En cada caso diga que usted está de acuerdo con la opinión de Ernesto.

MODELO: ERNESTO: No me gustan las comidas preelaboradas. USTED: A mí tampoco (A mí tampoco me gustan).

4. ERNESTO: No me gusta el atún. USTED: _____
5. ERNESTO: No me gustan los huevos revueltos. USTED: _____
6. ERNESTO: Me gustan las pupusas. USTED: _____

Se + third-person singular
verb is used to express *one*,
you, or impersonal *they*:
**Se come mucho ajo en
España.** (*One eats*
[*They eat*] *lots of garlic
in Spain.*) (*Lots of garlic
is eaten in Spain.*)

8.4 Expressing *one* or *you*: The Impersonal *se*

In addition to being a reflexive pronoun (see **Gramática 4.3**), **se** is also used in "impersonal" constructions.

In English this structure is expressed with the impersonal *you* (*You need good fruit to make a good fruit salad*), the pronoun *one* (*One should always think before acting*), the pronoun *they* (*They sell beer by the glass*), or the simple passive (*Beer is sold only by the glass here*).

Se + third-person verb form
is often used for instructions:
**Primero se hierve el
agua, después se le
agrega la sal y luego
se ponen los fideos y
se cuecen por ocho
minutos.** (*First you boil
the water, then you add
the salt, and then you
put in the noodles and
cook them for eight
minutes.*)

—¿Cómo **se dice** *tablecloth*
en español?
—**Se dice** «mantel».

—*How do you say* tablecloth
in Spanish?
—*You say* **mantel.**

Aquí **se habla** español.

Spanish is spoken here. (*They speak Spanish here.*)

Primero **se agrega** la sal y
después **se mezcla** todo.
No **se debe** dormir inmediatamente
después de comer.

*First you add the salt and then
you mix everything.*
One shouldn't (*go to*) *sleep
immediately after eating.*

If the topic in question is plural, the verb is usually also plural.

—**¿Se sirven mariscos** frescos
aquí?
—Sí, **se preparan camarones**
deliciosos y el precio es muy
módico.

—*Are fresh shellfish served
here?*
—*Yes, they prepare delicious
shrimp, and the price is very
moderate.*

Ejercicio 7

In **Ejercicio 7,** the verb
necesitar can be used twice.
All others will be used once.

Complete estas oraciones con la forma **se** impersonal de los siguientes verbos:
preparar, poner, cortar, lavar, agregar, necesitar, hablar y **batir.**

1. Para preparar un sándwich de jamón y queso, _____ el jamón y el queso en rebanadas.
2. Para alimentarse bien, _____ comer de los cuatro grupos esenciales de alimentos.
3. Primero _____ el bróculi y luego _____ en el agua a hervir.
4. En este restaurante _____ mariscos frescos y deliciosos.
5. Para hacer un buen guacamole, _____ cebolla y otros ingredientes.
6. Para hacer una tortilla española, _____ huevos y patatas.
7. ¿_____ francés en ese restaurante?
8. ¿_____ los huevos para la tortilla española?

8.5 Using Stem-Changing Verbs Like *pedir* and *servir*: Present-Tense and Preterite Forms

In a few verbs like **pedir** (*to order; to ask for*) and **servir** (*to serve*), the **-e-** of the infinitive changes to **-i-** in the present tense and the preterite. In the present, all forms of **pedir** and **servir** use the stems **pid-** and **sirv-** except for the **nosotros/as** and **vosotros/as** forms and the infinitive.*

	pedir	**servir**
(yo)	pido	sirvo
(tú)	pides	sirves
(usted, él/ella)	pide	sirve
(nosotros/as)	pedimos	servimos
(vosotros/as)	pedís	servís
(ustedes, ellos/as)	piden	sirven

In the preterite, only the **usted, él/ella,** and **ustedes, ellos/as** forms use the stem with **i.**

	pedir	**servir**
(yo)	pedí	serví
(tú)	pediste	serviste
(usted, él/ella)	pidió	sirvió
(nosotros/as)	pedimos	servimos
(vosotros/as)	pedisteis	servisteis
(ustedes, ellos/as)	pidieron	sirvieron

En este restaurante **sirven** excelente comida. La semana pasada me **sirvieron** una paella sabrosísima.

They serve excellent food in this restaurant. Last week they served me a delicious paella.

pedir = *to ask for*
present: **(yo) pido, (él) pide**
past: **(yo) pedí, (él) pidió**
servir = *to serve*
present: **(yo) sirvo, (él) sirve**
past: **(yo) serví, (él) sirvió**

Pedí camarones y fideos.
I ordered shrimp and pasta.
El mesero me sirvió almejas y arroz.
The waiter served me clams and rice.

*The **e → i** change also occurs in the present participles: **pidiendo** (*ordering*) and **sirviendo** (*serving*).
Recognition: **vos pedís, servís; vos pediste, serviste**

—Silvia, ¿qué platillo **pediste**
en el Restaurante Mi Casita?
—**Pedí** unas enchiladas de pollo.
Siempre **pido** lo mismo.

—*Silvia, what dish did you
order at Mi Casita Restaurant?*
—*I ordered chicken enchiladas.
I always order the same thing.*

The verbs **vestirse** (*to dress*) and **seguir** (*to follow*) conform to this same **e → i** pattern.*

vestirse		seguir	
PRESENT	**PAST**	**PRESENT**	**PAST**
me visto	me vestí	sigo	seguí
te vistes	te vestiste	sigues	seguiste
se viste	se vistió	sigue	siguió
nos vestimos	nos vestimos	seguimos	seguimos
os vestís	os vestisteis	seguís	seguisteis
se visten	se vistieron	siguen	siguieron

Raúl se **vistió** rápido anoche.
Estela no **siguió** la receta.

Raúl dressed quickly last night.
Estela didn't follow the recipe.

Reír (*to laugh*), **sonreír** (*to smile*), and **freír** (*to fry*) also follow this pattern, except that in the third-person preterite forms one **i** is dropped: **fri- + -ió → frió; fri- + -ieron → frieron.**[†]

freír	
PRESENT	**PAST**
frío	freí
fríes	freíste
fríe	frió
freímos	freímos
freís	freísteis
fríen	frieron

Doña Rosita **frió** las tortillas.
Don Eduardo **sonrió** cuando
le sirvieron su platillo favorito.

Doña Rosita fried the tortillas.
*Don Eduardo smiled when they
served him his favorite dish.*

---

*The **e → i** change also occurs in the present participles: **vistiendo/vistiéndose** and **siguiendo**.
[†]The present participles are: **friendo, sonriendo,** and **riendo**.

Recognition: Present: **vos te vestís, seguís, freís, sonreís, reís**
Preterite: **vos te vestiste, seguiste, freíste, sonreíste, reíste**

Ejercicio 8

Complete estos diálogos con las formas apropiadas de **servir** o **pedir**.

PILAR: ¿Qué vas a _____¹ ahora?
CLARA: Creo que voy a _____² pollo asado.
PILAR: En este restaurante _____³ muy buenos mariscos.
CLARA: Entonces voy a _____⁴ camarones fritos.

JOSÉ: ¿Qué _____⁵ tú en un restaurante mexicano?
PILAR: Eso depende. Si _____⁶ mariscos _____⁷ un cóctel de mariscos.
JOSÉ: ¿Y si no hay mariscos?
PILAR: Entonces prefiero _____⁸ un chile relleno.

PILAR: Ayer mi novio y yo fuimos a un restaurante francés muy elegante.
CLARA: ¿Qué _____⁹ ustedes?
PILAR: _____¹⁰ cóctel de mariscos, ensalada y carne de res en salsa de vino.
CLARA: Mmm. ¿Y les _____¹¹ postre también?
PILAR: Sí, yo _____¹² flan y mi novio _____¹³ pastel de chocolate.

JOSÉ: Pilar, ¿_____¹⁴ leche otra vez?
PILAR: No, ayer yo _____¹⁵ una Coca-Cola y Clara _____¹⁶ un vaso de leche.
JOSÉ: Ah sí, ya entiendo. Después ustedes _____¹⁷ un sándwich de pollo.
PILAR: No, José. Después _____¹⁸ un sándwich de jamón, pero el mesero nos _____¹⁹ sándwiches de pollo.
JOSÉ: ¿Y a mí también me _____²⁰ un sándwich de pollo?
PILAR: No, hombre. ¡Tú no fuiste con nosotros!

La comida mexicana es muy variada. Entre los platillos más populares se encuentran los tacos.

© Joaquín Salvador Lavado (QUINO) Toda Mafalda—Ediciones de La Flor, 1993.

La niñez y la juventud

METAS

In **Capítulo 9** you will expand your ability to talk about your family. You will learn to express different kinds of memories: your habitual activities and those of others, as well as how you felt about things in the past.

Fragmento de *Salud para todos,* por Walter Solón (Bolivia)

Sobre el artista: Walter Solón nació en 1924 en Uyuni, una pequeña ciudad al suroeste de Bolivia. En sus murales Solón trata los temas de la opresión y la resistencia política, y muchas de sus obras muestran la injusticia de las dictaduras. Víctimas de una dictadura militar en Bolivia, Solón y su esposa escaparon a Perú después de ser torturados. Solón murió en 1999.

¡Conozca Bolivia!

Nombre del país: la República de Bolivia

Ciudad capital: Sucre es la capital y La Paz es la sede del gobierno

Ciudades principales: Cochabamba, Santa Cruz, Potosí

Moneda: el boliviano

Idiomas: el español, el quechua, el aimara, el guaraní (oficiales)

Población: 9.100.000

Día de la Independencia: el 6 de agosto

Fiestas típicas: la Fiesta de la Virgen de Candelaria, el Carnaval de Oruro

Comidas típicas: las salteñas, la sajta de pollo, el pacumutu, el silpancho, el thimpu, el pique macho, el mate de coca

Música típica: el carnavalito, el taquirari, la chovena, la chacarera, el kaluyo, el huayno. Entre los instrumentos folklóricos se incluyen el siku y la quena.

Gente famosa: Evo Morales, Gabriel René Moreno, Pedro Domingo Murillo

Código del país por Internet: .bo

Voces bolivianas

un cuero	una persona atractiva
echar un fonazo	llamar por teléfono
estar largado/a	no tener dinero
un jacho	un agente de policía
un k'anka	una persona estadounidense
raca	tacaño/a
la yeta	la mala suerte

En este capítulo...

ACTIVIDADES DE COMUNICACIÓN

- La familia y los parientes
- La niñez
- La juventud

EN RESUMEN

LECTURAS Y CULTURA

- **Ventanas culturales**
  Nuestra comunidad: Famosos y humanitarios
- **Enlace a la música**
  Canciones y rimas infantiles
- **Ventanas culturales**
  La vida diaria: Los chicos de la calle
- **Lectura**
  ¡Así piensan los niños!

GRAMÁTICA Y EJERCICIOS

9.1 Describing Family Relationships: The Reciprocal Reflexive Verbs **parecerse** and **llevarse bien**

9.2 Expressing *for*, *from*, and *to whom:* Prepositions + Pronouns

9.3 Saying What You Used to Do: The Imperfect Tense

9.4 Describing the Past: The Imperfect and Preterite of "State" Verbs

9.5 Saying What You Were Going to Do: The Imperfect of **ir** + **a** + Infinitive

La familia y los parientes

✳ Lea Gramática 9.1–9.2.

La familia

Actividad 1 Definiciones: La familia de Raúl

Mire el dibujo de arriba y escuche las oraciones que le va a leer su profesor(a). Diga si son ciertas o falsas.

MODELO: PROF.: «La tía de Clarisa y Marisa se llama Andrea.» →
E.: Falso. Andrea es *la madre* de Clarisa y Marisa.

Actividad 2 Intercambios: La familia de Raúl

Hágale estas preguntas a su compañero/a.

1. ¿Cómo se llaman las hermanas de Raúl? ¿Y el hermano?
2. ¿Cuántos sobrinos tiene Raúl? ¿Cómo se llaman?
3. ¿Tienen nueras Dora y Javier?
4. ¿Cómo se llaman los cuñados de Raúl?
5. ¿Cómo se llama el suegro de Pedro y Estela?
6. ¿Cómo se llaman las cuñadas de Estela?
7. ¿Cuántos nietos tienen Dora y Javier?
8. ¿Cómo se llaman los tíos de Clarisa y Marisa?
9. ¿Cómo se llaman los primos de Clarisa y Marisa?
10. ¿Cómo se llama el yerno de Dora y Javier?

Actividad 3 Descripción de dibujos: La familia de Mónica

Lea la siguiente descripción de la familia de Mónica. Basándose en el árbol genealógico, llene los espacios en blanco con los nombres o palabras apropiados.

Los padres de Mónica se llaman _____ y _____ y están _____. Mónica vive con su madre y su _____, Tony. Su madre y Tony tienen dos hijas, Jessica y Ashley. Ellas son las _____ de Mónica. Jessica se parece a _____, pero Ashley se parece más a _____.

La nueva esposa de Henry Clark se llama _____. Sharon tiene dos hijos de su primer esposo; se llaman _____ y _____ y son los _____ de Mónica. Mónica no visita a sus hermanastros con frecuencia, pero se lleva bien con ellos. A Mónica le gusta hablar con Sharon, su _____, pero dice que su padrastro, Tony, no la comprende.

REFRÁN

De tal palo, tal astilla.

(*Like father, like son.* Literally, *From this stick, this* [*similar*] *splinter.*)

Actividad 4 Diálogo abierto: La familia

Diga a quién se parecen usted y otras personas de su familia. ¿Se llevan bien usted y estas personas?

> E1: ¿A quién te pareces?
>
> E2: Me parezco a _____ .
>
> E1: ¿A quién se parece tu _____ ? (*hermano/a, hijo/a, primo/a, sobrino/a*)
>
> E2: Se parece a _____ .
>
> E1: ¿Te llevas bien con tu _____ ? (*padre, madre, padrastro, madrastra, hermano/a, hermanastro/a, primo/a, tío/a, cuñado/a*)
>
> E2: Sí, me llevo bien (No, no me llevo bien) con él/ella porque _____ .

Estas hermanas se parecen mucho porque son gemelas.

El hijo se parece a su padre.

Actividad 5 Entrevista: Mi familia y mis parientes

1. ¿Vives con tus padres o con otros parientes? ¿Están divorciados tus padres? ¿Tienes padrastro o madrastra? ¿Te llevas bien con él/ella?
2. ¿Están vivos o muertos tus abuelos? ¿Dónde viven? ¿Los ves con frecuencia? Si están muertos, ¿cuánto tiempo hace que murieron?
3. ¿Cuántos hermanos tienes? ¿Tienes medios hermanos o medias hermanas? ¿Te pareces a ellos/as? ¿Tienes hermanastros o hermanastras? ¿Te llevas bien con ellos/as?
4. ¿Cuántos tíos tienes? ¿Dónde viven? ¿Tienes muchos primos o pocos? ¿Celebras los días feriados con tus tíos y tus primos?
5. ¿Están casados tus hermanos? ¿Te llevas bien con tus cuñados? ¿Tienes sobrinos? ¿Cuántos años tienen? ¿Cómo se llaman?
6. ¿Estás casado/a tú? ¿Tienes hijos? ¿Cómo se llaman? ¿Están casados tus hijos? ¿Cómo se llama tu nuera/yerno? ¿Tienes nietos? ¿Cuántos años tienen?

La niñez

✳ **Lea Gramática 9.3.**

Cuando (yo) era niña, vivía en Guanajuato.

15, 16, 17...

Mis amigas y yo jugábamos al escondite en el parque.

Leía las tiras cómicas los domingos.

Saltaba la cuerda.

Mis amigas y yo jugábamos con nuestras muñequitas en el jardín de la casa.

Mi abuela y yo preparábamos la cena.

Jugaba al bebeleche en el patio de recreo de la escuela.

Actividad 6 **Asociaciones: La niñez de algunas personas famosas**

Empareje a estas personas con las oraciones en la página siguiente que las describen.

a. Cristóbal Colón, navegante y explorador

b. Rigoberta Menchú, activista indígena guatemalteca

c. Carlos Santana, guitarrista mexicoamericano

d. Penélope Cruz, actriz española

e. Gael García Bernal, actor mexicano

f. Sandra Cisneros, escritora mexicoamericana

1. Actuaba en el teatro.
2. Soñaba con cambiar la sociedad.
3. Tocaba mucho la guitarra.
4. Quería descubrir «nuevos mundos».
5. Viajaba con frecuencia a México con sus padres.
6. Vivía en México.
7. Quería mejorar la vida de los indígenas de su país.
8. Asistía al Conservatorio Nacional de Madrid.
9. Vivía en Guatemala.
10. Navegaba.
11. Estudiaba ballet.
12. Vivía en España.
13. Soñaba con viajar.
14. Era bilingüe.
15. Hablaba maya quiché.
16. Vivía en Chicago.

Actividad 7   Conversación: ¡Viva el verano!

Mire el dibujo y piense en su niñez.

1. ¿Hacía usted las mismas cosas que los niños de los dibujos?
2. ¿Iba al cine? ¿Con quién(es)?
3. ¿Jugaba a la pelota? ¿Dónde?
4. ¿Volaba un papalote? ¿Dónde?
5. ¿Iba al zoológico? ¿Dónde? ¿Con quién(es)?
6. ¿Paseaba en bicicleta? ¿Dónde, en el parque o en su barrio?
7. ¿Tomaba helados? ¿Qué sabor prefería?
8. ¿Qué otras cosas hacía durante el verano?

Actividad 8 Descripción de dibujos: La niñez de los amigos norteamericanos

Mire la siguiente tabla y escuche las oraciones que le lee su profesor(a). Diga si son ciertas o falsas.

Ahora, hágale preguntas a un compañero / una compañera según la tabla.

MODELO: E1: ¿Qué hacía Lan siempre de niña?
                E2: *Sacaba buenas notas.*

Finalmente, hágale preguntas a su compañero/a sobre lo que él/ella hacía de niño/a.

MODELO: E1: De niño/a, ¿qué hacías tú después de las clases?
                E2: *Jugaba con mis amiguitos.*

VENTANAS CULTURALES Nuestra comunidad

Famosos y humanitarios

El **cantautor** dominicano Juan Luis Guerra opina que todo artista debe contribuir de alguna manera a su comunidad. Él representa y proyecta la cultura de su país con sus canciones, «Burbujas de amor» y «La llave de tu corazón» entre muchas otras. Pero también tiene una fundación, la Fundación Juan Luis Guerra, que ofrece cuidado médico a mucha gente pobre de la República Dominicana. En 2007, el cantautor abrió un **ala** de un hospital en su país para curar a niños **hidrocéfalos.** Para él, su trabajo humanitario es tan importante como su música. Y por suerte, ésta es la opinión de muchos otros hispanos célebres.

El famoso guitarrista mexicano Carlos Santana tiene la Fundación Milagro, que se enfoca especialmente en la educación de los niños pobres en Estados Unidos y México. Ganador de numerosos premios Grammy, Santana piensa que uno debe **dejar su huella** en el mundo. Ésta es la misma filosofía que motiva a Edward James Olmos. El talentoso actor mexicoamericano hace un trabajo social importante, al visitar con frecuencia escuelas y centros de detención juvenil para **alentar** a los jóvenes. Además, Olmos es fundador de Latino Public Broadcasting, una organización que produce programas para la comunidad hispana de Estados Unidos.

La cantante colombiana Shakira, artista de fama internacional por sus canciones y conciertos, es también conocida por su labor humanitaria. En 1997, Shakira creó la Fundación **Pies Descalzos** para ayudar a los niños pobres de Colombia, ofreciéndoles escuelas especiales. Como estos cuatro hispanos célebres, hay muchos otros que se dedican a ayudar a **los demás,** y que así dejan una huella significativa en el mundo.

Juan Luis Guerra, cantautor dominicano

Comprensión

1. ¿Qué tienen en común los cuatro hispanos mencionados?
2. ¿A quiénes benefician sus fundaciones?

VOCABULARIO ÚTIL

el cantautor	*singer-songwriter*
el ala	*wing*
hidrocéfalos	*hydrocephalic*
dejar su huella	*to leave a mark*
alentar	*to encourage*
Pies Descalzos	*Bare Feet*
los demás	*others*

Actividad 9 Entrevista: La niñez

1. De niño/a, ¿vivías en una ciudad o en un pueblo? ¿Te mudabas con frecuencia? ¿Por qué? ¿Te gustaba mudarte? ¿Por qué?
2. ¿Qué te gustaba hacer? ¿Jugabas con muñecas? ¿con carritos?
3. ¿Tenías perro o gato? ¿Cómo se llamaba?
4. ¿A qué escuela asistías? ¿Cómo era?
5. ¿Qué te gustaba hacer en la escuela? ¿Qué no te gustaba hacer?
6. ¿Tenías muchos amiguitos? ¿A qué jugaban en el recreo? ¿al gato? ¿a la pelota? ¿al escondite? ¿a la rayuela (al bebeleche)?
7. ¿Ibas al cine con frecuencia? ¿Qué películas te gustaba ver?
8. ¿Competías en algún deporte? ¿Cúal? ¿Te gustaba competir?

Enlace a la música

Canciones y rimas infantiles

Duérmete mi niño,

Duérmete mi niño
Que tengo que hacer,
Lavar los pañales[1]
Y hacer de comer.
Este niño quiere
Que lo duerma yo,
Duérmalo su madre
Que ella lo parió[2].

[1]*diapers* [2]*lo…gave birth to him*

El mundo hispano tiene una larga tradición de rimas y canciones infantiles que son una parte íntegra de la crianza[1] de los niños. La letra y la melodía de esta música ayudan a formar un enlace[2] profundo entre el niño y su cultura. Muchas de estas canciones tienen su origen hace 300 años en España, pero con el tiempo se desarrollaron[3] versiones distintas en América Latina. Hay canciones para arrullar[4] al niño, canciones y rimas que le enseñan al niño algo sobre el mundo en que vive y canciones que acompañan los juegos infantiles.

Las canciones de cuna[5] o nanas tienen una melodía dulce con el propósito[6] de ayudar al niño a dormir. Una de las más conocidas es «A la nanita nana», que es canción de cuna y villancico.[7] Otras nanas conocidas por todo el mundo hispano son «Señora Santa Ana» y «Este niño lindo». En el Caribe se canta «Duerme negrito», una canción que data de la época[8] de la esclavitud[9] y habla de la pobre mamá del negrito que trabaja sin pago. «Drume negrita»[10] es una nana moderna, escrita por el compositor cubano Eliseo Grenet en 1938. En Venezuela la canción de cuna más conocida es «Duérmete mi niño»; ¡la melodía es la misma del himno nacional[11] de ese país!

Además de cantar para adormecer a sus hijos, los padres y abuelos usan las canciones y las rimas para jugar con los niños y para enseñarles sobre el mundo. «Los elefantes» es una canción que le enseña al niño a contar y la canción «Pimpón» le enseña sobre la importancia del aseo.[12] Cuando un niño se lastima,[13] su madre le dice, «Sana,[14] sana, colita de rana,[15] si no sanas hoy, sanarás mañana». Con la canción «Aserrín, aserrán, los maderos[16] de San Juan» el adulto le mueve los brazos al niño imitando el movimiento de una sierra[17] aserrando[18] el madero.

Los niños también cantan cuando juegan. La canción «La víbora de la mar» acompaña un juego similar al de «*London Bridge Is Falling Down*». Para escoger a un niño para un juego, los niños dicen «De tin marín de dos pingüé, cúcara, mácara, títere fue».[19] «Arroz con leche» es otra canción muy conocida que acompaña un juego de niños. También hay canciones para saltar la cuerda como «Uva, pera, manzana y arroz, ¿a cuántos años me casaré yo? Uno, dos, tres, cuatro, cinco… » y así continúa hasta que el niño que salta se cae.[20]

Si quiere escuchar estas canciones infantiles y muchas otras le recomendamos la música de los cantantes mexicanos Cri-Cri y José-Luis Orozco o la de las argentinas Suni Paz y María Elena Walsh. La escritora cubana Alma Flor Ada y la española F. Isabel Campoy también se dedican a escribir colecciones de rimas y canciones infantiles. Aunque las canciones parezcan muy sencillas,[21] son una fuente rica de vocabulario y cultura. ¡Es posible cantar como los niños y aprender el español a la vez!

Los elefantes

Un elefante se balanceaba
Sobre la tela de una araña[1]
Como veía que resistía
Fue a llamar a otro elefante.
Dos elefantes se balanceaban…

[1]*tela…spider web*

[1]*childrearing* [2]*link, connection* [3]*se… developed* [4]*sing to sleep* [5]*canciones… lullabies (cradle songs)* [6]*purpose* [7]*Christmas carol* [8]*era, time* [9]*slavery* [10]*Drume… Duerme negrita (en el español afro caribeño)* [11]*himno… national anthem* [12]*cleanliness, neatness* [13]*se… gets hurt* [14]*Get better, Heal* [15]*colita… frog's little tail* [16]*lumber, timber* [17]*saw* [18]*sawing* [19]*De… «Eeny meeny miney moe . . . »* [20]*se… falls* [21]*simple*

(Continúa)

Comprensión

1. ¿Qué propósito tienen las canciones que los padres y los abuelos les cantan a los niños? Y ¿cuándo usan las canciones y rimas los niños?
2. Diga si las siguientes canciones son canciones de cuna **C** o canciones que acompañan un juego **J**: «Este niño lindo», «Aserrín, aserrán», «Duerme negrito», «Señora Santa Ana», «víbora de la mar», «Arroz con leche».

La juventud

✳ Lea Gramática 9.4–9.5.

Pedro

Pedro Ruiz Galván era un joven muy guapo.

Bailaba con su novia Andrea en las fiestas.

Escribía cuentos para su clase de lengua.

En la escuela siempre se metía en líos.

Tenía muchos amigos. Iba al cine con ellos.

Conoció a su mejor amigo, Ernesto Saucedo Muñoz, cuando los dos tenían 13 años.

Quería casarse a los 15 años, pero su papá no quiso darle permiso.

Actividad 10   Intercambios: La juventud de los amigos hispanos

Hágale preguntas a su compañero/a sobre lo que hacían los amigos hispanos cuando eran más jóvenes.

MODELOS: E1: ¿Qué hacía *Ricardo después de las clases?*
E2: *Veía la televisión.*

E1: ¿Quién *esquiaba durante las vacaciones?*
E2: *Adriana.*

después de las clases   los fines de semana   durante las vacaciones

Raúl

Pilar

Ricardo

Adriana

Silvia

Actividad 11 Intercambios: La escuela secundaria

Diga qué hacía usted en estas situaciones cuando era estudiante.

MODELO: E1: Cuando mi madre no me permitía ver la televisión antes de hacer la tarea *decía: «¡Pero si hoy no tengo tarea!».*
   E2: *¡Qué mentiroso/a!*

1. Cuando no quería ir a la escuela...
2. Cuando mi madre no me permitía ver la televisión antes de hacer la tarea...
3. Cuando quería comprar ropa nueva y no tenía dinero...
4. Cuando mi padre/madre no me daba permiso de salir...
5. Cuando tenía que entregar la tarea y no la tenía...

Y tú, ¿qué dices?

Yo también	¡Qué pícaro!
Yo no, yo...	¡Qué mentiroso!
¿De veras?	¡No lo creo!
¡Qué buena idea!	¿Y nunca tuviste problemas?

Frases y palabras útiles

- decía:
  «¡Ay, estoy enfermo/a.»
  «¡Pero si hoy no hay clases!»
  «¡Pero si hoy no tengo tarea!»
  «Anoche estaba enfermo/a.»
- le preguntaba al profesor / a la profesora, «¿Teníamos tarea?»
- la hacía rápidamente (durante la clase)
- me escapaba cuando todos estaban dormidos
- discutía con mi padre/ madre
- lloraba
- gritaba
- trabajaba
- ahorraba dinero
- le pedía dinero a mi padre (madre, abuelo, tío...)
- iba al cine (a la playa...)

Este joven cubano va al trabajo en bicicleta.

Actividad 12 Intercambios: Mi familia y yo

Piense en las actividades que usted y su familia (su padre, su madre, sus hermanos, sus tíos, sus primos) hacían juntos cuando usted era niño/a. Escriba cinco de esas actividades y luego diga si le gustaba hacerlas o no y por qué. Comparta estas actividades con un compañero / una compañera de clase.

MODELOS: De niña, mi padre y yo surfeábamos. No me gustaba porque tenía miedo de las olas grandes.

De niño, mis hermanos y yo veíamos muchas películas. Me gustaba porque siempre comíamos dulces y palomitas.

Actividad 13 Entrevistas: La juventud

LA ESCUELA SECUNDARIA

1. ¿Cómo se llamaba tu escuela secundaria?
2. ¿Vivías lejos o cerca de la escuela? ¿Llegabas a la escuela a tiempo o tarde?
3. ¿Qué materia preferías? ¿Sacabas buenas notas?
4. ¿En qué actividades participabas? ¿En actividades deportivas? ¿En teatro? ¿Eras socio/a de algún club?
5. ¿Qué hacías después de las clases todos los días? ¿Estudiabas mucho? ¿Salías con tus amigos? ¿Adónde iban?

LOS VERANOS

1. Cuando eras más joven, ¿dónde pasabas los veranos?
2. ¿Visitabas a tus parientes? ¿Qué hacías con ellos?
3. ¿Trabajabas? ¿dónde? ¿Qué hacías? ¿Ganabas mucho dinero?
4. ¿Qué hacías por las tardes? ¿por las noches?
5. ¿Salías de vacaciones con tus padres? ¿Adónde iban? ¿Te gustaba?

Actividad 14 Entrevista: La juventud de una persona famosa

Imagínese que usted es una persona famosa: actor o actriz de cine, atleta, científico o político. Su compañero es periodista y le va a hacer preguntas sobre su juventud. Si no sabe qué hacía su personaje, puede inventar sus actividades.

E1: Buenas tardes Sr./Sra./Srta. _____. ¿Le puedo hacer algunas preguntas sobre su vida?
E2: ¡Por supuesto!
E1: ¿_____?

Preguntas posibles

¿Dónde vivía?

¿Viajaba con frecuencia?

¿Le gustaba la escuela?

¿Veía mucho la televisión?

¿Practicaba algún deporte?

¿Leía mucho?

¿Cuál era su comida favorita?

¿Qué le gustaba hacer en su tiempo libre?

VENTANAS CULTURALES La vida diaria

Los chicos de la calle

Los números son alarmantes: hay 40 millones de niños **desamparados** en las ciudades de América Latina. Son niños sin familia que viven en la calle y duermen en edificios abandonados y parques públicos. Muchos de ellos sufren abuso físico, usan drogas y están enfermos. Una de las razones de este problema es el rápido **crecimiento de la población** en las ciudades grandes. Otra razón es económica: la injusta distribución de **recursos.**

En 1992, la Organización de Naciones Unidas (ONU) publicó una resolución sobre la situación de los niños desamparados en todo el mundo. Desde ese año las condiciones de los niños sin hogar han mejorado un poco, aunque todavía es grave la situación. Por suerte, en América Latina hay varias organizaciones que están ayudando a los niños desamparados. Entre otras está Casa Alianza, que ofrece cuidado y refugio a 9.000 niños de la calle anualmente. La oficina central de esta organización está en San José, Costa Rica, aunque extiende sus servicios a Honduras, México y Nicaragua. Casa Alianza también tiene un sitio Web donde los niños hablan de su vida. En Buenos Aires, Argentina, hay un lugar llamado CAINA (Centro de Atención Integral a la Niñez y Adolescencia) que **socorre** a niños y adolescentes. Este centro provee comida, ducha y deportes a más de 2.000 chicos cada año. Además, el CAINA mantiene un sitio Web titulado *Chicos de la calle.* En este sitio, los jóvenes cuentan su historia en dibujos y narraciones. Sus historias nos revelan que los chicos de la calle son como todos los niños, a pesar de llevar una vida tan difícil.

El sitio Web *Chicos de la calle* de Casa Alianza contribuyen a cambiar la imagen negativa que hay de tantos jóvenes desamparados. Detrás de su imagen agresiva, aparecen estos niños con ilusiones de vivir una vida normal. Ellos desean lo mismo que mucha gente: un hogar, una familia y un futuro.

VOCABULARIO ÚTIL

desamparados	*homeless*
el crecimiento de la población	*population growth*
los recursos	*resources*
socorre	*helps*
a pesar de	*in spite of*

Comprensión

1. ¿Qué tipo de ayuda ofrece Casa Alianza a los niños desamparados?
2. Describa el sitio Web *Chicos de la calle.*

De todo un poco

Los recuerdos

¿Qué recuerdos tiene usted relacionados con su familia y con su niñez o juventud? Complete las siguientes oraciones.

MODELO: Recuerdo que para Pascua siempre *íbamos al parque a buscar huevitos.*

1. Recuerdo que en Navidad (Jánuca, Ramadán, el Año Nuevo,...) mi abuela (madre, tío,...) siempre...
2. Cuando era niño/a, para el Día de la Independencia (el 4 de julio) mi familia siempre...
3. Para mi cumpleaños, mis padres (tíos, primos, abuelos, hermanos,...) siempre...
4. Todavía recuerdo que para el Día de Acción de Gracias...

Ahora, comparta sus recuerdos con un compañero / una compañera.

¡Dígalo por escrito!

La niñez/juventud ideal

Piense en su niñez o juventud. ¿Fue ideal su niñez/juventud o hay cosas que quisiera cambiar? Escriba una composición sobre las actividades en la vida ideal de un niño / una niña o un joven / una joven.

MODELO: De niña mi familia y yo vivíamos en una isla en el Mar Caribe. Yo iba a la escuela en bicicleta y nadaba en el mar a la hora del almuerzo. Por la tarde...

Algunas actividades posibles

dormir en casa de amigos	nadar
asistir a conciertos	pasar tiempo con (*persona*)
comer muchos dulces	ver la televisión (videos)
no hacer la tarea	en mi cuarto
andar en patineta	ir de compras
jugar videojuegos	acampar en la montaña
ir a fiestas	salir con amigos
ir al cine	practicar deportes

¡Cuéntenos usted!

Cuéntenos sobre uno de sus primeros recuerdos. ¿Cuántos años tenía? ¿Dónde estaba? ¿Con quién estaba? ¿Qué hacía?

PISTAS PARA LEER
Aquí tiene tres anécdotas breves de la revista española *Ser padres*. En todas se narran experiencias humorísticas de la infancia. Léalas en voz alta (*aloud*) para practicar la pronunciación. ¡Y recuerde los momentos cómicos de su niñez!

VOCABULARIO ÚTIL

díver	*divertido*
la propuesta	*proposal*
te escondes	*you hide*
precavida	*cautious*
la cuesta empinada	*steep hill*
¡te vas a caer!	*you'll fall!*
agarrada a los tirantes	*hanging on to suspenders*
hacerse grande	*become a big girl*
pensativa	*thoughtful*
un rato	*a while*
hubiese entendido	*she had understood*
prosiguió	*she continued*

LECTURA

¡Así piensan los niños!

¡QUÉ DÍVER!

María (3 años) y su amiga Patricia (5 años) estaban jugando en el jardín de nuestra casa. De pronto, María hizo una propuesta sugerente: «¿Por qué no jugamos a que tú te escondes detrás de ese árbol y yo te busco?»

(Ana Isabel Fernández, Palma)

NIÑA PRECAVIDA

Mi hija Ana (3 años) bajó corriendo por una cuesta muy empinada. «¡Ten cuidado, que te vas a caer!» exclamé al verla correr tan alocada. «No te preocupes, mamá», respondió ella. «¡Voy agarrada a los tirantes!»

(Lourdes Mejido, Badajoz)

LÓGICA INFANTIL

Le dije a mi hija Conchita (4 años) que tenía que comer todo el arroz para hacerse grande como papá y mamá. La pequeña se quedó pensativa y después de un rato me dijo: «Mami, yo tengo que comer para hacerme grande como papá y como tú, ¿verdad?»

«¡Sí, mi niña!» exclamé, contenta de que por fin lo hubiese entendido. «Oye —prosiguió ella— ¿y vosotros para qué coméis?»

(Conchita Palazón, Sardañola)

Comprensión

1. ¿Qué hacían María y Patricia?
2. ¿Por qué está preocupada la mamá de Ana? Según Ana, ¿por qué no necesita preocuparse su mamá?
3. Según la madre de Conchita, ¿para qué tienen que comer los niños todo lo que sus padres les sirven?
4. ¿Por qué pregunta Conchita para qué comen sus padres?

Un paso más... ¡a escribir!

Vea el **Resumen cultural** en este capítulo del *Cuaderno de actividades*.

¿Recuerda algo chistoso que usted o su hijo/a dijo cuando tenía cuatro, cinco, seis o siete años? Prepare con un compañero / una compañera una breve comedia sobre una experiencia cómica o interesante de la infancia. Escriban su diálogo para luego actuarlo en clase.

Vocabulario

La familia y los parientes

Family and Relatives

el cuñado / la cuñada	brother-in-law/sister-in-law
el hermanastro / la hermanastra	stepbrother/stepsister
el hijastro / la hijastra	stepson/stepdaughter
la madrastra	stepmother
el medio hermano / la media hermana	half brother / half sister
la nuera	daughter-in-law
el padrastro	stepfather
el suegro / la suegra	father-in-law/mother-in-law
los suegros	in-laws
el yerno	son-in-law

REPASO: el abuelo (abuelito) / la abuela (abuelita), el hermano (hermanito) / la hermana (hermanita), el hijo (hijito) / la hija (hijita), el hijo único / la hija única, la madre, el nieto / la nieta, el padre, los padres, el primo / la prima, el sobrino / la sobrina, el tío / la tía

Los verbos

Verbs

actuar	to act
ahorrar	to save
basarse en	to be based upon
cambiar	to change
competir (i)	to compete
dar permiso	to give permission
descubrir	to discover
discutir	to discuss; to argue
entregar	to hand in, turn in
jugar (ue)	to play
a la pelota	ball
a la rayuela (bebeleche: *Mex.*)	hopscotch
al escondite	hide-and-seek
al gato	tag
con carritos, muñecas	with little cars, dolls
llenar (el espacio en blanco)	to fill (in the blank)
llevarse bien	to get along well
mejorar(se)	to improve; to get better
meterse en líos	to get into trouble
mudarse	to move (residence)
parecerse	to look like
pelear	to fight
permitir(se)	to allow
recordar (ue)	to remember
sacar buenas/malas notas	to get good/bad grades
saltar la cuerda	to jump rope
soñar (con)	to dream (about)
subirse a los árboles	to climb trees
volar un papalote (*Mex.*)	to fly a kite

PALABRAS SEMEJANTES: escaparse, inventar
REPASO: casarse, preguntar, volar una cometa

Los sustantivos

Nouns

el árbol genealógico	family tree
el barrio	neighborhood
el científico / la científica	scientist
el cuento	story
la escuela	school
primaria	elementary school
secundaria	junior high / high school
el/la joven	young person
la juventud	youth
la niñez	childhood
el/la periodista	reporter
el personaje	character (in a story)
el/la político	politician
el pueblito	little town
el recreo	recess, break
el patio de recreo	playground
los recuerdos	memories
el socio / la socia	member
las tiras cómicas	comic strips

PALABRAS SEMEJANTES: el (la) activista, el animal doméstico, el (la) atleta, el explorador / la exploradora, el / la guitarrista, el navegante, la sociedad, la terminal de autobuses
REPASO: la mascota, la materia, la preparatoria, la vida

Los adjetivos

Adjectives

cierto/a	true
dormido/a	asleep
estar muerto/a (vivo/a)	to be dead (alive)
pocos/as	few

PALABRAS SEMEJANTES: falso/a

Palabras y expresiones útiles

a tiempo	on time
¿Cómo era... ?	What was/were . . . like?
de niño/a	as a child
había	there was/were
¡Qué mentiroso/a!	What a liar!
¡Qué pícaro/a!	What a rascal!
todavía	still
¡Viva... !	Hooray (for) . . . !; Long live . . . !

Gramática y ejercicios

¿RECUERDA?

You have already studied some reflexive verbs (see **Gramática 4.3**) that are used to express daily routine: **levantarse, ducharse, despertarse, vestirse, afeitarse, maquillarse,** and so on. Remember that reflexive verbs use a reflexive pronoun (**me, te, se, nos, os, se**) placed in front of the conjugated verb.

me levanto = *I get up*
te bañas = *you (inf. sing.)*
take a bath
se afeita = *you (pol. sing.)*
shave; he/she shaves
nos vestimos = *we get*
dressed
se acuestan = *you (pl.) /*
they go to bed

parecerse = *to look like*
—**¿A quién te pareces?**
(*Who do you look like?*)
—**Me parezco a mi hermana.**
(*I look like my sister.*)

9.1 Describing Family Relationships: The Reciprocal Reflexive Verbs *parecerse* and *llevarse bien*

Gramática ilustrada

Andrea y Paula son gemelas. Se parecen mucho.

Susana se lleva muy bien con sus hijos.

Mónica y su padrastro no siempre se llevan bien.

Some reflexive verbs have a special meaning. One such verb is **parecerse*** (*to look like*).

parecerse		
(yo)	me parezco	*I look like*
(tú)	te pareces	*you (inf. sing.) look like*
(usted, él/ella)	se parece	*you (pol. sing.) look like; he/she looks like*
(nosotros/as)	nos parecemos	*we look like*
(vosotros/as)	os parecéis	*you (inf. pl., Spain) look like*
(ustedes, ellos/as)	se parecen	*you (pl.) look like; they look like*

---

*Don't forget to use the personal **a** with this verb. See **Gramática 6.4.**
Recognition: **vos te parecés**

—¿A quién **te pareces**?
—**Me parezco a** mi tía Lila.
Nuestros hijos **se parecen**
a mi suegro.

—*Who do you look like?*
—*I look like my Aunt Lila.*
Our children look like my
father-in-law.

Another reflexive verb with special meaning is **llevarse... con** (*to get along . . .*
with).

—**¿Con** quién **te llevas** mejor,
con tu mamá o con tu papá?
—**Me llevo** mejor **con** mi papá.

—*With whom do you get along better,*
your mother or your father?
—*I get along better with my father.*

When used in plural form, some reflexive verbs can express reciprocal action (*to each*
other). Both **parecerse** and **llevarse** can be used in this way. (You will learn more
about other reciprocal reflexives in **Gramática 14.1.**)

Clarisa y Marisa no son gemelas,
pero **se parecen** mucho.
Mi abuela y yo **nos parecemos.**
Mi cuñada y yo **no nos llevamos**
bien.
Graciela y Amanda **se llevan** muy
bien; son muy buenas amigas.

Clarisa and Marisa are not twins,
but they look a lot alike.
My grandmother and I look alike.
My sister-in-law and I don't get
along well.
Graciela y Amanda get along
very well; they are very good friends.

> **llevarse bien con** = *to get*
> *along well with*
> —**¿Te llevas bien con tus**
> **hermanos?**
> (*Do you get along well with*
> *your siblings?*)
> —**Sí, me llevo bien con**
> **todos en mi familia.**
> (*Yes, I get along well with*
> *everyone in my family.*)

> Reflexive verbs are also used
> to express reciprocal actions
> (*each other*).

> **nos parecemos** = *we look*
> *alike* (*like each other*)
> **se parecen** = *they look*
> *alike* (*like each other*)
> **se llevan bien** = *they get*
> *along well* (*with each other*)

Ejercicio 1

Use las formas apropiadas del verbo **parecerse**
para completar las siguientes oraciones.

1. Ernestito _____ mucho a su padre.

2. Amanda y Guillermo son hermanos
   pero no _____.

   Amanda dice: «Yo _____ a papá;
   ¿a quién _____ tú, Guillermo?»

3. Andrea dice: «Yo _____ mucho a
   Paula, pero _____ menos a Raúl.»

4. Paula dice: «Sí, Andrea, tú y
   yo _____ mucho porque somos
   gemelas. Raúl _____ más a mamá.»

5. ¿A quién _____ más usted, a su
   padre o a su madre?

Ejercicio 2

Use las formas apropiadas del verbo **(no) llevarse** para terminar correctamente estas oraciones.

1. MÓNICA: Mis padres se divorciaron, pero ahora _____ bien.
2. SR. VO: Lan, ¿_____ bien con tus compañeros de clase?
   LAN: Sí, papá. En la clase de la profesora Martínez todos _____ muy bien; somos buenos amigos.
3. MÓNICA: Mis hermanastros y yo _____ bien, pero yo no _____ bien con mi padrastro.
4. NORA: Mis primos _____ muy bien; siempre les gusta estar juntos.
5. ESTEBAN: Raúl, ¿ahora _____ (tú) bien con las chicas?
   RAÚL: ¡Por supuesto, Esteban! Las chicas bonitas y yo _____ muy bien.

9.2 Expressing *for, from,* and *to whom:* Prepositions + Pronouns

A. As you saw in **Gramática 8.2,** pronouns often follow prepositions in Spanish.

a mí	*to, at me*	sin nosotros/as	*without us*
de ti, usted(es)	*of, from you*	con ellos/as	*with them*
en él	*in, on him/it*	para vosotros/as	*for you*
para ella	*for her*		

—¿Para quién es el regalo? ¿Es **para mí**?
—No, es **para él**.

—*Who is the present for? Is it for me?*
—*No, it's for him.*

—¿**Sin** Rogelio? No podemos ir **sin él**.

—*Without Rogelio? We can't go without him.*

Adriana es una magnífica empleada. Tengo mucha confianza **en ella**.

Adriana is a great employee. I have a lot of confidence in her.

B. Con and **mí** combine to form **conmigo** (*with me*). **Con** and **ti** form **contigo** (*with you*).

—Nora, ¿quieres ir **conmigo** al cine esta tarde?
—No, Esteban. No puedo ir **contigo** esta tarde. Tengo que llevar a mi abuelita al aeropuerto.

—*Nora, do you want to go to the movies with me this afternoon?*
—*No, Esteban. I can't go with you this afternoon. I have to take my grandma to the airport.*

conmigo = *with me*
contigo = *with you (inf. sing.)*

Ejercicio 3

Graciela le dice a Amanda para quién(es) son algunas cosas y Amanda reacciona con sorpresa. ¿Qué dice Amanda en cada caso?

MODELO: Esta calculadora es para mi hermanito. →
            ¿Para *él*? ¡No lo creo! *¡Es muy pequeño!*

Posibilidades

¿Para _____?   ¡No me/te/le/nos/les gusta(n)!
¡No lo creo!   ¡Es muy pequeño/a!
¿Te/Le/Les gusta(n)?

1. Esta corbata es para mi tía.
2. Este abrigo es para ti.
3. Este disco compacto de música clásica es para Clarisa y Marisa.
4. Estos periódicos son para ti y para tus amigos.
5. Esta patineta es para mi abuelito.
6. Esta cerveza es para mí.
7. Estas muñecas son para la profesora de español.
8. Esta ensalada es para Lobo, el perro de Ernestito.

Ejercicio 4

Complete estos diálogos con **mí, ti, él, conmigo** o **contigo.**

1.   DIEGO: Amanda, ¿quieres ir _____ ª al Baile de los Enamorados?
      AMANDA: No, Diego. Lo siento, pero no puedo ir _____ ᵇ porque voy
             a ir con Ramón, mi novio.

2.   RAFAEL: Graciela, estas rosas son para _____.ª ¿Te gustan?
      GRACIELA: ¿Para _____ᵇ? ¡Ay, Rafael, muchas gracias! Me encantan.

3.   AMANDA: Graciela, ¿qué piensas tú de Luc, el nuevo estudiante francés?
      GRACIELA: ¿Qué pienso de _____ª? Pues, no lo conozco, pero creo que es
             muy atractivo.
      AMANDA: Ajá... y yo voy a estudiar con _____ᵇ esta tarde... en mi casa.
      GRACIELA: ¡No lo creo, Amanda! ¿Vas a estudiar con _____ᶜ? ¿Sola?
             ¿Sin _____ᵈ? ¡Qué envidia!

9.3 Saying What You Used to Do: The Imperfect Tense

A. The Spanish imperfect tense is used to describe actions that occurred repeatedly or habitually in the past. To express the same idea, English often uses the phrases *used to* or *would*, or just the simple past.

¿A qué hora **te levantabas** en el verano?	*What time*	did you / did you used to / would you	*get up in the summer?*
Siempre me **levantaba** a las 9:00.	*I always*	got up / used to get up / would get up	*at 9:00.*

> The imperfect often means *used to* or *would:*
>
> **De niña, nadaba todos los días en el verano.** (*As a child, I used to [would] swim every day in the summer.*)
>
> **Cuando éramos jóvenes, íbamos al cine todos los sábados.** (*When we were young, we would go to the movies every Saturday.*)

Imperfect endings:
-ar verbs = **-aba**
-er/-ir verbs = **-ía**

B. There are two patterns of endings for the imperfect: for **-ar** verbs, the **-aba** endings; for **-er/-ir** verbs, the **-ía** endings.*

	manejar	comer	vivir
(yo)	manej**aba**	com**ía**	viv**ía**
(tú)	manej**abas**	com**ías**	viv**ías**
(usted, él/ella)	manej**aba**	com**ía**	viv**ía**
(nosotros/as)	manej**ábamos**	com**íamos**	viv**íamos**
(vosotros/as)	manej**abais**	com**íais**	viv**íais**
(ustedes, ellos/as)	manej**aban**	com**ían**	viv**ían**

Mis hermanos **comían** mucho cuando **visitábamos** a nuestros abuelos.

My brothers used to eat a lot when we visited (would visit) our grandparents.

—¿Qué **hacía** Raúl los domingos cuando **estaba** en la secundaria?
—**Jugaba** al tenis con sus amigos.

—What did Raúl used to do on Sundays when he was in high school?
—He used to play tennis with his friends.

C. Only three verbs are irregular in the imperfect.

Only **ir, ser,** and **ver** are irregular in the imperfect.

	ir	ser	ver
(yo)	iba	era	veía
(tú)	ibas	eras	veías
(usted, él/ella)	iba	era	veía
(nosotros/as)	íbamos	éramos	veíamos
(vosotros/as)	ibais	erais	veíais
(ustedes, ellos/as)	iban	eran	veían

Te **veía** más cuando trabajabas en esta oficina.
Cuando **era** muy joven, **íbamos** a la finca y mi padre me llevaba en su caballo.

I used to see you more when you worked in this office.
When I was very young, we used to go to the farm and my father would let me ride with him on his horse.

---

*Recognition: In the imperfect, the **vos** form is identical to the **tú** form: **manejabas, comías, vivías,** and so on.

Ejercicio 5

¿Qué hacían estas personas de niños?

MODELO: jugar mucho al tenis / Paula → Paula *jugaba* mucho al tenis.

1. andar en bicicleta / Guillermo
2. jugar con muñecas / Amanda y yo
3. leer las tiras cómicas del periódico los domingos / Andrea
4. bañarse en el mar en Acapulco / doña Lola y doña Rosita
5. comer muchos dulces / don Eduardo
6. limpiar su recámara / Estela
7. pasar las vacaciones en Acapulco / la familia Saucedo
8. escuchar música rock / Pedro Ruiz
9. ver dibujos animados en la televisión / Ernesto
10. cuidar el jardín / el abuelo de Ernestito

¡OJO!
Some Spanish speakers use **muñequitos** for cartoons instead of **dibujos animados.**

Ejercicio 6

Complete cada oración con el nombre de la(s) persona(s) y la forma apropiada del imperfecto.

MODELO: Ya no monta a caballo mucho, pero antes *montaba* a caballo todos los fines de semana.

1. _____: Ya no juegan a las cartas, pero antes _____ todas las tardes.
2. _____: Antes _____ a misa todos los domingos, pero ya no van mucho.
3. _____: De niña _____ la cuerda, pero ya nunca salta la cuerda.
4. _____: Ya no se pelea con sus hermanas, pero antes _____ mucho con ellas.
5. _____: Ya no llora tanto cuando ve películas tristes, pero de adolescente _____ mucho.
6. _____: Cuando tenía ocho años, no _____ bien con las niñas.
7. _____: De niñas, _____ mucho.

9.4 Describing the Past: The Imperfect and Preterite of "State" Verbs

Gramática ilustrada

Yo conocía a tu madre cuando ella vivía en Arenal.

El sábado pasado conocí a tus padres en una fiesta.

Yo sabía que Nacho y Silvia eran novios.

Anoche supe que Nacho y Silvia van a casarse.

Verbs of state—for example, *to want, to have*—do not express action. When used in talking about the past, they are usually conjugated in the imperfect.

A. Some verbs express actions (*run, jump, eat*); others express states (*want, have, be, can*). In the narration of a past event, verbs describing states or ongoing conditions are usually conjugated in the imperfect tense.

—Guillermo, ¿**sabías** la respuesta de la cuarta pregunta?
—**Sabía** una parte, pero no toda.

—*Guillermo, did you know the answer to the fourth question?*
—*I knew part of it, but not all.*

—¿Qué **querías** hacer?
—**Quería** ir al cine.
—¿Por qué no **podías** ir?
—Porque no **tenía** dinero.

—*What did you want to do?*
—*I wanted to go to the movies.*
—*Why couldn't you go?*
—*Because I didn't have any money.*

B. When Spanish speakers use state verbs in the preterite, they usually do so to convey that the state came to an end. English speakers often use completely different verbs to express that meaning. Compare the English equivalents of the following state verbs in the imperfect and in the preterite.

IMPERFECT		PRETERITE	
sabía	*I knew*	supe	*I found out*
no sabía	*I didn't know*	no supe	*I never knew*
conocía	*I was acquainted with*	conocí	*I met*
tenía	*I had*	tuve	*I had; I received*
quería	*I wanted*	quise	*I wanted (and tried)*
no quería	*I didn't want*	no quise	*I refused*
podía	*I was able, could*	pude	*I could (and did)*
no podía	*I wasn't able, couldn't*	no pude	*I (tried and) couldn't*

> **(yo) sabía** = *I knew*
> **(yo) supe** = *I found out*
>
> **usted conocía** = *you (pol. sing.) knew*
> **usted conoció** = *you (pol. sing.) met*

—¿**Supiste** lo que les pasó a Graciela y a Amanda?

—*Did you find out what happened to Graciela and Amanda?*

—No, no **supe** nada. ¿Qué les pasó?

—*No, I didn't find out (never heard) anything. What happened to them?*

—¿Por qué no **pudiste** terminar?
—**No quise** terminar porque me cansé mucho.

—*Why weren't you able to finish?*
—*I didn't try to finish because I got very tired.*

C. The verbs **ser** and **estar** are usually used in the imperfect; they are used in the preterite only when the state has explicitly come to an end within a specified amount of time.

> When used to express *was/were*, **ser** and **estar** are usually in the imperfect:
> **Estaba muy cansado.**
> (*I was very tired.*)
> **Éramos amigas íntimas en la escuela secundaria.** (*We were very close friends in high school.*)

INFINITIVE	IMPERFECT		PRETERITE	
ser	era	*I was*	fui	*I was*
estar	estaba	*I was*	estuve	*I was*

> Within a limited or specified time frame, **ser** and **estar** may be used in the preterite to express *was/were*:
> **Estuvimos cinco días en Acapulco.** (*We were in Acapulco for five days.*)
> **Mi hijo fue presidente del Club de Español por dos años.** (*My son was president of the Spanish Club for two years.*)

—¿Cómo **eras** de niño?
—**Era** muy tímido.

—*What were you like as a child?*
—*I was very shy.*

—¿Cuánto tiempo **fuiste** presidente del club?
—**Fui** presidente seis años.

—*How long were you president of the club?*
—*I was president for six years.*

—¿Dónde **estaban** tus padres anoche?
—**Estaban** con los abuelos.

—*Where were your parents last night?*
—*They were with my grandparents.*

—¿Cuánto tiempo **estuvieron** en España?
—**Estuvimos** allí de mayo a julio.

—*How long were you in Spain?*
—*We were there from May to July.*

¡OJO!

In **Ejercicio 7,** all verbs here are state verbs and should be used in the imperfect. Note the use of **conociste** (*met*) in item 1.

Ejercicio 7

Complete las oraciones según el modelo. Use el imperfecto de los verbos en letra cursiva (*italics*).

MODELO: Ahora no *soy* tímido, pero de niño *era* muy tímido.

1. Ahora Guillermo *tiene* 12 años, pero cuando tú lo conociste _____ sólo 8 años.
2. Ahora *sé* muy bien las respuestas, pero esta mañana, cuando tomé el examen, no las _____.
3. Ahora *conocemos* muy bien a doña Rosita, pero hace un año no la _____.
4. Ahora Paula *es* agente de viajes, pero yo recuerdo cuando _____ secretaria.
5. Ahora Paula *está* aquí en México, pero hace una semana _____ en España.

¡OJO!

In the first part of **Ejercicio 8,** all the verbs are state verbs and should be used in the imperfect. The second part of this exercise provides practice for meanings and uses of state verbs in preterite forms.

Ejercicio 8

Complete las siguientes oraciones con la forma apropiada del imperfecto de estos «verbos de estado»: **conocer, estar, poder, querer, saber, ser** y **tener.**

1. Luis _____ sólo 10 años cuando viajó a Colombia.
2. Einstein _____ un joven muy inteligente, pero sacaba malas notas.
3. Yo no _____ a tu hermano. ¡Qué guapo es!
4. (Nosotros) _____ comprar un carro nuevo, pero no _____ dinero. Ahora, por fin tenemos suficiente dinero.
5. ¿Dónde _____ (tú) esta mañana?
6. Ayer almorcé a las 11:00 porque _____ mucha hambre.

Ahora, use la forma apropiada del pretérito de estos «verbos de estado»: **conocer, poder, querer, saber** y **tener.**

7. Ayer _____ que el hijo mayor de mi vecino es actor de cine.
8. Hoy no fui a trabajar porque no dormí anoche. Toda la noche _____ un dolor de cabeza horrible.
9. ¡Qué simpático es el esposo de Andrea Ruiz! Lo _____ anoche en la fiesta.
10. Ah, sí, la fiesta de fin de año... Los Ruiz me invitaron, pero yo no _____ ir. ¡A mí no me gustan las fiestas!
11. Ayer fui al parque con mis hijos; traté de patinar con ellos, pero no _____. ¡Me estoy poniendo viejo!

¿RECUERDA?

Recall from **Gramática 2.1** that the present tense of **ir** + **a** + infinitive is used to express future actions:

Amanda, ¿**vas a llamar** a Ramón esta noche? *Amanda, are you going to call Ramón tonight?*

va a + infinitive = *he/she/you* (*pol. sing.*) *is/are going to:*
Paula va a comprar un coche. (*Paula is going to buy a car.*)

9.5 Saying What You Were Going to Do: The Imperfect of *ir* + *a* + Infinitive

The imperfect of **ir** (**iba, ibas, iba, íbamos, ibais, iban**) can be used in this construction to express past intentions (*was/were going to do something*).

Íbamos a esquiar el jueves, pero ahora dicen que va a llover.
Rubén y Virginia **iban a pasar** el día en el parque, pero decidieron visitar las pirámides.

We were going to ski on Thursday, but now they say it's going to rain.
Rubén and Virginia were going to spend the day at the park, but they decided to visit the pyramids.

The imperfect of **querer** and **pensar** + infinitive is similar in meaning.

Quería acampar en las montañas este verano, pero resulta que tengo que trabajar.

I wanted (was hoping) to go camping in the mountains this summer, but it turns out I have to work.

Carmen **pensaba pasar** el verano en España, pero no ahorró suficiente dinero.

Carmen was thinking about (was planning on) spending the summer in Spain, but she didn't save enough money.

> **iba a** + infinitive = *I/he/she/you (pol. sing.) was/were going to:*
> **Iba a viajar por Europa, pero tuve que trabajar.** (*I was going to travel through Europe, but I had to work.*)

Ejercicio 9

Invente una excusa. Use **iba** + **a** + infinitivo, seguido de su excusa.

MODELO: ¿Por qué no me llamaste anoche? (llegar muy tarde)
Iba a llamarte, pero llegué muy tarde.

1. ¿Por qué no viniste en tu carro anoche? (quedarse sin gasolina)
2. ¿Por qué no trajiste flores? (la tienda cerrar temprano)
3. ¿Por qué no me compraste un regalo? (no tener tiempo)
4. ¿Por qué no cenaste con nosotros? (cenar antes en casa)
5. ¿Por qué no fuiste al Baile de los Enamorados? (asistir a un concierto)
6. ¿Por qué no me dijiste que no sabías bailar? (no poder)
7. ¿Por qué no llegaste a tiempo? (perder mi reloj)
8. ¿Por qué no asististe a clase ayer? (ir a ver a mi abuela enferma)

> In **Ejercicio 9,** note that for the excuses themselves, you should use the preterite.

Círculo de Amigas

¿**Q**ué sabe usted de Nicaragua? ¿Que hubo una revolución en 1979? ¿Que hubo una sangrienta[1] contrarrevolución apoyada[2] por los Estados Unidos? ¿Que el huracán Mitch causó gran destrucción en 1998? ¿Que el país tiene una altísima tasa de desempleo[3] y que en

las zonas rurales predomina la pobreza[4]? Sí, lamentablemente, todo esto es cierto; pero también hay buenas noticias. En Jinotega, un pequeño pueblo nicaragüense, existe ahora un Círculo de Amigas que ayuda a los pobres de este país.

El Círculo de Amigas fue fundado por una profesora de español en California, Pat McCully. Ella visitó Nicaragua varias veces en los años ochenta, pero no visitó los sitios turísticos, sino las zonas rurales más remotas. Mientras charlaba con la gente, observaba su ropa harapienta[5] y sus viviendas[6] pobres y decidió hacer algo para ayudar.

McCully comenzó[7] por enseñar a las mujeres a coser. Así empezó el Círculo de Amigas: como un pequeño espacio en el que las mujeres podían aprender a coser la ropa de su familia. Con la ayuda de varias personas y las contribuciones de muchas otras, el Círculo de Amigas ha crecido.[8] Ahora tiene una pequeña clínica médica y un centro de computación (con computadoras usadas).

Lo que es más importante, la organización ahora intenta ayudar a la gente a vivir mejor: construye viviendas modestas, compra estufas de propano y consigue barriles para que la gente pueda tener agua limpia en su casa. Y no sólo eso, sino que tiene un programa de apoyo para las niñas. El Círculo consigue patrocinadores[9] que contribuyen $50.00 por mes. Ese dinero asegura que la niña más pequeña* de una familia pueda asistir a la escuela y que toda la familia coma mejor.

Como podemos ver, esta organización crece[10] cada día más y provee una ayuda valiosa para el pueblo de Jinotega. ¿Quiere usted saber cómo puede participar? Pues hay muchas maneras: usted puede ser patrocinador(a) de una niña, puede regalar máquinas de coser, computadoras, lentes y otras cosas parecidas. Puede también contribuir con su talento. ■

[1]*bloody* [2]*backed* [3]*tasa… unemployment rate* [4]*poverty* [5]*ragged* [6]*homes* [7]*began* [8]*ha… has grown* [9]*sponsors* [10]*grows*

Círculo de Amigas decided on the youngest female for two reasons: Whenever there are funds for school, it is often the boys who get this privilege. And why the youngest? Because the sooner a child starts her education, the more likely she is to continue with it.

Celia Cruz,
reina de la salsa

Celia Cruz es la cantante cubana más famosa y admirada. Murió el 16 de julio de 2003, pero sus canciones vivirán para siempre. Celia creó un estilo único con canciones alegres y movidas[1] de salsa. Ha pasado a la historia de la música internacional con diez nominaciones para el Grammy, muchos premios y varios doctorados honorarios. ¡Hasta hay una calle en Miami que lleva su nombre! Por todo esto, a Celia se le conoce como la «reina de la salsa». Nadie puede hacernos bailar como ella.

Celia nació en la Habana en un hogar de catorce hijos y pronto mostró interés por la música. Desde muy joven empezó a cantar en espectáculos escolares y fiestas de la comunidad. Celia encontró su inspiración en la tradición afrocubana de su país. En 1950 se incorporó como vocalista a La Sonora Matancera, la orquesta más popular del Caribe. Cantó con este grupo durante quince años, haciendo giras[2] por todo el mundo.

Después de la Revolución Cubana de 1959, Celia decidió exilarse en Nueva York. Lo demás, como dice el dicho, «es historia»; una historia de esfuerzo y grandes éxitos:[3] el aclamado disco *Duets* (1988) y un papel importante en la película *The Mambo Kings* (1992), entre otros.

Con la música, Celia le enseñó al mundo a apreciar su cultura y su rica tradición musical. En una de sus grabaciones[4] finales, la cantante expresó vivamente su mensaje personal: para Celia Cruz, como dice esta canción, «la vida es un carnaval».

[1]*upbeat* [2]*tours* [3]*accomplishments* [4]*recordings*

Antes del almuerzo, antes de la cena... ¡unas deliciosas tapas con vino tinto! Las tapas son pequeñas porciones de comida que los españoles comen con una copa de vino o de licor.* Existe una gran

Las tapas

variedad de estos pequeños aperitivos.[1] Una tapa puede ser algo tan sencillo como trozos de queso, aceitunas, cacahuetes,[2] chorizo[3] asado o canapés. Pero también puede ser un platillo más elaborado, como por ejemplo, trocitos de la típica tortilla española de patatas. Otros tipos de tapas son los camarones a la parrilla, los camarones u hongos preparados con ajo, los calamares[4] fritos, las ancas de rana[5] o las anguilas.[6]

En España, las tapas se sirven en lugares que se llaman tascas. En las tascas los españoles se reúnen para beber y comer tapas antes del almuerzo o la cena. Ésta es la oportunidad para hablar de política, filosofía, literatura, cine, teatro... Con frecuencia, la gente va de una tasca a otra, especialmente si es antes de la cena. Pero, las tapas son más que una deliciosa costumbre española: son un estilo de vida. Y, además de formar parte íntegra de la cultura de España, resultan muy prácticas. ¡Cuando se come a la vez que se bebe, los efectos del alcohol no son tan fuertes!

[1]*appetizers* [2]*cacahuates; also called* maní *(see* **Capítulo 7, Lectura***)* [3]*sausage* [4]*squid* [5]*ancas... frog legs* [6]*eels*

---

*Originally only a free small plate of salted almonds or a slice of jamón serrano (a very salty ham) were served. The slice of ham or the plate of almonds was placed on top of the wine glass as a cover, hence the name tapas (covers). People would eat the tapa, feel thirsty, and order another glass of wine.

Nuestro planeta

METAS

In **Capítulo 10** you will talk about places to which you have traveled, including their geography and climate. You will also discuss transportation and automobile travel. Finally, you will learn about and discuss environmental issues and concerns.

Fuga a la tierra de la fertilidad, por Paul Leonor Chevalier (República Dominicana)

Sobre el artista: El artista dominicano Paul Leonor Chevalier estudió pintura en la Escuela Nacional de Bellas Artes en Santo Domingo. En 1995, se graduó magna cum laude en arquitectura en la Universidad Nacional Pedro Henríquez Ureña. Es miembro del Colegio Dominicano de Artistas Plásticos. Ha participado en numerosas exposiciones y ha recibido varios premios.

¡Conozca Puerto Rico!

Nombre del país: el Estado Libre Asociado de Puerto Rico

Ciudad capital: San Juan

Ciudades principales: Bayamón, Carolina, Ponce

Moneda: el dólar estadounidense

Idiomas: el español, el inglés (oficiales)

Población: 4.000.000

Día de la Independencia: No es independiente. Fue una dependencia de Estados Unidos desde 1898 hasta 1952, año en que se convirtió en estado libre asociado de Estados Unidos.

Fiestas típicas: el Día de los Inocentes/Festival de las Máscaras las fiestas nacionales de los Estados Unidos

Comidas típicas: el mofongo, los moros y cristianos, los tostones, la pasta de guayaba con queso blanco

Música típica: la bomba, la plena, la salsa, el reggaetón

Gente famosa: Luis Muñoz Marín, Rosario Ferré, Tito Puente, Raúl Juliá

Código del país por Internet: .pr

Voces puertorriqueñas

¡Ay bendito!	¡Qué lástima!
boricua	puertorriqueño/a
chévere	estupendo
estar pelao/a	no tener dinero
los mahones	jeans
el/la pana	un(a) buen(a) amigo/a
el temporal	el huracán

¡Conozca la República Dominicana!

Nombre del país: la República Dominicana

Ciudad capital: Santo Domingo

Ciudades principales: Santiago de los Caballeros, San Pedro de Macorís, San Francisco de Macorís, Barahona

Moneda: el peso dominicano

Idiomas: el español

Población: 9.400.000

Día de la Independencia: el 27 de febrero

Fiestas típicas: el Carnaval, el Día de la Virgen de la Altagracia, el Día de la Virgen de las Mercedes

Comidas típicas: la bandera, los pasteles en hoja, las habichuelas con dulce, el cocido de patas de vaca

Música típica: el merengue, la bachata

Gente famosa: Rafael Leónidas Trujillo, Juan Bosch, Juan Marichal, Juan Luis Guerra

Código del país por Internet: .do

Voces dominicanas

un chin de	un poco de
dar una bola	to give someone a ride
darse un jumo	emborracharse
(es)tá aperísimo	está de lo mejor
(es)tá nítido	that's cool
estar en olla	no tener dinero

En este capítulo...

 ACTIVIDADES DE COMUNICACIÓN

- La geografía y el clima
- Los medios de transporte
- La ecología y el medio ambiente

 EN RESUMEN

 LECTURAS Y CULTURA

- **Enlace a la literatura**
  «Dos cuerpos», por Octavio Paz
- **Ventanas al pasado**
  Los caminos incas
- **Ventanas culturales**
  La lengua: Nuestro pequeño mundo azul
- **Lectura**
  Costa Rica, un país excepcional

GRAMÁTICA Y EJERCICIOS

10.1 Saying What You Have Done: The Present Perfect

10.2 Exclamations with **¡Qué… !**, **¡Cuánto/a/os/as… !**

10.3 Expressing *by*, *through*, Destination, and Time: **por** and **para** (Part 1)

10.4 Describing Actions: Adverbs

10.5 Expressing Reactions: More Verbs Like **gustar**

 MULTIMEDIA ONLINE LEARNING CENTER www.mhhe.com/dosmundos7

 CENTRO *Your media center for languages* QUIA DVD

Actividades de comunicación y lecturas

La geografía y el clima

¡Qué bosque tropical más húmedo!

¡Qué desastrosa fue esa inundación!

¡Cuántas islas hay en la costa de Chile!

¡Qué luna más hermosa!

✳ **Lea Gramática 10.1–10.2.**

Actividad 1 Definiciones: La geografía

1. _____ la selva
2. _____ el río
3. _____ la inundación
4. _____ el lago
5. _____ la playa
6. _____ el desierto
7. _____ la península
8. _____ la isla
9. _____ el valle
10. _____ la bahía

a. porción de tierra rodeada completamente de agua
b. espacio entre dos montañas
c. parte de arena a la orilla del mar
d. lugar árido, a veces con mucha arena
e. porción de tierra rodeada de agua, pero unida a tierra firme por un lado
f. entrada del mar en la costa, más pequeña que un golfo
g. extensión de agua rodeada de tierra
h. lugar donde llueve mucho y hay mucha vegetación
i. desbordamiento de los ríos, los lagos o el mar, que cubre la tierra de agua
j. corriente de agua que generalmente corre hacia el mar

Actividad 2 Descripción de fotos: ¡Qué impresionantes son esas montañas!

A. Escuche la descripción que le da su profesor(a) y señale la foto correspondiente.

1. El nudo de Huascarán, Perú

2. Un arrecife de corales en la Isla Cocos, Costa Rica

3. La Cordillera Vilcabamba, Perú

4. La playa en Cancún, México

5. El lago Titicaca, Bolivia

6. San Felipe, México

7. Bariloche, Argentina

8. Salto del Laja, Chile

Palabras útiles

cataratas
cielo
estrellas
flores
luna
peces coloridos
profundo/a
olas
vegetación

B. Ahora, mire las demás fotos y exprese los pensamientos que se le ocurran. Use **¡Cuánto/a/os/as...** ! o **¡Qué...** !

Actividad 3 Del mundo hispano: El pronóstico del tiempo

Conteste las preguntas según la información de un periódico de Santo Domingo, República Dominicana.

Febrero

La temperatura de la semana: Santo Domingo, República Dominicana

VIERNES. Nubes dispersas y probabilidad de lluvia, 30% por la mañana, 40% por la noche. Temperatura máxima: 29° C (grados centígrados). Viento este-nordeste 10 km/h. Temperatura mínima 20° C.

SÁBADO. Probabilidad de lluvia 30% y nubes dispersas. Temperature máxima 30° C. Viento ligero todo el día. Temperatura mínima 21° C.

DOMINGO. Probabilidad de lluvia 60%. Lloviznas frecuentes. Neblina temprano, luego parcialmente nublado y mucha humedad. Temperatura máxima 27° C. Por la noche viento norte-nordeste 10 km/h. Temperatura mínima 20° C.

LUNES. Soleado, humedad muy baja. Temperatura máxima 28° C. Viento norte-nordeste 14 km/h. Noche: Parcialmente nublado. Temperatura mínima 20° C y viento ligero.

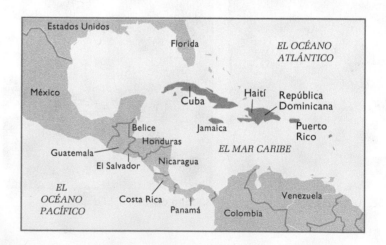

1. ¿Cuál va a ser el día más caluroso de esta semana?
2. ¿Qué noche va a hacer más fresco?
3. ¿Va a llover esta semana? ¿Qué día?
4. ¿Qué día va a estar nublado?
5. ¿Va a haber neblina? ¿Qué día?

Actividad 4 Descripción de dibujos: El tiempo

la escarcha | la humedad | la llovizna | la neblina | los relámpagos y los truenos | una tormenta | el rocío

Use estas palabras para completar las oraciones a continuación: **escarcha, fresco, humedad, llovizna, neblina, nubes, rocío, tormenta, truenos** y **viento.**

1. Despúes de los relámpagos, casi siempre vienen los _____.
2. Si por la noche baja la temperatura puede aparecer _____ en las ventanas y en los techos.
3. Antes de una _____, las _____ cubren el sol.
4. Una lluvia ligera también se llama _____.
5. Cuando hace mucho _____, la gente pierde el sombrero.
6. En las zonas tropicales hay mucha _____.
7. Hay que manejar lentamente cuando hay mucha _____.
8. Cuando la temperatura está a 15° C, hace _____.
9. Las gotas de agua que aparecen en las plantas por la mañana son _____.

A causa de las torrenciales lluvias de octubre y noviembre (2007) hubo terribles inundaciones en el estado mexicano de Tabasco. El 80% de su capital, Villahermosa, quedó bajo el agua.

Actividad 5 Del mundo hispano: Los recursos naturales

Lea el siguiente artículo y luego trabaje con un compañero / una compañera para decir si las afirmaciones de la página siguiente son ciertas o falsas. Corrijan las afirmaciones falsas con información del artículo.

Catalogado como uno de los ecosistemas más ricos del mundo por su abundante flora y fauna, el Mar de Cortés es todo un reto para buzos profesionales y aficionados.

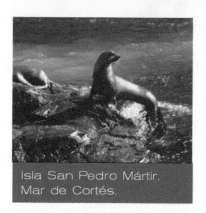

Isla San Pedro Mártir, Mar de Cortés.

EXPEDICIONES al Mar de Cortés

Por su gran concentración y diversidad de animales y aves marinos, los especialistas afirman que el Mar de Cortés y las lagunas de Baja California —a donde llega a aparearse la ballena gris después de recorrer 10.000 kilómetros— son la versión mexicana de las islas Galápagos. En este lugar se conocen bien muchos sitios de buceo por la belleza de sus cañones y montañas submarinas; las islas rocosas y áridas contrastan con la colorida variedad de plantas y animales debajo de la superficie: estrellas marinas, esponjas, anémonas y moluscos en abundancia, peces multicolores, delfines, leones marinos...

Quienes desean sumergirse en estas aguas y descubrir su extraordinaria vida marina, lo pueden hacer de junio a noviembre en expediciones organizadas que parten desde la amistosa ciudad de La Paz. Los paquetes incluyen tres inmersiones al día con tanques y pesas, experimentados maestros de buceo y tripulación, duchas de agua fresca, fácil acceso a la rampa de buceo, cubierta con área de sombra, un cocinero a bordo que prepara desayunos, comidas, refrigerios y bebidas, sistemas de video VHS y DVD, hotel y transporte al aeropuerto.

Salidas de junio a noviembre

Precio de los paquetes	Cabañas Los Arcos	Hotel Los Arcos
3 noches, 2 días de buceo	$3.745	$4.065
4 noches, 3 días de buceo	$4.875	$5.750
5 noches, 4 días de buceo	$6.300	$7.445
6 noches, 5 días de buceo	$7.490	$9.125
7 noches, 6 días de buceo	$8.745	$10.825

Todos los precios son por persona con base en ocupación doble, en pesos. Reservaciones en Expediciones Mar de Cortés al teléfono 1-612-483-6796.

REFRÁN

Quien siembra vientos, recoge tempestades.

(*You reap what you sow.* Literally, *Those who plant winds, harvest storms.*)

1. El Mar de Cortés se compara con las islas de Hawai.
2. Tanto en las Islas Galápagos como en el Mar de Cortés hay gran concentración y diversidad de animales y aves marinos.
3. En las lagunas de Baja California se pueden observar ballenas grises.
4. En este lugar hay abundancia de sitios de buceo muy bellos.
5. En el Mar de Cortés hay islas verdes y húmedas y arrecifes coloridos llenos de animales y plantas marinos.
6. Los paquetes turísticos incluyen tanques y pesas, lecciones de buceo, hotel y transporte aéreo.
7. Hay paquetes durante las cuatro estaciones del año: la primavera, el verano, el otoño y el invierno.

Ahora, hágale preguntas a su compañero/a acerca de los precios de los varios paquetes turísticos.

MODELO: E1: ¿Cuánto cuesta el paquete de seis noches con cinco días de buceo en Cabañas Los Arcos?
    E2: Cuesta *$7.490.*

Actividad 6 Entrevistas: Los viajes, las actividades y el tiempo

¿ADÓNDE HAS VIAJADO?

1. ¿Has pasado tiempo en las montañas? ¿Dónde? ¿Qué hiciste? ¿Te gustó? ¿Por qué?
2. ¿Vives cerca del mar? Si no, ¿cuál es el mar más cercano a donde vives? ¿Cuántas veces has ido al mar / a la playa durante los últimos seis meses? ¿Cómo estaba el agua? ¿muy fría? ¿tibia?
3. ¿Hay un lago o río cerca de donde vives? ¿Cómo se llama? ¿Vas con frecuencia? ¿Qué haces allí?
4. ¿Has ido al desierto? ¿Dónde? ¿Cuándo? ¿Qué hiciste allí?
5. ¿Has visto una selva? ¿Dónde? ¿Te gustó? ¿Por qué? Explica.

LAS ACTIVIDADES Y EL TIEMPO

1. ¿Qué te gusta hacer cuando hace calor (frío, viento, mal tiempo)?
2. ¿Qué haces cuando llueve (nieva, hace buen tiempo, hay relámpagos y truenos)?
3. ¿Has vivido en un lugar muy húmedo? ¿en un lugar muy seco? ¿Dónde? ¿Te gustó? ¿Por qué?
4. ¿Has visto un huracán alguna vez? ¿Qué pasó? ¿Has visto un tornado alguna vez? ¿Dónde? ¿Causó daño?
5. ¿Has manejado alguna vez por la carretera en la neblina? ¿Tenías miedo? ¿Has pasado por una tormenta en avión? ¿Dónde? ¿Tuviste mucho miedo?

Enlace a la literatura

«Dos cuerpos», por Octavio Paz

Selección de su libro *Libertad bajo palabra: Obra poética (1935–1957)*

Poeta y ensayista de fama internacional, Octavio Paz (1914–1998) recibió el premio Nobel de Literatura en 1990. La obra poética de Octavio Paz es impresionante. Entre sus libros más famosos se encuentra *Piedra de sol* (1957), basado en el símbolo del Calendario Azteca. Se destacan también *Libertad bajo palabra* (1949), *Topoemas* (1971) y *El laberinto de la soledad* (1950).

Dos cuerpos

Dos cuerpos frente a frente
son a veces dos olas
y la noche es océano.

Dos cuerpos frente a frente
son a veces dos piedras[1]
y la noche desierto.

Dos cuerpos frente a frente
son a veces raíces[2]
en la noche enlazadas.[3]

Dos cuerpos frente a frente
son a veces navajas[4]
y la noche relámpago.

Dos cuerpos frente a frente
son dos astros[5] que caen
en un cielo vacío.[6]

Actividad creativa: El cuerpo humano y la naturaleza

En este hermoso poema de Octavio Paz, el poeta compara dos cuerpos humanos con olas, piedras, raíces y astros. ¿Con qué otros elementos de la naturaleza podríamos comparar el cuerpo humano? Escriba un poema haciendo esta comparación. Puede seguir el modelo de Paz.

*Dos cuerpos frente a frente
son a veces...*

[1]*rocks* [2]*roots* [3]*interlaced* [4]*blades* [5]*estrellas* [6]*empty*

Los medios de transporte

⋇ **Lea Gramática 10.3–10.4.**

Se puede viajar
cómodamente por avión.

el avión

Salimos ahora para
España.

el tren

Los trenes en España salen
y llegan puntualmente.

Hicimos una gira en bicicleta por dos
semanas.

Hoy regresamos. Tenemos que estar en
Madrid para el lunes.

el letrero — Alto

el semáforo
(la señal)

la multa

la autopista

el tranvía

el transbordador

el metro

Actividad 7 Definiciones: El Transporte

LOS MEDIOS DE TRANSPORTE

1. _____ el avión
2. _____ el tren
3. _____ el barco
4. _____ el tranvía
5. _____ la bicicleta
6. _____ el autobús
7. _____ el transbordador
8. _____ el metro

a. medio de transporte que flota en el agua
b. medio de transporte subterráneo; se usa en las grandes ciudades del mundo
c. vehículo de dos ruedas que no usa gasolina
d. vehículo que puede transportar de 30 a 80 pasajeros
e. vehículo aéreo
f. medio de transporte que tiene vagones y una locomotora
g. tipo de tren que, empleado en las ciudades, usa electricidad
h. flota en el agua; sirve para transportar personas y vehículos

Actividad 8 Intercambios: Reservaciones por Internet

MODELO: E1: ¿Cuánto cuesta el pasaje a *Costa Rica* desde México?
E2: Cuesta *8.900 pesos.*

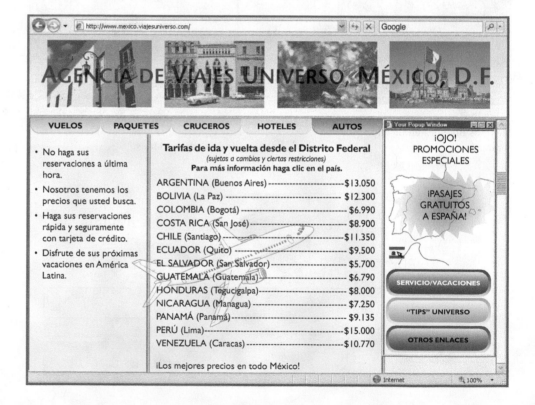

Actividad 9 Conversación: Los medios de transporte: ventajas y desventajas

Piense en las ventajas y las desventajas de cada uno de los siguientes medios de transporte: la bicicleta, el tren, el coche (el carro), el autobús, el metro, el taxi, el crucero, el avión y la motocicleta. Comparta sus ideas con el resto de la clase.

MEDIO DE TRANSPORTE	VENTAJA	DESVENTAJA
la bicicleta	no contamina el medio ambiente	es lenta
el tren		
el coche (el carro)		
el autobús		
el metro		
el taxi		
el crucero		
el avión		
la motocicleta		

Actividad 10 Entrevistas: El transporte

EL TRANSPORTE

1. ¿Usas mucho el autobús? ¿Por qué? ¿Andas mucho en bicicleta? ¿Andabas mucho en bicicleta de niño/a? ¿Cuál es tu forma de transporte preferida?
2. De niño/a, ¿viajabas mucho en auto con tu familia? ¿Adónde iban? ¿Te gustaba hacer viajes con tu familia?
3. ¿Has viajado por tren? ¿Adónde fuiste? ¿Te gusta viajar por tren? ¿Por qué? ¿Has viajado por avión? ¿Adónde has ido? ¿Te gusta viajar por avión? ¿Crees que es peligroso viajar por avión? Explica.
4. ¿Has andado alguna vez en motocicleta? ¿Te gustó? ¿Llevas casco cuando andas en moto? ¿Crees que es peligroso montar en moto? ¿Por qué?
5. ¿Has viajado en barco? ¿Adónde fuiste? ¿Te gustó el viaje? ¿Era grande o pequeño el barco? ¿Te mareas cuando viajas por barco?

¡OJO!

Las grandes capitales latinoamericanas como México, D.F. o Bogotá tienen serios problemas de contaminación ambiental debido al tránsito excesivo. Para solucionarlos han creado programas similares. El de México se llama «Hoy no circula» y el de Bogotá «Pico y Placa». Ambos restringen el tránsito de lunes a viernes. En Bogotá depende del último número de la placa. Cada día hay autos que no pueden salir en horarios pico (de 6:00 a 9:00 y de 16:00 a 19:00). En el D.F. se aplica a los autos que tienen más de diez años y se determina por medio de una calcomanía (*sticker*) y el último número de la placa; los autos no circulan de 5:00 a 22:00.

VENTANAS AL PASADO

Los caminos incas

Muchos sabemos que la cultura inca es una de las más importantes de las Américas. Hemos oído hablar de esa hermosa fortaleza en los Andes, Machu Picchu. Sabemos también que los incas tenían grandes conocimientos de arquitectura, medicina y agricultura. Algo que no es tan conocido es su gran **dominio** de la ingeniería. Una de las mejores **pruebas:** la vasta red de caminos que incluía puentes, **depósitos** y *tambos* (lugares para descansar).

El imperio de los incas se extendió en pocos años por la zona de los Andes, donde el transporte y la comunicación parecen casi imposibles, sobre todo en ese tiempo primitivo en que no tenían **conocimiento** de la rueda ni usaban metales. La red de caminos impulsó la expansión del imperio y luego **fomentó** su organización. Por esos caminos transitaban los *chasquis,* mensajeros que aseguraban la comunicación entre todas las partes del imperio y el gobierno central en Cuzco. Un *chasqui* corría por los caminos hasta **encontrarse** con otro *chasqui* y darle la información que debía transmitir. El otro *chasqui* entonces empezaba a correr hasta encontrarse con el próximo *chasqui* y así hasta que la información llegaba a su destino. A los *chasquis* los entrenaban desde niños. Se alimentaban con una dieta especial para poder ir de un lugar a otro sin cansarse ni sufrir por la gran altitud de los Andes.

Los *chasquis* con frecuencia transportaban documentos importantes de una parte del imperio a otra por medio de *quipus* (**hilos** de colores **anudados**). Los *quipus* formaban un sistema **mnemotécnico** para registrar información, por ejemplo noticias sobre el censo, cantidades de productos conservados en los depósitos o noticias sobre los enemigos del **emperador.** En estos tiempos de tecnología avanzada, los poblados indígenas siguen usando los *quipus* para registrar los productos de las **cosechas** y el número de animales de las comunidades.

El camino Inca

VOCABULARIO ÚTIL

el dominio	*mastery*
la prueba	*proof*
el depósito	*storage*
el conocimiento	*knowledge*
fomentó	*promoted*
encontrarse	*to meet (each other)*
el hilo	*thread*
anudados	*knotted*
mnemotécnico	*mnemonic (memory aid)*
el emperador	*emperor*
la cosecha	*harvest*

Comprensión

1. ¿Qué conocimientos tenían los incas?
2. Describa a los *chasquis*. ¿Quiénes eran? ¿Qué hacían?

La ecología y el medio ambiente

✳ **Lea Gramática 10.5.**

Me parece que debemos tratar de eliminar la contaminación de los ríos.

Hay que eliminar la lluvia ácida porque nos urge salvar los árboles.

Sí, debemos encontrar otros medios de transporte.

Me preocupa mucho el sistema ecológico del desierto.

Nos molesta la contaminación del aire (el esmog).

A los científicos les interesa resolver el problema de la destrucción de las selvas tropicales.

A todos nos preocupa mucho el agujero en la capa de ozono.

A Nora y a Luis les parece que la energía solar es mucho más limpia y eficiente que la energía nuclear.

A Esteban y a Raúl les llama mucho la atención el número de especies que están en peligro de extinción.

¡OJO!

- En los EU (Estados Unidos) se usan 16.000.000 de barriles de petróleo cada año en la fabricación de botellas plásticas para agua.
- Se requieren dos litros de agua para producir una botella de plástico de un litro que se usa sólo una vez.

Actividad 11 Intercambios: Los amigos hispanos protegen el ambiente

A. Mire los dibujos en la siguiente página. Hágale preguntas a su compañero/a sobre lo que hacen estos amigos hispanos para proteger el medio ambiente.

MODELO: E1: ¿Qué hace *Ernesto* para proteger el medio ambiente?
                   E2: *Va a su trabajo en autobús en vez de manejar. También...*

Palabras útiles

la energía renovable
la energía verde

Ernesto

Palabras útiles

la bolsa de lona
sembrar legumbres
el reciclaje

Andrea

Palabras útiles

la botella de plástico / de
  aluminio
usar ambos lados
la impresora
pájaros cubiertos de petróleo

Paula

Palabras útiles

el carro híbrido
el combustible

Raúl

B. ¿Cuáles de estas actividades haces tú?

MODELOS: Yo reciclo el vidrio y el plástico.
                 Manejo un coche híbrido.

Actividad 12 Intercambios: Especies en peligro de extinción, problemas y soluciones

MODELOS: E1: ¿Cuál es el hábitat del *quetzal*?
E2: El quetzal vive en *las selvas de Centroamérica.*

E1: ¿Cuál es la solución al problema *del quetzal*?
E2: No debemos *permitir su exportación.*

Reptiles

la serpiente

la tortuga

Insectos

la mariposa monarca

la abeja

la mariquita

ESPECIES EN PELIGRO DE EXTINCIÓN

Aves

el tucán

el quetzal

el guacamayo

la lapa roja

NOMBRE	HÁBITAT	SOLUCIÓN
el águila	las Montañas Rocosas de Norteamérica	no permitir la caza de esta especie
la ballena	los océanos del mundo	imponer fuertes restricciones para la caza de esta especie
el delfín	los océanos y mares del mundo	requerir el uso de redes especiales en la pesca
el gorila	las tierras bajas de África	crear reservas
el lobo	los bosques del hemisferio norte	no permitir la caza de esta especie
la mariposa monarca	las sierras de México	no usar pesticidas
el quetzal, el guacamayo	las selvas de Centroamérica	no permitir su exportación
el manatí	el Mar Caribe	limitar el uso de barcos de motor
el oso panda	los bosques de bambú de Asia	proteger su hábitat creando reservas
la tortuga	las playas tropicales	proteger sus huevos

Mamíferos

el leopardo cazador

el lobo

el oso

el manatí

¡OJO!

El 98% de todos los animales y plantas que han habitado la tierra ya se ha extinguido.

VENTANAS CULTURALES La lengua

Nuestro pequeño mundo azul

¿Sabe usted ya muchas palabras para hablar del medio ambiente? Sigamos hablando de este tema importante. ¿Con qué palabras podemos describir nuestro planeta? Podemos decir que la Tierra es fuerte y saludable y que es el único planeta donde sabemos que hay vida. Debemos tratar de conservarla, ¿no cree usted? Lo más crucial es la capa de ozono que cubre la Tierra. Esa capa nos protege de la radiación solar y debemos preocuparnos por no destruirla.

Nuestras acciones afectan el planeta. Hay productos químicos, como los aerosoles, que **dañan** el aire y el agua. Debemos **dejar de** usarlos. ¿Cree que reciclamos lo suficiente? Ciertos productos —el plástico, por ejemplo— se quedan con nosotros por miles de años. Todos los días **derrochamos** recursos naturales como el agua y producimos **toneladas** de basura. También creamos lluvia ácida. La lluvia ácida es **provocada** por gases tóxicos de las fábricas que se mezclan con la precipitación atmosférica, contaminando el suelo y la vegetación.

Pero el enemigo más grande de la Tierra es sin duda la energía nuclear, especialmente el uranio, metal radiactivo que se usó para crear la bomba atómica. Lo ideal es poner fin a la producción de armas nucleares. ¿Qué más podemos hacer para conservar la vida en la Tierra? Algo muy urgente es cuidar las selvas tropicales: desde el sudeste de México hasta la zona amazónica, los bosques de Petén en Guatemala, Darién en Panamá y Chocó en Colombia. Esas selvas son un ingrediente vital de la Tierra, pues proveen el oxígeno que necesitamos para vivir en nuestro pequeño y hermoso mundo azul.

VOCABULARIO ÚTIL

dañan	*harm*
dejar de	*stop*
derrochamos	*we waste*
las toneladas	*tons*
provocada	*triggered, produced*

Coquí es el nombre onomatopéyico de esta diminuta rana de Puerto Rico. Da un toque especial a la noche puertorriqueña con su melódico canto: «co-quí, co-quí».

Comprensión

1. ¿Por qué es importante conservar la capa de ozono de nuestro planeta?
2. ¿Qué nos ofrecen las selvas tropicales?

¡OJO!

Puerto Rico también se conoce como la Isla del Encanto o por su nombre indígena: Borinquen. Es una isla de flora y fauna muy especiales. Abundan árboles tropicales como el flamboyán, la ceiba y el guayacán. En las playas llega a desovar (*lay eggs*) la tortuga marina más grande del mundo, el tinglar; ¡pesa hasta 800 libras! La Isla de Mona al oeste de Puerto Rico es el hábitat de las iguanas mona y unos cangrejos ermitaños, llamados *cobos,* que cada agosto descienden del monte a las playas para desovar. La pequeña rana de árbol llamada *coquí* es quizás el símbolo más conocido de Puerto Rico y su canto llena las noches tropicales.

Actividad 13 Asociaciones: El medio ambiente, problemas y soluciones

¿Les preocupan los siguientes problemas ecológicos? Digan qué podemos hacer para resolverlos y salvar el planeta.

MODELO: Nos preocupa *la sequía*. Creemos que no debemos *desperdiciar el agua.*

PROBLEMAS ECOLÓGICOS

1. el consumo excesivo de petróleo
2. el calentamiento global
3. el uso excesivo de productos plásticos
4. la destrucción del hábitat de algunas especies de animales y plantas
5. la contaminación de los ríos y los océanos
6. el agujero en la capa de ozono
7. los desperdicios de las plantas nucleares
8. la contaminación del aire en las grandes ciudades
9. la sequía; la escasez de agua
10. el uso excesivo de poliestireno

SOLUCIONES

a. usar pesticidas no tóxicos
b. imponerles fuertes restricciones a las industrias
c. usar menos energía
d. fomentar la agricultura orgánica
e. restringir el uso de los autos
f. criar animales en los zoológicos
g. controlar la natalidad
h. crear nuevas reservas naturales
i. desarrollar otros medios de transporte
j. reducir drásticamente o eliminar la producción de carburos fluorados
k. comprar productos en envases de vidrio y participar en programas de reciclaje
l. no desperdiciar el agua
m. pedir envases biodegradables o de cartón

¡OJO!

- La recolección, el transporte y la eliminación de la basura gasta energía y contamina el aire y la tierra; además, ocupa espacio vital en las ciudades.
- Sólo el 5% de la población mundial reside en los Estados Unidos, pero en este país se produce 25% de los gases de efecto invernadero.
- En los basureros, debido a la falta de oxígeno, los desperdicios no se descomponen, incluso si son biodegradables.

Biosfera de Sian Ka'an, México

Actividad 14 Del mundo hispano: El abecedario ecológico

Lea este artículo sobre varios temas ecológicos. Luego conecte las frases para tener una lista de las ideas principales del artículo.

ABECEDARIO ECOLÓGICO

Amazonia Es una zona selvática que comprendre toda la zona norte de Brasil y una parte del oriente peruano, y que llega al sur de Colombia y Venezuela. Está conformada por densas selvas y grandes ríos. Tiene 7 millones de kilómetros cuadrados de vegetación. Muchos medicamentos tienen su origen en esta región. La Amazonía también alberga[1] 30 millones de especies animales. Pero la explotación de los recursos naturales de esta área está produciendo una tasa[2] de extinción animal de 100 especies animales por día.

Biosfera de Sian Ka'an En 1989 el gobierno de México estableció La Biosfera de Sian Ka'an: una reserva de 650.000 hectáreas (1.6 millones de acres) situada en la costa caribeña de la península de Yucatán. Esta biosfera alberga más de 100 especies de mamíferos y 336 especies de aves. Dos especies de tortugas marinas en peligro de extinción se anidan[3] en las playas de Sian Ka'an. Tiene una población de sólo 2.000 personas, en su su mayoría[4] indígenas mayas. El propósito de la biosfera es la protección de especies en peligro de extinción y la educación de la gente sobre la importancia de la biodiversidad.

Capa de ozono Los científicos nos dicen que el uso de los carburos fluorados y de otras sustancias químicas está causando la desaparición de la capa de ozono que nos protege de los rayos dañinos[5] del sol. El agujero más grande en la capa de ozono está en el hemisferio sur, por la Antártida, pero también hay otro agujero en el Ártico. Ya ha desaparecido más del 4% de esta capa protectora y en países como Chile y Australia ya se ha notado un aumento[6] en la incidencia del cáncer de la piel.

Desperdicios nucleares Mucha gente ve la energía nuclear como fuente de energía limpia, pero los desperdicios de los reactores nucleares, como el uranio y el plutonio, son sustancias químicas muy dañinas para el ser humano y otros animales. Además, son muy difíciles de almacenar.[7] Las armas[8] nucleares, como los misiles tan usados por los ejércitos modernos, dejan residuos de uranio en la tierra por años, con consecuencias graves para la fauna y la flora.

[1]gives shelter to [2]rate [3]se... nest [4]majority [5]damaging [6]increase [7]to store [8]weapons

1. La Amazonia cubre una área inmensa y...
2. La explotación de los recursos de la Amazonia causa...
3. En 1989 el gobierno de México estableció la Biosfera de Sian Ka'an, que...
4. El uso de los carburos fluorados y otras sustancias dañinas...
5. La capa de ozono está desapareciendo...
6. Los misiles usados por el ejército...

a. es una reserva inmensa situada en la costa caribeña de la península de Yucatán.
b. dejan residuos tóxicos en la tierra con consecuencias graves para la fauna y la flora.
c. y ya se ha notado un aumento en la incidencia del cáncer de la piel en el hemisferio del sur.
d. la extinción animal de 100 especies por día.
e. es el hábitat para 30 millones de especies animales.
f. ha causado la desaparición de 4% de la capa de ozono.

De todo un poco

A. La geografía y el clima de América Latina

Trabaje con varios compañeros para poner los nombres de los siguientes mares y océanos, las cordilleras y los ríos más importantes de América Latina en el mapa que su profesor(a) le va a dar.

1. el Río Bravo
2. cuatro cordilleras:
    a. Sierra Madre Occidental
    b. Sierra Madre Oriental
    c. Sierra Madre del Sur
    d. cordillera de los Andes
3. el canal de Panamá
4. el lago Titicaca
5. el río Orinoco
6. el río Amazonas
7. el río Paraná
8. el río de la Plata
9. las cataratas del Iguazú
10. el Océano Atlántico
11. el Océano Pacífico
12. el Mar Caribe
13. el golfo de California
14. el golfo de México

B. ¡Salvemos el medio ambiente!

Haga una lista de medidas que cualquier ciudadano puede tomar para reducir la cantidad de basura que produce diariamente. Comparta sus ideas con la clase.

MODELO: Uno puede llevar sus propias bolsas de lona al supermercado.

¡Dígalo por escrito!

El medio ambiente y usted

Piense en algo que le preocupa a usted: un problema climático o ambiental o alguna especie de animal en peligro de extinción. Escriba una breve composición sobre el tema. Explique el problema, luego diga dónde ocurre, cuáles son sus causas principales y cuáles son las consecuencias. Para terminar, sugiera qué se puede hacer para mitigar o resolver este problema.

¡Cuéntenos usted!

Cuéntenos sobre un lugar geográfico que le impresionó. ¿Dónde fue? ¿Pasó usted mucho tiempo allí o estuvo sólo uno o dos días? ¿Le gustó o no? ¿Por qué?

PISTAS PARA LEER
Esta **Lectura** se enfoca en Costa Rica, un país donde hay muchos bosques, y en los temas del ecoturismo y la reforestación. Mire las fotos y describa las imágenes. Ahora fíjese en el título y en el **Vocabulario útil.** ¿Qué perspectiva va a tener esta **Lectura** sobre Costa Rica? ¿Será positiva o negativa? ¿Por qué?

VOCABULARIO ÚTIL

De entrada	*To begin with*
rechazan	*reject*
el oro	*gold*
A pesar de	*In spite of*
la reforestación	*reforesting*
el Movimiento Ambiental	*Environmental Movement*

LECTURA

Costa Rica, un país excepcional

EL MAR CARIBE

EL OCÉANO PACÍFICO

Costa Rica

Parque Nacional Manuel Antonio

Costa Rica es un país único, no sólo en el mundo hispano sino en el mundo entero. Hay varios aspectos de la sociedad costarricense que contribuyen a formar esta imagen especial. **De entrada,** el país no tiene ejército, pues los ciudadanos de Costa Rica **rechazan** la guerra. Pero eso no es todo. Los costarricenses también están muy conscientes de la importancia de la naturaleza. El gobierno tiene reglas estrictas para la construcción de viviendas y hoteles en zonas selváticas. El 40 por ciento del territorio del país está poblado de bosques, y hay en Costa Rica uno de los sistemas más extensos de parques nacionales en todo el planeta.

La población de Costa Rica es de tres millones de habitantes. El país tiene una industria estable de turismo y exporta café, plátanos, carne, azúcar y cacao. El clima es de dos estaciones: la seca (diciembre a abril) y la húmeda (mayo a noviembre). El nombre del país es muy apropiado, pues la *costa* que da al Océano Atlántico es *rica* en selvas tropicales. Pero, en realidad, los exploradores españoles le dieron el nombre de Costa Rica a este país porque pensaban que iban a encontrar allí mucho **oro.**

Se nota que los costarricenses quieren conservar sus recursos naturales: las especies de animales, los bosques y las selvas. De hecho, el «ecoturismo» comenzó en Costa Rica. Entre otras ideas, el ecoturismo propone un tipo de turismo que no destruya el medio ambiente y pone énfasis en el daño que podemos causar al planeta. El ecoturismo también trata de educar a los turistas

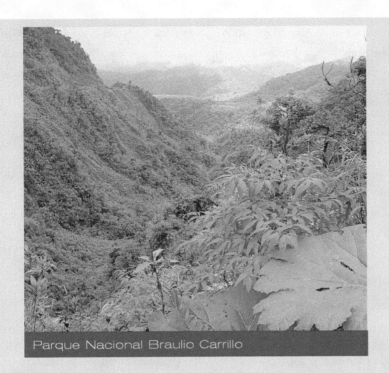
Parque Nacional Braulio Carrillo

en cuestiones ambientales. Costa Rica está a la cabeza de este movimiento, ofreciendo periódicamente conferencias donde participan personas de todo el mundo.

Si a usted le interesa visitar hermosos sitios ecoturísticos, le esperan varios en Costa Rica. En el Lago Arenal puede pescar, navegar y andar en bicicleta a lo largo de la orilla. Puede visitar el fantástico Volcán Arenal, activo desde su erupción en 1968. Si pescar o surfear es su pasión, vaya a la Playa Tamarindo. En el bosque tropical de Monteverde le espera una experiencia inolvidable. Monteverde es una de las zonas de conservación más famosas en Centroamérica; tiene más de 100 especies de mamíferos, más de 400 especies de aves y 2.500 especies de plantas. Hay que dar una caminata por Monteverde para apreciar su belleza.

El volcán Arenal, activo desde 1968

(**Continúa**)

A pesar de su visión ecoturística, Costa Rica ha tenido que hacer algunos sacrificios debido a presiones económicas. Entre 1981 y 1990 el país perdió un dos por ciento de sus bosques, pues estaba exportando mucha madera. Como no había un plan oficial de **reforestación**, los bosques empezaron a desaparecer. Por suerte, miembros del Movimiento Ambiental convencieron al gobierno costarricense de la necesidad de sembrar más árboles, y ahora hay varias iniciativas de reforestación en Costa Rica.

Hay pocos países como Costa Rica, con una conciencia nacional del medio ambiente y donde la gente toma en serio las cuestiones ambientales. En nuestro planeta —devastado por las guerras y por la destrucción de la naturaleza— Costa Rica es un país excepcional.

Comprensión

Complete las oraciones con frases de la columna de la derecha.

1. En los años ochenta...
2. El Movimiento Ambiental le hizo ver al gobierno costarricense...
3. Costa Rica es un país pacífico, pues...
4. El gobierno costarricense no permite...
5. El nombre de Costa Rica se relaciona con...
6. Monteverde es un bosque tropical...
7. El ecoturismo...

a. nos informa sobre los daños que causamos al planeta.
b. Costa Rica estaba perdiendo una gran cantidad de bosques.
c. la importancia de plantar más árboles.
d. la construcción de muchos hoteles en zonas selváticas.
e. no cree en la guerra y no tiene ejército.
f. la búsqueda de oro de los exploradores españoles.
g. de una gran riqueza en su fauna y su flora.

Un paso más... ¡a escribir!

Vea el **Resumen cultural** en este capítulo del *Cuaderno de actividades.*

Imagínese que, por un momento fantástico, un árbol en el bosque tropical de Monteverde puede hablar. ¿Qué va a decir este árbol con respecto a su vida, a su medio ambiente y a sus vecinos? ¿Qué va a decir del ser humano? Escriba una composición titulada «El monólogo del árbol».

Vocabulario

La geografía

Geography

la Amazonia	Amazon Basin
el arrecife	reef
la bahía	bay
el bosque	forest
la catarata	waterfall
la colina	hill
la cordillera	(mountain) range
la isla	island
el llano	plain
la luna	moon
la orilla	shore, (river) bank
la selva (tropical)	(tropical) jungle
la sierra	mountains
el terremoto	earthquake
la tierra	land; earth

PALABRAS SEMEJANTES: el cañón, Centroamérica, la corriente, la costa, el desierto, el golfo, el hemisferio, la laguna, la península, el valle, la vegetación, el volcán, Yucatán

El clima

Weather

caluroso	warm, hot
el cielo	sky
el desbordamiento	overflow
la escarcha	frost
la humedad	humidity
la inundación	flood
la llovizna	drizzle
lloviznar	to drizzle
la lluvia (ácida)	(acid) rain
la neblina	fog
la nube	cloud
pronosticar	to forecast (*weather*)
el relámpago	lightning
el rocío	dew
soleado/a	sunny
la tormenta	storm
el trueno	thunder

PALABRAS SEMEJANTES: el aire, el ciclón, húmedo/a, el huracán, el tornado
REPASO: el centígrado, el grado, llover (ue), nevar (ie), nublado/a, el pronóstico, la temperatura mínima/máxima

Los medios de transporte

Means of Transportation

¡Alto!	Stop! (*Mex.*)
el asiento	seat
la autopista	freeway, expressway
la carretera	highway
el crucero	cruise ship
el letrero	sign
el pasaje	fare, ticket price
el pasajero / la pasajera	passenger
por avión (tren)	by plane (train)
la rueda	wheel
el semáforo	signal (light)
la señal	signal (light)
el transbordador	ferry
el tranvía	cable car, streetcar

PALABRAS SEMEJANTES: el taxi, transportar, el vagón (del tren), el vehículo
REPASO: el barco, la bici(cleta), el carro, el coche, la moto(cicleta)

La ecología y el medio ambiente

Ecology and the Environment

el agujero en la capa de ozono	hole in the ozone layer
la bolsa de lona	canvas bag
el calentamiento global	global warming
la caza	hunt; hunting
los desperdicios (nucleares)	(nuclear) waste
en peligro de extinción	in danger of extinction
la energía renovable	renewable energy
el envase	packing, packaging, bottle
la escasez	scarcity, shortage
la natalidad	birthrate
el reciclaje	recycling
el recurso (natural)	(natural) resource
la red (de pesca)	(fishing) net
la sequía	drought
el vidrio	glass (*material*)

PALABRAS SEMEJANTES: la biosfera, el carburo fluorado, la contaminación, la destrucción, el esmog, las especies, el hábitat, el pesticida, el petróleo, el planeta, la planta nuclear, la reserva, el residuo químico, el uso

Los animales

Animals

la abeja	bee
el águila	eagle
la ballena	whale
el delfín	dolphin
la esponja	sponge
la estrella (marina)	(sea) star; starfish
el guacamayo	parrot
el león (marino)	(sea) lion
el lobo	wolf
el mamífero	mammal
la mariposa	butterfly
el pájaro	bird

el pez (los peces)	fish
el tiburón	shark
la tortuga (marina)	tortoise; (sea) turtle

PALABRAS SEMEJANTES: el gorila, el insecto, el leopardo, el reptil, la serpiente

Los verbos

Verbs

bajar	to lower; to come down
corregir	to correct
crear	to create
criar	to raise (animals, children)
desarrollar	to develop
desperdiciar	to waste
hacer una gira	to take a tour
imponer	to impose
llamar la atención	to call attention
marearse	to get seasick
molestar	to bother
parecer	to seem
preocupar	to worry
proteger	to protect
requerir	to require
resolver	to solve
salvar	to save
sembrar	to plant
urgir	to be urgent

PALABRAS SEMEJANTES: anticipar, causar, compararse, conectar, contaminar, controlar, eliminar, establecer, flotar, fomentar, generar, interesar, limitar, observar, ocurrir, pasar, producir, reciclar, reducir, restringir

Los sustantivos

Nouns

el aumento	increase
el buceo	diving (underwater swimming)
el cáncer (de la piel)	(skin) cancer
la cantidad	quantity
el cartón	cardboard
el casco	helmet
el ciudadano / la ciudadana	citizen
los daños	damages
la desaparición	disappearance
la (des)ventaja	(dis)advantage
el ejército	army, military
la gira	tour
el gobierno	government
la gota	drop
la hoja (de papel)	leaf; sheet (of paper)
la impresora	printer
el pensamiento	thought
el poliestireno	styrofoam
el tema	theme
el viaje	trip

PALABRAS SEMEJANTES: la abundancia, la agricultura, el artículo, el bambú, la concentración, la consecuencia, el consumo, la diversidad, la electricidad, el espacio, la explotación, la exportación, la extensión, la fauna, la flora, la forma, la incidencia, la industria, la letra, la locomotora, el millón, el misil, el organismo, el plutonio, la porción, el problema, la producción, el producto, la restricción, el sistema, la sustancia, el tanque, el uranio

Los adjetivos

Adjectives

aéreo/a	pertaining to air (travel)
ambiental	environmental
ambos/as	both
bello/a	beautiful
cómodo/a	comfortable
cubierto/a	covered
dañino/a	harmful
lento/a	slow
ligero/a	light
lleno/a	full
profundo/a	deep
rocoso/a	rocky
rodeado/a	surrounded
tibio/a	warm
unido/a	connected; unified

PALABRAS SEMEJANTES: árido/a, biodegradable, caribeño/a, colorido/a, desastroso/a, ecológico/a, eficiente, excesivo/a, firme, grave, híbrido, húmedo/a, impresionante, inmenso/a, orgánico/a, plástico/a, positivo/a, preferido/a, principal, situado/a, subterráneo/a, tóxico/a, usado/a

Los adverbios

Adverbs

cómodamente	comfortably
diariamente	daily
lentamente	slowly

PALABRAS SEMEJANTES: completamente, drásticamente, puntualmente

Palabras y expresiones útiles

Useful Words and Expressions

acerca de	about
¡Cuánto/a/os/as... !	How many ... !
hacia	toward
mil(es)	thousand(s)
para	to (in the direction of)
¡Qué + *noun* + tan/más + *adjective*!	What a + *adjective* + *noun*!

10.1 Saying What You Have Done: The Present Perfect

A. The present perfect is formed with the present tense of the verb **haber*** (*to have*) followed by a form of the verb called the past participle.

—¿**Han visitado** ustedes Europa?　　—*Have you visited Europe?*
—Sí, **hemos visitado** España dos veces.　　—*Yes, we've visited Spain twice.*

This tense is used very similarly in English.

B. The present-tense forms of **haber** are irregular.

> **(yo) He viajado a Panamá.**
> (*I have traveled to Panama.*)
> **he** = present tense of **haber**
> **viajado** = past participle of **viajar**

haber

(yo)	he	*I have*
(tú)	has	*you (inf. sing.) have*
(usted, él/ella)	ha	*you (pol. sing.) have; he/she has*
(nosotros/as)	hemos	*we have*
(vosotros/as)	habéis	*you (inf. pl., Spain) have*
(ustedes, ellos/as)	han	*you (pl.) have; they have*

> **Tú has visto el museo del Prado.** (*You have seen the Prado Museum.*)
> **has** = present tense of **haber**
> **visto** = past participle of **ver**

—Ernesto, ¿**has recogido** el coche?　　—*Ernesto, have you picked up the car?*

—No, todavía no **han llamado** del taller.　　—*No, they haven't called yet from the garage.*

> **Ellos han ido a Europa cinco veces.** (*They have gone to Europe five times.*)
> **han** = present tense of **haber**
> **ido** = past participle of **ir**

C. The past participle is formed by adding **-ado** to the stem of **-ar** verbs and **-ido** to the stem of **-er** and **-ir** verbs.

-ar

INFINITIVE	PAST PARTICIPLE
hablar	hablado
jugar	jugado
preparar	preparado

---

*Recognition: **vos habés**

¡OJO!

The present perfect is often used by speakers from Spain to relate simple past completed events: **¿Has visto a Pilar ayer?** (*Did you see Pilar yesterday?*) We have chosen to present Latin American usage, because it corresponds more closely to English. For most Latin Americans, the simple past is preferred for completed events except in "*Have you ever . . .* " questions and in negative answers ("*I have never . . .* "). The past participle forms are very common as adjectives.

-er / -ir

INFINITIVE	PAST PARTICIPLE
comer	com**ido**
vivir	viv**ido**
dormir	dorm**ido**

—¿Ya **han comprado** los señores Ruiz los boletos?
—No, no **han tenido** tiempo todavía.

—*Have the Ruizes already bought the tickets?*
—*No, they haven't had time yet.*

—Andrea, **¿has terminado?**
—No, el agente de viajes no **ha conseguido** las reservaciones todavía.

—*Andrea, have you finished?*
—*No, the travel agent hasn't gotten the reservations yet.*

D. A few verbs have irregular participles.

abrir: **abierto**	to open / opened
cubrir: **cubierto**	to cover / covered
decir: **dicho**	to say / said; to tell / told
escribir: **escrito**	to write / written
hacer: **hecho**	to do / done; to make / made
morir: **muerto**	to die / died; dead
poner: **puesto**	to put / put
resolver: **resuelto**	to solve / solved
romper: **roto**	to break / broken
ver: **visto**	to see / seen
volver: **vuelto**	to return / returned

The participles of verbs derived from these verbs are also irregular. For example, **describir** is derived from **escribir.**

describir: **descrito**	to describe / described
devolver: **devuelto**	to return / returned
inscribir: **inscrito**	to enroll / enrolled
reponer: **repuesto**	to put back / put back
suponer: **supuesto**	to suppose / supposed

—Estela, ¿dónde **has puesto** mis pantalones nuevos?
—Ya te **he dicho** que están encima de la cama.

—*Estela, where have you put my new pants?*
—*I've already told you that they're on top of the bed.*

Ernesto fue a la agencia de viajes hace dos horas y todavía no **ha vuelto.**

Ernesto went to the travel agency two hours ago and hasn't come back yet.

Note that **ya** (*already*) and **todavía no** (*not yet*) are adverbs commonly used with the present perfect tense.

Ejercicio 1

Éstas son algunas de las cosas que han hecho los amigos y parientes de Estela. Complete las oraciones con **comer, comprar, escribir, hablar, ir, limpiar, oír, pasar, ver** y **viajar.**

MODELO: Mis cuñados *han ido* mucho a Puerto Vallarta porque les gustan las playas y el sol.

1. Ernesto y yo _____ la nueva película de Almodóvar cuatro veces.
2. Ramón le _____ varias cartas a Amanda.
3. Yo _____ tres veces este mes a Cuernavaca.
4. La señorita Batini _____ una casa nueva.
5. Pedro, ¿_____ en un restaurante chino últimamente?
6. Guillermo no _____ con Ernesto hoy.
7. Graciela, tú nunca _____ a España, ¿verdad?
8. Marisa y Clarisa _____ su cuarto muy bien.
9. Ernestito, ¿_____? ¡Papá dice que vamos a ir de vacaciones en Florida!
10. Pedro y Andrea _____ sus vacaciones en Acapulco muchas veces.

> When you see a comma after a proper name, it means you are addressing that person directly. Use **tú** or **usted.**

Ejercicio 2

¿Cuántas veces ha hecho usted estas cosas? Haga preguntas y respuestas.

MODELO: bucear en el mar Caribe →
—¿Cuántas veces *has buceado* en el mar Caribe?
—Nunca *he buceado* allí. (Mi hermana y yo *hemos buceado* en el mar Caribe dos o tres veces.)

1. viajar a México
2. esquiar en un lago
3. subir a una pirámide
4. acampar en la montaña
5. alquilar un coche
6. cocinar para diez personas
7. leer tres novelas en un día
8. correr cinco kilómetros sin parar
9. decirles una mentira a sus padres
10. romper un vaso en un restaurante

> Negative answers are expected for many items in Ejercicio 2.

10.2 Exclamations with *¡Qué... !, ¡Cuánto/a/os/as... !*

A. Form exclamations with **qué** using **¡Qué** + *adjective* . . . !*

¡**Qué bonita** es la playa!   *How pretty the beach is!*
¡**Qué interesante** fue ese viaje!   *What an interesting trip that was!*

B. Use the pattern **¡Qué** + *noun* + **tan/más** + *adjective*! to express *What a(n)* . . . !

¡**Qué país tan grande!**   *What a large country!*
¡**Qué viaje más divertido!**   *What an enjoyable trip!*

> ¡**Qué montañas tan altas!**
> *What tall mountains!*
> ¡**Qué azul es el agua aquí!**
> *How blue the water is here!*

---

*Note that **qué** and **cuánto** take an accent mark in exclamations as well as in questions.

¡Cuántas personas hay en esta playa!
There sure are a lot of people on this beach! (What a lot of people there are on this beach!)

C. Use **cuánto/a/os/as** to express surprise about quantity.

¡**Cuánto** dinero tiene ese hombre! *What a lot of money that man has!*

¡No te imaginas **cuántas** horas tuvimos que esperar! *You can't imagine how many hours we had to wait!*

Ejercicio 3

Imagínese que usted está mirando las fotos de Susana Yamasaki y sus hijos, quienes acaban de regresar de un viaje por América Latina. Exprese su sorpresa al ver estas fotos.

MODELO: las pirámides de Teotihuacán: pirámides / altas →
Las pirámides de Teotihuacán... ¡Qué pirámides tan (más) altas!

1. Bolivia: país / interesante
2. un vuelo de Buenos Aires a México, D.F.: vuelo / largo
3. los Andes: montañas / altas
4. una selva tropical en Venezuela: selva / verde
5. una playa en el Caribe: arena / blanca

Ejercicio 4

Ahora imagínese que usted también ha hecho un viaje por España y por América Latina. Haga comentarios sobre los lugares interesantes que ha visto.

MODELO: azul / el agua del Caribe → ¡Qué azul es el agua del Caribe!

1. impresionantes / las ruinas de Machu Picchu
2. grande / el lago Titicaca
3. cosmopolita / la ciudad de Buenos Aires
4. húmeda / la selva de Ecuador
5. seco / el desierto de Atacama en Chile
6. alta / la torre de la Giralda en Sevilla
7. hermoso / el edificio del Alcázar de Segovia
8. inmenso / el parque del Retiro en Madrid
9. interesante / el Museo del Prado
10. antiguo / el acueducto de Segovia

por = movement *through* or *by*, or *means of transportation*
para = movement *toward a destination*
   Caminamos por la playa. (*We walked along the beach.*)
   Fuimos por tren. (*We went by train.*)
   Salen mañana para Cuzco. (*They leave tomorrow for Cuzco.*)

10.3 Expressing *by, through*, Destination, and Time: *por* and *para* (Part 1)

The prepositions **por** and **para** have distinct meanings.

A. Para indicates movement *toward* a destination.

Cuando era niño, salía **para** la escuela a las 7:30. *When I was a kid, I used to leave for school at 7:30.*
Perdón, señor, ¿cuál es el tren que sale **para** Madrid? *Excuse me, sir, which is the train that is leaving for Madrid?*

Por, on the other hand, indicates motion *through* or *by* (*along*) a place.

Pasamos **por** varios pueblos antes de llegar a Salamanca.	*We went through various villages before arriving in Salamanca.*
Por las noches caminábamos **por** la orilla del lago de Chapala.	*In the evenings we would take walks along the shore of Lake Chapala.*

Por is also used to indicate means of transportation.

Mis hermanos quieren viajar **por** barco, pero yo quiero ir **por** avión.	*My brothers want to travel by boat, but I want to go by plane.*

Note the contrast in usage in the following example.

Mañana salgo **para** París. Voy a viajar **por** tren.	*Tomorrow I'm leaving for Paris. I'll travel by train.*

B. **Por** and **para** can also be followed by expressions of time.

> **por** = *length of time, during*
> **para** = *deadline*
> **Estuvimos en España por tres semanas.** (*We were in Spain for three weeks.*)
> **Paula necesita terminar el trabajo para el lunes.** (*Paula needs to finish the job by Monday.*)

1. Use **por** to indicate length of time (although you may often omit **por** in these cases). Some examples of time expressions are **por una semana, por tres meses, por un año,** and **por mucho tiempo.**

Hoy tengo que trabajar en el taller (**por**) diez horas.	*Today I have to work in the shop for ten hours.*

You can also use **por** to express *during, in,* or *at* with parts of the day: **por la mañana, por la tarde, por la noche.**

Aquí **por la noche** todo el mundo sale a pasear.	*Here in (during) the evening everybody goes out for a walk.*

2. Use **para** to indicate a deadline by which something is expected to happen.

Hay que entregar el informe **para** las 10:00.	*We have to turn in the report by 10:00.*
La tarea es **para** el viernes.	*The homework is for (due) Friday.*

Ejercicio 5

Aquí tiene usted parte de una conversación entre Silvia Bustamante y su novio, Nacho Padilla. Escoja **por** o **para.**

SILVIA: Ayer trabajé _____[1] ocho horas en la terminal de autobuses.

NACHO: Yo manejé mi taxi _____[2] solamente cinco horas.

SILVIA: ¿Cuándo sales _____[3] Morelia?

NACHO: En dos días. Salgo _____[4] la mañana y voy a viajar _____[5] tres horas.

SILVIA: ¿No vas _____[6] avión?

NACHO: ¡Claro que no! Voy _____[7] tren. Es mucho más barato.

SILVIA: ¿Cuánto tiempo piensas quedarte allí?

NACHO: ¡Una semana! Necesito recoger unos documentos importantes. Van a estar listos _____[8] el próximo viernes.

> **-mente** = *-ly*
> **cómodamente** = *comfortably*
> **calmadamente** = *calmly*

10.4 Describing Actions: Adverbs

Words that describe actions are called *adverbs*. Many adverbs are formed in Spanish by adding **-mente** to the feminine or neuter form of the adjective: **rápida** (*fast*) → **rápidamente** (*quickly*); **libre** (*free*) → **libremente** (*freely*).

—Amanda, ¿vas al cine **frecuentemente**?	—*Amanda, do you go to the movies frequently?*
—Sí, voy casi todos los fines de semana.	—*Yes, I go almost every weekend.*
En este país puedes hablar **abiertamente.**	*In this country you can talk openly.*

Ejercicio 6

Primero escoja el adjetivo más lógico entre **cómoda, constante, inmediata, puntual** y **rápida.** Luego forme un adverbio.

MODELO: (general) → *Generalmente* tomo el autobús número 73 para ir a la universidad.

1. ¡Los trenes en Japón transitan a 250 kilómetros por hora! Los pasajeros llegan _____ a su destino.
2. Me gusta viajar por tren. Me siento _____ y miro el paisaje por la ventanilla.
3. En España los trenes y los autobuses llegan y salen _____.
4. ¡Nunca he visto tantos autobuses! En la estación de autobuses de Guadalajara, los autobuses llegan y salen _____.
5. Tenemos que correr; el próximo autobús sale _____.

> **¿RECUERDA?**
>
> Recall from **Gramática 1.5** and **8.2** that **gustar** and **encantar** are used with indirect object pronouns.
>
> | | |
> |---|---|
> | me | *to me* |
> | te | *to you (inf. sing.)* |
> | le | *to you (pol. sing.); to him/her* |
> | nos | *to us* |
> | os | *to you (inf. pl., Spain)* |
> | les | *to you (pl.); to them* |

10.5 Expressing Reactions: More Verbs Like *gustar*

Like **gustar** and **encantar,** several other verbs also use indirect object pronouns.

dar miedo *to frighten*	llamar la atención *to attract attention*
dar rabia *to infuriate*	molestar *to bother*
fascinar *to be fascinating; to love*	parecer *to seem like*
importar *to matter*	preocupar *to worry, be worrying*
interesar *to be interesting*	urgir *to be pressing, really necessary*

The English equivalents of these verbs vary according to context.

> Some useful expressions:
> **me interesa** = *I'm interested in*
> **no me interesa** = *I'm not interested in*
> **me importa** = *it matters to me*
> **no me importa** = *I don't care*
> **me parece que sí** = *I think so*
> **me parece que no** = *I think not*

—¿Qué **te interesa**?	—*What interests you?*
—**Me interesa** la geografía porque **me fascina** viajar.	—*I'm interested in geography because I love to travel.*
El paisaje es tan lindo que no **nos importa** si llueve.	*The countryside is so pretty that it doesn't matter to us if it rains.*

—Susana, ¿qué **te parece** un viaje
a Chile y Bolivia?

—**Me parece** una idea fantástica.

—*Susana, what do you think about
a trip to Chile and Bolivia?*

—*It seems like a great idea to me.*

The person whose opinion is described (**me, te, le, nos, os, les**) is usually mentioned first. The subject of this kind of sentence normally follows the verb. In the following sentence, *our* opinion (**nos**) is described, and the smoke (**el humo**) is the subject of the sentence. **Molesta** is singular because **el humo** is singular.

Nos molest**a el humo**.   *The smoke bothers us.*

If the subject that follows the verb is a singular noun or an infinitive, the verb is singular. In the following sentence, the verb is followed by an infinitive, so the verb is singular.

Me import**a conservar** energía.   *I care about conserving energy.*

In the next sentence, the subject (**las maletas**) is plural, so the verbs (**gustan/parecen**) are plural.

Me gusta**n las maletas** que usted
compró; **me** parece**n** muy
prácticas.

*I like the suitcases you bought;
they seem very practical to me.*

Ejercicio 7

Exprese su opinión usando la forma apropiada de los verbos indicados.

MODELO: La contaminación del aire...

    a. _____ (molestar)
    b. _____ (encantar)

    La contaminación del aire *me molesta*.

1. La conservación de nuestros
recursos naturales...
  a. _____ necesaria.
    (parecer)
  b. no _____. (importar)
2. Los bosques y las selvas...
  a. _____. (fascinar)
  b. no _____. (interesar)
3. Vivir en un clima caluroso...
  a. _____. (encantar)
  b. no _____. (gustar)

4. El tránsito en las autopistas...
  a. _____. (molestar)
  b. no _____. (gustar)
5. Los ríos del mundo...
  a. _____. (importar)
  b. no _____. (preocupar)

METAS

In **Capítulo 11** you will continue to talk about travel-related experiences: making plans, following directions, and reading maps. You will learn about travel in Spanish-speaking countries, including changing money, clearing customs, and finding lodging. You will also discover new places to visit in the Hispanic world.

Feria en Barrio Reus, por Jorge Pizzanelli (Uruguay)

Sobre el artista: Jorge Pizzanelli nació en Uruguay en 1945. En 1986 comenzó sus estudios de pintura. Tiene preferencia por el estilo impresionista y, como tema, prefiere los paisajes. Su obra se distingue por la capacidad para representar la luz natural. Desde 1987 ha expuesto en prestigiosas galerías de Montevideo y Punta del Este. Además, ha tenido exposiciones en Brasil, los Estados Unidos y Japón.

¡Conozca Uruguay!

Nombre del país: República Oriental del Uruguay

Ciudad capital: Montevideo

Ciudades principales: Salto, Paysandú, Maldonado, Colonia

Moneda: el peso uruguayo

Idiomas: el español (oficial), el portuñol

Población: 3.500.000

Día de la Independencia: el 25 de agosto

Fiestas típicas: el Desembarco de los 33 Orientales, el Día Internacional del Trabajo, la Batalla de las Piedras, la Jura de la Constitución

Comidas típicas: el asado, el chimichurri, el chivito, los canelones, los alfajores, el mate

Música típica: el candombe, las murgas

Gente famosa: Eduardo Galeano, Delmira Agustini, José Artigas, Tabaré Vázquez, Horacio Quiroga

Código del país por Internet: .uy

Voces uruguayas

agarrado/a	tacaño/a
un bondi	un autobús
estar del tomate	estar loco/a
las pavadas	las tonterías
un(a) pibe	un(a) chico/a
una pila de	mucho
tá	está bien, de acuerdo

¡Conozca Paraguay!

Nombre del país: República del Paraguay

Ciudad capital: Asunción

Ciudades principales: Ciudad del Este, San Lorenzo, Encarnación

Moneda: el guaraní

Idiomas: el español, el guaraní (oficiales)

Población: 6.700.000

Día de la Independencia: el 15 de mayo

Fiestas: el Día de los Héroes, el Día de la Paz del Chaco, la Fundación de Asunción, el Día de los Niños, el Día de la Virgen de Caacupé

Comidas típicas: la yuca, el maíz, la sopa paraguaya, la chipá, el borí borí

Música típica: la canción paraguaya o purajhei (polca), la guarania. El arpa y la guitarra son los instrumentos más populares en la música paraguaya.

Gente famosa: Augusto Roa Bastos, José Luis Chilavert, Alfredo Stroessner

Código del país por Internet: .py

Voces paraguayas

los championes	los zapatos de tenis
masiado	mucho, bastante
un mita'i (del guaraní)	un niño
¡ndera!	¡no! (expresión de desilusión)
un ñoño	una botella de cerveza
un péndex	un joven
vairo/a	feo/a, mal educado/a

En este capítulo...

MULTIMEDIA ONLINE LEARNING CENTER www.mhhe.com/dosmundos7   CENTRO *Your media center for languages* QUIA DVD

Los viajes en automóvil

el maletero
el espejo retrovisor
el limpiaparabrisas
el parabrisas
la antena
el capó
el guardafango
las llantas
una llanta desinflada
la placa
los faros
el parachoques

la bocina   el volante   los cambios
el cinturón de seguridad
el asiento
los frenos

Actividad 1   Definiciones: Las partes del carro

1. _____ los frenos
2. _____ los limpiaparabrisas
3. _____ el volante
4. _____ la bocina
5. _____ la placa
6. _____ el parabrisas
7. _____ el cinturón de seguridad

a. Protege a los pasajeros del viento.
b. Se usa para mantener en el asiento a los pasajeros de un automóvil o un avión.
c. Se usan cuando llueve.
d. Se usan para parar el coche.
e. Se usa para manejar el coche.
f. Tiene los números para identificar el coche.
g. Se toca para llamar la atención de los peatones y otros choferes.

Actividad 2 Descripción de dibujos: Los letreros de la carretera

Diga cuál es la frase u oración que corresponde a cada número.

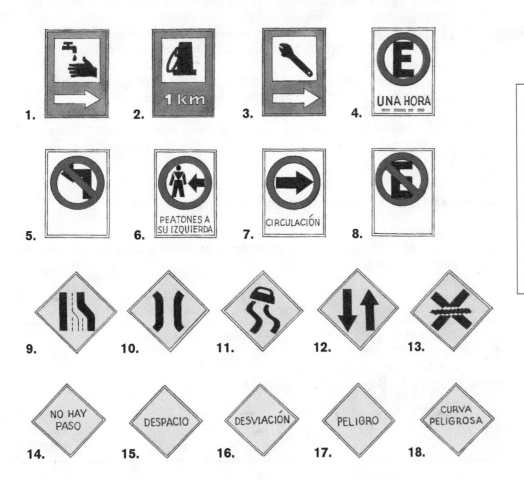

AYUDA EN CARRETERA

Ojalá que no ocurra, pero hay que estar prevenidos. En caso de avería o cualquier otro percance es útil ser socio de algún club automovilístico o asociación de ayuda al automovilista como la AMA, o ANA, que, por una cuota mensual ofrecen distintos servicios en carretera. También conviene llevar la lista de los talleres oficiales de la marca del auto que se conduzca.

a. puente angosto

b. No doble a la izquierda.

c. tránsito de un solo sentido (una vía)

d. baños

e. gasolinera

f. ¡Cuidado! Puede haber personas a su izquierda.

g. mecánico

h. tránsito de doble sentido (vía)

i. estacionamiento de una hora

j. No se estacione.

k. tren

l. camino angosto

m. superficie resbalosa

n. prohibido el tránsito

o. Disminuya la velocidad porque hay una curva.

p. Tiene que ir por otro camino.

q. Disminuya la velocidad.

r. Tenga mucho cuidado.

Expresiones útiles

gastar gasolina
  (no) gasta...
tener la culpa
  yo (no) tuve la culpa
chocar
  choqué con...

Actividad 3 Entrevista: Tú y tu coche

1. ¿Tienes tu propio coche? ¿De qué marca es? ¿Cómo es tu coche? ¿Es práctico? ¿grande? ¿elegante? ¿Gasta mucha gasolina?
2. ¿Tienes seguro? ¿De qué compañía? ¿Es una compañía buena? ¿Por qué lo dices? ¿Es muy caro tu seguro?
3. ¿Te gusta manejar? ¿Cuántas millas manejas cada día, aproximadamente? ¿Cómo está el tránsito a la hora que sales para el trabajo? ¿Y cuando regresas a casa?
4. ¿Has tenido un accidente en tu coche? ¿Chocaste? ¿Con qué chocaste? ¿Quién tuvo la culpa? ¿Cuánto (tiempo) hace? ¿Fue un accidente serio o sin importancia?
5. ¿Has salido de vacaciones en tu coche? ¿Cuánto (tiempo) hace? ¿Adónde fuiste? ¿Con quién fuiste? ¿Cuántas horas tuviste que manejar? ¿Te gustó el viaje? ¿Por qué?

Palabras y frases útiles

el aceite
comprar
hacer las maletas
la llanta de repuesto
llevar
el radiador
reparar
revisar
el tanque

Actividad 4 Conversación: Un viaje en carro

Usted va a viajar de El Paso, Texas, a Barranca del Cobre en Chihuahua, México. Es una distancia de 500 kilómetros. Complete las siguientes dos listas con cinco tareas o más para cada lista.

ANTES DE SALIR	LISTA PARA EL MECÁNICO
Tengo que / Necesito:	Debe:
•	• Revisar...
•	•
•	•
•	•
•	

La Barranca del Cobre, México

En busca de sitios

✳ **Lea Gramática 11.1.**

Buenos Aires, Argentina: De Congregación Israelita al Correo Central (ambos marcados con asterisco)

(Continúa)

TURISTA: Perdone, ¿puede decirme cómo llegar al Correo Central?

ADRIANA: Sí, por supuesto. Mire aquí en su plano. Salga de la Congregación Israelita por la calle Córdoba y camine dos cuadras hacia el este. En la Avenida 9 de Julio doble a la derecha. Camine cuatro cuadras por 9 de Julio y luego, en la glorieta del Obelisco, doble a la izquierda en la Avenida Corrientes. Camine siete cuadras hacia el este por Corrientes, cruce la Avenida L. N. Alem y ahí tiene usted el Correo Central.

TURISTA: Muchísimas gracias, señorita.

ADRIANA: Para servirle. Adiós.

Actividad 5 Conversación: La Ciudad de Buenos Aires

Mire el plano de la página anterior y explique cómo se va de una parte del centro de la ciudad a otra. (Los números en el plano van a ayudarle a encontrar los lugares mencionados.)

MODELO: del Cementerio de la Recoleta a la Plaza de Mayo (*Los dos están marcados con la* M *de* **Modelo.**) →

Salga del cementerio por la calle Junín y tome la calle Guido al sur. Camine once cuadras. En la Avenida Córdoba, doble a la izquierda y camine dos cuadras por esa avenida. Luego doble a la derecha en la Avenida 9 de Julio y camine nueve cuadras por esa calle tan ancha. Pase el Obelisco y siga hasta la Avenida de Mayo. Ahí doble a la izquierda. Camine cinco cuadras y ahí está la Plaza de Mayo, enfrente de usted.

1. de la Plaza Rodríguez Peña a la aduana
2. del Congreso Nacional al Palacio San Martín
3. del Palacio de Justicia a la Casa Rosada
4. de la iglesia de Nuestra Señora del Pilar a Luna Park
5. de la iglesia de Santa Catalina de Siena a (la facultad de) Farmacia y Bioquímica

Actividad 6 Del mundo hispano: Consejos para los viajeros

Lea los consejos de la izquierda. Luego, con un compañero / una compañera de clase, escriba otros dos o tres consejos útiles para los viajeros.

REFRÁN

Todos los caminos llegan a Roma.

(*All roads lead to Rome.*)

Cuando salga de VIAJE...

La misma atención que se pone para planear las vacaciones, se debe de tener para cuidar la casa antes de salir. Algunas sugerencias:

- Riegue las plantas antes de irse o pida a un vecino que lo haga.
- Pida a un vecino que recoja su correspondencia y el periódico.
- Avíseles a los vecinos que usted sale de vacaciones y deles el nombre y el número de teléfono de su hotel.
- Deje sus mascotas encargadas en casa de algún familiar o con su veterinario.
- Cubra su coche con una funda para protegerlo.
- Ponga las llaves en un lugar seguro de la casa.

Actividad 7 Del mundo hispano: El metro de Madrid

Dé instrucciones para ir de una estación del metro a otra. No olvide hacer los transbordos necesarios.

MODELO: De Atocha a El Carmen → Suba a un tren de la línea 1 en Atocha, dirección Plaza de Castilla, y baje en la Estación Sol. Allí suba a un tren de la línea 2, dirección La Elipa, y baje en la Estación Ventas. En Ventas, suba a un tren de la línea 5, dirección Canillejas, y siga hasta la primera estación. Bájese; allí es El Carmen.

1. de Puente de Vallecas a Ríos Rosas
2. de Tetuán a Sevilla
3. de Aluche a Goya
4. de Oporto a Portazgo
5. de Esperanza a Quintana

Enlace a la música

Susana Baca, cantante

VOCABULARIO ÚTIL

el Imperio	*Empire*
consigo	*with them*
África occidental	*West Africa*
los tambores	*drums*
la caja grande de madera	*big wooden box*
quedó en el olvido	*was forgotten*
difundir	*to disseminate*
se destaca	*stands out*

La danza negra en Perú... ¡a bailar!

Al hablar de Perú, siempre mencionamos los Andes y el gran **Imperio** Inca, pero Perú tiene también una larga tradición africana. Como ocurrió en muchos otros países de América Latina, los españoles llevaron esclavos africanos a Perú para trabajar en las grandes plantaciones. Estos esclavos trajeron **consigo** las tradiciones musicales de **África occidental.** Cuando los españoles prohibieron el uso de los **tambores,** los africanos desarrollaron el uso del cajón, una **caja grande de madera,** como las que se usaban en la agricultura. Las formas musicales más conocidas de la danza negra son *el festejo, el landó, la zamba malató* y *el alcatraz.* El ritmo landó tiene sus orígenes en un baile de Angola llamado londu. Varias parejas participan en el baile del alcatraz, todos llevan velas y mueven las caderas al ritmo de los tambores. Este baile fue prohibido durante la época colonial por su sensualidad.

Por muchos años la danza negra **quedó en el olvido,** pero en 1969 se formó el grupo Perú Negro, con la meta de preservar el baile y la música de la gente negra de Perú. Una de las cantantes más famosas de la música afroperuana, Lucila Campos, empezó su carrera con este grupo. Actualmente hay muchos intérpretes de este estilo musical. En Lima, Susana Baca fundó el Centro Experimental de Música Negrocontinuo y se ha dedicado no sólo a cantar música negra sino a **difundir** esta tradición por todo el país. Baca ha grabado varios discos compactos de música afroperuana y en 2002 recibió un Premio Grammy por su disco *Lamento negro.* Eva Ayllón, conocida como «la voz de oro de Perú», **se destaca** con su versión del festejo, «Raíces negras». Ayllón incorpora palabras africanas al ritmo de su música.

Quien quiera escuchar esta música tan contagiosa puede ir al famoso club nocturno Manos Morenas en Lima donde tocan los artistas Arturo «Zambo» Cavero y el grupo Perú Negro. También puede visitar los sitios Web de los artistas aquí mencionados. ¡A bailar!

Comprensión

1. ¿Con qué objetivo se formó el grupo Perú Negro?

2. ¿Cuál es la artista conocida como «la voz de oro de Perú»? ¿Qué incorpora ella en su música?

Los planes de viaje

✳ **Lea Gramática 11.2–11.3.**

¿Se necesitan vacunas?

LANCHILE.com
☐ boleto de ida
☑ boleto de ida y vuelta

hacer las reservaciones por Internet

el boleto

el pasaporte

el Consulado de Chile

la visa

la lancha

el barco

viajar en crucero

el equipaje (las maletas)

el aeropuerto

LANCHILE

el mostrador

Pedro y Andrea facturan el equipaje.

la clase turística

la primera clase

abordar el avión

la sala de espera

reclamo de equipaje

los billetes

dinero en efectivo

las tarjetas de crédito

la tarjeta de débito

la inmigración

← la cola →
hacer cola

—Su pasaporte, por favor.
—Aquí lo tiene.

Cuando lleguen al hotel, Pedro va a descansar y Andrea piensa sentarse al lado de la piscina.

—Permítame revisar su equipaje.

—Sí, como no. ¿La cámara también?

la aduana

revisar el equipaje

el contrabando

los derechos de aduana

Cuando Pedro y Andrea pasen por la aduana, el oficial va a revisar su equipaje.

el alojamiento

el gerente

el botones

la recepción

el ascensor (el elevador)

Cuando lleguen al hotel, van a hablar con el gerente.

¿Más?

CAJERO AUTOMÁTICO

Cuando Pedro necesite dinero puede ir al cajero automático.

la habitación

la camarera

la mesita de noche

la cama matrimonial

Andrea y Pedro quieren que la camarera les traiga toallas limpias.

la salida

TAXI

Hoy Pedro y Andrea regresan a México. Quieren que el botones ponga su equipaje en el maletero del taxi.

Actividad 8 Narración: El viaje de Carmen y Mónica

Carmen y Mónica quieren hacer un viaje a Chile. La profesora Martínez les hace estas sugerencias.

Primero les sugiero que _____ [1] el viaje, que _____ [2] el dinero necesario y _____ [3] las reservaciones. Luego les sugiero que _____ [4] los boletos y que _____ [5] el pasaporte y la visa. Dos semanas antes de salir les sugiero que _____ [6] ropa y otras cosas para el viaje. Con dos o tres días de anticipación, les sugiero que _____ [7] las maletas y que _____ [8] una copia de su itinerario con un amigo. El día de la salida, les sugiero que _____ [9] al aeropuerto temprano. En el aeropuerto les sugiero que _____ [10] dólares por pesos para tener pesos chilenos al llegar a Santiago. Y no olviden, ¡quiero que _____ [11] español todos los días!

Actividad 9 Intercambios: Los paquetes turísticos

Mire estos paquetes turísticos ofrecidos por la aerolínea costarricense LACSA. Después, hágale preguntas a un compañero / una compañera.

Santiago de compras
4 noches / 5 días

Desde **$1899**

Incluye:
- Boleto aéreo ida y vuelta (sin impuestos).
- 4 noches de alojamiento en Hotel Galerías.
- Impuestos hoteleros.
- Traslado aeropuerto/hotel/aeropuerto.
- Desayuno buffet.
- Coctel de bienvenida.
- Tour de compras.

Barranquilla Ejecutivo
2 noches / 3 días

Desde **$686**

Incluye:
- Boleto aéreo ida y vuelta (sin impuestos).
- Dos noches de alojamiento con desayuno americano.
- Impuestos hoteleros.

Quito Ejecutivo
3 noches / 4 días

Desde **$1039**

Incluye:
- Boleto aéreo ida y vuelta (sin impuestos).
- Traslado aeropuerto/hotel/aeropuerto.
- 3 noches de alojamiento en hotel seleccionado.
- Impuestos hoteleros.

1. ¿Cuánto cuesta el paquete a Barranquilla? ¿Incluye los impuestos hoteleros?
2. ¿Qué más está incluido, además del alojamiento, en el paquete «Barranquilla Ejecutivo»?
3. ¿Está incluido un tour de compras en el paquete «Quito Ejecutivo»?
4. ¿Incluye el traslado del aeropuerto al hotel el paquete «Quito Ejecutivo»?
5. ¿Qué incluye el paquete «Santiago de compras» además del boleto, el alojamiento y los traslados del aeropuerto al hotel?
6. ¿Qué paquete prefieres tú? ¿Por qué?

Actividad 10 Intercambios: Las vacaciones ideales

A. Lea la descripción de cada persona que aparece abajo y luego escoja la excursión apropiada para cada una.

MODELO: A Pilar y Clara les recomiendo la gira de dos semanas por las capitales de Europa. En Londres, les sugiero que visiten la torre de Londres y en Roma les sugiero que vean el Coliseo. En París les sugiero que suban a la Torre Eiffel de noche.

Unas vacaciones de 6 noches y 7 días por las antiguas ciudades de Roma y Atenas. Excursiones al Partenón, la Basílica de San Pedro y otros lugares históricos. Alojamiento en hoteles de lujo.

Viaje de 5 noches y 6 días para acampar en las montañas al sur de Chile. Guía experto, caminatas de 10 kilómetros diarias, alojamiento en cabañas. Todo el equipo incluido.

CARIBE

Viaje en crucero de 6 noches y 7 días por el Caribe. Comida internacional, música y baile todas las noches. Piscina y cancha de tenis a bordo. Excursiones a mercados y sitios turísticos en cada puerto.

Gira de 8 noches y 9 días por la costa noreste de los Estados Unidos, incluyendo las ciudades históricas de Williamsburg, Jamestown, Boston, Baltimore y Charleston, terminando en Nueva York. Hoteles de precios módicos.

Dos semanas —13 noches y 14 días— en moderno club de vacaciones, en la península de Yucatán. Canchas de tenis, tres piscinas de agua dulce y una de agua salada. Clases de buceo, excursiones en barco de vela, campamento para niños.

Gira de dos semanas, 13 noches y 14 días, por las capitales de Europa: Londres, Roma, París, Estocolmo, Berlín y Viena. Excursiones en cada ciudad con guías expertos. Alojamiento en hoteles de precios módicos.

★ ★ ★ ★ ★ ★ ★

Una semana, 6 noches y 7 días, en un hotel en la Playa Dominical de Costa Rica. Restaurante, bar, dos piscinas, jacuzzi, canchas de tenis.

★ ★ ★ ★ ★ ★ ★

---

1. Adriana Bolini: Adriana es argentina, soltera, de 35 años. Ella es mujer de negocios. Le gusta mucho viajar y ha viajado por muchas partes de Europa.
2. Susana Yamasaki y sus hijos, Armando y Andrés (de 13 y 9 años, respectivamente): Susana es madre divorciada y trabaja de secretaria y también de guía de turistas para las ruinas de Machu Picchu. A Susana le gusta salir de vacaciones con sus hijos.
3. Raúl Saucedo: Raúl es estudiante de ingeniería en la Universidad de Texas, en San Antonio. Es muy aventurero y le gusta viajar porque le encanta conocer gente interesante.
4. Pilar y Clara: Clara está de visita en España por un año. Allí conoció a Pilar. Las dos son estudiantes y tienen un mes de vacaciones entre semestres.

B. Ahora dígale a sus compañeros / compañeras qué excursión le gustaría a usted y por qué. ¿Qué otras actividades piensa hacer durante sus vacaciones?

MODELO: A mí me gustaría la excursión de 5 noches y 6 días en Chile por que me gusta mucho caminar en las montañas. Pienso sacar fotos y hablar mucho español.

Actividad 11 Del mundo hispano: De viaje en Andalucía

Granada

HOTELES Y RESTAURANTES

HOTELES: Alhambra Palace. Caro. Hermoso palacio estilo morisco en la cumbre de la montaña Alhambra con magníficas vistas. Tel. 958-221-468. **Parador de Granada San Francisco.** Caro. Está en un antiguo convento de los muros de la Alhambra y es el parador más popular de España. Se requiere hacer reservación de 4 a 6 meses de anticipación. Tel. 958-222-264. **América.** Moderado. Encantador hotel dentro de los terrenos de la Alhambra. Es muy popular, reserve con anticipación. Tel. 958-227-471.

RESTAURANTES: La Yedra Real. Moderado. Cerca de la Alhambra. Gran variedad de comida típica española. Tel. 958-229-145. **Cunini.** Caro. Muy famoso por su pescado y comida marina. Tel. 958-267-587. **Colombia.** Caro-Moderado. En la montaña de la Alhambra con elegante decorado árabe, música de guitarra y espléndidas vistas. Muy turístico, pero divertido. Tel. 958-227-7433.

De estilo morisco, el Alhambra Palace es uno de los hoteles caros de Granada, con magníficas vistas desde la cumbre de la montaña.

Sevilla ofrece a los visitantes hoteles de lujo, como el Alfonso XIII, un edificio de estilo morisco construido en 1929 para la Exhibición Mundial.

Sevilla

HOTELES Y RESTAURANTES

Todos los precios pueden duplicarse e incluso triplicarse durante la Semana Santa y los días que dura la Feria.

HOTELES: Alfonso XIII. De lujo. Construido en estilo morisco para la exhibición de 1929, es el hotel clásico de Sevilla lleno de belleza y encanto. Tel. 954-917-000. **Doña María.** Caro. Pequeño, con habitaciones de buen gusto amuebladas con antigüedades y piscina en la azotea con vista a la Giralda. Tel. 954-224-990. **Bécquer.** Moderado. Hotel agradable y moderno. Tel. 954-228-900. **Fernando III.** Moderado. A orillas del barrio Santa Cruz; piscina en la azotea. Tel. 954-220-246.

RESTAURANTES: Albahaca. Caro. Todos frecuentan este restaurante, hermosamente localizado en el corazón del viejo barrio judío; platos creativos. Tel. 954-220-714. **La Dorada.** Caro. Muy famoso por sus pescados y comida marina. Tel. 954-227-828. **Bodegón Torre del Oro.** Moderado. Atmósfera rústica, buena comida y popular entre turistas y locales. Tel. 954-220-880. **El Giraldillo.** Caro-Moderado. Restaurante y bar de tapas. Comida sevillana típica. Tel 954-214-525.

EN GRANADA

1. Si usted necesita un hotel de precios módicos, ¿en dónde va a hospedarse?
2. ¿Cómo se llama un parador muy popular?
3. Si quiere comer en un restaurante de ambiente árabe, ¿en dónde va a cenar?
4. ¿En dónde va a cenar, si tiene ganas de comer mariscos?
5. Si desea cenar en un restaurante con gran variedad de comida española típica, ¿a cuál va a ir?

EN SEVILLA

1. Si desea cenar en un restaurante en el centro del barrio judío, ¿a cuál piensa ir?
2. Si busca un hotel elegante y clásico, ¿cuál va a escoger?
3. Si prefiere un hotel de precios módicos con piscina, ¿en dónde va a hospedarse?
4. Si desea comer tapas, ¿en qué restaurante puede hacerlo?
5. ¿Cómo se llama un restaurante de precios módicos y ambiente informal?

Las palabras nos transportan

Las diferencias de vocabulario entre los países hispanos son **comunes** y le dan al **lenguaje** de cada país un sabor **único.** Usted ya sabe que en México «el dormitorio» es «la recámara», que en Argentina las «fresas» son «frutillas» y que en España «el jugo» es «el zumo». **Al hacer un recorrido** de las palabras relacionadas con el transporte, vemos también diferencias muy interesantes. Por ejemplo, «autobús» es la palabra más usada para referirse al medio de transporte público que circula por las ciudades, pero en Puerto Rico, Cuba y la República Dominicana la palabra que más se usa es «guagua». En Argentina, Bolivia, Paraguay y Perú, se dice

Un camello es un tipo de autobús que circula en las grandes ciudades de Cuba.

«colectivo», en México es «el camión», mientras que en El Salvador es «el chuzón» y en Costa Rica es «la lata». Para referirse al transporte metropolitano la palabra «metro» es la más usada, pero en Buenos Aires se dice el «subte».

El automóvil también se conoce por muchos otros nombres. En España y en el centro y el sur de México es «coche», pero en el Caribe y Centroamérica se dice «carro». Existen otras palabras también, como «auto», que se usa en varios países. En España el carro puede ser un «buga» y en México y Centroamérica una **«nave».** Tanto en Argentina como en Uruguay el coche puede ser «el checo», que son las sílabas de *co-che* pronunciadas **al revés.** En México un carro muy viejo es una «carcacha». La placa del carro también tiene diferentes nombres: «la matrícula» en España, «la patente» en Argentina y «la chapa» en Cuba. Ponemos las maletas en «el maletero», pero en México las ponemos en «la cajuela» y en Argentina en «el baúl». Los españoles no «estacionan» el coche, lo «aparcan», mientras que los centroamericanos y los caribeños lo «parquean».

«El **monopatín**», tan popular entre los chicos, es «patineta» en México. Y «la bicicleta» es «bici» en muchos países, aunque en México y Perú puede ser «la bicla», mientras que en Costa Rica es una «cleta». En algunos países para hablar de una bicicleta se usa una palabra que se refiere a un animal: en Uruguay se dice **«chiva»** y en Cuba, **«chivo».**

A la hora de viajar, en España se hacen «las reservas» y se compran «los billetes» de avión, mientras que en los países de Hispanoamérica se hacen «las reservaciones» y se compran «los boletos». Para salir de viaje es necesario «hacer las maletas», pero en las Américas uno también puede «empacar». A propósito, la palabra «maleta» se usa en muchos países, pero en Argentina y en Uruguay se oye más «valija».

Con todas estas palabras diferentes es posible pensar que cada país tiene su propio idioma. Pero, en realidad los países hispanohablantes comparten mucho vocabulario y por suerte en todos se dice «¡Buen viaje!» de igual manera.

VOCABULARIO ÚTIL

comunes	common
el lenguaje	language
único	unique
Al hacer un recorrido	If we take a tour
la nave	ship, vessel
al revés	backwards
el monopatín	skateboard
el chivo / la chiva	goat

Comprensión

1. ¿Qué otras palabras se usan para **coche** en el mundo hispano? ¿Cuál es el origen de la palabra argentina **checo**?

2. ¿Cuáles son otras dos palabras para decir **bicicleta**? ¿Cómo se dice **boleto** en España?

Actividad 12 **Del mundo hispano: La Barranca del Cobre en México**

Lea este artículo y luego hágale las siguientes preguntas a un compañero / una compañera de clase.

Barranca del Cobre
Una de las maravillas naturales de México

Visitar la Barranca del Cobre es una de las grandes experiencias que puede tener un viajero en México. Localizada en la Sierra Madre Occidental de Chihuahua, en un área de más de 35.000 km², es 1,5 veces más profunda y cubre cuatro veces la extensión de Gran Cañón en Arizona. Su vegetación y fauna desde el fondo de las barrancas —que en algunas zonas llegan a tener 3.000 metros de profundidad— hasta sus sierras nevadas en invierno son tan diversas, que nunca se acaban de admirar. En la región viven dispersos más de 50.000 indios tarahumaras descen-dientes de los indígenas uto-aztecas que anterior-mente habitaban gran parte del territorio occidental de América del Norte. Los tarahumaras se autode-nominan rarámuri que en su idioma significa «gente de los pies ligeros» por su costum-bre de correr largas distancias. Los hombres tarahu-maras participan en un tipo de juego de pelota que puede durar varios días y en el cual los corredores descalzos corren hasta 300 kilómetros. Las mujeres también corren en una competencia con aros.

Quienes deseen conocer esta región, considerada por muchos la octava maravilla natural del mundo, pueden hacerlo en una de las excursiones de siete días organizadas por Ecovacaciones de México. Incluyen: organizador de grupo bilingüe, seis noches de hospedaje en hotel, transportación en autobús, lanchas, tren (desde donde se tienen vistas espectac-ulares atravesando puentes y túneles), camionetas, entradas a los sitios de interés, caminatas guiadas por los tarahumaras y diez alimentos. No incluye: transportación aérea, bebidas alcohólicas, gastos extras en el hotel (teléfono, lavandería, etc.).

Adulto doble: $8.369 (779 dólares), triple: $7.482 (696 dólares), sencillo: $9.353 (870 dólares), niño $4.249 (395 dólares). Los precios no incluyen IVA. Para mayores informes y reservaciones llame al 668-812-4356 o visite nuestro sitio Web: www.ecovacaciones.com.

1. ¿Dónde está la Barranca del Cobre?
2. ¿Es más grande o menos grande la Barranca del Cobre que el Gran Cañón de Arizona?
3. ¿Qué tribu de indígenas vive en esta región?
4. ¿Por qué razón son famosos estos indígenas?
5. ¿Cómo se llama la compañía que organiza las excursiones?
6. ¿Está incluido el vuelo en el precio de la excursión?
7. ¿Es necesario saber hablar español para ir en esta excursión?
8. ¿Cuánto cuesta una habitación doble, por adulto? ¿y una habitación sencilla?

Nuevos vuelos entre
Lima y Santiago

Los viajeros de negocios pueden aho-ra salir por la mañana de Lima para asistir a una reunión en Santiago y estar de regreso a la hora de la cena, gracias al nuevo vuelo que ofrece AeroPerú. Los vuelos que enla-zan ambas ciudades operan miérco-les, viernes y sábados en un Boeing 757. El vuelo 973 sale de Lima a las 8:35 a.m. y llega a Santiago a las 12:55 p.m.; el vuelo 972 sale de San-tiago a las 6:00 p.m. y llega a Lima a las 8:35 p.m. El trayecto dura aproxi-madamente tres horas y media. ◗

Los sitios turísticos

✴ **Lea Gramática 11.4–11.5.**

6 de junio

AGENCIA UNIVERSO

NEW YORK   ESPAÑA   BARCELONA

Pedro y Andrea hicieron las reservaciones en la Agencia Universo el 6 de junio.

2 de julio

AEROPUERTO DE BARAJAS

Pedro y Andrea llegaron a Madrid el 2 de julio.

3 de julio

Pedro y Andrea dormían cuando sonó el teléfono.

3 de julio

Manuel, ¡qué coincidencia, hombre!

CAFÉ

Estaban tomando un refresco en un café de la Gran Vía cuando vieron a un viejo amigo de Pedro.

A las 4:00 de la tarde Pedro y Andrea admiraban las pinturas de Goya en el Museo del Prado, cuando las luces se apagaron.

UN CHISTE

Conversación en un hotel

—¿Cuánto cuesta una habitación?

—En el primer piso, doscientos dólares.

—¿Y en el segundo?

—Ciento cincuenta.

—¿Y en el tercero?

—Cien.

—¿Y en el cuarto?

—No tenemos cuarto piso.

—Entonces, no me hospedo aquí.

—¿Pero por qué?

—¡Su hotel no es lo bastante alto para mí!

Actividad 13 Descripción de dibujos: El viaje de Virginia y Rubén a la Ciudad de México

Diga qué estaba pasando.

MODELO: A las 6:05 Virginia y Rubén estaban recogiendo (recogían) los boletos en la agencia de viajes.

MODELO: Virginia y Rubén estaban paseando (paseaban) por el Paseo de la Reforma cuando dos carros chocaron.

Un conquistador original

ALVA NUÑEZ CABEZA DE VACA CROSSING THE GREAT AMERICAN DESERT.

El español Alvar Núñez Cabeza de Vaca (c.1490–c.1557) llegó al Nuevo Mundo como Hernán Cortés y Francisco Pizarro, para conquistar y colonizar a los indígenas. Pero pasó a la historia por razones muy diferentes. Cabeza de Vaca no colonizó grandes civilizaciones, **no se apoderó** de grandes extensiones de tierra. De hecho, en su primer viaje al nuevo mundo sufrió varios **naufragios.** La mayoría de sus compañeros **pereció** a causa de la sed o de los ataques de los nativos. Pero Cabeza de Vaca logró **sobrevivir** y, por años, exploró el sudeste de lo que ahora es los Estados Unidos en compañía de otros tres sobrevivientes.

La ruta de Cabeza de Vaca

Río Bravo · Galveston · Delta del Río Mississippi · Bahía de Tampa · OCÉANO ATLÁNTICO · MÉXICO · Golfo de México · CUBA · LA REPÚBLICA DOMINICANA · HAITÍ · Santo Domingo · México D.F. · Veracruz · Península de Yucatán · JAMAICA · OCÉANO PACÍFICO · 0 500 millas · 0 500 kilómetros

Lo sorprendente de este «conquistador» que no conquistó nada es su adaptabilidad. Mientras era **esclavo** de los indígenas los observó, se adaptó a sus costumbres y aprendió mucho de ellos. Mientras viajaba en busca de otros españoles, para sobrevivir, comerciaba. Pero también trabajaba de **curandero;** era respetado y admirado por las muchas tribus que encontraba a lo largo de su camino.

Los diez años que Cabeza de Vaca pasó en el Nuevo Mundo estuvieron tan llenos de problemas que parecen más ficción que realidad. Los **relatos** en su libro, *La relación* (1542), demuestran cuán peligrosos eran los viajes en esa época. El libro describe sus aventuras, sus tragedias y su vida de esclavo. Hay información también sobre la vida y las costumbres de los indígenas del sur y sudeste, Texas y Florida especialmente. Su libro menciona, por ejemplo, que esas culturas amaban mucho a sus hijos y los trataban mejor que la gente de cualquier otra cultura. También da detalles sobre cómo los padres lloraban por todo un año la muerte de uno de sus hijos.

VOCABULARIO ÚTIL

no se apoderó	*did not seize*
los naufragios	*shipwrecks*
pereció	*perished*
sobrevivir	*to survive*
el esclavo	*slave*
el curandero	*healer*
los relatos	*accounts, stories*
el aliento	*breath*
las piedras	*pebbles, rocks*

Más interesante todavía, el libro revela información sobre los conocimientos de medicina natural de los indígenas y su manera de curar. Según Cabeza de Vaca, los indígenas le sacaban la enfermedad a una persona con el **aliento** y con las manos; asimismo, curaban el dolor pasando **piedras** calientes por el estómago del paciente. Además, estaban seguros de que todo lo que había en el campo tenía propiedades benéficas.

Al leer la historia de la conquista del Nuevo Mundo, descubrimos pasajes de mucha violencia y abuso. Pero, como lo demuestra la historia de Álvar Núñez Cabeza de Vaca, no todos los conquistadores llegaron para conquistar y controlar a los indígenas. Cabeza de Vaca se distingue como un hombre especial, único entre todos los demás.

Comprensión

1. ¿Cuál es la diferencia entre Cabeza de Vaca y Hernán Cortés o Francisco Pizarro?
2. En contraste con los otros conquistadores, ¿cómo se relacionó Cabeza de Vaca con los indígenas? ¿Qué pensaban ellos de él?

Actividad 14 Narración: De turistas en España

Diga qué hicieron Pedro y Andrea durante su viaje a España.

Actividad 15   Del mundo hispano: La ecología de Cuba

Lea el artículo y vea el mapa. Luego converse con un compañero / una compañera usando las preguntas debajo del mapa.

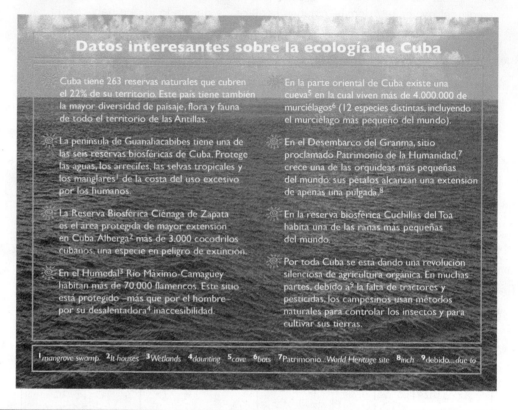

Datos interesantes sobre la ecología de Cuba

Cuba tiene 263 reservas naturales que cubren el 22% de su territorio. Este país tiene también la mayor diversidad de paisaje, flora y fauna de todo el territorio de las Antillas.

La península de Guanahacabibes tiene una de las seis reservas biosféricas de Cuba. Protege las aguas, los arrecifes, las selvas tropicales y los manglares[1] de la costa del uso excesivo por los humanos.

La Reserva Biosférica Ciénaga de Zapata es el área protegida de mayor extensión en Cuba. Alberga[2] más de 3.000 cocodrilos cubanos, una especie en peligro de extinción.

En el Humedal[3] Río Máximo-Camaguey habitan más de 70.000 flamencos. Este sitio está protegido —más que por el hombre— por su desalentadora[4] inaccesibilidad.

En la parte oriental de Cuba, existe una cueva[5] en la cual viven más de 4.000.000 de murciélagos[6] (12 especies distintas, incluyendo el murciélago mas pequeño del mundo).

En el Desembarco del Granma, sitio proclamado Patrimonio de la Humanidad,[7] crece una de las orquídeas más pequeñas del mundo: sus pétalos alcanzan una extensión de apenas una pulgada.[8]

En la reserva biosférica Cuchillas del Toa habita una de las ranas más pequeñas del mundo.

Por toda Cuba se está dando una revolución silenciosa de agricultura orgánica. En muchas partes, debido a[9] la falta de tractores y pesticidas, los campesinos usan métodos naturales para controlar los insectos y para cultivar sus tierras.

[1]mangrove swamp. [2]It houses. [3]Wetlands. [4]daunting. [5]cave. [6]bats. [7]Patrimonio... World Heritage site. [8]inch. [9]debido... due to

Vegetación
- Terreno seco, arable
- Bosques y humedales boscosos
- Prados y matorrales
- Área protegida
- Reserva biosférica
- Parque nacional
- Humedales de importancia internacional
- Sitio declarado Patrimonio de la Humanidad

Datos sobre áreas protegidas: UNDP y Centro Nacional para las Áreas Protegidas, Cuba. Fuente de información sobre la vegetación: Encuesta geológica de los Estados Unidos, Mapas de *National Geographic*

1. ¿Son extensas las reservas naturales de Cuba?
2. ¿Es variado el paisaje cubano? ¿y la flora y la fauna?
3. ¿Qué datos interesantes hay en relación con especies muy pequeñas de flora y fauna?
4. ¿Qué especie en peligro de extinción se protege en la Reserva Biosférica Ciénaga de Zapata? ¿Es pequeña esa reserva?
5. ¿Qué se protege en la península de Guanahacabibes?
6. ¿En qué consiste la nueva revolución cubana?
7. ¿Qué es lo que protege a los flamencos del Humedal Río Máximo-Camagüey?
8. ¿Ha visitado una reserva biológica? ¿Qué te llamó más la atención de ese lugar?

En resumen

De todo un poco

A. Hable de sus viajes con un compañero / una compañera.

1. ¿Has visitado un país hispano? ¿Cuál? ¿Con quién fuiste? ¿Te gustó?
2. ¿A qué (otro) país hispano te gustaría viajar? ¿Por qué?
3. ¿Has tenido algún problema o una experiencia que no te permitió disfrutar de un viaje? ¿Dónde fue? ¿en el aeropuerto? ¿en aduana o inmigración? ¿en un restaurante?
4. Además de tu coche, ¿qué otros medios de transporte empleas tú aquí en este país? ¿Qué medios has empleado en otros países?
5. ¿Has hecho un viaje en un crucero? ¿Adónde fuiste? ¿Con quién? ¿Qué es lo que más te gustó? ¿Qué es lo que menos te gustó?

B. Con su compañero/a, prepare una de las siguientes situaciones.

1. Los planes de viaje: Usted va a salir de vacaciones con destino a Sudamérica. Hable por teléfono con el empleado / la empleada de la aerolínea para obtener la siguiente información: la hora de salida del avión, las escalas, la hora del almuerzo, la película y la hora de llegada del avión.

   EMPLEADO/A: Aeroméxico, a sus órdenes.
   USTED: Buenos días, señor(ita). Voy a viajar a Chile mañana y tengo algunas preguntas.
   EMPLEADO/A: Sí, dígame.
   USTED: ¿A qué hora sale el vuelo número _____?
   EMPLEADO/A: Ese vuelo sale a la(s) _____ de la _____.
   USTED: Otra pregunta, ¿...?

2. En el hotel: Usted acaba de llegar a un hotel después de manejar ocho horas. Dígale al empleado / a la empleada lo que usted quiere y pídale la información necesaria (el precio, el tamaño de la cama, si tiene baño, teléfono, televisión, etcétera). Luego, decida si quiere la habitación o no.

   EMPLEADO/A: Buenas noches, señor/señora. ¿En qué puedo servirle?
   USTED: Quisiera una habitación con...

¡Dígalo por escrito!

Viajando por el mundo hispano

Prepare un folleto de turismo para viajeros que quieren visitar alguna ciudad o país del mundo hispano. El folleto debe incluir mapas, fotos o dibujos. Puede mencionar paisajes, excursiones, hoteles y restaurantes. Use mandatos como **camine, coma, conozca, descanse, disfrute, diviértase, vea, venga, viaje, visite,** etcétera.

¡Cuéntenos usted!

Cuéntenos sobre algo cómico o peligroso que le pasó en un viaje. ¿Adónde iba usted? ¿Con quién viajaba? ¿Qué pasó?

PISTAS PARA LEER
En esta **Lectura** se describe una de las regiones más hermosas de América Latina. ¿Qué tipo de lugar evocan las palabras del **Vocabulario útil**? ¿Es tropical, por ejemplo? Primero lea el texto selectivamente y visualice los sitios que se describen. Luego léalo en detalle y decida si quiere hacer un viaje a Mérida.

VOCABULARIO ÚTIL

primaveral	spring-like
la balsa	raft
los alrededores	surroundings
los manantiales	(water) springs
las aldeas	villages
los trapiches	sugar cane mills
el guarapo	sugar cane juice or liquor
precolombinas	from before Columbus
el teleférico	cable car
la cima	summit, top

LECTURA

Mérida, ciudad en la montaña

Cuando pensamos en la belleza natural de Venezuela, generalmente evocamos sus playas, su clima tropical y su cultura caribeña. Es cierto que Caracas, la capital, es una de las ciudades más hermosas de la región del Caribe. Pero al suroeste de Caracas hay una zona montañosa que ofrece un ambiente muy diferente al del trópico. En esa región de Venezuela se encuentra una ciudad encantadora: Mérida.

La ciudad de Mérida está en el estado del mismo nombre, entre las montañas andinas, y tiene una de las dos universidades más antiguas de Venezuela: la Universidad de los Andes, fundada en 1785. El clima de Mérida es templado y **primaveral** casi todo el año, a pesar de estar en las montañas. La temporada lluviosa es de mayo a noviembre, pero llueve sólo muy temprano en la mañana. En el estado de Mérida hay doce parques nacionales, además de una increíble variedad de zonas geográficas: bosques, cascadas, lagos, montañas con picos nevados y hasta una playa, Palmarito, al sureste del Lago Maracaibo.

¿Se imagina todas las actividades que son posibles en el estado de Mérida? Allí puede hacer montañismo y ciclismo en Pico Bolívar y Pico Espejo; puede explorar los lagos en canoa y en **balsa,** nadar, pescar, dar largas caminatas por los bosques y observar una gran variedad de aves. En los **alrededores** de la ciudad de Mérida hay paisajes fantásticos, **manantiales** de agua caliente, pueblos que conservan intacta su arquitectura colonial y **aldeas** donde puede comprar bellas artesanías; también hay **trapiches** para observar cómo se hace el azúcar y probar el rico **guarapo,** una bebida que se prepara con el jugo de la caña de azúcar.

La ciudad de Mérida también tiene mucho que ofrecer. En febrero y marzo se celebra la Feria del Sol con bailes regionales. Pero si usted prefiere ir de compras y saborear los platos típicos, entonces debe visitar el mercado Principal de

Lago Maracaibo · Caracas · Mérida **Venezuela**

SUDAMÉRICA

EL OCÉANO PACÍFICO

EL OCÉANO ATLÁNTICO

Pico Bolívar, Venezuela

Mérida, donde encontrará muchísimos restaurantes y tiendas. La Plaza Bolívar es el centro y corazón de la ciudad. Allí verá una imponente catedral, la Basílica Menor de la Inmaculada Concepción, varios museos importantes —como el Museo Arqueológico, donde se exhiben obras **precolombinas,** y el Museo de Arte Moderno— y la Casa de la Cultura, que muestra la obra de artesanos locales. Pero lo más emocionante de su visita a la ciudad de Mérida va a ser sin duda un paseo en **teleférico** a la **cima** de Pico Espejo. Es una subida de siete millas en el teleférico más largo y alto del mundo. Desde la cima de la montaña podrá admirar un paisaje maravilloso de valles y picos nevados.

Hay tantos lugares hermosos que visitar en América Latina, y entre todos está Mérida, encantadora ciudad en la montaña.

Comprensión

Complete las frases de la columna A con las frases de la columna B para hacer un resumen.

A	B
1. Entre los atractivos de la ciudad de Mérida...	**a.** para ver un paisaje fantástico de valles y picos nevados.
2. Si usted quiere ver cómo se hace el azúcar,...	**b.** y probar la cocina venezolana, van al Mercado Principal de Mérida.
3. En el estado de Mérida uno puede disfrutar de varios deportes;...	**c.** una plaza, una catedral y varios museos.
4. En el centro de la ciudad de Mérida hay...	**d.** muy agradable, como de primavera, y tiene una temporada de lluvia.
5. Los turistas que quieren ir de compras...	**e.** debe visitar los trapiches, donde también hacen guarapo.
6. El clima de Mérida es...	**f.** está la Feria del Sol y un paseo en teleférico.
7. Vaya a la cima de Pico Espejo...	**g.** por ejemplo, el montañismo y la natación.

Un paso más... ¡a escribir!

Imagínese que usted está de vacaciones en Mérida (o en otra ciudad) y que va a mandarle una tarjeta postal a uno de sus amigos. Usando el siguiente modelo, mencione sus lugares favoritos en la ciudad o en la región y sus actividades más divertidas en esos lugares.

MODELO: Querido/a _____:
        Aquí estoy en (*ciudad*). Es una ciudad muy _____ y tiene _____. Mis lugares favoritos son _____ y _____. En esta ciudad uno puede hacer muchas actividades divertidas. Por ejemplo, el primer día yo (*actividad*) y (*actividad*). Ayer viajé con (*personas que viajan con usted*) por los alrededores de la ciudad y allí hicimos muchas cosas. Entre otras, (*actividades que hicieron*). Mañana vamos a...
        La foto en esta postal es de _____. ¿Qué te parece?
        Bueno, ¡hasta la próxima!
        Un abrazo,
          (*su firma*)

Vea el **Resumen cultural** en este capítulo del *Cuaderno de actividades.*

Vocabulario

El automóvil

The Automobile

abrocharse el cinturón de seguridad	to fasten one's seat belt
los cambios	gears
el capó	hood
el espejo retrovisor	rearview mirror
los faros	headlights
los frenos	brakes
el guardafangos	fender
el limpiaparabrisas	windshield wiper
la llanta (de repuesto / desinflada)	(spare/flat) tire
el maletero	trunk
el parabrisas	windshield
el parachoques	bumper
el peatón / la peatona	pedestrian
la placa	license plate
el seguro automovilístico	(automobile) insurance
tocar la bocina	to honk the horn
el tránsito	traffic
el volante	steering wheel

PALABRAS SEMEJANTES: la antena, la circulación, el radiador
REPASO: el aceite, el asiento, la autopista, la carretera, la rueda, el semáforo, la señal, el tanque

Los letreros en la carretera

Road Signs

el camino	road
despacio	slow
la desviación	detour
disminuya la velocidad	slow down
doble sentido (vía)	two-way
no hay paso	no entrance
el puente	bridge
un solo sentido (una sola vía)	one-way

PALABRA SEMEJANTE: la curva
REPASO: ¡Alto!, el peligro

Los viajes

Trips

la aduana	customs
el alojamiento	lodging
el barco de vela	sailboat
el botones	bellhop
la camarera	chambermaid
los derechos de aduana	customs duty, taxes

el destino	destination
la excursión	tour, field trip
la habitación	(hotel) room
sencilla	single occupancy
doble	double occupancy
los impuestos	taxes
las instrucciones	directions
la llegada	arrival
la maleta	suitcase
el mostrador	counter
la primera clase	first class
la recepción	lobby
la sala de espera	waiting room
la salida	departure; exit
la vacuna	vaccination, shot
el viajero / la viajera	traveler
el visado (la visa)	visa

PALABRAS SEMEJANTES: la agencia de viajes, la clase turística, el consulado, el contrabando, el itinerario, el turismo
REPASO: el crucero, la gira, el pasaje, el pasajero / la pasajera, el plano, el/la turista

El transporte aéreo

Air Travel

abordo	on board
el/la asistente de vuelo	flight attendant
el boleto	ticket
(de ida y vuelta)	round-trip
la escala	stopover
el reclamo de equipaje	baggage claim
el transbordo	transfer
el traslado de... a...	transportation from . . . to . . .
el vuelo	flight

PALABRAS SEMEJANTES: la aerolínea
REPASO: el aeropuerto, el avión

Los lugares

Places

la cabaña	cabin
el campamento	campground; camp
la corrida de toros	bullfight
la estación del metro	subway station
la glorieta	traffic circle
el parador	state (tourist) hotel
el puerto	port
la torre	tower

PALABRAS SEMEJANTES: el acueducto, el cementerio, la lancha, el monumento, el palacio, la plaza, la ruina

Los mandatos

Commands

baje(n) (bajar)	get off (to get off)
doble(n) (doblar)	turn (to turn)
haga(n) (hacer)	do; make (to do; to make)
salga(n) (salir)	leave (to leave)
siga(n) (seguir)	keep going (to keep going)
suba(n) (subir)	board (to board)
tome(n) (tomar)	(to take)

Los verbos

Verbs

abordar	to board
acabar de (+ *infin.*)	to have just done (*something*)
avisar	to advise; to warn
broncearse	to get a tan
caerse	to fall down
cambiar dólares por...	to exchange dollars for . . .
chocar (con)	to crash, run into (*something*)
disfrutar	to enjoy
estar de visita	to be staying
facturar el equipaje	to check baggage
gastar gasolina	to use (waste) gasoline
hacer clic en	to "click" on
hacer cola	to stand in line
hacer las maletas	to pack
olvidar	to forget
revisar	to check
sacar el pasaporte	to get a passport
salir de vacaciones	to go on vacation
sugerir (ie)	to suggest
tener la culpa	to be at fault

PALABRAS SEMEJANTES: admirar, anunciar, consistir (en), mantener, mencionar, organizar, planear
REPASO: estacionar el carro, hospedarse

Los sustantivos

Nouns

el agua dulce/salada	fresh/salt water
el billete	ticket
el cajero automático	ATM
la caminata	walk, hike
el consejo	advice

la cuadra	(*street*) block
el (dinero en) efectivo	cash (money)
el equipo	equipment
la esquina	corner
el este	east
el folleto	brochure
el lujo	luxury
la mesita de noche	night table, nightstand
el oeste	west
el paisaje	landscape; countryside
la pintura	painting
la superficie	surface
la tarjeta de débito	debit card, ATM card
la tribu	tribe

PALABRAS SEMEJANTES: el adulto, el ballet folclórico, el experto / la experta, el flamenco, la importancia, el kilómetro, la porcelana, la región, la revolución, la selección

Los adjetivos

Adjectives

ancho/a	wide
aventurero/a	adventurous
judío/a	Jewish
ofrecido/a	offered
resbaloso/a	slippery

PALABRAS SEMEJANTES: extenso/a, incluido/a, prohibido/a

Palabras y expresiones útiles

Useful Words and Expressions

además de	besides
Aquí lo tiene.	Here it is.
A sus órdenes	How may I help you?; At your service
a última hora	last minute
¿Cómo se va de... a... ?	How does one get from . . . to . . . ?
¡Cuidado!	Careful! Watch out!
Para servirle.	You are welcome.
permítame	allow me
por supuesto	of course
Sí, como no.	Yes, of course.

PALABRA SEMEJANTE: ¡Qué coincidencia!
REPASO: a la derecha / a la izquierda

Gramática y ejercicios

In **Gramática A.5** you learned that singular commands (to one person) end in **-a** or **-e.** Plural commands (to more than one person) end in **-an** or **-en.**

Polite commands:
-ar verbs take **-e(n)** endings: **hable** (usted), **tomen** (ustedes)
-er/-ir verbs take **-a(n)** endings: **coma** (usted), **escriban** (ustedes)

11.1 Giving Instructions: Polite Commands

A. Polite singular commands (a command you would make to a person you address with **usted**) are formed by changing -**ar** verb endings to -**e**; -**er** and -**ir** endings change to -**a**. (Informal commands are presented in **Gramática 14.3.**)

-ar: Llev**e** el paquete.	*Take the package.*
-er: Com**a** cereal por la mañana.	*Eat cereal in the morning.*
-ir: Abr**a** la ventana, por favor.	*Open the window, please.*

B. To give polite commands to more than one person, add -**n**.*

No bail**en** más de dos horas.	*Don't dance more than two hours.*

C. If a verb stem is irregular in the **yo** form of the present tense, it usually has the same irregularity in the command form: **yo pongo → ponga.**

Venga(n) temprano, por favor.	*Come early, please.*
Salga(n) inmediatamente.	*Leave immediately.*

Here are some common irregular commands based on the **yo** form.

conozca	(conocer)	*know*		tenga	(tener)	*have*
diga	(decir)	*say*		traiga	(traer)	*bring*
haga	(hacer)	*do; make*		vea	(ver)	*see*
oiga	(oír)	*hear*		venga	(venir)	*come*

Tengan cuidado en la autopista.	*Be careful on the freeway.*
Traiga sus documentos mañana a la oficina de la aduana.	*Bring your documents tomorrow to the customs office.*

D. The following irregular command forms do not match the first-person singular forms.

dé	(dar)	*give*		sepa	(saber)	*know*
esté	(estar)	*be*		vaya	(ir)	*go*
sea	(ser)	*be*				

Sepa muy bien lo que quiere decir antes de hablar.	*Know well what you want to say before speaking.*
Si quiere reservar un asiento para diciembre, **vaya** ahora mismo a la agencia de viajes.	*If you want to reserve a seat for December, go to the travel agency right away.*

---

*In Spain the **vosotros/as** command form is used for plural *informal* commands. See the section on **vos** and **vosotros** in the **Expansión gramatical** at the end of the *Cuaderno de actividades.* In most of Latin America, however, the plural polite command is used to give a command to more than one person, whether one normally addresses them politely or informally.

E. Verbs with vowel changes in the present indicative stem show the same changes in the polite command forms.

piense	pensar (ie)	*think*	cierre	cerrar (ie)	*close*
duerma	dormir (ue)	*sleep*	vuelva	volver (ue)	*return*
sirva	servir (i)	*serve*	consiga	conseguir (i)	*get*

Duerma por lo menos ocho horas cada noche.
Sleep at least eight hours every night.

Cierre la maleta.
Close the suitcase.

Sirva los refrescos.
Serve the refreshments.

F. Object pronouns and reflexive pronouns are attached to affirmative commands and precede negative ones.

Tráigale café, por favor; **no le traiga** té.
Bring her coffee, please; don't bring her tea.

Dígame la verdad; **no me diga** que no la sabe.
Tell me the truth; don't tell me that you don't know (it).

Espere, **no lo haga** ahora; **hágalo** más tarde.
Wait, don't do it now; do it later.

Levántese temprano; **no se pierda** las noticias de las seis.
Get up early; don't miss the six o'clock news.

Ejercicio 1

Imagínese que usted es agente de viajes. Conteste las preguntas de sus clientes con un mandato lógico. Si es necesario, use un pronombre de complemento directo (**lo, la, los** o **las**).

MODELOS: ¿Tengo que pagar el pasaje hoy? →
Sí, *páguelo* hoy, por favor.

¿Necesito ir al consulado mañana? →
Sí, *vaya* mañana por la mañana.

1. ¿Debo hacer las reservaciones inmediatamente?
2. ¿Tengo que comprar ya los pasajes?
3. ¿Tengo que traer el dinero mañana?
4. ¿Necesito recoger los pasajes la semana que viene?
5. ¿Debo llegar al aeropuerto dos horas antes de la salida de mi vuelo?
6. ¿Necesito conseguir otro pasaporte?

¡OJO!

Remember to attach pronouns to the end of affirmative command forms.

mañana por la mañana
= *tomorrow morning*

conseguir = *to get, obtain*

Ejercicio 2

Sus primos dicen que no saben si deben hacer las siguientes cosas. Déles mandatos directos. Si es necesario, use un pronombre de complemento directo (**lo, la, los** o **las**).

MODELOS: Debemos llamar a Jorge. → *¡Llámenlo!*

Debemos volver antes de septiembre. →
Sí, *vuelvan* antes de septiembre.

1. Debemos preparar el itinerario.
2. Debemos conseguir los pasaportes.
3. Debemos limpiar las maletas.
4. Debemos hacer las maletas esta noche.
5. Debemos dormir antes de salir.
6. Debemos salir inmediatamente.

11.2 Softening Commands: The Present Subjunctive following *querer* and *sugerir*

Gramática ilustrada

A. You already know the Spanish verb forms used to give direct commands: for example, **siéntese, escriba, camine.** Rather than give a direct command, a speaker may prefer to use a "softened" expression, such as *I want you to . . .* A softened expression is used to talk about what one person wants another to do: *My parents want me to . . . , Our professor suggests that we . . .*

—¿Qué **quiere** el inspector de aduanas?
—**Quiere** que abramos todas las maletas.

—*What does the customs inspector want?*
—*He wants us to open all of our suitcases.*

—¿Qué nos **sugiere** la profesora de español?
—Ella nos **sugiere** que lleguemos temprano al aeropuerto.

—*What does our Spanish professor suggest that we do?*
—*She suggests that we arrive at the airport early.*

In Spanish, the verb in the clause that follows softened expressions like **quiero que...** or **le(s) sugiero que...** has the same form as a command, but because these softened commands can be addressed to anyone, the second verb changes endings to indicate who is to do the action. These forms are called the *subjunctive mood.* You will learn more about the subjunctive in **Capítulos 12, 14,** and **15.**

Quiero que
{
vayamos al museo primero.
tú **te quedes** con Adriana.
Carla nos **compre** los boletos.
}

I want
{
us to go to the museum first.
you to stay with Adriana.
Carla to buy us the tickets.
}

Softened commands = command forms after **querer que** and **sugerir que:**

Quieren que yo termine el trabajo.
(*They want me to finish the job.*)
Quiero que tú comas con nosotros.
(*I want you to eat with us.*)
Les sugerimos que tomen una clase de español.
(*We suggest that you take a Spanish class.*)
Les sugiero que hagan un viaje a Costa Rica.
(*I suggest that you take a trip to Costa Rica.*)

Rogelio y Marta quieren que Carla les **compre** los boletos.	*Rogelio and Marta want Carla to buy them the tickets.*
El agente de viajes nos sugiere que **saquemos** el pasaporte con varias semanas de antelación.	*Our travel agent suggests that we apply for a passport several weeks ahead of time.*

> Here are the present-tense forms for the verb **sugerir:**
> **(yo) sugiero**
> **(tú) sugieres**
> **(usted, él/ella) sugiere**
> **(nosotros/as) sugerimos**
> **(vosotros/as) sugerís**
> **(ustedes, ellos/ellas) sugieren**

B. The forms of the present subjunctive are the same as the **usted** command forms plus the person/number endings: **hablar → hable + -s, -mos, -éis,* -n.** Thus, the endings contain a different vowel from the present tense (which we will call *present indicative* when we want to contrast it with the present subjunctive).

INFINITIVE	PRESENT INDICATIVE	PRESENT SUBJUNCTIVE
hablar	habla	hable
comer	come	coma
escribir	escribe	escriba

Here are the rest of the present subjunctive forms.[†]

	-ar	**-er**	**-ir**
(yo)	hable	coma	escriba
(tú)	hables	comas	escribas
(usted, él/ella)	hable	coma	escriba
(nosotros/as)	hablemos	comamos	escribamos
(vosotros/as)	habléis	comáis	escribáis
(ustedes, ellos/as)	hablen	coman	escriban

> Present subjunctive forms = polite command forms with person/number endings:
> | | |
> |---|---|
> | **coma** | **viaje** |
> | **comas** | **viajes** |
> | **coma** | **viaje** |
> | **comamos** | **viajemos** |
> | **comáis** | **viajéis** |
> | **coman** | **viajen** |

—¿Qué quiere la mesera?	*—What does the waitress want?*
—Quiere que **paguemos**[‡] en la caja a la salida.	*—She wants us to pay at the cash register when we leave.*
—¿Qué les sugiere Pedro a Marisa y Clarisa?	*—What does Pedro suggest that Marisa and Clarisa do?*
—Les sugiere que **se vistan** después de desayunar.	*—He suggests that they get dressed after eating breakfast.*

C. Although pronouns are attached to affirmative commands (**cómalo**), they are placed before negative commands and conjugated verbs. (Pronouns are also attached to infinitives and present participles.)

—¿Qué quiere el agente de viajes?	*—What does the travel agent want?*
—Quiere que **lo llamemos** mañana.	*—He wants us to call him tomorrow.*
—Bueno, llámelo. Pero **no lo llame** muy temprano.	*—OK, call him. But don't call him too early.*

---

*Note that the **vosotros/as** form drops the **-e** of the **usted** command form.
[†]Recognition: **vos hablés, comás, escribás**
[‡]See Appendix 3 and the *Cuaderno de actividades,* **Capítulo 11,** for an explanation of spelling changes in the present subjunctive.

Ejercicio 3

Raúl invita a Esteban a pasar la Navidad en México con su familia. Quiere que Esteban disfrute de su viaje. ¿Qué sugerencias le hace Raúl a Esteban? Use estos verbos: **aprendas, comas, hables, saques, subas, veas, visites.**

MODELO: Te sugiero que *veas* los murales de Diego Rivera en el Palacio Nacional.

1. Esteban, quiero que _____ los platillos mexicanos que prepara mi abuela.
2. También quiero que _____ mucho español.
3. Te sugiero que _____ el Museo Nacional de Antropología.
4. También quiero que _____ las pirámides de Teotihuacán.
5. Te sugiero que _____ muchas fotos de tu viaje.
6. Quiero que _____ algo sobre la historia y la cultura de México.

Ejercicio 4

Verbs in **Ejercicio 4** are all regular. (There are spelling changes in **recoger** and **llegar;** see *Cuaderno de actividades.*) Change verbs from third-person to first-person plural.

Aquí tiene usted algunas sugerencias del agente de viajes de Rubén y Virginia Hernández. Ahora Virginia está repitiéndole la información a una vecina. Use el subjuntivo en todos los casos.

MODELO: Lleguen al aeropuerto con una hora de anticipación. →
Nuestro agente de viajes nos sugiere que *lleguemos* al aeropuerto con una hora de anticipación.

1. Recojan sus boletos pronto.
2. Escriban una lista de lo que van a necesitar.
3. No lleven demasiadas cosas en las maletas.
4. Traigan su tarjeta de débito.
5. Coman en restaurantes buenos; no coman en la calle.
6. Lleguen al aeropuerto temprano.
7. Beban refrescos o agua mineral; no beban el agua.

11.3 Expressing Indefinite Future and the Present Subjunctive of Irregular Verbs

Gramática ilustrada

Pedro y Andrea van a viajar a Europa cuando tengan suficiente dinero.

Cuando Pedro llegue al aeropuerto va a cambiar dinero.

A. When the action or state described in a clause that begins with **cuando** refers to a habitual action, the present indicative is used.

Cuando papá llega a casa, cenamos todos juntos.	*When Dad gets home, we all eat dinner together.*
Mis primos **siempre** van a la costa **cuando viajan.**	*My cousins always go to the coast when they travel.*

On the other hand, when the action or state described in a clause that begins with **cuando** refers to the future, the subjunctive form of the verb is used.

Vamos a facturar el equipaje **cuando revisen** el boleto.	*We are going to check in the bags when they check the ticket.*
Pedro va a hacer las reservaciones **cuando hable** con Andrea.	*Pedro is going to make the reservations when he speaks with Andrea.*
Cuando lleguemos a Madrid, quiero ver el Museo del Prado.	*When we get to Madrid, I want to see the Prado Museum.*

B. Verbs that have different stems in the **yo** forms of the present indicative have those same stems in the present subjunctive (as they do in the command forms).

conocer	conozco	conozca, conozcas, conozca, conozcamos, conozcáis, conozcan
construir	construyo	construya, construyas, construya, construyamos, construyáis, construyan
decir	digo	diga, digas, diga, digamos, digáis, digan
hacer	hago	haga, hagas, haga, hagamos, hagáis, hagan
oír	oigo	oiga, oigas, oiga, oigamos, oigáis, oigan
poner	pongo	ponga, pongas, ponga, pongamos, pongáis, pongan
recoger	recojo	recoja, recojas, recoja, recojamos, recojáis, recojan
salir	salgo	salga, salgas, salga, salgamos, salgáis, salgan
tener	tengo	tenga, tengas, tenga, tengamos, tengáis, tengan
traer	traigo	traiga, traigas, traiga, traigamos, traigáis, traigan
venir	vengo	venga, vengas, venga, vengamos, vengáis, vengan
ver	veo	vea, veas, vea, veamos, veáis, vean

Cuando **recojamos** los boletos, le vamos a preguntar al agente si necesitamos vacunas.	*When we pick up the tickets, we'll ask the agent if we need vaccinations.*

C. Verbs that end in **-oy** in the **yo** form, as well as the verb **saber,** have irregular stems in the present subjunctive.*

dar	doy	dé, des, dé, demos, deis, den
estar	estoy	esté, estés, esté, estemos, estéis, estén
ir	voy	vaya, vayas, vaya, vayamos, vayáis, vayan
ser	soy	sea, seas, sea, seamos, seáis, sean
saber	sé	sepa, sepas, sepa, sepamos, sepáis, sepan

> Subjunctive is used after **cuando** when referring to the future:
>
> **Cuando salga de viaje, voy a...**
> (*When I leave on my trip, I'm going to . . .*)

> The subjunctive takes a long time to acquire. You will hear it and read it extensively before you are able to produce it comfortably.

---

*Recognition: **vos des, estés, vayás, seás, sepás**

Cuando **llegues** a Barcelona, quiero que me **llames**.	*When you arrive in Barcelona, I want you to call me.*
La profesora nos sugiere que **hagamos** todos estos ejercicios para el martes.	*The professor suggests that we do all these exercises by Tuesday.*

D. The present subjunctive forms of stem-changing verbs are as follows.

Group I. Verbs with stem-vowel changes **e → ie** and **o → ue** in the present indicative keep those changes in the present subjunctive. The stems of verbs like **pensar** and **volver** always change except for the **nosotros/as** and **vosotros/as** forms.*

EL PARADOR DE ZAFRA

Cuenta la historia que en un castillo de la localidad de Zafra habitó Hernán Cortés antes de partir para conquistar Méjico. Hoy, ese castillo ofrece todo el encanto de un cómodo Parador Nacional disponible para todos los que, sin sentirse héroes de grandes hazañas, están dispuestos a trasladarse hasta el siglo XV y revivir glorias pasadas. El Parador Hernán Cortés está acondicionado con todo tipo de comodidades. Destaca su restaurante especializado en platos típicos de la zona. Por su situación privilegiada, es la base

perfecta para recorrer los alrededores, que ofrecen pueblos medievales de gran interés cultural. Precio: 200€ euros habitación doble. Parador Hernán Cortés. Zafra, Badajoz.

INDICATIVE	SUBJUNCTIVE	INDICATIVE	SUBJUNCTIVE
pienso	piense	vuelvo	vuelva
piensas	pienses	vuelves	vuelvas
piensa	piense	vuelve	vuelva
pensamos	pensemos	volvemos	volvamos
pensáis	penséis	volvéis	volváis
piensan	piensen	vuelven	vuelvan

No quiero que tú **pienses** mal de mí.	*I don't want you to think badly of me.*
El presidente del Banco de Guadalajara quiere que sus empleados **vuelvan** al trabajo a las 2:00.	*The president of the Bank of Guadalajara wants his employees to return to work at 2:00.*

Group II. Verbs like **pedir** and **servir**, whose stems show an **e → i** change in the present indicative (except for the **nosotros/as** and **vosotros/as** forms†), have the same stem-vowel change in *all* the present subjunctive forms.

INDICATIVE	SUBJUNCTIVE	INDICATIVE	SUBJUNCTIVE
pido	pida	sirvo	sirva
pides	pidas	sirves	sirvas
pide	pida	sirve	sirva
pedimos	pidamos	servimos	sirvamos
pedís	pidáis	servís	sirváis
piden	pidan	sirven	sirvan

---

*Recognition: **vos pensés, volvás**
†Recognition: **vos pidás, sirvás**

Papá nos sugiere que todos **pidamos** un sándwich.	*Dad suggests that we all order a sandwich.*
Cuando **se sirva** el pastel, vamos a cantarle «Las Mañanitas» a Andrea.	*When the cake is served, let's sing "Happy Birthday" to Andrea.*

Group III. Third-person changes: Verbs like **divertirse,** which show an **e** → **ie** change in the present indicative as well as an **e** → **i** change in the preterite, and verbs like **dormir,** which show an **o** → **ue** change in the present indicative and an **o** → **u** change in the preterite, maintain *both* changes in the present subjunctive.*

INDICATIVE	SUBJUNCTIVE	INDICATIVE	SUBJUNCTIVE
me divierto	me divierta	duermo	duerma
te diviertes	te diviertas	duermes	duermas
se divierte	se divierta	duerme	duerma
nos divertimos	nos divirtamos	dormimos	durmamos
os divertís	os divirtáis	dormís	durmáis
se divierten	se diviertan	duermen	duerman

Todos quieren que **nos divirtamos** mucho en el viaje.	*Everyone wants us to have a lot of fun on the trip.*
Quiero que **duermas** ahora, porque el viaje mañana va a ser difícil.	*I want you to sleep now, because the trip tomorrow is going to be difficult.*

Ejercicio 5

Escoja el verbo que mejor corresponda al contexto.

MODELO: Voy a darte tu boleto cuando *subamos/subimos* al avión.

1. Voy a mandarte una tarjeta postal cuando *llegue/llego* al hotel.
2. Cuando *viajemos/viajamos* a Argentina, siempre nos hospedamos en el Hotel Río Plata.
3. Todos los días la asistente de vuelo sirve las bebidas cuando los pasajeros *suban/suben* al avión.
4. Voy a saber más de los mayas cuando *lea/leo* estos libros sobre su cultura.
5. José y Pilar van a pagar en la caja cuando *terminen/terminan* de cenar.

In **Ejercicio 5,** you will need to decide whether **cuando** signals a habitual action (present indicative) or a future action (present subjunctive) and choose the appropriate verb form. Watch out for habitual action markers such as **siempre, todos los días,** etc.

caja = *cash register*

---

*Recognition: **vos te divirtás, durmás**

Ejercicio 6

Usted va a ir de excursión a México con un grupo de estudiantes de su clase de español. El agente de viajes le ha hecho una lista de recomendaciones para el viaje. Ahora sus padres le repiten estas recomendaciones.

MODELO: No salga sin los boletos. →
Hijo/a, no queremos que *salgas sin los boletos.*

seguro = *safe*

1. Haga las maletas un día antes de la salida.
2. Duerma ocho horas la noche anterior a la salida.
3. Lléve ropa para ocho días.
4. Vaya directamente a la estación de autobuses.
5. Ponga el dinero en un lugar seguro.
6. Dele su pasaporte al profesor.
7. Vuelva con buenos recuerdos del viaje.
8. No pida comida norteamericana en los restaurantes.
9. Diviértase mucho y traiga regalos para toda la familia.
10. Dígale «Adiós» a su familia.

¡OJO!

In **Ejercicio 7,** provide the correct subjunctive forms in both clauses and then match clauses logically to form sentences.

Ejercicio 7

Primero escriba las formas apropiadas de los verbos indicados. Luego señale la frase que mejor complete cada oración.

MODELO: Mi profesora quiere que yo *me divierta* (divertirse) cuando *salga* (salir: yo) de vacaciones.

1. Mis padres quieren que los _____ (llamar: yo)...
2. Queremos que Juan, el mesero más guapo, nos _____ (servir)...
3. Quiero que _____ (oír: tú) mi nuevo disco compacto...
4. Alberto quiere que nosotros le _____ (traer) regalos...
5. Quiero que _____ (sacar: tú) muchas fotos...

a. cuando _____ (estar: tú) en México.
b. cuando _____ (venir: tú) a visitarme.
c. cuando _____ (llegar: yo) a mi destino.
d. cuando _____ (ir: nosotros) al restaurante argentino.
e. cuando _____ (volver: nosotros) de Madrid.

11.4 Talking about Past Actions in Progress: The Imperfect Progressive

Gramática ilustrada

Ayer, a las 4:00 de la tarde,...

Andrea estaba descansando al lado de la piscina.

Pedro estaba escribiendo una carta.

Marisa y Clarisa estaban paseando en el parque con su abuela.

To describe an action that was taking place at some past moment, use the imperfect tense of **estar** (**estaba, estabas, estaba, estábamos, estabais, estaban**), followed by a present participle.

—¿Qué **estabas haciendo** a las 4:00?
—Creo que **estaba viendo** la televisión.

—*What were you doing at 4:00?*
—*I think I was watching television.*

—Rubén, ¿qué **estabas haciendo** ayer cuando te llamé?
—¡**Estaba durmiendo,** por supuesto!

—*Rubén, what were you doing yesterday when I called?*
—*I was sleeping, of course!*

> ### ¿RECUERDA?
>
> In **Gramática 5.3** you learned how to use a present-tense form of **estar** with a present participle (the **-ando/-iendo** form of the verb) to talk about actions currently in progress. Review that section now, if necessary.

Ejercicio 8

Usando el participio del presente de **asistir, dormir, estudiar, leer** y **ver,** diga qué estaba haciendo y qué no estaba haciendo usted ayer.

Ayer a las 4:00 de la tarde estaba...

	SÍ	NO
1. _____ una siesta.	☐	☐
2. _____ a una clase.	☐	☐
3. _____ la televisión.	☐	☐
4. _____ la lección de español.	☐	☐
5. _____ el periódico.	☐	☐

Ahora diga qué estaban haciendo las siguientes personas. Use el verbo apropiado: **comer, dar, hacer, limpiar, preparar.**

6. Mi profesor(a) _____ la clase de español.
7. Mi mejor amigo/a _____ la tarea.
8. Dos compañeros de clase _____ en un restaurante.
9. Mis padres _____ la casa.
10. El presidente de los Estados Unidos _____ un discurso.

un discurso = *a speech*

11.5 Telling What Was Happening: The Imperfect in Contrast to the Preterite

Gramática ilustrada

Era un día de primavera. Hacía sol y hacía un poco de fresco. Pedro y Andrea estaban sentados en un café de la Gran Vía cuando de repente Pedro vio a un viejo amigo de la universidad. Pedro se levantó, corrió hacia él, lo saludó y lo invitó a tomar un refresco con él y Andrea. Los tres tomaron refrescos y charlaron.

Some review:
preterite = action was completed
imperfect = action went on over time in past
imperfect progressive = action was going on at a particular time in the past

¿RECUERDA?

In **Gramática 11.4**, you learned that the imperfect progressive can be used to indicate that something was happening at a particular time in the past.

Although the imperfect and the preterite both describe past actions or states, their uses are not the same. As you know, the preterite is used with verbs of action to emphasize that a past event was completed.

—¿Qué **hiciste** ayer?   —*What did you do yesterday?*
—**Visité** el Museo del Prado.   —*I visited the Prado Museum.*

The imperfect, on the other hand, is chosen if the speaker wishes to emphasize that an action happened repeatedly in the past.

Cuando **íbamos** de vacaciones a Acapulco, siempre nos **quedábamos** en el Hotel Condesa del Mar.   *When we were on vacation in Acapulco, we would always stay at the Condesa del Mar Hotel.*

—¿Qué **estabas haciendo** cuando te llamé?   —*What were you doing when I called?*
—**Estaba bañándome.**   —*I was taking a bath.*

Similarly, you can use the simple imperfect to describe an action that was in progress in the past when something else interrupted it. The interrupting action is expressed in the preterite tense.

Caminaba por la calle cuando **vi** al agente de policía.	*I was walking down the street when I saw the policeman.*
Descansaba en mi cuarto cuando **sonó** el teléfono.	*I was resting in my room when the phone rang.*
Salía de la casa cuando me **gritó** la vecina.	*I was leaving (the house) when the neighbor yelled to me.*
Llegábamos a Madrid cuando **se descompuso** el motor.	*We were arriving in Madrid when the engine broke down.*

> **action in progress** =
> imperfect
> **interrupting action** =
> preterite

Ejercicio 9

Escriba la forma apropiada de los verbos entre paréntesis. Luego indique si eso le ha pasado a usted alguna vez.

MODELO: El profesor *hablaba* (hablar) cuando me dormí en clase.

> Imperfect is used for past habitual action:
> **De joven, *vivía* en México.**
> or past action in progress:
> ***Caminaba* por la plaza cuando oí la música.**

	SÍ	NO
1. _____ (manejar: yo) en la autopista cuando dos carros chocaron.	☐	☐
2. _____ (ver: yo) mi programa favorito cuando sonó el teléfono y no contesté.	☐	☐
3. _____ (caminar: yo) por la calle cuando vi un accidente.	☐	☐
4. Mi profesor _____ (hablar) cuando entré tarde a la clase.	☐	☐
5. _____ (bañarse: yo) cuando entró un amiguito de mi hijo.	☐	☐

Ejercicio 10

Pilar habla de sus vacaciones. Lea toda la historia primero y luego escoja entre el imperfecto o el pretérito, según el contexto.

Cuando *era/fui*[1] niña, todos los años mi familia y yo *íbamos/fuimos*[2] a las islas Baleares. Siempre *alquilábamos/alquilamos*[3] una casa con vista al mar. De día *buceábamos/buceamos*[4] y nos *bañábamos/bañamos*.[5] De noche *salíamos/salimos*[6] a cenar a un restaurante elegante y luego *caminábamos/caminamos*[7] por la plaza.

Una tarde de verano, cuando mi hermano menor, Felipe, *tenía/tuvo*[8] 8 años, él y yo *íbamos/fuimos*[9] solos a la playa. Nuestros padres *dormían/durmieron*[10] todavía. Mi hermanito *jugaba/jugó*[11] en el agua y yo *hablaba/hablé*[12] con unos chicos que ya *conocía/conocí*[13] de otros veranos. Después de unos minutos *miraba/miré*[14] hacia donde *jugaba/jugó*[15] mi hermanito y no lo *veía/vi*.[16] Mis amigos y yo nos *levantábamos/levantamos*[17] y *corríamos/corrimos*[18] al agua para buscarlo. No lo *encontrábamos/encontramos*.[19] Lo *buscábamos/buscamos*[20] por toda la playa y no lo *podíamos/pudimos*[21] encontrar. Yo *estaba/estuve*[22] desesperada. Por fin *regresábamos/regresamos*[23] adonde *teníamos/tuvimos*[24] las toallas... allí *estaba/estuvo*[25] mi hermanito, comiendo sandía. «¿Adónde *ibas/fuiste*?[26]» le *gritaba/grité*.[27] Él no me *contestaba/contestó*,[28] pero yo *estaba/estuve*[29] tan contenta de verlo que no me *enojaba/enojé*[30] demasiado con él.

Las fantásticas creaciones de Susana Buyo

Las creaciones de Susana Buyo son hermosas y tienen un nombre muy original: *alebrijes.** La palabra describe perfectamente estas fantásticas figuras que representan dragones con cabeza de serpiente, sirenas con alas,[1] pájaros con dientes y muchas otras formas. Los alebrijes están

hechos de cartón y varios otros materiales. La artista los pinta con acrílico y los termina con laca.[2]

El gran artista mexicano Pedro Linares inventó los alebrijes en 1950. Esta invención hizo muy famoso a Linares, ganándole el Premio Nacional de Artes Tradicionales en 1990. Susana Buyo fue discípula del maestro por un tiempo y pronto se convirtió en una creadora extraordinaria de alebrijes.

Buyo es argentina, pero vive y trabaja en México. En México dirige varios talleres de

artesanía[3] y ha tenido exposiciones en museos importantes.[†] Una de las metas profesionales de Susana Buyo es la de estimular el impulso creativo de sus discípulos. Por eso invita a los más talentosos a exponer su obra con ella.

¿Qué opina usted de los alebrijes? Mire las fotos. ¿Qué impresión le producen estas figuras? Para Susana Buyo, los alebrijes son la forma externa que toman sus sueños, la imagen de sus inseguridades[4] y preocupaciones. Gracias al don[5] artístico de esta creadora argentina, las imágenes que la asustan[6] cuando duerme se transforman en bellas criaturas. ∎

[1]sirenas… *winged mermaids*   [2]*lacquer*   [3]talleres… *arts and crafts workshops*   [4]*insecurities*   [5]*gift, talent*   [6]la… *frighten her*

---

*La palabra *alebrije* se deriva del verbo *alebrarse*, que se refiere a la acción de tirarse al suelo, como lo haría un conejo con miedo.
[†]Por ejemplo, el Museo Soumaya de la Ciudad de México, el Museo Nacional de Culturas Populares y el Museo de la Ciudad de México. La obra de Buyo ha sido adquirida por coleccionistas de muchos países. Hay alebrijes en Copenhague, Estocolmo, Londres, Nueva York, Los Ángeles y Buenos Aires, entre otras ciudades.

Guinea Ecuatorial,
país hispano
de África

Territorio ecuatoguineano:[1] 28.051 kilómetros
   cuadrados (17.433 millas cuadradas)
Población: 616.459 habitantes
Capital: Malabo (50.000 habitantes)
Idioma oficial: el español
Ubicación[2] geográfica: centro oeste de África

Guinea Ecuatorial es uno de los países más
nuevos del mundo, pues no recibió su nombre
hasta 1963 ni su independencia hasta 1968. Es
también el único país de cultura hispana en el
continente africano. En Guinea Ecuatorial se hablan
varios idiomas aborígenes,* pero una de las
lenguas oficiales es el español.

Esta pequeña nación africana está compuesta
de un territorio continental, el llamado Río Muni, y
cinco islas en el Océano Atlántico. Guinea Ecuatorial fue gobernada por Portugal de 1471 a 1778. La
primera expedición española llegó en 1778 y el país
fue colonizado por España poco después. Es por

eso que hay tanta influencia hispana en muchos
aspectos de su sociedad.
La religión predominante,
por ejemplo, es la cató-
lica, aunque el gobierno
fomenta la libertad reli-
giosa.[†] Desde 1984, año
en que se celebró el Pri-
mer Congreso Cultural
Afrohispano, el gobierno
ecuatoguineano busca la
convivencia[3] de sus raíces

La cantante Concha Buika

hispanas y africanas. Muchas personas de Guinea
Ecuatorial inmigran a España y tienen pocos problemas puesto que hablan el idioma. Entre ellas se
cuenta la familia de la famosa y talentosa cantante
Concha Buika. Sus padres son de Guinea Ecuatorial, pero ella nació en Palma de Mallorca, España, y
ahora vive y trabaja en Madrid.

La cultura de los grupos étnicos en Guinea
Ecuatorial es muy rica, especialmente su tradición
musical.[‡] El instrumento más popular del país es
un arpa que se hace con bambú. El arte de Guinea
Ecuatorial también es impresionante. Las máscaras[4]
de madera son las piezas más representativas del
arte ecuatoguineano. Se debe mencionar también
la cocina de Guinea Ecuatorial, que es sencilla pero
muy sabrosa. Muchos platillos llevan carne de res,
pollo o pescado, y todos se condimentan con espe-
cias que crecen en los bosques del país.[§]

El presidente de Guinea Ecuatorial, Teodoro
Obiang, tiene dos metas principales, que son mejorar
la economía y reformar el sistema educativo del país.
Entre sus proyectos culturales se encuentra la crea-
ción de museos para el arte tradicional y programas
de promoción de las lenguas aborígenes. Hasta
ahora los planes del presidente han dado fruto. El
país afrohispano prospera.

[1]Equato-Guinean   [2]Location   [3]coexistence   [4]masks

---

*Estos idiomas son, entre otros: fang, bubi, combe, bissio, annabonés y pichi (lengua basada en el inglés, Pidgin English)
[†]Existen más de veinte religiones, entre otras: la bautista, la evangélica, la adventista y la metodista. El gobierno también acepta la práctica de algunas creencias paganas.
[‡]Los tres grupos étnicos principales son el fang, el bubi y el ndow.
[§]Uno de los platillos que más se come es pollo con salsa de maní (cacahuate), el cual se sirve con plátano hervido y arroz.

Pablo Picasso (1881–1973) ha pasado a la historia como uno de los grandes genios del siglo XX. Su pintura es sinónimo de revolución y cambio. Desde su llegada a París en 1904, el pintor andaluz[1] comienza a explorar diferentes estilos. Surgen

Picasso y el *Guernica*

Autorretrato

entonces sus «épocas cromáticas»: la azul y la rosa. Picasso pasa luego al cubismo, un tipo de pintura geometrizada.

Durante toda su vida de artista, Picasso estuvo experimentando y cambiando de estilo. Hombre genial e incansable,[2] también se comprometió[3] políticamente. Apoyó la República[4] y en 1937 pintó el cuadro *Guernica*, haciendo así una fuerte denuncia de los crímenes del fascismo. El suceso[5] que inspiró esta obra fue un trágico episodio de la historia española. E1 28 de abril de 1937 las fuerzas fascistas alemanas bombardearon el pueblo

de Guernica, situado al norte de España. Lo hicieron como experimento. Querían saber si un bombardeo aéreo podía destruir una población completa.

La famosa pintura de Picasso critica duramente la guerra y el tratamiento inhumano de los ciudadanos de Guernica. La masacre de este pueblo marca el comienzo de una de las más largas dictaduras de nuestro siglo: el *franquismo*. El general Francisco Franco, después de dirigir un golpe militar contra el gobierno español republicano, triunfó en 1939. Controló el destino de España hasta 1975, año de su muerte.

Picasso pidió en su testamento que el *Guernica* no se exhibiera en España hasta que su país tuviera

Guernica

un gobierno democrático. En 1981, los españoles eligieron un gobierno encabezado[6] por Felipe González, líder popular del Partido Socialista de España (PSOE). Ese mismo año, el *Guernica* fue trasladado por fin al Museo del Prado en Madrid. El pueblo español pudo admirar la obra por primera vez desde que Picasso la creó en 1937.

---

[1]de Andalucía, región al sur de España [2]genial… *brilliant and tireless* [3]se… *he was involved* [4]partido que luchaba contra el general fascista Francisco Franco durante la Guerra Civil española (1936–1939) [5]*event* [6]*headed*

El nuevo espectáculo de son jarocho

La palabra «jarocho» se refiere a los habitantes del estado de Veracruz en México, pero también se asocia con un estilo de música y danza conocido como el «son jarocho», que ha sido parte de la cultura veracruzana desde hace más de 200 años. El son jarocho se baila zapateando[1] sobre una plataforma de madera llamada **tarima**; dos de sus instrumentos principales son el arpa y la jarana, que es un tipo de guitarra. El traje típico es blanco con motivos rojos. Entre los muchos espectáculos de son jarocho se encuentra «La Bamba», baile que se origina en el estado de Veracruz y es uno de los números más populares del Ballet Folklórico de México. Con «La Bamba», la cultura veracruzana y el son jarocho han llegado a conocerse a nivel internacional.

El estilo del son jarocho refleja una mezcla de influencias culturales al incorporar ritmos africanos, técnicas vocales indígenas y formas musicales españolas como el flamenco. Este estilo se hizo popular a comienzos del siglo XX y para mediados de siglo se había convertido en un producto cultural tan comercializado como el mariachi.

A partir de los años 70, surgió un grupo de músicos que se dedica a recuperar el son jarocho auténtico y a protegerlo de las influencias extranjeras. Pero las influencias y fusiones caracterizan nuestra época. De hecho, como el flamenco en España, el jarocho veracruzano está pasando por un momento de transformación inevitable. Para muchas personas, este cambio es dañino; para otras, es necesario. En todo caso, desde sus

comienzos el jarocho nace como fusión de estilos —africano, indígena, español— y esta fusión es característica de su historia.

Una de las nuevas representaciones del son jarocho es el espectáculo *Jarocho* que se estrenó[2] en Jalapa, Veracruz, en 2003. Su director, Richard O'Neal, es británico de raíces afrocaribeñas y se hizo famoso con su producción de *Riverdance,* el espectáculo de baile irlandés. Su nueva producción se propone contar la historia de Veracruz por medio de su música y su baile, incorporando otras formas musicales y siempre con una mirada hacia el futuro.

En los números de *Jarocho* se ve claramente la combinación de elementos tradicionales con otros nuevos. La fusión es evidente a nivel artístico: las selecciones musicales abarcan[3] piezas típicas del son jarocho, jazz y música afrocubana. Y el vestuario de los bailarines refleja esta diversidad. La

[1]*stamping or tapping with the feet* [2]*se … premiered* [3]*encompass*

fusión también se revela en la mezcla de orígenes del elenco[4] de *Jarocho*. O'Neal es ciudadano inglés cuya familia emigró del Caribe, y entre los coreógrafos hay un veracruzano, otras dos mexicanas, una española de las Islas Canarias y una afrocubana.

Desde su estreno, *Jarocho* ha provocado un debate acalorado.[5] Algunos críticos opinan que este espectáculo es una corrupción de la tradición y la esencia veracruzanas; otros piensan que es una expresión moderna de la cultura de Veracruz. Muchos señalan como sospechoso el parecido entre el tradicional «zapateado»[6] en *Jarocho* y el baile en línea emblemático de la obra irlandesa *Riverdance*. Parte del rechazo,[7] entonces, está relacionado con la idea de la apropiación cultural. Es decir, ¿cómo se atreve[8] un extranjero a interpretar la tradición veracruzana?

No debe sorprendernos el rechazo crítico cuando se trata de una interpretación nueva o moderna de la música, el baile o el arte tradicional de una región. El debate sobre la autenticidad cultural puede llegar a ser feroz cuando se percibe que hay riesgo[9] de perder o destruir la tradición. Lo interesante es que la obra *Jarocho* de Richard O'Neal sugiere una afirmación —y no una pérdida[10]— de la cultura veracruzana, ya que el encuentro multicultural ha sido parte íntegra de la historia de Veracruz. La música y danza de *Jarocho* son una manifestación del mestizaje[11] que comenzó hace más de 500 años. Este espectáculo es un vívido ejemplo del movimiento que caracteriza este milenio y que borra las fronteras entre las culturas y su expresión.

[4] *(theater) company*   [5] *heated*   [6] *heel-tapping*   [7] *rejection*   [8] *se... dares*   [9] *risk*   [10] *loss*   [11] *mezcla de razas*

VERBS

A. Regular Verbs: Simple Tenses

INFINITIVE / PRESENT PARTICIPLE / PAST PARTICIPLE	INDICATIVE					SUBJUNCTIVE		IMPERATIVE
	PRESENT	IMPERFECT	PRETERITE	FUTURE	CONDITIONAL	PRESENT	IMPERFECT	
hablar hablando hablado	hablo hablas habla hablamos habláis hablan	hablaba hablabas hablaba hablábamos hablabais hablaban	hablé hablaste habló hablamos hablasteis hablaron	hablaré hablarás hablará hablaremos hablaréis hablarán	hablaría hablarías hablaría hablaríamos hablaríais hablarían	hable hables hable hablemos habléis hablen	hablara hablaras hablara habláramos hablarais hablaran	habla tú, no hables hable Ud. hablemos hablad hablen
comer comiendo comido	como comes come comemos coméis comen	comía comías comía comíamos comíais comían	comí comiste comió comimos comisteis comieron	comeré comerás comerá comeremos comeréis comerán	comería comerías comería comeríamos comeríais comerían	coma comas coma comamos comáis coman	comiera comieras comiera comiéramos comierais comieran	come tú, no comas coma Ud. comamos comed coman
vivir viviendo vivido	vivo vives vive vivimos vivís viven	vivía vivías vivía vivíamos vivíais vivían	viví viviste vivió vivimos vivisteis vivieron	viviré vivirás vivirá viviremos viviréis vivirán	viviría vivirías viviría viviríamos viviríais vivirían	viva vivas viva vivamos viváis vivan	viviera vivieras viviera viviéramos vivierais vivieran	vive tú, no vivas viva Ud. vivamos vivid vivan

B. Regular Verbs: Perfect Tenses

INDICATIVE									
PRESENT PERFECT		PAST PERFECT		PRETERITE PERFECT		FUTURE PERFECT		CONDITIONAL PERFECT	
he has ha hemos habéis han	hablado comido vivido	había habías había habíamos habíais habían	hablado comido vivido	hube hubiste hubo hubimos hubisteis hubieron	hablado comido vivido	habré habrás habrá habremos habréis habrán	hablado comido vivido	habría habrías habría habríamos habríais habrían	hablado comido vivido

SUBJUNCTIVE			
PRESENT PERFECT		PAST PERFECT	
haya hayas haya hayamos hayáis hayan	hablado comido vivido	hubiera hubieras hubiera hubiéramos hubierais hubieran	hablado comido vivido

C. Irregular Verbs

INFINITIVE / PRESENT PARTICIPLE / PAST PARTICIPLE	INDICATIVE PRESENT	IMPERFECT	PRETERITE	FUTURE	CONDITIONAL	SUBJUNCTIVE PRESENT	IMPERFECT	IMPERATIVE
andar / andando / andado	ando / andas / anda / andamos / andáis / andan	andaba / andabas / andaba / andábamos / andabais / andaban	anduve / anduviste / anduvo / anduvimos / anduvisteis / anduvieron	andaré / andarás / andará / andaremos / andaréis / andarán	andaría / andarías / andaría / andaríamos / andaríais / andarían	ande / andes / ande / andemos / andéis / anden	anduviera / anduvieras / anduviera / anduviéramos / anduvierais / anduvieran	anda tú, no andes / ande Ud. / andemos / andad / anden
caer / cayendo / caído	caigo / caes / cae / caemos / caéis / caen	caía / caías / caía / caíamos / caíais / caían	caí / caíste / cayó / caímos / caísteis / cayeron	caeré / caerás / caerá / caeremos / caeréis / caerán	caería / caerías / caería / caeríamos / caeríais / caerían	caiga / caigas / caiga / caigamos / caigáis / caigan	cayera / cayeras / cayera / cayéramos / cayerais / cayeran	cae tú, no caigas / caiga Ud. / caigamos / caed / caigan
dar / dando / dado	doy / das / da / damos / dais / dan	daba / dabas / daba / dábamos / dabais / daban	di / diste / dio / dimos / disteis / dieron	daré / darás / dará / daremos / daréis / darán	daría / darías / daría / daríamos / daríais / darían	dé / des / dé / demos / deis / den	diera / dieras / diera / diéramos / dierais / dieran	da tú, no des / dé Ud. / demos / dad / den
decir / diciendo / dicho	digo / dices / dice / decimos / decís / dicen	decía / decías / decía / decíamos / decíais / decían	dije / dijiste / dijo / dijimos / dijisteis / dijeron	diré / dirás / dirá / diremos / diréis / dirán	diría / dirías / diría / diríamos / diríais / dirían	diga / digas / diga / digamos / digáis / digan	dijera / dijeras / dijera / dijéramos / dijerais / dijeran	di tú, no digas / diga Ud. / digamos / decid / digan
estar / estando / estado	estoy / estás / está / estamos / estáis / están	estaba / estabas / estaba / estábamos / estabais / estaban	estuve / estuviste / estuvo / estuvimos / estuvisteis / estuvieron	estaré / estarás / estará / estaremos / estaréis / estarán	estaría / estarías / estaría / estaríamos / estaríais / estarían	esté / estés / esté / estemos / estéis / estén	estuviera / estuvieras / estuviera / estuviéramos / estuvierais / estuvieran	está tú, no estés / esté Ud. / estemos / estad / estén
haber / habiendo / habido	he / has / ha / hemos / habéis / han	había / habías / había / habíamos / habíais / habían	hube / hubiste / hubo / hubimos / hubisteis / hubieron	habré / habrás / habrá / habremos / habréis / habrán	habría / habrías / habría / habríamos / habríais / habrían	haya / hayas / haya / hayamos / hayáis / hayan	hubiera / hubieras / hubiera / hubiéramos / hubierais / hubieran	
hacer / haciendo / hecho	hago / haces / hace / hacemos / hacéis / hacen	hacía / hacías / hacía / hacíamos / hacíais / hacían	hice / hiciste / hizo / hicimos / hicisteis / hicieron	haré / harás / hará / haremos / haréis / harán	haría / harías / haría / haríamos / haríais / harían	haga / hagas / haga / hagamos / hagáis / hagan	hiciera / hicieras / hiciera / hiciéramos / hicierais / hicieran	haz tú, no hagas / haga Ud. / hagamos / haced / hagan
ir / yendo / ido	voy / vas / va / vamos / vais / van	iba / ibas / iba / íbamos / ibais / iban	fui / fuiste / fue / fuimos / fuisteis / fueron	iré / irás / irá / iremos / iréis / irán	iría / irías / iría / iríamos / iríais / irían	vaya / vayas / vaya / vayamos / vayáis / vayan	fuera / fueras / fuera / fuéramos / fuerais / fueran	ve tú, no vayas / vaya Ud. / vayamos / id / vayan
oír / oyendo / oído	oigo / oyes / oye / oímos / oís / oyen	oía / oías / oía / oíamos / oíais / oían	oí / oíste / oyó / oímos / oísteis / oyeron	oiré / oirás / oirá / oiremos / oiréis / oirán	oiría / oirías / oiría / oiríamos / oiríais / oirían	oiga / oigas / oiga / oigamos / oigáis / oigan	oyera / oyeras / oyera / oyéramos / oyerais / oyeran	oye tú, no oigas / oiga Ud. / oigamos / oíd / oigan

C. Irregular Verbs (continued)

INFINITIVE / PRESENT PARTICIPLE / PAST PARTICIPLE	INDICATIVE					SUBJUNCTIVE		IMPERATIVE
	PRESENT	IMPERFECT	PRETERITE	FUTURE	CONDITIONAL	PRESENT	IMPERFECT	
poder / pudiendo / podido	puedo / puedes / puede / podemos / podéis / pueden	podía / podías / podía / podíamos / podíais / podían	pude / pudiste / pudo / pudimos / pudisteis / pudieron	podré / podrás / podrá / podremos / podréis / podrán	podría / podrías / podría / podríamos / podríais / podrían	pueda / puedas / pueda / podamos / podáis / puedan	pudiera / pudieras / pudiera / pudiéramos / pudierais / pudieran	
poner / poniendo / puesto	pongo / pones / pone / ponemos / ponéis / ponen	ponía / ponías / ponía / poníamos / poníais / ponían	puse / pusiste / puso / pusimos / pusisteis / pusieron	pondré / pondrás / pondrá / pondremos / pondréis / pondrán	pondría / pondrías / pondría / pondríamos / pondríais / pondrían	ponga / pongas / ponga / pongamos / pongáis / pongan	pusiera / pusieras / pusiera / pusiéramos / pusierais / pusieran	pon tú, no pongas / ponga Ud. / pongamos / poned / pongan
querer / queriendo / querido	quiero / quieres / quiere / queremos / queréis / quieren	quería / querías / quería / queríamos / queríais / querían	quise / quisiste / quiso / quisimos / quisisteis / quisieron	querré / querrás / querrá / querremos / querréis / querrán	querría / querrías / querría / querríamos / querríais / querrían	quiera / quieras / quiera / queramos / queráis / quieran	quisiera / quisieras / quisiera / quisiéramos / quisierais / quisieran	quiere tú, no quieras / quiera Ud. / queramos / quered / quieran
saber / sabiendo / sabido	sé / sabes / sabe / sabemos / sabéis / saben	sabía / sabías / sabía / sabíamos / sabíais / sabían	supe / supiste / supo / supimos / supisteis / supieron	sabré / sabrás / sabrá / sabremos / sabréis / sabrán	sabría / sabrías / sabría / sabríamos / sabríais / sabrían	sepa / sepas / sepa / sepamos / sepáis / sepan	supiera / supieras / supiera / supiéramos / supierais / supieran	sabe tú, no sepas / sepa Ud. / sepamos / sabed / sepan
salir / saliendo / salido	salgo / sales / sale / salimos / salís / salen	salía / salías / salía / salíamos / salíais / salían	salí / saliste / salió / salimos / salisteis / salieron	saldré / saldrás / saldrá / saldremos / saldréis / saldrán	saldría / saldrías / saldría / saldríamos / saldríais / saldrían	salga / salgas / salga / salgamos / salgáis / salgan	saliera / salieras / saliera / saliéramos / salierais / salieran	sal tú, no salgas / salga Ud. / salgamos / salid / salgan
ser / siendo / sido	soy / eres / es / somos / sois / son	era / eras / era / éramos / erais / eran	fui / fuiste / fue / fuimos / fuisteis / fueron	seré / serás / será / seremos / seréis / serán	sería / serías / sería / seríamos / seríais / serían	sea / seas / sea / seamos / seáis / sean	fuera / fueras / fuera / fuéramos / fuerais / fueran	sé tú, no seas / sea Ud. / seamos / sed / sean
tener / teniendo / tenido	tengo / tienes / tiene / tenemos / tenéis / tienen	tenía / tenías / tenía / teníamos / teníais / tenían	tuve / tuviste / tuvo / tuvimos / tuvisteis / tuvieron	tendré / tendrás / tendrá / tendremos / tendréis / tendrán	tendría / tendrías / tendría / tendríamos / tendríais / tendrían	tenga / tengas / tenga / tengamos / tengáis / tengan	tuviera / tuvieras / tuviera / tuviéramos / tuvierais / tuvieran	ten tú, no tengas / tenga Ud. / tengamos / tened / tengan
traer / trayendo / traído	traigo / traes / trae / traemos / traéis / traen	traía / traías / traía / traíamos / traíais / traían	traje / trajiste / trajo / trajimos / trajisteis / trajeron	traeré / traerás / traerá / traeremos / traeréis / traerán	traería / traerías / traería / traeríamos / traeríais / traerían	traiga / traigas / traiga / traigamos / traigáis / traigan	trajera / trajeras / trajera / trajéramos / trajerais / trajeran	trae tú, no traigas / traiga Ud. / traigamos / traed / traigan

C. Irregular Verbs (continued)

INFINITIVE / PRESENT PARTICIPLE / PAST PARTICIPLE	INDICATIVE					SUBJUNCTIVE		IMPERATIVE
	PRESENT	IMPERFECT	PRETERITE	FUTURE	CONDITIONAL	PRESENT	IMPERFECT	
venir viniendo venido	vengo vienes viene venimos venís vienen	venía venías venía veníamos veníais venían	vine viniste vino vinimos vinisteis vinieron	vendré vendrás vendrá vendremos vendréis vendrán	vendría vendrías vendría vendríamos vendríais vendrían	venga vengas venga vengamos vengáis vengan	viniera vinieras viniera viniéramos vinierais vinieran	ven tú, no vengas venga Ud. vengamos venid vengan
ver viendo visto	veo ves ve vemos veis ven	veía veías veía veíamos veíais veían	vi viste vio vimos visteis vieron	veré verás verá veremos veréis verán	vería verías vería veríamos veríais verían	vea veas vea veamos veáis vean	viera vieras viera viéramos vierais vieran	ve tú, no veas vea Ud. veamos ved vean

D. Stem-Changing and Spelling Change Verbs

INFINITIVE / PRESENT PARTICIPLE / PAST PARTICIPLE	INDICATIVE					SUBJUNCTIVE		IMPERATIVE
	PRESENT	IMPERFECT	PRETERITE	FUTURE	CONDITIONAL	PRESENT	IMPERFECT	
pensar (ie) pensando pensado	pienso piensas piensa pensamos pensáis piensan	pensaba pensabas pensaba pensábamos pensabais pensaban	pensé pensaste pensó pensamos pensasteis pensaron	pensaré pensarás pensará pensaremos pensaréis pensarán	pensaría pensarías pensaría pensaríamos pensaríais pensarían	piense pienses piense pensemos penséis piensen	pensara pensaras pensara pensáramos pensarais pensaran	piensa tú, no pienses piense Ud. pensemos pensad piensen
volver (ue) volviendo vuelto	vuelvo vuelves vuelve volvemos volvéis vuelven	volvía volvías volvía volvíamos volvíais volvían	volví volviste volvió volvimos volvisteis volvieron	volveré volverás volverá volveremos volveréis volverán	volvería volverías volvería volveríamos volveríais volverían	vuelva vuelvas vuelva volvamos volváis vuelvan	volviera volvieras volviera volviéramos volvierais volvieran	vuelve tú, no vuelvas vuelva Ud. volvamos volved vuelvan
dormir (ue, u) durmiendo dormido	duermo duermes duerme dormimos dormís duermen	dormía dormías dormía dormíamos dormíais dormían	dormí dormiste durmió dormimos dormisteis durmieron	dormiré dormirás dormirá dormiremos dormiréis dormirán	dormiría dormirías dormiría dormiríamos dormiríais dormirían	duerma duermas duerma durmamos durmáis duerman	durmiera durmieras durmiera durmiéramos durmierais durmieran	duerme tú, no duermas duerma Ud. durmamos dormid duerman
sentir (ie, i) sintiendo sentido	siento sientes siente sentimos sentís sienten	sentía sentías sentía sentíamos sentíais sentían	sentí sentiste sintió sentimos sentisteis sintieron	sentiré sentirás sentirá sentiremos sentiréis sentirán	sentiría sentirías sentiría sentiríamos sentiríais sentirían	sienta sientas sienta sintamos sintáis sientan	sintiera sintieras sintiera sintiéramos sintierais sintieran	siente tú, no sientas sienta Ud. sintamos sentid sientan

D. Stem-Changing and Spelling Change Verbs (continued)

INFINITIVE PRESENT PARTICIPLE PAST PARTICIPLE	INDICATIVE						SUBJUNCTIVE		IMPERATIVE
	PRESENT	IMPERFECT	PRETERITE	FUTURE	CONDITIONAL		PRESENT	IMPERFECT	
pedir (i, i) pidiendo pedido	pido pides pide pedimos pedís piden	pedía pedías pedía pedíamos pedíais pedían	pedí pediste pidió pedimos pedisteis pidieron	pediré pedirás pedirá pediremos pediréis pedirán	pediría pedirías pediría pediríamos pediríais pedirían		pida pidas pida pidamos pidáis pidan	pidiera pidieras pidiera pidiéramos pidierais pidieran	pide tú, no pidas pida Ud. pidamos pedid pidan
reír (i, i) riendo reído	río ríes ríe reímos reís ríen	reía reías reía reíamos reíais reían	reí reíste rió reímos reísteis rieron	reiré reirás reirá reiremos reiréis reirán	reiría reirías reiría reiríamos reiríais reirían		ría rías ría riamos riáis rían	riera rieras riera riéramos rierais rieran	ríe tú, no rías ría Ud. riamos reíd rían
seguir (i, i) (g) siguiendo seguido	sigo sigues sigue seguimos seguís siguen	seguía seguías seguía seguíamos seguíais seguían	seguí seguiste siguió seguimos seguisteis siguieron	seguiré seguirás seguirá seguiremos seguiréis seguirán	seguiría seguirías seguiría seguiríamos seguiríais seguirían		siga sigas siga sigamos sigáis sigan	siguiera siguieras siguiera siguiéramos siguierais siguieran	sigue tú, no sigas siga Ud. sigamos seguid sigan
construir (y) construyendo construido	construyo construyes construye construimos construís construyen	construía construías construía construíamos construíais construían	construí construiste construyó construimos construisteis construyeron	construiré construirás construirá construiremos construiréis construirán	construiría construirías construiría construiríamos construiríais construirían		construya construyas construya construyamos construyáis construyan	construyera construyeras construyera construyéramos construyerais construyeran	construye tú, no construyas construya Ud. construyamos construid construyan
producir (zc) produciendo producido	produzco produces produce producimos producís producen	producía producías producía producíamos producíais producían	produje produjiste produjo produjimos produjisteis produjeron	produciré producirás producirá produciremos produciréis producirán	produciría producirías produciría produciríamos produciríais producirían		produzca produzcas produzca produzcamos produzcáis produzcan	produjera produjeras produjera produjéramos produjerais produjeran	produce tú, no produzcas produzca Ud. produzcamos producid produzcan

E. Reflexive Verbs

INFINITIVE PRESENT PARTICIPLE PAST PARTICIPLE	INDICATIVE						SUBJUNCTIVE		IMPERATIVE
	PRESENT	IMPERFECT	PRETERITE	FUTURE	CONDITIONAL		PRESENT	IMPERFECT	
acostarse (ue) acostándose acostado	me acuesto te acuestas se acuesta nos acostamos os acostáis se acuestan	me acostaba te acostabas se acostaba nos acostábamos os acostabais se acostaban	me acosté te acostaste se acostó nos acostamos os acostasteis se acostaron	me acostaré te acostarás se acostará nos acostaremos os acostaréis se acostarán	me acostaría te acostarías se acostaría nos acostaríamos os acostaríais se acostarían		me acueste te acuestes se acueste nos acostemos os acostéis se acuesten	me acostara te acostaras se acostara nos acostáramos os acostarais se acostaran	acuéstate tú no te acuestes acuéstese Ud. acostémonos acostaos acuéstense
vestirse (i, i) vistiéndose vestido	me visto te vistes se viste nos vestimos os vestís se visten	me vestía te vestías se vestía nos vestíamos os vestíais se vestían	me vestí te vestiste se vistió nos vestimos os vestisteis se vistieron	me vestiré te vestirás se vestirá nos vestiremos os vestiréis se vestirán	me vestiría te vestirías se vestiría nos vestiríamos os vestiríais se vestirían		me vista te vistas se vista nos vistamos os vistáis se vistan	me vistiera te vistieras se vistiera nos vistiéramos os vistierais se vistieran	vístete tú no te vistas vístase Ud. vistámonos vestíos vístanse

Appendix Two

GRAMMAR SUMMARY TABLES

I. Personal Pronouns

SUBJECT	OBJECT OF PREPOSITION	REFLEXIVE	INDIRECT OBJECT	DIRECT OBJECT
yo	mí	me	me	me
tú	ti	te	te	te
usted	usted	se	le	lo/la
él	él	se	le	lo
ella	ella	se	le	la
nosotros/as	nosotros/as	nos	nos	nos
vosotros/as	vosotros/as	os	os	os
ustedes	ustedes	se	les	los/las
ellos	ellos	se	les	los
ellas	ellas	se	les	las

II. Possessive Adjectives and Pronouns

ADJECTIVES		PRONOUNS	
my	mi, mis	mine	mío/a, míos/as
your (inf. sing.)	tu, tus	yours	tuyo/a, tuyos/as
your (pol. sing.)	su, sus	yours	suyo/a, suyos/as
his	su, sus	his	suyo/a, suyos/as
her	su, sus	hers	suyo/a, suyos/as
our	nuestro/a, nuestros/as	ours	nuestro/a, nuestros/as
your (inf. pl.)	vuestro/a, vuestros/as	yours	vuestro/a, vuestros/as
your (pol. pl.)	su, sus	yours	suyo/a, suyos/as
their	su, sus	theirs	suyo/a, suyos/as

III. Demonstrative Adjectives and Pronouns*

MASCULINE AND FEMININE	ADJECTIVES AND PRONOUNS	NEUTER PRONOUNS
this, these	este/esta, estos/estas	esto
that, those (not close to speaker)	ese/esa, esos/esas	eso
that, those (farther from speaker)	aquel/aquella, aquellos/aquellas	aquello

IV. *Ser / estar*

ser		estar	
Description: inherent qualities, profession, religion	Yo soy un poco tímido. Nosotros somos médicos. Mi esposo es musulmán.	Description of a condition, a transitory state	Mis hijos estan enfermos. Yo estoy muy cansada.
Location of an event	¿Dónde es la clase? La fiesta es en el hotel Miramar.	Location of object	¿Dónde está el teatro? Está en la Avenida Bolívar.
Date (day, month) and telling time	Hoy es miércoles. ¿Qué hora es? Son las dos menos cuarto.	Activities in progress (**estar** + gerund/present participle)	Enrique, ¿qué estás haciendo ahora? Mi esposa y yo estamos viendo la televisión.
Origin, possession, and material (**ser de...**)	¿De dónde son ustedes? Somos de Perú. Los libros son de Carmen y Mónica. Las flores son de papel.	Certain fixed expressions	Estar de vacaciones. Estar de viaje. Estar de acuerdo. Estar de buen/mal humor.
Impersonal expressions	Es importante estudiar cada noche.	Result of an action (**estar** + past participle)	Los tacos ya están preparados.

V. *Por / para*

por		para	
Substitution for	Trabajo por Juan.	Recipient	Este regalo es para ti.
In exchange for/paying	por treinta pesos	Employer	Mi novio trabaja para la compañía de su padre.
Movement by, through, or along a place	por el parque	Destination	para Madrid
Length of time (may be omitted)	por doce horas	Telling time	Faltan diez para las once.
General time or area	por la noche	Deadline	para el viernes
Transportation	por avión	Purpose	Un lápiz es para escribir.

*In *Dos mundos* and many other books you may see an accent on these pronouns because, until recently, they were always written with an accent mark to distinguish them from demonstrative adjectives. Up-to-date usage suggests that the accent mark may be omitted when context makes the meaning clear. Obviously, all books published before the rule was changed have accents on demonstrative pronouns. Books published after this change may or may not use the accent.

VI. Past (Preterite) and Imperfect

PAST		IMPERFECT	
completed event	comí	*event in progress*	comía
completed state	estuve	*ongoing state*	estaba
completed series	bailé, canté	*"used to"*	bailaba, cantaba

VII. Indicative and Subjunctive

NOUN CLAUSES			
INDICATIVE		**SUBJUNCTIVE**	
assertion	es verdad que	*possibility*	es posible que
belief	creer que	*doubt*	dudar que
knowledge	saber que	*subjective reaction*	estar contento/a de que
		volition	querer que

ADJECTIVE CLAUSES	
INDICATIVE	**SUBJUNCTIVE**
known antecedent	*unknown antecedent*
Tengo un amigo que sabe…	Busco un amigo que sepa…
existent antecedent	*nonexistent antecedent*
Hay una persona que sabe…	No hay nadie que sepa…

ADVERBIAL CLAUSES: TIME	
INDICATIVE	**SUBJUNCTIVE**
cuando hasta que tan pronto como } + *habitual action* en cuanto después de que	cuando hasta que tan pronto como } + *future action* en cuanto después de que
Siempre cuando trabaja…	Mañana cuando trabaje…

Appendix Three

Syllabication

1. The basic rule of Spanish syllabication is to make each syllable end in a vowel whenever possible.
2. When attempting to divide a word into syllables, it is easier to look for the consonants and do the following:
   a. If the consonants in a word occur singly, each consonant should go with the following vowel: **ca-sa, di-ga, ca-mi-na**
   b. If there are two consecutive consonants, one will go with the preceding vowel and one with the following: **al-co-hol, can-tan-te, es-cue-la, ac-ción, in-no-va-ción**
   c. If there are three consecutive or more consonants, the first two will remain with the preceding vowel and the third (etc.) will go with the following vowel: **obs-truc-ción, cons-cien-te**
   d. The letter **h** always goes with the following vowel: al-co-**hol**, pro-**hí**-be
   e. The following consonant combinations are never divided: **br-, dr-, rr-, tr-, bl-, ll-:** a-**br**an, la-**dr**ón, bo-**rr**a-dor, con-**tr**a, ha-**bl**ar, man-te-qui-**ll**a
3. Diphthongs (vowel combinations: two weak ones or a weak one and a strong one) are not divided, unless the weak vowel has an orthographic accent. Weak vowels: **i, u;** strong vowels: **a, e, o:** c**iu**-dad, s**ie**-te, s**eis**, cin-c**ue**n-ta. But: re-**ú**-no, d**í**-a

Stress

How you pronounce a specific Spanish word is determined by two basic rules of stress. Written accents to indicate stress are needed only when those rules are violated. Here are the two rules of stress.

1. For words ending in a vowel, **n,** or **s,** the natural stress falls on the next-to-last syllable. The letter **y** is not considered a vowel for stress purposes.

   Es-**te**-ban   **blan**-co   es-**cu**-chen   **ro**-ja   es-**tu**-die

2. For words ending in *any other letter*, the natural stress falls on the last syllable.

   pa-**pel**   ciu-**dad**   es-cri-**bir**   re-**loj**   es-**toy**

   When these stress rules are violated by the word's accepted pronunciation, stress must be indicated with a written accent.

   in-**glés**   e-**léc**-tri-co   es-tu-**dié**   lla-ma-**rán**   sim-**pá**-ti-co
   ár-bol   **Ló**-pez   a-**zú**-car   **hués**-ped   a-**quí**

   Note that words that are stressed on any syllable other than the last or next-to-last will always show a written accent. Particularly frequent words in this category include adjectives and adverbs ending in **-ísimo** and verb forms with pronouns attached.

   gua-**pí**-si-mo   es-pe-**rán**-do-te   **pí**-de-se-las   de-**vuél**-van-se-la

   Written accents to show violations of stress rules are particularly important when diphthongs are involved. A diphthong is a combination of a weak (**i, u**) vowel and a strong (**a, e, o**) vowel (in either order), or of two weak vowels together. The two vowels are pronounced as a single sound, with one of the vowels being given slightly more emphasis than the other. In all diphthongs the strong vowel or the second of the two weak vowels receives this slightly greater stress.

   *a*i: b*a*ilar   i*a*: arteri*a*   u*e*: vu*e*lve   i*o*: vi*o*lento   u*i*: cu*i*dado

   When the stress in a vowel combination does not follow this rule, no diphthong exists. Instead, two separate sounds are heard, and a written accent appears over the weak vowel or the first of two weak vowels.

   a-í: país   ú-e: continúe   í-o: frío   í-a: tía   e-ú: reúnen   o-í: oído

Use of Written Accent as a Diacritic

The written accent is also used to distinguish two words with similar spelling and pronunciation but different meaning.

Nine common word pairs are identical in spelling and pronunciation; the accent mark is the only distinction between them.

dé	*give*	**de**	*of*	**sí**	*yes*	**si**	*if*
él	*he*	**el**	*the*	**sólo**	*only*	**solo**	*alone*
más	*more*	**mas**	*but*	**té**	*tea*	**te**	*you*
mí	*me*	**mi**	*my*	**tú**	*you*	**tu**	*your*
sé	*I know*	**se**	*(reflexive pronoun)*				

Diacritic accents are used to distinguish demonstrative adjectives from demonstrative pronouns. Although this distinction is disappearing in many parts of the Spanish-speaking world, you may find it in *Dos mundos* and in many other books.

aquellos países	*those countries*	**aquéllos**	*those ones*
esa persona	*that person*	**ésa**	*that one*
este libro	*this book*	**éste**	*this one*

Diacritic accents are placed over relative pronouns or adverbs that are used interrogatively or in exclamations.

cómo	*how*	**como**	*as, since*
dónde	*where*	**donde**	*where*
por qué	*why*	**porque**	*because*
qué	*what*	**que**	*that*
quién	*who (interrogative pronoun)*	**quien**	*who (relative pronoun)*
cuándo	*when (interrogative pronoun)*	**cuando**	*when (relative pronoun)*

—¿**Cómo** se llama?   *What's his name?*
—No sé **cómo** se llama.   *I don't know what his name is.*

Como es niño, tiene que acostarse temprano.
Since he's a child, he must go to bed early.

Spelling Changes

In general, Spanish has a far more phonetic system than many other modern languages. Most Spanish sounds correspond to just one written symbol. Those that can be written in more than one way are of two main types: those for which the sound/letter correspondence is largely arbitrary and those for which the sound/letter correspondence is determined by spelling rules.

A. In the case of arbitrary sound/letter correspondences, writing the sound correctly is mainly a matter of memorization. The following are some of the more common arbitrary, or *nonpatterned*, sound/letter correspondences in Spanish.

SOUND	SPELLING	EXAMPLES
/b/ + *vowel*	b, v	barco, ventana
/y/	y, ll, i + *vowel*	haya, amarillo, hielo
/s/	s, z, c	salario, zapato, cielo, hace
/x/ + e, i	g, j	general, jefe
		gitano, jinete

Note that, although spelling of the sounds /y/ and /s/ is largely arbitrary, two patterns occur with great frequency.

1. /y/   Whenever an unstressed **i** occurs between vowels, the **i** changes to **y.**

     leió → leyó   creiendo → creyendo   caieron → cayeron

2. /s/   The sequences **ze** and **zi** are rare in Spanish. Whenever a **ze** or **zi** combination would occur in the plural of a noun ending in **z** or in a conjugated verb (for example, an -**e** ending on a verb stem that ends in **z**), the **z** changes to **c.**

     luz → luces   voz → voces   empez + é → empecé   taza → tacita

B. There are three major sets of patterned sound/letters sequences.

SOUND	SPELLING	EXAMPLES
/g/	g, gu	gato, pague
/k/	c, qu	toca, toque
/g^w/	gu, gü	agua, pingüino

1. /g/ Before the vowel sounds /a/, /o/, and /u/, and before all consonant sounds, the sound /g/ is spelled with the letter **g.**

   gato   **g**ordo   **g**usto   **g**ratis   **G**loria   lle**g**o

   Before the sounds /e/ and /i/, the sound /g/ is spelled with the letters **gu.**

   guerra   **gu**itarra   lle**gu**é

2. /k/ Before the vowel sounds /a/, /o/, and /u/, and before all consonant sounds, the sound /k/ is spelled with the letter **c.**

   casa   **c**osa   **c**urioso   **c**reer   **c**lub   le**c**ción   to**c**o

   Before the sounds /e/ and /i/, the sound /k/ is spelled with the letters **qu.**

   queso   **qu**ímica   to**qu**é

3. /g^w/ Before the vowel sounds /a/ and /o/, the sound /g^w/ is spelled with the letters **gu.**

   guante   anti**gu**o

   Before the vowel sounds /e/ and /i/, the sound /g^w/ is spelled with the letters **gü.**

   bilin**gü**e   pin**gü**ino

These spelling rules are particularly important in conjugating, because a specific consonant sound in the infinitive must be maintained throughout the conjugation, despite changes in the stem vowels. It will help if you keep in mind the patterns of sound/letter correspondence, rather than attempt to conserve the spelling of the infinitive.

/ga/	= **ga**	lle**g**ar	/ge/	= **gue**	lle**gue** (*present subjunctive*)
/ga/	= **ga**	lle**g**ar	/ge/	= **gué**	lle**gué** (*preterite*)
/gi/	= **gui**	se**g**uir	/go/	= **go**	si**g**o (*present indicative*)
/gi/	= **gui**	se**g**uir	/ga/	= **ga**	si**g**a (*present subjunctive*)
/xe/	= **ge**	reco**g**er	/xo/	= **jo**	reco**j**o (*present indicative*)
/xe/	= **ge**	reco**g**er	/xa/	= **ja**	reco**j**a (*present subjunctive*)
/g^{w}a/	= **gua**	averi**gu**ar	/g^{w}e/	= **güe**	averi**güe** (*present subjunctive*)
/ka/	= **ka**	sa**c**ar	/ke/	= **qué**	sa**qué** (*preterite*)

Appendix Four

ANSWER KEY FOR GRAMÁTICA Y EJERCICIOS

ANSWER KEY FOR GRAMÁTICA Y EJERCICIOS

PASO A

Ej. 1: 1. se llama 2. Me llamo 3. se llama 4. Se llama 5. Se llama 6. lleva 7. Lleva 8. llevan 9. Llevan 10. llevo **Ej. 2:** 1. a 2. b 3. a 4. a 5. a 6. a 7. a 8. a 9. b 10. a **Ej. 3:** 1. d 2. a 3. e 4. b 5. c **Ej. 4:** 1. Soy 2. es 3. son 4. Son 5. somos **Ej. 5:** 1. No, no es una chaqueta, es una camisa. 2. No, no es una mujer, es un hombre. 3. No, no es una falda, es un vestido. 4. No, no es un sombrero, es una blusa. 5. No, no es una naranja, es un reloj. **Ej. 6:** 1. La 2. El 3. La 4. El 5. El 6. La 7. La 8. El 9. La 10. El **Ej. 7:** 1. digan 2. escriba 3. cuenten 4. abran (cierren) 5. lea (estudie) 6. saque 7. lean (escriban) 8. abra (cierre)

PASO B

Ej. 1: 1. b 2. b 3. a 4. a 5. b **Ej. 2:** 1. Sí, hay libros en la mesa. 2. Sí, hay un reloj en la pared. 3. Hay un profesora en el salón de clase. 4. No hay un automóvil en el salón de clase. 5. No hay un profesor en el salón de clase. 6. Hay papeles en los pupitres. 7. Hay un bolígrafo en el pupitre de Alberto. 8. Hay muchos cuadernos en el salón de clase. 9. No hay una bicicleta en el salón de clase. 10. Hay una ventana en el salón de clase. **Ej. 3:** 1. En el salón de clase no hay diez pizarras. 2. Mónica no tiene el pelo negro. 3. Carmen no lleva una blusa muy fea. 4. Mi carro no es morado. 5. La profesora Martínez no tiene barba. **Ej. 4:** 1. Marisa tiene un par de zapatos, pero Clarisa tiene dos pares de zapatos. 2. Marisa tiene un perro nuevo, pero Clarisa tiene dos perros nuevos. 3. Marisa tiene una chaqueta roja, pero Clarisa tiene dos chaquetas rojas. 4. Marisa tiene un lápiz amarillo, pero Clarisa tiene dos lápices amarillos. 5. Marisa tiene una amiga norteamericana, pero Clarisa tiene dos amigas norteamericanas. **Ej. 5:** 1. Clarisa tiene un cuaderno pequeño, pero Marisa tiene dos cuadernos pequeños. 2. Clarisa tiene un gato negro, pero Marisa tiene dos gatos negros. 3. Clarisa tiene una fotografía bonita, pero Marisa tiene dos fotografías bonitas. 4. Clarisa tiene un reloj bonito, pero Marisa tiene dos relojes bonitos. 5. Clarisa tiene un libro difícil, pero Marisa tiene dos libros difíciles. 6. Clarisa tiene una amiga divertida, pero Marisa tiene dos amigas divertidas. **Ej. 6:** 1. d, i, k, n 2. b, e, i 3. g, h, 4. a, k, n 5. b, e, i, m 6. b, e, i, o 7. h, l **Ej. 7:** 1. Ashley y Mary Kate Olsen son ricas y bonitas. 2. Will Smith es delgado y elegante. 3. Hillary Clinton es inteligente y rubia. 4. Jennifer López es materialista y talentosa. 5. George Clooney es guapo y tímido. **Ej. 8:** 1. Los libros son difíciles y divertidos. Los libros difíciles son divertidos. 2. La chica es baja y tímida. La chica baja es tímida. 3. Las mujeres son tacañas y trabajadoras. Las mujeres tacañas son trabajadoras. 4. El amigo es inteligente y perezoso. El amigo inteligente es perezoso. 5. Los robots son fuertes y aburridos. Los robots fuertes son aburridos.

PASO C

Ej. 1: 1. tiene 2. tenemos 3. tienes 4. Tengo 5. tienen **Ej. 2:** 1. El carro es de la profesora Martínez. 2. La camisa es de Luis. 3. El perro es de Nora. 4. Los lentes son de Esteban. 5. El saco es de Alberto. 6. La bicicleta es de Carmen. **Ej. 3:** 1. su 2. sus 3. tu 4. mis 5. nuestros 6. sus; nuestras 7. su 8. su 9. tus 10. mi **Ej. 4:** 1. tu; mi 2. tus; mis 3. Su 4. sus; nuestros **Ej. 5:** 1. Adriana Bolini tiene 35 años. 2. Carla Espinosa tiene 22 años. 3. Rubén Hernández Arenas tiene 38 años. 4. Susana Yamasaki González tiene 33 años. 5. Doña María Eulalia González de Saucedo tiene 79 años. **Ej. 6:** 1. Don Eduardo Alvar tiene "X" años. 2. Estela Saucedo tiene "X" años. 3. Ernestito Saucedo tiene "X" años. 4. Amanda Saucedo tiene "X" años. 5. Doña Lola Batini tiene "X" años. **Ej. 7:** 1. Es española. 2. Son japoneses. 3. Es alemán. 4. Son francesas. 5. Son italianas. 6. Es china. 7. Es inglés. 8. Es iraní. 9. Son sirios. **Ej. 8:** 1. hablan 2. habla 3. hablan 4. hablas 5. hablo; hablo **Ej. 9:** 1. habla; español 2. hablan español 3. hablan chino 4. Hablan inglés 5. Hablan hebreo 6. hablas ruso

CAPÍTULO 1

Ej. 1: 1. mil ochocientos setenta y seis 2. mil quinientos ochenta y ocho 3. mil setecientos setenta y cinco 4. mil novecientos noventa y uno 5. dos mil seis 6. mil novecientos cuarenta y cinco 7. mil once 8. mil novecientos veintinueve 9. mil seiscientos quince 10. dos mil veinticinco **Ej. 2:** 1. leen 2. Lees 3. lee 4. Leo 5. lee **Ej. 3:** 1. vive 2. vivimos 3. viven 4. vivís 5. vivo 6. viven **Ej. 4:** 1. ¿Están casados Estela y Ernesto? 2. ¿Son inteligentes Marisa y Clarisa? 3. ¿Tiene un carro nuevo don Eduardo? 4. ¿Viven ustedes en Puerto Rico? 5. ¿Lee Pedro el periódico? **Ej. 5:** 1. ¿Dónde vive Rubén Hernández? 2. ¿Qué idioma habla Susana? 3. ¿Cuándo es la clase de español? 4. ¿Cuántos hijos tienen Ernesto y Estela? 5. ¿Cómo se llama el primer ministro de España? **Ej. 6:** ¿Cuál es tu número de teléfono? 2. ¿Cómo se llama su esposa? 3. ¿Cuándo es el día de tu cumpleaños? 4. ¿Cuántos años tienen? 5. ¿Dónde viven? **Ej. 7:** 1. Son las cuatro y veinte. 2. Son las seis y cuarto. 3. Son las ocho y trece. 4. Es la una y diez. 5. Son las siete y siete. 6. Son las cinco y media. 7. Son las cuatro menos veinticinco. (Son las tres y treinta y cinco.) 8. Son las dos menos once. 9. Son las doce y media. 10. Son las cinco y cuarto. **Ej. 8:** 1. La clase de español es a las once. 2. El baile es a las nueve y media. 3. La conferencia es a las diez. 4. La clase de álgebra es a la una. 5. La fiesta del Club Internacional es a las siete y media. **Ej. 9:** 1. te, me 2. te, me 3. les, nos **Ej. 10:** 1. le, comer 2. le, cocinar 3. les, hablar por teléfono 4. le, leer 5. le, correr

CAPÍTULO 2

Ej. 1: 1.vas; Voy 2. van; va; va 3. va; va; vamos 4. vas; Voy 5. vas; Voy **Ej. 2:** 1. Ernesto 2. Estela 3. No, Guillermo es la cuarta (persona). 4. No, Amanda es la quinta (persona). 5. Sí. 6. Ramón 7. No, es la séptima (persona). 8. Ernesto 9. doña Lola 10. No, don Anselmo es el cuarto hombre. **Ej. 3:** 1. quiero; prefiere 2. quiere; prefiere 3. quiere; prefiero 4. quiere; prefieren 5. quiere; prefiere 6. quiere; prefiero 7. quiere; prefiere 8. quiere; prefiero 9. quieren; prefiero 10. quieren; prefiere **Ej. 4:** 1. Quiere jugar al béisbol. 2. Prefiero ver un partido de fútbol. 3. Quieren ir de compras. 4. Preferimos estudiar. 5. Prefieren levantar pesas. 6. Quiere viajar. **Ej. 5:** 1. Lan va a estudiar, pero prefiere charlar con sus amigas. 2. Carmen va a levantar pesas, pero prefiere hablar por teléfono. 3. Esteban va a escribir una composición, pero quiere tomar el sol en la playa. 4. Alberto va a montar a caballo, pero prefiere andar en motocicleta. 5. Pablo va a hablar con la profesora, pero prefiere hablar son su amiga. 6. Mi compañera va a hacer la tarea, pero quiere ¿ ?. 7. Yo voy a escuchar la actividades de comprensión, pero prefiero ¿ ?. **Ej. 6:** 1. Esta 2. Estos 3. Estos 4. Estas 5. Este **Ej. 7:** 1. Esas 2. Ese 3. Esa 4. Esos

A-13

5. Esos   **Ej. 8:** 1. esa 2. este 3. esos 4. este 5. estas   **Ej. 9:** 1. Estos 2. Aquellos 3. Esos 4. Esos 5. Aquellas 6. Estas   **Ej. 10:** 1. Hace sol. 2. Llueve. 3. Hace frío. 4. Hace mal tiempo. 5. Hace mucho calor. 6. Nieva.   **Ej. 11** 1. posible 2. posible 3. imposible 4. imposible 5. imposible

CAPÍTULO 3

Ej. 1: 1. b 2. d 3. f 4. c 5. a 6. e   **Ej. 2:** 1. escribimos 2. lleva 3. limpiamos 4. desayunan 5. lee 6. comen 7. anda 8. hablo 9. asisten 10. escuchamos   **Ej. 3:** 1. sale, salgo 2. juegas, juego 3. hace, hago 4. juegan, jugamos   **Ej. 4:** 1. lo 2. la 3. los 4. las 5. la 6. las 7. los 8. lo   **Ej. 5:** 1. Papá, ¿tomas mucho café en el trabajo? 2. Diego, ¿juegan tú y tus amigos al béisbol? 3. Graciela y Diego, ¿tienen ustedes una computadora? 4. Raúl, ¿haces ejercicio en un gimnasio? 5. Señor Ruiz, ¿trabaja usted por la noche? 6. Don Eduardo, ¿prepara usted café por la mañana? 7. Mamá, ¿cocinas por la mañana o por la tarde? 8. Clarisa, ¿ves la televisión por la noche? 9. Doña Rosita, ¿asiste usted a misa los domingos? 10. Doña Lola, ¿lava usted su ropa en casa o en una lavandería?   **Ej. 6:** 1. ¿Dónde está su esposo? 2. ¿Cuándo es su cumpleaños? 3. ¿Qué tiene en su mochila? 4. ¿Cuál es la dirección de sus hermanos? 5. ¿Por que no va(s) a jugar al tenis hoy? 6. ¿Cuánto cuesta el libro de química?   **Ej. 7:** 1. estoy en 2. están en 3. estás en 4. estamos en 5. está en 6. estamos 7. estás 8. está 9. están en 10. estamos   **Ej. 8:** 1. vamos a la 2. van al 3. vamos al 4. va a la 5. voy a la 6. voy a la 7. van al 8. va a la 9. vamos a la 10. vas al   **Ej. 9:** 1. Ernesto y Estela (los esposos Saucedo) son de México pero ahora están en Roma. 2. Mayín Durán es de Panamá pero ahora está en Los Ángeles. 3. Rogelio y Carla son de Puerto Rico pero ahora están en Nueva York. 4. Pilar Álvarez es de España pero ahora está en Guatemala. 5. Ricardo Sícora es de Venezuela pero ahora está en España.

CAPÍTULO 4

Ej. 1: 1. Duermen; dormimos 2. Almuerzan; almorzamos 3. Vuelven; volvemos 4. Juegan; jugamos 5. Juegan; jugamos 6. Pierden; juegan; perdemos; jugamos 7. prefieren; preferimos 8. empiezan; empezamos   **Ej. 2:** 1. traigo 2. pongo 3. digo 4. oigo 5. salgo 6. vengo 7. tengo 8. Hago   **Ej. 3:** 1. d 2. b 3. f 4. e 5. c 6. g 7. a   **Ej. 4:** 1. No, me baño a las ¿?:00. 2. No, me lavo el pelo con champú. 3. No, me afeito en el baño. 4. No, me levanto tarde los domingos. 5. No, me quito la ropa en mi dormitorio (recámara). 6. No, me peino en el baño. 7. No, me

maquillo en el baño / en casa. 8. No, me ducho en el baño.   **Ej. 5:** 1. c 2. e 3. d 4. a 5. b   **Ej. 6:** 1. c (e) 2. a (e) 3. a (e) 4. b 5. d (e)   **Ej. 7:** 1. Después de hacer la compra, Estela prepara la comida. (Antes de preparar la comida, Estela hace la compra.) 2. Después de limpiar la casa, Pedro y Andrea invitan a unos amigos. (Antes de invitar a unos amigos, Pedro y Andrea limpian la casa.) 3. Después de dormir una siesta, Guillermo va al videocentro. (Antes de ir al videocentro, Guillermo duerme una siesta.) 4. Después de correr, te bañas. (Antes de bañarte, corres.) 5. Después de ponernos la ropa, salimos a bailar. (Antes de salir a bailar, nos ponemos la ropa.)   **Ej. 8:** 1. c 2. a 3. d 4. f 5. e 6. b   **Ej. 9:** 1. ¿Están tristes Clarisa y Marisa? 2. ¿Está enojado (irritado) Ernesto? 3. ¿Están enamorados Ramón y Amanda? 4. ¿Está ocupado Guillermo? 5. ¿Están contentos (enamorados) Silvia y Nacho?   **Ej. 10:** 1. e 2. c 3. f 4. a 5. b   **Ej. 11:** 1. tiene hambre 2. tienes frío 3. Tenemos calor 4. tengo sueño 5. Tengo prisa 6. tienen sed 7. tengo miedo 8. Tengo sed

CAPÍTULO 5

Ej. 1: 1. Les 2. les 3. le 4. nos 5. me; te 6. les 7. le; nos 8. me; te   **Ej. 2:** 1. Frame 1: me; Frame 2: le; Frame 3: le, me; Frame 4: te; Frame 5: le, nos; Frame 6: nos, les   **Ej. 3:** 1. sé 2. sabe 3. saben 4. sabes 5. sabemos   **Ej. 4:** 1. Puedes 2. Pueden 3. puede 4. pueden 5. Podemos   **Ej. 5:** 1. Está leyendo un libro. 2. Están pescando. 3. Está reparando un coche. 4. Está cocinando. 5. Están viendo/ mirando la televisión. 6. Está cuidando al paciente. (Está dándole medicina al paciente.)   **Ej. 6:** 1. está calificando 2. está atendiendo 3. está sirviendo 4. está dando 5. está reparando 6. está vendiendo   **Ej. 7:** 1. tiene que 2. tienen que 3. tengo que 4. tenemos que 5. tienes que   **Ej. 8:** 1. debe 2. debo 3. debes 4. deben 5. debemos   **Ej. 9:** 1. quisiera 2. quisiéramos 3. quisieran 4. quisieras 5. quisiera   **Ej. 10:** 1. le 2. les 3. le 4. me 5. nos   **Ej. 11:** 1. piensa 2. piensas 3. pensamos 4. piensan 5. pienso

CAPÍTULO 6

Ej. 1: 1. El sillón pesa más que la mesa. (La mesa pesa menos que el sillón.) 2. En mi casa viven más personas que en la casa de los vecinos. (En la casa de los vecinos viven menos personas que en mi casa.) 3. La casa de los López tiene más dormitorios que la casa de los vecinos. (La casa de los vecinos tiene menos dormitorios que la casa de los López.) 4. En nuestro patio hay más árboles que en el patio de mis abuelos. (En el patio de mis abuelos hay menos árboles que en

nuestro patio.) 5. En la casa de los Saucedo hay más dormitorios que en la casa de los Ruiz. (En la casa de los Ruiz hay menos dormitorios que en la casa de los Saucedo.)   **Ej. 2:** (*Opinions may vary.*) 1. Vivir en el desierto es peor que vivir en el centro. 2. Vivir en una casa es mejor que vivir en un apartamento. 3. Un refrigerador es el más útil de todos. 4. Armando es mayor que Irma. 5. Mi hijo es menor que tu hija. 6. El Rolls Royce es el más caro de todos.   **Ej. 3:** (*Answers may vary.*) 1. La piscina de los Lugo es tan bonita como la piscina de los Montes. 2. El edificio de la avenida Oriente no es tan alto como el edificio nuevo de la avenida del Libertador. 3. La lavandería vieja de la avenida Almendros no es tan limpia como la lavandería nueva de la calle Ebro. 4. Los condominios «San Juan» no son tan modernos como los condominios «Princesa».   **Ej. 4:** 1. La sala de su casa no tiene tantas lámparas como la sala de nuestra casa. 2. La casa de los Ruiz no tiene tantos cuartos como la casa de los Saucedo. 3. La casa de los vecinos tiene tantos baños como la casa de mis padres. 4. El patio de don Anselmo no tiene tantas flores y plantas como el patio de doña Lola.   **Ej. 5:** 1. Sí, (No, no) compré un espejo. 2. Sí, (No, no) comí en un restaurante. 3. Sí, (No, no) hablé por teléfono. 4. Sí, (No, no) escribí una carta. 5. Sí, (No, no) estudié por cuatro horas. 6. Sí, (No, no) abrí la ventana. 7. Sí, (No, no) visité a un amigo. 8. Sí, (No, no) corrí por la mañana. 9. Sí, (No, no) tomé un refresco. 10. Sí, (No, no) lavé los platos.   **Ej. 6:** 1. Mi madre no charló con el presidente la semana pasada. 2. El presidente de México no comió tacos en la calle ayer. 3. La profesora de español no salió con Antonio Banderas anoche. 4. Yo no jugué al tenis con Rafael Nadal ayer a medianoche. 5. Hugo Chávez no visitó los Estados Unidos el mes pasado.   **Ej. 7:** 1. ¿Conoce usted 2. ¿Conoce usted 3. ¿Sabe usted 4. ¿Sabe usted 5. ¿Conoce usted 6. ¿Conoce usted 7. ¿Sabe usted 8. ¿Sabe usted 9. ¿Sabe usted 10. ¿Conoce usted   **Ej. 8:** 1. los 2. la 3. lo 4. los 5. lo 6. lo 7. la 8. los 9. lo 10. la

CAPÍTULO 7

Ej. 1: (1) se levantó a las 7:00. (2) Se bañó. (3) Se puso la ropa (se vistió). (4) Desayunó cereal con leche y fruta. (5) leyó el periódico. (6) Manejó el coche al trabajo. (7) Llegó al trabajo a las 8:30. (8) Almorzó con un amigo. (9) Comió una hamburguesa.   **Ej. 2:** 1. llegaste 2. Llegué 3. llegamos 4. llegó 5. Leíste 6. leí 7. leyeron 8. leyó; leímos   **Ej. 3:** 1. d 2. c 3. e 4. g 5. b 6. f 7. a; *Your list should have first-person plural forms* (nosotros) *such as* (Mi... yo) acampamos, viajamos, estudiamos, comimos, corrimos, escribimos, etc. **Ej. 4:** 1. dio 2. vinieron 3. traje 4. dijeron 5. vio 6. puso 7. hizo 8. fueron **Ej. 5:** 1. Fue; sus; Llegaron; descansó; Bucearon; vieron; hicieron; cocinaron; tocó; cantaron; bailaron 2. fue; su; Llegaron; entró, vio; estudió; saludó; salieron; bailó; tomó; Regresó **Ej. 6:** (1) Generalmente Pilar asiste a clase, pero ayer durmió toda la tarde y mañana va a visitar a una amiga. (2) Generalmente Andrea y Pedro almuerzan con sus hijas y ayer estuvieron en casa todo el día, pero mañana van a ir de compras. (3) Generalmente Adriana juega al tenis después de salir del trabajo, pero ayer tradujo un documento del italiano al español y mañana va a aprender a usar un nuevo programa de informática. (4) Generalmente doña Lola se queda en casa, pero ayer tomó café con sus amigas y mañana va a cocinar toda la tarde. (5) Generalmente Carla y Rogelio estudian en la biblioteca, pero ayer fueron a la playa y mañana van a lavar el carro. **Ej. 7:** 1. dormiste 2. Dormí 3. duermes 4. duermo 5. sientes 6. siento 7. sentiste 8. sentí 9. divertiste 10. divertí 11. divirtió 12. divirtió 13. mentiste 14. mentí 15. mintió **Ej. 8:** 1. me 2. dijiste 3. Te 4. dije 5. me 6. dijo 7. me 8. dijo 9. le 10. dijiste 11. le 12. dijiste 13. le 14. dije 15. le 16. dije **Ej. 9:** (After *hace* answers may vary.) 1. Pero, Estela, limpié el baño (lo limpié) ayer. 2. Pero, Estela, barrí el patio (lo barrí) hace una hora. 3. Pero, Estela, pasé la aspiradora (la pasé) hace dos días. 4. Pero, Estela, bañé al perro hace una semana. 5. Pero, Estela, te llevé a un restaurante elegante el mes pasado. **Ej. 10:** (*Answers are for 2010; they will vary depending on the year the book is used.*) 1. Alejandro G. Bell inventó el teléfono hace 134 años. 2. Gustave Eiffel construyó la Torre Eiffel hace 121 años. 3. Pancho Villa murió hace 87 años. 4. Colón llegó a América hace 518 años. 5. Francisco Franco murió hace 35 años. 6. Alemania se unificó hace 20 años. 7. Los países de la Unión soviética se independizaron hace 19 años.

CAPÍTULO 8

Ej. 1: 1. La... en el congelador. 2. Las compré en el supermercado. 3. Lo traje hace diez minutos. 4. La puse en la mesa. 5. Los puse en la alacena. 6. La vi en el restaurante. 7. Lo conocí ayer. 8. Sí, las llamé anoche. 9. Sí, la saludé hace cinco minutos. 10. Sí, los oí llegar a las 10:00 de la noche. **Ej. 2:** 1. la voy a poner / voy a ponerla 2. lo voy a preparar / voy a prepararlo 3. los estoy horneando / estoy horneándolos 4. lo está rallando / está rallándolo 5. las voy a abrir /

voy a abrirlas **Ej. 3:** 1. Te 2. me 3. ti 4. mí 5. le 6. él 7. mí 8. ti 9. te 10. mí 11. me **Ej. 4:** (*Food items will vary.*) 1. A mi mejor amigo/a le encanta(n)... 2. A mis padres les encanta(n)... 3. A mi profesor(a) le encanta(n)... 4. A mi novia (esposo/esposa) le encanta(n)... 5. A mi me encanta(n)... 6. A mi mejor amigo/amiga y a mí nos encanta(n)... **Ej. 5:** 1. nadie 2. nada 3. nunca 4. nadie 5. ninguna 6. nada 7. Nunca 8. ninguno **Ej. 6:** 1. A mí sí (me gustan). 2. A mí no (me gusta). 3. A mí sí (me gustan). 4. A mí tampoco (me gusta). 5. A mí tampoco (me gustan). 6. A mí también (me gustan). **Ej. 7:** 1. se cortan 2. se necesita 3. se lava; se pone 4. se preparan 5. se agregan 6. se necesitan 7. Se habla 8. Se baten **Ej. 8:** 1. pedir 2. pedir 3. sirven 4. pedir 5. pides 6. sirven 7. pido 8. pedir 9. pidieron 10. Pedimos 11. sirvieron 12. pedí 13. pidió 14. pediste 15. pedí 16. pidió 17. pidieron 18. pedimos 19. sirvió 20. sirvió

CAPÍTULO 9

Ej. 1: 1. se parece 2. se parecen; me parezco; te pareces 3. me parezco; me parezco 4. nos parecemos; se parece 5. se parece **Ej. 2:** 1. se llevan 2. te llevas; nos llevamos 3. nos llevamos; me llevo 4. se llevan 5. te llevas; nos llevamos **Ej. 3:** (*After the first phrase, answers may vary.*) 1. ¿Para ella? ¡No lo creo! 2. ¿Para mí? ¡Es muy pequeño! 3. ¿Para ellas? ¡No les gusta la música clásica! 4. ¿Para nosotros? No nos gusta leer. 5. ¿Para él? ¡No lo creo! 6. ¿Para ti? ¿Te gusta la cerveza? 7. ¿Para ella? ¿Le gustan? 8. ¿Para él? ¡No le gusta! **Ej. 4:** 1. conmigo; contigo 2. ti; mí 3. él 4. él 5. él; mí **Ej. 5:** 1. Guillermo andaba en bicicleta. 2. Amanda y yo jugábamos con muñecas. 3. Andrea leía las tiras cómicas del periódico los domingos. 4. Doña Lola y doña Rosita se bañaban en el mar en Acapulco. 5. Don Eduardo comía muchos dulces. 6. Estela limpiaba su recámara. 7. La familia Saucedo pasaba las vacaciones en Acapulco. 8. Pedro Ruiz escuchaba música rock. 9. Ernesto veía dibujos animados en la televisión. 10. El abuelo de Ernestito cuidaba el jardín. **Ej. 6:** 1. Andrea y Pedro; jugaban 2. Estela y Ernesto; iban 3. Estela; saltaba 4. Raúl; se peleaba 5. Andrea; lloraba 6. Raúl; se llevaba 7. Andrea y Paula; se parecían **Ej. 7:** 1. tenía 2. sabía 3. conocíamos 4. era 5. estaba **Ej. 8:** 1. tenía 2. era 3. conocía 4. queríamos; teníamos 5. estabas 6. tenía 7. supe 8. tuve 9. conocí 10. quise 11. pude **Ej. 9:** 1. Iba a venir, pero me quedé sin gasolina. 2. Iba a traer flores, pero la tienda cerró temprano. 3. Te iba a comprar un regalo, pero no tuve tiempo. 4. Iba a cenar con ustedes, pero cené en casa antes. 5. Iba a ir,

pero asistí a un concierto. 6. Te iba a decir, pero no pude. 7. Iba a llegar a tiempo pero, perdí mi reloj. 8. Iba a asistir, pero fui a ver a mi abuela enferma.

CAPÍTULO 10

Ej. 1: 1. hemos visto 2. ha escrito 3. he ido (viajado) 4. ha comprado 5. has comido 6. ha hablado 7. has viajado (ido) 8. han limpiado 9. has oído 10. han pasado **Ej. 2:** (*Frequency will vary.*) 1. ¿Cuántas veces has viajado a México? He viajado a México muchas veces. 2. ¿Cuántas veces has esquiado en un lago? Nunca he esquiado en un lago. 3. ¿Cuántas veces has subido a una pirámide? He subido a una pirámide una vez, en México. 4. ¿Cuántas veces has acampado en la montaña? He acampado en la montaña muchas veces. 5. ¿Cuántas veces has alquilado un coche? He alquilado un coche tres o cuatro veces. 6. ¿Cuántas veces has cocinado para diez personas? He cocinado para diez personas muchas veces. 7. ¿Cuántas veces has leído tres novelas en un día? Nunca he leído tres novelas en un día. 8. ¿Cuántas veces has corrido 5 kilómetros sin parar? He corrido 5 kilómetros sin para varias veces. 9. ¿Cuántas veces les has dicho una mentira a tus padres? ¡Nunca les he dicho una mentira! 10. ¿Cuántas veces has roto una vaso en un restaurante? He roto un vaso en un restaurante solamente una vez. **Ej. 3:** 1. ¡Qué país tan (más) interesante! 2. ¡Qué vuelo tan (más) largo! 3. ¡Qué montañas tan (más) altas! 4. ¡Qué selva tropical tan (más) verde! 5. ¡Qué arena tan (más) blanca! **Ej. 4:** 1. ¡Qué impresionantes son las ruinas de Machu Picchu! 2. ¡Qué grande es el lago Titicaca! 3. ¡Qué cosmopolita es la ciudad de Buenos Aires! 4. ¡Qué húmeda es la selva de Ecuador! 5. ¡Qué seco es el desierto de Atacama en Chile! 6. ¡Qué alta es la torre de la Giralda en Sevilla! 7. ¡Qué hermoso es el edificio del Alcázar en Segovia! 8. ¡Qué inmenso es el parque del Retiro en Madrid! 9. ¡Qué interesante es el Museo del Prado! 10. ¡Qué antiguo es el acueducto de Segovia! **Ej. 5:** 1. por 2. por 3. para 4. por 5. por 6. por 7. por 8. para **Ej. 6:** 1. rápidamente 2. cómodamente 3. puntualmente 4. constantemente 5. inmediatamente **Ej. 7:** (*Answers will vary.*) 1. a. me parece b. me importa 2. a. me fascinan b. me interesan 3. a. me encanta b. me gusta 4. a. me molesta b. me gusta 5. a. me importan b. me preocupan

CAPÍTULO 11

Ej. 1: 1. Sí, hágalas inmediatamente. 2. Sí, cómprelos ya. 3. Sí, tráigalo mañana. 4. Sí, recójalos la semana que viene. 5. Sí, llegue dos horas antes. 6. Sí, consiga otro. **Ej. 2:** 1. Sí, prepárenlo. 2. Sí, consíganlos. 3. Sí, límpienlas. 4. Sí, háganlas esta noche. 5. Sí, duerman antes de salir. 6. Sí, salgan inmediatamente. **Ej. 3:** 1. comas 2. hables 3. visites 4. veas 5. saques 6. aprendas **Ej. 4:** (Nuestro agente) sugiere que (no) 1. recojamos 2. escribamos 3. llevemos 4. traigamos 5. comamos 6. lleguemos 7. bebamos **Ej. 5:** 1. llegue 2. viajamos 3. suben 4. lea 5. terminen **Ej. 6:** Hijo/Hija, (no) queremos que hagas las maletas un día antes de la salida. 2. Hijo/Hija, (no) queremos que duermas ocho horas la noche anterior a la salida. 3. Hijo/Hija, (no) queremos que lleves ropa para ocho días.

4. Hijo/Hija, (no) queremos que vayas directamente a la estación de autobuses. 5. Hijo/Hija, (no) queremos que pongas el dinero en un lugar seguro. 6. Hijo/Hija, (no) queremos que le des tu pasaporte al profesor. 7. Hijo/Hija, (no) queremos que vuelvas con buenos recuerdos del viaje. 8. Hijo/Hija, (no) queremos que pidas comida norteamericana en los restaurantes. 9. Hijo/Hija, (no) queremos que te diviertas mucho y traigas regalos para toda la familia. 10. Hijo/Hija, (no) queremos que nos digas adiós / le digas adiós a la familia. **Ej. 7:** 1. c. llame; llegue 2. d. sirva; vayamos 3. b. oigas; vengas 4. e. traigamos; volvamos 5. a. saques; estés **Ej. 8:** (*Yes/no answers will vary.*) 1. durmiendo

2. asistiendo 3. viendo 4. estudiando 5. leyendo 6. estaba preparando 7. estaba haciendo 8. estaban comiendo 9. estaban limpiando 10. estaba dando **Ej. 9:** 1. Manejaba 2. Veía 3. Caminaba 4. hablaba 5. Me bañaba **Ej. 10:** 1. era 2. íbamos 3. alquilábamos 4. buceábamos 5. bañábamos 6. salíamos 7. caminábamos 8. tenía 9. fuimos 10. dormían 11. jugaba 12. hablaba 13. conocía 14. miré 15. jugaba 16. vi 17. levantamos 18. corrimos 19. encontramos 20. buscamos 21. pudimos 22. estaba 23. regresamos 24. teníamos 25. estaba 26. fuiste 27. grité 28. contestó 29. estaba 20. enojé

Spanish-English Vocabulary

This Spanish-English Vocabulary contains all of the words that appear in the text, with the following exceptions: (1) most identical cognates that do not appear in the chapter vocabulary lists; (2) conjugated verb forms, with the exception of certain forms of **haber** and expressions found in the chapter vocabulary lists; (3) diminutives in **-ito/a;** (4) absolute superlatives in **ísimo/a;** and (5) some adverbs in **-mente.** Active vocabulary is indicated by the number of the chapter in which a word or given meaning is first listed (A = **Paso A**); vocabulary that is glossed in the text is not considered to be active vocabulary and is not numbered. Only meanings that are used in this text are given.

The gender of nouns is indicated, except for masculine nouns ending in **-o** and feminine nouns ending in **-a.** Stem changes and spelling changes are indicated for verbs: **dormir (ue, u); llegar (gu).**

The following abbreviations are used:

abbrev.	abbreviation	*i.o.*	indirect object
adj.	adjective	*irreg.*	irregular
adv.	adverb	*m.*	masculine
Arg.	Argentina	*Mex.*	Mexico
coll.	colloquial	*n.*	noun
conj.	conjunction	*obj. of prep.*	object of preposition
def. art.	definite article	*pl.*	plural
d.o.	direct object	*pol.*	polite
f.	feminine	*poss.*	possessive
fig.	figurative	*p.p.*	past participle
gram.	grammatical	*prep.*	preposition
Guat.	Guatemala	*pron.*	pronoun
inf.	informal	*refl. pron.*	reflexive pronoun
infin.	infinitive	*sing.*	singular
interj.	interjection	*Sp.*	Spain
inv.	invariable	*sub. pron.*	subject pronoun

A

a to (1); at; **a la** to the (1); **al** *contraction of* **a** + **el** to the (1); **a cualquier hora** at any time (5); **a la derecha/izquierda de** to the right/left of (3); **a la parrilla** grilled, charbroiled (8); **a la vez** at the same time (5); **a menos que** unless (15); **a menudo** often (6); **a tiempo** on time (9); **a ver** let's see (13); **al corriente** up to date (15); **al día siguiente** the next day (12); **al horno** baked (8); **al lado de** to the side of (3); **al norte/sur** to the north/south (3); **al principio** at the beginning (3); **al punto** medium rare (8)

abajo *adv.* below (3)

abalorio glass bead

abeja bee (10)

abierto/a (*p.p. of* **abrir**) open (2); opened

abogado/a lawyer (5)

abordar to board (11)

abordo on board

aborto abortion (15)

abrazar (c) to hug, embrace (12); **abrazarse** to hug each other (14)

abrazo hug (3)

abrelatas *m.* can opener

abril *m.* April (1)

abrir (*p.p.* **abierto**) to open

absoluto/a absolute

absorber to absorb

absorción *f.* absorption

abstracto/a abstract

abuelo/a grandfather/grandmother; **abuelos** *pl.* grandparents

abundancia abundance (10)

abundante abundant (4)

aburrido/a boring; bored; **¡qué aburrido!** how boring! (1)

aburrimiento boredom

aburrirse to be bored

abusar de to abuse (14)

abusivamente abusively

abuso abuse (15)

acabar to finish, put an end to (15); **acabar de** (+ *infin.*) to have just done (*something*) (11)

academia academy

acampar to camp (1)

acceder to agree; to consent

acceso access

accidente *m.* accident (5)

acción *f.* action (3); **Día de Acción de Gracias** Thanksgiving (4)

aceite *m.* (olive) oil (8)

aceituna olive

acentuado/a accentuated

aceptable acceptable

aceptar to accept (7)

acero (inoxidable) (stainless) steel (13)

acerca de about (1)

acercarse (qu) (a) to approach, come near

acertar (ie) to guess right

acidez *f.* acidity

ácido/a acid; **lluvia ácida** acid rain

aclamar to acclaim, applaud

aclaración *f.* explanation
aclarar to explain
acomodar to accommodate
acompañar to accompany
acondicionador *m.* conditioner (4)
aconsejar to give advice, advise (14)
acontecimiento event, happening
acordar (ue) to agree; to resolve; **acordarse de** to remember (*something/ someone*) (14)
acostarse (ue) to go to bed (4); **me acuesto** I go to bed (4); **se acuesta** he/she goes to bed, you (*pol. sing.*) go to bed (4)
actitud *f.* attitude (15)
activar to activate
actividad *f.* activity; **actividades auditivas** listening activities (5); **actividades del tiempo libre** leisure time activities (1); **actividades diarias** daily activities
activista *m., f.* activist (9)
activo/a active (5)
acto act
actor *m.* actor (1)
actriz *f.* actress (1)
actuación *f.* performance
actual present-day, current (15)
actualidad *f.* present, present-time
actualmente at present, nowadays (15)
actuar (yo actúo) to act (9)
acueducto aqueduct (11)
acuerdo: estar (*irreg.*) **de acuerdo** to agree (4)
acumular to accumulate
acumulativo/a cumulative
acusación *f.* accusation
acusado/a accused (5)
acusador(a) accusing
acusar to accuse
acusatorio/a accusatory
acústico/a acoustic
adaptar(se) to adapt oneself
adecuado/a adequate (12)
adelgazar (c) to lose weight
además moreover; **además de** besides (11)
adentro de inside (3)
aderezo (salad) dressing (8)
adherirse (ie) to stick to
adhesión *f.* adhesion, adherence
adiestramiento training, instruction
adivinador(a) fortune teller
adivinar to guess (5)
adjetival adjectival
adjetivo adjective
administrar to administer
admirar to admire (11)
admitir to admit
adolescente *m., f.* adolescent (14)
adolorido/a painful (12)
¿adónde? to where? (3)
adopción *f.* adoption
adoptar to adopt
adquirir to acquire

aduana *sing.* customs (11); **derechos de aduana** customs duty, taxes (11)
adulto adult (11)
aéreo/a pertaining to air (*travel*) (10); **transporte** (*m.*) **aéreo** air transport
aeróbico/a aerobic; **ejercicio aeróbico** aerobics
aerolínea airline (11)
aeropuerto airport (3)
aerosol *m.* aerosol
afectar to affect
afecto affection, fondness
afeitadora razor (4)
afeitarse to shave (4); **crema de afeitar** shaving cream
afición *f.* liking, love
afirmación *f.* statement (4)
afirmar to affirm
afortunado/a fortunate, lucky
africano/a African
africanocubano/a Afro-Cuban
afrontar to confront
afuera (de) outside (3)
agarrar to grasp, seize
agencia de viajes travel agency (11)
agenda electrónica PDA
agente *m., f.* agent (1); **agente de seguros** insurance agent (5)
agonizar (c) to be dying
agosto August (1)
agotado/a exhausted
agotarse to run out
agradable pleasant (6)
agradar to please
agradecer (zc) to thank
agrado pleasure
agrario/a agricultural
agregar (gu) to add (8)
agresivo/a aggressive
agricultor(a) farmer, agriculturalist
agricultura agriculture (10)
agua *f.* (*but* **el agua**) water (3); **agua con sal** salt water (12); **agua dulce** fresh water (11); **agua mineral** mineral water; **agua salada** salt water (11)
aguacate *m.* avocado (8)
águila *f.* (*but* **el águila**) eagle (10)
agujerear to make holes in
agujero hole; **agujero en la capa de ozono** hole in the ozone layer (10)
ahí there, over there (4)
ahijado/a godson/goddaughter (14)
ahora now; **ahora mismo** right now (14)
ahorrar to save (9)
ahuyentar to scare away; to drive away
aire *m.* air (10); **aire libre** outdoors (7); **mercado al aire libre** open-air market
aislar to isolate
ají *m.* (bell) pepper (8)
ajo garlic (8)
alacena kitchen cupboard (6)
alambre *m.* wire

alarmar to alarm, worry
albaricoque *m.* apricot (8)
alberca swimming pool (*Mex.*) (7)
alcance *m.*: **dar** (*irreg.*) **alcance** to catch up with
alcanzar (c) to reach (15)
alcohol *m.* alcohol (15)
alegrarse to be glad
alegre happy; **estar** (*irreg.*) **alegre** to be happy (4)
alejar to keep away
alemán, alemana *n., adj.* German
alentar (ie) to encourage
alergia allergy
alérgico/a allergic (12)
alergista *m., f.* allergist (12)
alfabetismo literacy
alfeizar *m.* windowsill
alfombra rug (6)
algo something (2)
algodón *m.* cotton (13)
alguien someone (6)
algún, alguno/a some; any (2); **algún día** someday; **alguna vez** once; ever; **algunos/as** some
alimentar to feed
alimento food, meal (8)
allá (over) there
allí there (3)
almacén *m.* department store (3)
almacenaje *m.* warehousing, storage
almacenar to warehouse, store
almeja clam (8)
almíbar *m.* syrup
almohada pillow (6)
almorzar (ue) (c) to eat lunch (2); **almorcé** I ate lunch (7); **almorzó** he/she/you (*pol. sing.*) ate lunch (7); **almuerza** he/she eats lunch, you (*pol. sing.*) eat lunch (3); **almuerzo** I eat lunch (3)
almuerzo lunch (2)
alojamiento lodging (11)
alquilar(se) to rent; to be rented (6); **se alquila** for rent (6)
alquiler *m.* rent (6)
alrededor de *prep.* around (3)
altar *m.* altar
alterado/a upset
alternativo/a alternative
¡alto! stop! (*Mex.*) (10)
alto/a tall; **clase** (*f.*) **alta** upper class; **voz** (*f.*) **alta** loud voice, out loud (14)
alucinado/a amazed, freaked out
aluminio aluminum (13)
alumno/a student
alzar (c) to raise, lift up
ama *f.* (*but* **el ama**) **de casa** housewife (3)
amante *m., f.* lover
amarillo/a yellow (A)
amasar to knead (8)
Amazonas *m.* Amazon (River)
Amazonia Amazon Basin (10)

ambición *f.* ambition

ambiental environmental; **contaminación** (*f.*) **ambiental** environmental pollution (10)

ambiente *m.* environment; atmosphere (8); **medio ambiente** environment (10)

ambos/as *pl.* both (10)

ambulancia ambulance

amenaza threat

amenazante threatening

amenazar (c) to threaten

América Central Central America (3)

América Latina Latin America (7)

americano/a American; **fútbol** (*m.*) **americano** football (1)

ametrallar to machine-gun

amigo/a friend; **amigo/a íntimo/a** close friend (14)

amistad *f.* friendship (14)

amnistía amnesty

amo/a master/mistress (14)

amor *m.* love

amoroso/a loving

ampliación *f.* enlargement

ampliar to broaden

amplio/a roomy (6)

amueblado/a furnished (6)

amuleto amulet

analfabetismo illiteracy

analgésico analgesic (12)

análisis analysis (12)

analítico/a analytical

analizar (c) to analyze

anaranjado/a orange (A)

ancho/a wide (11)

anciano/a elderly person

andar *irreg.* to walk; **andar en bicicleta** to ride a bicycle (1); **andar en motocicleta** to ride a motorcycle (2); **andar en patineta** to skateboard (1); **andar en velero** to go sailing (2)

anfitrión, anfitriona host, hostess

ángel *m.* angel (14)

anglohablante English-speaking person

anglosajón, anglosajona *n., adj.* Anglo-Saxon

anidar to nest (10)

anillo ring (13)

animado/a: cheerful (12); **dibujos animados** cartoons

animal *m.* animal (2); **animal doméstico** pet (5)

animar to encourage

ánimo spirit, energy; **estado de ánimo** state of mind

aniversario anniversary; **aniversario de body** wedding anniversary (4)

anoche last night (6)

anotar to make note of; to jot down

ansia anxiety

ansiedad *f.* anxiety

ansioso/a anxious

antagónico/a antagonistic

antagonismo antagonism

antagonizar (c) to antagonize

Antártida Antarctica

ante before; faced with, in the presence of

anteayer day before yesterday (1)

antena antenna (11)

antepasado/a ancestor

anterior previous (1)

antes *adv.* before; **antes (de)** *prep.* before (4); **antes de que** *conj.* before (15)

antibiótico antibiotic (12)

anticientífico/a anti-scientific

anticipación *f.* anticipation

anticipar to anticipate (10)

antiguo/a old; antique

antisemítico/a anti-Semitic

antojito snack (*Mex.*) (8)

antónimo antonym

antónimo/a contrary, opposite

antro nightclub

antropología anthropology (2)

antropólogo/a anthropologist

anual annual

anular to annul; to nullify

anunciar to announce (11)

anuncio commercial (13); announcement (5)

añadir to add

año year; **a través de los años** through the years; **Año Nuevo** New Year (4); **cada año** every year; **cumplir años** to have a birthday (7); **de... a... años de edad** from . . . to . . . years old; **durante los años sesenta** during the sixties; **el año pasado** last year (6); **hace... años** . . . years ago; **los meses del año** the months of the year (1); **los próximos diez años** the next ten years; **por muchos años** for many years; **tener** (*irreg.*)**... años** to be . . . years old (C)

apaciguar to placate

apagar (gu) to turn off; to put out; **apagar incendios** to put out fires (5)

apalabrado/a agreed upon verbally

aparato appliance; **aparato doméstico** household appliance (6); **aparato eléctrico** electrical appliance (6)

aparecer (zc) to appear

aparición *f.* apparition

apariencia appearance

apartamento apartment (6)

apartar to remove; to separate

apasionado/a passionate

apasionamiento passion

apellido surname (1)

apenas barely

apetecer (zc) to long for; to crave

apio celery (8)

aplaudir to applaud

aplicarse (qu) a to be used; to apply (*something*) to, employ (*a remedy*);

aplicarse un ungüento to apply an ointment (12)

aportar to contribute

apoyar to support (6)

apoyo support

apreciar to appreciate

aprehender to apprehend

aprender to learn (5)

aprendizaje *n. m.* learning

apresar to take prisoner, capture

aprobar (ue) to pass; to approve (15)

apropiado/a appropriate

aprovechar(se) to take advantage of (13)

aproximadamente approximately (7)

aptitud *f.* aptitude, ability (5)

apuesto/a handsome, pretty

apuntar to note, jot down

apuntes *m. pl.* notes; **tomar apuntes** to take notes (4)

apuro difficult situation

aquejado/a suffering

aquel, aquella *adj.* that (over there); *pron.* that one (over there)

aquello that; that thing

aquí here (1); **aquí lo tiene** here it is (11)

árabe *n. m., f.* Arab; *n. m.* Arabic (language); *adj.* Arabic

araña spider

árbol *m.* tree (2); **árbol genealógico** family tree (9); **subirse a los árboles** to climb trees (9)

arbusto bush (6)

archivo file

arco arch; **arco iris** rainbow

área *f.* (*but* **el área**) area (2)

arena sand (7)

arepa thick corn cake

argentino/a *n., adj.* Argentine

argumento argument (15); reasoning

árido/a arid (10)

arma *f.* (*but* **el arma**) arm, weapon (15); **armas nucleares** nuclear weapons

armamento armament (15)

armario closet (6)

armonía harmony

arpillera sackcloth

arquitectura architecture

arras *coins given by a bridegroom to a bride as a token of his ability to provide* (14)

arrecife *m.* reef (10); **arrecife de coral** coral reef

arreglar to fix, repair (5)

arrepentirse (ie) to repent

arrestar to arrest (7)

arresto arrest

arriba above (3)

arriesgado/a risky, hazardous

arriesgar (gu) to risk

arroba at (@)

arrodillarse to kneel down

arrogante arrogant

arroz *m.* rice (3); **arroz con leche** rice pudding
arruinar to ruin (7)
arsenal *m.* arsenal (15)
arte *m.* (*but* **las artes**) art (2); **bellas artes** fine arts; **Facultad de Bellas Artes** School of Fine Arts (3)
artefacto artifact (13)
arteria artery (12)
artículo article (10)
artista *m., f.* artist (3)
artístico/a artistic
arzobispo archbishop
asado/a roasted; **bien asado/a** well-done (8); **poco asado/a** rare (8)
asador *m.* barbecue grill (13)
asaltar to assault
asar to roast
ascendencia ancestry, origin
ascender to go up, rise
ascensor *m.* elevator (6)
asegurado/a insured
asegurar to assure (15); to insure
asemejarse to be similar to
asesinar to assassinate
asesino/a assassin, murderer
asfixiante suffocating
así thus, so, that way, this way (5)
Asia Asia (7)
asiento seat (10)
asignar to assign (5)
asimétrico/a asymmetrical
asimilación *f.* assimilation
asimilar(se) to assimilate
asistente *m., f.* assistant; **asistente de vuelo** flight attendant (11)
asistir (a) to attend (3)
asociación *f.* association
asociado/a associated (1)
asociar to associate (2)
asombrar to astonish
aspecto aspect (4); appearance
aspiración *f.* aspiration
aspiradora vacuum cleaner (6); **pasar la aspiradora** to vacuum (6)
aspirante *m., f.* candidate; applicant
aspirar to aspire
aspirina aspirin (12)
asunto subject, topic; matter, affair
asustado/a scared (7)
asustar to scare
atacar (qu) to attack
ataque *m.* attack (15); **ataque al corazón** heart attack
atar to tie (7)
ateísmo atheism
atención *f.* attention; **atención médica** health care; **llamar la atención (a)** to call attention (to) (10); **poner** (*irreg.*) **atención** to pay attention (5)
atender (ie) to wait on; to assist (12); **atender mesas** to wait on tables (5)

atentado attempted murder
atento/a attentive
ateo/a atheist
atestiguar to testify
Atlántico: Océano Atlántico Atlantic Ocean (3)
atleta *m., f.* athlete (9)
atmósfera atmosphere
atómico/a atomic
atormentar to torment (14)
atracción *f.* attraction
atractivo/a attractive
atraer (*like* **traer**) to attract
atrapar to catch (7); to trap (7)
atravesar (ie) to cross, go across
atreverse a (+ *infin.*) to dare to (*do something*)
atrevido/a bold, daring
atrevimiento boldness, daring
atribuir (y) (a) to attribute (*to*) (15)
atributo attribute
atropellar to run over with a car (12)
atún *m.* tuna (8)
auditorio auditorium
auge *m.* peak, climax
aula *f.* (*but* **el aula**) classroom
aullar to howl
aumentar to increase (15)
aumento raise, increase (10)
aun even
aún still, yet
aunque although
ausente absent
autobiografía autobiography
autobiográfico/a autobiographical
autobús *m.* bus; **terminal** (*m.*) **de autobuses** bus terminal
autodestructivo/a self-destructive
autógrafo autograph
automático/a automatic; **cajero automático** automatic teller machine
automatizar (c) to automate
automóvil *m.* automobile (11)
autonomía autonomy
autopista freeway, expressway (10)
autor(a) author
autoridad *f.* authority
autorización *f.* authorization
autorizar (c) to authorize
¡auxilio! help! (7)
avance *m.* advance
avanzar (c) to advance
avaricia greed
avaro/a greedy
ave *f.* (*but* **el ave**) bird; fowl; poultry (8)
avena oatmeal (8)
avenida avenue (3)
aventajar to come, finish ahead of
aventura adventure (7); **aventura extramarital** extramarital relationship
aventurero/a adventurous (11)

averiguar to verify; to find out
avión *m.* airplane (5); **por avión** by plane (10)
avisar to inform; to advise (11); to warn (11)
aviso (clasificado) (classified) ad (5)
ayer yesterday (1)
ayuda help
ayudar to help (5)
azar *m.* chance
azteca *n. m., f.; adj.* Aztec (7)
azúcar *m.* sugar (8)
azul blue (A)

B

bahía bay (10)
bailar to dance (1); **salir** (*irreg.*) **a bailar** to go out dancing (1)
bailarín, bailarina dancer
baile *m.* dance (4)
bajar to lower (10); to come down (10); **bajarse** to get down (14); **baje(n)** (*command*) get off (11); to download (13)
bajo *prep.* under
bajo/a short (*height*); low; **clase** (*f.*) **baja** lower class; **voz** (*f.*) **baja** soft voice (14)
balada ballad
balanza scale
balcón *m.* balcony (6)
ballena whale (10)
ballet *m.* (**folclórico**) (folkloric) ballet (11)
balón *m.* ball
baloncesto basketball (1)
bambú *m.* bamboo (10)
banana banana (8)
bancario/a *adj.* bank
banco bank (5); **banco de datos** data base
banda gang
bandera flag
bañarse to bathe (4)
bañera bathtub (6)
baño bathroom; bath; **traje** (*m.*) **de baño** bathing suit (7)
bar *m.* bar (3)
barato/a inexpensive, cheap (8)
barco boat (7); **barco de vela** (11)
barrer to sweep (6)
barrera barrier, obstacle
barril *m.* barrel
barrio neighborhood (9)
basarse (en) to be based (on) (9)
base *f.* base, foundation; **a base de** by; by means of
básico/a basic (1)
basílica basilica
basquetbol *m.* basketball (1)
bastante *adj.* enough (5); sufficient; **bastante** (+ *adj.*) quite (+ *adj.*) (5); *adv.* rather, quite
basura trash; **sacar (qu) la basura** to take out the trash (6)

basurero garbage can; dump
bata (bath)robe (13)
batalla battle (7)
bate *m.* bat
batido (de leche, de frutas) (milk, fruit) shake (8)
batir to beat (8)
baúl trunk
bautizar (c) to baptize (14)
bautizo christening ceremony, baptism (14)
beatitud *f.* beatitude; bliss
bebé *m., f.* baby
bebeleche *m.* hopscotch (*Mex.*); **jugar (ue) (gu) al bebeleche** to play hopscotch (*Mex.*) (9)
beber to drink (3)
bebida drink (8)
bebido/a *adj.* drunk
beca scholarship
béisbol *m.* baseball (1)
belleza beauty
bello/a beautiful (10); **bellas artes** fine arts; **Facultad de Bellas Artes** School of Fine Arts (3); **la Bella y la Bestia** Beauty and the Beast
bendición *f.* blessing
beneficencia charity; **organización** (*f.*) **de beneficencia** charitable organization
beneficiar to benefit
beneficio benefit (15)
beneficioso/a beneficial (12)
besar to kiss (12); **besarse** to kiss each other (14)
beso kiss (4)
bestia beast; **la Bella y la Bestia** Beauty and the Beast
Biblia Bible
biblioteca library (3)
bicarbonato de soda bicarbonate of soda (8)
bicicleta bicycle; **andar** (*irreg.*) **en bicicleta** to ride a bicycle (1)
biculturalismo biculturalism
bien *adv.* well; **bien asado/a** well-done (8); **bien cocido/a** well-done (8)
bienes *m. pl.* goods; **bienes raíces** real estate (6)
bienestar *m.* well-being
bienvenida *n.* welcome; **dar** (*irreg.*) **la bienvenida** to welcome (4)
bilingüe bilingual (5)
bilingüismo bilingualism
billete *m.* ticket (11)
biografía biography
biología biology (2)
biosfera biosphere (10)
bisabuelo/a great-grandfather/great-grandmother (14); **bisabuelos** *pl.* great-grandparents
bistec *m.* steak
bitácora blog
Blancanieves Snow White

blanco/a white (A); **espacio en blanco** blank space (3); **vino blanco** white wine (8)
bloque *m.* block
bocacalle *f.* intersection
bocina horn; **tocar (qu) la bocina** to honk the horn
boda wedding (14)
boleto ticket; **boleto de ida y vuelta** round-trip ticket (11)
boliche: jugar (ue) (gu) al boliche to bowl (2)
bolígrafo pen (B)
bolita little ball (*of material*) (8)
boliviano/a Bolivian
bolsa bag; purse (7); sack; **bolsa de lona** canvas bag (10); **bolsa de plástico** plastic bag
bolsillo pocket (13)
bolso purse
bombero, mujer (*f.*) **bombero** firefighter (5)
bordear to border
borracho/a drunk
borrador *m.* eraser; draft (*of written work*)
borrar to erase (14)
bosque *m.* forest (10)
bostezar to yawn
botánica drugstore
botella bottle (8)
botones *m. sing.* bellhop (11)
bozo fuzz; **apuntarle el bozo** to get fuzz on one's upper lip
brasa ember
brasileño/a *n, adj.* Brazilian
brazo arm
breve *adj.* brief
brillante bright
brindar to drink a toast
brindis *m.* toast (*drink or speech*) (14)
bróculi *m.* broccoli (8)
broma joke
bromear to joke
bromista *adj., m., f.* fond of joking
bronce *m.* bronze (13)
broncearse to get a tan (11)
bronquitis *f.* bronchitis (12)
bruja witch; **Día de las Brujas** Halloween (4)
brujería witchcraft
brusco/a brusque
bucear to skin dive or scuba dive (5)
buceo underwater swimming, diving (10)
bueno, bueno/a good (6); **buenas tardes/noches** good afternoon/evening; **buenos días** good morning; **es bueno** it's good; **es una buena idea** it's a good idea; **estar** (*irreg.*) **de buen humor** to be in a good mood (4); **hace buen tiempo** the weather is fine; **qué bueno que...** how great that ... (15); **sacar (qu) buenas notas** to get good grades (9); **tener** (*irreg.*) **buena suerte** to have good

luck; to be lucky; **traer** (*irreg.*) **buena suerte** to bring good luck
bueno... well ...
búfalo buffalo
bufanda scarf (2)
buitre *m.* vulture
burbuja bubble
burlarse (de) to make fun (of)
burrito *rolled tortilla filled with meat, beans, and/or rice* (3)
buscador *m.* search engine (15)
buscar (qu) to look for (5); **buscó** he/she/you (*pol. sing.*) looked for (7); **busqué** I looked for (7)
búsqueda search

C

caballero gentleman (13); knight
caballo horse; **montar a caballo** to ride a horse (2)
cabaña cabin (11)
caber *irreg.* to fit
cabeza head; **dolerle (ue) la cabeza** to have a headache; **tener** (*irreg.*) **dolor** (*m.*) **de cabeza** to have a headache (12)
cable *m.* cable; **sin cables** wireless
cacahuate *m.* peanut (8)
cachaza sluggishness, slowness
cacto cactus
cada *inv.* each, every; **cada año** every year; **cada día** every day; **cada vez** every time
cadera hip (12)
caerse *irreg.* to fall (11); **se me/le cayó/cayeron** something (*sing. or pl.*) fell (from my/your/his/her hands) (12)
café *m.* coffee; café (3); **café Internet** Internet café; **tomar café** to drink coffee (2)
cafeína caffeine (15)
cafetera coffeepot (6)
cafetería cafeteria (3)
caimán *m.* alligator
caja box (13); cash register
cajero/a cashier (5); teller (*in a bank*); **cajero automático** automatic teller machine (ATM) (11)
calabacita zucchini (8)
calabaza pumpkin (8)
calavera skull (12)
calcetín *m.* sock (13)
calcio calcium (8)
calculador(a) calculating
calculadora calculator
calcular to calculate (8)
caldera de carbón coal-fired boiler
caldo broth; stock (8)
calefacción *f.* heating (system) (13)
calendario calendar
calentado/a heated
calentador heater (6)

calentamiento heating; **calentamiento global** global warming

calentar (ie) to warm up (6); **calienta** he/she warms up, you (*pol. sing.*) warm up (6); **caliento** I warm up (6)

calentura: tener (*irreg.*) **calentura** to have a fever (12)

calidad *f.* quality (13)

caliente hot (4); **perro caliente** hot dog (8); **té** (*m.*) **caliente** hot tea (8)

calificar (qu) to grade (5)

calle *f.* street (1)

calmado/a calm (12)

calmar to calm

calor *m.* heat; **hace (mucho) calor** it's (very) hot (2); **tener** (*irreg.*) **calor** to be hot (4)

caluroso/a warm, hot (10)

calvicie *f.* baldness

calvo/a bald

calzoncillos (men's) underwear (13)

cama (matrimonial) (double) bed (6); **quedarse en cama** to stay in bed; **tender (ie) la cama** to make the bed (6)

cámara (digital) (digital) camera (1)

camarera chambermaid (11)

camarón *m.* shrimp

cambiar to change (9); **cambiar dinero** to change/exchange money; **cambiar dólares por...** to exchange dollars for . . . (11)

cambio change; money exchange; **a cambio de** in exchange for; **en cambio** on the other hand

camello camel

camilla gurney (12)

caminar to walk (2)

caminata walk, hike (11)

camino road (11)

camión *m.* truck (15)

camisa shirt (A)

camisón *m.* nightgown (13)

campamento campground (11); camp (11)

campaña campaign

campeón, campeona champion

campesino/a peasant; field worker

campo country(side) (7); field (of study)

campus *m.* campus (2)

canadiense *n., adj.* Canadian

canal *m.* channel (1)

cancelar to cancel

cáncer *m.* cancer (10); **cáncer de la piel** skin cancer (10)

cancha de tenis tennis court (6)

cancillería chancellery

canción *f.* song

candidato/a candidate

cangrejo crab (8)

cansado/a tired

cansar to make tired (12); **cansarse** to get tired (12)

cantante *m., f.* singer (5)

cantar to sing (5)

cántaro pitcher

cantidad *f.* quantity

cañón *m.* canyon (10)

capa cape; **agujero en la capa de ozono** hole in the ozone layer (10); **capa de hielo polar** polar ice cap

capacidad *f.* capacity

capaz capable

capital *f.* capital city (3)

capó *m.* hood

captar to grasp, understand

capturar to capture

caqui: color (*m.*) **caqui** khaki (13)

cara face (B)

carácter *m.* character (14)

característica characteristic (14)

caracterizar (c) to characterize (15)

carbohidrato carbohydrate (8)

carbón coal; **caldera de carbón** coal-fired boiler

carbono carbon

carburo carbide; **carburo fluorado** fluorocarbon (10)

cárcel *f.* jail, prison

carecer (zc) to lack

carencia lack, shortage

cargo position (7); **cargo de conciencia** weight on one's conscience

Caribe *m.* Caribbean (3)

caribeño/a *n., adj.* Caribbean (10)

cariño affection; endearment; love (14)

carne *f.* meat (8); **carne de cerdo/puerco** pork (8); **carne de res** beef (8)

carnicería *f.* meat market

caro/a expensive (6)

carpintero/a carpenter

carrera career; course of study (5)

carretera highway (10)

carro car, automobile; **jugar (ue) (gu) con carritos** to play with little cars (9)

carta letter; card; menu (8); **cartas de tarot** tarot cards

cartel *m.* poster

cartera wallet (13)

cartón *m.* cardboard

casa house; **casa particular** private home (6)

casado *typical Costa Rican dish of white rice, black beans, meat, chicken, or fish and side salad or side of fried plantain* (8)

casado/a married (1); **recién casado/a** newlywed (14)

casarse (con) to get married (to) (7)

cáscara peel (8)

casco helmet (2); **casco urbano** city center

casero/a home, domestic

casi *inv.* almost (1); **casi nunca** almost never (3)

caso (criminal) (criminal) case (5); **caso imprevisto** unforeseen occurrence (12); **en caso de que** in case; **hacer** (*irreg.*) **caso a** to pay attention to (14)

castaño/a brown (*hair, eyes*)

castigar (gu) to punish (7)

castigo punishment (14)

castillo castle

casto/a chaste

casualidad *f.* coincidence

catalán *m.* Catalonian (*language*)

catalizador *m.* catalyst

catarata waterfall (10)

catarro cold; **tener** (*irreg.*) **catarro** to have a cold (12)

catástrofe *f.* catastrophe

cátedra chair (*of an academic department*)

categoría category

catolicismo Catholicism

católico/a *n., adj.* Catholic

catorce fourteen (A)

caudillo leader (7); strongman

causa cause: **a cause de** because of; **por causa de** because of

causar to cause (10)

caza hunt (10); hunting (10)

cebolla onion (8)

ceja eyebrow (12)

celebración *f.* celebration (4)

celebrar to celebrate (4)

célebre famous

célula cell

celular cellular; **(teléfono) celular** cell phone (1)

cementerio cemetery (11)

cena dinner (3)

cenar to dine, have dinner (1)

Cenicienta Cinderella

censura censorship

censurar to censor

centavo cent; **no tener un centavo** to be broke (13)

centenario centennial, centenary; **quinto centenario** five hundredth anniversary

centeno rye

central central (3); **América Central** Central America (3)

centro center; downtown (2); **centro comercial** shopping center (6); **centro estudiantil** student center (3)

Centroamérica Central America (10)

cepillo (de dientes) (tooth)brush (6)

cera wax

cerámica ceramics (13)

cerca *n.* fence (6)

cerca *adv.* near; **cerca de** *prep.* close to (3)

cercano/a near, close by

cerdo pig; **carne** (*f.*) **de cerdo** pork (8); **chuleta de cerdo** pork chop (8)

cereal *m.* cereal (2)

cerebro brain (12)

ceremonia ceremony (4)

cero zero

cerrar (ie) to close (2); to turn off (*appliance*); **cierra** he/she closes, you (*pol. sing.*) close (2); **cierro** I close (6)

certeza certainty
certidumbre *f.* certainty
cerveza beer (2)
cesación *f.* discontinuation, suspension
cesar to cease, stop, discontinue
césped *m.* lawn; **cortar el césped** to mow the lawn (6)
ceviche *m. Peruvian dish of raw fish marinated in lemon juice* (8)
chabacano apricot (*Mex.*) (8)
chamarra jacket (13)
champú *m.* shampoo (4)
charla chat
charlar to chat (2)
chatear to chat online (2)
cheque *m.* check; **cheque de viajero** traveler's check
chícharo green pea (*Mex.*) (8)
chile (*m.*) **relleno** stuffed pepper (8)
chileno/a *n., adj.* Chilean
chimenea fireplace (6)
chino *n.* Chinese (*language*); **chino/a** *n., adj.* Chinese
chisme *m.* gossip
chismear to gossip
chiste *m.* joke
chocar (qu) to crash into (7); to run into (*something*) (11)
chocolate *m.* chocolate (2)
chofer *m.* driver
choque *m.* crash (12)
chuleta (de cerdo/puerco) (pork) chop (8)
chuparse el dedo to suck one's thumb (*finger*) (14)
ciberespacio cyberspace
cibernauta *m., f.* person who surfs the Internet
cibernético/a cybernetic (3)
cicatriz *f.* (*pl.* **cicatrices**) scar (12)
ciclón *m.* cyclone (10)
cielo sky (10); heaven
cien, ciento one hundred; **por ciento** percent
ciencia science; **ciencia ficción** science fiction (3); **ciencias naturales** natural sciences; **ciencias sociales** social sciences (2); **Facultad** (*f.*) **de Ciencias Naturales** School of Natural Science (3); **Facultad** (*f.*) **de Ciencias Sociales** School of Social Sciences (3)
científicamente scientifically
científico/a *n.* scientist (9); *adj.* scientific
cierto/a certain; true (9)
cigarrillo cigarette
cigarro cigar
cigüeña stork
cinco five (A)
cincuenta fifty (B)
cine *m.* movie theater; **estrella de cine** movie star (7); **ir** (*irreg.*) **al cine** to go to the movies
cintura waist (12)

cinturón *m.* belt
circuito/a circuit
circulación *f.* circulation; traffic (11)
circular to circulate (12)
circunstancia circumstance
cirujano/a surgeon (12)
cita appointment (12); date (12)
ciudad *f.* city (2)
ciudadanía citizenship (1)
ciudadano/a citizen (10)
civil civil; **derechos civiles** civil rights; **estado civil** marital status; **guerra civil** civil war
civilización *f.* civilization
claridad *f.* clarity
claro of course; **claro que sí** of course
claro/a clear
clase *f.* class; type; **clase social** social class; **clase turística** tourist class (11); **primera clase** first clase (11); **¿qué clase de... ?** what type of . . . ? (8)
clásico/a classic (2)
clasificación *f.* classification
cláusula clause
clave *adj. inv.* key (15)
clérigo priest, clergyman
cliente, clienta client (5)
clic: hacer (*irreg.*) **clic** to click on (11)
clima *m.* climate; weather (2)
climático/a climatic
clínica clinic (5)
clínico/a clinical; **historial** (*m.*) **clínico** medical history (12)
clonar to clone
cloro chlorine
clorofluorocarbón *m.* chlorofluorocarbon
club *m.* club (2); **club nocturno** nightclub (5)
cobrar to charge
cobrizo/a copper-colored
coche *m.* car, automobile; **coche eléctrico** electric car
cocido/a medium rare (8); **bien cocido/a** well-done (8); **poco cocido/a** rare (8)
cocina kitchen (5)
cocinar to cook (1)
cocinero/a cook
coco coconut; boogeyman
cóctel *m.* cocktail
códice *m.* codex
código code
codo elbow (12)
coger (j) to trap; to grab
cohete *m.* rocket
coincidir to coincide (4)
cola tail; line (11); **hacer** (*irreg.*) **cola** to stand in line (11)
colección *f.* collection
colectividad *f.* collectivity
colectivo/a collective
colega *m., f.* colleague (15)
colegio private school (3)

colesterol *m.* cholesterol
colgar (ue) (gu) to hang
coliflor *f.* cauliflower (8)
colina hill (10)
colindar to be adjacent; to adjoin
colocación *f.* placement
colocar (qu) to place, put
colombiano/a *n., adj.* Colombian
colonia cologne (4); colony; **colonia espacial** space colony (15)
colonista *m., f.* colonizer
colonización *f.* colonization
colonizador(a) colonizer
colonizar (c) to colonize
color *m.* color (A); **color caqui** khaki (13); **color vivo** bright color (13)
colorante *m.* coloring (8)
colorido/a colorful
columna column (2)
combinación *f.* women's slip (13)
combinar to combine (8)
combustibilidad *f.* combustion
combustibles fósiles fossil fuels
comedor *m.* dining room (6)
comentar to comment (6)
comentario comment (14)
comenzar (c) to begin (14); **comenzar a** (+ *infin.*) to begin to (*do something*)
comer to eat (1); **comer fuera** to eat out (8); **comerse las uñas** to bite one's (finger)nails (4); **dar** (*irreg.*) **de comer** to feed
comercial commercial; **centro comercial** shopping center (6)
comestibles *m. pl.* food; groceries (8)
cometa kite; **volar (ue) una cometa** to fly a kite (2)
cometer to commit
comezón *f.* rash; itch
cómico/a funny; **tiras cómicas** comic strips (9)
comida meal (8); food (8); **comida chatarra** junk food (8); **comida pre-elaborada** convenience food
comienzo beginning
comisión *f.* commission (5)
como as (2); as a; like (2); since; **tan pronto como** as soon as (15)
cómo: sí, cómo no of course (11)
¿cómo? how? what?; **¿cómo te llamas (tú)?** what is your (*inf. sing.*) name? (1)
cómoda chest of drawers (6)
cómodamente comfortably (10)
comodidad *f.* convenience, amenity
cómodo/a comfortable (10)
compacto: disco compacto compact disc (CD) (1); **poner** (*irreg.*) **discos compactos** to play CDs (3)
compadre/comadre *what a child's parents and godparents call each other* (14)
compañero/a companion; **compañero/a de clase** classmate

compañía company (5)
comparación *f.* comparison
comparar(se) to compare (2)
compartir to share (6)
compensar to compensate
competición *f.* competition (1)
competir (i, i) to compete
complemento: *gram.* **pronombre de complemento directo** direct object pronoun; *gram.* **pronombre de complemento indirecto** indirect object pronoun
completamente completely (10)
completar to complete, finish (3)
completo/a complete; **jornada completa** full time (5); **por completo** completely
complicar (qu) to complicate
cómplice *m., f.* accomplice
componente *m.* component
componer (*like* **poner**) to make up; to fix
comportamiento behavior (14)
comportarse to behave (14)
composición *f.* composition (4)
compostura composition, structure
compra purchase; **hacer** (*irreg.*) **la compra** to go shopping for food (3) **ir** (*irreg.*) **de compras** to go shopping (1)
comprar to buy (2)
comprender to understand
comprensible understandable
comprensión *f.* understanding
comprobar (ue) to prove
comprometido/a engaged (14)
computadora computer
computar to compute
común common
comuna commune (15)
comunicación *f.* communication
comunicar (qu) to communicate
comunidad *f.* community (12)
comunión *f.* communion; **primera comunión** first communion
comunista *n., adj.* communist
comunitario/a community
con with; **con cuidado** carefully (7); **con frecuencia** frequently (2); **con gusto** with pleasure (8); **con tal (de) que** as long as (15)
conceder to concede
concentración *f.* concentration (10)
concentrado/a concentrated (8)
concentrarse to concentrate
concepto concept
conciencia conscience
concienzudo/a conscientious
concierto concert; **entradas para un concierto** tickets for a concert (1)
concluir (y) to conclude
conclusión *f.* conclusion
concordancia agreement
concordar (ue) to agree
concreto/a concrete

concursante competitor; participant
concursar to compete
concurso contest
conde(sa) count(ess)
condenable condemnable
condenación *f.* condemnation
condenar to condemn
condición *f.* condition
condicional conditional
condimento condiment (8)
condominio condominium (3)
conducción *f.* conduction; driving
conducir *irreg.* to drive
conducta conduct
conductor(a) driver
conectarse (a) to connect (*to something*)
conejera rabbit warren
conejo rabbit; **conejo de la Pascua** Easter Bunny
conexión *f.* connection (12)
conferencia conference
confesar (ie) to confess
confesión *f.* confession (7)
confiado/a confident
confianza confidence
confiar (yo confío) to trust; to confide
confirmar to confirm
conflicto conflict
confundido/a confused
confundir to confuse
confusión *f.* confusion
congelado/a frozen
congestionado/a congested (12)
congregación *f.* congregation; group
congreso congress
conjetura conjecture
conjugación *f.* conjugation
conjugar (ue) (gu) to conjugate
conjunción *f.* conjunction
conjunto collection
conmemorar to commemorate
conmigo with me (3)
conmover (ue) to move (*emotionally*)
cono cone; area
conocer (zc) to meet; to know (6); **conoce** he/she knows, you (*pol. sing.*) know (6); **conocerse** to meet each other (14); **conozco** I know (6); **gusto en conocerlo/la** nice to meet you (*pol.*) (6)
conocimiento knowledge
conquista conquest
conquistador(a) conqueror
conquistar to conquer (7)
consecuencia consequence
consecuente consistent
conseguir (i, i) (g) to obtain, get (15)
consejero/a counselor
consejo advice (11)
consenso consensus
consentido/a spoiled
consentimiento consent
consentir (ie, i) to consent; to spoil

conservador(a) *adj.* conservative
conservante *m.* preservative (8)
conservar to preserve (14); to maintain
consideración *f.* consideration
considerar to consider (8)
consigo with him/her/you (*pol.*)
consistir (en) to consist (of) (15)
consolar to console
constante constant
constitución *f.* constitution
construcción *f.* construction (13)
construir (y) to build, construct
consulado consulate (11)
consultar to consult (4)
consultorio doctor's office (5)
consumidor(a) consumer
consumir to consume
consumo consumption (10)
contable *m., f.* accountant
contacto contact
contador(a) accountant (5)
contagio contagion (15)
contaminación (*f.*) **ambiental** environmental contamination (10)
contaminar to contaminate (10)
contar (ue) to count; to tell, narrate; **contar el dinero** to count money (5); **cuéntenos** (*command*) tell us
contemporáneo/a contemporary
contener (*like* **tener**) to contain (8)
contenido *sing.* contents
contento/a happy; **estar** (*irreg.*) **contento** to be happy (4)
contestación *f.* response, answer
contestador (*m.*) **automático** answering machine
contestar to answer (2)
contexto context
continente *m.* continent (7)
continuación: a continuación next, following; appearing below
continuar (yo continúo) to continue
contra against; **en contra de** against
contrabando contraband (11)
contracción *f.* contraction (12)
contradecir (*like* **decir**) to contradict
contraer (*like* **traer**) to contract (an illness)
contrariedad *f.* annoyance
contrario: al contrario on the contrary
contraseña password
contrastar to contrast
contribuir (y) to contribute (14)
control *m.* control
controlable controllable
controlar to control; **controlarse** to control oneself (12)
convencer (z) to convince
conveniencia convenience
conveniente convenient
convenir (*like* **venir**) to suit, be advisable
conversación *f.* conversation (2)

conversar to converse (3); **converse(n)** (*command*) converse

converso/a converted

convertirse (ie) to convert

convincente convincing

convivencia coexistence

convivir to live together (harmoniously); to coexist

coordinador(a) coordinator

copa wine glass (8); **Copa Mundial** World Cup (13)

copiar to copy; to cheat

coral: arrecife (*m.*) **de coral** coral reef

corazón *m.* heart (12)

cordillera (mountain) range (10)

Corea Korea

corona crown

correcto/a right

corredor *m.* corridor, hallway (6)

corregir (j) to correct (10)

correo mail; post office (3); **correo electrónico** e-mail (address) (1)

correr to run (1)

correspondencia correspondence (1)

corresponder to correspond; **corresponde** it corresponds (1)

correspondiente corresponding (3)

corrida de toros bull fight (11)

corriente *f.* current (10); **al corriente** up to date; **corriente de aire** air current

corromperse to become corrupt

corrosivo/a corrosive

corrupción *f.* corruption

cortar to cut; **cortar el césped** to mow the lawn (6); **cortar el pelo** to cut hair (5); **cortarse** to cut oneself (12)

cortina curtain (6)

corto/a short

cosa thing

coser to sew (2)

costa coast (10)

costado side (12)

costar (ue) to cost

costear to pay for; to defray the costs of

costilla rib (12)

costo cost

costumbre *f.* custom (15)

cotidianidad *f.* daily life

cotidiano/a *adj.* daily

cotillear to gossip (15)

crear to create (10)

creatividad *f.* creativity

creativo/a creative

crecer (zc) to grow (8); to grow up

creciente growing

crecimiento growth

creencia belief

creer to believe (5); **(no) creer que** to (not) believe that (15); **no lo creo** I don't believe it (1)

crema *n.* cream; *adj.* cream-colored; **crema batida** whipping cream; **crema**

de afeitar shaving cream; **crema hidratante** moisturizer

creyente *m., f.* believer

crianza upbringing (14)

criar(se) to bring up (be brought up) (14); to grow up; to raise (*children, animals*) (10)

crimen *m.* (*pl.* **crímenes**) crime (15); **crimen por odio** hate crime

crisis *f.* crisis

cristal crystal (13)

cristianismo Christianity

cristiano/a *n., adj.* Christian

criterio criterion

crítica criticism

criticar (qu) to criticize

crítico/a critical (15)

cronología chronology

cronológico/a chronological (6)

crucero cruise ship (10)

crudo/a raw

cruel cruel (14)

crueldad *f.* cruelty

cruz *f.* cross (12)

cruzar (c) to cross; **crucé** I crossed (7); **cruzó** he/she/you (*pol. sing.*) crossed

cuaderno notebook (B)

cuadra (*street*) block (11)

cuadro box, square; graph (3); picture (*on the wall*) (6); **de cuadros** plaid, checkered (13)

¿cuál? what?, which?; **¿cuáles?** which (ones)?

cualidad *f.* quality (14)

cualquier(a) any

cuando when; **de vez en cuando** from time to time (3)

¿cuándo? when? (1); **¿cuándo nació?** when was he/she born?, when were you (*pol. sing.*) born? (1)

cuanto: en cuanto as soon as (15)

¿cuánto? how much?; how long?; **¿cuánto cuesta?** how much does it cost? (B) **¿cuánto tiempo hace que... ?** how long has it been since . . . ? (7)

¿cuántos/as? how many?; **¡cuánto/a/os/ as... !** how many . . . ! (10)

cuarenta forty (B)

cuarto room (6); bedroom; fourth (2); **y/menos cuarto** quarter past/to (*time*) (1)

cuatrocientos/as four hundred (1)

cubano/a *n., adj.* Cuban

cubanoamericano/a *n., adj.* Cuban American

cubierto/a (*p.p. of* **cubrir**) covered (10); **cubiertos** utensils (8)

cubo cube

cubrir (*p.p.* **cubierto**) to cover (8)

cuchara spoon (8)

cucharada tablespoon (*measurement*) (8)

cucharadita teaspoon (*measurement*) (8)

cucharita teaspoon (8)

cucharón *m.* ladle

cuchillo knife (8)

cuenco large serving bowl

cuenta bill, check (8); **darse** (*irreg.*) **cuenta (de)** to realize

cuentista *m., f.* storyteller

cuento story; **cuento de hadas** fairy tale

cuero leather (13)

cuerpo body (12)

cuestión *f.* issue (15)

cuestionar to question

cuestionario questionnaire

cuidado care; **¡cuidado!** careful! watch out! (11); **con cuidado** carefully (7)

cuidar (de) to take care (of) (5); **cuidarse** to take care of oneself (15)

culpa guilt, blame; **tener** (*irreg.*) **la culpa** to be at fault (11); to be guilty, blame (12)

culpable guilty

cultivar to cultivate

cultivo cultivation

culto cult

cultura culture

cumpleaños *m. sing., pl.* birthday (1); **¿cuándo es el día de tu cumpleaños?** when is your (*inf. sing.*) birthday? (1); **¡feliz cumpleaños!** happy birthday! (1)

cumplir (con) to fulfill, carry out; **cumplir años** to have a birthday (7)

cuñado/a brother-in-law/sister-in-law (9)

cura *m.* priest (14); **cura** *f.* cure

curandero/a healer

curar to cure (12)

curiosear to poke one's nose into

curiosidad *f.* curiosity (1)

curioso/a curious

curita Band-Aid (12)

cursiva: letra cursiva italics

curso course (5)

curva curve

custodia custody

cuyo/a whose

D

dama lady (13)

dañar to hurt, harm (15)

dañino/a harmful (10)

daño harm; damage (10); **hacer** (*irreg.*) **daño** to harm

dar *irreg.* to give (4); **da** he/she gives, you (*pol. sing.*) give (4); **dar a conocer** to let something be known; **dar de comer** to feed (6); **dar gritos** to shout; **dar la bienvenida** to welcome; **dar permiso** to give permission (9); **dar por sentado/a** to take for granted; **dar un curso** to teach a class; **dar un ejemplo** to give an example; **dar un paseo** to go for a walk (2); **dar una fiesta** to give a party (2); **dar vueltas** to go around; **darse cuenta de** to realize; **darse la mano** to shake hands with each other (14); **dárselo en...** to let it go for . . . (13); **di** I gave (7); **dio** he/she/you (*pol. sing.*) gave (7); **doy** I give; **se lo(s)/la(s) doy en...** I'll let you have it/them for . . . (13)

datos *pl.* data; **datos personales** personal data (1)

de *prep.* of, from; by; **del, de la** of the; **de las... a las...** from (*time*) . . . to (*time*) (3); **de lunes a viernes** Monday through Friday (4); **de manera/modo que** so that, in a way that (15); **de nuevo** again (8); **de pronto** suddenly (4); **de repente** suddenly (12); **de todos modos** anyway (15) **¿de veras/verdad?** really? (3); **de vez en cuando** from time to time (3)

debajo de under (3)

debate *m.* debate

deber *m.* duty

deber *v.* to owe; **deber** (+ *infin.*) should, ought to (*do something*) (5)

debido a due to

débil weak (12)

década decade

decaer (*like* **caer**) to decline, dwindle

decidir to decide (2)

décimo/a tenth (2)

decir *irreg.* to say, tell (5); **dice** he/she says, you (*pol. sing.*) say (5); **¡dígalo por escrito!** say it in writing! (1); **digo** I say (5); **dije** I said (7); **dijo** he/she/you (*pol. sing.*) said (7); **es decir** that is; **¡No me digas!** You can't be serious!; **y tú, ¿qué dices?** and you (*inf. sing.*); what do you say? (1)

decisión *f.* decision (15)

declaración *f.* declaration; statement

declarar to declare, state (15)

decoración *f.* decoration

decorado/a decorated (6)

decrecer (**zc**) to decrease

dedicación *f.* dedication

dedicar (**qu**) to dedicate

dedo finger (12)

defender to defend (5)

defensa defense (15)

defensor(a) defender

definición *f.* definition (2)

definir to define

definitivamente definitively (15)

deforestación *f.* deforestation

deforestar to deforest

dejar to leave; to let (8); **dejar de** (+ *infin.*) to stop (*stop something*) (14); **dejar en** to let go for . . . (13); **dejar una propina** to leave a tip (8); **se lo(s)/la(s) dejo en...** I'll let you have it/them for . . . (13)

del (*contraction of* **de** + **el**) of the; from the

delante de in front of, in the presence of (14)

delantero/a front

delfín *m.* dolphin (10)

delgadez *f.* slimness

delgado/a thin

delicioso/a delicious (3)

delincuencia delinquency

delincuente delinquent

delirio delirium

delito crime, offense

demanda demand

demás: lo demás the rest; **los/las demás** the rest, others (7)

demasiado *adv.* too much

demasiado/a *adj.* too much, too many (7)

democracia democracy

democrático/a democratic

demoledor(a) devastating

demoler (**ue**) to demolish

demostrar (**ue**) to demonstrate, show

denotar to denote

dentista *m., f.* dentist (5)

dentro inside (8); **dentro de** inside; within, in (*time*) (15)

denunciable accusable

denunciar to report, accuse

denunciatorio/a denunciatory, threatening, accusing

departamento apartment (*Mex.*) (6)

dependencia dependence

depender (**ie**) (**de**) to depend (on) (15); **depende** (**de**) (it) depends (on) (4)

dependiente (*m.*), **dependienta** clerk, salesperson (5)

deportación *f.* deportation

deporte *m.* sport (1); **practicar** (**qu**) **un deporte** to play a sport (1)

deportista *m., f.* athlete

deportivo/a sport related (2)

depositar to deposit

depresión *f.* depression

deprimido/a depressed; **estar** (*irreg.*) **deprimido/a** to be depressed (4)

deprimirse to get depressed

derecha *n.* right side; **a la derecha** to the right

derecho *n.* right (*legal*) (15); law; straight ahead; **derechos civiles** civil rights (15); **derechos de aduana** customs duty, taxes (11); **derechos humanos** human rights; **derechos legales** legal rights; **Facultad de Derecho** School of Law (3)

derivado/a derived (13)

derivarse (**de**) to be derived (from) (13)

derrocar (**qu**) to overthrow, bring down (from power)

derrochador(a) wasteful

derrochar to waste

derrota defeat

desacreditar to discredit

desacuerdo disagreement; **estar** (*irreg.*) **en desacuerdo** to disagree

desafortunadamente unfortunately

desagradable unpleasant (5)

desagradar to displease

desagrado displeasure

desamparado/a homeless person (15)

desanimar to depress

desaparecer (**zc**) to disappear

desaparición *f.* disappearance (10)

desapasionado/a dispassionate

desaprobar (**ue**) to disapprove

desarrollado/a developed; **país** (*m.*) **no desarrollado** undeveloped country

desarrollar to develop (10)

desarrollo development (15); **en vías de desarrollo** developing (15); in the process of developing (15)

desastre *m.* disaster (6); **desastre natural** natural disaster

desastroso/a disastrous (10)

desatinado/a rash, imprudent, unwise

desayunar to eat breakfast (2)

desayuno breakfast (3)

desbordamiento overflow (10)

descafeinado/a decaffeinated (8)

descansar to rest (2)

descanso rest; break (2)

descartar to discard

descender (**ie**) to descend

descomponerse (*like* **poner**) (*p.p.* **descompuesto**) to break down; to rot; **se me/le descompuso/descompusieron** something (*sing. or pl.*) broke down (on me/you/him/her) (12)

descomponible perishable

descompuesto/a (*p.p. of* **descomponer**) rotten; broken

desconectar to disconnect

desconfiado/a mistrusting

descongestionante *m.* decongestant (12)

desconocido/a unknown

describir (*p.p.* **descrito**) to describe (2); **describa(n)** (*command*) describe

descripción *f.* description (2)

descriptivo/a descriptive (1)

descrito/a (*p.p. of* **describir**) described

discriminatorio/a discriminatory

descubierto/a (*p.p. of* **descubrir**) discovered

descubrir (*p.p.* **descubierto**) to discover

descuidar to neglect

desde *prep.* from; **desde hace... años** for . . . years; **desde la(s)... hasta la(s)...** from . . . until . . . (*time*) (4)

desear to want, desire (8)

desechable disposable

desechar to discard, throw away

desembocar (**qu**) to flow; to run

desempeñar to play (a role, a part)

desempleado/a unemployed

desempleo unemployment

desempolvar to dust (6)

deseo wish; desire

desesperado/a desperate (7)

desgracia disgrace
desgraciadamente unfortunately
desgraciado/a unfortunate
deshacer (*like* **hacer**) to take apart; to destroy
desierto desert (10)
desigual unequal
desigualar to make unequal
desigualdad *f.* inequality
desilusionado/a disillusioned
desinfectante *m.* disinfectant
desintegrar to disintegrate
desmayarse to faint (12)
desnudar to undress; to strip
desnudez *f.* nudity
desnudo/a naked
desodorante *m.* deodorant
desorden *m.* disorder; mess
desordenado/a messy (15)
desordenar to make a mess
despacio *adj.* slow (11)
despasionado/a dispassionate
despectivo/a contemptuous
despedazar (c) to tear to pieces
despedir (i, i) to fire
desperdiciar to waste (10)
desperdicios (nucleares) (nuclear) waste (10)
despertador *m.* alarm (7); **reloj** (*m.*) **despertador** alarm clock (7)
despertar (ie) to wake; **despertarse** to wake up (4); **me despierto** I wake up (4); **se despierta** he/she wakes up, you (*pol. sing.*) wake up (4)
despistado/a absent-minded
desplazado/a moved, shifted
desplazar (c) to move, shift
despoblado/a depopulated
despreciar to despise
desprecio scorn; contempt; disdain
desprestigiar to discredit
desprestigio loss of reputation or prestige
después *adv.* after (2); **después de** *prep.* after (4); **después de que** *conj.* after; **poco después** a little later (7)
destacar (qu) to stand out
desterrar (ie) to banish, exile
destinado/a destined
destino destiny (11)
destrucción *f.* destruction (10)
destruir (y) to destroy (15)
desventaja disadvantage (10)
desvestido/a undressed
desviación *f.* detour
desviar to divert
detalle *m.* detail (1)
detectar to detect
detective *m., f.* detective
detener(se) to stop (oneself) (12)
detenido/a stopped; arrested
detergente *m.* detergent
determinar to determine (8)

detrás de behind (3)
devastación *f.* devastation
devastador(a) devastating
devolución *f.* return
devolver (ue) (*p.p.* **devuelto**) to return (13)
devorar to devour
devuelto/a (*p. p. of* **devolver**) returned
día *m.* day; **al día siguiente** on the next day (12); **cada día** everyday; **¿cuándo es el día de tu cumpleaños?** when is your (*inf. sing.*) birthday? (1); **Día de Acción de Gracias** Thanksgiving (4); **Día de la Independencia** Independence Day (4); **Día de la Madre** Mother's Day (4); **Día de las Brujas** Halloween (4); **Día de los Enamorados** Valentine's Day (4); **Día de los Muertos** All Souls' Day (4); **Día de los Reyes Magos** Epiphany, Day of the Magi (4); **Día de Todos los Santos** All Saints' Day (4); **Día del Padre** Father's Day (4); **día del santo** saint's day (4); **día feriado** holiday (4); **hoy (en) día** nowadays (15); **todo el día** all day (1); **todos los días** every day (3)
diablo devil
dialecto dialect
diamante *m.* diamond (13)
diariamente daily (10)
diario/a daily; **actividades** (*f. pl.*) **diarias** daily activities; **rutina diaria** daily routine (4)
diarrea diarrhea; **tener** (*irreg.*) **diarrea** to have diarrhea (12)
dibujante *m., f.* one who draws or sketches
dibujar to draw (5)
dibujo drawing
dicho saying
dicho/a (*p.p. of* **decir**) said
diciembre *m.* December (1)
dictador(a) dictator
dictadura dictatorship
diecinueve nineteen (A)
dieciséis sixteen (A)
diecisiete seventeen (A)
diente *m.* tooth (12); **lavarse los dientes** to brush one's teeth (4)
dieta diet (12); **estar** (*irreg.*) **a dieta** to be on a diet (8)
dietético/a diet (12)
diez ten (A); **los próximos diez años** the next ten years
diferencia difference
diferente different (3)
difícil hard, difficult
dificultad *f.* difficulty (15)
dificultar to make difficult
difundir to spread
difusión *f.* transmission; spreading
dimensión *f.* dimension
dinero money; **dinero en efectivo** cash (11)
dios *m.* god; **Dios** God
dióxido dioxide

diputado/a delegate
dirección *f.* address (1); direction; **¿cuál es tu dirección electrónica?** what is your (*inf. sing.*) e-mail (address)? (1)
directo/a directo; *gram.* **pronombre de complemento directo** direct object pronoun
director(a) director (6)
dirigente *m., f.* leader; manager
dirigir (j) to direct (7)
disciplinado/a disciplined
disco compacto compact disc (CD)
discordia discord
discoteca discotheque (2)
discriminación *f.* discrimination **discriminación sexual** sexual discrimination
discriminadamente offensively
discriminar to discriminate
discriminatorio/a discriminatory
disculpar to excuse; **disculpe(n)** (*command*) excuse me (7)
discurso speech
discusión *f.* discussion (15)
discutir to discuss (9); to argue (9)
diseñador(a) designer
diseñar to design (3)
diseño de la moda fashion design
disfrutar to enjoy (11)
disidente *m., f.* dissident
disminución *f.* decrease
disminuir (y) to decrease, diminish (15); **disminuya** (*command*) **la velocidad** slow down (11)
disposición *f.* disposition
disputa dispute, argument
distancia distance
distanciar to distance
distante distant
distinción *f.* distinction
distinguir (g) to distinguish
distintivo/a distinctive
distinto/a distinct, different (15)
distracción *f.* distraction (5)
distraer (*like* **traer**) to distract
distribuir (y) to distribute
diversidad *f.* diversity (10)
diversión *f.* entertainment (6)
diverso/a diverse
divertido/a fun; **¡qué divertido!** what fun! (1)
divertirse (ie, i) to have fun (5); **me divertí** I had fun (7); **se divirtió** he/she/ you (*pol. sing.*) had fun (7)
dividir to divide
divinidad *f.* divinity
divino/a divine
divisar to discern
división *f.* division
divorciarse to get divorced (15)
divorcio divorce (14)
divulgar (gu) to divulge

doblar to fold (8); to turn; **doble(n)**
(*command*) turn (11)
doble double; **doble sentido (vía)** two-
way (11); **habitación** (*f.*) **doble** double
occupancy room (11)
doce twelve (A)
doctrina doctrine
documentar to document
documento document (5)
dogma *m.* dogma
dólar *m.* dollar; **cambiar dólares por...** to
exchange dollars for . . . (11)
dolencia ailment (12)
doler (ue) to hurt; **me/le duele...** my/his/
her/your (*pol. sing.*) . . . hurt(s) (12)
dolor *m.* pain, ache (12); **tener** (*irreg.*)
dolor de cabeza/estómago/
garganta/muelas to have a
headache/stomachache/sore throat/
toothache (12)
doméstico/a domestic; **animal** (*m.*)
doméstico pet (5); **aparato doméstico**
household appliance (6); **empleado/a**
doméstico/a servant (6)
dominante dominant
dominar to dominate
domingo Sunday (1)
dominicano/a *n., adj.* Dominican
dominio authority; control
don *m. title of respect used with a man's*
first name
donar to donate
¿dónde? where (1); **¿de dónde eres tú?**
where are you (*inf. sing.*) from?, **¿de**
dónde es usted? where are you (*pol.*
sing.) from? (3); **¿de dónde es... ?** where
is . . . from? (3); **¿dónde está... ?** where
is . . . ? (3); **¿dónde vives tú?** where do
you (*inf. sing.*) live?, **¿dónde vive usted?**
where do you (*pol. sing.*) live? (1)
doña *f. title of respect used with a woman's*
first name
dorado/a golden brown (8)
dormido/a asleep
dormir (ue, u) to sleep (1); **duerme** he/she
sleeps, you (*pol. sing.*) sleep (4); **duermo**
I sleep (4); **dormí** I slept (7); **durmió** he/
she/you (*pol. sing.*) slept (7)
dormitorio bedroom (6)
dos two (A); **los/las dos** both
doscientos/as two hundred (1)
drama *m.* drama, play
drásticamente drastically
droga drug (14)
drogadicción *f.* drug addiction (15)
drogadicto/a drug addict
dualidad *f.* duality
dualismo dualism
ducha shower (6)
ducharse to shower (4)
duda doubt
dudable doubtful

dudar to doubt; **(no) dudar que** to (not)
doubt that . . . (15)
dudoso/a doubtful; **es dudoso que...** it is
doubtful that . . . (15)
dueño/a owner (6)
dulce *adj.* sweet (8); **agua** (*f.*) **dulce** fresh
water (11)
dulcería candy store (13)
dulces *m. pl.* candy (13)
durable durable (13)
durante during
durar to last
durazno peach (8)

E

e and (*used instead of* **y** *before words*
beginning with **i** *or* **hi**)
echar to throw, cast; **echar(se) de menos**
to miss (each other) (14)
eclesiástico/a ecclesiastical
ecología ecology (10)
ecológico/a ecological (10)
ecologista *m., f.* ecologist
economía economy; economics (2)
económico/a economical
economizar (c) to economize
ecoturismo ecotourism
ecuatoriano/a *n., adj.* Ecuadorian
edad *f.* age
edificio building (3)
educación *f.* **(sexual)** (sex) education (15)
educado/a educated; well-mannered
educar (qu) to educate
EE.UU. (E.U.) (*abbrev. for* **Estados**
Unidos) United States
efectivo: dinero en efectivo cash
(*money*) (11)
efecto effect (14); **efecto invernadero**
greenhouse effect
efectuar to carry out
eficacia effectiveness; efficiency
eficaz effective; efficient (15)
eficiente efficient (10)
ejecutivo/a executive
ejemplo example; **por ejemplo** for
example (14)
ejercer (z) to practice; **ejercer los**
derechos to exercise one's rights (15)
ejercicio exercise; **hacer** (*irreg.*) **ejercicio**
to exercise
ejército army (10)
ejote *m.* green bean (*Mex.*) (8)
el *def. art. m.* the
él *sub. pron.* he
elaborar to elaborate
elástico elastic (13)
elección *f.* election
electricidad *f.* electricity (10)
electricista *m., f.* electrician
eléctrico/a electric (4); **aparato eléctrico**
electrical appliance (6)

electrodo electrode
electrónico/a electronic (13); **correo**
electrónico e-mail (1); **escribir mensajes**
electrónicos to write e-mail (1)
elegante elegant (1)
elegido/a elected (7)
elegir (j) to elect
elemento element (8)
elevar to elevate
eliminar to eliminate (10)
elitista elitist
ella *sub. pron.* she
ellos/as *sub. pron.* they; *obj. of prep.*
them
elote *m.* ear of corn (*Mex.*) (8)
eludir to elude
emancipación *f.* emancipation
embajada embassy
embarazada pregnant; **estar** (*irreg.*)
embarazada to be pregnant (12)
embarcar (qu) to embark
embargo: sin embargo however
emblema *m.* emblem
emblematizar (c) to emblematize
emborracharse to get drunk
embotellado/a bottled; jammed, blocked
embotellar to bottle; to jam, block
emergencia emergency (12); **sala de**
emergencias emergency room (12)
emigración *f.* emigration
emigrar to emigrate
emisión *f.* emission
emisora de radio radio station
emitir to emit (15)
emoción *f.* emotion (4)
emocionarse to get excited
empacar (qu) to pack
empanada turnover pie or pastry (8)
empaque *m.* packing
emparejar to match; **empareje(n)**
(*command*) pair up (3)
empeñado/a vehement, heated
empeñarse (en) to strive (to)
empeorar to worsen (15)
emperador *m.* emperor
emperatriz *f.* empress
empezar (ie) (c) to start, begin (2);
empezar a (+ *infin.*) to begin to (*do*
something); **empecé** I started (7);
empezó he/she/you (*pol. sing.*) started
(7); **empiece(n)** (*command*) begin (3);
empiezo I start; **empieza** he/she
starts, you (*pol. sing.*) start
empleado/a employee (5); **empleado/a**
doméstico/a servant (6)
empleo employment (5)
empresa company, firm (15)
en in; **en cuanto** as soon as (15); **en**
general in general (2); **en medio de** in
the middle of (3); **en oferta** on sale
(13); **en orden lógico** in logical order
(4); **en vez de** instead of (7); **en vías de**

desarrollo developing, in the process of developing (15)

enamorado/a: Día de los Enamorados Valentine's Day (4); **estar** (*irreg.*) **enamorado/a** to be in love (4)

enamorarse to fall in love (with each other) (14)

enano/a dwarf

encantado/a delighted (pleased) (to meet you) (6)

encantador(a) charming

encantar to delight, charm; **me encanta(n) el/la/los/las...** I really like . . . (8)

encarnar to incarnate

encendedor lighter

encender (ie) to turn on (4); to light (4); to set on fire; **encender la luz** to turn on the light; **enciende** he/she turns on, you (*pol. sing.*) turn on (4); **enciendo** I turn on (4)

encerrar (ie) to shut in; to lock up

enchilada *rolled tortilla filled with meat and topped with cheese and sauce, cooked in an oven* (8)

enchufar to plug in

encías *pl.* gums (12)

enciclopedia encyclopedia

encima de on top of (3); **por encima** above

encontrar (ue) to find (4); **encuentra** he/she finds, you (*pol. sing.*) find (4); **encuentro** I find (4)

encuentro encounter

encuesta poll (5)

enemigo/a enemy

energía energy; **energía renovable** renewable energy (10); **fuente** (*f.*) **de energía** energy source (15)

enérgico/a energetic

enero January (1)

énfasis *f.* emphasis; **hacer** (*irreg.*) **énfasis** to emphasize; **poner** (*irreg.*) **énfasis** to emphasize

enfatizar (c) to emphasize

enfermedad *f.* illness (12)

enfermero/a nurse (5)

enfermo/a sick (3)

enfocarse (qu) to focus

enfrentarse to face, confront (15)

enfrente *adv.* in front; **enfrente de** in front of (3)

engañar to deceive

enlace *m.* link; union, marriage (14)

enlatado/a canned

enlatar to can

enojado/a mad, angry; **estar** (*irreg.*) **enojado/a** to be mad (4)

enojar to anger (12); **enojarse** to get angry (7)

enojo anger (14)

enorme enormous (13)

enredar to tangle

ensalada salad (3)

ensayo essay

enseñanza teaching (15)

enseñar to teach (5)

entender (ie) to understand

enterado/a informed

enterarse to find out

entidad *f.* entity

entierro funeral, burial

entonces so, then (2)

entrada entrance (2); ticket; **entradas para un concierto** tickets for a concert (1)

entrar to enter (13); **entrar al trabajo** to start work (5)

entre between (3); among; **entre semana** on weekdays, during the week (14)

entrecruzarse to cross

entregar (gu) to hand in (9)

entretenerse (*like* **tener**) to pass the time; to amuse oneself

entretenido/a fun

entrevista interview

entrevistador(a) interviewer

entrevistar to interview (4)

entristecerse (zc) to become sad (12)

enumerado/a numbered

envasado/a in a container

envasar to package; to put in a container

envase *m.* container (10)

enviar to send (6)

envidia envy; **¡qué envidia!** what luck! (I envy you!) (7)

envoltorio wrapper

envolver (ue) to wrap (13); **¿se lo/la/los/las envuelvo?** shall I wrap it/them for you? (13)

enyesado/a in a cast (12)

época era

equipaje *m.* baggage; **facturar el equipaje** to check baggage (11); **reclamo de equipaje** baggage claim (11)

equipo team (1); **equipo de música** stereo (1)

equitativo/a equitable, fair

equivalente equivalent

equivocado/a wrong

erosión *f.* erosion

errar to make a mistake

error *m.* mistake

escala scale; stopover (11)

escalar montañas to go mountain climbing (5)

escalera ladder (5); staircase (6)

escandaloso/a scandalous

escaparse to escape (9); to run away; **se me/le escapó/escaparon** something/someone (*sing. or pl.*) escaped (from me/you/him/her) (12)

escarcha frost (10)

escasez (*pl.* **escaseces**) *f.* scarcity, shortage

esclavitud *f.* slavery

esclavizar (c) to enslave

esclavo/a slave

escoba broom (6)

escoger (j) to choose (4); **escoge** he/she chooses, you (*pol. sing.*) choose (4); **escojo** I choose (4)

escoltar to escort

esconder to hide (something); **esconderse** to hide (oneself)

escondido/a hidden

escondite: jugar (ue) (gu) al escondite to play hide-and-seek (9)

escribir (*p.p.* **escrito**) to write (2); **escribir a máquina** to type (5); **escribir cartas** to write letters (2); **escribir mensajes electrónicos** to write e-mail (1)

escrito/a (*p.p. of* **escribir**) written; **¡dígalo por escrito!** say it in writing! (1)

escritor(a) writer (7)

escritura writing

escuchar to listen (1); **escuchar música** to listen to music (1)

escuela school (3); **escuela primaria** elementary school (7); **escuela secundaria** high school (7)

ese, esa *pron.* that (one); *adj.* that (2)

esencial essential

esfuerzo effort

esguince *m.* sprain (12)

esmog *m.* smog (10)

eso that, that thing, that fact; **por eso** for that reason, therefore (14)

Esopo Aesop

espacio space (10); **espacio en blanco** blank space (3)

espaguetis *m. pl.* spaghetti; pasta

espalda back

español *n. m.* Spanish (language)

español(a) *n.* Spaniard; *adj.* Spanish

espárragos *pl.* asparagus (8)

Espartaco Spartacus

especia spice (8)

especialidad *f.* major (2)

especialización *f.* major

especializarse (c) to major

especialmente especially (4)

especie *f. sing.* species (10)

específico/a specific

espectáculo show (7)

especulación *f.* speculation

espejismo mirage

espejo mirror (6); **espejo retrovisor** rearview mirror (11)

espejuelos eyeglasses, spectacles

esperar to wait; to hope; **esperar el autobús** to wait for the bus (3); **esperar que** to hope that (15)

espeso/a thick

espíritu *m.* spirit; soul

espiritual spiritual

espiritualidad *f.* spirituality

espliego lavender

espoleta wishbone

esponja sponge

esposo/a husband/wife

espuma foam
esqueleto skeleton (12)
esquiar to ski
esquíes *m. pl.* skis
esquina (*street*) corner
establecer (zc) to establish (10)
establecimiento establishment
estación *f.* station (3); season (1); **estación de metro** subway station (11)
estacionamiento parking lot (3)
estacionar to park (7)
estadio stadium (1)
estado state (15); **estado anímico** mental state (4); **estado civil** marital status (1); **estado de ánimo** mental state (4); **estado físico** physical state (4)
estadounidense *n. m., f.* United States citizen; *adj.* of, from, or pertaining to the United States
estallar to explode, blow up; to spark, trigger
estampilla (postage) stamp (3)
estandarte standard, banner
estante *m.* shelf
estar *irreg.* to be (4); **¿de qué está hecho/a?** what is it made of? (13); **está hecho/a de...** it's made of . . . (13); **estar a dieta** to be on a diet (8); **estar alegre** to be happy (4); **estar comprometido/a** to be engaged (14); **estar contento/a** to be happy (4); **estar de acuerdo** to agree (4); **estar de buen/mal humor** to be in a good/bad mood (4); **estar de visita** to be staying (11); **estar deprimido/a** to be depressed (4); **estar dispuesto/a a** (+ *infin.*) to be willing (*to do something*); **estar embarazada** to be pregnant (12); **estar enamorado/a** to be in love (4); **estar enojado/a** to be mad (4); **estar hinchado/a** to be swollen (12); **estar internado/a (en el hospital)** to be hospitalized (12); **estar mareado** to be dizzy, seasick, nauseous (12); **estar mejor** to be better; **estar muerto/a** to be dead (9); **estar ocupado/a** to be busy (4); **estar preocupado/a** to be worried (4); **estar resfriado/a** to have a cold (12); **estar solo/a** to be alone, lonely (4); **estar triste** to be sad (4); **estar vivo/a** to be alive (9); **estuve** I was (7); **estuvo** he/she was, you (*pol. sing.*) were (7)
estatua statue (6)
este *m.* east
este, esta *pron.* this (one); *adj.* this (2); **esta noche** tonight (2)
estéreo stereo
estereotipado/a stereotyped
estereotipo stereotype (2)
estilo style (13)
estima esteem, respect
estimular to stimulate
estímulo stimulus

esto this, this thing, this matter
estómago stomach; **tener** (*irreg.*) **dolor de estómago** to have a stomachache (12)
estorbar to hinder; to impede
estornudar to sneeze (12)
estornudo sneeze
estrategia strategy
estrecho/a tight (13)
estrella star; **estrella de cine/televisión** movie/television star (7); **estrella marina** starfish (10)
estresado/a stressed
estudiante *m., f.* student; **estudiante universitario/a** university student
estudiantil *adj.* student; **centro estudiantil** student center (3); **periódico estudiantil** student newspaper; **residencia estudiantil** student residence hall, dormitory (5)
estudiar to study
estudio study (14)
estudioso/a studious
estupendo/a stupendous
etcétera etcetera (4)
ético/a ethical
etiqueta label (8)
etnicidad *f.* ethnicity
étnico/a ethnic
E.U. (*abbrev. for* **Estados Unidos**) United States
euro euro, monetary unit of European Union (3)
europeo/a European (2)
evadir to evade
evaluar to evaluate
evento event
eventualmente eventually
evidencia evidence
evitar to avoid (12)
evolución *f.* evolution
exactamente exactly
exagerar to exaggerate
examen *m.* exam, test; **tomar un examen** to take a test (4)
examinar to examine (5)
excedente excess, surpass
excelente excellent (8)
excepcional exceptional
excepto except
excesivo/a excessive (10)
exceso excess; **exceso de velocidad** speeding (7)
excitar to excite
excluir (y) to exclude
exclusivo/a exclusive
excursión *f.* tour, field trip (11)
exhibición *f.* exhibition (3)
exigir (j) to demand
existencia existence
existir to exist (14)
éxito success; **tener** (*irreg.*) **éxito** to be successful

exitoso/a successful
expandir to expand
expectativa expectation (14)
experiencia experience (5)
experto/a expert (11)
explicar (qu) to explain (5)
exploración *f.* exploration
explorador(a) explorer (9)
explorar to explore; **explorar el Internet** to surf the Internet (1)
explotación *f.* exploitation (10)
explotar to exploit
exportación *f.* exportation (10)
expresar to express
expresión *f.* expression
exprimidor *m.* juicer (13)
expulsar to expel, throw out
extensión *f.* extension (10)
extenso/a extensive (11)
exterminación *f.* extermination
exterminar to exterminate
externo/a external
extinción *f.* extinction; **en peligro de extinción** in danger of extinction (10)
extinguible extinguishable
extinguir (g) to extinguish
extramarital: aventura extramarital extramarital relationship
extranjero abroad
extranjero/a foreigner
extraordinario extraordinary
extremista *m., f.* extremist
extremo/a extreme

F

fábrica factory
fabricación *f.* making, manufacture (13)
fabricar (qu) to manufacture, make
fábula fable
facción *f.* faction, feature
fácil easy
facilidad *f.* ease
facilitar to facilitate, make easy
fácilmente easily
facsimilar to fax
facsímile fax
factor *m.* factor (14)
facturar el equipaje to check baggage (11)
facultad *f.* school (*of a university*); **Facultad de Bellas Artes** School of Fine Arts (3); **Facultad de Ciencias Naturales** School of Natural Sciences (3); **Facultad de Ciencias Sociales** School of Social Science (3); **Facultad de Derecho** School of Law (3); **Facultad de Filosofía y Letras** School of Humanities (3); **Facultad de Medicina** School of Medicine (3)
falda skirt (A)
fallar to miss
fallecimiento death

falsificar (qu) to falsify
falso/a false (9)
falta lack
faltar to be missing, lacking (7); to be absent; **faltar... para...** it is . . . minutes til . . . (14)
fama fame
familia family (9)
familiar *m., f.* relative
famoso/a famous
fanático/a fanatic
fanatismo fanaticism
fantasma *m.* ghost
fantástico/a fantastic
farmacéutico/a pharmacist (12)
farmacia pharmacy (3)
faro headlight (11)
fascinado/a fascinated
fascinante fascinating
fascinar to fascinate
fastidiar to annoy; to upset, spoil one's plans
fauna fauna (10)
favor *m.* favor; **estar** (*irreg.*) **a favor de** to be in favor of; **en favor de** in favor of; **favor de** (+ *infin.*) please (+ *action*); **por favor** please
favorecer (zc) to favor
favorito/a favorite (1)
fe *f.* faith
febrero February (1)
febril feverish
fecha date; **fecha de nacimiento** date of birth (1)
federal *adj.* federal (15)
fehaciente authentic, reliable
felicidad *f.* happiness (15); **¡felicidades!** congratulations! (1)
feliz happy (12); **¡feliz cumpleaños!** happy birthday! (1); **¡feliz Navidad!** Merry Christmas!
femenino/a feminine
feminista *m., f.* feminist
fenómeno phenomenon
feo/a ugly
feria fair
fertilizante *m.* fertilizer
festejar to celebrate
festivo: día (*m.*) **festivo** holiday
fiarse to trust
fibra fiber (12); **fibra de vidrio** fiberglass (13)
ficción *f.* fiction
fideo noodle (8)
fiebre *f.* fever; **fiebre del heno** hay fever (12); **tener** (*irreg.*) **fiebre** to have a fever (12)
fiesta party (4); **dar** (*irreg.*) **una fiesta** to give a party (2)
figura figure
fila line, file, row
filosofía philosophy; **Facultad de Filosofía y Letras** School of Humanities (3)

filtro filter
fin end (4); **a fin de cuentas** in the end; **fin de semana** weekend (1); **por fin** finally (4)
final *n. m.* end; **al final** in the end
finalmente finally (3)
financiero/a financial
firma signature (1)
firmar to sign
firme firm (10)
física physics (2)
físico/a physical; **estado físico** physical state (4)
flamenco flamenco (dance) (11)
flan *m.* sweet custard (8)
flecha arrow
flor *f.* flower (2)
flora flora (10)
florero flower vase
flotar to float (10)
fluidez: hablar con fluidez to speak fluently
flúor fluorine
folklórico/a pertaining to folklore
folleto brochure (11)
fomentar to foster, encourage
fomento promotion, encouragement
fondo fund (15); **a fondo** deeply
forma form (10)
formación *f.* education, preparation
formar to form (8)
fórmula formula
foro forum
fortuito/a fortuitous, chance
fortuna fortune
fósil *m.* fossil; **combustible** (*m.*) **fósil** fossil fuel
foto(grafía) picture; **sacar (qu) fotos** to take photos
fotográfico/a photographic
fotosíntesis photosynthesis
fracasar to fail
fracaso failure (14)
fracturado/a fractured, broken
fragancia fragrance
francés, francesa *n., adj.* French
Francia France
frase *f.* sentence, phrase
fraternidad *f.* fraternity
frecuencia frequency; **con frecuencia** frequently (2)
frecuente frequent
frecuentemente frequently (8)
fregadero kitchen sink
freír (*p.p.* **frito**) to fry (8)
freno brake (11)
frente *m.* front; forehead (12); **frente a** *adv.* facing, in the face of; **hacerle** (*irreg.*) **frente** to face
fresa strawberry (8)
fresco/a fresh (8); **hace fresco** it's cool (2)
fricativo/a fricative
frijol *m.* bean (8)

frío cold; **hace (mucho) frío** it's (very) cold (2); **té** (*m.*) **frío** iced tea (8); **tener** (*irreg.*) **frío** to be cold (4)
frito/a (*p.p. of* **freír**) fried; **papas fritas** French fries (3); **pollo frito** fried chicken
frontera border, frontier
fronterizo/a of the border, frontier
frustrado/a frustrated (12)
fruta fruit (3); **batido de frutas** fruit shake (8)
frutería fruit store (13)
frutilla strawberry (*Arg.*) (8)
fuego fire; **fuegos artificiales** fireworks (4)
fuente *f.* source; fountain (3); **fuente de energía** energy source (15); **fuente de sopa** soup tureen (8)
fuerte strong
fuerza force
fuga escape
fulgor *m.* glow, brightness, sparkle
fumar to smoke
función *f.* function (12)
funcionar to function, work (13)
fundador(a) founder
fundamentalista *m., f.* fundamentalist
funeral *m.* funeral
furioso/a furious (7)
fútbol *m.* soccer (1); **fútbol americano** football (1)
futuro future (5)

G

gabinete *m.* cabinet
gafas *pl.* glasses; **gafas de sol** sunglasses
galardonar to reward
galería de arte art gallery
gallego *n.* Galician (*language*)
galleta cracker, cookie (3)
galletitas cookies (3)
ganado livestock, cattle
ganar to win (7); **ganar dinero** to earn money (5); **ganarse** to win something for oneself (15); **ganarse la vida** to earn one's living (15)
ganas: tener (*irreg.*) **ganas de** to feel like (*doing something*) (5)
ganga bargain; **¡qué ganga!** what a bargain! (13)
garaje *m.* garage (6)
garantía guarantee (13)
garantizar (c) to guarantee
garganta throat (12); **tener** (*irreg.*) **dolor de garganta** to have a sore throat (12)
gárgaras: hacer (*irreg.*) **gárgaras** to gargle (12)
gas *m.* gas (13)
gaseoso/a gaseous
gasolina gasoline (10); **gastar gasolina** to use (waste) gasoline (11)
gasolinera gas station (3)

gastar to spend (13); **gastar gasolina** to use (waste) gasoline (11)

gasto expense, waste (14)

gato cat; **jugar (ue) (gu) al gato** to play tag

genealógico/a genealogical; **árbol** (*m.*) **genealógico** family tree (9)

general *n.* general; *adj.* general; **en general** in general; **por lo general** generally (1)

generalización *f.* generalization

generalmente generally, usually (3)

generar to generate (10)

genocidio genocide

gente *f. s.* people (2)

geografía geography (2)

geográfico/a geographic

gerente *m., f.* manager (5)

gigantesco/a gigantic

gimnasio gymnasium (3)

Ginebra Geneva

gira tour; **hacer** (*irreg.*) **una gira** to take a tour (10)

giro turn

global: calentamiento global global warming

globalización *f.* globalization

globo balloon (4)

gloria glory (7)

glorieta traffic circle (11)

gobernar to govern (7)

gobierno government (10)

golfo gulf (10)

golpear to hit, beat (14)

goma rubber (13)

gordo/a fat; **premio gordo** grand prize (15)

gorguera ruff

gorila *m.* gorilla

gorra cap (2)

gota drop (10); **gotas para la nariz** nose drops (12)

gozar (c) de to enjoy

grabadora tape recorder

grabar to record

gracias thanks, thank you; **Día de Acción de Gracias** Thanksgiving (4); **gracias a** thanks to

grados (centígrados) degrees (centigrade) (2)

gradualmente gradually

graduarse (me gradúo) to graduate (5)

gráfico graphic (2)

grafología graphology

gramática grammar

gran, grande big, large (A)

granja farm

granjero/a farmer

grasa fat (8)

gratificar (qu) to gratify

grave serious (10)

griego/a *n., adj.* Greek

gripe *f.* flu; **tener** (*irreg.*) **gripe** to have the flu (12)

gris grey (A)

gritar to yell, scream

grito shout, scream (7); **dar** (*irreg.*) **gritos** to shout

grupo group (1); **trabajar en grupos** to work in groups

guacamayo parrot (10)

guajolote *m.* turkey (*Mex.*) (8)

guante *m.* glove (13)

guapo/a good-looking

guardafangos *m., sing.* fender

guardar to keep; to save; **guardar ropa** to put away clothes (6)

guardería infantil childcare center (15)

guatemalteco/a *n., adj.* Guatemalan

guayabera *embroidered lightweight shirt worn in tropical climates* (13)

guerra war (15); **guerra civil** civil war

guía *m., f.* guide

guiar (guío) to guide

guisante *m.* green pea (8)

guitarrista *m., f.* guitar player

gustar to be pleasing; **¿a quién le gusta... ?** who likes to . . . ? (1); **¿qué le/te/les gusta hacer?** what do you (*pol. sing./inf. sing./pl.*)/they like to do? (1); **le gusta...** he/she likes . . . , you (*pol. sing.*) like . . . (1); **les gusta...** they/you (*pl.*) like (to) . . . ; **(no) me gusta...** I (don't) like (to) . . . (1); **me (te/le/nos/os/les) gustaría** (+ *infin.*) I (you [*inf. sing.*]/you [*pol. sing.*]/he/she/ we/you [*inf. pl. Sp.*]/you [*pl.*]/they would like (*to do something*) (5); **nos gusta...** we like (to) . . . (1); **te gusta...** you (*inf. sing.*) like (to) . . . (1)

gusto taste; pleasure, delight; **con gusto** with pleasure (8); **dar** (*irreg.*) **gusto** to be pleasing; **gusto en conocerlo/la** nice to meet you (*pol.*) (6)

gustoso/a pleasant; tasty

H

haber *irreg.* (*infin. of* **hay**) to have (*auxiliary*); to be; to exist; **había** there was/were (9); **habrá** there will be (12); **hay** there is / there are (B); **hay que** one has to (*do something*) (5); **no hay paso** no entrance (11)

habichuela green bean (8)

hábil skillful

habilidad *f.* ability (5)

habitación *f.* room (6); **habitación doble** double occupancy room; **habitación sencilla** single occupancy room (11)

habitante *m., f.* inhabitant

habitar to inhabit

hábitat *m.* habitat (10)

hábito habit

hablador(a) talkative

hablante *m., f.* speaker

hablar to speak, talk

hacer *irreg.* (*p.p.* **hecho**) to do; to make (1); **¿cuánto tiempo hace que... ?** how long has it been since . . . ? (7); **hace** (+ *time*) **que** + *present* (I) have been (*doing something*) for (+ *time*); it has been (+ *time*) since (7); **hace (muy) buen/mal tiempo** the weather is (very) fine/bad (2); **hace (mucho) calor/frío** it's (very) hot/cold (2); **hace fresco** it's cool (2); **hace más de...** it has been more than (+ *time*) (7); **hace sol** it's sunny (2); **hace (mucho) viento** it's (very) windy (2); **hacer caso a** to pay attention to (14); **hacer clic en** to click on (11); **hacer cola** to stand in line (11); **hacer daño** to harm; **hacer ejercicio** to exercise (1); **hacer el papel (de)** to play the role (of) (12); **hacer gárgaras** to gargle (12); **hacer huelga** to go on strike; **hacer las maletas** to pack (11); **hacer preguntas** to ask questions; **hacer una gira** to take a tour (10); **haga(n)** (*command*) do, make (11); **hágale preguntas a...** ask . . . questions (1); **hice** I did, made (7); **hizo** he/she/you (*pol. sing.*) did, made (7); **¿qué le/te/les gusta hacer?** what do you (*pol. sing./inf. sing./pl.*)/they like to do? (1); **¿qué tiempo hace?** what is the weather like? (2)

hacia toward (10); **hacia abajo** downward

hacienda ranch

hada fairy; **cuento de hadas** fairy tale

hallar to find

hambre *f.* (*but* **el hambre**) hunger; **tener** (*irreg.*) **hambre** to be hungry (4)

hamburguesa hamburger (3)

harina flour (8)

hasta *prep.* up to; until (2); *adv.* even; **desde la(s)... hasta la(s)...** from . . . to . . . (*time*); **hasta muy tarde** until very late; **hasta que** *conj.* until (15)

hecho *n.* fact; event (7); **de hecho** in fact; **¿de qué está hecho/a?** what is it made of? (13); **está hecho/a de...** it's made of . . . (13); **hecho/a a mano** handmade (13)

hecho/a (*p.p. of* **hacer**) made; **hecho de metal** made of metal

heladería ice cream parlor (13)

helado ice cream; **té** (*m.*) **helado** iced tea (8)

helicóptero helicopter

hemisférico/a hemispheric

hemisferio hemisphere (10)

heno: fiebre (*f.*) **del heno** hay fever (12)

heredar to inherit

herencia inheritance

herida wound (12)

herido/a wounded person (12)

herir (i, i) to wound

hermanastro/a stepbrother/stepsister (9)

hermano/a brother/sister; *pl.* siblings; **hermanito/a** little brother / little sister;

medio/a hermano/a half brother / half sister (9)
hermoso/a beautiful (7)
héroe *m.* hero (5)
heroico/a heroic (7)
herrador(a) blacksmith
herradura horse shoe
herraje *m.* ironwork
herramienta tool (13)
híbrido/a hybrid (10)
hielo ice; **capa de hielo polar** polar ice cap
hierba grass
hierro iron (13)
hígado liver (8)
hijastro/a stepson/stepdaughter (9)
hijo/a son/daughter; *pl.* siblings
hilo thread (13)
hinchado/a swollen; **estar** (*irreg.*) **hinchado** to be swollen (12)
hindú (*pl.* **hindúes**) *n., adj.* Hindu
hipótesis *f.* hypothesis
hipotético/a hypothetical
hispanidad *f.* Spanishness
hispano/a *n., adj.* Hispanic (1)
hispanohablante *m., f.* Spanish speaker
histérico/a hysterical (15)
historia history (2); story
historial (*m.*) **clínico** medical history (12)
histórico/a historical (7)
hogar *m.* home (13)
hoja leaf (10); **hoja de papel** sheet of paper (10); **trébol** (*m.*) **de cuatro hojas** four-leafed clover
hombre *m.* man; **hombre de negocios** businessman (3)
homicidio homicide
homofobia homophobia
homogeneidad *f.* homogeneity
homogéneo/a homogeneous, similar
homosexualidad *f.* homosexuality
hondo/a deep; **plato hondo** bowl (8)
hongo mushroom (8)
honor *m.* honor (7)
honrar to honor
hora time (1); hour (1); **¿a qué hora es...?** what time is...? (1); **a última hora** at the last minute (11); **horas de oficina** office hours; **horas pico** prime time; **¿qué hora es?** what time is it? (1); **¿qué hora tiene/tienes?** what time do you (*pol. sing.*)/(*inf. sing.*) have? (1); **seis horas al día** six hours a day
horario schedule (2)
horchata *sweet rice drink* (8)
hornear to bake (5)
horno (de microondas) (microwave) oven (6); **al horno** baked (8)
horóscopo horoscope (1)
horror *m.* horror (3); **historia de horror** horror story; **película de horror** horror movie
horrorizado/a horrified

horrorizar (c) to horrify
hospedarse to stay (*at a hotel*) (7)
hospital *m.* hospital (3)
hotel *m.* hotel (3)
hoy today (1); **hoy (en) día** nowadays
huelga strike; **hacer** (*irreg.*) **huelga** to go on strike
huellas digitales fingerprints
hueso bone (12)
huevo egg (3); **huevos fritos/cocidos** fried/hard-boiled eggs (8); **huevos rancheros** *eggs, usually fried or poached, topped with a spicy tomato sauce and sometimes served on a fried corn tortilla* (8); **huevos revueltos** scrambled eggs (3)
huida escape
humanidad *f.* humanity
humanizar (c) to humanize
humano/a human; **ser** (*m.*) **humano** human being (15)
humedad *f.* humidity (10)
húmedo humid (10)
humildad *f.* humility
humo smoke
humor *m.* humor; **sentido del humor** sense of humor (14)
huracán *m.* hurricane

I

Ibérica: Península Ibérica Iberian Peninsula
icono icon
ida: boleto de ida y vuelta round-trip ticket (11)
idealizar (c) to idealize
idéntico/a identical
identidad *f.* identity
identificación *f.* identification
identificar (qu) to identify
idioma *m.* language
idiomático/a idiomatic
idóneo suitable
iglesia church (3)
ignorar to ignore
igual equal (15)
igualar to equalize
igualdad *f.* equality
igualmente likewise
ilegal illegal
ilícito/a illegal
imagen *f.* image
imaginación *f.* imagination
imaginar to imagine; **imagínese** (*command*) imagine
imaginativo/a imaginative
impaciencia impatience (4)
impaciente impatient (4)
impacto impact
imparcial impartial
impedimento impediment

impedir (i, i) to impede
imperfecto *adj.* imperfect
imperialismo imperialism
imperio empire
implantar to implant
implicar (qu) to imply (15)
implícito/a implicit
imponer (*like* **poner**) to impose (10)
importación *f.* importation (15)
importancia importance (11)
importante important (2); **es importante que...** (+ *subjunctive*) it's important that... (14)
importar to matter, be important
imposible impossible (4)
imprescindible essential
impresión *f.* impression
impresionante impressive (10)
impresionar to impress
impreso/a (*p.p. of* **imprimir**) printed
impresora printer (10)
imprevisible unforeseeable, unpredictable
imprevisto/a unforeseen; **caso imprevisto** unforeseen occurrence (12)
imprimir (*p.p.* **impreso**) to print (13)
impuesto tax (11)
impulsar to impel, drive forward
impulsivo/a impulsive
impulso impulse
inalámbrico/a cordless
inca *n. m., f.* Inca; *adj.* Incan
incidencia incident (10)
incierto/a uncertain
incitar to incite
inclinación *f.* inclination
inclinado/a slanted
incluido/a included (11)
incluir (y) to include (6); **incluya(n)** (*command*) include
incompleto/a incomplete
incomprensible incomprehensible
incondicional unconditional (14)
inconfundible unmistakable
inconsciente unconscious (12)
incredulidad *f.* incredulity
incrédulo/a incredulous
increíble incredible
incrementar to increase
inculcación *f.* instillation
inculcar (qu) to instill
indemnización *f.* indemnification
independencia independence; **Día de la Independencia** Independence Day (4)
independiente independent
independizar (c) to free, make independent
indicar (qu) to indicate (12)
indicativo indicative
índice *m.* index
indiferente indifferent
indígena *n. m., f.; adj.* Indian; indigenous, native (7)
indio/a Indian

indirecto/a indirect; *gram.* **pronombre de complemento indirecto** indirect object pronoun

indiscreto/a indiscrete (7)

indispensable necessary; **es indispensable que...** (+ *subjunctive*) it's absolutely necessary that . . . (14)

individual individual (5)

individuo *n. m., f.* individual

indocumentado/a undocumented

indudable doubtless

industria industry (10)

inevitable unavoidable

infancia childhood

infantil relating to children or childhood (14); **guardería infantil** childcare center (15)

infección *f.* infection (12)

inferioridad *f.* inferiority

infinitivo infinitive

influencia influence

influir (y) to influence

información *f.* information (1)

informarse to inform oneself

informática data processing (2)

informativo/a informative

informe *m.* report

infundir to instill, infuse

ingeniería (mecánica) (mechanical) engineering (2)

ingeniero/a engineer (5)

Inglaterra England

inglés *n. m.* English (language)

inglés, inglesa *n., adj.* English

ingrediente *m.* ingredient (8)

ingresar to enroll, register

inhalación (*f.*) **de vapor** steam inhalation (12)

inhalar to inhale, breathe (12)

iniciador(a) initiator, pioneer

iniciar to initiate

injusticia injustice

injustificable unjustifiable

injusto/a unjust

inmediatamente immediately (7)

inmenso/a immense (10)

inmigración *f.* immigration (1)

inmigrante *m., f.* immigrant (15)

inmigrar to immigrate

inmóvil immobile

innato/a innate

innecesario/a unnecessary

inocente innocent (5)

inodoro toilet (6)

inolvidable unforgettable

inoxidable: acero inoxidable stainless steel (13)

inquietar to disturb; to worry

inquisición inquisition; **Inquisición Española** Spanish Inquisition

inscribir(se) to enroll (oneself) (15)

insecto insect

inseguro/a unsure

insensatez *f.* foolishness, stupidity

insinuar to insinuate

insistente insistent (14)

insistir to insist

insomnio insomnia

inspeccionar to inspect

inspiración *f.* inspiration

inspirar to inspire

instalación *f.* installation (5)

instantáneamente instantaneously

institución *f.* institution (15)

instrucción *f.* instruction; direction (11); **seguir (i, i) (g) las instrucciones** to follow directions (3)

instructor(a) instructor

instruir (y) to instruct

instrumento instrument

insuficiente insufficient

integración *f.* integration

integrado/a integrated

íntegro/a whole, complete; upright

intelectual intellectual

inteligencia intelligence (14)

inteligente intelligent

intención *f.* intention

intencionado/a deliberate

intensidad *f.* intensity

intensivo/a intensive (5)

intenso/a intense

intentar to try

intento attempt

interacción *f.* interaction

intercambiar to exchange

intercambio exchange

interés *m.* interest

interesante interesting

interesar to interest (10)

interfaz *f.* interface

interior interior (12); **ropa interior** underwear (13)

internacional international

internado/a: estar (*irreg.*) **internado/a (en el hospital)** to be hospitalized (12)

interpretación *f.* interpretation

interpretar to interpret (14)

interrupción *f.* interruption

intervenir (*like* **venir**) to intervene

íntimo/a close, intimate; **amigos íntimos** close friends

intolerancia intolerance

introducir (zc) to introduce

intuición *f.* intuition

intuir (y) to sense

intuitivo/a intuitive

inundación *f.* flood (10)

inútil useless

invadir to invade

invasión *f.* invasion

invención *f.* invention (15)

inventar to invent (9)

invento invention

inventor(a) inventor

invernadero greenhouse; **efecto invernadero** greenhouse effect

invernar to winter; to hibernate

inversión *f.* inversion

invertir (ie, i) to invest

investigación *f.* investigation

investigar (gu) to investigate

invierno winter (1)

invitación *f.* invitation (2)

invitar to invite (2)

inyección *f.* injection, shot (12); **poner** (*irreg.*) **una inyección** to give a shot

ir *irreg.* to go (1); **¿cómo se va de... a... ?** how does one get from . . . to . . . ? (11); **fue** he/she/you (*pol. sing.*) went (7); **fui** I went (7); **iba a** (+ *infin.*) I was going to (+ *infin.*) (12); **ir a** (+ *infin.*) to be going to (*do something*) (2); **ir a fiestas** to go to parties (1); **ir a la playa** to go to the beach (1); **ir al cine** to go to the movies (1); **ir al trabajo** to go to work (3); **ir de compras** to go shopping (1); **ir de vacaciones** to go on vacation (5); **irse** to go away, get away; **va a...** he/she is going to . . . , you (*pol. sing.*) are going to . . . (2); **voy a...** I am going to . . . (2)

Irak Iraq

Irlanda Ireland

irlandés, irlandesa *n.* Irishman/ Irishwoman; *adj.* Irish

irónicamente ironically

ironizar (c) to ridicule, treat ironically

irradiación *f.* irradiation

irreparablemente irreparably

irresponsable irresponsible

irritable irritable (12)

isla island (10)

itinerario itinerary (11)

izquierda *n.* left-hand side; **a/de la izquierda** to/from (on) the left

izquierdo/a *adj.* left

J

jabón *m.* soap (4)

jalar to pull (14)

jalea jelly

jamaica *sweet drink made with hibiscus flowers* (8)

jamás never

jamón *m.* ham (3)

Jánuca *m.* Hanukkah (4)

jarabe *m.* syrup; **jarabe para la tos** cough syrup (12)

jardín *m.* garden; **jardín zoológico** zoo (7); **trabajar en el jardín** to work in the garden (1)

jarra pitcher, jug (8)

jaula cage (5)

jefe, jefa boss, chief (5)

jeroglíficos hieroglyphics

jersey *m.* sweater
jornada: jornada completa full time (5);
   media jornada part-time (5)
joven *n. m., f.* youth (9); *adj.* young
joyería jewelry store (13)
jubilarse to retire
júbilo jubilation
judío/a *n.* Jewish person; *adj.* Jewish (11)
juego game (1); **juego de** set of (*items*)
   (13); **juegos de video** video games
jueves *m. sing., pl.* Thursday (1)
juez *m., f.* (*pl.* **jueces**) judge (5)
jugador(a) player (7)
jugar (ue) (gu) to play (1); **jugar a la / al**
   (+ *sport*) to play (*a sport*); **jugar a la**
   lotería to play the lottery; **jugar a la**
   pelota to play ball (9); **jugar a la rayuela**
   (al bebeleche [*Mex.***])** to play hopscotch
   (9); **jugar a las cartas** to play cards (3);
   jugar al boliche to bowl (2); **jugar al**
   escondite to play hide-and-seek (9);
   jugar al gato to play tag (9); **jugar al**
   tenis to play tennis (1); **jugar con**
   carritos to play with little cars; **jugar**
   con muñecas to play with dolls (9);
   jugar en la nieve to play in the snow (1);
   jugó he/she/you (*pol. sing.*) played (7);
   jugué I played (7)
jugo juice (3); **jugo de naranja** orange
   juice (3)
juguete *m.* toy (4)
juguetería toy store (13)
juicio judgment
julio July (1)
jungla jungle
junio June (1)
juntar to join
junto/a *adj.* together (3)
justicia justice (5)
justificar (qu) to justify
justo/a fair (15)
juvenil *adj.* juvenile
juventud *f.* youth (9)
juzgar (gu) to judge

K

kilómetro kilometer (7)
kínder *m.* kindergarten (14)

L

la *def. art. f.* the; *d.o.* her/it/you (*pol. sing.*)
labio lip (12)
laboratorio laboratory (2)
lado side; **al lado de** beside; **por otro**
   lado... on the other hand . . . ; **por un**
   lado... on one hand . . .
ladrillo brick (13)
ladrón, ladrona thief (4)
lago lake (2)
laguna lagoon (10)
lamentable unfortunate

lámpara lamp (6)
lana wool (13)
lancha launch (11)
langosta lobster (8)
lanzamiento launch
lapislázuli *m.* lapis lazuli
largo/a long
las *def. art. f. pl.* the; *d.o. f. pl.*
   them/you (*pol. pl.*)
lástima shame; **es una lástima** it's a shame;
   ¡qué lástima! that's too bad! (13); **qué**
   lástima que... it's a shame that . . . (15)
lastimado/a injured, hurt (10)
lastimar to harm, injure
lata can (8)
latino/a *n., adj.* Latin
Latinoamérica Latin America
latinoamericano/a *n., adj.* Latin
   American (3)
lavabo bathroom sink (6)
lavadora washing machine (6)
lavandería laundromat (3)
lavaplatos *m. sing.* dishwasher (6)
lavar to wash (2); **lavar el carro** to wash
   the car (2); **lavar la ropa** to do laundry;
   lavarse to wash, bathe oneself; **lavarse**
   el pelo to wash one's hair (4); **lavarse**
   los dientes to brush one's teeth (4)
lazo tie
lealtad *f.* loyalty (14)
lección *f.* lesson (3)
leche *f.* milk (3); **arroz** (*m.*) **con leche**
   rice pudding (8); **batido de leche**
   milkshake (8)
lechuga lettuce (3)
lectura reading (1)
leer (y) to read; **leer el correo**
   electrónico to read one's e-mail; **leer el**
   horóscopo to read the horoscope; **leer**
   el periódico to read the newspaper (1);
   leer revistas to read magazines (1); **leí**
   I read (*past tense*) (7); **leyó** he/she/you
   (*pol. sing.*) read (*past tense*) (7)
legal legal (15)
legalizar (c) to legalize (15)
legislador(a) legislator
legislar to legislate
legumbre *f.* vegetable (3)
lejos de far from (3)
lengua tongue (12); language (15); **lengua**
   materna mother tongue (15)
lenguaje *m.* language
lentamente slowly (10)
lento/a slow
león, leonesa lion; **león marino** sea lion (10)
leopardo leopard (10)
lesbiana lesbian
lesión *f.* injury (12)
letal lethal
letra letter (*of the alphabet*) (10); **Facultad**
   de Filosofía y Letras School of
   Humanities (3); **letra cursiva** italics

letrero sign (10)
levantar to raise; **levantar pesas** to lift
   weights (2); **levantarse** to get up (4)
ley *f.* law (15)
leyenda legend
liberado/a liberated (2)
liberar to liberate, free
libertad *f.* liberty
libertador(a) liberator (7)
libra pound (8)
libre free; **actividades del tiempo libre**
   leisure-time activities (1); **aire** (*m.*) **libre**
   outdoors (7); **mercado al aire libre**
   open-air market (13)
librería bookstore (3)
libreta notebook
libro book
lícito/a lawful, legal (15)
licuadora blender
licuar to blend, liquefy (13)
líder *m., f.* leader
liderazgo leadership
lienzo canvas
ligero/a light (10)
limitar to limit (10)
límite *m.* limit (14)
limón lemon
limonada lemonade (4)
limpiaparabrisas *m. sing.* windshield
   wiper (11)
limpiar to clean (2)
limpieza cleaning; **productos de limpieza**
   cleaning products
limpio/a clean
linaje *m.* lineage
lindo/a pretty (7)
línea line
lingüístico/a linguistic
lino linen (13)
lío problem, trouble; **meterse en líos** to
   get into trouble (9)
liquidación *f.* closing sale (13)
líquido liquid (8)
lista list (B)
listeza cleverness
listo/a ready (5); prepared; **estar** (*irreg.*)
   listo/a to be ready; **ser** (*irreg.*) **listo/a** to
   be smart, clever
literatura literature (2)
llamada (telephone) call (4)
llamar to call (on phone) (4); **¿cómo te**
   llamas (tú)? what is your (*inf. sing.*)
   name? (1); **llamar la atención** to call
   attention (10)
llamativo/a showy; getting one's
   attention
llano plain (10)
llanta (desinflada) (flat) tire (11); **llanta**
   de repuesto spare tire (11)
llanura plain, prairie
llave *f.* key (12)
llegada arrival (11)

llegar (gu) to arrive (2); **llegar a ser** to become; **llegar a tiempo** to arrive on time; **llegar a una conclusión** to arrive at a conclusion; **llegar tarde** to arrive late; **llegó** he/she/you (*pol. sing.*) arrived (7); **llegué** I arrived (7)

llenar to fill; **llenar los espacios en blanco** to fill in the blank spaces (9)

lleno/a full (10)

llevar to wear (A); to take (*someone or something somewhere*) (3); to carry (3); **llevarse** to take away (13); **llevarse bien** to get along well (9); **me lo llevo** I'll take (buy) it (13)

llorar to cry (4)

llorón, llorona weeper

llover (ue) to rain (2); **llueve (mucho)** it's raining (a lot) (2)

llovizna drizzle (10)

lloviznar to drizzle (10)

lluvia rain (2)

lo *d.o. m.* him/it/you (*pol. sing.*); **lo que** that which, what (7); **lo siento** I'm sorry (13)

lobo wolf (10)

localizar (c) to locate

localmente locally

loco/a *n.* crazy person; *adj.* crazy; **volverse (ue) loco/a** to go crazy (12)

locomotora locomotive (10)

lógicamente logically (7)

lógico/a logical; **en orden lógico** in logical order (4)

lograr to achieve, obtain (15); **lograr (+ infin.)** to manage to (*do something*), succeed in (*doing something*)

logro achievement

lona canvas; **bolsa de lona** canvas bag (10)

los *def. art. m. pl.* the; *d.o.* them/you (*pol. pl.*)

lotería lottery (15); **jugar (ue) (gu) a la lotería** to play the lottery (15)

luchar to fight

luego then; later (1); **desde luego** of course; **hasta luego** see you later

lugar *m.* place (2); **lugar de nacimiento** birthplace (1); **lugar de origen** place of origin; **lugar de trabajo** workplace (5); **tener (irreg.) lugar** to take place (14)

lujo luxury (11)

lujoso/a luxurious

luminoso/a luminous

luna moon (10); **luna de miel** honeymoon (14)

lunares: de lunares polka-dotted

lunes *m. sing., pl.* Monday (1); **de lunes a viernes** Monday through Friday (4)

luz *f.* (*pl.* **luces**) light; electricity

M

macho *n.* male (2)

madera wood (13)

madrastra step-mother (9)

madre *f.* mother; **Día de la Madre** Mother's Day (4)

madrina godmother (14); bridesmaid (14)

madrugar (gu) to get up early

maduro/a ripe (8)

maestro/a teacher (5)

Magallanes Magellan

magia magic

mágico/a magic

maguey *m. cactus from which tequila is made*

maíz *m.* corn (8); **mazorca de maíz** ear of corn (8); **palomitas de maíz** popcorn (8)

mal *n. m.* evil; *adv.* badly; **estar (irreg.) de mal humor** to be in a bad mood (4); **hace mal tiempo** the weather is bad (2); **sentirse (ie, i) mal** to feel badly; to feel sick, ill

mal, malo/a *adj.* bad (4); **mal hábito** bad habit; **mala suerte** bad luck; **sacar (qu) malas notas** to get bad grades (9)

maldad *f.* evil, badness

maldecir (like decir) to curse

maldición *f.* curse

maleficencia wrongdoing

maléfico/a evil

maleta suitcase (11); **hacer (irreg.) las maletas** to pack (11)

maletero trunk (*automobile*) (11)

malgastar to waste

maltratar to mistreat

mamífero mammal (10)

mandamiento commandment

mandar to send (3); to order; to command (14); **mandar un mensaje por correo electrónico** to send an e-mail message

mandato command

mando a distancia remote control (*Sp.*)

manejar to drive (2)

manera manner, way; **de manera que** so that; in such a way that (15)

manga sleeve (13)

mango mango (8)

manifestación *f.* demonstration; **manifestación política** political demonstration

manifestante *m., f.* demonstrator

manifestar (ie) to demonstrate

mano *f.* hand (B)

mantel *m.* tablecloth (8)

mantener (like tener) to maintain (11); **mantenerse** to maintain oneself (12)

mantenimiento maintenance

mantequilla butter (3)

manual workbook; manual (13)

manzana apple (8); **puré (m.) de manzana** apple sauce (12)

mañana *n.* morning; tomorrow (1); **hasta mañana** see you tomorrow; **mañana por la mañana (la noche)** tomorrow morning (evening) (3); **pasado mañana** day after tomorrow (1); **por la mañana** in the morning (1)

mapa *m.* map

mapamundi *m.* world map

maquiladora *large factory located in developing country to take advantage of lower wages* (15)

maquillarse to put on make up (4)

máquina machine; **máquina de escribir** typewriter

mar *m., f.* sea, ocean (2)

marca brand (4)

marcado/a strong, pronounced

marcar (qu) to mark (5)

marcha march

mareado/a dizzy, seasick, nauseous; **estar (irreg.) mareado/a** to be dizzy, seasick, nauseous (12)

marearse to get seasick (10)

mareo nausea, seasickness (12)

margen *m.* margin

marginación *f.* marginalization

marginar to marginalize

marino/a marine, of the sea; **estrella marina** starfish (10); **león (m.) marino** sea lion (10); **tortuga marina** sea turtle (10)

mariposa butterfly (10)

mariscos *pl.* seafood

marrón brown

Marruecos Morocco

martes *m. sing., pl.* Tuesday (1)

martillo hammer (13)

marzo March (1)

más more; **el/la más (+ adj.)** the most (+ *adj.*); **más o menos** more or less (1); **más que (de)** more than (6); **más tarde** later (2)

masa dough (8)

mascota pet (C)

masculino/a masculine

mascullar to mumble, mutter

masticar (qu) to chew (12)

matar to kill

mate *f. an herbal tea typical of Argentina*

matemático/a mathematical

materia subject (*school*) (2); **materia prima** raw material (13)

material *m.* material (13); **¿de qué material es?** what material is it made of? (13)

materno/a maternal; **lengua materna** mother tongue (15)

matrícula (school) registration fees (14)

matricularse to enroll in (7)

matrimonio matrimony, marriage; couple; **contraer (like traer) matrimonio** to get married

máximo/a maximum; **temperatura máxima** maximum temperature (2)

maya *n. m., f.; adj.* Maya(n)

mayo May (1)

mayonesa mayonnaise (8)
mayor *adj.* older; oldest; major, main; greater
mayoría majority (15)
mazorca de maíz ear of corn (8)
mecánico/a mechanic (5)
mecedora rocking chair (13)
mecer (zc) to rock
medalla (de oro) (gold) medal
mediano/a medium (A); **de estatura mediana** of medium height
medianoche *f.* midnight (1)
mediante by means of
medias *pl.* stockings (13)
medicina medicine (7); **Facultad de Medicina** School of Medicine (3)
médico/a *n.* doctor (5); *adj.* medical
medida measurement (8)
medio/a *n. sing.* means; middle; half (8); **clase** (*f.*) **media** middle class; **es la una y media** it's one thirty (1); **media jornada** part-time (5); **medio ambiente** environment (10); **medio de comunicación** medium of communication; **medio/a hermano/a** half brother / half sister (9); **por medio de** by means of (15); **y media** half past (*time*) (1)
medioambiental environmental
meditación *f.* meditation
mejilla cheek (12)
mejor better; best (6); **el/la mejor** the best (6); **es mejor** it is better (4); **es mejor que...** (+ *subjunctive*) it's better that . . . (14); **mejor amigo/a** best friend
mejorar(se) to improve; to get better (9)
melodrama *m.* melodrama
melón melon
memorable memorable (7)
mencionar to mention (2) (11)
menesteroso/a needy, in want
menor younger; youngest
menos less; least; **a menos que** unless (15); **más o menos** more or less (1); **menos cuarto** quarter till (*time*) (1); **menos que (de)** less than (6); **por lo menos** at least (12)
mensaje *m.* message; **escribir mensajes electrónicos** to write e-mail (1)
mensajería transport service
mensajero/a messenger
mentalidad *f.* mentality
mente *f.* mind
mentir (ie, i) to lie
mentira lie
mentiroso/a liar; **¡qué mentiroso/a!** what a liar! (9)
mentón *m.* chin
menú *m.* menu (8)
menudo: a menudo often (6)
meñique little finger
mercader *m.* merchant

mercado market (3); **mercado al aire libre** open-air market (13)
mercadotécnia marketing (2)
mercancía merchandise (13)
merecer (zc) to deserve
merendar (ie) to have a picnic (2)
meridiano meridian
mermelada marmalade
mero/a mere; simple
merodear to prowl, plunder
mes *m.* month; **el mes pasado** last month (6)
mesa table (B)
mesero/a waiter/waitress (5)
mesita coffee table (6); **mesita de noche** night table, nightstand (11)
mestizaje the mixing of races
meta goal (15)
metal *m.* metal (13); **hecho/a de metal** made of metal
metálico/a metallic
meter to put; **meterse en** to get into; **meterse en líos** to get into trouble (9)
metódico/a methodical
método method
metodología methodology
metro subway (3); **estación** (*f.*) **de metro** subway station (11)
mexicano/a *n., adj.* Mexican
mexicanoamericano/a *n., adj.* Mexican American
mezcla mixture
mezclar to mix (8)
mezclilla denim (13)
mezcolanza mixture
mi *poss.* my
mí *obj. of prep.* me; **a mí también/ tampoco** I do too / I don't either (1)
miedo fear; **tener** (*irreg.*) **miedo** to be afraid (4)
miel *f.* honey (8); **luna de miel** honeymoon (14)
miembro member
mientras meanwhile (3); while; **mientras que** while
miércoles *m. sing., pl.* Wednesday (1)
mil thousand, one thousand; **mil millones** billion
milagro miracle
militar *n. m.* soldier; *adj.* military
milla mile (6)
millón *m.* million (10); **mil millones** billion; **un millón (de)** a million (*of something*) (13); **ventidós millones de pesos** twenty-two million pesos (13)
millonario/a millionaire (5)
mínimo minimum; **temperatura mínima** minimum temperature (2)
ministro minister
minoría minority
minoritario/a minority
minutos minute

mío/a *poss.* mine, of mine
mirar to look at, watch
misa mass (2)
misil *m.* missile (10)
misión *f.* mission
mismo/a *pron.* same (one); *adj.;* same; self; **ahora mismo** right now (14); **el/la mismo/a** the same (5); **sí mismo/a** oneself; **tú mismo/a** yourself (*inf. sing.*); **uno/a mismo/a** oneself; **usted mismo/a,** yourself (*pol. sing.*)
misterio mystery (3)
mitad *f.* half
mitología mythology
moda fashion (13); **de moda** fashionable (13); **diseño de la moda** fashion design (2)
modelo model
módem *m.* modem
moderno/a modern
modestia modesty
módico/a moderate (*in price*) (6)
modo way, manner; **de modo que** so that (15)
mojar to dip (8); to wet (8)
molestar to bother (10); **me molesta** it bothers me
molestia annoyance
molesto/a annoyed; upset (12)
molino de viento windmill
momento moment (14)
monarquía monarchy
monasterio monastery
moneda coin
monetario/a monetary
monja nun
monolingüe monolingual
montaña mountain (2)
montañoso/a mountainous
montar to ride; to set up, assemble; **montar a caballo** to ride a horse (2)
monte *m.* mount, mountain
monumento monument (11)
morado purple (A)
moralismo moralism
moralista moralistic
moralizar (c) to moralize
morder (ue) to bite (12)
moreno/a brown-skinned, dark-skinned
morfológico/a morphological
morir(se) (ue, u) (*p.p.* **muerto**) to die (7); **estar** (*irreg.*) **muerto** to be dead (9)
mosca fly (7)
mostaza mustard (8)
mostrador *m.* counter (11)
mostrar (ue) to show (13)
motivación *f.* motivation
motivar to motivate
motivo motive (14)
moto(cicleta) *f.* motorcycle; **andar** (*irreg.*) **en motocicleta** to ride a motorcycle (2)

mover(se) (ue) to move (12)

móvil mobile; **(teléfono) móvil** cell phone (1)

movimiento movement (12)

mozo/a boy/girl

muchacho/a boy/girl; young man / young woman

mucho *adv.* a lot; much

mucho/a *adj.* much; *pl.* many; **muchas gracias** thank you; **muchas veces** many times (5); **muchísimo/a** very much (7)

mudanza change; move (house)

mudarse to move (from one house to another) (9)

mueble *m.* piece of furniture; *pl.* furniture (6)

muela molar (tooth) (12); **tener** (*irreg.*) **dolor de muelas** to have a toothache (12)

muerte *f.* death

muerto/a (*p.p. of* **morir**) dead; **Día de los Muertos** All Soul's Day (4)

mujer *f.* woman; **mujer bombero** firefighter (5); **mujer de negocios** businesswoman (3); **mujer policía** policewoman (5); **mujer soldado** soldier; **mujer soltera** single woman

mulato/a mulatto

muleta crutch (12)

multa ticket, fine (7)

múltiple multiple; **opción** (*f.*) **múltiple** multiple choice

mundano/a worldly, of the world

mundial *pertaining to the world* (15); **Copa Mundial** World Cup (13); **Segunda Guerra Mundial** Second World War

mundo world; **todo el mundo** everyone (15)

municipal municipal (3)

muñeca doll; wrist (12); **jugar (ue) (gu) con muñecas** to play with dolls (9)

murciélago bat

músculo muscle (12)

museo museum (3)

música music; **equipo de música** stereo (1); **escuchar música** to listen to music (1)

musical *adj.* musical (3)

muslo thigh (12)

musulmán, musulmana *n., adj.* Muslim

mutuamente mutually

N

nacer (zc) to be born (2); **¿cuándo nació?** when was he/she born? when were you (*pol. sing.*) born? (1)

nacido/a born; **recién nacido/a** newborn (14)

nacimiento birth; **fecha de nacimiento** birth date (1); **lugar** (*m.*) **de nacimiento** birthplace (1)

nación *f.* nation

nacional national

nacionalidad *f.* nationality

nada nothing (4); **de nada** you are welcome; **no hacer** (*irreg.*) **nada** to do nothing

nadar (en una piscina) to swim (in a pool) (1)

nadie no one, nobody, not anybody (3)

náhuatl *m.* Nahuatl (*indigenous language of the Aztecs*)

nalga buttock (12)

narcótico narcotic, drug (12)

narcotráfico drug trafficking (15)

nariz *f.* nose; **gotas para la nariz** nose drops (12); **tener** (*irreg.*) **la nariz tapada** to have a stuffy nose (12)

narración *f.* narration (2)

narrador(a) narrator

narrar to narrate

narrativo/a narrative

natal *adj.* birth; **país** (*m.*) **natal** country of birth

natalidad *f.* birth rate (10)

nativo/a native

natural: desastre (*m.*) **natural** natural disaster

naturaleza nature

naturalización *f.* naturalization

náuseas: tener (*irreg.*) **náuseas** to be nauseous (12)

navaja razor (4); razor blade (4)

navegación *f.* navigation

navegante *m., f.* navigator (9)

navegar (gu) to navigate; **navegar el Internet** to surf the Internet

Navidad *f.* Christmas (4)

neblina fog (10)

necesario/a necessary (5)

necesidad *f.* necessity

necesitar to need (5); **necesitar** (+ *infin.*) to need to (*do something*)

negar (ie) (gu) to deny; to refuse

negativo/a negative

negocio business (15); **hombre** (*m.*) **de negocios, mujer** (*f.*) **de negocios** businessman/businesswoman (3)

negro/a black (A); **magia negra** black magic; **mercado negro** black market

nervio nerve (12)

nervioso/a nervous (4)

neurológico/a neurological

neutro/a neutral

nevar (ie) to snow (2); **nieva (mucho)** it's snowing (a lot) (2)

ni neither; nor; even; **ni... ni** neither . . . nor (1); **¡ni pensarlo!** don't even think of it! (4)

nicotina nicotine (15)

niebla fog

nieve *f.* snow (2); **jugar (ue) (gu) en la nieve** to play in the snow (1)

nilón *m.* nylon (13)

ningún, ninguno/a none, not any (2)

niñez *f.* childhood (9)

niño/a boy/girl; child; **de niño/a** as a child (9)

nivel *m.* level (15)

nivelación *f.* leveling

nivelar to level

no no; not

Nóbel: Premio Nobel Nobel Prize (7)

noche *f.* night; **de la noche** P.M.; **esta noche** tonight; **mañana por la noche** tomorrow evening (3); **por la noche** in the evening, at night (1)

Nochebuena Christmas Eve (4)

Nochevieja New Year's Eve (4)

nocividad *f.* harmfulness

nocivo/a harmful

Noel: Papá Noel Santa Claus

nombrar to name

nombre *m.* name

nominar to nominate

nopal *m.* type of cactus

norma rule, norm

normal normal (8)

normalmente normally

noroeste *m.* northwest

norte *m.* north

norteamericano/a *n., adj.* North American (2)

nos *d.o.* us; *i.o.* to/for us; *refl. pron.* ourselves

nosotros/as *sub. pron.* we; *obj. of prep.* us

nota grade (4); **sacar (qu) buenas/malas notas** to get good/bad grades (9)

notar to note

noticia(s) news (6)

noticiario newscast

noticiero newscast

notificar (qu) to notify

novecientos/as nine hundred (1)

novela novel (2)

novelar to convert into novel form

novelesco/a fictional

novelizar (c) to convert into novel form

noveno/a ninth (2)

noventa ninety

noviazgo courtship, engagement (14)

noviembre *m.* November (1)

novio/a boyfriend/girlfriend; fiancé(e); groom/bride (14)

nube *f.* cloud (10); **en las nubes** in the clouds; "out of it"

nuclear nuclear; **energía nuclear** nuclear energy; **planta nuclear** nuclear plant (10); **reactor** (*m.*) **nuclear** nuclear reactor (15)

nuera daughter-in-law (9)

nuestro/a *poss.* our

nueve nine (A)

nuevo/a new; **Año Nuevo** New Year (4); **de nuevo** again (8)

nuez *f.* (*pl.* **nueces**) nut

número number (A); **número ordinal** ordinal number (2)

numeroso/a numerous (14)
nunca never (3); **casi nunca** almost never (3)
nupcial nuptial, wedding
nutrición *f.* nutrition (8)

O

o or
obedecer (zc) to obey
obediente obedient
obispo bishop
objetividad *f.* objectivity
objetivo/a objective
objeto object (6)
obligación *f.* obligation (5)
obligar (gu) to obligate (15)
obligatorio/a obligatory
obra work; **obra de arte** work of art, art work
obrero/a (industrial) worker (5)
observador(a) observer
observar to observe (10)
obstáculo obstacle
obstante: no obstante nevertheless, however
obstinación *f.* stubbornness
obtener (*like* **tener**) to obtain, get (5)
obvio/a obvious
ocasión *f.* occasion (2)
ocasionar to cause
occidental western
occidente *m.* west
océano ocean; **Océano Atlántico** Atlantic Ocean (3); **Océano Pacífico** Pacific Ocean (3)
ochenta eighty (C)
ocho eight (A)
ochocientos/as eight hundred (1)
ocio leisure time
oclusivo/a occlusive
octavo/a eighth (2)
octubre *m.* October (1)
ocultar to hide
ocupado/a busy; **estar** (*irreg.*) **ocupado/a** to be busy (4)
ocupar to take up, occupy
ocurrencia: ¡qué ocurrencia! what a silly idea! (4)
ocurrir to occur (10)
odiar to hate
odio hate; **crimen** (*m.*) **por odio** hate crime
oeste *m.* west
ofender (ie) to offend
ofendido/a offended
ofensivo/a offensive
ofensor(a) offender
oferta offer; **en oferta** on sale (13)
oficial official (15); **idioma** (*m.*) **oficial** official language; **lengua oficial** official language

oficina office (3); **horas de oficina** office hours
oficio job, position (5)
ofrecer (zc) to offer (2)
ofrecido/a offered
oído inner ear (12)
oír *irreg.* to hear (12); **oí** I heard (7); **oyó** he/she/you (*pol. sing.*) heard (7)
ojalá (que) I hope (that)
ojo eye
ola wave (7)
oler (ue) to smell (12); **huele** it smells (12); **huela** (*command*) smell (12)
Olimpiadas *pl.* Olympics
olvidar(se) to forget (11); **se me/le olvidó/ olvidaron** something (*sing. or pl.*) slipped my/your/his/her mind (12)
once eleven (A)
onza ounce
opción *f.* option (15)
operar to operate (12)
opinar to think, believe (14)
opinión *f.* opinion
oponerse a (*like* **ponerse**) to oppose
oportunidad *f.* opportunity (14)
oposición *f.* opposition
opresión *f.* oppression
oprimir to oppress
optativo/a optional
optimista *n. m., f.* optimist; *adj.* optimistic
opuesto/a opposite
oración *f.* sentence (2)
oralmente orally
órbita orbit
orden (*pl.* **órdenes**) *m.* order (14); **a sus órdenes** how may I help you, at your service (11); **en orden lógico** in logical order (4); **orden cronológico** chronological order
ordenado/a orderly; in order, neat
ordenador *m.* computer (*Sp.*)
ordenar to arrange, put in order (6)
oreja (outer) ear
orfanato orphanage (15)
orgánico/a organic (10)
organismo organism (10)
organización *f.* organization
organizar (c) to organize (2)
órgano interno internal organ (12)
orgullo pride
orgulloso/a proud (15)
orientación *f.* orientation
oriental eastern
oriente *m.* east
orificio hole
origen origin
original original (13)
originalmente originally
originario/a originating
orilla shore, (river)bank (10)
oro gold (13)

os *d.o.* (*Sp.*) you (*inf. pl.*); *i.o.* (*Sp.*) to/for you (*inf. pl.*); *refl. pron.* (*Sp.*) yourselves (*inf. pl.*)
oscuro/a dark
oso (panda) (panda) bear (7)
ostras *pl.* oysters (8)
otoño fall, autumn (1)
otro/a other; another; **otra vez** again (5)
oxígeno oxygen
ozonización *f.* ozonization
ozono ozone; **agujero en la capa de ozono** hole in the ozone layer (10)
ozonósfera ozonosphere

P

pacer (zc) to graze
paciente *n. m., f.* patient (5); *adj.* patient (4)
Pacífico: Océano Pacífico Pacific Ocean (3)
padecer (zc) to suffer (from) (12)
padrastro stepfather (9)
padre *m.* father; priest; *pl.* parents; **Día del Padre** Father's Day (4)
padrino godfather (14); best man in a wedding (14)
paella valenciana *rice dish with meat, fish, or seafood and vegetables* (8)
pagar (gu) to pay (5)
página page
país *m.* country; **país de habla española** Spanish-speaking country; **país del tercer mundo** Third-World country
paisaje *m.* landscape (11)
pájaro bird (10)
palabra word
palabrear to agree verbally to
palabrería wordiness; hot air
palacio palace (11)
paletita *f.* lollipop, sucker
palma palm
palmera palm tree (7)
paloma dove; pigeon
palomitas (*pl.*) **de maíz** popcorn (8)
pan *m.* bread (3); **pan de maíz** corn bread; **pan tostado** toast (3)
panadería bakery (3)
Panamá *m.* Panama
panameño/a *n., adj.* Panamanian
panamericano/a Pan-American (1)
pandilla gang (15)
panecillo roll, bun (8)
panel (*m.*) **solar** solar panel (15)
pánico panic
panorama *m.* panorama
panqueque *m.* pancake (8)
pantaletas women's underpants (13)
pantalla screen (B)
pantalón, pantalones *m. sing., pl.* pants (A); **pantalones vaqueros** jeans (A)
pantimedias *pl.* pantyhose (13)
pantorrilla calf (12)

pañales *m. pl.* diapers

Papa *m.* Pope

papa potato (3); **papa al horno** baked potato (3); **papas fritas** French fries (3)

papá *m.* dad, father; **Papá Noel** Santa Claus (14)

papalote kite (*Mex.*); **volar (ue) un papalote** to fly a kite (9)

papaya papaya (8)

papel *m.* paper; role; **desempeñar un papel** to fulfill, play a role; **hacer** (*irreg.*) **el papel (de)** to play the role (of) (12); **hoja de papel** sheet of paper (10)

papelería stationery store (3)

paperas mumps (12)

paquete *m.* package (8)

par *m.* pair; **un par de...** a pair of . . . (13)

para for (1); in order to; to (*in the direction of*) (10); **para que** in order that (15); **¿para qué sirve...?** what is . . . used for? (6); **para servirle** you are welcome (11); **salir** (*irreg.*) **para** to leave for (*a place*) (7)

parabrisas *m. sing.* windshield (11)

parachoques *m. sing.* bumper

parada del autobús bus stop (3)

parado/a stopped

parador *m.* state (*tourist*) hotel (11)

paraguas *m. sing.* umbrella (13)

paragüero umbrella stand

paraíso paradise

paralelo parallel

paramédico/a paramedic (12)

parapsicología parapsychology

parcial partial

parecer (zc) to look; to seem (10); **parecerle (a uno)** to seem (to one); **parecerse a** to look like (9); **¿qué te parece...?** what do you think of . . . ?

parecido/a similar to; **bien parecido/a** good-looking

pared *f.* wall

pareja couple, pair (6); **trabajar en parejas** to work in pairs

parentesco family relationship

paréntesis *m. sing., pl.* parentheses; **entre paréntesis** between parentheses

pariente, parienta relative (4)

París Paris

parque *m.* park (2)

párrafo paragraph

parral *m.* vine arbor

parrilla: a la parrilla grilled, char-broiled (8)

parrillada grilled meat (8)

parte *f.* part; **en parte** in part; **en todas partes** everywhere; **gran parte de** a large part of; **por todas partes** everywhere (12)

participante *m., f.* participant

participar to participate (5)

particular: en particular in particular

partida departure; **punto de partida** point of departure

partido game (in sports) (1), match (1); **partido de fútbol** soccer match; **ver** (*irreg.*) **un partido de...** to see a game of . . . (1)

partir to leave; to divide

pasado past

pasado/a past, last; **el año pasado** last year (6); **el mes pasado** last month (6); **el siglo pasado** the last century; **la semana pasada** last week; **pasado mañana** day after tomorrow (1)

pasaje *m.* fare, ticket price (10)

pasajero/a passenger (10)

pasaporte *m.* passport (1); **sacar (qu) el pasaporte** to get a passport (11)

pasar to pass; to happen (10); to come in; to spend (*time*); **pasar la aspiradora** to vacuum (6); **pasar por** to go through; **pasar tiempo** to spend time (2); **¿qué pasa?** what's happening?

pasatiempo pastime (2)

Pascua Easter; **conejo de Pascua** Easter Bunny; **Pascua Judía** Passover (4)

pasear (por el parque) to go for a walk (1); to go for a walk (in the park) (2)

paseo walk; **dar** (*irreg.*) **un paseo** to go for a walk (2)

pasillo hall (6)

pasivo/a passive

paso step; **no hay paso** no entrance (11)

pastel *m.* pastry, cake (3)

pasto grass

pata foot (animal); **meter la pata** to commit a *faux pas*

patada kick

patalear to stamp; to kick

patear to kick

patín *m.* skate (2)

patinar (en el hielo) to skate (on ice) (1)

patineta skateboard; **andar** (*irreg.*) **en patineta** to skateboard (1)

patio de recreo playground (9)

patrón, patrona patron

pavo turkey (8)

paz *f.* peace

peatón, peatona pedestrian (11)

pecado sin

pecho chest (12)

pechuga breast

pediatra *m., f.* pediatrician (14)

pedir (i, i) to ask for (8); to request (4); to order food (8); **pedir prestado/a(s)** to borrow (13); **pide** he/she asks, you (*pol. sing.*) ask (4); **pido** I ask (4)

pegamento glue

pegar (gu) to hit (14); to glue

peinar(se) to comb one's hair (4)

pelar to peel (8)

pelear to fight (9)

película movie; **poner** (*irreg.*) **una película** to show a movie (3)

peligrar to peril, be in danger

peligro danger; **en peligro de extinción** in danger of extinction (10)

peligroso/a dangerous (5)

pelo hair; **lavarse el pelo** to wash one's hair (4); **pelo castaño** brown hair

pelota ball; **jugar (ue) (gu) a la pelota** to play ball (9)

peluquero/a hairdresser (5)

pena: vale la pena it's worth the trouble

penetrar to penetrate

península peninsula (10); **Península Ibérica** Iberian Peninsula

penitencia penitence

pensamiento thought (10)

pensar (ie) to think (5); **pensar (+ *infin.*)** to plan to (*do something*) (5); **pensar en** to think about (5); **¡ni pensarlo!** don't even think of it! (4)

penumbra *f.* semi-darkness

peor worse, worst; **es peor** it is worse (4)

pepino cucumber (8)

pequeño/a small (A)

pera pear (8)

percibir to perceive (12)

perder (ie) to lose; **perder el tiempo** to waste time; **perder peso** to lose weight; **perderse** to get lost; **se me/le perdió/ perdieron** I/you/he/she lost something (*sing. or pl.*) (12)

pérdida loss

perdonar to excuse

perdurar to last

Pérez: Ratoncito Pérez Tooth Fairy

pereza laziness

perezoso/a lazy

perfecto/a perfect (1)

perfil *m.* profile

perfumado/a perfumed

perfumar to perfume

perfume *m.* perfume; **ponerse** (*irreg.*) **perfume** to put on perfume

periferia periphery

periférico/a peripheral

periódico newspaper; **leer (y) el periódico** to read the newspaper (1)

periodista *m., f.* journalist (9)

perjudicar (qu) to harm, injure, cause damage to

permiso permission; **dar** (*irreg.*) **permiso** to give, grant permission (9)

permitir(se) to allow (9); **permítame** allow me (11)

pero but (1)

perpetrar to perpetrate

perro dog; **perro caliente** hot dog (8)

perseguir (i, i) to pursue, chase

persistencia persistence

persona pcrson (15)
personaje *m.* character (*fictional*) (9)
personal personal; **libertad** (*f.*) **personal** personal liberty; **uso personal** personal use
personalidad *f.* personality
personalizar (c) to personalize
personalmente personally
personificar (qu) to personify
perspectiva perspective
persuadir to persuade
pertenecer (zc) to belong (8)
pertinente pertinent (13)
Perú *m.* Peru
pesado/a heavy
pesar to weigh; **a pesar de** *prep.* in spite of
pesca fishing; **red** (*f.*) **de pesca** fishing net (10)
pescado fish (*food*) (3)
pescar (qu) to fish (1)
pesimista *n. m., f.* pessimist; *adj.* pessimistic
peso weight; **perder (ie) peso** to lose weight
pestaña eyelash (12)
pesticida pesticide (10)
petróleo petroleum; oil (10)
pez *m.* (*pl.* **peces**) fish
piano piano (6)
picante hot (spicy) (8)
picar (qu) to prick; to itch
pícaro/a rascal; **¡qué pícaro/a!** what a rascal! (9)
picazón *m.* itch
pico point; **horas pico** prime time
pie *m.* foot; **estar** (*irreg.*) **de pie** to be standing; **pónga(n)se de pie** stand up (*command*)
piedra stone (13)
piel *f.* skin (13); leather (13); **cáncer** (*m.*) **de la piel** skin cancer (10)
pierna leg
pijama *m. sing.* pijamas
pila battery
píldora pill
piloto *m., f.* pilot (5)
pimentero pepper shaker (8)
pimienta pepper
pintar to paint (5)
pintor(a) painter
pintura paint; painting (11)
piña pineapple (8)
pionero/a pioneer
pirámide *f.* pyramid (7)
pirata *m., f.* pirate
piratear to pirate
piso story, floor (6); apartment (*Sp.*) (6)
pizarra chalkboard (B)
placa license plate (11)
placer *n. m.* pleasure
plan *m.* plan (2)
planear to plan (11)
planeta *m.* planet

planicie *f.* plain
plano map (of a room or city) (3)
plano/a flat (13)
planta plant; **planta nuclear** nuclear plant (10)
plantar to plant
plástico plastic (10)
plata silver (13)
plátano banana (8)
platillo saucer (8)
plato prepared dish (8); **plato hondo** bowl (8)
playa beach
playera T-shirt (*Mex.*)
plaza town square (11)
pleito lawsuit, case
plomero/a plumber (5)
pluma pen
pluscuamperfecto pluperfect
plutonio plutonium (10)
población *f.* population (15)
poblado/a populated
poblar to populate
pobre poor (A)
pobreza poverty (15)
poco/a little; *pl.* few (9); **poco a poco** little by little; **poco asado/a** rare (8); **poco cocido** rare (8); **poco después** a little later (7)
poder *n. m.* power
poder *v. irreg.* to be able to (5); **poder** (+ *infin.*) to be able to (*do something*); **¿en qué puedo servirle?** how may I help you? (11)
poderoso/a powerful
poema *m.* poem
poesía poetry
polar: capa de hielo polar polar ice cap
policía, mujer policía *m., f.* policeman/ policewoman (5); *f.* police force
poliestireno styrofoam
política *sing.* politics; policy
político/a *n.* politician (9) (15); *adj.* political
politizado/a politicized
pollo chicken (3); **pollo frito** fried chicken (3)
polo pole
polución *f.* pollution
polvo dust
pomelo grapefruit (*Sp., Arg.*) (8)
poner *irreg.* to put, place; to put on; to put up; **me puse** I got (+ *adj.*) (7); **poner atención** to pay attention, be alert; **poner discos compactos** to play CDs (3); **poner en peligro** to put in danger; **poner énfasis** to emphasize; **poner la mesa** to set the table (8); **poner una película** to show a movie (3); **ponerse** to get (+ *adj.*) (7); to become (+ *adj.*) (7); **ponerse perfume / la ropa** to put on perfume/clothes (4); **se puso** he got (+ *adj.*) (7)

popular popular (3)
por by; through (7); because of; for; per; around, about; on; on account of; **¿por qué?** why? (1); **dar** (*irreg.*) **por sentado/a** to take for granted; **mañana por la mñana (la noche)** tomorrow morning (evening) (3); **por ahora** for now; **por avión/tren** by plane/train (10); **por causa de** because of; **por ciento** percent; **por correo electrónico** by e-mail; **por debajo de** underneath; **por ejemplo** for example (14); **por el contrario** on the contrary; **por encima** above; **por eso** for that reason, therefore (14); **por favor** please; **por fin** finally (4); **por la mañana/tarde/noche** in the morning/afternoon/evening (1); **por lo general** generally (1); **por lo menos** at least (12); **por medio de** by means of (15); **por parte de** on behalf of; **por razones de** for reasons of; **por supuesto** of course (11); **por teléfono** by telephone; **por todas partes** everywhere (12); **por todos lados** everywhere; **por un lado... por otro lado...** on one hand . . . on the other hand . . .
porcelana porcelain (11)
porcentaje *m.* percentage
porcentual percentage
por ciento percent (8)
porche *m.* porch
porción *f.* portion (10)
pornografía pornography
portada cover
portar to carry; **portarse** to behave
portátil portable
portugués *m.* Portuguese (*language*)
portugués, portuguesa *n., adj.* Portuguese (3)
porvenir *m.* future (15)
poseer (y) to possess
posibilidad *f.* possibility (5)
posible possible (2); **es posible** it is possible; **todo lo posible** everything possible
posición *f.* position
positivo/a positive (10)
postergar (gu) to procrastinate
postre *m.* dessert (3)
postura posture
potable drinkable (15)
potencia *n.* power, strength, force
potencial potential
práctica practice
practicar (qu) to practice; **practicar un deporte** to play a sport (1)
preceder to precede
precepto precept
precio price
preconcebido/a preconceived (15)
predecir (*like* **decir**) to predict
predicción *f.* prediction

predominar to predominate
preferencia preference (1)
preferentemente preferably
preferible preferable (4)
preferido/a preferred (10)
preferir (ie, i) to prefer (2); **preferí**
    I preferred (7); **prefiere** he/she prefers,
    you (*pol. sing.*) prefer (2); **prefirió** he/
    she/you (*pol. sing.*) preferred (7)
pregunta question; **contestar una**
    pregunta to answer a question; **hacer**
    (*irreg.*) **una pregunta** to ask a question;
    hágale preguntas a... ask ... questions (1)
preguntar to ask (questions); **pregúntele**
    (*command*) ask him/her (2)
prejuicio prejudice (15)
prejuicioso/a prejudiced
prejuzgar (gu) to prejudge
premiación *f.* awarding, granting
premiado/a awarded
premiar to award
premio award, prize; **premio gordo** grand
    prize (15); **Premio Nobel** Nobel Prize (7)
prender (la luz) to turn on (the light) (6)
prensa press
prensar to press
preocupación *f.* worry
preocupado/a worried; **estar** (*irreg.*)
    preocupado/a to be worried (4)
preocupar to worry (10); **preocuparse** to
    be worried
preparación *f.* preparation (8)
preparado/a prepared, ready
preparar to prepare (3)
preparatoria prep school; high school (2)
preposicional *gram.* prepositional
prerrogativa prerogative
presagiar to forebode
presagio omen
presencia presence
presentación *f.* presentation (5);
    introduction (6)
presentar to present; to introduce; **quiero**
    presentarle a... I want to introduce you
    (*sing. pol.*) to . . . (6); **quiero presentarte**
    a... I want to introduce you (*sing. inf.*)
    to . . . (6); **se presenta** is shown
presente present (2)
preservación *f.* preservation
preservar to preserve
presidencia presidency
presidencial presidential
presidente, presidenta president (1)
presión *f.* pressure (12)
prestado/a loaned; **pedir (i, i)**
    prestado/a(s) to borrow (13)
préstamo loan
prestar to loan
prestigio prestige
prestigioso/a prestigious (5)
presunto/a presumed, supposed
presupuesto budget (15)

pretender (ie) to seek, try for
pretérito preterite
prevalecer (zc) to prevail
prevenir (*like* **venir**) to prevent
previamente previously
previsible predictable
prima: materia prima raw material (13)
primaria: (escuela) primaria elementary
    school (7)
primavera spring (1)
primer, primero/a first (2); **en primer**
    lugar in the first place; **por primera**
    vez for the first time; **primera clase**
    first-class (11); **primera comunión**
    first communion; **primera persona** first
    person
primitivo/a primitive
principal main, primary (10)
principalmente principally
principio beginning; principle; **al**
    principio at the beginning
prioridad *f.* priority (15)
prisa: tener (*irreg.*) **prisa** to be in a
    hurry (4)
prisionero/a prisoner
privado/a private; deprived; **vida privada**
    private life
privatización *f.* privatization (15)
privilegiado/a privileged
privilegiar to grant a privilege to; to favor
privilegio privilege
probabilidad *f.* probability
probablemente probably
probador *m.* dressing room (13)
probar(se) (ue) to try (out); to prove; to
    taste; to try on (13); **pruébeselo/la/los/**
    las (*command*) try it/them on (13)
problema *m.* problem (10)
procedente coming from
procedimiento procedure, process;
    proceeding
procesar to process
proceso process
proclamado/a proclaimed
producción *f.* production (10)
producir (zc) to produce (10)
productivo/a productive
producto product (10)
productor(a) producer
profecía prophecy
profesar to profess
profesión *f.* profession (5)
profesor(a) professor
profeta *m., f.* prophet
profundidad *f.* depth
profundo/a deep (10)
programa *m.,* program (1); **programa de**
    entrevistas talk show; **programa de**
    estudio en el extranjero study abroad
    program; **programa de estudios**
    program of study; **programa de**
    reciclaje recycling program; **programa**

de salud health program; **programa**
    educativo educational program;
    programa televisivo television program
programador(a) programmer
programar to program (5)
progreso progress
prohibición *f.* prohibition
prohibido/a prohibited (11)
prohibir to prohibit, forbid (14)
prometer to promise
prominente prominent
promocionar to promote
promover (ue) to promote
promulgar (gu) to enact, proclaim (15)
pronombre *m.* pronoun; *gram.* **pronom-**
    bre de complemento directo direct
    object pronoun; *gram.* **pronombre de**
    complemento indirecto indirect object
    pronoun
pronosticar (qu) to forecast (*weather*)
pronóstico del tiempo weather forecast (2)
pronto soon (7); **de pronto** suddenly (4);
    tan pronto como as soon as (15)
pronunciación *f.* pronunciation
pronunciar to pronounce
propagar (gu) to spread, propagate
propicio/a favorable; suitable
propiedad *f.* property (15)
propina tip (8)
propio/a own (6); typical, characteristic
proponer (*like* **poner**) (*p.p.* **propuesto**) to
    propose
proporción *f.* proportion
proporcionar to provide (15)
propósito purpose
propuesto/a (*p.p. of* **proponer**) proposed
prosperidad *f.* prosperity
protagonista *m., f.* protagonist
protección *f.* protection
proteger (j) to protect (10)
protegido/a protected
proteína protein (8)
protesta protest
protestante *n. m., f., adj.* protestant
protestar to protest
provecho profit, benefit
provechoso/a beneficial
proveer to provide
providencia providence
provincia province
provocar (qu) to provoke (14)
próximo/a next (2); **los próximos diez**
    años the next ten years
proyecto project (14)
prudente prudent
prueba test
psicología psychology (2)
psicólogo/a psychologist (4)
psiquiatra *m., f.* psychiatrist (12)
psíquicamente psychically
publicación *f.* publication
publicar (qu) to publish

publicista *m., f.* publicist
publicitario/a publicity, advertising
público audience (5)
público/a public; **servicio público** public service; **vía pública** public way
pudrir(se) to rot
pueblo town (6); **pueblito** little town (9)
puente *m.* bridge (11)
puerco pig; **carne** (*f.*) **de puerco** pork; **chuleta de cerdo** pork chop (8)
puerta door
puerto port (11)
puertorriqueño/a *n., adj.* Puerto Rican
pues well, then (6)
puesto market stall, small shop (13)
puesto/a (*p.p. of* **poner**) placed; turned on (*appliance*) (12); **puesto que** *conj.* since, given that
pulgar *m.* thumb (12)
pulmón *m.* lung (12)
pulmonía pneumonia (12)
pulso pulse (12)
punta point, tip
punto point (8); **punto com** dot com
puntual punctual
puntualmente punctually (10)
pupusas *bean-stuffed cornmeal cakes from El Salvador* (8)
puré (*m.*) **de manzana** apple sauce (12)
puro cigar
puro/a pure (15); **por pura casualidad** purely by chance

Q

que that, which; than; **lo que** that which, what; **ya que** since
qué: qué bueno que... it's great that . . . (15); **qué lástima que...** it's too bad that . . . (15)
¿qué? what?; **¿en qué puedo servirle?** how may I help you? (11); **¿por qué?** why? (1); **¿qué clase de... ?** what type of . . . ? (8); **¿qué hora es?** what time is it? (1); **¿qué hora tiene/tienes?** what time do you (*pol. sing.*)/(*inf. sing.*) have? (1); **¿qué le/te/les gusta hacer?** what do you (*pol. sing./inf. sing./pl.*) like to do? (1); **¿qué pasa?** what's wrong? (7); **¿qué pasó?** what happened? (7); **¿qué talla usa?** what size do you (*pol. sing.*) wear? (13); **¿qué tiempo hace?** what is the weather like? (2); **y tú, ¿qué dices?** and you (*inf. sing.*), what do you say? (1)
¡qué! what!; **¡qué + *noun* + tan/más + *adj.*** what a + *adj.* + *noun* (10); **¡qué aburrido!** how boring! (1); **¡qué bueno!** that's good!; **¡qué coincidencia!** what a coincidence! (11); **¡qué divertido!** how fun! (1); **¡qué envidia!** what luck! (I envy you!) (7); **¡qué ganga!** what a bargain! (13); **¡qué lástima!** that's too bad! (13); **¡qué mentiroso/a!** what a liar! (9); **¡qué**

ocurrencia! what a silly idea! (4); **¡qué pícaro/a!** what a rascal! (9)
quedar(se) to remain; to stay; to fit; to be situated; **me quedan sólo cinco dólares** I have only five dollars left (13); **quedarle bien/mal** to look nice/bad on one, to (not) fit well (13); **quedarle grande/pequeño** to be too big/small (13); **quedarle una cantidad de algo** to have left a quantity of something (13); **quedarse en cama** to stay in bed; **quedarse en casa** to stay at home (2); **se me/le quedó/quedaron** I/you/he/she left something (*sing. or pl.*) behind (12)
quehacer doméstico household chore (6)
quejarse to complain (7)
quemadura burn (12)
quemar to burn (7); **quemarse** to get burned (12)
querer *irreg.* to want (1); to love; **quererse** to love each other (14); **quieres** you (*inf. sing.*) want; **quiero** I want (1); **quise** I wanted (7); **quisiera** (+ *infin.*) I/he/she/you (*pol. sing.*) would like to (*do something*); **quiso** he/she/you (*pol. sing.*) wanted (7)
querido/a dear (3)
quesadilla *tortilla, filled with cheese, folded and grilled;* (*El Salvador, Honduras*) *cornmeal pie filled with cheese* (*Mex.*) (8)
queso cheese (3)
quien(es) who, whom
¿quién(es)? who? whom?; **¿a quién le gusta... ?** who likes to . . . ? (1); **¿de quién(es) es/son... ?** whose is/are . . . ?
química chemistry (2)
químico/a chemical; **residuo químico** chemical residue (10)
quince fifteen (A)
quinientos/as five hundred (1)
quinto/a fifth (2); **quinto centenario** five hundredth anniversary
quitar to take away (7); **quitarse (la ropa)** to take off (one's clothes) (4)
quizá(s) perhaps

R

rábano radish (8)
racial racial (15)
racionalmente rationally
racismo racism
racista *n. m., f., adj.* racist (14)
radiación *f.* radiation; **radiación ultravioleta** ultraviolet radiation
radiador *m.* radiator (11)
radiar to radiate
radio *f.* radio (*medium*) (2); *m.* (*appliance*); **radio-reloj** (*m.*) **despertador** alarm clock radio (13)
radioemisora radio transmitter

raíz (*pl.* **raíces**) root; **bienes** (*m. pl.*) **raíces** real estate (6)
rallado/a grated
rallar to grate (8)
Ramadán *m.* Ramadan (4)
rango rank
rápidamente quickly, rapidly
rápido/a *adj.* fast; quick (4); **restaurante de servicio rápido** fast-food restaurant (8)
raro/a rare, strange; **raras veces** rarely (5)
rasgo characteristic, feature, trait
ratificar (**qu**) to ratify
rato a while (7); little while, short time
ratón *m.* mouse; **Ratoncito Pérez** Tooth Fairy
raya stripe; **de rayas** striped (13)
rayo ray; **rayo ultravioleta** ultraviolet ray; **rayos equis** X-rays (12)
rayuela hopscotch; **jugar (ue) (gu) a la rayuela** to play hopscotch (9)
raza race
razón *f.* reason (8); **tener** (*irreg.*) **razón** to be right
razonable reasonable
razonamiento reasoning
razonar to reason
reacción *f.* reaction
reaccionar to react (12)
reactor (*m.*) **nuclear** nuclear reactor (15)
realidad *f.* reality
realismo realism
realista *n. m., f.* realist; *adj.* realistic
realización *f.* realization; fulfillment; achievement
realizar (**c**) to attain, achieve; to carry out; to realize; **realizar un sueño** to realize/fulfill one's dream (15)
reaparecer (**zc**) to reappear
rebajado/a reduced (price) (13)
rebajar (**tanto**) to lower a price (so much) (13)
rebanada slice (8)
rebelde rebellious
recado message
recámara bedroom (*Mex.*) (6)
recepción *f.* lobby (11)
recepcionista *m., f.* receptionist
receta recipe (8); prescription (12); **surtir una receta** to fill a prescription (12)
recetar to prescribe (12)
rechazar (**c**) to reject
rechazo rejection
rechinar to squeak; to creak
recibir to receive (2); **recibir regalos** to get gifts (4); **recibir visitas** to have company (2)
reciclable recyclable
reciclado/a recycled
reciclaje *m.* recycling (10)
reciclar to recycle (10)

recién recent; **recién casado/a** newlywed (14); **recién nacido/a** newborn (14)

reciente recent (7)

recipiente *m.* container (8)

reclamo de equipaje baggage claim (11)

recoger (j) to pick up, gather (3)

recomendable recommendable (4)

recomendación *f.* recommendation (8)

recomendar (ie) to recommend (8)

reconocer (zc) to recognize

recordar (ue) to remember (9)

recorrer to tour, travel across

recortar to cut out (13)

recreo recess, break (9); **patio de recreo** playground (9)

rectoría office of the (university) president (3)

recuerdo memory (7)

recuperarse to recover (12)

recurso resource; **recurso natural** natural resource (10)

red *f.* net; network; Internet; **red de pesca** fishing net (10)

redada roundup

reducción *f.* reduction (15)

reducido/a reduced

reducir (zc) to reduce (10)

reemplazar (c) to replace

reemplazo replacement

reescribir to re-write

referencia reference

referente *m.* reference

referir(se) a to refer to

reflejar to reflect

reflexivo/a reflexive

reforma reform

refrán *m.* saying (1)

refrescar (qu) to refresh

refresco soft drink (3)

refrigerador *m.* refrigerator (6)

regalar to give as a gift

regalo gift; **recibir regalos** to get gifts (4); **tienda de regalos** gift shop (3)

regar (ie) to water; **riega** he/she waters, you (*pol. sing.*) water (6); **riego** I water (6)

regateo bargaining (13)

regatear to bargain (13)

régimen *m.* (*pl.* **regímenes**) regime; diet

región *f.* region (11)

regionalismo regionalism

regionalización *f.* regionalization

regionalizar (c) to regionalize

regla rule (12)

regresar to return (3)

reguetón *m.* reggaeton

rehuir (yo rehuyo) to avoid, shun

reina queen

reino kingdom

reír(se) (río) (i, i) to laugh

relación *f.* relation (1); **tener** (*irreg.*) **relaciones** to engage in sexual relations (15)

relacionado/a related (5)

relacionarse to relate

relajación *f.* relaxation

relajado/a relaxed

relajamiento relaxation

relajarse to relax

relámpago lightning (10)

relatar to report, relate, recount

relato story; account

religión *f.* religion

religiosidad *f.* religiosity

religioso/a religious (4)

reloj (despertador) *m.* (alarm) clock (7); **radio-reloj** (*m.*) **despertador** clock radio (13)

remedio (casero) (home) remedy (12)

remitir to remit

remontar to go back (in time)

remoto/a remote

rencilla quarrel

renovado/a remodeled (13)

reparación *f.* repair

reparar to fix (2)

repartir to share; to hand out

repasar to review

repaso review

repeler to repel

repente: de repente suddenly (12)

repetición *f.* repetition

repetir (i, i) to repeat (14)

reportaje *m.* report (3)

reportero/a reporter

representación *f.* representation

representar to represent (2)

representativo/a representative

reprimir to repress

reprobable reproachable

reprobación *f.* reprobation, reproof

reprobador(a) reproachful

reprobar (ue) to reproach

reproducir (zc) to reproduce

repuesto: de repuesto spare (replacement)

reptil *m.* reptile (10)

república republic

reputación *f.* reputation

reputado/a famed, reputed

requerir (ie, i) to require (10)

res: carne (*f.*) **de res** beef (8)

resbaloso/a slippery

reserva reserve (15)

reservado/a reserved

reservar to reserve

resfriado/a: estar (*irreg.*) **resfriado/a** to have a cold (12)

resfrío cold (12)

residencia residence (6); **residencia estudiantil** university residence hall, dormitory (5)

residente *m., f.* resident

residir to reside

residuo químico chemical residue (10)

resistente resistant (13)

resistir to resist

resolver (ue) (*p.p.* **resuelto**) to resolve (10)

resonar to resound

respectivamente respectively

respecto: con respecto a with respect to; **respecto a** with respect to

respetar to respect (14)

respeto respect

responder to respond (12)

responsabilidad *f.* responsibility

responsable responsible (14)

respuesta answer (2)

restaurante *m.* restaurant (1); **restaurante de servicio rápido** fast-food restaurant (8)

restaurar to restore

resto rest; *pl.* remains

restricción *f.* restriction (10)

restringir (j) to restrict, limit (10)

resuelto/a (*p.p. of* **resolver**) resolved

resultado result; **como resultado** as a result

resultar to result

resumen *m.* summary

resumir to summarize

retar to challenge, dare

retener (*like* **tener**) to retain

retirar to remove; to draw back

retrato portrait

retrovisor: espejo retrovisor rearview mirror (11)

reunión *f.* meeting (3)

reunirse to get together (4); **me reúno** I get together (4); **se reúne** he/she gets together, you (*pol. sing.*) get together (4)

reutilizable reusable

reutilizar (c) to reuse

revelar to reveal

reventar to burst

revisar to check (11)

revisión *f.* revision

revista magazine; **leer (y) revistas** to read magazines (1)

revolución *f.* revolution (11)

revolucionario/a revolutionary

rey *m.* king; **Día de los Reyes Magos** Epiphany, Day of the Magi (4)

rezar (c) to pray (3)

rico/a rich (A); delicious (8)

ridiculez *f.* ridiculousness, absurdity

ridiculizar (c) to ridicule

ridículo/a ridiculous (7)

riesgo risk (14)

rigor *m.* severity, strictness, rigor

rincón *m.* corner (*of a room*)

riñón *m.* kidney (12)

río *m.* river (2)

risa laughter

rito ritual

rivalidad *f.* rivalry

robar to steal (7)

robo robbery, theft

robot *m.* robot
rocío dew (10)
rocoso/a rocky (10)
rodeado/a surrounded (10)
rodilla knee (12)
rogar (ue) (gu) to beg (14)
rojo/a red
romántico/a romantic (2)
romper(se) (*p.p.* **roto**) to break; **se me/le rompió/rompieron** something (*sing. or pl.*) broke (on me/you/him/her) (12)
ropa *sing.* clothes, clothing; **guardar ropa** to put away clothes (6); **lavar la ropa** to do laundry; **ponerse** (*irreg.*) **ropa** to put on clothes (4); **ropa interior** underwear (13)
rosa rose
rosado/a pink (Λ); **vino rosado** rosé wine (8)
rosario rosary
roto/a (*p.p. of* **romper**) broken
rubio/a blond(e)
rueda wheel (10)
ruido noise (7)
ruinas ruins (11)
Rusia Russia
ruta route; **en ruta** en route
rutina diaria daily routine (4)
rutinario/a routine

S

sábado Saturday (1)
sabelotodo know-it-all
saber *irreg.* to know (4); to find out about; **saber** (+ *infin.*) to know how to (*do something*) (5); **sabe** he/she knows, you (*pol. sing.*) know (4); **sé** I know (4)
sabido/a known
sabiduría wisdom
sabiendas: a sabiendas *adv.* knowingly, on purpose
sabor *m.* flavor (8)
sabroso/a delicious (8)
sacar (qu) to take out; to get, receive (*grade*); **sacar buenas/malas notas** to get good/bad grades (9); **sacar el pasaporte** to get a passport (11); **sacar fotos** to take pictures (1); **sacar la basura** to take out the trash (6); **sacar videos** to rent videos
sacerdote *m.* priest
sacrificio sacrifice
sacudir to dust, shake off (14)
safari *m.* safari
sal *f.* salt (8)
sala living room (6); **sala de emergencias** emergency room (12); **sala de espera** waiting room (11)
salado/a salty; **agua** (*f.*) **salada** salt water (11)
salchicha sausage (8)
salero salt shaker (8)

salida departure, exit (11)
salir *irreg.* to leave; to go out (1); **salir a bailar** to go out dancing (1); **salir a comer** to go out to eat; **salir bien** to do well; **salir de vacaciones** to go on vacation (11); **salir para** to leave for (*a place*) (7); **salga(n)** (*command*) leave (11)
salón (*m.*) **de clase** classroom
salsa salsa (8)
saltar to jump; **saltar la cuerda** to jump rope (9); **salte(n)** jump (*command*)
salud *f.* **(mental)** (mental) health (12); **¡salud!** to your health! (12); bless you (12); **buena salud** good health; **programa** (*m.*) **de salud** health program
saludable healthy (3)
salvar to save (10)
salvo que unless
san, santo/a saint; **Día de Todos los Santos** All Saints' Day (4); **día del santo** saint's day (4); **Semana Santa** Holy Week (4)
sandía watermelon (8)
sangre *f.* blood (12)
sarampión *m.* measles (12)
sartén *f.* frying pan
sátira satire
satírico/a satirical
satirizar (c) to satirize
satisfacción *f.* satisfaction (15)
satisfacer (zc) to satisfy
secador *m.* **(de pelo)** hair dryer (6)
secadora clothes dryer (6)
secarse (qu) el pelo to dry one's hair (4)
sección *f.* section
seco/a dry (8)
secretario/a (ejecutiva) (executive) secretary (5)
secreto secret
secuencia sequence
secundaria: escuela secundaria high school (7)
sed *f.* thirst; **tener** (*irreg.*) **sed** to be thirsty (4)
seda silk (13)
sedentario/a sedentary
sedentarismo sedentarism
segmento segment
segregación *f.* segregation
segregacionista *m., f.* segregationist
segregar (gu) to segregate
seguido/a followed
seguir (i, i) (g) to follow; to continue; **seguir** + **-ndo** to go on (*doing something*); **seguir las instrucciones** to follow directions (3); **siga(n)** (*command*) keep going (11)
según according to (1)
segundo *n.* second (2); *adv.* secondly
segundo/a *adj.* second; **Segunda Guerra Mundial** Second World War
seguridad *f.* security (15)

seguro insurance; **seguro automovilístico** (automobile) insurance (11); **seguro médico** medical insurance (12)
seguro/a sure; safe
seis six (A)
seiscientos/as six hundred (1)
selección *f.* selection (1)
seleccionar to select (15)
selva (tropical) (tropical) jungle (10)
semáforo signal (light) (10)
semana week; **entre semana** on weekdays, during the week (14); **fin** (*m.*) **de semana** weekend (1); **Semana Santa** Holy Week (4)
semanal weekly
sembrar (ie) to plant (10)
semejante similar
semestre *m.* semester (2)
semilla seed
senador(a) senator
sencillo/a simple; **habitación** (*f.*) **sencilla** single occupancy room (11)
sensación *f.* sensation
sensato/a sensible
sentarse (ie) to sit
sentencia ruling, sentence (legal)
sentido meaning; **doble sentido** two-way (11); **sentido del humor** sense of humor (14); **un solo sentido** one-way (11)
sentimiento *n.* feeling
sentir(se) (ie, i) to feel; **¿cómo se siente?** how are you (*pol. sing.*) feeling? (12); **lo siento** I'm sorry (13); **me sentí** I felt (7); **se sintió** he/she/you (*pol. sing.*) felt (7); **sentirse mal** to feel badly
señal *f.* sign; signal (10); **dar** (*irreg.*) **señal** to give a sign, indication
señalar to signal
señor (Sr.) *m.* man; Mr; **los señores...** Mr. and Mrs. . . .
señora (Sra.) woman; Mrs., Ms.
señorita (Srta.) young woman; Miss
separar to separate
septiembre *m.* (1)
séptimo/a seventh (2)
sequía drought (10)
ser *m.* being; **ser humano** human being (15); **ser querido** loved one; **seres vivos** living beings
ser *irreg.* to be; **¿a qué hora es... ?** what time is . . . ? (1); **¿cómo era... ?** what was/were . . . like? (9); **es...** it is . . . (1); **¿de dónde eres tú?** where are you (*inf. sing.*) from?, **¿de dónde es usted?** where are you (*pol. sing.*) from? (3); **¿de dónde es... ?** where is . . . from? (3); **es a las 8:30** it's at 8:30 (1); **es de...** he/she/you (*pol. sing.*) is from . . . (3); **es dudoso que...** it is doubtful that . . . (15); **es importante que...** (+ *subjunctive*) it's important that . . . (14); **(no) es (im)posible que** it is (not) (im)possible

that (15); **es indispensable que...** (+ *subjunctive*) it's absolutely necessary that . . . (14); **es la una y media** it's one thirty (1); **es mejor/peor** it is better/ worse (4); **es mejor que** (+ *subjunctive*) it's better that . . . (14); **fue** he/she/you (*pol. sing.*) was/were (7); **fui** I was (7); **llegar (gu) a ser** to become; **¿qué hora es?** what time is it? (1); **ser bilingüe** to be bilingual; **ser desechable** to be disposable; **ser estudiante universitario** to be a university student; **ser útil** to be useful; **son las nueve menos diez (minutos)** it is ten (minutes) to nine (1); **soy de...** I am from . . . (3)

serio/a serious (B)

serpiente *f.* snake (10)

servicial accommodating, helpful

servicio service; **restaurante de servicio rápido** fast-food restaurant (8); **Servicio de Inmigración y Naturalización** Immigration and Naturalization Service; **servicio militar** military service; **servicio público** public service

servilleta napkin (8)

servir (i, i) to serve (5); **¿en qué puedo servirle?** how may I help you? (11); **¿para qué sirve... ?** what is . . . used for? (6); **para servirle** you are welcome (11); **servir de** to serve as; **sirve** he/she serves, you (*pol. sing.*) serve (5); **serví** I served; **sirvió** he/she, you (*pol. sing.*) served; **sirvo** I serve (5)

sesenta sixty (B)

setecientos/as seven hundred (1)

setenta seventy (C)

sexismo sexism

sexista *adj.* sexist

sexo sex (1)

sexto/a sixth (2)

sexual sexual; **contenido sexual** sexual content; **discriminación** (*f.*) **sexual** sexual discrimination; **intolerancia sexual** sexual intolerance; **orientación** (*f.*) **sexual** sexual orientation

sexualmente sexually

si if (2)

sí yes; **sí, cómo no** yes, of course (11); **¡yo sí!** I do! (4)

Sicilia Sicily

SIDA *m. sing.* (*abbrev. for* **síndrome de inmunodeficiencia adquirida**) AIDS (12)

siempre always (3)

sierra mountains (10)

siervo/a servant; slave

siesta nap; **tomar una siesta** to take a nap (2)

siete seven (A)

siglo century (7); **siglo pasado** last century

significado meaning

significar (qu) to mean

siguiente following, next (1); **al día siguiente** the next day (12)

silencioso/a silent, quiet

silla chair

sillón *m.* easy chair (6)

simbólico/a symbolic

simbolismo symbolism

simbolizar (c) to symbolize

símbolo symbol (14)

simétrico/a symmetrical

simpatizar (c) to sympathize

simple simple, mere

simplemente simply

sin without (A); **sin duda** without a doubt; **sin embargo** however; **sin que** (*conj.*) without (15)

sincero/a sincere

sino but (rather), instead

sinónimo synonym

sintaxis *f.* syntax

sintético/a synthetic

síntoma *m.* symptom (12)

sistema *m.* system (10); **sistema de comunicación** communication system; **sistema de transporte público** public transportation system; **sistema neurológico** neurological system

sitio place, site; **sitio Web** website (3)

situación *f.* situation (4)

situado/a situated (10)

situar(se) (sitúo) to situate, be situated

sobre on; on top of (3); above (3); about (1); **sobre todo** above all, especially

sobrenatural supernatural

sobrepeso obesity

sobrepoblación *f.* overpopulation (15)

sobrevivir to survive (12)

sobrino/a nephew/niece

sociabilidad *f.* sociability

social social (14); **ciencias sociales** social sciences (2); **escala social** social scale; **nivel** (*m.*) **social** social level

socialismo socialism

socialista *n. m., f., adj.* socialist

sociedad *f.* society (9)

socio/a member (9)

sociohistórico/a socio-historical

sociología sociology (2)

socorrista *m., f.* paramedic, emergency responder (12)

¡socorro! help! (12)

sofá *m.* couch (6)

sol *m.* sun; **hace sol** it is sunny (2); **tomar el sol** to sunbathe (2)

solamente only (13)

solar: panel (*m.*) **solar** solar panel (15)

soldado, mujer (*f.*) **soldado** soldier

soleado sunny (10)

soledad *f.* solitude

soler (ue) (+ *infin.*) to be accustomed to (*doing something*) (14)

sólo *adv.* only

solo/a alone, lonely; **estar** (*irreg.*) **solo/a** to be alone, lonely (4); **un solo**

sentido one-way (11); **una sola vía** one-way (11)

soltero/a single, unmarried

solución *f.* solution (5)

solucionar to solve

sombra shadow

someter to subdue

sonar (ue) to ring, go off (*alarm*) (7)

sonido sound (12)

sonreír to smile (4)

soñador(a) *n., adj.* dreamer

soñar (ue) con to dream about (4)

sopa soup (3); **fuente** (*f.*) **de sopa** soup tureen (8)

soportar to stand, endure, put up with

sor sister (religious)

sorprendente surprising

sorprender to surprise

sorprendido/a surprised

sorpresa surprise

sospecha suspicion; **tener** (*irreg.*) **sospechas** to have suspicions

sospechoso/a suspicious

sostén *m.* bra (13)

sostener (*like* **tener**) to sustain

suavemente softly

suavizante *m.* softener; **suavizante de ropa** fabric softener

subir to go up (7); **suba(n)** (*command*) board (7); **subirse a los árboles** to climb trees (9)

subjetividad *f.* subjectivity

subjetivo/a subjective

subjuntivo subjunctive

subliminal: mensaje (*m.*) **subliminal** subliminal message

subordinación *f.* subordination

subrayado/a underlined

subterráneo/a subterranean (10)

subyacer to underlie

subyugación *f.* subjugation

subyugar (gu) to subjugate

suceso event, happening

sucio/a dirty

sucursal branch (*of an office*)

Sudamérica South America (3)

sueco clog (13)

suegro/a father-in-law/mother-in-law (9); *pl.* in-laws (9)

sueldo salary (5)

suelo floor; ground (12)

sueño dream; sleepiness; **realizar (c) un sueño** to realize/fulfill one's dream (15); **tener** (*irreg.*) **sueño** to be sleepy (4)

suerte *f.* luck; **tener** (*irreg.*) **buena/mala suerte** to have good/bad luck; **traer** (*irreg.*) **buena suerte** to bring good luck

suertudo/a lucky

suficiente sufficient (15)

sufrimiento suffering

sufrir to suffer

sugerencia suggestion (14)

sugerir (i, i) to suggest (11)
suicidarse to commit suicide
sujetar to hold up, attach (13)
suma sum
superficie *f.* surface (11)
superioridad *f.* superiority
supermercado supermarket (3)
superstición *f.* superstition
supersticioso/a superstitious
suplantar to supplant, take the place of
suplicar (qu) to implore, beseech, beg
suponer (*like* **poner**) (*p.p.* **supuesto**) to suppose
supuesto/a (*p.p. of* **suponer**) supposed; **por supuesto** of course (11)
sur *m.* south; **al sur** to the south
sureño/a southern
surfear to surf (2)
surgimiento emergence
surgir (j) to arise, emerge
surtido/a assorted
surtir una receta to fill a prescription (12)
suspensión *f.* suspension
suspicaz (*pl.* **suspicaces**) suspicious, distrustful
sustancia substance (10)
sustantivo noun (2)
sustituir (y) to substitute
susto fright
suyo/a *poss.* your, of yours (*pol. sing., pl.*); his, of his; her, of hers; their, of theirs

T

tabaco tobacco
tabla table (8); graph (8); **tabla de snowboard** snowboard
taco *rolled or folded tortilla filled with meat and beans* (*Mex.*) (3)
tal such, such a; **con tal (de) que** as long as (15); **¿qué tal?** how's it going?; how are you?; **tal vez** perhaps (15)
tala felling of trees
talar to cut, fell trees
talento talent (5)
talentoso/a talented
taller *m.* workshop, shop
tamal *m.* tamale (*dish of minced meat and red peppers rolled in cornmeal wrapped in corn husks or banana leaves*) (*Mex.*) (8)
tamaño size (13)
también also, too; **a mí también** I do too (1)
tampoco neither, not either; **a mí tampoco** I don't either (1)
tan so; **tan... como** as . . . as (6); **tan pronto como** as soon as (15)
Tánger Tangier
tanque *m.* tank (10)
tanto *adv.* so much; as much; **por lo tanto** therefore; **tanto como** as much as

tanto/a *adj.* so much; *pl.* so many (14)
tanto(s)/tanta(s)... como as many . . . as (6)
tapado/a covered; **tener** (*irreg.*) **la nariz tapada** to have a stuffy nose (12)
tapar to cover (8)
tapas *pl.* (*Sp.*) hors d'oeuvres (8)
tapiz (*pl.* **tapices**) *m.* tapestry
tardar to take time (12)
tarde *n. f.* afternoon (A); *adv.* late; **de la tarde** P.M.; **más tarde** later (2); **por la tarde** in the afternoon (1); **ya es tarde** it's late already (1)
tarea homework (3); task
tarjeta card; **tarjeta de crédito** credit card (8); **tarjeta de débito** bank card, ATM card
tarot *m.* tarot; **cartas de tarot** tarot cards
tarro jar (8)
tarta pastry
tasa rate, level; **tasa de deforestación** deforestation rate; **tasa de desempleo** unemployment rate (15)
tatuaje *m.* tattoo (A)
taxi *m.* taxi (10)
taza cup, mug
te *d.o.* you (*inf. sing.*); *i.o.* to/for you (*inf. sing.*); *refl. pron.* yourself (*inf. sing.*)
té *m.* tea; **té caliente/frío (helado)** (hot, iced) tea (8); **tomar té** to drink tea (2)
teatro theater (2)
techo roof
tecla key (*on a keyboard*)
teclado keyboard
técnica *n.* technique
tecnología technology (15)
tecnológico/a technological; **avance** (*m.*) **tecnológico** technological advance
tela cloth, fabric (13)
teleadicción addiction to television
telecomunicación *f.* telecommunication
telefonear to telephone
telefónico/a *adj.* telephone; **guía** (*f.*) **telefónico** telephone directory
teléfono telephone; **hablar por teléfono** to talk on the telephone; **número de teléfono** telephone number; **(teléfono) celular** cell phone (1); **(teléfono) móvil** cell phone (1)
teleguía *f.* television guide (1)
telenovela soap opera; **ver** (*irreg.*) **una telenovela** to watch a soap opera (1)
televidente television viewer
televisión *f.* television; **estrella de televisión** television star (7); **mirar la televisión** to watch television; **ver** (*irreg.*) **la televisión** to watch television (1)
televisivo/a *adj.* television; **concurso televisivo** television contest; **programa** (*m.*) **televisivo** television program
televisor *m.* television set (1)
tema *m.* theme (10)
temático/a thematic

temer to fear, be afraid of
temeroso/a frightful, fearful
temible frightening
temor *m.* fear
temperatura temperature; **temperatura máxima/mínima** maximum/minimum temperature (2)
templo temple
temporada season (of practice) (2)
temprano early (1)
tendencia tendency
tender (ie) la cama to make the bed (6); **tiende la cama** he/she makes the bed, you (*pol. sing.*) make the bed; **tiendo la cama** I make the bed (6)
tenedor *m.* fork
tener *irreg.* to have; **¿cuántos años tienes?** how old are you (*inf. sing.*)? (C); **no tener ni un centavo** to be broke (13); **¿qué hora tiene/tienes?** what time do you (*pol. sing.*)/(*inf. sing.*) have? (1); **tener... años** to be . . . years old (C); **tener buena/mala suerte** to have good/bad luck; **tener calentura** to have a fever (12); **tener calor** to be hot (4); **tener catarro** to have a cold (12); **tener confianza** to trust; **tener diarrea** to have diarrhea (12); **tener dolor de cabeza/estómago/garganta/muelas** to have a headache / stomachache / sore throat / toothache (12); **tener el derecho** to have the right; **tener fiebre** to have a fever (12); **tener frío** to be cold (4); **tener ganas de** to feel like (*doing something*) (5); **tener gripe** to have the flu (12); **tener hambre** to be hungry (4); **tener interés** to be interested in; **tener la certeza de que** to have the certainty that; **tener la culpa** to be at fault (11); to be guilty (12); **tener la nariz tapada** to have a stuffy nose (12); **tener lugar** to take place (14); **tener miedo** to be afraid (4); **tener náuseas** to be nauseous (12); **tener prisa** to be in a hurry (4); **tener que** (+ *infin.*) to have to (*do something*) (5); **tener que ver con** to have to do with; **tener razón** to be right; **tener relaciones** to engage in sexual relations (15); **tener sed** to be thirsty (4); **tener sueño** to be sleepy (4); **tener tiempo** to have time; **tener tos** to have a cough; **tener un aborto** to have an abortion; **tener un dolor de cabeza** to have a headache; **tener un horario** to have a schedule; **tener vergüenza** to be ashamed, embarrassed (12); **tuve** I had (7); **tuvo** he/she/you (*pol. sing.*) had (7)
tenis tennis; **cancha de tenis** tennis court (6); **jugar (ue) (gu) al tenis** to play tennis
tenista *m., f.* tennis player
tenso/a tense
teocracia theocracy

teoría theory

terapeuta *m., f.* therapist (5)

tercer, tercero/a third (2); **tercer mundo** Third World

terminal (*m.*) **de autobuses** bus terminal (9)

terminar to finish (5); **termine(n)** (*command*) finish

término term (15)

terraza terrace (6)

terremoto earthquake (10)

terreno ground, terrain

terrestre earthly

territorio territory

terrorismo terrorism (15)

terrorista *n. m., f., adj.* terrorist (15)

tesis *f.* thesis; **tesis doctoral** dissertation

testigo/a witness (12)

tetera teapot

textear to send a text message

ti *obj. of prep.* you (*inf. sing.*)

tibieza lukewarmness, tepidity

tibio/a warm

tiburón *m.* shark (10)

tiempo time; weather (2); **a tiempo** on time (9); **actividades del tiempo libre** leisure-time activites (1); **¿cuánto tiempo hace que... ?** how long has it been since . . . ? (7); **hace buen/mal tiempo** the weather is fine/bad (2); **llegar (gu) a tiempo** to arrive on time; **pasar tiempo** to spend time; **perder (ie) el tiempo** to waste time; **por mucho tiempo** for a long time; **pronóstico de tiempo** weather forecast (2); **¿qué tiempo hace?** what is the weather like? (2)

tienda store (3); **tienda de regalos** gift shop (3)

tierra earth; land (10)

tijeras scissors (13)

tímido/a timid, shy

tinto: vino tinto red wine (8)

tío/a uncle/aunt

típico/a typical (1)

tipo type, kind (3)

tiranía tyranny

tiránicamente tyrannically

tiranizar (c) to tyrannize

tirano/a tyrant

tirar to throw

tiras (*pl.*) **cómicas** comic strips (9)

titulado/a entitled

título degree; title (7)

toalla towel (4)

tobillo ankle (12)

tocador *m.* dresser

tocar (qu) to touch (12); to play (*musical instrument*) (1); **tocar la bocina** to honk the horn (11); **tocar madera** to knock on wood

tocino bacon (8)

todavía still, yet (2)

todo/a all; every (2); **Día de Todos los Santos** All Saints' Day (4); **de todos modos** anyway; **en todas partes** everywhere; **por todas partes** everywhere (12); **sobre todo** above all, especially; **toda la clase** the whole class; **toda la gente** everyone; **todo el día** all day (1); **todo el mundo** everyone (15); **todos los días** every day (3)

tolerar to tolerate

tomar to take; to drink; to eat; **tomar apuntes** to take notes (4); **tomar café/té** to drink coffee/tea (2); **tomar cartas en** to take a hand in; **tomar decisiones** to make decisions; **tomar el sol** to sunbathe (2); **tomar en cuenta** to take into account; **tomar un curso** to take a class; **tomar un examen** to take a test (4); **tomar una siesta** to take a nap (2); **tome(n)** (*command*) take (11)

tomate *m.* tomato (3)

tontería silly thing; foolishness

torcido/a twisted, sprained (12)

torero/a bullfighter

tormenta storm (10)

torneo tournament (7)

toro bull; **corrida de toros** bullfight (11)

toronja grapefruit (8)

torre *f.* tower

tortilla *thin bread made of cornmeal or flour;* **tortilla española** *Spanish omelet made of eggs, potatoes, and onions* (*Mex.*) (8)

tortuga tortoise (10); **tortuga marina** sea turtle (10)

torturar to torture

tos cough; **jarabe** (*m.*) **para la tos** cough syrup (12); **tener** (*irreg.*) **tos** to have a cough (12)

toser to cough (12)

tostada toast (*Sp.*) (8); *crispy tortilla with toppings* (*Mex.*) (8)

tostado: pan (*m.*) **tostado** toast (3)

tostador toaster (6)

total total (8)

totalitarismo totalitarianism

tóxico/a toxic (10)

trabajador(a) *n.* worker; *adj.* hardworking; **trabajador(a) social** social worker (5)

trabajar to work; **trabajar en el jardín** to work in the garden (1); **trabajar en grupos** to work in groups; **trabajar en parejas** to work in pairs; **trabaje(n)** (*command*) work

trabajo work; **compañero/a de trabajo** coworker; **ir** (*irreg.*) **al trabajo** to go to work

tradición *f.* tradition

tradicional traditional (2)

traducción *f.* translation

traducir (*like* **conducir**) to translate

traductor(a) translator

traer *irreg.* to bring (4); **trae** he/she brings, you (*pol. sing.*) bring (4); **traer buena suerte** to bring good luck; **traiga(n)** (*command*) bring; **traigo** I bring (4); **traje** I brought (7); **trajo** he/she/you (*pol. sing.*) brought (7)

traficar (qu) to traffic (15)

tráfico traffic

tragar (gu) to swallow (12)

trágico/a tragic

traje *m.* suit; **traje de baño** bathing suit (7)

trama plot

trampa trick; trap; **hacer** (*irreg.*) **trampa** to play a trick on, set a trap for

tranquilamente calmly (7)

tranquilo/a calm (12)

transbordador *m.* ferry (10)

transbordo transfer (11)

transferencia transfer

transformar to transform

transgénico/a genetically modified

transitado/a traveled (*street*)

transitar to go along, through streets

tránsito traffic (11)

translúcido/a translucent (13)

transmitir to transmit

transportador(a) transporting

transportar to transport (10)

transporte *m.* transportation (6); **transporte aéreo** air transportation (11); **transporte público** public transportation

tranvía *m.* cable car, streetcar (10)

trasero/a back

trasladarse to move

traslado de... a... transportation from . . . to . . . (11)

traspasar to go through

tratado treaty

tratamiento treatment (12)

tratar to treat; to deal with; **tratar de** (+ *infin.*) to try to (*do something*) (5); **tratarse de** to be about (15)

trato treatment

trébol clover; **trébol de cuatro hojas** four-leafed clover

trebolar *m.* clover field

trece thirteen (A)

treinta thirty (A)

tremendo/a tremendous

tren *m.* train (2); **por tren** by train (10)

trenza braid

trescientos/as three hundred (1)

tribu *f.* tribe (11)

tribunal court

trigueño/a olive-skinned

trimestre *m.* trimester (2)

triste sad; **estar** (*irreg.*) **triste** to be sad (4)

tristeza sadness

triunfante triumphant
triunfar to triumph
trolebús *m.* trolley bus
trono throne
tropas *pl.* troops
tropezar (c) to trip
tropical tropical (8); **bosque** (*m.*) **tropical** tropical forest
trotar to jog (1)
trozo piece, chunk (8)
trueno thunder (10)
tu *poss.* your (*inf. sing.*)
tú *sub. pron.* you (*inf. sing.*); **y tú, ¿qué dices?** and you (*inf. sing.*), what do you say? (1)
tubería *sing.* pipes (5)
turismo tourism (11)
turista *n. m., f.* tourist (1); **guía** (*m., f.*) **de turistas** tourist guide
turístico/a *adj.* tourist (8); **clase** (*f.*) **turística** tourist class (11)
tuyo/a *poss.* your, of yours (*inf. sing.*)

U

u or (*used instead of* **o** *before words beginning with* **o** *or* **ho**)
último/a last; latest; **a última hora** at the last minute (11); **la última vez** last time (7)
ultravioleta ultraviolet; **radiación** (*f.*) **ultravioleta** ultraviolet radiation; **rayo ultravioleta** ultraviolet ray
un, uno/a *indef. art.* a, an; one; *pl.* some
ungüento ointment; **aplicarse (qu) un ungüento** to apply an ointment (12)
únicamente solely (14)
único/a *adj.* only; unique
unidad *f.* unity
unido/a united; unified (10); connected (10); **Estados Unidos** United States
unión *f.* union
universidad *f.* university
universitario/a *of or pertaining to the university* (15)
uña fingernail (12)
uranio uranium (10)
urbanismo urbanism
urbanístico/a urban
urbanización *f.* urbanization
urbano/a urban; **casco urbano** city center
urbe *f.* large city
urgente urgent
urgir (j) to be urgent (10)
usado/a used (10)
usar to use (2); **use(n)** (*command*) use
uso use (10)
usted (Ud., Vd.) *sub. pron.* you (*pol. sing.*); *obj. of prep.* you (*pol. sing.*)
ustedes (Uds., Vds.) *sub. pron.* you (*pl.*); *obj. of prep.* you (*pl.*)

usuario/a user
utensilio utensil (6)
útil useful (6)
utilidad *f.* usefulness, utility
utilizar (c) to utilize, use (15)
uva grape (8)

V

vacaciones *f. pl.* vacation; **ir** (*irreg.*) **de vacaciones** to go on vacation (5); **salir** (*irreg.*) **de vacaciones** to go on vacation (11)
vacuna vaccination, shot (11)
vagón *m.* train car
vainilla vanilla (8)
valer *irreg.* to be worth (13); to cost; **¿cuánto vale?** how much is this worth? (13); **vale la pena** to be worth the trouble
validez *f.* validity
válido/a valid
valiente brave
valioso/a valuable (12)
valle *m.* valley (10)
valor value (12)
valorar to value (14)
vapor *m.* vapor; steam; **vapor tóxico** toxic vapor
vaqueros: pantalones (*m. pl.*) **vaqueros** jeans (13)
variación *f.* variation
variante variant
variar to vary
varicela chicken pox (12)
variedad *f.* variety
varios/as *pl.* several (3)
varón *m.* male infant, male child (14)
vasija container
vaso (drinking) glass (4)
vecindario neighborhood (6)
vecino/a neighbor
vegetación *f.* vegetation (10)
vegetal *m.* vegetable
vegetariano/a vegetarian (8)
vehemente vehement
vehículo vehicle (10)
veinticinco twenty-five (A)
veintidós twenty-two (A); **veintidós millones de pesos** twenty-two million pesos (13)
veintitrés twenty-three (A)
vela candle (4)
velación *f. ceremonial covering of the bride and groom with a veil; the nuptial mass* (14)
velero: andar (*irreg.*) **en velero** to go sailing (2)
velocidad *f.* speed; **disminuya** (*command*) **la velocidad** slow down (11); **exceso de velocidad** speeding (7)

velorio wake
vena vein (12)
vencedor(a) conqueror, victor
vencer (zc) to conquer
vencimiento falling due; expiration
vendaje *m.* bandage (12)
vendedor(a) salesman/saleswoman (13)
vender to sell (5)
venir *irreg.* to come (4); **venga(n)** (*command*) come (5); **vengo** I come (4); **viene** he/she comes, you (*pol. sing.*) come (4); **vine** I came (7); **vino** he/she/ you (*pol. sing.*) came (7)
venta sale (6)
ventaja advantage (10)
ventajoso/a advantageous
ventana window
ventilador *m.* fan (6)
ver *irreg.* (*p.p.* **visto**) to see; to watch (1); **a ver** let's see (13); **nos vemos** see you (2); **tener** (*irreg.*) **que ver con** to have to do with; **vamos a ver** let's see; **vea(n)** (*command*) see (1); **ver la televisión** to watch television (1); **ver un partido de...** to watch a game of . . . (1); **ver una telenovela** to watch a soap opera (1); **verse** to see oneself; to look, appear; **vi** I saw (7); **vio** he/she/you (*pol. sing.*) saw (7)
veracidad *f.* veracity, truthfulness
verano summer (1)
veras: ¿de veras? really? (3)
verbo verb
verdad *f.* truth; **¿de verdad?** really? (3); **decir** (*irreg.*) **la verdad** to tell the truth; **(no) es verdad** it is (not) true
verdaderamente truly
verdadero/a true, truthful, genuine
verde green (A)
vergüenza shame; **tener** (*irreg.*) **vergüenza** to be ashamed, embarrassed (12)
verificar (qu) to verify
versatilidad *f.* versatility
versión *f.* version
vestido dress
vestir (i, i) to dress; **vestirse** to get dressed (4); **me vestí** I got dressed (7); **me visto** I get dressed (4); **se viste** he/she gets dressed, you (*pol. sing.*) get dressed (4); **se vistió** he/she/you (*pol. sing.*) got dressed (7)
veterinario/a veterinarian (12)
vez *f.* (*pl.* **veces**) time; **a la vez** at the same time (5); **a veces** sometimes (C); **alguna vez** sometime; **cada vez** each time; **de vez en cuando** from time to time (3); **en vez de** instead of (7); **muchas veces** often (5); **otra vez** again (5); **raras veces** rarely (5); **tal vez** perhaps (15); **última vez** last time (7); **una vez** once
vía road; way; **doble vía** two-way (11); **en vías de desarrollo** developing; in the

process of developing; **una sola vía** one-way (11); **vía digital** digital passage; **vía pública** public way

viajar to travel

viaje *m.* trip (10); **agencia de viajes** travel agency (11)

viajero/a traveler (11); **cheque** (*m.*) **de viajero** traveler's check

viciar to corrupt

vicio vice, bad habit

vicioso/a depraved, addicted to vice

víctima *f.* victim

vida life (3); **ganarse la vida** to earn one's living (15)

vidente seer; sighted

video video; **sacar** (**qu**) **un video** to rent a movie

videocámara video camera

videocasete *m.* video

videocasetera VCR

videocentro video store (3)

videojuego video game

vidrio glass (*material*) (10); **fibra de vidrio** fiberglass (13)

viejo/a *n.* old person; *adj.* old

viento wind; **hace** (**mucho**) **viento** it's (very) windy (2); **molino de viento** windmill

viernes *m. sing., pl.* Friday (1); **de lunes a viernes** Monday through Friday (4)

VIH *m.* (*abbrev. for* **virus** [*m.*] **de la inmunodeficiencia humana**) HIV (12)

villano/a villain

vinagre *m.* vinegar (8)

vino (**blanco, rosado, tinto**) (white, rosé, red) wine (8)

violación *f.* violation; rape

violar to violate; to rape

violencia violence (14)

violento/a violent (2)

violín *m.* violin

violinista *m., f.* violinist

virgen *f.* virgin; **Virgen de Guadalupe** Virgin of Guadalupe; **Virgen María** Virgin Mary

virtud *f.* virtue

visa visa (11)

visado visa (11)

visión *f.* vision

visita visit; **estar** (*irreg.*) **de visita** to be staying (11)

visitar to visit (2)

vista view (6)

visto/a (*p.p. of* **ver**) seen

visualmente visually

vitamina vitamin (8)

vitorear to acclaim, applaud

vivienda housing (15)

vivir to live; **¿dónde vive usted?** where do you (*pol. sing.*) live?, **¿dónde vives tú?** where do you (*inf. sing.*) live? (1); **¡viva…!** long live … ! (9); **vivo en…** I live in/at … (1)

vivo/a alive; vibrant; **color** (*m.*) **vivo** bright color (13); **estar** (*irreg.*) **vivo/a** to be alive (9)

vocabulario vocabulary

volante *m.* steering wheel

volar (**ue**) to fly; **volar un papalote** to fly a kite (*Mex.*) (9); **volar una cometa** to fly a kite (2)

volcán *m.* volcano (10)

voleibol *m.* volleyball (3)

volumen *m.* volume

voluntad *f.* will

voluntariamente voluntarily

voluntario/a volunteer

volver (**ue**) (*p.p.* **vuelto**) to return, go back (4); **volverse loco/a** to go crazy (12); **vuelve** he/she returns, you (*pol. sing.*) return (4); **vuelvo** I return (4)

vos *sub. pron.* you (*inf. sing.*) (*Arg., Guat., Uruguay*)

vosotros/as *sub. pron.* you (*inf. pl.*) (*Sp.*); *obj. of prep.* you (*inf. pl.*) (*Sp.*)

votante *m., f.* voter

votar to vote

voto vote

voz *f.* (*pl.* **las voces**) (**alta/baja**) (loud/soft) voice (14)

vuelo flight (11); **asistente** (*m., f.*) **de vuelo** flight attendant (11)

vuelta turn; **boleto de ida y vuelta** round-trip ticket (11); **dar** (*irreg.*) **vueltas** to go around; **de(n) una vuelta** turn around (*command*)

vuelto/a (*p.p. of* **volver**) returned

vulnerable vulnerable (15)

Y

y and; **y cuarto** quarter past (*time*) (1); **y media** half past (*time*) (1); **y tú, ¿qué dices?** and you (*inf. sing.*), what do you say? (1)

ya already; **ya es tarde** it's late already (1); **ya no** no longer (15); **ya que** since

yerno son-in-law (9)

yo *sub. pron.* I; **¡yo sí!** I do! (4)

yogui *m.* yogi

yogur *m.* yogurt (3)

Yucatán *m.* Yucatan (10)

Z

zanahoria carrot (8)

zapatería shoe store (3)

zapatillas slippers (13)

zapato shoe; **zapato de tacón alto** high-heeled shoe (13); **zapatos de tenis** tennis shoes (A)

zona zone (8)

zoológico zoo (7)

Index

This index is divided into two parts. "Grammar" covers grammar, structure and usage; "Topics" lists cultural and vocabulary topics treated in the text. Topics appear as groups; they are not cross-referenced. In this index the abbreviation *f.n.* refers to a footnote. All other abbreviations are identical to those used in the end vocabulary.

TOPICS

Credits

Photos

Page 1 Royalty-Free/Corbis; *7* © Peathegee Inc/Blend Images LLC; *21* © Sergio Velázquez; *22* © GoGo Images Corporation/Alamy; *28* BananaStock/JupiterImages; *37* © Fernando Botero, Courtesy Marlborough Gallery, New York; *43(left)* © Reuters/Corbis; *43 (right)* © Reuters/Corbis; *47* Stockbyte/Getty Images; *56* Photo Courtesy of Casimiro González, All rights reserved.; *60* Image Source Black; *61* AP Images; *62* Tai:Power Seeff/Getty Images; *68 (bottom)* © 2005 Banco de Mexico Diego Rivera & Frida Kahlo Museums Trust. Av. Cinco de Mayo No.2, Col. Centro, Del. Cuauhtemoc 06059, Mexico, D.F.; *68 (top)* Chip & Rosa María de la Cueva Peterson "ReproducciOn autorizada por EL INSTITUTO NACIONAL DE BELLAS ARTES Y LITERATURA"; *72* © Vassil Donev/epa/Corbis; *84* MiguelArt/Miguel Suárez-Pierra; *88* Digital Vision/PunchStock; *91* Used by permission from the Unviersidad Iberoamericana, Mexico D.F.; *93* © Carlos Dominique/Alamy Stock Photo; *98* Alberto E. Rodriguez/Getty Images; *102* © Dave G. Houser/Corbis; *104* © Paul Seheult; Eye Ubiquitous/Corbis; *118* © 1995 Little Girl From Harlem By Soraida Martinez; *130* Dean Fox/SuperStock; *131* The Kobal Collection/EL DESEO S.A.; *132 (left)* Ed Clark/Time Life Pictures/Getty Images; *132 (right)* Scott Gries/Getty Images; *134* © Robert Fried/Stock,Boston; *136 (bottom)* © Jeff Greenberg/PhotoEdit; *136 (top)* © Michael Newman/PhotoEdit; *150* "Mercadito" by Rafael González y González, ca. 1989, 16"x 20", www.artemaya.com/thumraf.html; *155* © Albeiro Lopera/Reuters/Corbis; *159* The Granger Collection; *163* © Bettmann/Corbis; *166 (bottom)* © Eye Ubiquitous/Getty Images; *166 (top)* © DEA/W. BUSS/Getty Images; *167* © Rose Hartman/Corbis; *182 (left/right)* Ann Murdy; *182 (top)* Alyz Kellington/D.Donne Bryant Stock; *183 (left)* © Stephanie Cardinale/People Avenue/Corbis; *183 (right)* © Hulton-Deutsch Collection/Corbis; *184* © Christie's Images Limited [2008]; *190* Robert Fried/Alamy; *193* Frank Micelotta/Getty Images; *198* Emmanuel Dunand/AFP/Getty Images; *200* © Paul Conklin/PhotoEdit; *214* Ana Griselda Hine Cleres; *221* © Mike Ramirez/Latin Focus.com; *228* © Heather Bohm-Tallman; *230* Ann Murdy; *232 (bottom)* © Lorenzo Aremendariz/Latin Focus.com; *232 (top)* © Oliver Benn/Getty Images; *244* © Zurbaran Galleria/SuperStock; *249* Teresa Kennett; *252 (top left)* © Joe Raedle/Staff Getty Images; *252 (top middle)* © Peter Menzel/menzelphoto.com; *252 (top right)* © Peter Menzel/menzelphoto.com; *252 (top right middle)* Paul Conklin/PhotoEdit; *252 (bottom left)* Peter Menzel/menzelphoto.com; *252 (bottom middle)* © Keren Su/China Span/Alamy; *252 (bottom right)* Ryan McVay/Getty Images; *254* Aizar Raldes/AFP/Getty Images; *257 (left)* The Granger Collection; *257 (right)* The Granger Collection; *259* Ed Simpson/Getty Images; *261* Courtesy of Jennifer Kirk; *274* Antonio Vinciguerra Rodriguez; *281* Andersen Ross/Getty; *282* Courtesy Of Children's Press; *287* © Jimmy Dorantes/Latin Focus.com; *294 (bottom/top)* Courtesy of Jennifer Kirk; *295* M. Timothy O'Keefe/Alamy; *305* Kevin Sanchez/Cole Group/Getty Images; *309* Oliver Rebbot/Stock, Boston; *310* Walter Solon Romero "Salud para Todos" (Mural Painting); *314 (left)* Stockdisc/PunchStock; *314 (right)* BananaStock/JupiterImages; *318* Gary Gershoff/WireImage/Getty Images; *322* Picture Contact/Alamy; *324* Julian Finney/Getty Images; *339 (left)* Alberto Tamargo/Latin Focus.com; *339 (right)* Royalty-free/Thomas Larsen/Collection: Digital Vision/Getty; *340* Paul Leonor; *343.1* © Alpamayo/DDB Stock; *343.2* Jeff Rotman Photography; *343.3* © Brent Stirton/Staff/Getty Images; *343.4* Dave Bartruff/Stock,Boston; *343.5* Jimmy Dorantes/Latin Focus.com; *343.6* Hans Wendler; *343.7* © Bunge-Photoworks/DDB Stock; *343.8* SuperStock; *345* Alfredo Estrella/AFP/Getty Images; *346 (bottom)* Jeff Foott/Discovery Channel Images/Getty Images; *346 (top)* Jeff Rotman Photography; *348* © Arturo Fuentes/Latin Focus.com; *352* Courtesy of Jennifer Kirk; *357 (left)* © Salatiel Baragan/Latin Focus.com; *357 (right)* © Kevin Schafer/Corbis; *360* Roy Toft/National Geographic/Getty Images; *361 (bottom)* © Latin Focus.com; *361 (top)* Will & Deni McIntrye/Photo Researchers, Inc.; *372* © Jorge Pizzanelli; *376* Blaine Harrington III/Alamy; *380* Redferns Music Picture Library; *386* AEP/Alamy; *390* North Wind Picture Archives/Alamy; *394* © Eugenio Optiz/Latin Focus.com; *410 (left)* © Pedro Linares; *410 (right)* Susana Buyo; *411* David Gala/MercuryPress.com; *412 (left)* Philadelphia Museum of Art/Corbis/© 2009 Estate of Pablo Picasso/Artists Rights Society (ARS), New York; *412 (right)* Giraudon/Bridgeman Art Library/© 2009 Estate of Pablo Picasso/Artists Rights Society (ARS), New York; *413 (left)* Fethi Belaid/AFP/Getty Images; *413 (right)* John Mitchell/Alamy; *414:* Photo courtesy of Jarocho, www.jarocho.net.

Realia and Literary credits

Page 91 Used by permission of the Universidad Iberoamericana, Mexico DF; *97* Copyright *El Semanal; 154* © Joaquín Salvador Lavado (QUINO) Toda Mafalda—Ediciones de La Flor, 1993; *221* "Cuadrados y ángulos" by Alfonsina Storni, Editorial Losada S.A., Buenos Aires 1997. Used by permission; *249* "Cuando salimos de El Salvador" from *Una pelicula en mi almohada,* by Jorge Argueta, Children's Book Press, 2001. Reprinted with the permission of the publisher. Poem copyright 2001 by Jorge Argueta; *256 Muy Interesante; 282* "Jitomates risueños" in *Laughing Tomatoes and Other Spring Poems* by Francisco X. Alarcón. San Francisco: Children's Book Press (1997). Reprinted by permission of the publisher. Poem copyright 1997 by Francisco X. Alarcón; *287* "Las pupusas" from *Una pelicula en mi almohada,* by Jorge Argueta, Children's Book Press, 2001. Reprinted with the permission of the publisher, Children's Book Press. Poem copyright 2001 by Jorge Argueta; *309* © Joaquín Salvador Lavado (QUINO) Toda Mafalda—Ediciones de La Flor, 1993; *316 Tedi,* Editorial Armonia; *348* "Dos cuerpos" by Octavio Paz in *Libertad bajo palabra: Obra poética 1935–1957,* Fondo de Cultura Económica, México DF 1968; *377* "FOCUS: PLANO TURÍSTICO: Buenos Aires Ciudad." Courtesy of Sergio Huykman, FOCUS Cartography; *378 Geomundo; 385 Geomundo; 387 (top) Geomundo; 387 (bottom) Geomundo; 404 Biba,* Editorial América Ibérica.

About the Authors

Tracy D. Terrell (*late*) received his Ph.D. in Spanish linguistics from the University of Texas at Austin and published extensively in the areas of Spanish dialectology, specializing in the sociolinguistics of Caribbean Spanish. Professor Terrell's publications on second language acquisition and on the Natural Approach are widely known in the United States and abroad.

Magdalena Andrade received her first B.A. in Spanish/French and a second B.A. in English from San Diego University. After teaching in the Calexico Unified School District Bilingual Program for several years, she taught elementary and intermediate Spanish at both San Diego State and the University of California, Irvine, where she also taught Spanish for Heritage Speakers and Humanities Core Courses. Upon receiving her Ph.D. from the University of California, Irvine, she continued to teach there for several years and also at California State University, Long Beach. Currently an instructor at Irvine Valley College, Professor Andrade has co-authored *Mundos de fantasía: Fábulas, cuentos de hadas y leyendas* and *Cocina y comidas hispanas* (McGraw-Hill) and is developing two other language books.

Jeanne Egasse received her B.A. and M.A. in Spanish linguistics from the University of California, Irvine. She has taught foreign language methodology courses and supervised foreign language and ESL teachers in training for the Department of Education at the University of California, Irvine. Currently, she is an instructor of Spanish and coordinates the Spanish language Program at Irvine Valley College. In addition, Professor Egasse serves as a consultant for local schools and universities on implementing Natural Approach in the language classroom. Professor Egasse is co-author of *Cocina y comidas hispanas* and *Mundos de fantasía: Fábulas, cuentos de hadas y leyendas* (McGraw-Hill).

Elías Miguel Muñoz is a Cuban American poet and prose writer. He has a Ph.D. in Spanish from the University of California, Irvine, and he has taught language and literature at the university level. Dr. Muñoz is the author of *Viajes fantásticos, Ladrón de la mente,* and *Isla de luz,* titles in the Storyteller's Series by McGraw-Hill. He has published five other novels, two books of literary criticism, and two poetry collections. His creative work has been featured in numerous anthologies and sourcebooks, including *Herencia: The Anthology of Hispanic Literature of the United States, The Encyclopedia of American Literature,* and *The Scribner Writers Series: Latino and Latina Writers.*

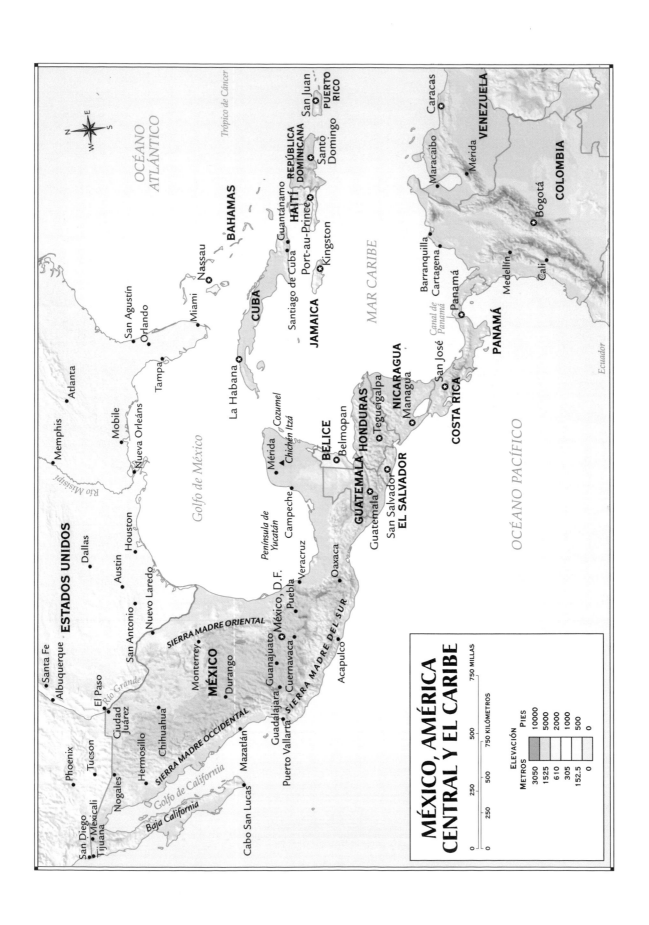

MÉXICO, AMÉRICA CENTRAL Y EL CARIBE

ELEVACIÓN

METROS	PIES
3050	10000
1525	5000
610	2000
305	1000
152.5	500
0	0

0   250   500   750 MILLAS

0   250   500   750 KILÓMETROS

OCÉANO ATLÁNTICO

OCÉANO PACÍFICO

MAR CARIBE

Golfo de México

Golfo de California

Trópico de Cáncer

Ecuador

Río Misisipi

Río Grande

ESTADOS UNIDOS

MÉXICO

SIERRA MADRE ORIENTAL

SIERRA MADRE OCCIDENTAL

SIERRA MADRE DEL SUR

Baja California

Península de Yucatán

BAHAMAS

CUBA

JAMAICA

HAITÍ

REPÚBLICA DOMINICANA

PUERTO RICO

BELICE

GUATEMALA

HONDURAS

EL SALVADOR

NICARAGUA

COSTA RICA

PANAMÁ

Canal de Panamá

COLOMBIA

VENEZUELA

San Diego
Tijuana
Mexicali
Nogales
Phoenix
Tucson
Santa Fe
Albuquerque
El Paso
Ciudad Juárez
Hermosillo
Chihuahua
Mazatlán
Cabo San Lucas
Durango
Monterrey
Nuevo Laredo
San Antonio
Austin
Houston
Dallas
Guadalajara
Puerto Vallarta
Guanajuato
Cuernavaca
México, D.F.
Puebla
Acapulco
Oaxaca
Veracruz
Campeche
Mérida
Cozumel
Chichén Itzá
Belmopan
Guatemala
San Salvador
Tegucigalpa
Managua
San José
Panamá
Medellín
Cali
Bogotá
Barranquilla
Cartagena
Maracaibo
Mérida
Caracas

Memphis
Mobile
Nueva Orleáns
Atlanta
Tampa
San Agustín
Orlando
Miami
Nassau
La Habana
Santiago de Cuba
Guantánamo
Kingston
Port-au-Prince
Santo Domingo
San Juan

N   E
W   S